# BIOGRAFÍA DE UN HOMBRE DE DIOS

# DE DIOS

## La vida de Monseñor Agustín Román

COLECCIÓN FÉLIX VARELA # 59

EDICIONES UNIVERSAL, Miami, Florida, 2019

JULIO ESTORINO

# BIOGRAFÍA DE UN HOMBRE DE DIOS

## La vida de Monseñor Agustín Román

.·EDICIONES UNIVERSAL

Primera edición, 2019

EDICIONES UNIVERSAL
P.O. Box 450353 (Shenandoah Station)
Miami, FL 33245-0353. USA
**(Desde 1965)**

e-mail: ediciones@ediciones.com
http://www.ediciones.com

Library of Congress Control Number: 2019937355
ISBN-10: 1-59388-305-6
ISBN-13: 978-1-59388-305-8

Composición de textos: María Cristina Zarraluqui

Diseño de la cubierta: Luis García Fresquet
En la portada foto de Monseñor Agustín Román por Roberto Koltún
En la contraportada foto del autor, Julio Estorino por Delio Regueral

A Gina Suero, viuda de Nieto

*In Memoriam:*
A Lorenzo de Toro

Por la amistad, por la fe, por la
cubanía, por el ejemplo.

# Índice

# Antes de que entres

Antes de que entres a este libro, camines sus caminos y registres sus rincones, debo hablarte un poco de su concepción, su desarrollo y su razón de ser. Siempre que tocamos a una puerta que no hemos cruzado antes, el puño vacila un poco, pues, aunque tengamos una idea de lo que hallaremos adentro, no podemos saberlo con seguridad y el instinto nos pone en guardia ante el peligro potencial de las sorpresas.

Lo que encontrarás adentro es la vida de un hombre, un hombre de Dios. Si alguna sorpresa encuentras, espero que sea agradable para ti y estoy seguro de que te ayudará a apreciar la exactitud de la nada original frase con la que he querido presentarlo: un hombre de Dios.

Conocí al padre Román, Agustín Aleido Román y Rodríguez, en 1967, recién llegado él a Miami tras su expulsión de Cuba y su etapa de misionero en Chile y poco tiempo después de habérsele encomendando la misión de levantar un santuario en Miami para la Patrona de Cuba, Nuestra Señora, la Virgen de la Caridad del Cobre. Hicimos buenas migas rápidamente; yo estaba entonces tratando de reconectarme con mi fe católica y descubrí que él era un cura muy accesible: se le podía llamar a cualquier hora del día o de la noche, y a pesar de su ajustada y extensa agenda de trabajo, estaba siempre dispuesto para conversar o confesar: –«*Yo voy a estar en el Mercy, ven para acá*»...

Pronto descubrí que teníamos una procedencia común. Los dos éramos *guajiros*, veníamos de pequeños *pueblos de campo,* ambos habíamos militado en la Juventud Católica, habíamos conocido el rigor de la dictadura de los Castro; los dos habíamos sido forzados a irnos de Cuba y compartíamos preocupaciones y anhelos acerca del destino de nuestra patria. Por si fuera poco, él y yo estábamos enamorados del Concilio Vaticano II y compartíamos, él

11

como sacerdote y yo como laico, visiones muy parecidas sobre la Iglesia, especialmente sobre lo que ésta debiera ser.

Aquella amistad que comenzó en las salas de espera del Hospital Mercy, donde él trabajaba como capellán, creció y se fortaleció en la Ermita de la Caridad y en múltiples escenarios de nuestra vida de católicos, cubanos y exiliados. Fue una relación de padre e hijo, de maestro y discípulo, de «compañeros de lucha», de hijos de la Iglesia: él, lleno de fe y paciencia; yo, escéptico y rebelde. Me convirtió en su escribano, la persona a quien él llamaba para que le ayudase a redactar sus mensajes religiosos y cívicos y así fue que pude familiarizarme con sus sentimientos y su forma de pensar. No he conocido a nadie que le supere en gracia y bondad.

Convencido de que lidiaba yo con un ser humano extraordinario; extraordinario como sacerdote y extraordinario como patriota, sabiéndolo pobre de salud y rico en su relación con Dios, así como en vivencias no comunes, comencé desde los años 90 del siglo pasado a pedirle que me contara, que me confiara la historia de su vida, para, llegado el momento, poder plasmarla yo en una biografía.

No fue fácil convencerlo. Su modestia y su convicción de que tenía cosas más importantes que hacer, se alzaban como obstáculos enormes, pero, mi insistencia y el peso de nuestra amistad pudieron más y, por fin, en marzo de 2001 comenzamos a reunirnos, cuando él podía, para ir recorriendo su experiencia vital y su experiencia en la fe. Tuve que prometerle que no compartiría yo con nadie las cosas que él me iría diciendo y que no publicaría nada de ello mientras él viviera.

Nuestra última sesión de grabación ocurrió en 2008. Después, en el proceso de transcribir las grabaciones, se hicieron unas pocas adiciones. A principios de 2011 le di todas las transcripciones para su revisión y visto bueno. Por aquellos días tuvo que ser hospitalizado nuevamente. Él llevó las notas todas consigo y allí, en el hospital, terminó de revisarlas, haciéndoles una buena cantidad de correcciones y añadiduras. Me las devolvió tras ser dado de alta, un tanto preocupado por lo que él calificaba del *«gran reguero»* de datos que me había dado al largo de tantos años.

Puedo decir que, en recta conciencia, he sido fiel a sus palabras y a sus intenciones. Sabido es que no es lo mismo entender lo que se escucha que entender lo que se lee. La conversación entre dos personas, más cuando se trata de dos que se conocen bien, han compartido juntos muchas experiencias y tienen ambos conocimiento abundante del tema del cual conversan, no precisa de muchas explicaciones y mucho de lo que se dice o se quiere decir, la persona que cuenta lo da por sobreentendido de parte del que escucha, porque así es. Además, las inflexiones de la voz y el lenguaje corporal no son fácilmente transcribibles.

Además de lo anterior, el desorden en los elementos de la oración hablada, las repeticiones, disgregaciones y balbuceos, etc., hacen inevitable la necesidad de editar lo transcripto para hacerlo comprensible al leerlo. Lo he hecho solamente cuando ha sido estrictamente necesario, poniendo sumo cuidado en respetar el sentido de lo dicho por mi biografiado, cambiando lo menos posible a ese fin, y añadiendo lo mínimo y solamente cuando se ha hecho necesario para su mejor comprensión.

Agradezco grandemente a Dios el haberme regalado la presencia en mi vida de Monseñor Román y todas las bendiciones que a través de él llegaron a mí y a los míos. Le agradezco a él, a Monseñor Román, su amistad, su guía y sus ejemplos; su confianza al hacerme su escribano y permitirme ser su biógrafo. Al final de este libro habrá una especial nota de gratitud para todos los que me ayudaron a poder llevar a cabo esta obra que quiero dejar como una modesta contribución de mi parte al enriquecimiento espiritual de mi Iglesia y de mi patria. Ojalá que así sea.

Paz y bien y gracias a ti por tu interés. Ya puedes entrar.

*Julio Estorino*
*Noviembre 1º de 2018*
*Fiesta de todos los santos*

# Prólogo a la
# «Biografía de un hombre de Dios»

*por Monseñor José L. Hernando*

Las palabras de este prólogo quisiera que fuesen una invitación a adentrarse en la vida de Monseñor Agustín A. Román, llevados de la mano de un experto en el lenguaje literario, tal como son la pluma y el gracejo cubano de Julio Estorino, autor de esta «Biografía de un hombre de Dios». Vayan por delante el reconocimiento, la gratitud y la admiración de todo el exilio cubano, que hago míos, por todo el tiempo, entusiasmo, paciencia y tesón, que por bastante tiempo dedicó Julio Estorino a escribir esta «Biografía de un hombre de Dios», llamado Agustín Román.

Por más de 50 años traté y conocí a Monseñor Román. Conversar con él siempre significaba aprender alguna lección del sacerdote, del Obispo, del maestro innato y catequista cristiano, del misionero, del evangelizador y del cubano que llevaba dentro de su corazón la historia, la cultura y el terruño de Cuba. A todo esto hay que añadir su profunda y sencilla sabiduría, la de los guajiros cubanos; sin dejar de mencionar su sentido del humor con el que te ayudaba a entender mejor los absurdos y las contrariedades de la vida.

Después de conversar con Monseñor uno sentía el deseo de parecerse a él, tratando de mejorar en tantas cosas, que siempre resultaban difíciles de imitar. Esta realidad me ayuda a definir al «hombre de Dios» como «aquel que siembra en los que le conocen ganas de cambiar y ser mejor»; ganas de estar en contacto personal y permanente con el Dios vivo, que el hombre o la mujer de Dios siempre nos transmiten. El ser, el hacer, el pensar, el hablar y el actuar de Monseñor Román encajan perfectamente en esta definición de un «hombre de Dios».

Las primeras palabras de «La Constitución Pastoral del Concilio Vaticano II (1062-1965) sobre la Iglesia en el mundo moderno» definen a la perfección el afán misionero, pastoral y evangelizador del Obispo Román:

«Los gozos y las esperanzas, las tristezas y las angustias de los hombres de nuestro tiempo, sobre todo de los pobres y de cuantos sufren, son a la vez gozos y esperanzas, tristezas y angustias de los discípulos de Cristo. Nada hay verdaderamente humano que no encuentre eco en su corazón».

No me cabe la menor duda que Monseñor Román cubrió con su acción pastoral todos los campos de nuestro mundo, necesitado de ser evangelizado. El llevó con su presencia, su testimonio y su palabra la esperanza y el gozo a los necesitados, a los ignorantes, a enfermos, niños, jóvenes, ancianos, sacerdotes, hispanoamericanos, anglosajones, encarcelados, refugiados, emigrantes, tribus indias de araucanos en Chile y de miccosukees en Florida, balseros cubanos y haitianos. A todos llevó esperanza, consuelo y ánimo .Su preocupación pastoral era universal e inclusiva. Para todos tenía o «hacía» tiempo.

Un campo pastoral y patriótico al mismo tiempo era para Monseñor el tema cubano: todo lo que hacía referencia a Cuba era parte especial e importante de su trabajo evangelizador. Parodiando la última frase de la cita anterior de «La Constitución Pastoral del Concilio Vaticano II», me atrevería a decir que «Nada había verdaderamente cubano que no encontrase eco en su corazón». El eco de todo lo cubano se convertía en el corazón de Monseñor Román en una sinfonía de muchos ritmos y cadencias, variados como toda la música cubana. Era una sinfonía que recogía gozos y esperanzas, luchas y frustraciones, conversiones y cambios de vida, angustias y tristezas, logros y éxitos de tantos exiliados cubanos, como él, siempre soñando y añorando regresar a la Patria, de donde fue expulsado y a la que nunca volvió. Esta «Biografía de un hombre de Dios» nos ofrece variedad de tonos y de ritmos en cada uno de sus numerosos capítulos.

Monseñor Agustín A Román construyó una Ermita dedicada a la Patrona de Cuba, Nuestra Señora de la Caridad del Cobre. Él lo logró entusiasmando al exilio cubano; lo logró con sencillez, sacrificio, humildad y una confianza total en la nobleza y la generosidad de su pueblo, cuando se trataba de levantar una casa para la Madre de Dios y madre nuestra. Hoy, al terminar de leer esta biografía vino a mi mente una comparación o especie de parábola, que quiero presentarles:

El exilio cubano, bajo el liderazgo de Monseñor Román, levantó la Ermita de la Caridad con la cooperación espiritual y material de miles de cubanos y de otros orígenes. Hoy también, Julio Estorino, imitando a su maestro en eso de humildad, sencillez y cubanía, pienso que ha levantado, no una Ermita, sino toda una catedral , digna de admiración para todos los que nos adentramos en los interesantes y variados capítulos de esta «Biografía de un hombre de Dios».

Siguiendo el tema de la catedral, muchas veces he recordado esas famosas catedrales góticas de la Vieja Europa. Todo es grandioso en ellas. Su arquitectura, su arte y belleza nos ayudan a levantar el corazón hacia Dios. Lo que siempre me llama la atención son los vitrales multicolores y artísticos que, al sentirse acariciados por la luz del sol, nos presentan figuras de santos, de pecadores, de ángeles, la cara de nuestra Madre María y todos los misterios de Dios. Fueron creadas como una catequesis viva y en múltiples colores para aquellos creyentes de otros tiempos, cuando muchos no sabían lee, o los pocos libros que había, no estaban al alcance de muchos.

Pienso que cada capítulo de esta biografía es un bello vitral que nos presenta distintas etapas y momentos en la vida de su protagonista, el Obispo Román. En cada capítulo hay variedad de colores y tonos. En unos predomina el color amarillo, que nos hace pensar que Dios es el sol esplendoroso, que nos habla y abrasa y al que respondemos con la oración y el amor. En otros vemos el color verde, que nos habla de los niños que esperan crecer, de sementeras que esperan florecer; es el color de las palmas, de los montes, de los campos sembrados de caña. No puede faltar el color azul, el del cielo tropical, el de los mares que bañan la Isla de Cuba y acunan con su suave oleaje las maravillosas playas. Es también el color de las aguas de la Bahía de Miami, junto a las que se levanta la Ermita de la Caridad. Podíamos seguir con el color morado, color profundamente religioso, que ambienta el silencio y la oración, que nos hace pensar que la vida es alegría y también sufrimiento, limitación, lucha y esfuerzo. No puedo olvidar el color rojo, color del corazón y del amor, de los mártires y de los perseguidos; color del Espíritu de Dios y de la vida.

En fin que cada cual, al leer este libro, sepa encontrar y descubrir, a través de los colores de cada capítulo, la belleza y grandeza de los vitrales de esta catedral, presentados en esta «Biografia de un hombre de Dios», un hombre de Dios que se llamó Monseñor Agustín A. Román.

*Jose L. Hernando, sacerdote*
*Miami, Florida*
*26 de Noviembre del 2018*

*Instrumento de paz y de justicia,*
*pregonero de todas tus palabras...*

(Himno de la Liturgia de las Horas)

Imagen de Nuestra Señora de la Caridad del Cobre, Patrona de Cuba,
que se venera en la Ermita de la Caridad

# 1. Casas Viejas

Juana María, Rosendo y Leyo
ca. 1938

«*Nací en el campo, en el término de San Antonio de los Baños. Me crié en Casas Viejas, una finquita, en una casa de guano. Rosendo, mi papá, era arrendatario. Nací el día de la Conversión de San Agustín, pero mi madrina, hermana de papá, quiso que me llamaran Aleido. Mis bisabuelos paternos eran canarios. La ascendencia de mamá, Juana Rodríguez, también era de Islas*

21

*Canarias, pero mis bisabuelos maternos y todos mis abuelos eran cubanos de nacimiento. Las familias de papá y mamá se conocían y se ayudaban entre sí. Ellos fueron novios durante 7 años y cuando se casaron fueron a vivir a una finquita. No existía el divorcio, ni nadie pensaba en eso.*

*«Yo soy el mayor de los hermanos. Después está Nivaldo y después, Iraida. Mamá contaba la historia de que cuando ella salió embarazada la primera vez, se sentía muy mal y papá la llevó al médico. Éste le dijo que tenía mucha anemia, que no podía dar a luz y corría mucho riesgo. Recomendó un aborto, pero mis padres ni pensaron en eso... Todo salió bien. Nací en pleno campo, en una casa de guano. Una negra llamada Julia Salas, que era la comadrona del lugar, me recibió, y aquí estoy».*

Julia Salas, la negra partera que ayudaba a traer al mundo a cuanto *vejigo* nacía por aquel rincón de la provincia de La Habana, no hubiera podido imaginar que el varoncito que recibía ella aquel día, 5 de mayo de 1928, el primogénito de Rosendo Román y Juana María Rodríguez, estaba llamado a ser un hombre extraordinario, que sería reverenciado por millares de sus compatriotas, que se convertiría en guía de su pueblo y que ascendería los peldaños de la santidad con la misma naturalidad con que el río cercano, el Ariguanabo, fluía entre las lajas sin apenas darse cuenta.

Agustín, el que «había sacado», según la hojita del calendario, y Aleido, el que la tía prefería, fueron los nombres escogidos para el recién nacido: Agustín Aleido Román y Rodríguez. El 27 de mayo de 1929 el niño fue bautizado por el padre Rogelio Monet, en la iglesia parroquial de San Antonio Abad en San Antonio de los Baños. Sus tíos Dulce María e Isidro fueron los padrinos.

–«La finca era muy bonita» –me confirma Iraida, la hermana del que, para ella y los suyos sería siempre *Leyo*. «La finca era muy bonita, tenía vacas... había varios bohíos, los mozos que trabajaban allí vivían como en un batey. Vivíamos en la finca, ellos iban al pueblo solamente los domingos».

–«Era una casa de guano, piso de tierra... muy pobre» –recuerda Hecta, la viuda de Nivaldo, cuñada de Aleido y de Iraida.

Era la pobreza ancestral del campo cubano, pobreza que, en no pocos casos, en los años 20 y 30 del siglo XX, época del nacimiento e infancia de Aleido, llegaba hasta la miseria para algunas familias. Pobreza que imponía su dureza en las vidas de miles de campesinos o *guajiros* que trabajaban arduamente y dejaba muy poco espacio para la prosperidad y menos aún para la superación. En aquellos tiempos, quedaban en el campo cubano fuertes rezagos de la época colonial, sobre todo en las estructuras socioeconómicas y las condiciones laborales; algo que mejoraría lentamente con el correr del tiempo. Por lo que nos dice Monseñor, su padre, Rosendo Román, era arrendatario, es decir, no era dueño de las tierras que cultivaba, algo que representaba una gran precariedad, por la poca o inexistente protección de los campesinos en esa situación frente a las decisiones de los terratenientes. En aquellas circunstancias solamente los muy decididos lograban romper el círculo de *guajiro, hijo de guajiro,* que ataba a generación tras generación a un estrecho nivel de subsistencia.

*«Papá sembraba tabaco y caña, pero después dejó el cultivo para dedicarse a la lechería. Criaba las vacas, las ordeñaba y repartía la leche montado en una araña* (vehículo rústico tirado por un caballo). *Papá se levantaba todos los días a las dos de la mañana para comenzar su faena».*

–«Rosendo era buenísimo, buenísimo, buenísimo, y conmigo era como un padre –dice Hecta– Era cariñoso con la familia, pero todo con mucho respeto… Juana María igual, era muy buena, muy buena. Ella se dedicó a la cocina, a limpiar».

Rosendo era hijo de Ángel Román y Filomena Ortega y Juana María lo era de Valentín Rodríguez y Amelia Álvarez. Estos eran, por ende, los abuelos de Aleido.

El rústico *bohío* de los Román albergaba, pues, a una típica familia campesina, de decorosa pobreza y profundas raíces hispánicas, donde los valores cristianos constituían el código de la vida y el manual de la conducta: el amor entre todos, la disciplina, el concepto del trabajo como algo digno y ennoblecedor, la honradez, el amor a la patria, la compasión por los menos afortunados, el respeto a la verdad, y el respeto a los mayores, la limpieza de alma, cuerpo y entorno, y un rico sentido del humor que ayudaba a sobrellevar las penas y las penurias.

Y Dios. Dios presente siempre; no un dios de complicadas teologías ni tremebundas exigencias, sino el dios que administra la naturaleza para que llueva cuando los sembrados lo precisan y para que el *rabo de nube* no llegue a tocar tierra. El *Papadiós* de los niños, el dios nuestro de todos los días —«si Dios quiere... ¡Dios me libre!... Dios te guarde»... Un dios que tal vez no se entendía del todo, pero cuyos misterios a nadie preocupaban. Un dios que no se explicaba mucho, ni precisaba de ello, porque estaba allí, sencillamente; en los corazones y en las vidas de todos.

*«Mi familia no era practicante, pero se consideraba católica. Las distancias dificultaban la asistencia a la iglesia pero se conservaban las tradiciones religiosas, como el altar de la Cruz de Mayo que celebraban los canarios, que no dejaban su fe. Todos los niños eran bautizados y se buscaba el matrimonio religioso.*

*«En la infancia, mi contacto con la religión era solamente el de la religiosidad popular que se vivía en la familia... El altarcito con la Virgen de la Caridad... Se hacían promesas... La Navidad era una celebración muy de familia y era muy rigurosa la observación de la Semana Santa. La instrucción religiosa llegaba por algún programa de radio... Escuchábamos al padre Testé».*

En ese marco existencial, ¿cómo era la vida, la rutina diaria para Rosendo, Juana María y sus hijos?

*«Había un radio de pilas en la casa, pues no teníamos luz eléctrica, sino de gas. Había gran confraternidad en el barrio, se escuchaban los episodios de Chan-Li-Po... "El Derecho de Nacer"... los que no tenían radio venían a la casa para escucharlo. Se comía con regularidad en las horas, se desayunaba, se almorzaba y se comía... Mamá tenía como un fotuto con el cual llamaba a los que estaban en el campo para que vinieran a almorzar... Se conversaba en la mesa, se comentaban los episodios».*

Trabajo duro y largas jornadas, entretenimiento sano y rico intercambio familiar, familia que incluía tanto a los de vínculo de sangre, como a los que empuñaban juntos el machete y *la guataca* –el azadón–, bajo el sol que Dios hace brillar para todos. La mesa y la radio como puntos de reunión.

Desde la primera transmisión, –un mensaje del entonces presidente Dr. Alfredo Zayas, el 10 de octubre de 1922– la radio tuvo en Cuba fuerte influencia y gran popularidad. A finales de los años 50, transmitían en la isla 270 emisoras y había un receptor por cada 6.5 habitantes, lo que hacía de Cuba el tercer país de Latinoamérica con mayor difusión radial, de acuerdos estadísticas de organizaciones internacionales.

El padre Testé –Monseñor Ismael Testé– era un gran predicador que en sus transmisiones radiales, y más tarde televisivas, difundía la fe católica al tiempo que agenciaba fondos para hacer realidad su sueño: «la Ciudad de los Niños», una obra social de gran envergadura, para albergar, educar y dotar de habilidades laborales a niños desamparados o de familias muy pobres, sueño que logró realizar y que, pocos años después, sería confiscado y destruido por el régimen de los Castro.

Los episodios y la radionovela que Monseñor Román recordaba, más de medio siglo después, obras ambas debidas al prolífico escritor y compositor Félix B. Caignet, acaso tuvieron un peso insospechado en la formación del *guajirito* que escuchaba ávidamente. En la ficción radial, *Chan-Li-Po* era un sagaz detective chino consagrado al servicio de la justicia y, al final de cada serie, la justicia siempre triunfaba.

«*El derecho de nacer*» fue tal vez la primera y la más exitosa radionovela de todos los tiempos. Era la historia de una familia aristocrática cuya hija quedaba embarazada siendo soltera. Para ocultar el pecado, sus padres hacían que la muchacha ingresara en un claustro, y mandaban matar al recién nacido, que se salva por la oportuna intervención de *Mamá Dolores,* la nodriza negra de gran fe en Dios y en su Virgencita de la Caridad. La trama se va enredando y abarca varios años. Al final de trescientos y tantos capítulos, el amor terminaba ganándole la batalla a las diferencias de clase, la discriminación racial, y el fariseísmo social y religioso. Eran obras en las cuales, sin catequizar, se infundía el aprecio por los valores cristianos.

El caso es que todo aquello él lo iba bebiendo con su clara inteligencia y su extraordinaria sensibilidad, de tal suerte que el proceso de su evangelización, difusa, pero presente en los conceptos de fe, amor al prójimo, justicia, dignidad humana, etc., pudiera decirse que lo inició la radio, con el padre Testé, y aquellas aventuras y novelas, mucho antes de que él tropezara directamente con los Evangelios.

Una leve sombra empañaba algo la placidez del entorno vital de los Román y preocupaba a Rosendo y Juana María: la salud de Aleido no era todo lo buena que ellos hubieran deseado: —«Él siempre estaba enfermito, porque tenía asma, una vez se cayó y se partió una cadera, eso duró muchísimo tiempo, y él no iba al colegio, mi mamá no lo mandaba por todas esas cosas... él empezó tarde el colegio, allá en la finca», nos dice Iraida, su hermana.

*«Yo tenía ocho años, más o menos, cuando comencé la escuela, que estaba cerca de la casa... Comencé a ir al colegio ahí mismo, en el campo, en la escuela pública Nº 43. Allí enseñaba Josefina, una maestra rural que se hizo Doctora en Pedagogía... Había seis grados en una misma aula, pero... ¡qué maravilla!... ¡qué disciplina!... Se insistía en la caligrafía y los maestros trabajaban constantemente... Yo oía las clases de los otros grados y así se adelantaba mucho... había poca influencia política en la educación.*

*«La política la pude conocer después en la Federación Campesina, a la cual papá pertenecía... Los comunistas se metieron en ella y la echaron a perder. Ahí vi las primeras manifestaciones en los años 30... Papá fue presidente de los campesinos en el sector donde vivíamos. Los barrios se pudieron unir. Se daban mítines en los cuales se recitaba... Venía un orador que los campesinos no entendían, pero, como dije antes, se metieron los comunistas y la gente cogió miedo. La Federación Campesina se fue a pique».*

El temprano conocimiento, siquiera marginal, de la destructiva acción de los comunistas contra la Federación Campesina de cuya directiva era parte Rosendo, su padre, se quedaría para siempre con aquel niño, aquel *guajirito espabilado,* que sufriría años después, muy directamente, el acoso de los comunistas, y llegaría a convertirse en el líder cívico-religioso más prominente de una gran comunidad de exiliados, víctimas también del comunismo. ¿Casualidades de la vida? o, ¿lo estaba preparando Dios para el importante rol que le tenía reservado?...

*«Cuando terminé el quinto grado no había otro grado superior en el campo. Papá me mandó al pueblo, a hacer el sexto grado en San Antonio».*

Hasta ahora, el mundo de Aleido se circunscribía al pequeño batey de Casas Viejas, al paso suave de la rutina campestre, al bucólico escenario que era entorno de su vida y a la presencia en ésta de un reducido número de familiares y jornaleros de la finca. Todo cambiaría ahora. Aleido se iba a vivir al pueblo, y el pueblo, San Antonio de los Baños, era algo muy diferente…

## 2. San Antonio de los Baños

San Antonio de los Baños era uno de los 26 municipios que formaban la antigua provincia de La Habana, donde se asentaba también la capital del país. Estaba situado en la porción occidental de la provincia y se extendía por 244 kilómetros cuadrados. En 1928, al nacer Aleido, albergaba a cerca de 24,000 habitantes, ubicados mayormente en los centros urbanos de Ceiba del Agua, Vereda Nueva, y en la cabecera del municipio cuyo nombre comparte, el pueblo de San Antonio de los Baños, distante éste 36 kilómetros de la ciudad de La Habana.

El término municipal ocupaba mayormente una fértil y hermosa llanura en la cual sobresalía la Laguna de Ariguanabo, de donde parte el río del mismo nombre, también llamado río San Antonio. Historiadores y filólogos han llegado a la conclusión de que *Ariguanabo,* en la lengua de los aborígenes que poblaban la región al llegar Colón a *«las Indias»,* era una conjunción de tres voces que pudiera traducirse como *«río del palmar».* Otro río, el Capellanías que se origina en territorio perteneciente entonces a la provincia de Pinar del Río, separaba de ésta a San Antonio de los Baños.

El territorio estaba asimismo pespunteado abundantemente de aguas subterráneas y cuevas que, junto a los ríos, la laguna y la flora, entonces nutrida, contribuían al encanto y al misterio del lugar.

Para poder situarnos, es necesario recordar que las divisiones político-administrativas de Cuba han sido cambiadas varias veces a partir de 1975 por el régimen castrista. En la actualidad, San Antonio de los Baños pertenece a la nueva provincia de Artemisa. Por otra parte, su otrora bella laguna ha sido prácticamente desecada como consecuencia de muchos años de descuido ecológico y de algunas redistribuciones hidrográficas artificiales

El cultivo de la tierra y abundantes ganados eran la base económica de los *ariguanabenses.* El tabaco y la caña de azúcar eran los cultivos principales y una buena parte de los pobladores libraba su sustento en el Central Fajardo, fábrica de azúcar que era muy importante para la economía local.

San Antonio de los Baños era un pueblo bonito y acogedor, uno de cuyos atractivos más singulares era los muchos puentes que cruzaban sobre el Ariguanabo por sus calles más transitadas…

—«Era un pueblo de campo, pero grande –recuerda Mayda Cuervo de Leal– muy limpio, bastante adelantado, con muy buenas casas, todo muy bien pavimentado… dos parques grandes y tenía, además de eso, el río Ariguanabo».

María Antonieta Herrera viuda de Saavedra recuerda también: —«El pueblo era pintoresco, porque era un pueblo al que dividía un río… en cada calle había un puente… un pueblo muy lindo, muy limpio… una gente muy sana, era un pueblo precioso».

A ese pueblo, a ese mundo tan diferente al de la finquita *Casas Viejas*, llegaba en 1941, a sus 13 años de edad, aquel *guajirito* lleno de curiosidad, ávido de conocimientos y con una inquietud interior que él mismo no se explicaba. San Antonio de los Baños lo esperaba con nuevas vivencias y fuertes retos. Dios también lo esperaba.

—*«Me quedaba en casa de mis abuelos… Papá me llevaba los lunes, cuando iba a repartir la leche y yo regresaba los viernes, a pie, para la casa».*

Iraida Román nos cuenta:

—«Aleido vivía en el pueblo en casa de mi abuela materna, Amelia Álvarez. Mi abuela era una persona chiquitica, bajita, muy simpática, y mi abuelo, Valentín Rodríguez, era muy alto. Aleido vivía muy contento allí, abuela era muy buena con él y con los amigos de él, que iban a estudiar allí en su casa… Robertico Hernández, Ranulfo Borges… esos muchachos se criaron juntos y estudiaban con él en casa de mi abuela».

—*«Esa preparación me sirvió para entrar en la Superior y cursar 7º y 8º… Como que estaba toda la semana en el pueblo, participaba en las fiestas patronales».*

Esta referencia de Monseñor Román a las fiestas patronales de San Antonio de los Baños, es la primera en cuanto a su participación personal en una actividad eclesial. Estas fiestas se celebraban cada 17 de enero, día en que la Iglesia celebra a San Antonio Abad y la tradición pueblerina indicaba primero, la santa misa, seguida de la cual salía la procesión con la imagen del santo patrono a recorrer las calles y los puentes del pueblo y, al regresar al templo, la imagen, sobre sus andas llenas de flores, se colocaba a un lado del altar, mirando al pueblo. Se cerraba la noche con un sermón del párroco, o de un predicador invitado, exaltando las virtudes del patrono y poniéndolas de ejemplo permanente ante los altibajos de la vida.

Cabe suponer pues, que fue en una de esas celebraciones patronales, probablemente la del 17 de enero de 1942, cuando Aleido entró por primera vez en una iglesia, de su propia voluntad y por personal curiosidad que se iba transformando en devoción. Ya por entonces comenzaba a aparecer en su vida alguien que sería de capital importancia en su andar en la fe.

–«*Conocí a Rivas (Romeo Rivas) en la escuela, en San Antonio de los Baños. Estudiábamos juntos*».

No fue muy fácil que digamos el inicio de aquella amistad entrañable, que perduraría a través de los primeros trabajos apostólicos, el sacerdocio, las persecuciones, el destierro, los años de misioneros en disímiles parajes, el reencuentro en Miami, y las enfermedades. Ranulfo Borges, miembro del grupo íntimo de amigos, nos cuenta uno de aquellos primeros encuentros.

–«Yo recuerdo que Aleido no pertenecía al grupo de nosotros, el equipo que teníamos. La profesora de Español, la Dra. Estrella García Mayo, formaba grupos que después se conservaban para todas las asignaturas. Él vino al grupo después, ya en el octavo grado, que era el curso final de la Escuela Primaria Superior.

–«Recuerdo algo que en el momento causó risa, pero después nos sacudió, porque mostró la bondad de aquel muchacho… La Dra. Estrella lo pasa a él al grupo nuestro… Romeo Rivas era el líder del grupo, un carácter completamente distinto a Aleido, yo creo que por eso se acoplaron tan bien. Romeo era el jefe del grupo y ella le dijo a Aleido que fuera para ese grupo.

—«Romeo estaba tomando los nombres de los que se estaban integrando. Lo vio así... con su cabecita baja, y le dijo: —"Hola, muchacho, aquí se viene a trabajar, aquí no se viene a perder el tiempo, ni a estar bobeando"... y Aleido, con su cabecita tumbada se fue así... —"Yo haré lo que sea"... dijo, muy bajito. No hubo quien se riera, todo el mundo se quedó impactado...».

—«*Después de la Superior, comencé el Bachillerato en el Instituto de La Habana. Yo quería estudiar, me gustaba mucho leer... Papá me decía que no se podía... No teníamos libros y sacábamos los de la biblioteca. Formábamos parte de un grupo de estudiantes de San Antonio de los Baños que iba a La Habana diariamente a estudiar el bachillerato. La amistad del grupo no ha decaído hasta hoy*».

Aquel primer encuentro en el octavo grado, un tanto ríspido, no dejó huellas desagradables en lo que sería el fraternal cariño entre Aleido Román y Romeo Rivas. Éste fue no solamente el líder de su grupo de estudios, sino, que se convertiría, además, en un temprano mentor en la fe católica. Ranulfo Borges nos lo cuenta así:

—«Fue Pedro Olavarría, a quien nosotros llamábamos "el niño de las monjas", un católico práctico formidable, quien metió a Rivas en la Iglesia. El preparó a Romeo, después Romeo siguió, le cayó a Aleido y después a mí».

Monseñor Román nunca olvidaría aquellos tiempos de sus inicios en la fe:

—«*Tenía 15 años cuando comencé a asistir al catecismo para prepararme para la Primera Comunión. El catequista no nos dedicaba mucho tiempo. Yo leía mucho Historia Sagrada y Rivas me dijo: ¿por qué no hablas con el padre Colmena para ver si puedes acabar de recibir la Primera Comunión?*

—«*El padre Manuel Colmena Jiménez, un hombre recio, cubano, un hombre santo. Era el párroco de San Antonio y él me autorizó. Me confesé con el padre Roberto Caraballo, párroco de Güira de Melena. Hice la Primera Comunión el 10 de septiembre de 1944. El catequista no estaba muy de acuerdo con aquello... "Yo voy a ver" –decía».*

Tal vez el catequista, Orlando Hernández, no pudo aquilatar en toda su magnitud el excelente trabajo que él mismo había hecho en el alma de aquel espigado neófito, que con el tiempo sería, a su vez, padre y guía de millares de catecúmenos. En el abrazo eucarístico inicial de Aleido con Jesús Sacramentado estaba quizás la mejor prueba de ello. Fue un abrazo para toda la vida:

–*«Desde que hice la Primera Comunión he comulgado diariamente. Yo tenía que comulgar en San Antonio o en La Habana y eso me impedía desayunar, pues era en los tiempos anteriores al Concilio y había que guardar ayuno desde la noche anterior...».*

Y no era solamente el salto del muchacho de campo y religiosidad hogareña a la vida en el pueblo, la instrucción religiosa y la piedad interior. Era también un salto al apostolado:

–*«Inmediatamente hice mi ingreso en la Juventud Católica. Los fines de semana me iba para la finca, con la familia... Entré activo en la Iglesia. Recuerdo que asistíamos a misa en la sacristía, pues, un ciclón, el del año 44, había arrancado el techo del templo. Los federados (miembros de la Juventud Católica) ayudábamos, pero no había recursos de religión.*

–*«El colegio La Santa Infancia, de las monjas, ayudaba mucho. Recuerdo a Sor Caridad Miró. Allí hacíamos retiros. Era un colegio de niñas, pero, los sábados lo abrían para todos. El trabajo evangelizador de las Hijas de la Caridad impactó a todos.*

–*«El párroco creó un Club de Lectura y Entretenimiento, frente a la iglesia, el Club Acción Católica. Esa fue mi vida, era una juventud muy sana».*

El cura párroco, Manuel Colmena, y las monjas, las Hijas de la Caridad de San Vicente de Paul estaban, casi que sin darse cuenta, moldeando un alma grande y estremecida por el descubrimiento de Dios. Entre ellos y el Jesús Sacramentado que cada día se albergaba en el corazón de Aleido, abrían los caminos espirituales de una vida cuyo destino comenzaba a perfilarse entre una temprana timidez y una invencible tenacidad en el amor a Dios y a los hombres, sus hermanos.

## 3. El padre Colmena y las Hijas de la Caridad

–*«El padre Manuel Colmena Jiménez, un hombre recio, cubano, un hombre santo».*

Así describía Monseñor Román al párroco de San Antonio de los Baños a finales de los 30 y principio de los 40 del siglo XX, el sacerdote que le había impactado por sus virtudes y que se convertía para él, poco a poco, en un modelo a seguir. Recio, cubano y santo, características que Monseñor subrayaba al hablar del padre Colmena, son las mismas con las que tantos describen hoy al propio Román, el adolescente aquel que aprendía de Dios en la vida y las palabras del cura de su pueblo.

–*«Colmena tenía un carácter muy fuerte, pero mucha piedad. Rezaba el breviario, en el calor, de rodillas ante el sagrario, en voz alta. Era muy santo y muy fuerte de carácter. Ayudaba a formar a los jóvenes del grupo».*

María Antonieta Saavedra lo recuerda bien: –«El padre Colmena tendría unos 38 ó 40 años cuando estaba con nosotros en San Antonio. Él era cubano, la que era española era la mamá. Era un hombre muy alto, bien parecido… una persona muy natural. A él le gustaban las películas de *cowboys* y le contaba al grupo las películas que había visto… a Aleido, a Romeo, a mí, a Haydée Simón. Él nos unía mucho, era una persona muy normal… fue mi papá espiritual, y el de Aleido, y el de Romeo igual. Él fue para nosotros la persona, la clave de nosotros tres, de Romeo, Aleido y yo».

Ranulfo Borges recuerda también: –«El padre Colmena era como un padre, un hermano para nosotros, los muchachos del grupo. Era un hombre muy recto, pero tenía un gran corazón, era muy caritativo.

«Sobre todo –continúa Ranulfo– era un hombre muy fiel a sus principios, y muy valiente. Una vez, allá en San Antonio, era el bautizo de un sobrino, o un nieto, bueno… el niño era pariente cercano de un político muy nombrado, que vivía en La Habana, pero

34

su familia era de San Antonio. Estaba todo el mundo esperando por el político, y al fin llegó, con su esposa, que era una mujer muy vistosa. Era en la época en que las mujeres en Cuba empezaban a usar pantalones y muchos no aceptaban la nueva moda, no la consideraban apropiada, mucho menos para ir a la iglesia.

–«Cuando la señora se bajó del automóvil, bueno… tenía puesta una combinación de chaqueta y pantalón. El padre Colmena los vio, fue hacia ellos antes de que entraran y les dijo que ella no podía entrar así, que fuera a ponerse un vestido si quería estar en el bautizo… Aquello se puso feo, porque el político se insultó, hubo gritos, y el político le preguntó al padre: –"¿Ud. no sabe quién soy yo"… Colmena no se acobardó: –"A mí no me importa quién es Ud. El que manda aquí soy yo"… Bueno, se remangaron las camisas y todo, pero la gente intervino… El político y su mujer se fueron. Después, la gente comentaba con admiración la actitud del padre, y él siempre era así, nada lo hacía ceder cuando creía que algo no estaba bien».

Otros sacerdotes dejaron su impronta también en Aleido, en aquellos primeros tiempos de su caminar en la fe. Pero, sin duda, ninguno como el padre Colmena:

–«*Ya después del Bachillerato, yo confesaba con otros sacerdotes como Monseñor Belarmino García Feíto, el padre López, jesuita. Ellos, y sobre todo el padre Colmena, influyeron mucho en mí*».

Escribiendo para el *Diario Las Américas*, de Miami, en un artículo publicado bajo el título de «*El cura de mi pueblo*», el 30 de junio de 2009, decía Monseñor Román sobre el padre Colmena: «*En sus charlas semanales nos presentaba el Evangelio y nos invitaba a vivirlo en nuestra vida personal y compartirlo con los que a nosotros se acercaban a través del apostolado. El entusiasmo de aquel sacerdote era contagioso… En él encontramos al padre, el hermano y amigo. Él, sin hablarnos, nos mostró el valor del celibato, el hombre que como dice San Pablo se hace "todo para todos"… Fue el cura de mi pueblo, sin que nunca me hiciera una invitación a seguirle, quien más influyó en mi decisión, sin él saberlo*».

35

Otra gran influencia en la formación espiritual y posterior vocación sacerdotal de Aleido fue la ejercida sobre él por las Hijas de la Caridad de San Vicente de Paúl. Estas monjas, consagradas al servicio de los pobres y los enfermos, habían llegado por primera vez a Cuba en 1847, enviadas desde España a petición de las autoridades insulares. Su primera misión en la Isla, fue la Casa de Maternidad y Beneficencia en La Habana, benemérita institución que acogía a niños huérfanos o abandonados.

Para 1941 ó 1942, cuando Aleido entra en contacto con ellas, la orden se había extendido ya por casi toda Cuba con numerosos colegios, asilos, etc. Una de sus obras más admiradas era la del Leprosorio de San Lázaro, situado en el poblado de El Rincón, donde aquellas esforzadas religiosas atendían a los que nadie quería, a aquellos de los que todos huían; los enfermos de lepra, algo que han continuado haciendo hasta el presente. El Rincón está cerca de San Antonio de los Baños, donde también estaban presentes las Hijas de la Caridad, en el colegio de La Santa Infancia.

Éste era una escuela para niñas, unas internas y otras no. Casi la mitad, y a veces más, de las alumnas, recibía una educación completa y una sólida formación de forma gratuita. Las monjas se las arreglaban para sostener la educación de todas con lo que pagaban las familias que podían hacerlo. Allí la caridad se recibía, se inculcaba y se practicaba. Entre otras obras, por ejemplo, todas las alumnas aprendían a coser y lo que cosían servía para vestir a los más necesitados del pueblo.

Esta dedicación al servicio de los pobres y los enfermos, y el ministerio maternal de la Santa Infancia, así como el gozoso sacrificio de la vida de aquellas mujeres, y todo por amor a Cristo, repercutía fuertemente en la arcilla todavía blanda de Aleido para dejar allí su huella. Su relación con las Hijas de la Caridad duraría toda su vida.

A su vez, la disposición de aquel muchacho, su interés en todo lo concerniente a la religión, y la piedad que ya se manifestaba en él, le hacían particularmente notable a los ojos de las hermanas.

Sor Francisca Jaúregui, santiaguera, ya fallecida, un alma santa y una mujer extraordinaria ella misma, conoció a Aleido unos pocos años después de llegar él a San Antonio, al ser ella destinada a la Santa Infancia, tras tomar los hábitos.

–«Yo lo vine a conocer precisamente cuando él se iba para el seminario. Al principio lo conocí por las referencias de las hermanas que lo conocían ya... Con la que él conversaba más era con la Superiora, Sor Caridad Miró».

Y nos lo decía anteriormente el propio Monseñor Román: –*«El trabajo evangelizador de las Hijas de la Caridad impactó a todos».*

Impactó a todos, y lo impactó, sin duda, a él; como tiene que haberle impactado sus conversaciones con Sor Caridad Miró. Ella era una religiosa española de impresionante capacidad de trabajo y suave, pero firme, don de mando.

Sor Hilda Alonso, de extensa hoja de servicios al pueblo de Dios en las Hijas de la Caridad y de gran lucidez cercana ya a sus cien años de vida cuando la entrevisté, recuerda que Sor Caridad tendría alrededor de 40 años cuando llegó a San Antonio de los Baños. Era de mediana complexión, animada conversación y gran determinación. Gozaba del afecto de toda su congregación y el respeto de los *ariguanabenses.*

Y no era para menos. Sor Eva Pérez recuerda algo que Monseñor Román contó a las hermanas en un desayuno en la Ermita, tras la anual renovación de votos. Genio y figura, Sor Caridad no vacilaba cuando había que arreglar algún entuerto. Así, hubo ocasiones en que la monja, para asombro de todos, entró a los bares del pueblo a altas horas de la noche y sacó de allí a algún que otro vecino pasado de tragos, recriminándoles el abandono de sus deberes de padres de familia por su apego al alcohol y los placeres que aquellos lugares ofrecían. Los así amonestados por Sor Caridad se apocaban delante de ella y volvían a sus casas... al menos por esa noche.

Despierta, pues, en el alma de Aleido la inquietud religiosa; alimentándose espiritualmente de la comunión diaria; auxiliado por

37

los conocimientos que recibía, por la camaradería de «su grupo» y por los ejemplos cotidianos de santidad sin aspavientos que advertía él en el padre Colmena y en las Hijas de la Caridad, su carácter y su sensibilidad iban moldeándose, cerca ya de esos momentos decisivos que experimenta cada ser humano en el umbral de la edad adulta. Le faltaban aún algunas vivencias fuertes –tentaciones y dolores– para graduarse de hombre, pero eso también vendría.

Así, al tiempo que otros, sin proponérselo, contribuían a cincelar y pulir al joven campesino, injertado como nueva flor en «el pueblo» y en la Iglesia; él, sin sospecharlo siquiera, estaba ya impactando a otros con lo que en él veían o creían ver. Todo trabajaba para el bien. Cualquiera diría que era el plan de Dios.

## 4. El joven Aleido

Para que los planes de Dios se cumplan, dice la Iglesia, hay que contar con el hombre y su libertad y, añaden algunos, con las condiciones del material humano, de ese ser libre que el Señor pone como protagonista de su proyecto.

Cualquier hombre o mujer de fe que, en los años 40 del siglo pasado, contemplase la trayectoria de aquel campesino adolescente, entregado entonces a sus estudios de bachillerato y a una práctica religiosa intensa, de la cual no había antecedentes en su infancia, hubiera tenido que concluir que Dios estaba trabajando en él, que algún plan tendría el Señor. Tal vez lo vieron así el padre Colmena y las Hijas de la Caridad, y, con seguridad, algunos de los muchachos del grupo.

Pero, en cualquier caso, ilustraría saber cómo era aquel material humano sobre el que Dios trabajaba, cómo era él, y cómo era su vida en esta etapa próxima ya a sus dos décadas de existencia. ¿Qué había en su diario quehacer, qué sentía, qué pensaba, a qué aspiraba?... ¿Cuál era la percepción que de él tenían los que le rodeaban?... ¿Cómo era Aleido Román?

Físicamente era un muchachón que ya había estirado un poco, pero que no sería de gran estatura. De mediana complexión, delgado, abundante y fuerte cabellera negra, bien parecido y de buen porte. Su mirada limpia tenía una expresión siempre serena, algunos dirían que con cierto aire de preocupación. Al comenzar los estudios de bachillerato, ya su voz había adquirido un tono potente y grave, algo cantarino. Todo esto envuelto en un criollo y sano sentido del humor que con frecuencia provocaba en él sonoras y contagiosas carcajadas. Pero lo mejor de él estaba adentro.

Para Iraida, su hermana, —«Aleido era muy cariñoso, sobre todo conmigo, que era la más chiquita». Hecta, la cuñada, no podría estar más de acuerdo: —«*Leyo* era muy cariñoso, muy cariñoso, era muy alegre, y era el que gobernaba en la casa. Él le decía a Nivaldo... esto, y lo respetaban como si fuera Rosendo. Todo el mundo lo respetaba».

Por otra parte, Aleido no tardó en llamar la atención de los que iban notando su presencia en San Antonio de los Baños, pues no era el suyo un caso ordinario. Era un muchacho «del campo», que comienza a estudiar en la Escuela Primaria Superior y a pesar de ser algo retraído, logra integrarse rápidamente al grupo de amigos de Romeo Rivas, Ranulfo Borges, Robertico Hernández, Pedro Olavarría, Tomás Celi, Rafael Valdés, etc. Un muchacho que se interesa por recibir instrucción religiosa y asiste a la iglesia, hace su Primera Comunión estrenando la adolescencia y rápidamente se hace miembro de la Acción Católica Cubana, dando, desde el principio, muestras de un entusiasta activismo. Alguien así no podía pasar inadvertido en un pueblo donde todos se conocían y todos sabían de todos.

–«A Aleido se le respetó desde primer momento que él ingresó en la Acción Católica, por su forma de ser, su amabilidad...» –nos dice Ranulfo Borges, amigo entrañable. –«A mí lo que me impresionó siempre de Aleido fue su bondad, su sinceridad cuando demostraba amor... él acogió al grupo con un amor extraordinario... Él era un muchacho normal, lo que no era un muchacho del pueblo...».

Sor Francisca Jáuregui, poco más de un año antes del deceso de Monseñor, recordaba aquellos tiempos y aquel muchacho: –«La impresión que él daba era de santidad, como es ahora. Lo teníamos como eso, porque él era así... Siempre se le veía esa inclinación a la piedad... un muchacho piadoso, recogido, de misa y comunión diarias»...

María Antonieta Herrera era lo más cercano a una confidente –ella y Romeo Rivas– para alguien que, como Aleido, no era nada extrovertido. Ella rememora todo vivamente: –«Él fue muy amable y muy bueno, él es un tipo de persona que tú lo conocías y lo tenías que querer. Primeramente, era muy noble, muy *amiguero*... era una persona muy piadosa... Él no comentaba nada de su vida espiritual... era amigable, pero no era una persona muy abierta... él estaba muy metido en él mismo y en la oración, siempre... Él era una persona siempre igual. Ese tipo de persona que tú la conoces y no tiene cambios en su carácter»...

Pero, mientras los más cercanos a él contemplaban admirados las virtudes que se manifestaban en su diario quehacer, sin que él hiciera ostentación alguna, ¿qué pasaba con su vida, cómo le iba en los estudios, cómo sobrevivía, qué alicientes tenía aparte de los de su fervor religioso?

Su padre, Rosendo, ya le había advertido que no había recursos para pagar sus estudios, que no se podía. Esto, sin embargo, no lo amilanó y comenzó el bachillerato, lo que implicaba un viaje diario de San Antonio a La Habana, al Instituto.

—«*Nunca nos faltó nada, pero en aquella economía hasta un modesto viaje diario a La Habana se sentía en el presupuesto... Cuando llegaba la hora del almuerzo teníamos mucha hambre y yo me comía los diez centavos del tranvía. Íbamos a pie para la educación física, tan lejos como el parque Martí y regresábamos a pie también. Había pobreza, pero nunca faltó lo necesario. A mí me daban cinco centavos para la merienda y yo me comía un duro-frío diario*».

Aunque en la Cuba de aquellos tiempos diez centavos tenían un poder adquisitivo inmensamente mayor al que tendrían ahora, no eran lo suficiente para pagar siquiera por un «*tente-en-pie*» medianamente decoroso y, además, era cosa de decidir si comer y agotarse caminando, o tomar el tranvía y pasar hambre. Un *duro-frío* no es más que un poco de zumo de alguna fruta mezclado con agua y algo de azúcar, congelado, y del tamaño promedio de un cubito de hielo. Ciertamente, no lo necesario para la alimentación de un cuerpo joven, saludable y en activo, aunque sí lo suficiente para el deleite simple de un cubanito *dulcero*... y conforme.

Testigo de aquellas duras circunstancias era María Antonieta: —«Cuando Aleido estudiaba en La Habana, había muy poco dinero, muy poco dinero. Yo te digo que él tuvo momentos de ir al Instituto con dinero nada más que para la guagua, porque no tenía para el *lunch*. Ellos estudiaron –Romeo y él– con mucho sacrificio, pero, jamás lo vi amargado o resentido por aquellas circunstancias».

Los pobres conocen bien eso de «*a mal tiempo, buena cara*», que no es otra cosa que un innato mecanismo de supervivencia, típico, además, del pueblo cubano. María Antonieta continúa recordando:

—«Nosotros éramos muy alegres... porque disfrutábamos tanto todo aquello... era una felicidad tan grande, aquella reunión que teníamos por las noches en el club de nosotros, de la juventud... un día jugábamos al ping-pong, a mí me enseñaron a bordar, y el Padre Colmena era uno más de nosotros»...

Llegados a este punto, a este momento en la vida del joven Aleido Román, con su grupo de amigos y amigas, sociable en el diario compartir no sólo de actividades religiosas, sino también de juegos y reuniones en la casa social de los católicos, estudiante en La Habana y calificado de bueno, simpático y amable, la pregunta que cae por sí sola es la del romance, la de la atracción sexual, las noviecitas...

—«Aleido nunca bailó –dice María Antonieta– y yo nunca lo vi enamorado de nadie. Siempre lo vi en mucha oración, pero, enamorado, no... Habría alguna muchacha a la que él le caía bien, porque era guapo y era un muchacho muy bueno, pero a mí nunca me dijeron nada».

Ranulfo hace memoria: —«Si tuvo alguna noviecita, interés en alguna muchacha, lo tuvo muy reservado... Su amor desde el principio, fue la Virgen. Lo suyo era la conversión de la gente, la conversión... su familia la convirtió completa, completica.

El propio Monseñor Román nos cuenta: —«*No tuve tiempo para novias... En mi tiempo no se podía hablar de noviazgo si no había ya la posibilidad de matrimonio... No se podía "pedir la mano" de ninguna muchacha si no había algún recurso para casarse. Estudiaba, sin pensar mucho en eso. Se compartía entre los jóvenes y las jóvenes, en el grupo de Acción Católica. Todavía comparto con ellos cuando vienen a Miami.*

—«*En estos días me han preguntado, precisamente en un programa que tuve en Radio Mambí, me preguntaban que si yo había pensado en formar una familia, en enamorarme, en tener una esposa... Yo creo que sí, que yo pensé como hasta los 16 años que yo llegaría al momento en que tendría que formar mi familia. Ahora bien, en el campo que viví y en el medio que viví, ahí sí que no se podía pedir una muchacha si uno no tenía ya una edad, y no tenía un trabajo, porque los padres de familia le decían a uno: ¿con qué va Ud. a hacerle frente a esto?... Eso era una costumbre del campo de Cuba, esa mentalidad la tenía siempre. Eso de "enamorar por andar alegre", ni pensarlo en el campo de Cuba.*

*—«En el campo de Cuba cuando se hacía un noviazgo, ya Ud. tenía que ir pensando en eso con responsabilidad, y desde ese momento las mujeres empezaban a tejer, y empezaban a bordar, y el hombre a buscar sus chavos, porque no lo podía hacer bien sin hacer eso».*

Y era eso exactamente lo que su mamá quería para él. Juana María, como cualquier otra madre, soñaba con el futuro de su hijo, con la posibilidad de tener nietos... Iraida, la hermana, nos cuenta:

—«Yo había oído que, antes de él irse para el seminario, a mi mamá le gustaba una muchacha para él, y quería que él se enamorara de ella, pero él, no. Él tenía su vocación desde niño, desde que nació él tenía su vocación, porque un niño que no sabía de religión, que no viera eso en su casa, porque no es que fuéramos de otra religión, ni nada, ni que estuviéramos en contra, pero no se practicaba... Él tenía la fe en su corazón, de él mismo salían todas esas cosas».

Aquellas cosas que salían de su corazón y le ganaban el respeto y la admiración de sus compañeros de estudios y sus amigos de la Acción Católica, no eran, sin embargo, apreciadas por todos. Aleido conocería temprano el alto precio de la fe.

## 5. El temprano precio de la fe

—«Alguien me dijo a mí un día que Aleido no le caía bien, que era un hipócrita, que no tenía la forma de Romeo», recuerda Ranulfo Borges.

Nada de extrañar, que ya sabemos que en los campos del Señor, crece la cizaña junto con el trigo y de tal plaga no han estado nunca exentos ni siquiera los comprometidos de alguna forma con tareas apostólicas. Eso de poner en tela de juicio la autenticidad de los sentimientos religiosos de alguien así involucrado, no es cosa nueva, ni de una época en particular, por el contrario nos ha acompañado desde que Caín sintió celos de su hermano Abel. En el barro del que estamos hechos no es difícil hallar, junto con alguna buena semilla, un guijarro con olor a sacristía.

Valga recalcar que, de acuerdo a Ranulfo, aquel infundado comentario lo fue de una persona nada más y no parece que Aleido se hubiera enterado.

Pero eso no era todo. Había una realidad circundante de la que yo creo que no ha escapado ningún cubano integrado en la Iglesia, lo mismo en tiempos remotos, que en los años de este relato, cuando Aleido llegaba a la Acción Católica Cubana y también posteriormente, me atrevo a afirmar que hasta el día de hoy.

Desde los tiempos de la colonia española, pero muy notablemente a partir de la independencia, el 20 de mayo de 1902, existía en Cuba un fuerte anticlericalismo cuyos orígenes se encontraban, entre otras causas, en la estrecha vinculación que había existido entre la corona española y la jerarquía católica en la Isla. El estado español subvencionaba a la Iglesia, los obispos no podían ser nombrados sin el visto bueno de las autoridades peninsulares y aunque algunos sacerdotes mostraban simpatías por la causa independentista, e incluso algunos de ellos formaron parte del Ejército Libertador, la gran mayoría del clero, integrado por españoles en su casi totalidad, había predicado contra los *mambises* y a favor de España.

En el Vaticano, los dos papas que habían reinado durante los años de la lucha por la independencia de Cuba, el hoy beato Pío IX y su sucesor, León XIII, golpeados por la pérdida de los Estados Pontificios, ocurrida durante el pontificado del primero, esperaban ganar el apoyo de España para una eventual recuperación de los mismos, algo que nunca ocurrió, pero que fue determinante en la política de la Santa Sede que, dadas las circunstancias, no veía con buenos ojos la emancipación de Cuba de la Madre Patria.

Por otra parte, las logias masónicas habían sido, por regla general, centros de conspiración contra el régimen colonial y muchos y muy notables patriotas eran masones, aunque al mismo tiempo muchos conservaban las tradiciones de la religiosidad popular. Llegada la república, el prestigio de la Iglesia y la influencia de la misma en la vida pública, se vieron entendiblemente reducidos al mínimo. Esta situación se extendió por muchos años, mantenida también, en buena medida, por la labor de zapa de los comunistas. No fue hasta mediados de los años 40 que la Iglesia jerárquica comenzó a gozar, poco a poco, de la consideración de la sociedad civil de Cuba.

Otro importante factor era, y tal vez sigue siéndolo, el machismo intrínseco de la idiosincrasia cubana. Ir a la iglesia, mostrar devoción, y andar entre curas y monjas, no era *«cosa de hombres»*, y por tanto, la militancia masculina en las filas del catolicismo era muy reducida. Por regla general, los hombres acompañaban a sus esposas o a sus novias hasta la puerta del templo y las esperaban allí al terminar la misa, ellos no entraban. Hablar mal de los sacerdotes y acusar de hipocresía a los practicantes no era nada raro.

La mayor parte de los cubanos –y muchas cubanas también–, presumían de ser *«católicos a su manera»*, es decir, que creían *«en Dios y en los santos»*, pero *«no creían en los curas»*. Así, no veían contradicción alguna en proclamarse católico y masón, o católico y santero al mismo tiempo; bautizar los hijos y, si acaso, permitir que hicieran la Primera Comunión, pero preocuparse y hasta alejarlos, si estos, sobre todo los varones, mostraban demasiada inclinación a la práctica religiosa. Llegadas las fiestas patronales, iban a la procesión, «*se mataban*» por «*cargar al santo*», pero, hasta ahí llegaba su catolicismo.

En ese ambiente, ser varón; niño, adolescente o joven y estar «*metido en la iglesia*» no era nada fácil. Las burlas de los compañeros de escuela y de los muchachones mayores eran bien hirientes. Te llamaban «*curita*», «*calambuco*», «*ratón de sacristía*» y cosas peores aún. Ponían tu masculinidad en tela de juicio y te excluían del grupo. Si eras monaguillo, peor aún. Muchos adultos te miraban también como «*algo raro*» y tenías que sobresalir mucho en los deportes o tener un buen historial de gaznatones propinados a los abusadores, para que atenuara el acoso o lograras consideración.

Pasar por tanto hostigamiento y no sentir lastimado el amor propio, eso que hoy llamamos auto-estima, era punto menos que imposible y explica en gran medida por qué tantos niños católicos no perseveraban en la práctica. Solamente los de temprana madurez y fe profunda podían pasar esa prueba de fuego.

Si lo anterior era cierto en cualquier lugar de Cuba, era una verdad más cruda aún en los pueblos pequeños, donde las mismas personas se ven constantemente y no es posible cambiar de ambiente. «*Pueblo chico, infierno grande*», dice el refrán y San Antonio de los Baños no era la excepción en ese sentido.

Emildo Leal era contemporáneo de Aleido, pero completamente diferente. Era uno de aquellos muchachones formados en ese ambiente de machismo y estereotipos, sin formación religiosa de tipo alguno. Él mismo nos cuenta:

–«Me da pena no haber compartido con Román nunca... él se paraba al lado de mi casa, con la vecina, que él se llevaba muy bien con ella y pasaba los ratos parado allí, conversando con ella, pero a mí él me repugnaba. Me repugnaba en el sentido de que yo me crié jugando pelota, nadando en el río y esas cosas... no frecuentaba la iglesia, no tenía relación ninguna con personas religiosas, es más, lo consideraba menos, en el sentido de que él era un muchacho joven y era religioso... Él no participaba en los juegos de pelota, no andaba en el río... ese no era el ambiente de él... Yo lo recuerdo y me duele, porque fue una amistad que no cultivé en San Antonio, teniendo la oportunidad. Yo le pasaba por el lado y ni lo saludaba... Yo no lo consideraba una persona normal... como él era religioso y la religión a mí me importaba un pepino, yo lo menospreciaba. Eso hoy me duele, porque él fue un muchacho intachable».

Mayda Cuervo, esposa de Emildo y también *ariguanabense,* recuerda bien como era aquello:

—«Tú sabes que los muchachos, muchas veces, en los pueblos, cuando se encuentran con un muchacho que lleva una vida tan fuera del ambiente de la juventud... y él era tan dedicado a la Iglesia, pues... lo miraban mal, pensaban que... Se burlaban de él, consideraban que no era hombre, cosas así que pasan en los pueblos. Nunca se le conoció una novia, pero tampoco se le conoció nada fuera de lo normal de un hombre».

Directa o indirectamente, aquellas burlas y la visión peyorativa de los que pensaban como Emildo, tenían que llegar a Aleido como una punzante realidad. Él, sin embargo, no dejaba que esto le perturbara y se fortalecía en la fe que había encontrado. Así, aunque le doliese el precio que pagaba por ella, él estaba seguro ya de haber escogido «la mejor parte» y esa convicción impedía que las chanzas y vituperios dejaran huella permanente en él:

—«*No tuve problemas con las burlas de los compañeros. En San Antonio de los Baños, que era el segundo pueblo más comunista de Cuba, se ridiculizaba mucho a la fe, pero eso no me afectaba. Yo me nutría de la lectura y de la reunión semanal del Círculo de Estudios de la Juventud Católica».*

En el caso particular de Emildo Leal, la equivocada impresión que tuvo en su juventud sobre aquel coterráneo suyo que prefería la misa al juego de pelota, cambiaría radicalmente y sería después un efectivo acicate para su propia experiencia de fe:

—«Yo tuve la gran suerte de que, a mis treinta y pico años y aquí en el exilio, mi hermano Efrén, que se había integrado a la Iglesia y era muy activo en el movimiento de Cursillos de Cristiandad, comenzara a hacerme un apostolado, tratando de captarme, a lo que yo me negaba, porque seguía pensando igual que cuando estaba en San Antonio. Incluso, yo me ponía a estudiar sobre la Iglesia, para poder discutir con él y combatirlo cuando él trataba de convertirme, al punto que él desistió de hablarme más de esas cosas. Hasta un día, que yo le pedí una planilla para ir a un cursillo. Efrén creía que yo lo hacía para mortificarlo...

–«En fin de cuentas –continúa Emildo– un día fui a Cursillos y me encontré con una realidad completamente distinta a todo lo que yo pensaba, y entonces me enamoré de Cursillos, y trabajé unos 25 años en el Movimiento.

–«Yo fui a un Cursillo aquí en un aniversario de mi boda, un 27 de enero, y al año precisamente, estando yo en una Ultreya en la Catedral, resultó que allí estaba el padre Aleido Román, fresco en este exilio, sería el año 67 ó 68. Y allí mismo yo le pedí perdón: –«Te pido perdón porque yo no te consideré, te menosprecié, y la verdad es que me duele, porque, en definitiva, tú eres cuarenta veces más hombre que yo».

–«Y él me dijo: –«*No, chico, si a uno le da tanta alegría cuando una persona que ha vivido de espaldas a la Iglesia empieza a caminar los caminos del Señor... Olvídate de eso que, de aquí en adelante, es cuando en realidad cuenta. Mira –me dijo– si hay alguien en el exilio que tiene que decir ¡Gracias, Fidel!, eres tú... Sí, porque si no hubiera sido por los problemas de Cuba, tú todavía estuvieras de militar en Cuba y de espaldas a Dios... Fíjate qué cosa más linda: tuviste la oportunidad de acercarte a Dios aquí en el exilio*».

Emildo no puede ocultar la emoción que sus recuerdos le traen. Y concluye:

–«Si el Papa me llamara ahora y me preguntara, yo le diría que si alguno tiene la prerrogativa de ser santo, ése es Román, porque su vida fue la vida de un santo. Era un verdadero hombre de Dios al servicio de toda la humanidad».

Monseñor no hablaba mucho de ello, pero, ya vemos que desde muy temprano en su vida de fe había conocido de los consuelos y de los tormentos que acarrea el tratar de seguir al Hijo del Carpintero, y, sin que él mismo se diera cuenta, estaba venciendo esta primera etapa de su vida como católico, de su estar en la Iglesia y «ser Iglesia», con colores brillantes. La tentación de gozarse en la admiración de los que le acompañaban en el apostolado, la tentación de «creerse bueno» por los comentarios halagadores de los que lo alababan por su piedad, las vencía de inmediato con su natural humildad. El dolor de las incomprensiones y los juicios temerarios de los escépticos y los incrédulos, lo remontaba con la convicción de que valía la pena cualquier sufrimiento con tal de seguir al Señor.

Aleido sentía que había descubierto un tesoro y con todo el ímpetu de su juventud y con la perseverancia del campesino que sabe que el gozo que da la fruta recompensa con creces los trabajos de la siembra, estaba dispuesto a pagar el precio de su escogimiento.

Dios empezaba a susurrar en su oído. Algunos dirán que lo estaba probando. Yo prefiero pensar que, simplemente, le daba entrenamiento.

## 6. El susurro de Dios

Dios no le habló desde una zarza ardiente como hizo con Moisés; no lo llamó con un imperativo «¡*sígueme!*» como Jesús a Mateo, ni le habló desde el crucifijo como a Francisco de Asís. Dios se fue infiltrando poco a poco en su ser, igual que el agua adquiere calor sin prisa alguna, y llegado el momento, hirviendo ya, impregna completamente el café molido para sacarle todo su aroma, su sabor y su potencia.

Dios no lo llamó con voz estentórea, ni de un modo espectacular. Dios lo fue conquistando, lo fue embullando suavemente, como un susurro en su oído. El susurro de Dios le llegó por la compasión... «*por ver tanta gente que no conocía a Dios*».

—«*Desde el principio comenzó en mí una pasión por el apostolado... Yo había decidido ser sacerdote desde los 16 años. Más que una vocación sacerdotal era una vocación apostólica. No comenzó como en otros, por la liturgia, etc., sino por ver tanta gente que no conocía a Dios. En esos tiempos no había una gran visión misionera de la evangelización, como la que hay hoy, algo que viví en Chile y conocí en Pinar del Río, donde había muchos misioneros en el campo. Las misiones en el campo que hacía Monseñor Pérez Serantes en Oriente no eran comunes en otras partes de Cuba.*

—«*El campo cubano estaba sin evangelizar. Lo que había de religiosidad era el legado de los canarios... los altares, la Cruz de Mayo, etc., que no tenían nada que ver con la santería, pero tampoco con la Iglesia. Nadie se casaba por la Iglesia, y era por desconocimiento. Por eso empecé por la Acción Católica y comencé a dar catecismo en la casa, a los 16 años*».

Su hermana Iraida recuerda bien lo que pasaba en la finca cuando Aleido llegaba de San Antonio de los Baños, los fines de semana:

—«Él preparaba para la Primera Comunión a todos los niños del barrio, de todas las fincas cercanas, muchísimos muchachos. Él pasaba por las fincas, invitando a las familias a enviar a sus niños para que se prepararan, él los catequizaba. Una mañana se hizo la Primera Comunión, yo la hice también junto con todos esos niños que él preparó. El sacerdote que fue a dar la Primera Comunión fue el padre Miguel Colmena… le dio la comunión a todos los niños, y nosotros hicimos una fiestecita. Después, Aleido empezó a hablar con los matrimonios del barrio, con todos los que estaban casados por lo civil nada más, y el padre los casó por la Iglesia».

Aquello, pues, que él llamaba su «vocación apostólica» llegó con fuerza arrolladora, y lo puso a echar las redes para el Señor apenas evangelizado él mismo, tras hacer su Primera Comunión.

Para un adolescente introvertido como era Aleido, eso de tocar a las puertas de los vecinos de la finca donde él vivía y de las fincas colindantes y comenzar a hablarles a tantas familias desconocedoras de la fe y alejadas de la Iglesia, de la necesidad de enviar sus hijos «a la doctrina» y de la no menor necesidad de recibir el matrimonio sacramental después de estar años unidos en un matrimonio de hecho, no puede haber sido tarea fácil, al menos en sus comienzos. Sin embargo, a él lo impelía el no poder guardar para sí solo el tesoro que había descubierto y así, poco a poco, el novel catequista iba viendo el fruto de su labor.

Allá en Casas Viejas… –«*Se traía al sacerdote una vez al año, por tres noches, a misionar. Era en la misma casa. La misión terminaba con una misa en el local donde se quedaban las carretas, que se adaptaba bien adornado. Se hacían las primeras comuniones. Así la hicieron mis hermanos. Se convalidaban los matrimonios, etc. Ahí empezó mi vocación sacerdotal, pero, así, sin darme cuenta*».

Así, sin que él se diera cuenta, el susurro de Dios lo estaba animando. En el pueblo, donde él estaba de lunes a viernes estudiando en «la Superior», no era menor la actividad evangelizadora.

–«Aleido estuvo de catequista antes que yo –nos dice María Antonieta. Después que yo hice la Comunión me prepararon para la catequesis… Había dos o tres grupos… el pueblo se divide en tres: Palenque, Punta y Loma. Nosotros estábamos en La Punta, donde quedaba la iglesia, en la cuadra de mi casa, pero el padre Colmena quiso que Aleido y yo fuéramos al Palenque, eran como 20 ó 30 niños»...

–«Después que los niños hacían su Primera Comunión, a los 7 u 8 años, ingresaban en los Aspirantes. Como su nombre indica, eran niños que aspiraban a ingresar, cuando arribaran a los 14 ó 15 años, en la Federación Masculina de Acción Católica Cubana, los "Jóvenes Católicos"».

Aquellos niños, la Iglesia los iba preparando con reuniones semanales, círculos de estudio sobre la Sagrada Escritura y la Doctrina Social de la Iglesia. Se les atraía practicando deportes, juegos de salón, teatro, etc.

Ranulfo Borges fue testigo del trabajo de Aleido: –«Cuando se fundó el grupo de niños, los Aspirantes, Aleido fue extraordinario... ¡Cómo dirigió a esos muchachos!... Llegó a reunir un grupo grande. Me acuerdo que él preparó al hoy diácono Rey Ortega, que después estuvo en el colegio Padre Varela».

Aquella dinámica respuesta de Aleido a su «vocación apostólica», no fue más que el primer paso en la consolidación de su vocación sacerdotal. El susurro de Dios, no era otra cosa que el enamorador llamamiento del Señor a la entrega total de su vida en favor de aquella «*gente que no conocía a Dios*», y él no pudo, ni quiso, decirle no al Señor. A sus 16 años de vida, tal y como él mismo nos lo contaba, tomó firmemente la decisión de seguirle sin condiciones:

–«*Yo sentía la vocación, casi con la primera comunión. No se lo decía a nadie, pues había mucho negativismo, solamente lo confiaba al confesor... Rivas tuvo mucho que ver con mi vocación, él tenía una gran devoción a la Eucaristía y mucha facilidad para la catequesis. A mí me costó mucho predicar, siempre, pero a él, no*».

Pocos años después, al comenzar en el seminario el rezo diario de la Liturgia de las Horas, Aleido encontraría en uno de los himnos del breviario la completa explicación de su llamamiento.

Este himno se convirtió en su oración predilecta y lo rezó –más, bien lo vivió– hasta el último día de su vida:

SEÑOR, TÚ ME LLAMASTE

Señor, tú me llamaste
para ser instrumento de tu gracia,
para anunciar la buena nueva,
para sanar las almas.

Instrumento de paz y de justicia,
pregonero de todas tus palabras,
agua para calmar la sed hiriente,
mano que bendice y que ama.

Señor, tú me llamaste
para curar los corazones heridos,
para gritar, en medio de las plazas,
que el Amor está vivo,
para sacar del sueño a los que duermen
y liberar al cautivo.
Soy cera blanda entre tus dedos,
haz lo que quieras conmigo.

Señor, tú me llamaste
para salvar al mundo ya cansado,
para amar a los hombres
que tú, Padre, me diste como hermanos.
Señor, me quieres para abolir las guerras,
y aliviar la miseria y el pecado;
hacer temblar las piedras
y ahuyentar a los lobos del rebaño. Amén.

No, Dios no le habló desde una zarza ardiente. Dios le puso a arder su corazón para que su fuego iluminara a los demás, y él aceptó, gozoso, el llamamiento a «quemarse» por Dios. Pero no todos iban a entenderlo.

## 7. «Aleido se va a meter a cura»...

—*«Al terminar el Bachillerato, ya le planteé lo de la vocación en serio al confesor, pero éste me dijo: —"Tú tienes que ayudar primero a tu padre, para que él pueda sacar adelante a tu hermano, y que tu hermano después pueda ayudar con tu hermana".*

—*«Yo nunca le dije a nadie que iba para el seminario, porque no veía a nadie que pudiera darme un buen consejo y yo nunca le he pedido consejo a quien no me lo puede dar adecuadamente... Hablé con el padre Benito Ávila sobre mi vocación, pero éste no me entusiasmó mucho, por el estudio del latín».*

El padre Ávila había sustituido al padre Colmena en la parroquia *ariguanabense* y aparentemente, no pensaba que Aleido pudiera hacer realidad su sueño de ser sacerdote. Sin embargo, el escepticismo del buen cura, no descorazonó al joven apóstol. Por otra parte, su mutismo sobre el tema, una vez decidido a seguir su llamamiento, tuvo sus excepciones, y éstas fueron dos o tres amigos de los del grupo, condiscípulos del Instituto y federados como él en la Juventud Católica. Rivas, desde luego, que estaba entonces tratando de discernir su propia vocación; Ranulfo Borges...

—«Yo recuerdo que un día salíamos del Instituto... —nos dice Ranulfo. Íbamos caminando desde el Instituto hasta la Plaza del Vapor, que era donde estaban las guaguas para San Antonio. Al pasar por el Capitolio, Romeo me dice: —"Adelántate, tengo que decirte una cosa de Aleido". Ya ellos estaban en el cuchicheo. Entonces, Romeo me dijo que ya Aleido se había decidido a irse para el seminario, y dijo: —"Eso mismo te iba yo a decir de mí"... Lo recuerdo clarito, clarito»...

Que Aleido diera a conocer a sus amigos más íntimos su decisión definitiva de hacerse sacerdote, frente al majestuoso edificio del Capitolio Nacional, tiene que haber sido obra de la casualidad. Sin duda, pudo haber ocurrido unos pasos antes, o unos pasos después, frente la fuente de la India o vaya Ud. a saber dónde. No es cosa de buscarle simbolismo a todo, ni de creer a pie juntillas lo que algunos dicen sobre un dios a quien le encanta darle pistas a sus hijos o jugar con ellos a las adivinanzas. Habría que pensar que tal vez hubiera querido indicar que aquel sacerdocio que allí se anunciaba y la patria que el Capitolio representaba, estarían ligados para siempre de un modo especial. Cosas de «*calambucos*», según dicen por ahí…

Lo que sí sabemos con certeza de la cautela al revelar su decisión, es lo que el propio Monseñor ha dicho: «*no se lo decía a nadie, pues había mucho negativismo, solamente lo confiaba al confesor… nunca le dije a nadie que iba para el seminario, porque no veía a nadie que pudiera darme un buen consejo*»… Para poder aquilatar la soledad de aquella búsqueda, primero, y su consecuente acatamiento del llamado de Dios, tendríamos que remitirnos otra vez a aquel ambiente anticlerical que imperaba entonces en Cuba, a aquel escepticismo conque muchos miraban a los que practicaban la religión y ponían en duda las motivaciones de su fervor religioso. Pedir consejo que le ayudara a discernir si lo que él sentía era o no «la voz de Dios» a alguien que no estuviese imbuido como él, de una fe sincera y honda, hubiera sido recibir de seguro el golpe de aquel negativismo que, sobre esos temas, permeaba el ambiente.

A los que conocían bien a Aleido, sin embargo, no les sorprendió su determinación. Sor Francisca Jaúregui, ya anciana y en Miami, recordaba vivamente aquellos días en San Antonio de los Baños: ―«Todo el mundo pensaba, por la manera de ser de él, que iba a ser sacerdote, que se inclinaba hacia eso… a nadie le extrañó».

María Antonieta Herrera recuerda también: ―«Cuando nos enteramos de que Aleido iba a estudiar para sacerdote, a mí no me extrañó nada. Me extrañó del padre Rivas, pero de él, no… Romeo bailaba mucho y era diferente. Tenía su novia… yo nunca lo imaginé… Pero, Aleido… a él se le estaba mirando la santidad»…

Para sellar su decisión, a Aleido le faltaba solamente compartirla con los que más quería, decírselo a sus padres. Y no sería nada fácil.

Hecta, su cuñada, no ha olvidado la reacción inicial de Juana María y Rosendo, cuando su hijo mayor les habló al respecto: –«Cuando él dijo que quería meterse a cura, mucha gente lo criticó, cantidad de personas, pero él... esa era su decisión. Rosendo y Juana, figúrate... pero, lo dijo él y lo tuvieron que aceptar. Ellos se pusieron muy tristes, porque pensaban que lo iban a perder. Juana María sufrió muchísimo».

Iraida su hermana, niña todavía, trataba de entender lo que estaba pasando en la familia. Eran días difíciles, de esos que no se olvidan: –«Al principio fue terrible la situación con mamá, y con pipo también, porque no entendían, ellos no comprendían, no sabíamos de eso… Mi mamá quería tener a todos sus hijos en la casa. La decisión de Aleido de estudiar para sacerdote fue para ella como un desprendimiento… ella entendió que él quería estudiar, cosa que no era normal en el campo....en la finca los guajiros seguían trabajando.... nadie estudiaba».

–«Cuando él les dijo que quería ser sacerdote, mi papá le dijo que esperara, que era mejor que lo pensara... querían que él se casara... Él les dijo que él tenía la vocación, pero –*Si Uds. quieren que yo trabaje para mis hermanos, yo voy a trabajar hasta que ellos terminen*".

–«Mis padres pensaban que él iba a cambiar de idea, porque ellos no querían, ellos eran católicos de rezar, pero no conocíamos la Iglesia, porque vivíamos campo adentro, no éramos una familia de práctica, de ir a misa los domingos, porque era muy difícil... Mi mamá creía que lo iba a perder, y él le dijo: –*Mira, mamá, él único que va a estar al lado tuyo toda la vida soy yo. Los otros se van a casar y tú no vas a tener más que a mí. Por bien que se porten ellos, yo soy el que voy a ocuparme de Uds.*" Ella decía que tener un hijo sacerdote era como perderlo... No comprendían».

No comprendían, nos dice Iraida, y, valga la paradoja, esto es fácil de comprender. Al contrario de España, de donde arranca el catolicismo cubano, no existía en Cuba, ni siquiera entre las familias practicantes, la expectativa o la tradición de tener un hijo sacerdote y la isla no era tierra fértil para las vocaciones. Entre los cubanos de aquellos tiempos –sospecho que ahora también– que un hijo decidiera «meterse a cura», era, efectivamente, perderlo. Sólo los laicos de una fe bien cultivada podían ver como un privilegio el ser «llamado por Dios» a su servicio en la Iglesia.

Que los padres se negaran, al menos en el principio, a que un hijo optara por el sacerdocio, era lo usual y lo esperable y esto incluye, repito, a familias practicantes, aunque entre éstas, desde luego, fuese menor la resistencia que en los casos como el de Monseñor, vocación surgida en una familia creyente, pero no practicante. En los casos extremos había hasta hostilidad y ruptura de parte de los padres. En la mayoría, se trataba de una suerte de desasosiego inicial ante la perspectiva de un futuro donde el hijo, al final, «se quedaría solo, sin esposa y sin hijos en su vejez» y donde los padres, de inmediato, serían separados de la vida del hijo.

Enfrentar semejante situación no era nada fácil, pero, cuando la vocación era cierta, cuando quien la sentía estaba convencido de que respondía con ella al llamamiento divino, los padres, tras la oposición inicial, terminaban por consentir primero y bendecir después la decisión del hijo.

Mirando en retrospectiva, Monseñor trataba de minimizar aquellas dificultades: –*«Mi familia nunca se opuso a mi vocación, pero tal vez no era lo que ellos hubieran querido para mí entonces. El irme yo a Matanzas* (al seminario) *fue muy duro para ellos... Yo escribía casi semanalmente a mis padres y en las vacaciones iba para la finca. Ellos no entendían mucho de esto, además, papá era muy pobre y aunque nunca nos faltó lo necesario, esto era un sacrificio muy grande».*

¿Cómo entender la aparente contradicción entre lo que Monseñor nos dijo al respecto y la realidad de aquella reacción inicial de sus padres al plantearles él su decisión de hacerse sacerdote? Para captar la real dimensión de sus palabras y lo que de él mismo revelan, es preciso haber conocido muy de cerca al anciano obispo que respondía así a mi pregunta sobre aquel *guajirito* que había decidido «meterse a cura».

Al largo de mis 45 años de cercana amistad con Monseñor Román y, muy especialmente durante los once o doce años en que él me estuvo dando los datos de su vida para este libro, pude darme cuenta de que él trataba siempre de disminuir la importancia de todo aquello que implicara algún mérito para su persona.

Así, por ejemplo, las penurias que pasó para poder estudiar en La Habana (almuerzos de diez centavos y un duro frío), las burlas de algunos al ver su religiosidad (–*«No tuve problemas con las burlas de los compañeros... eso no me afectaba»*), sus sufrimientos de prisionero de los castristas cuando la invasión de Playa Girón y cuando su expulsión de Cuba, que veremos más adelante; su intervención en los motines de «los presos del Mariel», y otros episodios de su vida al servicio de Dios y sus hermanos, eran temas en los cuales él omitía o minimizaba todo lo que pudiera verse como producto de sus virtudes, su saber o su temple. Nunca trató de presentarse como alguien que había sufrido por la fe, sino que hablaba siempre de la alegría de la fe.

Además, era un hombre de amplias perspectivas, que lo remitía todo al cumplimiento final de los planes de Dios. Era bueno todo lo que, en última instancia, correspondiera al cumplimiento de la voluntad divina, aunque tal vez en un principio no se hubiera visto así. De ahí que la oposición de sus padres a su deseo de hacerse sacerdote, que fue sólo una reacción primera que después cambiaría por la aceptación, la cooperación y el gozo; él la viera más desde el resultado final que desde el disgusto inicial y así, habla de lo duro que fue aquello para sus padres, pero no menciona siquiera lo duro que tiene que haber sido para él también.

Retomando nuestra historia, Aleido sigue el consejo de su confesor, y llega al acuerdo con sus padres de retrasar su ida al seminario y trabajar para ayudar a costear los estudios de sus hermanos. Terminado el bachillerato, comienza, pues, a trabajar:

–*«Fue por la familia que yo fui dos años maestro en La Salle, para dejar a mi hermano encaminado estudiando Comercio... Entré como maestro en el Colegio La Salle de Marianao. Era maestro de primer grado y también cuidaba a los internos. Me aprovechó mucho el espíritu de los hermanos de La Salle».*

Mientras tanto, no se perdía el tiempo:

–«*Rivas también se había decidido por el sacerdocio, después que yo. Él tenía mucha devoción por el Santísimo y así había sentido la vocación... Él y yo nos íbamos a ver al padre Colmena, que ya era capellán del Cementerio de Colón, en La Habana. Él nos daba latín. El latín es desordenado en los elementos de la oración, pero, se hacía lo que se podía.*

–«*El Obispo de Matanzas, Monseñor Alberto Martín Villaverde, tenía el plan de fundar un seminario para vocaciones tardías, para hombres que hubieran terminado el Bachillerato y tuvieran experiencia apostólica en la Acción Católica. Monseñor Martín había sido profesor del padre Colmena*».

Fiel a su compromiso, Aleido permaneció trabajando en el colegio La Salle hasta que Nivaldo e Iraida terminaron sus estudios respectivos.

–«Cuando nosotros terminamos, –nos refiere Iraida– él me preguntó si yo no iba a seguir estudiando. Yo le dije –"Yo tengo novio, y papá no me deja ir a estudiar a La Habana"... Eso fue cuando terminé el octavo grado, que no me dejaban. Mi hermano había terminado la Academia Pitman Commercial... – *"Entonces ¿ya Uds. no van a estudiar más?"*».

–«Habló con mis padres y les dijo –*"Ya yo voy a entrar en el seminario"*».

## 8. El seminarista

Con sotanas blancas, en el patio del seminario,
Romeo Rivas y Aleido Román (ca. 1951)

—*«Al fin Rivas y yo fuimos a ver a Monseñor Martín Villaverde, que era un gran filósofo y un gran matemático. Él mismo
nos abrió la puerta con gran naturalidad... Fue un encuentro impresionante. Era un hombre muy sencillo, que montaba en guagua
en su diócesis, pues no tenía automóvil. Para nosotros fue decisivo
y quedamos convencidos en la primera entrevista.*

—*«Él quería vocaciones tardías en vez de vocaciones que
usualmente comenzaban a los doce años... Él quería que toda vocación llegara ya con mayor madurez... Consideraba él que todo lo
demás, bachillerato, y todo eso, era simplemente una preparación.*

—*«Quiero gente que quiera reventarse por Dios, sacerdotes
que no esperen, sino que salgan a buscar —nos dijo. Yo les aviso».*

Monseñor Alberto Martín Villaverde, Obispo de Matanzas entre 1938 y 1960, era un habanero impresionante, tenía el porte de un príncipe y la humildad de un siervo. Al ser consagrado en la Catedral de San Carlos, en la Atenas de Cuba, se convertía, a sus 34 años, en el obispo más joven del continente americano. Hombre inteligente, con visión de futuro y gran celo pastoral, soñaba con expandir la misión de la Iglesia en Cuba, a través de una mayor acción cívica en la vida nacional y a través de las «misiones parroquiales», que eran campañas evangelizadoras de cada parroquia en sus propios vecindarios.

Este proyecto, enmarcado primero en su diócesis, comenzaba por dos obras de gran envergadura que marchaban paralelamente, una era el Colegio Padre Varela y la otra, el Seminario San Alberto Magno, ambos localizados en el municipio de Colón, al sur de la provincia matancera, el primero para formar laicos comprometidos desde la infancia y el segundo para estimular y acoger las vocaciones sacerdotales.

Monseñor Martín Villaverde falleció repentinamente en noviembre de 1960, cuando el hostigamiento de la revolución contra la Iglesia estaba en su apogeo. A pesar de ello, al saber de su muerte, muchos hogares y comercios de Matanzas cerraron sus puertas y pusieron crespones de luto en homenaje al pastor fallecido.

Este sacerdote, este obispo, este cubano, fue uno cuyos pasos el seminarista Aleido Román se propuso seguir. Dejemos que el propio Monseñor Román continúe contándonos:

–«*Lo primero que hizo el obispo fue traer a los canadienses. La gente no quería que cambiara al padre Puig, párroco de Colón y encargado a una amplia zona. Puso a los canadienses en Colón, Manguito, Arabos, San José de los Ramos, Martí... El obispo pidió a los canadienses que hicieran colegios parroquiales, algo que ellos cumplieron rápidamente. Las monjas canadienses de la Congregación de la Inmaculada Concepción eran mujeres muy cultas, muy preparadas para la enseñanza*».

«Los canadienses» eran sacerdotes miembros de la Sociedad de Misiones Extranjeras de Québec, Canadá. La Sociedad había sido fundada en 1921 por los obispos francoparlantes de la Iglesia canadiense y, como su nombre indica, su carisma más acentuado es la difusión del Evangelio a través de las misiones. Llegaron a Cuba, a finales de los años 40 del siglo pasado, respondiendo al pedido de Monseñor Martín Villaverde. Los sacerdotes aquellos que llegaban a Cuba se distinguían, además, por su don de gentes y por su espíritu de solidaridad con las necesidades de sus fieles, las materiales tanto como las espirituales.

Al llegar a Matanzas con la docencia como parte esencial de su misión, el obispo les puso como ejemplo La Progresiva. Éste era un afamado colegio presbiteriano establecido en la ciudad de Cárdenas, al norte de la provincia. Su excelente plan de estudios y su inteligente método catequético lograba formar, desde niños, a los que al graduarse serían, por regla general, ciudadanos notables y firmes baluartes de su fe. Muchas familias matanceras de tradición católica, matriculaban a sus hijos en el acreditado colegio, no obstante su distinta filiación religiosa:

–«*El obispo tenía su plan: ofrecer a los católicos lo mismo que los protestantes ofrecían en La Progresiva. Los padres canadienses vinieron para cooperar en ese sueño de él. Ellos eran diocesanos, pero venían a misionar y a vivir en comunidad y eso era lo que quería el obispo.*

–«*Nos fuimos a Colón. Allí no había nada. El padre Marcelo Gerín, de los canadienses, nos habló del colegio que estaban haciendo y que se llamaría Padre Varela. En 1951 se fundó el colegio y Rivas y yo fuimos los primeros seminaristas y profesores. Enseguida vinieron Machado y Pol*».

Juan Manuel Machado y Reinaldo Pol llegaron como un especial complemento a la espiritualidad, el fiel seguimiento del llamado de Dios, la cubanía y el buen humor que hermanaban a Aleido y Romeo. Machado, matancero, era de fuerte complexión y muy jovial. No había canción que no se supiera y nada lo inhibía de cantarla. Reinaldo Pol era todo un hombrón, corpulento, alto, muy campechano y siempre con un chiste a flor de labios. De gran resistencia física, era un ávido deportista.

Otro miembro «del grupo» de San Antonio de los Baños, acompañaba a aquellos primeros seminaristas: Ranulfo Borges había obtenido una plaza de maestro en el «Padre Varela». –«Nos veíamos a diario, e incluso la misa que teníamos antes de comenzar las clases… nos veíamos continuamente» –recuerda Ranulfo.

Reinaban allí el entusiasmo y el ansia de compartir la buena nueva. Tanto el colegio como el seminario comenzaban con buen pie. Todo era bueno.

–«*Había mucho trabajo. Se esperaban unos 100 alumnos para el primer año de bachillerato y se aparecieron 300. El primer año Rivas dio 3° y 4° de Primaria y yo, el 1° y el 2°. Rivas daba, además, Historia. Se alquiló una humilde casita frente al colegio, que era el antiguo cuartel del pueblo y allí comenzó el seminario San Alberto Magno.*

*«Nos levantábamos a las cinco de la mañana, a las cinco y media, oración, a las seis, despertar a los internos. Después cuidábamos los estudios, y se hacía meditación. Cuando los niños entraban a las aulas, nosotros íbamos para la casita, el seminario provisional, a recibir latín. La Filosofía, nos la daban en español en el principio, pero había que estudiarla en latín. Llegamos a ser unos 15 seminaristas. Allí estuvimos tres años. Para entonces ya se había comprado el terreno y se había construido el colegio».*

El latín era, sin duda, el mayor reto para el seminarista Román durante sus primeros estudios para el sacerdocio. Con gran esfuerzo y largas horas de dedicación, logró entenderlo y manejarlo en lo fundamental, aunque nunca llegó a dominarlo. Lejos estaba de pensarse entonces que en poco más de diez años, un entonces impensable concilio ecuménico admitiría el uso del vernáculo dondequiera que estuviese la Iglesia en la redondez de la Tierra, y en todas sus funciones litúrgicas.

A Aleido le iba bien, a pesar de que el trabajo en el colegio no era poco, los estudios eran intensos y no abundaba el tiempo libre: –«Los sábados –recuerda Ranulfo– él tenía la sesión de los alumnos castigados, por cualquier motivo… malas notas…. mala conducta… él se quedaba con ellos en el colegio, en una clase, a la que llamaban *"el cinecito de Aleido"*... allí no había cine, pero así le decían los muchachos».

Maestro nato, sus dotes pedagógicas no tardaron en hacerse notar por su peculiar manera de llegar a los alumnos. Aleido se daba a querer a la vez que imponía una estricta disciplina de manera firme y amable al mismo tiempo.

Ricardo Toledo tenía 12 años cuando llegó al incipiente seminario de Colón como parte de un programa experimental prevocacional. Era habanero y su corta vida había estado toda ligada a la fe católica. Era la suya una familia pobre, tanto, que en alguna ocasión tuvo que ir a clases con los pantalones rotos. Aleido, el maestro, se percató: –«*Ven acá* –le dijo al muchacho– *yo te voy a enseñar a zurcir tu ropa para cuando se te rompa y a pegar los botones para cuando se caigan».* Dicho y hecho, el maestro, partiendo seguramente de sus propias experiencias de estudiante pobre, pacientemente enseñó a Ricardo el esquivo manejo de agujas, hilos y botones.

Ricardo no llegó a ordenarse. Años después, muy joven todavía, cumplió nueve años como preso en las ergástulas del castrato por su fidelidad a la Iglesia. –«Nunca pude olvidar aquel gesto de Aleido».

Monseñor Pedro García, *Pelli,* luchaba en aquellos tiempos con los pro y los contra de lo que él quería estar seguro que era la invitación de Dios al sacerdocio. Él era visita frecuente del colegio y el seminario. Allí conoció a Aleido.

–«En el colegio, –nos dice el padre Pelli– cuando él estaba de profesor, los muchachos… los alumnos le tenían mucho respeto y mucho cariño. Él llegaba al comedor y se hacía un silencio impresionante. Por la noche, cuando cuidaba a los internos, igual»…

El padre Iván Bergeron, de los canadienses, fue de aquellos destinados a Cuba en los años 50, y allá está todavía, sin descanso en su labor misionera, no importa las circunstancias. En una visita que hizo a Miami, en el año 2003, pudimos conversar sobre aquel seminarista que él no había olvidado:

—«Era un seminarista muy bueno, muy piadoso, que trabajaba mucho... muy entregado a la obra del colegio... estaban ellos de profesores y también ayudaban mucho a los muchachos en la dirección espiritual... Le tenían mucho aprecio»...

Añadamos a todo lo anterior la gran creatividad que Aleido desarrollaba al evangelizar, algo que le acompañó al largo de todo su sacerdocio. Quien quisiera convencerse de esto, debiera hablar con los limpiabotas de Colón...

—«*Vivíamos en el colegio y estudiábamos en el seminario provisional. Ya para entonces no dábamos clases en el colegio, pues los estudios nuestros eran muy fuertes, el latín era intenso. Teníamos que hacer una hora de apostolado afuera. Yo lo hice con los limpiabotas, recogía a sesenta y tantos limpiabotas que venían todas las noches al catecismo*».

Aquella singular obra apostólica no fue bien recibida por todos, que no en todos los casos tener a los hijos en un colegio católico supone haber entendido el mensaje de Cristo:

—«*Las madres de los alumnos se quejaron, pues eran de alta posición, y me dijeron que había que cambiar aquello, algo que no me gustó. Nos trasladamos a un lugar humilde, con muchas goteras. Yo les ponía (a los limpiabotas) películas religiosas, y la gente que pasaba miraban por los huecos de la pared.*

—«*Aquello fue una bendición. El director espiritual Carlos Ovelett me dio media hora más y me indicó que invitara a pasar a la gente de afuera, los que miraban por los huecos. Estos llegaron a ser unos 70 obreros jóvenes a los cuales yo les repetía la clase de los limpiabotas. El padre Ovelett pensó entonces en fundar la JOC (Juventud Obrera Católica) y así nació ésta en Matanzas. Fue maravilloso. Los huecos en la pared fueron el camino de Dios. Si me hubiera quedado con los limpiabotas en el colegio, no hubiera nacido la JOC*».

Aleido acababa de comprobar lo que todos hemos oído muchas veces, que «Dios escribe derecho en renglones torcidos» y esto no lo olvidaría nunca.

A pesar del poco tiempo disponible y a pesar también de que el dinero no abundaba, algo nada extraño para él, Aleido se las agenciaba para visitar a sus padres y hermanos cada vez que podía. Ya para entonces, estos se habían mudado de la finca para el pueblo. Iraida, su hermana, recuerda con nostalgia:

—«Él se fue para Matanzas, para Colón, él y Rivas empezaron el colegio. En ese tiempo él iba a la casa cada vez que podía, no había tanto dinero, pero él iba a la casa y allá se pasaba dos o tres días, y volvía para el seminario».

Aquellos años de estudiante y maestro al mismo tiempo, seminarista y profesor, tuvieron un testigo excepcional, alguien a quien el tiempo haría amigo entrañable, compañero en más de un empeño de fe, cívico o patriótico, o todo ello al mismo tiempo. Era entonces un niño y llegaría a ser, él también, un importante líder religioso del exilio cubano en una distinta vertiente cristiana, además de una reconocida autoridad intelectual, autor de varios libros de temas históricos y religiosos y, como el propio Román, un cubano dedicado a su patria y a sus compatriotas. Dejemos que el Reverendo Marcos Antonio Ramos, pastor bautista, nos ofrezca su experiencia de estudiante en el Colegio Padre Varela:

—«En el año 1954, a la edad de 10 años, yo ingresé en el Colegio Padre Félix Varela y una de las primeras personas que conocí allí, fue el estudiante Agustín Aleido Román y Rodríguez. Mi primer maestro allí fue Ranulfo Borges, que era de la misma ciudad de donde procedía Aleido. Yo me voy a referir a él como Aleido porque era como lo conocíamos y es como yo lo llamé siempre en privado.

—«Aleido me impresionó siempre, desde el primer momento, como un hombre de bien, al igual que otro seminarista, Juan Manuel Machado. Para mí, estos dos siervos de Dios, son lo más cerca a lo que es un santo que yo he conocido, por usar el lenguaje de Uds., mis hermanos católico-romanos.

—«De Aleido, su manera de ser, su manera de actuar, era muy diferente, incluso a la de otros seminaristas, sacerdotes y pastores, incluso de nuestras iglesias evangélicas, protestantes, que yo he conocido. Mis conversaciones con él eran las de un niño, un niño adelantado, con un mayor... él siempre me trató con respeto y nunca se entabló entre nosotros una discusión de materia religiosa.

—«En el carácter de él yo noté varias cosas. Primero, noté una gran inquietud espiritual. Segundo, una vocación auténtica. También le gustaba mucho la cuestión histórica y desde siempre una gran cubanía, algo que se incrementó después por todo lo que tuvo que vivir. Él era cubano, amaba todo lo cubano. Yo no te voy a decir que él era tan ecuménico en aquella época como lo fue después, pero yo nunca lo vi en una actitud negativa hacia los cristianos que no éramos romanos.

—«Creo que él fue un buen estudiante. Yo no diría que fue un erudito, pero sí un hombre estudioso, y tenía una cultura apreciable. Cuando se llevaban a cabo actividades religiosas con los estudiantes, algún retiro, el que se destacaba entre los seminaristas, era Aleido. Él les hablaba y siempre era algo espiritual muy apreciable. A mí no me gustaban los retiros muy largos, cuando más, de un día, y Aleido a veces hablaba un poco largo... Yo lo escuchaba a él, y escuchaba los retiros que daban los canadienses... Sin embargo, los que llegaban más hondo, eran los retiros de Aleido».

# 9. De Québec a Colón

Los padres Reynaldo Pol, Agustín A. Román y Romeo Rivas
(ca. 1984)

–*«Al cuarto año, ya se estaba construyendo el seminario. Yo he sido siempre una persona muy campesina, muy isleña, y poco interesado en salir del terruño. No tenía interés en salir de Cuba, esperaría que se construyera un Seminario Mayor, o que me mandaran a La Habana».*

Dios, sin embargo, tenía otros planes y el obispo y «los canadienses» fueron sus instrumentos...

–*«Los padres canadienses le ofrecieron al obispo que nos mandara a su seminario en Canadá, y éste decidió que la teología se hiciera allí, fuera de Cuba.*

–*«En agosto de 1955 saqué mi pasaporte, pues el obispo nos ordenó ir a Canadá: Rivas, Pol y yo. Era la primera vez que montábamos en avión, la primera vez que salíamos de Cuba. Fue muy doloroso salir. El avión hacía un ruido horroroso. Recuerdo la emoción de ver las palmas desde arriba.*

*—«Llegamos a Miami, que era un pueblo muy pequeño. Del aeropuerto al lugar que fuimos había mucho mangle. Monseñor Alberto era muy amigo de Monseñor William Barry, párroco de St. Patrick. Fue una recepción muy grande, porque lo primero que hizo fue darnos $5 a cada uno, sin pedirlo, pues nada esperábamos. Estuvimos dos días en Miami y nos fuimos en un ómnibus de la Greyhound hasta Washington, (D.C.) donde estuvimos también dos días y después, otros dos días en New York, desde donde nos fuimos al fin para Montreal. Allí nos sentimos como en casa, los padres canadienses nos recibieron muy bien.*

*—«De Montreal, fuimos para el seminario, que estaba en una península fuera de la ciudad, Pont Viau. El seminario era un edificio de piedra entre dos ríos, a donde llegamos muy cansados».*

Pont Viau es un suburbio de la municipalidad de Laval, en Montreal, Québec, de aproximadamente 300,000 habitantes en la época en que los tres seminaristas cubanos llegaban a la casa de estudios de los Padres de la Sociedad de las Misiones. Barrio grande, bonito, bien trazado, su punto emblemático es un hermoso puente de arcos que cruza el delta del *Rivière des Prairies,* afluente o canal del río Otawa. El clima allí es frío, muy frío. En la primera Navidad de Rivas, Román y Pol fuera de Cuba, la temperatura debe haber estado por los –6.9 Celsius (19.5 F), que es lo habitual para los diciembres del lugar. En los inviernos de Pont Viau las grandes acumulaciones de nieve son algo común. El frío, sin embargo, no parece haberlos molestado mucho, al menos Monseñor Román no lo mencionaba en sus recuerdos.

*—«Los estudios y la disciplina eran muy fuertes. Nos daban clases toda la mañana, almuerzo a las doce, con descanso de media hora, después el rezo del rosario, y a estudiar la tarde entera. Todo era en un silencio total, y dentro de las clases, latín, pero difícil, porque era latín clásico, aunque ya en eso nos de-*

*fendíamos bastante bien. La Historia nos la daban en inglés y eso no era fácil, pues nuestro inglés del bachillerato no era fuerte. La Espiritualidad en francés, como lo era todo de la puerta hacia fuera, la conversación entre nosotros era en francés.*

—«*Dentro del seminario, a las seis de la tarde, teníamos siempre una conferencia, muchas veces las ofrecían obispos misioneros que venían de todas partes del mundo*».

Aleido escuchaba a aquellos obispos misioneros con mucho interés. No hay católico sensible que no admire grandemente a sacerdotes y monjas que renuncian a todo lo que les es querido y marchan hacia puntos lejanos del planeta, impelidos por el ardiente deseo de «*enseñar a todas las gentes*» hablándoles del amor de Dios, al tiempo que ayudan a las comunidades donde hacen su apostolado a elevar su nivel de vida. Con la misma atención con que, de niño, escuchaba las aventuras que la radio llevaba a su bohío de Casas Viejas, seguía él los relatos de los misioneros, sólo que ahora se trataba de héroes de la vida real y aventuras por el amor a Cristo. Y sí, se soñaba misionero él también, pero misionero en su querida Cuba, en los campos y montañas donde a familias como la suya propia llegaba muy esporádicamente el mensaje liberador del Evangelio.

Claro está, no todo era religión:

—«*Nos obligaban a hacer deportes. Pol era el mejor en eso, jugaba volley ball con los chinos del equipo, muy bien. Los domingos nos mandaban muchas veces a experiencias parroquiales.*

—«*Yo era el más apagado de los tres. Yo tenía que estudiar más que otros, el tiempo no me alcanzaba. Ambos, Rivas y Pol, eran muy inteligentes. A mí me costó mucho el francés.*

—«*Nunca me invitaron a estudiar en Roma, pues, aunque mis notas eran buenas, no eran sobresalientes como las de ellos. Fueron años muy lindos, con muchas actividades y gran contacto con los misioneros. Teníamos muy buenos profesores. En un principio, a pesar de no entender el francés, comprendíamos muy bien las clases de Espiritualidad.*

—«*La primera vacación fue dedicada al trabajo pastoral con niños cuyos padres trabajaban y ellos, los niños, estaban en un campamento. Cada campamento tenía unos cien niños y tres seminaristas que los atendían. Tenían que vivir con ellos, hablar- les, jugar. Yo estuve en el campamento San Ernesto. Los niños me preguntaban sobre Cuba, sus animales, etc*».

Y él, contento con las preguntas, les hablaba animadamente de su islita caribeña. Cuba llamaba, desde luego y en Cuba, sobre todo, la familia. Aleido, como cabe suponer, extrañaba a los suyos y extrañaba su terruño, aunque sin nostalgias estériles, para las cua- les, además, los estudios y el apostolado no dejaban mucho tiempo. El tiempo lo hacía él, sin embargo, para escribirles y tratar de man- tenerse al tanto de todos los acontecimientos familiares.

—«*Al segundo año, en las vacaciones, fui a Cuba, al ma- trimonio de mi hermano*». Iraida recuerda:

—«Aleido había mandado a una monja canadiense que es- tuvo con nosotros y nos trajo fotos de él allá en Canadá. Cuando ella se fue, le llevó nuestros mensajes a él, nos retrató y le llevó las fotos. Luego él vino, a los dos años, estuvo como quince días en Cuba y regresó a Canadá para terminar los dos años».

De vuelta en Canadá, Aleido acumulaba útiles experien- cias pastorales, y se enriquecía en el contacto con otras culturas. El retraído guajirito del Ariguanabo, el que no quería alejarse mucho de su terruño, ya estaba como pez en el agua en aquellos fríos parajes donde se hablaba francés, se estudiaba latín y se vi- vía en cristiano.

—«*La tercera vacación fue dedicada a la juventud obrera canadiense y en esta ocasión vivimos una triple experiencia: la primera, viví con los sacerdotes oblatos que se ocupaban de los obreros a nivel nacional, allí conocí la vida religiosa en Canadá. La segunda fue con los jóvenes estudiantes. Aquello era otro mundo, todos los colegios en Québec eran católicos. La tercera experiencia fue convivir con los sacerdotes*».

El tiempo corría. A casi cuatro años desde la llegada a Canadá, ocho desde los inolvidables primeros días en la modesta casita de Colón a la que orondamente llamaban Seminario San Alberto Magno; en lo espiritual, en su yo interno y en su compostura, Aleido era, a sus 31 años, el mismo adolescente que había sorprendido a muchos cuando decidió «meterse a cura». En conocimientos, en vivencias y en habilidades, había crecido tremendamente. Aquella etapa preparatoria estaba a punto de terminar con su ya próxima ordenación sacerdotal. Primero, las órdenes menores.

–«*Todas las órdenes las recibí del Cardenal Léger: la tonsura y las dos primeras órdenes menores en la basílica de Notre Dame. Las dos órdenes menores siguientes en San Sixto, el subdiaconado en la capilla del seminario y el diaconado en la Catedral de Montreal. Para entonces, yo recordaba con frecuencia lo que me había dicho Monseñor Martín Villaverde, cuando yo le dije que no quería salir de Cuba: –"Si te quedas aquí, te quedas isleño". El seminario nos dio una visión amplia de la Iglesia».*

Conociéndose a sí mismo, y notando la provechosa diferencia entre el seminarista salido a regañadientes de Cuba y el que ahora estaba a punto de regresar, Aleido no podía menos que reconocer la sabiduría de su obispo, Monseñor Martín Villaverde, al enviarlo a Canadá junto a sus compañeros. Si antes admiraba al prelado matancero, ahora mucho más y más quería ser como él. Pensaría también en el imponente señor cardenal que le había conferido las órdenes menores. Paul-Émile Léger, Arzobispo de Québec, cumbre intelectual de la Iglesia en su tiempo, que, años después renunciaría a su sede arzobispal para irse de misionero entre los leprosos de Camerún. Y pensaría también, sin duda, en su querido padre Colmena, aquel cura todo corazón que había motivado su vocación.

Con tales ejemplos y con lo vivido hasta entonces, ¿cómo sería el sacerdocio de Agustín Aleido Román? Él, por lo pronto, ardía ya en deseos de volcar en su diócesis de Matanzas, en su

Cuba querida, todo cuanto Dios había puesto en su corazón. El mismo Dios tenía la palabra, como la tenía siempre en las cosas de Aleido, sólo que de una forma especial ahora, en la definitoria etapa de su vida que estaba a punto de comenzar. Dentro de unos días, el Señor tendría un nuevo obrero para su mies.

–«*Yo termino en Canadá el 29 de junio del año 59, que terminábamos el retiro espiritual. Estábamos los tres que habíamos estudiado juntos la Filosofía y la Teología, el padre Pol, Reinaldo Pol, el padre Romeo Rivas y yo, y entonces salimos para Cuba*».

La Cuba a la que regresaban los tres seminaristas aquel día de San Pedro y San Pablo de 1959, a casi siete meses del triunfo de la revolución y la instauración del régimen castrista, era ciertamente muy distinta a la que habían dejado en 1955. El fanatismo de los más, la aprensión de no pocos y los temores de muchos, se daban de la mano en un ambiente de constante excitación. Por primera vez en sus 57 años de república, Cuba veía la aplicación, sin muchos requisitos, de la pena de muerte y estrenaba el vivir cada día según los caprichos y el temperamento de un líder carismático que se erigía por encima de las instituciones del país.

Las ordenaciones sacerdotales de ese año en la diócesis de Matanzas, ofrecían una oportunidad de contacto personal e intercambio de ideas a los líderes católicos, eclesiásticos y seglares y, en sus comentarios, sus esperanzas y sus temores, los tres cubanos recién regresados a su patria percibían claramente un ambiente enrarecido. Ya en febrero, a solamente un mes y dieciocho días del comienzo de la etapa revolucionaria, todos los obispos de la Isla había publicado una carta pastoral cuyo tono más notable era la protesta por una campaña que se llevaba a cabo contra la educación religiosa. Y con fecha del mismo día de la ordenación de Aleido, 5 de julio de 1959, aparecía en la revista Bohemia, la de mayor circulación en Cuba, un artículo firmado por Monseñor Alberto Martín Villaverde en el cual, a la vez que apoyaba una justa reforma agraria, advertía contra el postulado comunista de que todas las tierras debieran estar en manos del Estado.

En tales circunstancias, el prelado matancero procuraba la mayor difusión posible a las ceremonias de ordenación, para alentar con ello posibles vocaciones nuevas. Pero, no sería nada descabellado pensar, que el sagaz obispo viese también la oportunidad de mostrar a los nuevos gobernantes, el vigor de la Iglesia.

–«*El obispo Martín Villaverde trató de que aquello fuera como una propaganda vocacional de los tres primeros sacerdotes que salían del seminario San Alberto Magno. Se hicieron tres ordenaciones, como para que hubiera la oportunidad de ver una ordenación sacerdotal. La del padre Pol fue el 4 de julio de ese año, el 59, en Cárdenas. La del padre Rivas fue el 5 de julio en la Catedral de Matanzas, como a las diez de la mañana, y la ordenación mía fue el mismo 5 de julio en Colón, Matanzas, en la parroquia de Colón*».

La iglesia parroquial de San José, en Colón, parecía que iba a reventar de fieles en aquel caluroso domingo 5 de julio de 1959. No era algo común que las ordenaciones sacerdotales se dieran en otro templo que no fuera la catedral diocesana y, tanto para los católicos prácticos del lugar, como para los curiosos, la novedad contribuía al atractivo de la ceremonia. Además, había venido para la ocasión un autobús, una *guagua*, desde San Antonio de los Baños, repleta de familiares y amigos de Aleido y Romeo, así como otros fieles católicos. Estaban también muchos miembros del clero y algunos militantes de la Acción Católica Cubana procedentes de diversos lugares. Todos los ojos prendidos al altar.

Aleido se tendió en el suelo, frente a las gradas del altar, frente al obispo, pero, lo más importante para él, frente al Santísimo oculto en el sagrario. La cara tocando el piso, los ojos cerrados, sumido en oración profunda como si no estuvieran allí nadie más que él y su Señor. El ronco sonido del órgano, el canto gregoriano y los himnos populares que entonaba el coro, parecía como que lo elevaban todo al cielo.

Cuando llegó el momento se incorporó, se acercó a la sede donde estaba Monseñor Martín Villaverde y se arrodilló ante él. El obispo levantó sus manos con solemnidad y las puso sobre la

74

cabeza de aquel seminarista, al tiempo que le decía con voz fuerte y grave: –«*Tu es sacerdos in aeternum secundum ordinem Melchisedech*»...

Sacerdote para siempre... Se levantó y se volvió reverente para saludar a los fieles. Era el padre Aleido.

# ¿Por qué me hice Sacerdote?

*Estoy en la Casa de Ejercicios de North Palm Beach. Acabo de terminar el Retiro Espiritual que debemos hacer los sacerdotes cada año. Estoy preparando la maleta para salir en la mañana temprano, después de la Misa. Tengo aún la alegría que produce el contacto con la Palabra de Dios que tan bondadosamente se nos ha regalado por el Padre Edgar Beltrán, de Colombia. Es tarde, pero prefiero escribir para MILITANTE, antes de partir mañana. Aunque tengo sueño, la alegría y el estímulo del Retiro me ayudarán a responder la pregunta que me han hecho. ¿Por qué me hice sacerdote?*

*Sentado y frente a una mesa pequeña comienzo a recordar. Hace veinticinco años estudiaba bachillerato en el Instituto de La Habana. Era un estudiante como otro cualquiera. Durante los años de bachillerato pensaba que al terminar el bachillerato iría la Universidad, como los demás. Algunos ya desde el primer año conocían la carrera que iban a estudiar. Yo carecía de esa precisión. Me gustaba estudiar desde pequeño, y muy especialmente las letras.*

*Mi ambiente era muy bueno, aunque carente de fe. Mis compañeros eran y siguen siendo para mí como hermanos. Uno de ellos está en el cielo. De mi grupo había uno que nos abandonaba algunas veces. Iba a la Iglesia. La Iglesia de mi pueblo estaba derrumbada y al verla no podíamos sentir mucha atracción por ella. Los cultos se celebraban en la sacristía, y la sacristía no es un lugar muy atrayente para los jóvenes.*

*Yo no tenía grandes inquietudes, pero siempre me preguntaba al ver que iba a la Iglesia. ¿Qué buscará allí? Un día me pidió que lo acompañara y lo complací. Asistí a una larga conferencia sobre la Acción Católica, muy larga y que muy poco compren-*

*dí. Me sentí bien. Era un grupo de jóvenes. Muchachos y mucha-*
*chas y un sacerdote que, aunque hablaba un lenguaje distinto del*
*cual yo conocía, lo hacía convencido de lo que decía. Me sentí*
*bien, yo diría, como el pez se siente en el agua. Después de una*
*charla les oí hablar y me parecía una familia.*

*Hoy, después de tantos años y del degaste de la memoria*
*por los mismos, recuerdo aquella noche como la primera en que la*
*luz del Evangelio penetró en mi vida. Tuve un contacto no con*
*Cristo a quien no conocía, sino con los jóvenes que poseían a*
*Cristo.*

*De aquella noche Dios abrió un día en su vida. Continué*
*las charlas, no por las mismas, que no comprendía, pues carecía*
*del fundamento, sino por el grupo tan simpático que asistía. Al*
*terminar aquella serie de charlas comencé otra serie que se daban*
*para aquellos jóvenes que pensaban entrar en la Acción Católica.*
*Yo diría que era un catecumenado especial, donde se seguía los*
*libros de Ardizzone. Me las daba un joven y el sacerdote mismo*
*que había conocido. Aquellas charlas abrieron el horizonte de mi*
*vida. Yo las profundicé con algunos libros que empecé a leer; co-*
*mo los de Tihamer Toth. Un diez de Septiembre me acerqué a reci-*
*bir al Señor por primera vez. Tenía diez y seis años y aquel fue*
*verdaderamente un día feliz y como no tenía con quien comentar*
*aquella experiencia, tuve que saborearlo sólo en mi corazón con*
*Él.*

*Comencé a recibir al Señor dominicalmente y después dia-*
*riamente en las mañanas, antes de salir de mi pueblo para el Insti-*
*tuto. Al entrar en la Acción Católica recibía un Círculo de Estudio*
*semanal y lo hacíamos comentando el Evangelio. Fue éste mi con-*
*tacto primero con la Biblia, ni aún sabía que el Evangelio era par-*
*te de la Biblia. Las palabras que se comentaban, sí las rumiaba*
*especialmente en las mañanas cuando recibía la Comunión.*

*Durante este tiempo de luz, seguía con todos los de mi gru-*
*po igualmente: Entonces empecé a ver cómo el ambiente que me*
*rodeaba carecía de Cristo y de su Evangelio. Cada Círculo de Es-*
*tudio, en el cual participaba, era volcán de luz que me servía para*
*verme y ver a los demás. Sin mucha profundización la idea del*

*Cuerpo Místico se nos daba y nos servía para juzgar con ella a quienes con nosotros convivían. La frase del Evangelio «la mies es mucha y los obreros pocos» me hacía reflexionar. La frase se hacía realidad en el apostolado. Al recordar mis primeros diez y seis años, los veía como si los hubiera vivido en la noche. Cada día y cada año vividos en la luz de Cristo eran totalmente distintos.*

*Yo no sé exactamente qué día el Señor me llamó. Yo diría que me estuvo llamando durante algunos años y casi no lo oía. En un retiro que nos predicara el padre Posada en La Salle de Marianao, en el cual el calor y las incomodidades no parecían que pudieran dar mucho fruto y donde el número eran tan sólo de diez y seis jóvenes, yo decidí hacerme obrero para trabajar en la mies. Aquella decisión ha permanecido siempre. Por ella, conscientemente renunciaba a la formación de una familia, por mi celibato. Tengo que agradecerle al Señor el haberme dado tantos amigos sacerdotes, que han sido verdaderos obreros para la mies y entre tantos, no puedo dejar de mencionar a Monseñor Martín Villaverde, que tan admirablemente nos vivió el Evangelio, mientras ejercía su servicio pastoral como Obispo de Matanzas.*

*Es tarde y quiero rezar Completas antes de las doce, para unirme a la Iglesia y ofrecer por "la mies" mi pobre plegaria. Sólo quiero decirte una cosa, querido lector de MILITANTE, y es que nunca soñé lo suave que es el yugo del Señor y lo ligera que es su carga, cuando se trabaja con Él y por Él. Oí el testimonio de un sacerdote anciano en estos días de retiro que nos decía «si mil veces muriera y volviese a vivir, sería sacerdote». Yo las repito también al contemplar los diez años pasados «si hoy la Iglesia tuviera el poder de sacarme el sacerdocio del alma y dejarme con entera libertad, más convencido que hace diez años pediría el sacerdocio en el estado célibe, para quemarme enteramente por la mies, que sigue siendo mucha y los obreros pocos».*

**P. Agustín Aleido Román**
Revista Militante,
Órgano Oficial de los Cursillos de Cristiandad de Miami,
Año VI, número 49, marzo-abril 1970

# 10. ¡A reventarse por Dios!

El padre Aleido, en Coliseo, con miembros de las juventudes
de la Acción Católica Cubana (ca. 1960)

Algún agorero, de esos que no escasean en ninguna comunidad humana, debe haber comentado que no empezaba con muy buenos augurios la vida sacerdotal del Padre Aleido y para validar el pesimismo de la predicción, señalaría lo ocurrido aquel mismo día 5 de julio de 1959: tras lo bello y gozoso de la ordenación sacerdotal, la tragedia…

–«*Ese día mismo de la ordenación vinieron una o dos guaguas de San Antonio de los Baños a Colón… gente conocida y familiares, que se unieron a un grupo grande de Colón con los alumnos, y todo eso. Entonces, después de la ordenación, al momento de salir ellos en la noche, de regreso a San Antonio, mi madre me dijo: –"Mira, estás cansado, quédate y mañana vas tranquilo y nosotros nos vamos esta noche"… Yo hubiera ido en el primer asiento y resultó que la guagua, cuando fue para allá, pa-*

79

*rece que no se dio cuenta el chofer y al doblar una curva, no la dobló, se fue hacia abajo, a un precipicio y la guagua se desbarató en un árbol, quedando bien heridos algunos de mi familia, todos heridos, más o menos... una tía perdió unos dedos de los pies y se les pudieron injertar allí mismo, en una clínica de esas cubanas, y un tío casi por nada pierde una pierna porque el árbol se metió por el asiento en que él iba y no se podía sacar, mi madre quedó con el cráneo fracturado, muy mal»...*

No está muy claro cuál fue realmente la causa del accidente, pero todo parece indicar que el sueño venció al chofer de la guagua, y de ahí el despeñamiento por el barranco, que no se consumó totalmente gracias a que, por milagro, según dijo más de uno, el vehículo quedó colgando al borde del barranco, sostenido por el mismo árbol que había embestido y de ahí que las consecuencias fueran graves, pero mucho más leves que lo que hubieran sido si la caída de la guagua no hubiera sido detenida por el árbol.

–«La suerte fue que venían detrás de nosotros el padre Fernando Prego, que muchos años después sería el primer Obispo de Santa Clara, y el padre Benito Ávila, si no, nadie nos hubiera encontrado»... –recuerda Iraida. –«Ellos nos alumbraron y así las ambulancias comenzaron a llevarse a los heridos para San José de las Lajas»... –agrega Hecta, a quien, recién parida entonces, su esposo Nivaldo había rescatado del accidente, sacándola por una ventana de la guagua.

–«*Al otro día de haber sido ordenado, yo celebré mi primera misa, privada, para los seminaristas, en el seminario que habíamos fundado y por el cual soñábamos. Entonces me dieron la noticia del accidente y yo salí corriendo para San José de las Lajas, que ellos estaban allí, en una clínica, una cliniquita pequeña, excelente, con un solo médico esa noche, que dio un servicio como tal vez hoy día un hospital grande no hubiera dado para tantos heridos... Sin embargo, había unos médicos que fueron excelentes. Allí estuvo mi madre dos días y después la pasamos a otra clínica que teníamos en San Antonio de los Baños».*

Pasado el susto, la vida continuaba.

–«*Yo celebré mi primera misa solemne, en mi pueblo, el día 9, un sábado en la tarde y el padre Rivas la celebraba el domingo siguiente en la mañana. El padre que predicó en mi misa fue Monseñor Jenaro Suárez, párroco de la Catedral de Matanzas, una homilía muy linda, que él la tenía escrita y que nunca yo se la pude pedir, nunca la tuve en mis manos... era un predicador excelente. El que predicó en la misa del padre Rivas fue Mons. Martín, y el que predicó en la misa del padre Pol, fue Mons. Evelio Díaz, entonces Arzobispo Coadjutor de La Habana.*

–«*Nosotros inmediatamente fuimos nombrados para un experimento que tenía el obispo, que consistía en poner tres parroquias juntas, viviendo en una parroquia los tres párrocos y sirviendo a las tres, algo así como la experiencia de la sociedad misionera que nos había formado. Sin embargo, éramos diocesanos. Teníamos desde el principio, San Miguel de los Baños, el padre Rivas; Coliseo y Lagunillas, que estaba yo, y Limonar, que estaba el padre Pol».*

Malos augurios aparte, hay que decir que, en muchos aspectos, los tres noveles sacerdotes comenzaban su ministerio con buen pie, al menos en lo que a compañía y paisaje respecta. Para comenzar, los tres inseparables amigos –Román, Rivas y Pol– podían vivir juntos, gracias al proyecto de comunidad sacerdotal que Monseñor Martín Villaverde quería desarrollar. No escapaba a la aguda percepción del prelado yumurino el grave y callado problema de la soledad de los sacerdotes, aislado cada uno en su parroquia, separados de su familia la mayor parte de ellos. Su idea de poner a los recién ordenados a vivir en pequeñas comunidades tenía una gran perspectiva de futuro en lo que pudiera haber sido un modelo a seguir por otras diócesis. Por lo pronto, los tres egresados de "los canadienses", no podían estar más contentos con la idea de poder compartir juntos unas horas cada día.

–«*El obispo quería que viviéramos cierta vida de comunidad, o, a lo menos, poder almorzar o comer juntos para que pudiéramos conversar del trabajo, pudiéramos también ayudarnos un poco en el trabajo, pero cada uno era párroco y responsable de su parroquia».*

Las tres parroquias estaban enclavadas en el Valle de Guamacaro, un lugar paradisíaco, asiento del municipio que entonces llevaba ese nombre. Las montañas, de considerable altura para los estándares de esa región de Cuba, le daban un aire majestuoso a una campiña matizada de todos los tonos de verde, generosamente pespunteada del rojo intenso de los flamboyanes que, de mayo a octubre, encendían el paisaje con su mantilla escarlata tirada con donaire sobre los hombros de las lomas.

Los tres decidieron vivir en San Miguel de los Baños, la parroquia del padre Rivas, un lugar de espectacular belleza, donde reina en el valle la Loma del Jacán, de 316 pies de altura, y reina sobre la loma un hermoso Cristo crucificado de tamaño natural, tallado en ébano, y protegido por una pequeña ermita circular donde la magnífica escultura se alberga permanentemente.

Para subir a la ermita del «Cristo del Jacán», se asciende por una impresionante escalinata de 444 peldaños, interrumpidos regularmente por 14 «descansos» cada uno de los cuales ostenta, esculpida en lajas de canto del lugar, una estación del Vía Crucis. El nombre del artista que esculpiera el Cristo en 1918 se ha perdido en la historia, lamentablemente. El autor de las estaciones del Vía Crucis, fue el afamado escultor Manuel Carbonell. La escalinata fue inaugurada en 1944, siendo párroco el padre Domingo Lorenzo (no olviden este nombre).

San Miguel «de los Baños» lleva este apelativo por la fama de sus manantiales de aguas minerales, a los que se atribuyen propiedades medicinales, lo que hizo que acudieran al lugar cubanos de toda la isla, y hasta algunos extranjeros, aquejados de dolores y malestares. Iban allí para bañarse en aquellas aguas privilegiadas, buscando alivio y curación. El Cristo del Jacán y su ermita fueron erigidos precisamente por una acaudalada dama habanera de principios del siglo pasado, en prenda de gratitud por la curación de su hijo en las aguas maravillosas de aquel bendito rincón matancero.

Ni que decir cuánto facilitaban la espiritualidad y el contacto con el Creador de parte de aquellos tres bisoños soldados de la fe, el paisaje y las leyendas de San Miguel de los Baños. Limonar, la parroquia del Padre Reinaldo Pol, era la cabecera del término municipal de Guamacaro, y el mayor centro poblacional del mismo, mientras que Coliseo, la parroquia asignada a nuestro padre Aleido, era un pequeño pueblecito cuyos habitantes, en aquella época deben haber estado rondando los 2,500. Región riquísima en agricultura, beneficiaba mucho a Coliseo el ser cruzado por la Carretera Central y era el orgullo de sus habitantes el haberse librado en su territorio una de las más importantes batallas de la Guerra de Independencia, ganada nada menos que por el gran héroe de las fuerzas mambisas, el general Antonio Maceo. La parroquia estaba bajo el patrocinio de San José. Lagunillas, la otra parroquia que debía atender el Padre Aleido, era más rural que urbano, y más pequeño que Coliseo. Su patrono era San Juan Bautista. Todos estos lugares eran muy cercanos entre sí y cercanos también a la ciudad de Matanzas, la capital de la provincia del mismo nombre.

Situados ya nuestros tres mosqueteros del Evangelio, ¿cómo sorteaban las dificultades de sus primeros tiempos como sacerdotes?... ¿Cómo iban la evangelización, la economía, con qué elementos contaban para su misión?

—*«Teníamos que unir todo el dinero que recibíamos, que era muy poquito, lo teníamos que unir y teníamos que ver si eso respondía a las necesidades, y si no respondía, el obispado nos ayudaba. Nunca fue necesaria esa ayuda del obispado.*

—*«Con el padre Rivas, que era el que más tenía, por los turistas que iban a San Miguel, cubríamos perfectamente, y aunque las colectas de los primeros momentos, en los otros pueblos eran muy pequeñas en el principio, subieron, y yo diría que al final de dos años nosotros cubríamos todo, teníamos material catequético y lo necesario para la pastoral.*

—*«No teníamos derecho más que a sesenta pesos al mes, lo cual nos daba una oportunidad tremenda para tener ese material para la pastoral, que era lo que buscábamos nosotros, porque la comida, indudablemente, salía de las tres parroquias. No teníamos nada de sobra, pero teníamos todo cubierto como cristianos.*

—«*El padre Pol pudo comprar un automóvil para trasladarse y a mí, al principio, Beatriz Tiercotte, una religiosa misionera canadiense, me mandó lo que era suficiente para comprarme una motoneta. Ella era una religiosa laica, una monjita de estas que, hoy día no hay hábitos, pero en aquellos tiempos eran consagrados sin hábito para poder trabajar en cualquier lugar, en factorías, donde fuera, y ellas dedicaban todo a las vocaciones y a su comunidad, ella consagró su vida a eso. Compré la motoneta y eso me fue una ayuda muy grande, pues, de lo contrario, tenía que tomar la guagua*».

La motoneta fue una bendición para el padre Aleido, pero el inexperto ciclista tuvo que pagar la novatada:

—«Todo estaba feliz y todo estaba bien, —recuerda su hermana. Él estaba trabajando en dos o tres iglesias, vivía en San Miguel de los Baños, pero no tenía en qué trasladarse... la misma monja que había ido a Cuba le mandó una moto, y él no la sabía manejar... chocó y se rompió los dientes. Esa monja lo ayudó siempre mientras él estuvo estudiando, fue su ayuda de verdad. Él iba a la casa una vez al mes, a cada rato. Mi mamá le preparaba la ropa y él se la llevaba».

—«*Yo fui dichoso, porque con siete centavos de gasolina podía recorrer toda la parroquia. Por supuesto, las colectas a veces no llegaban a un peso... Después la gente se organizó y había socios para cubrir los gastos*».

Olga Soler, hoy viuda de Sánchez, era una dinámica jovencita, miembro de la Juventud Católica, cuando el Padre Aleido llegó a Coliseo:

—«Mons. Román llegó muy joven a Coliseo, recién ordenado —nos cuenta. Desde el principio nos dimos cuenta de que era un sacerdote muy humilde y muy trabajador. Él tenía una motoneta con la cual se movía para todas partes, y en poco tiempo se hizo popular la figura del cura en su motoneta. Enseguida se ganó a la gente, porque lo veían así como era él, afable y humilde».

El nuevo sacerdote llegaba a su primera parroquia en medio de un ambiente un tanto enrarecido ya por las turbulencias políticas que Cuba vivía en aquellos momentos, apenas seis meses después de la llegada al poder de Fidel Castro y su revolución. No todos ciertamente, pero sí muchos católicos prácticos, los de mayor confianza, conocían la triste historia del párroco anterior.

El padre Domingo Lorenzo, español, llevaba muchos años como párroco de San Miguel, atendiendo también Coliseo y Lagunillas. Por la cercanía a Matanzas, la capital provincial, fue llamado allá en los primeros días de enero de 1959, cuando más alto eran el frenesí revolucionario y el fanatismo castrista. Al padre Lorenzo se le pidió que ayudara a dar auxilio espiritual a los muchos prisioneros políticos, en su mayor parte ex miembros de las fuerzas armadas cubanas, que habían sido fieles partidarios del dictador Batista. Esto implicaba escuchar las confesiones de los prisioneros, muchos de ellos autores de «crímenes de guerra» cometidos en el fragor de la guerra civil que se estuvo librando hasta el último día de diciembre de 1958 y otros muchos falsamente acusados de crímenes semejantes. Implicaba también la administración de los últimos ritos a los condenados a muerte, prácticamente al pie de los pelotones de fusilamiento que esperaban cumplir su macabra tarea en el tétrico Castillo de San Severino, antigua fortaleza española en la boca de la bahía de Matanzas, tornada en prisión.

Aquellos juicios carecían de las garantías mínimas de que disfrutan los acusados en todos los países civilizados, eran lo que muchos llamaban «circos romanos». La justicia, que, en el decir de algunos, se había ido de vacaciones en tiempos de Batista, había sido totalmente desterrada por Castro, pues, para empezar, la constitución cubana solamente admitía la pena de muerte para el delito de traición en tiempos de guerra. Los fusilamientos eran una incesante orgía de sangre que pasaba casi inadvertidamente para la gran mayoría de un pueblo fanatizado con los nuevos «salvadores de la patria». Algunos de los pocos abogados que aceptaban defender a los acusados, se convertían, ellos también, en víctimas de la revolución.

Aquel infierno en medio del cual él se vio envuelto de repente, afectó severamente al buen padre Lorenzo. Las confesiones que escuchó, los fusilamientos que presenció, las escenas de horror de las que fue testigo, todo aquello que sólo compartía con sus feligreses de mayor confianza, acabaron desbaratando sus nervios. Pidió regresar a España y el obispo, consciente de la situación, lo complació.

—«El padre Domingo estaba horrorizado, se puso muy mal» —recuerda Olga Soler. —«Tiempo después de haber regresado él a España yo llamé a un teléfono que él me había dado antes de irse de Cuba, para saber cómo estaba. Me respondió una hermana suya y me dijo que el padre había muerto, enloquecido por las cosas que vivió en Cuba».

Con ese telón de fondo llegaba el padre Aleido a Coliseo y a Lagunillas, pero la dura experiencia vivida por su predecesor no le mermaba a él su ánimo evangelizador.

—«Cuando el padre Aleido llegó a Coliseo, había allí mucho trabajo por hacer» —continúa Olga Soler. —«Su gran interés era la catequesis, la evangelización, y no sólo reanimó mucho lo que hacíamos en la iglesia, sino que le prestó mucha atención a la gente del campo, iba mucho a los bateyes a dar catecismo y preparar a los campesinos para los sacramentos».

—«*Yo disfruté mucho ese tiempo y empecé a dar misiones en el campo, misiones muy sencillas... tres días... un día al Padre, otro al Hijo, y otro día al Espíritu Santo... el Credo y me encontré sorpresas tremendas, por ejemplo, una maestra que se llamó Blanca, en otro tiempo había trabajado en un colegio y vivía en el campo... no era ella del campo, era de La Habana, del Cotorro, pero había vivido en el campo, y dedicaba los sábados a dar catecismo y había preparado personas que, cuando yo iba con las misiones, venían a confesar y recibían sus sacramentos como si hubiesen pasado por un colegio católico.*

–«*Yo no encontraba gente que estuviera unida sin casarse civilmente, yo nunca encontraba un matrimonio unido sin haberse casado... Habían hecho un noviazgo, se habían casado por lo civil, habían tenido entonces una familia naturalmente, muy bonita, pero no habían recibido el sacramento del matrimonio, por el error ese que se creía que la Iglesia exigía una ropa especial, o algo así.*

–«*Todo eso se fue aclarando y empezaron las Damas Católicas a hacer vestidos, que los exponían, y entonces las muchachas que se casaban se ponían ese vestido, como se alquilan aquí. No se alquilaban, nadie daba nada, pero ellas mantenían la labor esa, y empezaron así los matrimonios dentro de la iglesia, normales, la gente empezó a casarse y a recibir los sacramentos.*

–«*En menos de dos años que estuvimos, fue una cosa preciosa... la juventud, se hicieron los grupos, las cuatro ramas de Acción Católica, tanto en un lugar como los otros».*

Esto que Monseñor Román me confiaba en mayo de 2001, cuando comenzábamos a efectuar nuestras entrevistas para esta, su biografía, me lo ratificaba Olga Soler, casi con iguales palabras, en marzo de 2017:

–«Estuvo menos de dos años en Coliseo, pero en tan poco tiempo levantó mucho la asistencia a la iglesia y la participación de la gente. Allá teníamos, cuando él llegó, solamente las ramas femeninas de la Acción Católica, la juventud femenina y las Damas Católicas. Él consiguió formar los grupos de los Caballeros Católicos y la juventud masculina, porque él sabía cómo atraer a las personas.

–«Los sacerdotes que habían pasado antes que él, todos hablaban de la necesidad de un edificio donde desarrollar actividades, pero nunca se pudo hacer, porque no había recursos. Román, yo no sé cómo, pero logró levantar ese edificio, que era como un club católico, sobre todo para los jóvenes».

El padre Aleido estaba contento. Su obispo quería gente dispuesta a «reventarse por Dios», él lo estaba haciendo y, además, lo estaba disfrutando. Comenzaba a ver el fruto de su entrega.

—«*El campo fue muy interesante porque las misiones respondían muy bien, tanto en Lagunillas, como en Coliseo, como en los campos. No había ningún rechazo a la Iglesia, había ignorancia o desconocimiento, pero no rechazo*».

Ciertamente, no. No había en Cuba, en su pueblo, rechazo a la Iglesia. Pero era algo que estaba a punto de cambiar, drásticamente y para mal.

# 11. ¡Arriba, abajo: los curas pa´l carajo!

Una manifestación contra la Iglesia, organizada por el régimen.
pide paredón para los «esbirros con sotana».
Revista *Bohemia* (Septiembre 1961)

—«*A finales del 59 y principios del 60 la revolución empezó a mostrar sus dientes y entonces fue un poco difícil, porque todo, todo, era cuestionado... Empezamos a tener dificultades. Teníamos que ir muchas veces a declarar* (ante la policía) *por cosas que eran tontas, era como una constante persecución... En algunos momentos surgieron personas, grupos de personas, que empezaron ya a mostrarse en contra de la Iglesia porque... decían que los beneficios de la revolución eran muy grandes, etc.*

—«*Comenzaron a atacarnos, por ejemplo, cuando celebrábamos primeras comuniones... una vez echaron "pica-pica" en la iglesia... había constantes enfrentamientos*».

La «pica-pica» es una pelusilla que se obtiene de plantas silvestres, usualmente calificadas como «yerba mala», y que al entrar en contacto con la piel produce una inmediata y feroz comezón. En los campos de Cuba era común su uso entre despechados y «pujones» para interrumpir bailes, *guateques* o reuniones y, ciertamente, los castristas recurrieron a tal irritante en distintas ocasiones de los primeros tiempos del régimen, para terminar burlonamente con actividades religiosas o eventos de "la burguesía". En el decir de muchos, y con marcada intención, se comentaba a media voz que la revolución estaba regando «pica-pica» en toda Cuba... Eso, sin embargo, no era lo peor...

–*«Recuerdo que una vez, yendo en la motoneta, se me cayó el velón del Santísimo en la carretera y nada más que eso fue suficiente para que llamaran al cuartel,* (al Ejército o las milicias), *porque decían que eso era para quemar caña».*

El incidente es ilustrativo de la intensidad de la vigilancia a la que estaban sometidos los católicos activos, mucho más los sacerdotes, desde los inicios de la dictadura. Alguien debió de notificar a las autoridades que "el cura andaba con una vela cerca de los cañaverales", a pesar de haber ocurrido esto en una carretera, en el campo, y no en un lugar poblado donde no sería nada extraño que alguien lo hubiera visto. En casos como éste la actuación de las autoridades tenía un propósito eminentemente intimidatorio aunque, como en la experiencia del padre Aleido, fuese clarísima la inocencia del implicado. Los interrogatorios tenían un tono acusatorio y abundaban en amenazas. Era la imposición del terror y, específicamente con los sacerdotes, el objetivo del régimen era que sucesos como éste fuesen divulgados, con el propósito de alejar a los fieles de los curas, pues ya muchos temían relacionarse con "elementos contrarrevolucionarios", por las consecuencias que esto acarreaba.

Esto no siempre funcionaba, pues si bien el terror iba haciéndose parte intrínseca de la vida del cubano, era impresionante el número de católicos, especialmente los miembros de la Acción Católica Cubana, que se mantenían fieles a la Iglesia y, junto con los sacerdotes, desafiaban a la incipiente tiranía haciendo públicas demostraciones de fe, llenando los templos, etc., inspirados también por el ejemplo de sus obispos, los cuales cumplían valientemente su misión profética, advirtiendo sobre los peligros que se cernían sobre el país.

—*«Realmente era un gran problema, sin embargo, la gente respondía... me daba la impresión que, en ese tiempo, y yo no estaba metido en política, que el pueblo no quería el comunismo... Cuando la gente se dio cuenta de que aquello tenía visos de comunismo, aunque todavía no se había declarado, no lo querían, no lo querían, el pueblo si quería reformas justas, y ellos* (los revolucionarios) *las ofrecían... Algunos campesinos de Lagunillas y Coliseo me daban la impresión, cuando ellos hablaban, de que ellos estaban muy en contra del comunismo».*

No se equivocaba el padre Aleido. Si al llegar de regreso a Cuba se encontraba con que la inmensa mayoría de los cubanos estaban bajo los efectos de una perniciosa borrachera revolucionaria; según avanzaba la segunda mitad de 1959, eran cada día más los que empezaban a sentir una fuerte resaca al constatar síntomas alarmantes de la deriva del régimen hacia el comunismo, no obstante las inverecundas desmentidas del mismísimo "máximo líder". Era un porcentaje mínimo de la población el que ya entonces veía con alarma el giro que iban tomando los acontecimientos, pero ese porcentaje crecía por días, aunque es de notar que muchos de los que ya a finales del «año de la liberación» estaban preocupados al respecto, esperaban todavía que Castro «se percatara de la labor de zapa de los *ñángaras* y los expulsara del gobierno».

Entre los más alarmados y más preocupados ante las ya notables diferencias entre lo que se había prometido desde la Sierra Maestra y lo que se vivía tras la victoria revolucionaria, estaban los obispos y, generalmente, el clero todo, con el respaldo, cada vez mayor, de los fieles más fieles, valga la redundancia.

Así las cosas, el episcopado y la Acción Católica Cubana, convocaron a un Congreso Católico Nacional, a celebrarse en La Habana los días 28 y 29 de noviembre de 1959, es decir, exactamente cinco meses después del regreso a Cuba de Román, Rivas y Pol. Era necesario demostrarle al régimen revolucionario que la Iglesia no se iba a dejar "pasar la aplanadora por encima" mansamente, sin dar la batalla por sus principios frente a la inquietante preponderancia de los marxistas. Era necesario darle al régimen un "show de fuerza" y los católicos estaban dispuestos a ello.

Todas las parroquias de la Isla se comprometieron a llevar a La Habana, al Congreso, tantas personas como posible fuera. En Coliseo y Lagunillas, aún en proceso de rehabilitación bajo la guía de su nuevo párroco, se pudo formar conjuntamente un pequeño grupo que, al unirse a los de Limonar y San Miguel no se veía muy mal. Nuestra amiga Olga Soler formaba parte del grupo de Coliseo:

—«No éramos muchos, pero teníamos mucho entusiasmo y mucha preocupación a la vez, por todo lo que estaba pasando en Cuba. Yo recordaba las cosas que me había contado el padre Domingo Lorenzo, y sentía una gran angustia. El padre Aleido iba con nosotros y, como siempre, nos decía que teníamos que orar mucho. En el camino cantábamos algunos himnos, y rezábamos el rosario».

El Congreso Católico Nacional resultó ser una apoteosis de fe y de respaldo a la Iglesia, así como un gran desafío que la naciente dictadura no pasó por alto. La noche del sábado 28, bajo una fría llovizna que calaba los huesos, alrededor de un millón de católicos cubanos colmaron la Plaza Cívica, la hoy denominada Plaza de la Revolución, para una misa campal presidida por la imagen auténtica de Nuestra Señora de la Caridad, traída desde su santuario de El Cobre para la especial ocasión.

Fidel Castro llegó a la Plaza con un aparatoso *entourage* de vehículos, no recuerdo si antes de que comenzara la misa, o una vez terminada ésta y fue recibido por una atronadora algarabía de consignas, no de rechazo, pero sí de advertencia: «¡Viva Cristo Rey!... ¡Cuba, sí; comunismo, no!... ¡Revolución, sí; socialismo, no!... ¡Cuba, sí; Rusia, no!... ¡Viva Cuba!... ¡Viva la Iglesia!»... Estuvo allí hasta el final de la celebración y los rumores decían que había tratado de hablarle a la multitud, pero los obispos dijeron que aquello era una misa y no estaría bien en ella un discurso político. Cierto o no, es fácil suponer que el «show de fuerza» dado por la Iglesia fuera para él una insoportable banderilla en el lomo de su vanidad, algo que le confirmaba que tendría que destruir a la Iglesia para poder consolidar su poder absoluto sobre Cuba.

Al día siguiente, domingo 29 de noviembre de 1959, se celebraron varias asambleas para discutir planes de acción pastoral y de acción social basados en la Doctrina Social Católica. Líderes católicos –sacerdotes y seglares– entusiasmaron a los asistentes con certeros discursos, en todos los cuales estaban presentes la inquietud ante el panorama nacional y la determinación de luchar por la fe y la democracia.

Uno de los oradores más aplaudidos fue el prelado a quien el padre Aleido miraba como modelo, su obispo, Monseñor Alberto Martín Villaverde. Tocó al pastor matancero exponer lo que se llamó el Credo Social Católico, una suerte de manifiesto cívico-religioso cuyos postulados, valientemente emitidos en aquellos momentos, quedaron cincelados en el corazón del párroco de Coliseo… «Creemos en los derechos naturales y en la dignidad del hombre… Creemos en el derecho a una vida decorosa y digna y en la obligación universal de la justicia… en los derechos de los padres en la educación de sus hijos… en la santidad del matrimonio y de la vida familiar… en la obligación moral del amor a la patria y en la primacía del bien común… en el derecho de la Iglesia a realizar su obra salvadora… en la libertad del hombre en contra de las doctrinas totalitarias… Creemos que Dios ha otorgado a los hombres derechos fundamentales y, ninguna persona, institución o sociedad puede lícitamente ignorarlos o violarlos»… Al final de la intervención del Obispo de Matanzas, un contundente grito fue repetido hasta el cansancio: «¡Justicia, sí; comunismo, no!».

El padre Aleido y sus feligreses regresaban a Coliseo y Lagunillas alegres, pero pensativos, confirmados en sus temores y en sus esperanzas. Él, que había escuchado en el seminario de Canadá las historias de algunos misioneros en países comunistas, sabía bien lo que venía para Cuba. Comenzaba 1960.

–*«Los fieles reaccionaban muy bien; recuerdo la Semana Santa del año 60, yo tuve en la procesión del Vía Crucis 110 niños, 136 hombres y 163 mujeres. Me parece que, para un pueblo chi-*

*quito, una respuesta como esa... los milicianos se quedaron asom-*
*brados, nos vigilaron todo aquello, porque todo lo que se decía*
*"era malo" y, sin embargo, me da impresión que la respuesta de*
*los fieles fue extraordinaria».*

Mientras tanto, los obispos no daban tregua. Entre el 3 de
enero de 1959 y el 2 de febrero de 1961, diferentes obispos emitie-
ron al menos veintidós declaraciones públicas, entre pastorales individuales, circulares, entrevistas y artículos de prensa, en los cuales se apoyaban los conceptos originales de la revolución, se re-
afirmaban los derechos del pueblo y de la Iglesia, y se advertía contra la influencia y las pretensiones de los comunistas. Diecisiete de
estos documentos fueron emitidos por el Arzobispo de Santiago de
Cuba Enrique Pérez Serantes. Conjuntamente, los obispos emitie-
ron en ese tiempo tres pastorales. La primera, titulada *«Al pueblo*
*de Cuba»,* de febrero 2 de 1959, concluía así: «Nos consuela, queridos hijos, ver que estáis en pie, en defensa de vuestros derechos;
sabed que delante de vosotros están todos los Arzobispos y Obispos Católicos de Cuba».

—*«Desde que salió la primera pastoral, ya hubo un encuen-*
*tro fuerte. La Iglesia fue bien clara, se leyó aquella pastoral en*
*todos los templos. La lectura de la pastoral trajo un enfrentamien-*
*to entre el gobierno, que decía no ser comunista y la Iglesia, pues*
(el gobierno) *decía que* (la Iglesia) *estaba emitiendo juicios para*
*dañar la revolución».*

Monseñor se refería en realidad a la segunda pastoral conjunta del Episcopado, que fue la primera que le tocó leer a él, como
párroco de Coliseo y Lagunillas. Ésta fue emitida el 7 de agosto de
1960 bajo el título de "Circular Colectiva del Episcopado Cubano".
Cuando salió la tercera, «Carta Abierta del Episcopado al Primer
Ministro, Dr. Fidel Castro», la confrontación entre la Iglesia y el
régimen era ya crítica.

El último acto público de los católicos de Coliseo, con su
pastor al frente, fue la celebración de la fiesta del patrono local,
San José, el 19 de marzo de 1961. No obstante el hostigamiento

constante, no obstante la intimidante presencia de rabiosos castristas atentos a todo lo que se decía y se hacía en las celebraciones litúrgicas, *«la respuesta de los fieles fue extraordinaria»*, según recordaba Monseñor.

Lo mismo se vivía entonces en toda Cuba. Fidel Castro calibraba el reto que le planteaban, según él, «el clero falangista... los esbirros con sotana». Se intensificaban los ataques a la Iglesia tanto de parte de voceros del régimen, como de turbas preparadas que se apostaban a las puertas de los templos para acosar a los que entraban en ellos; se instalaban altoparlantes en las cercanías para ahogar, con «música revolucionaria», las voces de los sacerdotes... Una de las consignas que gritaban las turbas castristas era más que una irreverencia, todo un plan a cumplir: *«¡Arriba, abajo, los curas pa'l carajo!»*.

Las cartas estaban sobre la mesa. No terminaría aquel año, sin que fuera definida la partida.

## 12. La noche más difícil de la vida

Para finales de 1960 existía ya en Cuba una vasta red de combatientes anticomunistas extendida por todo el territorio de la isla, que, actuando clandestinamente, individualmente o en grupos muy pequeños, luchaban para evitar la consolidación del régimen castrocomunista de mil maneras diferentes... sabotajes, distribución de propaganda política, ataques contra intereses económicos del régimen, etc. Un gran número de aquellos arriesgados luchadores procedían de las filas de la Acción Católica Cubana, muchos de ellos particularmente de la Agrupación Católica Universitaria.

Todavía hoy, cuando se pregunta a los sobrevivientes de aquellos idealistas por qué se dieron con tanto ahínco a lucha tan desigual, la mayor parte de ellos responde que fueron inspirados por lo que la Iglesia les había enseñado del Evangelio de Jesucristo y su compromiso con la justicia. Además, el ver a su Iglesia perseguida era un fuerte acicate que los hacía asumir los riesgos inherentes por un sentido del deber, del deber con la patria y el deber con la fe.

Aquella red de combatientes anticastristas estaba formada por células de hombres y mujeres pertenecientes a distintas organizaciones pro democracia, como el Movimiento de Recuperación Revolucionaria (MRR), el Movimiento Demócrata Cristiano (MDC), el Movimiento Revolucionario del Pueblo (MRP), el Directorio Revolucionario Estudiantil (DRE), el Frente Anticomunista de Liberación (FAL), Rescate Revolucionario, etc., todos ellos con fuertes vínculos con los exiliados cubanos en Miami y en la mayor parte de los casos y de forma apenas encubierta, con agencias de inteligencia del gobierno de Estados Unidos.

Comenzando 1961 existía, tanto entre los miembros del clandestinaje en la isla, como entre los exiliados de Miami, la convicción, alimentada por rumores y relatos de segunda mano, de que una fuerza expedicionaria integrada por exiliados y con la ayuda «de los americanos», estaba próxima a desembarcar en algún lugar de Cuba para iniciar lo que sería una rápida guerra de liberación.

Radio Swan, una radioemisora de la Agencia Central de Inteligencia (CIA), ubicada en las Islas del Cisne en el Caribe hondureño, y de amplia recepción en Cuba, alimentaba la percepción de lo que vendría con informaciones y reportajes orientados a ese fin. Y, por otra parte, esa percepción era confirmada, entrando el nuevo año, por la manera increíblemente descuidada con que se manejaba información sensitiva, al punto de que fotografías de los campos de entrenamiento de la brigada de exiliados en Centroamérica, fueron publicadas en periódicos de Miami en más de una ocasión.

El plan era que los luchadores del clandestinaje cubano serían avisados, al menos unas horas antes del esperado desembarco. Ellos tendrían que tomar lugares estratégicos en La Habana y otras ciudades, dificultar el movimiento de tropas de Castro hacia el lugar del desembarco y, tan pronto fuera posible, sumarse a la fuerza exiliada para combatir juntos. Para ello se contaría con el respaldo de Estados Unidos, fundamentalmente, apoyo aéreo a la fuerza expedicionaria, cuyo nombre, se sabría después, era Brigada 2506.

En la madrugada del 17 de abril de 1961 se produjo el esperado desembarco en Playa Girón, en la orilla oriental de la Bahía de Cochinos, inmediatamente al sur de la Ciénaga de Zapata, territorio no muy distante de la zona de Guamacaro. La brigada estaba integrada por alrededor de 1,300 cubanos de todas las edades, de todas las clases sociales y de distintas vertientes políticas.

–*«Al llegar el 17 de abril (1961) fue muy difícil, y fue muy difícil porque nosotros no sabíamos bien lo que estaba pasando. Oíamos lo que decía Radio Swan, pero no mucho más que eso, porque el trabajo pastoral que teníamos en las tres parroquias era muy grande. Nos ayudábamos mucho, rezábamos juntos en la mañana, desayunábamos juntos, a veces almorzábamos juntos. Siempre conservábamos lo que el obispo había puesto de convivir un poco para quitar la soledad del sacerdote y evitar que se cierre, porque no tiene noticias, que se queda como aislado.*

–*«Entonces, el padre Rivas había ido, creo que el 16 de abril, con los niños del catecismo a la ciénaga... el pobre, él no sabía lo que estaba pasando, y entonces de repente vino esto* (el desembarco) *y eso fue mortal, porque ellos (*los castristas*) dijeron que si llevaba a los niños es que eso era una cosa programada... Cuando ya vino en la tarde la noticia, a mí me daba la impresión de que había suficiente gente que estaba completamente convencida, preparada para luchar, pero todo era, desgraciadamente... "hay que esperar lo que dice el Pentágono... hay que esperar lo que dice el Pentágono" y con eso de esperar lo que dijera el Pentágono, no salió nadie, no se preparó porque no podía prepararse nadie, había que obedecer»...*

No se equivocaba el padre Aleido en su observación de la situación. Aquellos cubanos *"preparados para luchar"*, aquella extensa red del clandestinaje cubano, no fue avisada de la inminencia del desembarco por decisión del gobierno de Estados Unidos. De esa forma, no sólo se privó a la Brigada 2506 de recibir el apoyo que era indispensable para que ésta pudiera avanzar por territorio cubano, sino que prácticamente se entregó a aquellos esforzados luchadores en manos del régimen que se pretendía derrocar. Decenas y decenas de miles de cubanos anticastristas fueron arrestados casa por casa en todas partes de Cuba para impedir que se sumaran a la fuerza expedicionaria. No sólo esto, sino que, además, el apoyo aéreo prometido a los expedicionarios no llegó a materializarse, con lo que, de hecho, fueron abandonados a su suerte frente a un enemigo infinitamente superior en número y armamentos.

—*«En la tarde recogieron al padre Rivas, y fueron recogiendo a todos los sacerdotes de Matanzas, y los pusieron en distintas cárceles. Nos iban a echar en el stadium de Matanzas, el Palmar de Junco, pero cuando llegamos allí la gente comenzó a aplaudir.... Ellos nos tomaron una rabia tremenda... A mí me arrancaron la sotana delante de todo el mundo... Un gran grupo de mujeres milicianas nos gritaba... Había, yo diría como unas quinientas o seiscientas mujeres gritando "curas falangistas... esbirros con sotana"... todos aquellos cantos constantes, todo así, delante de todo el mundo fue todo eso... Yo no pude entrar al stadium... el padre Rivas y el padre Cristián en esos momentos, sí entraron al stadium, pero no pudieron permanecer, y después, nos llevaron al mismo lugar.*

—*«Nos llevaron a una cárcel, que yo no la he visto nunca, porque creo que era un stadium en construcción... estaba en la tierra pelada, era en Matanzas, en la misma ciudad, nos llevaron allá... Era de noche, no nos llevaron juntos... El padre Rivas y el padre Cristián llegaron primero...*

—*«Era un lugar con una sola puerta, estaba cerrado, nos iban sentando como a la japonesa, con las manos hacia atrás, en el suelo, en la tierra, nos ponían a una distancia suficiente para que no pudiéramos hablar ni una palabra entre nosotros, y había un custodio permanentemente diciéndonos horrores. Esa noche del 17 hicieron pasar a un grupo de milicianas que venían a cantarnos, y a reírse de nosotros, y a decirnos cosas, o sea, ellos disfrutaron mucho su triunfo.*

—*«No había servicios sanitarios, lo que había era un hueco donde había que hacerlo todo delante de todo el mundo, porque no había un lugar privado. No había nada, nada... no se dio comida a nadie, ni un pedacito de nada, lo único que se daba era agua... si uno quería agua tenía que tomarla en un balde, un cubo, y todos bebiendo del mismo jarrito.*

—*«Aquello fue, como pudiéramos decir, la noche más difícil de la vida. Primero porque al padre Rivas lo condenaban a muerte y le decían que lo iban a fusilar al otro día en San Miguel de los Baños, a las siete de la mañana... Toda la noche esperando el fusilamiento, era una guerra psicológica tremenda. Como no podíamos hablar, no podíamos comunicarnos, estábamos en una situación terrible. Algunos de los sacerdotes, muchos de ellos ancianos, tuvieron descomposiciones de estómago tremendas, como el padre Tito Hernández, allí, tirado en la tierra, el pobre y tenían que ir allí, delante de todo el mundo, o sea, que se trató de humillar lo más posible a los sacerdotes presos.*

—*«Una cárcel sin comida... en un momento dado, el padre Rivas, que tenía algún dinero arriba, les dijo, "mire, si alguno de ustedes compra algo, yo sería capaz de pagarles"... bueno, trajeron un pedazo de pan o algo así.*

—*«Aquello fue un verdadero Calvario, aliviado solamente por la fe y por el apoyo que sabíamos nos brindaban algunas personas que estaban afuera, muchas en realidad, principalmente familiares de los presos que indagaban por ellos y trataban de hacer llegar alguna ayuda, pero los milicianos se lo impedían».*

Traicionados por el gobierno de Estados Unidos, impedidos de recibir el apoyo de los miembros del clandestinaje por el encarcelamiento masivo de ciudadanos llevado a cabo por la feroz jauría castrista, la valiente Brigada 2506 fue derrotada. Alrededor de 114 brigadistas resultaron muertos en combate y unos 1,183 fueron tomados como prisioneros de guerra. El régimen nunca ha ofrecido cifras confiables de sus propias bajas en aquel terrible episodio en el cual cubanos se enfrentaron a cubanos en una violenta lucha armada, propiciada, en última instancia, por la sed de poder de un caudillo sin escrúpulos.

Dos días después del desembarco ya la suerte estaba echada. Al cabo de la semana, comenzaron a soltar al pueblo prisionero.

—*«Después de unos días, dos o tres días, nos llevaron al obispado y nos encerraron en el obispado con custodia permanente. Allí cambió la cosa, y esos días los aprovechamos para llenar libros que no se habían llenado. Los misioneros muchas veces habían hecho misiones y dejado allí cargas de papeles, certificados de bautismos, confirmaciones, etc. y eso estaba allí, organizado, pero como no había personal suficiente, no se había asentado en los libros. Aprovechamos, pues, allí, delante de los custodios, para ir llenando esos libros».*

La incertidumbre era el huésped más prominente del obispado de Matanzas en aquellos días. El obispo Martín Villaverde había muerto repentinamente cinco meses antes y la diócesis estaba siendo regida por el Vicario Capitular, Monseñor Manuel Trabadello. Los sacerdotes allí prisioneros, privados de toda información confiable, se hacía mil preguntas, para las cuales no había respuesta: ¿qué pasará con nosotros?... ¿adónde nos llevarán?... ¿correremos la misma suerte de los mártires de la Guerra Civil Española?...

¿Qué esrá haciendo el Vaticano… Washington?... ¿Qué habrá pasado con nuestros fieles, con nuestras parroquias?...

Aleido se sentía tranquilo, preparado para lo que viniera, afincado en la fe. Le perturbaba únicamente la preocupación por su familia, de la cual no sabía nada y por su gente de Coliseo y Lagunillas, ovejas sin pastor. Oraba, como siempre… Dios dirá.

## 13. Los años lindos

—«*Después del primero de mayo nos dejaron volver a las parroquias. Al llegar a San Miguel, vimos que se habían llevado toda la ropa. Los registros que ellos hacían eran muy extraños... y ahora no teníamos ropa, ni una pieza de ropa interior... todo se lo habían llevado. Se tomaron todo el vino de misa y se comieron toda la comida, la ropa de cama, todo se lo llevaron. Registraron de tal manera, "socialistamente", que nosotros no nos dábamos cuenta de lo que era aquello, fue horrible.*

—«*Nos pusieron frente a la iglesia, a todo volumen, como para que no pudiéramos hacer nada, bocinas por donde se escuchaba "La Internacional". Yo recuerdo que el padre Rivas decía: —"Yo lo que siento es que yo me vaya a aprender ese canto"... Yo no creo que lo aprendiéramos, pero era algo terrible, noche y día...*

—«*La gente cogió mucho miedo. Pudiéramos decir que los fieles fuertes sí estuvieron con nosotros, siempre. El Santísimo Sacramento no lo profanaron porque dos muchachas lo sacaron y se lo llevaron a su casa. Yo tuve la suerte de que el día de la invasión hubo tantas comuniones como hostias tenía y me quedé sin ninguna, de lo contrario hubieran tenido eso. Era triste ver cómo los fieles que eran simpatizantes de la revolución justificaban eso, decían "¡Qué lástima que boten a un padre... qué lástima!", pero nada más, no hubo una protesta, nada de eso... "¡Qué pena, tan bueno que es el padre, pero, por ser español, tienen que echarlo!"... Yo no sé, pero en aquellos momentos había como un enamoramiento con la revolución muy grande.*

—«*Ya después de eso fue muy difícil la situación. Habían echado a todos los sacerdotes de Cárdenas, creo que eran como trece o catorce entre los trinitarios y los cordimarianos que había allí, los llamados claretianos... veíamos que era muy difícil. El obispo había muerto en el 60, no pudo ver el año 61 y yo creo que murió ya de esto... A nosotros nos cambiaron. A los sacerdotes los iban expulsando y el obispado nos dio una orden de que no nos quedáramos solos en ningún lugar. Trabajábamos durante el día, y en la noche nos quedábamos, un grupo en el seminario de Colón y otro en el obispado, en Matanzas. No nos podíamos quedar en la parroquia, porque expulsaban* (a los sacerdotes) *así, desaparecían. Expulsaron al padre Alberto Martín de Bernardo, de Perico; fueron expulsando con razones de que si éste era español, si era lo otro.*

—«*A mí me mandaron para Pedro Betancourt, atendiendo además Carlos Rojas y ayudando un poco en Cárdenas. El padre Rivas tenía Cárdenas y Varadero, con el padre Cristián. Claro, un lugar donde había 13 sacerdotes, cubrirlo con un sacerdote y medio... las filas para las confesiones eran hasta las once o las doce de la noche... no se podía, empezábamos a las tres de la tarde, y no se acaba. No era que hubiera más confesiones, es que estábamos muy limitados por el número de sacerdotes.*

—«*San Miguel de los Baños lo atendían los jesuitas para poder cubrir y gracias a Dios que lo hicieron. Fue muy difícil, pero nosotros seguimos trabajando y estábamos decididos a no irnos nunca de allí, nunca. Para comprometernos más, fuimos al obispado y se lo dijimos a Monseñor Trabadello que era el Vicario General. Le dijimos, "mire, nosotros nunca vamos a salir" y él nos dijo, "bueno, no se sabe nunca como uno está, lo que son las fuerzas humanas"... él era muy humano y compasivo*»...

Jesús Argaín, fue parroquiano y colaborador del padre Aleido en Pedro Betancourt. Años después, ya exiliado, sería miembro del comité pro-construcción de la Ermita de la Caridad. Él recuerda el pasado allá en su pueblito matancero...

—«Cuando él llegó a Pedro Betancourt, de párroco, empezó a aglutinar muchachos, él dejó un legado allí bien bonito... Él fue allí a sembrar, no a recoger... Cuando las cosas se empezaron a poner malas en Cuba, él siempre estaba atajándolo a uno... —*"No se metan en eso"*, estaba preocupado por lo que podía pasarle a uno, o sea, que él sabía que aquello era una basura, pero él trataba de que no nos pasara nada a nosotros, los que estábamos alrededor de él».

«Las cosas» no solamente se empezaron a poner malas... era peor cada día la situación de poco disimulada persecución que vivían los católicos. La Iglesia, sin embargo, continuaba haciendo su labor, lo mejor que se podía entonces:

–«*Realmente, yo creo que era algo muy bonito aquello, porque, realmente, la unidad del clero de Matanzas fue impresionante... nos reuníamos desde hacía ya dos años, desde que yo llegué a Matanzas... una vez al mes, con el obispo, desde la mañana. Empezábamos con una paraliturgia, y después un sacerdote nos predicaba... uno, cualquiera de los párrocos. Almorzábamos y nos confesábamos, y después, a la tarde nos sentábamos con el obispo y había lo que se llamaba "el caso"... los casos de moral... cómo resolver un caso, también hacíamos las homilías juntos, para todos predicar lo mismo en la diócesis, y recuerdo que los sacerdotes opinaban... esto, esto tenemos que tocarlo, y esto también, y esto así... y entonces a nosotros, los más jóvenes, nos ponían a redactar la homilía y tratar de poner material de la Iglesia, de las encíclicas, de todo, para aclararle al pueblo la situación que venía. Eso se hizo con las encíclicas que teníamos entonces: Rerum Novarum, Quadragesimo Anno, etc.*

–«*Yo creo que los años aquellos fueron muy lindos. Celebrando la fecha del 8 de septiembre del año 61, en Pedro Betancourt, y en toda la diócesis de Matanzas, eso fue apoteósico, la respuesta del pueblo fue preciosa, preciosa»...*

No he creído necesario añadir mucho al relato que nos hace Monseñor Román de aquellos meses de 1961, entre los sucesos de Playa Girón y la celebración de Nuestra Señora de la Caridad del Cobre. Solamente me da gusto señalar su manera de ver las cosas: tras contarnos de las calamidades, los atropellos que sufrían, el exceso de trabajo y los peligros ostensibles o velados que los amenazaban, Monseñor nos dice que «*los años aquellos fueron muy lindos*»... Es claro que lo que quedaba más preponderantemente en sus recuerdos era la oportunidad que había vivido de servir al Señor y a su pueblo en aquellas difíciles circunstancias y ver que «*la respuesta del pueblo fue preciosa*». «*Aquellos años fueron muy lindos*»... Ciertamente, los santos no ven las cosas como el resto de los mortales.

## 14. Covadonga

Monseñor Eduardo Boza Masvidal

La celebración de «La Caridad» en 1961 fue apoteósica no sólo en Pedro Betancourt, en toda Cuba fue igual. Sin que pudiera verse entonces, era el canto de cisne de la resistencia activa de la Iglesia institucional frente al castrato y tal vez el reto que decidió al régimen a propinarle a los católicos un zarpazo brutal, del que el padre Aleido no se libraría y del cual la Iglesia en Cuba tardaría décadas en recuperarse tibiamente y a un precio que está aún por evaluarse.

Regresando a 1961, las celebraciones por la fiesta de «Cachita» habían dado muestras de la fuerza que aún tenía la Iglesia Católica y su poder de convocatoria, a pesar del ambiente hostil y las agresiones en su contra. Pero, faltaba todavía la prueba de fuego. En la Iglesia de la Caridad de La Habana era costumbre celebrar la festividad el domingo más próximo al 8 de septiembre, para facilitar la asistencia de los habaneros a la misa y procesión tradicionales. El párroco de La Caridad era el Obispo Auxiliar Eduardo Boza Masvidal, en esos momentos la figura más destacada de la resistencia de los cubanos a los avances del marxismo. Sin asumir nunca un rol político, era, sin duda, el eje de la oposición y gozaba del respeto y la admiración de todos los que se habían desengañado ya de las mentiras y maniobras de Fidel Castro.

La procesión debía celebrarse en horas de la tarde del domingo 10 de septiembre y, dadas las circunstancias, era inevitable que se le viera, tanto por los castristas como por sus opositores, como una manifestación popular en contra del gobierno, más allá del ingrediente original de la fe religiosa que la movía. Cuba entera aguardaba con gran expectación aquel acontecimiento que todos sabíamos cómo comenzaría, pero nadie podía estar seguro de cómo iba a terminar.

Así las cosas, cuando, unos días antes, Monseñor Boza solicitó el permiso correspondiente de las autoridades capitalinas para la procesión, éste le fue concedido, pero no para las horas acostumbradas de la tarde, si no para las siete de la mañana y bajo fuertes advertencias y amenazas. El ambiente estaba verdaderamente caldeado, y ante la posibilidad cierta de un sangriento encuentro entre las fuerzas de la dictadura y los asistentes a la procesión, más la aceptación humillante del mal intencionado cambio de hora, el Obispo, junto con los sacerdotes que le ayudaban en la parroquia, decidió suspender el evento.

Se avisó desde el púlpito en las misas precedentes, se pusieron avisos en las puertas del templo, pero, no obstante todo ello, el domingo en la tarde, a la hora tradicional de la procesión, el público desbordaba la iglesia y sus alrededores. Era una impresionante multitud que reclamaba a viva voz que «sacaran a la Virgen», sin que la presencia, también masiva, de fuerzas del régimen, lograra intimidarla.

Monseñor Boza y sus asistentes pedían inútilmente a los presentes que se retiraran a sus casas; mientras, se producían encuentros físicos entre católicos y castristas en las afueras del templo y se incrementaba rápidamente la presencia de soldados, milicianos y agentes secretos. Los católicos estaban enardecidos de fe y patriotismo y esos sentimientos se canalizaron cuando un hombre joven se hizo de un cuadro de la Virgen de la Caridad y enarbolándolo sobre su cabeza comenzó a caminar y, tras él, miles de fieles gritando consignas de fe y de rechazo a la dictadura.

Un uniformado del régimen, portando una metralleta, puso fin a la desafiante manifestación asesinando a mansalva, en plena calle y ante aquella multitud, al joven abanderado de la Virgen. Volaron disparos en todas direcciones, la dispersión precipitada, el terror, muchos arrestos, en fin de cuentas, el escenario que el régimen necesitaba y había propiciado para tratar de justificar la ejecución de sus planes terminales contra la Iglesia.

Resultó que el joven asesinado, «con la Virgen de mortaja», como dijera después un poeta, era Arnaldo Socorro Sánchez, de 20 años de edad y miembro de la Juventud Obrera Católica. Pero, con la más absoluta desfachatez, los voceros de Castro «informaron» que se trataba de un joven revolucionario, que había sido muerto por una bala disparada desde la iglesia por el sacerdote Agnelio Blanco, el cual, entre paréntesis, se encontraba en Isla de Pinos a la hora de los sucesos. Arrebataron el cadáver a la familia del mártir y lo enterraron con honores de soldado muerto en combate en medio de encendidas arengas y condenas a los «esbirros con sotana».

Inmediatamente, los medios de prensa, todos ya bajo control del gobierno, incrementaron su feroz campaña contra la Iglesia, exigiendo castigo ejemplar para los «provocadores contrarrevolucionarios, que alentados y dirigidos por "el clero falangista", asesinaban a los hijos del pueblo en su pretensión de acabar con la revolución». Aquello era ya el paroxismo del terror. Pocos días después…

—*«Yo había entrado en retiro, hacíamos un retiro anual en el seminario de Colón, para poder alimentarnos espiritualmente un poquito, y estando en el retiro, vinieron en la noche dos personas, que yo no las conocía, y le dijeron a uno de los padres canadienses que querían verme. El padre vino y me dijo "a lo mejor quiere confesarse alguien", porque la gente venía así, por la noche, a confesarse. Y entonces resulta que, cuando yo bajé, me dijeron:*

—«*"¿Ud. es Agustín Aleido Román Rodríguez?"... A mí nadie me llamaba por tantos nombres, a mí me decían Aleido, o Agustín cuando tenía que firmar algo, o algo así... Yo dije, esto es otra cosa... –"Venga, que tiene que declarar"...*

—«*Con la misma ropa que yo estaba, que no estaba muy limpia, una sotana blanca de las que usábamos en Cuba, un tomo del breviario, y un librito que se llama "María en el dogma", yo salí a declarar. Aquella declaración era muy extraña. Primero que nada, salimos, pasamos por Coliseo, y seguimos a Cárdenas. En la lista estaba el padre Rivas, estaba el padre Cristián, o sea, la lista estaba hecha de todos los sacerdotes que estábamos (en el área).*

—«*Cuando llegamos a Cárdenas, yo les pedí poder retirar el Santísimo Sacramento. Ellos no tenían ni idea de lo que era eso, pero yo les expliqué que Cristo estaba en la hostia, y eso, esa lección de catecismo, yo no sé si les entró o no les entró. Ellos vinieron con sus metralletas, como estaban. Yo subí al altar, abrí el sagrario, y el copón estaba tan lleno de hostias que me ahogaba cuando las tragaba. Estaba nervioso, y ellos me veían así, como si allí estuviera guardada alguna cosa... Después que yo consumí las hostias, yo purifiqué, bajé... Ellos me seguían como dos monaguillos, y yo les expliqué bien claro lo que estaba haciendo. Fue mi última catequesis en Cuba, que era que Cristo estaba allí... Ellos me miraban, pero no dijeron ni una palabra.*

—«*Después me llevaron. Rivas estaba esa noche en Varadero con (el padre) Cristian. A él también lo tomaron y entonces, nosotros dormimos esa noche en San Severino, donde encontramos a Monseñor Jenaro Suárez, al Vicario General, a los padres canadienses, el padre Cabanas... había algo raro... No sabíamos qué era lo que pasaba.*

—«*Dormimos en unas camas muy sucias, no había sábanas ni nada, sino ahí, en el colchón mismo. Todo esto era de noche. De madrugada... nos levantaron muy temprano, yo creo que nos dieron un café con leche o cosa así, y entonces ya nos llevaron. Los padres canadienses dijeron que tenían que pasar por la parroquia para recoger sus pasaportes, pero, no sabíamos a dónde íbamos. Pensábamos que era a un juicio en La Habana, o algo así.*

*—«Al llegar al puerto, frente al vapor Covadonga, cogieron las metralletas, y nos dijeron: "¡Suban, suban!" Tratamos de explicar, pero, "¡No hablen una palabra, suban, suban!"... Tuvimos que subir. Estuvimos como desde el 14, hasta el 17 (septiembre de 1961), allí en el barco. A cada momento llegaba un grupo, de alguna parte, pero, no sabíamos nada de lo que estaba pasando... No teníamos un radio.... Sacaron a toda la tripulación del barco, que era un barco turístico, la sacaron... Nosotros estábamos como presos allí.*

*—«El día 17 dejaron entrar la tripulación, dejaron entrar a los que iban a salir, y entonces, el último que entró fue Monseñor Boza. Fue muy impresionante, porque nosotros desde arriba podíamos ver... Monseñor Boza llegó, lo trajeron... barbudo, no se había afeitado. Estaba en el G-2, en un interrogatorio muy fuerte, que él lo escribió en un librito que él no ha querido que se exponga, pero que vale la pena leerlo, ya pueden leer sobre su vida en sus "Notas Biográficas".*

*—«Él llegó allí, al barco, y fue muy impresionante porque mientras los milicianos le iban como apuntando con las metralletas, y él iba subiendo, el representante de la embajada de España en esos momentos, se arrodilló para besarle el anillo, y entonces, Monseñor Boza subió y cuando ya estaba arriba, le dio la bendición a los milicianos, desde el último peldaño de la escalerilla.*

*—«Cuando estábamos almorzando algo, sonó el silbato del barco, y ya, el barco salió. Durante la salida del barco, se fue acercando alguna gente al muelle y se escuchó que cantaban "Tú reinarás". Nosotros nos asomamos a cubierta y cantamos "Tú reinarás" junto con ellos... "Tú reinarás" fue como lo último, así, que se iba apagando el "Tú reinarás" de ellos y se oía el nuestro... y ya».*

Así, a punta de fusil y sin más nada que lo puesto, los castristas expulsaban de Cuba a 130 sacerdotes y un obispo, aquel día

17 de septiembre de 1961, como punto álgido de su campaña de descristianización de Cuba e imposición del totalitarismo.

Por la fuerza y sin apelación posible, expulsaban de Cuba a un joven sacerdote, campesino y tan cubano que no había querido salir de su islita ni siquiera para terminar su carrera. Su obispo tuvo que persuadirlo. Fidel Castro tuvo que encañonarlo.

*«Tú reinarás»*, el himno con el cual algunos valientes despedían al Covadonga y a su carga de fe desde el puerto de La Habana, y con el cual los sacerdotes expulsados contestaban a los que quedaban atrás, a la vez que decían adiós a la Cuba de sus amores y sus empeños apostólicos, no era un lamento, ni un canto plañidero, todo lo contrario: era un grito de combate, un canto de esperanza que quedaba entre las olas como una promesa, tal vez como un sueño de incierto despertar:

Tú reinarás, este es el grito
que ardiente exhala nuestra fe.
Tú reinarás, oh Rey bendito
pues Tú dijiste: reinaré.

Reine Jesús por siempre, reine su Corazón,
en nuestra Patria, en nuestro suelo,
que es de María la nación.

Tú reinarás, dulce esperanza
que al alma llena de placer,
habrá por fin paz y bonanza
felicidad habrá doquier.

Reine Jesús por siempre...

Tú reinarás, dichosa era,
dichoso pueblo con tal Rey,
será tu Cruz nuestra bandera,
tu amor será nuestra ley.

Reine Jesús por siempre, reine su Corazón,
en nuestra Patria, en nuestro suelo,
que es de María la nación.

## 15. El indocumentado

Agustín Aleido Román y Rodríguez, sacerdote de Jesucristo, era ya un desterrado. Pero, viendo las circunstancias de su expulsión, pudiera decirse que hasta la Naturaleza resentía aquel forzado desarraigo...

—*«Entramos en un problema. Había un ciclón, y el barco no podía... el barco salió del puerto por la presión del gobierno, pero* (el capitán) *hubiera preferido quedarse allí, por el peligro del ciclón. Entonces hubo que perder dos días, haciendo una vuelta tremenda, no costeando, sino más bien apartándose del ciclón. Eso provocó que el barco tuviera un movimiento tremendo, constante.*

—*«Nosotros tuvimos que dormir en las bodegas, en el suelo, porque no había espacio. Se nos dio comida, y agradecimos muchísimo aquello de la atención que nos dieron, pero claro, estábamos algunos, como yo... yo no tenía más ropa que la llevaba puesta... era la misma ropa todo el tiempo, durmiendo en el suelo, era un estado muy difícil, porque no teníamos nada. Nos daban el desayuno, almuerzo y la comida, eso no nos faltó ni un solo día. Los pasajeros y el personal del barco... tuvieron que hacer un esfuerzo muy grande, porque éramos 131 personas más, sin embargo, lo hicieron, tratándonos con caridad.*

—*«Al llegar a España, fueron muy generosos... No nos exigieron el pasaporte a los que no lo teníamos. España y la Iglesia nos recibieron con un cariño tremendo. La Acción Católica se volcó a buscar carros, y nos llevaron allá, en La Coruña, a la iglesia de San Jorge, y el Cardenal envió al Obispo Auxiliar para que nos recibiera... fue muy precioso todo, preciosísimo todo. Nos alojaron muy bien en distintos moteles, hoteles, etc. El Cardenal nos recibió y almorzó con nosotros al otro día, en el seminario, y él mismo nos pagó los pasajes para que pudiéramos ir a Madrid.*

—*«A todas estas, no habíamos tenido contacto con nuestras familias en Cuba, no sabíamos nada* (de ellos)».

Si preocupante era aquello para el padre Aleido, para sus familiares en Cuba era desesperante, no sólo por la absoluta falta de información respecto a la suerte corrida por él, sino, además, por el acoso y la vigilancia constante que sobre ellos ejercía la dictadura. A Hecta Román todavía se le ensombrece la mirada cuando recuerda aquellos días:

—«La situación que vivimos cuando la cosa se puso mala entre el gobierno y la Iglesia fue algo muy grande. Cuando yo me enteré que se lo habían llevado, pasé por la iglesia, y allí estaba Marianito Vivanco, que, con el tiempo, sería Obispo de Matanzas. Yo le conté lo que me habían dicho y él me dijo: – *"Eso dicen, pero no vayas a decir nada todavía".* Juana María no sabía nada, pero ya en el barrio se estaba comentando... una vecina que era comunista, y era del carijo... la mujer que vivía al lado de Juana María, esos eran *comecandelas...* se pasaban el día "tirando puyas" y ofendiendo y nos preocupaba que Juana María se fuera a enterar por ellos.

—«*Leyo* no nos contaba nada de las dificultades, nos decía que estaba bien, muy feliz. Jamás él expresó ningún deseo de irse de Cuba, qué va. A él se lo llevaron a la fuerza, él no se quería ir de Cuba. Lo pasearon en un carro de puercos, sin ropa de sacerdote ni nada... Las chinitas de Coliseo que lavaban allí, se quedaron con toda su ropa y después nos la mandaron a nosotros.

—«Pasó mucho tiempo antes de que volviéramos a saber de él... días y días, porque se los llevaron sin un centavo, y sin un papel, ni un lápiz, nada.... No sabíamos nada, era como si se hubiera muerto... eso fue muy grande. Juana María llorando, nada más que quería estar acostada llorando, y Rosendo, el pobrecito, calladito ahí... Y otra gente, burlándose».

A Iraida, la hermana del desterrado, ya para entonces casada y madre de Jorgito, su primogénito, le consolaba recordar, en aquellos tiempos de separación y temores –ellos viviendo ya en el pueblo, San Antonio de los Baños; Aleido en Coliseo y la fiebre revolucionaria andando– que el suyo había sido el primer matrimonio oficiado por su hermano, que el infante que cargaba en sus brazos había sido bautizado por él. Los sucesos de septiembre del 61 ella los sintió como un mazazo:

—«Nosotros no pensábamos que iba a pasar nada de lo que pasó con la revolución. Él estaba allá en Matanzas, trabajando, haciendo lo que él quería, disfrutaba de aquel lugar, de San Miguel...

—«Para mis padres fue una sorpresa el que lo expulsaran de Cuba. Él les escribió una carta desde el mismo barco, que llegó mucho después. Alguien ya había comunicado que se lo habían llevado. Él lo explicó todo en la carta, cómo lo habían expulsado y se había tenido que ir sin papeles. Ya en España, yo no sé en la forma que se comunicaron, estaba sin papeles y mucha gente allá no le creía a él que era cura, a ninguno de ellos».

Mientras aquella misiva de Aleido a los suyos surcaba los mares con mayor lentitud que una gaviota herida, él había llegado ya a la capital española, todavía sin rumbo a seguir:

—«*Ya en Madrid, fuimos localizados en ciertos lugares. Yo fui localizado en un Centro Universitario que se llamaba León XIII, y allí estuve todo el tiempo que estuve en España, como dos meses, o algo así*».

—«De Matanzas mandaron sus papeles para San Antonio, todas sus cosas, —recuerda Iraida— y mi papá se los mandó a España».

—«*Pude recibir el pasaporte mío, a través de la embajada española, pero, con un problema: no teníamos el cuño de salida. Uno pudo ver la incomprensión en todas partes... Si uno iba a buscar una visa de un país cualquiera... queríamos los países del Caribe, porque pensábamos que el gobierno aquél se iba a caer en aquella misma semana... Bueno, si pedíamos una visa, nos pedían el pasaporte...*

—«*No, yo no tengo pasaporte.*

—«*Pero, ¿cómo va a ser eso?... Eso no lo pueden hacer, ¿cómo van a echar a una persona así, sin pasaporte?... Eso es imposible.*

–«*No comprendían nada, nada del problema de Cuba. Sin embargo, los periódicos daban una noticia que era muy interesante, y era que en Miami habían hecho la celebración de la Virgen... 30,000 cubanos, y eso como que impactaba, cómo 30,000 personas de repente habían celebrado una misa. Recuerdo que la noticia esta así, como, bueno, ya* (los cubanos exiliados en Miami) *no eran dos o tres personas, eran 30,000, y el Arzobispo Carroll les había celebrado la misa.*

–«*En España encontramos mucha comprensión en la Iglesia en esos tiempos. De ahí yo seguí entonces con los padres canadienses, para ir a Canadá y entonces, de ahí, irme a algún lugar de misión que tuvieran ellos. Allí decidimos, el padre Rivas y el padre Cristian Baguer, hacernos misioneros con los mismos sacerdotes que nos habían formado y, como nosotros, habían sido expulsados. Fuimos a Roma, con Monseñor Boza, y allí nos recibió Juan XXIII; fuimos también a Francia, y de allí, a Canadá. Cuando estábamos en Roma precisamente, en el Ángelus del domingo, Juan XXIII había dado la noticia* (de la expulsión de los sacerdotes de Cuba). *Fue muy atento, había recibido a Monseñor Boza, a todos nos recibió con el cariño de un padre.*

–«*Después de eso pasamos nosotros a Canadá, esperando a ver a dónde podíamos ir, que algún país nos recibiera. Entonces, resultó que Chile me aceptaba, y Argentina aceptaba a Rivas. Partimos cada uno para donde lo aceptaban, con mucha incertidumbre, pero siempre pensando que lo de Cuba se iba a arreglar en cualquier momento*».

# 16. Chile, el misionero y el Concilio

—«*Yo llegué a Chile el 28 de enero de 1962. Yo me había ido de Europa a Canadá, a Montreal, con los padres canadienses. Ellos eran misioneros diocesanos y, yo entré, sin ser parte de la Sociedad, como un agregado, así, y me llevaron a Chile. El padre Rivas fue a Argentina, y yo fui a Chile.*

—«*Empezamos a trabajar en Temuco. Llegamos a Santiago, el obispo fue a recibirnos, Monseñor Bernardino Piñera. Fuimos a Temuco y nos localizaron, primero estuvimos nosotros en la Casa de Ejercicios de allí, viendo un poco el sistema pastoral de Chile, que era muy interesante, de misiones a los campos, y seguidamente fuimos a un lugar donde nos íbamos a quedar que era como un colegio de segunda enseñanza... el Instituto de Humanidades.*

—«*Temuco queda en el sur de Chile, no al sur, al sur, pero bastante al sur. Es un clima frío, muy frío en invierno, llueve mucho, la nieve se queda en las montañas, la nieve se convierte en lluvia y la lluvia es casi permanente, algo así como dicen que es Bélgica. Se me parece mucho Temuco a Oregon. Cuando estuve en Oregon, no me parecía que estaba en Estados Unidos, sino en Temuco, tienen un parecido muy grande, también en el clima, muy lluvioso y en el lindo paisaje con elevaciones pintorescas.*

—«*Yo pasé un año enseñando en el Instituto de Humanidades. Había otro padre que era el rector, yo estaba enseñando allí. Fue un año bueno, interesante, daba misiones los fines de semana y dábamos actividades de retiros para los laicos. Al año siguiente, el superior de los padres canadienses pensó que era bueno que yo fuera párroco. Se lo pidió al obispo y me pusieron como párroco del Espíritu Santo y estuve tres años como párroco del Espíritu Santo. Era una parroquia que no tenía casa todavía, se estaba construyendo la casa. Durante ese tiempo se construyó, era una casa con un salón parroquial, no muy grande, pero lo usábamos como iglesia y realmente, fueron muy interesantes esos tres años como párroco.*

—«*Al mismo tiempo, me pusieron también como director de Cursillos de Cristiandad y pude desarrollar un poco la pastoral de los sectores. Hubo una gran misión en Chile, fue muy linda, y esa misión dio lo que son las comunidades de base. Fueron divididas esas comunidades de base según los sectores y tenía el campo, que tenía catorce tribus de los indios araucanos, que se llaman mapuches –mapu es campo, y che es hombre–, hombre de campo.*

—«*Las misiones del campo las trabajaba en el verano, desde luego, cuando los días no eran lluviosos, porque los caminos se hacían casi imposibles durante el invierno. Se preparaba muy bien, en las 14 tribus había líderes, se preparaban los líderes, venían a preparar la liturgia de las cuatro semanas. Era una liturgia solamente, servicio de oración dominical, lectura de la Biblia, todo según el misal, lo que seguíamos en el misal, con unas intenciones que ellos iban poniendo, pero, cada grupo sí tenía una presencia, en que todos iban y oraban en los campos.*

—«*Los indios recibían muy bien el evangelio, no había la menor resistencia, porque los misioneros franciscanos habían entrado cuatro siglos antes, y la Iglesia podía hacer lo que quisiera, porque respetaban mucho a la Iglesia. No se podía hacer con el indio araucano cualquier cosa. Por ejemplo, la parte civil tenía más dificultades que nosotros. Si ibas con sotana, tú podías quedarte en casa de ellos, vivir con ellos, comer con ellos. Durante el tiempo de misiones, que era todo el verano, podíamos vivir con ellos, y ellos, con un sacerdote o una monja con hábito, no había problemas. Ahora, si no había hábito, ellos no aceptaban, no estaban acostumbrados a eso. Ellos te preparaban todo, muy rústico todo, o sea, era tirados en el suelo como en un colchón que se ponía y uno se acostaba, pero le preparaban todo a uno...*

—«*Esas misiones eran muy lindas, porque podíamos decir que cuando acababa una misión, no había una sola casa que no hubiera recibido el mensaje de diez lecciones de catecismo que se daba. Se preparaban los laicos para esas misiones, eran jóvenes casi siempre, unos ochenta, nos íbamos al campo, comíamos lo que nos daban, y ellos iban visitando aún a los que estaban enfermos y no podían venir en la tarde a la misión. Las misiones se hacían en plena Naturaleza cuando no llovía... era muy lindo el campo. Fueron tiempos muy preciosos aquellos para mí como sacerdote.*

*—«En la parte del pueblo se iba desarrollando lo que era la ciudad de Temuco, que tenía unos 100,000 habitantes, que ya hoy tiene como 300,000; el crecimiento en 31 años era tremendo al visitarlos de nuevo en 1998.*

*—«Aquellas comunidades fueron ellas mismas abriendo, haciendo capillas, y lo que empezó en casas de misión, hoy día son capillas. El obispo me dijo que él ha bendecido como 500 capillas de entonces a acá. Muchos de los niños que nosotros teníamos en la catequesis, hoy son los sacerdotes, párrocos, que me quedo asombrado... Yo no los puedo recordar, pero ellos lo recuerdan a uno. Fue una impresión muy linda esa, luego, el trabajo que se hizo en aquella época... éramos sacerdotes canadienses, españoles, alemanes... también con los sacerdotes del país, pero, creció el número de sacerdotes nativos y de vocaciones desde entonces hasta 1998... tremendo.*

*—«El tiempo de Chile fue muy rico para mí, porque fue cuando se estaba celebrando el Concilio Vaticano II. Yo llegué en enero del 62 y el Concilio Vaticano II empezó en octubre. Chile lee mucho, y entonces, por ejemplo, las comidas con los sacerdotes, era casi como comentar todo lo que iba haciendo el Concilio. Compraban revistas, no había dinero para que todos compráramos todas las revistas, pero unos compraban unas y otros, otras, y compartíamos las lecturas de todo eso después, en la mesa. Los años del Concilio fueron muy ricos espiritualmente.*

*—«El obispo, pues, fue Monseñor Piñera, que es un hombre excepcional. Un médico que encontró su vocación en el sacerdocio, y se dedicó. Era un hombre intelectual, pero muy "aterrizado", es decir, estabas en una misión, allá, muy lejos, en pleno campo, y él se te aparecía después de trabajar todo un día, a las diez de la noche, y estaba confesando con uno hasta las dos de la mañana, hasta que fuera, y después se levantaba a las siete para la misa... Era un hombre extraordinario.*

*—«En los años de Chile yo creo que yo aprendí mucho desde el punto de vista pastoral. Estuve siempre en Temuco, iba a dar*

117

*retiros a otras ciudades, pero Temuco era lo que tenía como el 95%. Prediqué en muchos retiros de monjas en esos tiempos, para lo cual había que prepararse y esa preparación me hizo mucho bien. Pudiéramos decir que desde el punto de vista de formación, los cuatro años de Chile fueron muy ricos para mí, porque había que leer mucho, había que prepararse para todas las cosas, que, naturalmente, cuando uno sale del seminario no tiene eso. En Chile se cuidaba mucho eso, porque como es un país que tiene tanta gente intelectual, el clero tiene que estar muy al día.*

*—«Después del Concilio Vaticano II nos dieron a todos como un cursillo, no era un retiro, donde teníamos que estar como dos semanas completas, sin salir ni nada, metidos ahí, oyendo a los teólogos que venían del Concilio para darnos, y ponernos al día en cada uno de los documentos, creo que era una riqueza tremenda, como haber casi vivido en Roma durante el Concilio. La mitad del clero tenía que pasar eso dos semanas completas, después teníamos que ir a las parroquias para cubrir a los otros, y los otros tenían que venir, pero, todos teníamos que estar preparados en ese sentido.*

*—«No me resultó difícil adaptarme a los chilenos. El chileno tiene una acogida muy grande para el extranjero, tiene una delicadeza tremenda para el extranjero... es más, yo... nunca en Cuba, en el día de mi cumpleaños me hicieron una fiesta, de cantarme todos esos cantos... la habanera "Tú", "El mambí"... todas esa serie de cosas. Tenían una delicadeza tremenda en ese sentido. Uno no se sentía extranjero dentro del pueblo chileno. Estaban acostumbrados a tener gente de Europa... Eran gente muy buena, muy linda, muy preciosa.*

*—«Respecto al Concilio, nos fueron preparando y nosotros fuimos preparando al pueblo. Antes del Concilio nos reunieron a todos y nos hicieron como un test de qué sería lo que obispos tendrían que decir, qué habría que cambiar. Ya tenían la consulta del pueblo, la consulta de los religiosos, la consulta de los sacerdotes... aún en el hábito... si la sotana se llevaba, si no se llevaba... ¿qué decía el pueblo?... Todos esos detalles fueron consultados muy bien, y cuando el obispo salió para Roma para el Concilio, la*

*primera reunión, eran cuatro reuniones, yo recuerdo que el obispo llevaba todo eso en detalle para poderlo presentar, o sea, creo que la preparación para el Concilio era muy interesante.*

*—«Ya en Chile se empezaba a hacer también la experiencia de la misa frente al pueblo, que yo no la había tenido nunca en Cuba, es decir que, en la misma parroquia, que era muy pobrecita, la misa se empezó a decir ya frente al pueblo; se decía en latín, por supuesto. Yo recuerdo el cambio de la lengua, pues la gente estaba ya preparada y lo hacían con mucho gusto.*

*—«Durante esos años en Chile, tenía muy poca comunicación con mi familia en Cuba. Yo podía recibir una carta... qué sé yo... una vez cada cinco o seis meses o algo así. Fuera de eso, yo nunca pude hacer una llamada, yo no podía; tampoco existían los medios que hay hoy de fax, y eso. Yo recuerdo que dos sobrinos nacieron, ellos me escribieron. Ya yo veía la penuria que estaban pasando desde allá, me decían que no tenían lo necesario para vestir a mis dos sobrinos bebitos.*

*—«La gente me recogió (ayuda) inmediatamente, me trajeron la canastilla y yo se lo mandé a Cuba, pero, llegó tan tarde aquello, que cuando llegó ya los muchachos estaban grandes, o sea, no llegó a tiempo. En Chile siempre me preguntaban si yo quería mandar comida, pero eso era muy difícil.*

*—«De ahí, yo tenía los cuatro años en la Sociedad de Misiones Extranjeras, que yo no pertenecía a la Sociedad, pero trabajaba con ellos, daban una vacación y entonces vine de vacaciones a Canadá para hacer un retiro espiritual. El paso por Miami me impresionó muchísimo. Eran tantas las confesiones que escuché en San Juan Bosco, tantas personas que necesitaban, que me preguntaba yo, si de verdad, realmente, mi deber era estar allá, o aquí en Miami».*

## Testimonio de Monseñor Bernardino Piñera, Obispo Emérito de Temuco, Chile

Lo que yo sé de Monseñor Román es que, por aquel entonces, los padres misioneros canadienses, de Mission Extrangére del canal de Québec, estaban empezando a mandar algunos religiosos a mi diócesis de Temuco y un día me preguntaron si yo recibiría, en el lote a un sacerdote canadiense recién ordenado, que había sido expulsado de Cuba.

Yo les dije que con mucho gusto y llegó poco tiempo después el padre Román, junto con otros dos o tres sacerdotes canadienses. Creo que estuvo en Temuco no sé si cuatro o seis años.

Sacerdote ejemplar: donde lo pusieran, perfecto. Como párroco, como misionero, como predicador de retiros, como confesor, todo el mundo hablaba maravillas del padre Román. Se hizo querer muchísimo en el clero, todos los sacerdotes de su tiempo lo recuerdan con admiración y con cariño por su sencillez, su gentileza, y su celo pastoral admirable y también un carisma que tiene de no perder un minuto en el día, de aprovechar cada segundo en hacer algo bueno. Así que él dejó en Temuco un recuerdo inolvidable, y cuando ha vuelto a Temuco alguna vez, a pesar de que han pasado ya tantos años, la gente lo recuerda, lo va a ver, se alegran de que esté ahí... ha dejado un recuerdo imborrable, a pesar de los años.

La parroquia de él comprendía una parte de la ciudad de Temuco, que la atendió muy bien, y el campo que había ahí seis o siete reducciones indígenas, era campo indígena, él se hizo querer mucho por los indígenas.

Yo recuerdo haberlo ido a buscar una vez, al final de una misión, un domingo a las cuatro de la tarde. Yo iba en auto y me lo iba a traer a Temuco. Me dijo: *—«Padre, yo me voy a quedar aquí hasta mañana»...* Pero, ¿por qué?... *—«Porque hay tres hombres* *que todavía no se han confesado, y yo no me voy mientras ellos no se reconcilien con Dios».* Y se quedó. Al día siguiente tuvo que viajar en autobús, y me dijo: *–«Menos mal que uno se confesó, recibió los sacramentos... solamente uno se negó, pero, voy a volver alguna vez para conversar con él».*

Era de esos hombres como... que no se iba mientras no estuviera seguro de haber hecho todo lo humanamente posible con cada uno de los que están en la misión. Realmente, a más de esas virtudes pastorales sobresalientes, él es un discípulo de San Antonio Claret, ése ha sido su gran inspirador en la pastoral.

Yo he podido ver su obra en Miami, porque he ido muchas veces a Miami, he podido ver la obra de su primera Ermita, que uno llegaba y apenas sentado, una voz le daba una acogida, lo consolaba, lo animaba, y después he visto cómo ha progresado ese Santuario y cómo él logra estar a la vez... uno tiene la impresión de que él está rezando el rosario con uno, pero él está en su pieza, atendiendo espiritualmente a personas, y aparece justo al momento para decir una palabra... él tiene ese don de atender a todo el mundo sin apuro, y estar en cada cosa como si fuera lo único que tuviera que hacer en el día. Yo lo admiro mucho, lo quiero mucho y yo siempre digo que, para mí, estar un día con él vale por un retiro espiritual, porque vale más el ejemplo que las palabras.

En Chile se ha seguido todo lo de Cuba como en el mundo entero, como en toda América, pero debo decir que Román nunca fue, y nunca apareció como un sacerdote político. Todos sabíamos que era cubano, que sufría mucho con lo que pasaba en Cuba, que sufría mucho por su familia que estaba en Cuba y no podía salir, y que se fue a Miami para ayudar a su familia a salir de Cuba y para atender a los exiliados cubanos. Nosotros sabíamos que Cuba era mucho para él, pero él nunca, que yo recuerde, hablaba de asuntos políticos... no transmitía a la gente sus problemas personales, todo el mundo los adivinaba.

Su ministerio pastoral no le daba tiempo para hablar en público, digamos, de la situación de su país, era más bien los amigos íntimos que sabíamos lo que él sufría por la situación de su país, de su familia, y de los cubanos en el exilio en Estados Unidos.

Cuando él me dijo que quería venirse a Miami, yo lo sentí muchísimo, pero le encontré toda la razón y lo animé a que lo hiciera.

Mire, yo creo que en Cuba... en Miami, se le admira mucho y se le quiere mucho. Yo he podido constatarlo, porque muchas veces he estado allá con él... lo he acompañado a la radio, a la tele, a matrimonios, a Cursillos de Cristiandad, y siempre lo he visto que donde va él, es acogido como el buen pastor.

Para mí, le digo, Monseñor Román es uno de los sacerdotes más perfectos que yo he conocido en mi vida, y sé que mucha gente ahí en Estados Unidos, aún fuera de la colonia cubana, y aún fuera de Miami, lo tiene por un obispo fuera de serie.

*Miércoles, 11 de agosto de 2010*
*Vía telefónica*

## 17. Miami, tierra de reencuentros

La familia Román-Rodríguez, de izquierda a derecha:
Nivaldo, Juana María, Aleido, Rosendo e Iraida (1956)

—«*Durante los cuatro años en Chile yo creía que lo de Cuba... que aquello se caía inmediatamente. Después vine aquí, en 1966, y la gente me decía que Cuba podía ser libre en esa Navidad. Por eso yo no quería incardinarme, es decir, pertenecer a una diócesis cualquiera, sino ser un sacerdote lo que se dice... flotante, misionero, pero perteneciente a la diócesis de Matanzas, para poder en cualquier momento regresar* (a Cuba). *Ese era el proyecto de nosotros todos cuando salimos, porque pensábamos que no iba a pasar mucho tiempo sin el cambio.*

—«*Cuando llegué aquí, en el año 66, me parecía que el cambio era inminente, porque el entusiasmo que yo encontraba en los cubanos... estaban los Cursillos de Cristiandad, que eran casi todos de cubanos y uno podía oír hablar... "aquello se cae, se cae, se cae..."*

123

—«*Me quedé aquí y escribí a los padres canadienses, porque ese año ya el obispo allá quería ponerme al frente como director de una casa sacerdotal, donde estuvieran viviendo los sacerdotes todos encargados de la dirección de los movimientos, de las actividades de la diócesis y yo era el superior. Yo estaba muy contento, me parecía que estaba bien, ya yo pasaba de la parroquia a esas actividades, me parecía que era necesaria, pero, resultó que cuando llegué aquí, vi esa necesidad tan grande...*

—«*Al llegar en el año 66, en el mes de julio, yo me quedé en San Juan Bosco esperando y avisé a la Cancillería que yo estaba aquí en San Juan Bosco y que estaba dispuesto a trabajar por un tiempo aquí. Estuve como un mes en San Juan Bosco y entonces se presentó que un sacerdote que estaba en la Catedral atendiendo a la comunidad hispana, le dio un infarto. Era víspera de primer viernes, que en ese tiempo había muchas confesiones, y llamaron a un sacerdote, de emergencia, y me llevó el padre Vallina, en ese momento, para que yo atendiera aquello.*

—«*Allí me quedé una semana, el sacerdote no se mejoró del corazón, él no estaba allí, él estaba en el hospital, pero después el sacerdote decidió no regresar a la Catedral. Yo seguí allí, un poco flotante si quieren, pero, el párroco era muy bueno, era Monseñor Buschy y él se entendió muy bien conmigo, él había estudiado en Canadá, él hablaba francés, nos entendíamos bien en francés, aquello fue muy precioso.*

—«*La Catedral fue muy interesante para mí. Primero que nada, la cantidad de cubanos que estaban llegando por los Vuelos de la Libertad, muchos iban a esa zona en ese tiempo. Yo empecé a hacer la visita parroquial, visitando casa por casa, preparé un grupo, el grupo de Cursillos y la Legión de María me ayudaban muchísimo.*

—«*El mapa de la Catedral... podíamos decir "allá está Holguín, Camagüey aquí está"... porque la gente de cada lugar iba recogiendo la gente de cada lugar. Los cubanos llegaban, hablaban muy alto, los americanos se iban, las casas quedaban vacías, antes de que las vaciaran ya la tenían alquilada, y entonces ya venía la gente... Podía decir que iba rezando el rosario durante las noches esa semana con los de Holguín, con los de Camagüey, con todos esos grupos y la misa la teníamos los domingos.*

*—«La catequesis fue organizada enseguida, me la dejaron hacer en español, y tenía muchos matrimonios, eso era tremendo, los matrimonios se multiplicaban en la Catedral, eran muy abundantes. El trabajo de la Catedral yo lo disfruté muchísimo, trabajé muchísimo, Monseñor Buschy era muy bueno conmigo, muy abierto. Las catequesis de los del High School público las dábamos en cuatro sábados al año: primavera, verano, otoño, invierno; con gran éxito... grupos de cien jóvenes.*

*—«Mi familia me escribía y me decía que querían venir, que si pudiera hacer algo antes de regresar a Chile, para que vinieran... prácticamente, me quedé* (en Miami) *de una manera temporal, es decir, viví como he vivido todo este tiempo, esperando el día del regreso. El día del regreso no ha llegado, y, precisamente, hace dos años yo me hice ciudadano americano, no tenía papeles ni nada en 1998».*

Todos los caminos llevaban a Miami. Por una parte, la ilusión permanente en que hemos vivido los cubanos acerca de un cercano regreso a una Cuba libre, y que, si aún pervive en muchos, tras más de medio siglo de dominio castrista de la Isla; en los años 60 era casi un dogma del que pocos dudaban. Por otra parte, la mayor viabilidad que el sur de la Florida ofrece, desde que el territorio se convirtió en asiento primordial del exilio cubano, para todo tipo de gestión respecto a Cuba, particularmente de asuntos familiares, sea lo mismo la obtención de una visa, el envío de medicinas, o la articulación de un viaje clandestino por la traicioneras aguas del Estrecho de la Florida. Además, el imán innegable del "cubaneo" bien entendido, del ambiente cubano, espejo en los 60 de "la Cuba de ayer", la oportunidad de compartir sobre estos arenales con amigos y parientes, en fin, era mucho lo que tiraba del misionero en Chile.

Si a esto añadimos la oportunidad, siempre prioritaria para él, de "misionar" entre los suyos, nadie debiera extrañarse de que el padre Aleido decidiera no regresar a Temuco para quedarse en "la Capital del Exilio".

Algo que pesaba mucho en su ánimo, y ya él nos lo ha mencionado, era la situación de sus padres y hermanos en Cuba, la necesidad de ayudarlos a salir de la isla, del peligro de cada día para los que no comulgan con el sistema. En aquellos tiempos era una tarea muy complicada aún en Miami, en Chile era algo prácticamente imposible.

Esa etapa de la vida que han vivido todas las familias cubanas que residen hoy fuera de Cuba, los tiempos de las gestiones y diligencias para tratar de salir del país de una forma o de otra, es algo que ningún cubano ha olvidado, no importa la época en que le haya tocado ese inmenso drama, tan repetido y a la vez tan desconocido para muchos de los que hablan con ligereza de la tragedia cubana. Iraida Román no lo ha olvidado, no podría olvidarlo...

—«Yo no quería salir de Cuba, porque me preguntaba... ¿Cómo?... ¿Quién nos va a mantener?... Leyo, allá en Chile, no ganaba nada, trabajaba con los indios en el campo. En carta yo le comenté que yo quería salir porque me empujaban la gente en la casa. Ya yo tenía dos muchachos. Él me dijo: —*"Bueno, vamos a ver, porque aquí yo no gano nada, vamos a ver cómo se hacen las cosas"*...

—«Él fue a Canadá, pasó por Miami... aquí había mucho embullo de que ya aquello se iba a acabar, y se quedó... —*"Si ya aquello se va a terminar, no me voy, me quedo aquí hasta que se termine"*... Aquí él pasó mucho trabajo tratando de ayudarnos a salir de Cuba. Todo era a base de amistades que le iban resolviendo las cosas, como una persona que me puso el contrato de trabajo en España. Él me reunió el dinero para salir para España y me lo mandó a Cuba. Me dijo: —*"Tú vas para España, pero, acuérdate, sólo yo te tengo que mantener, no le pidas dinero a nadie, porque aquí nadie tiene"*...

—«Íbamos a salir los cuatro, mi esposo y yo y los dos muchachos, pero, no pudimos porque el mismo día que nos íbamos pusieron la Ley del Servicio Militar Obligatorio en Cuba, y nos viraron. Dos años después yo me decidí a presentar para irme, porque ya Jorge, mi esposo, tenía 24 años, la gente se demoraba tres años en los trámites para salir de Cuba, y yo me dije, mientras yo me pongo en la lista, ya cumple él, pero no fue así, me dieron la salida a los tres meses.

–«Yo no sabía qué hacer, ni él, ni nadie en la casa. Me decían *"no puedes perder esta oportunidad, tienes que irte"...* Yo le dije a mi hermano: –"Voy a salir para España, ¿cómo es la cosa?" Me dijo que él me podía mantener en España. Me mandaba cien pesos al mes y me preguntaba si eso me alcanzaba, si yo creía que podía vivir con eso. Jorge no pudo salir, él se quedó y no volvimos a reunirnos hasta trece años después. Mis hijos prácticamente no lo conocían cuando nos reunimos de nuevo, porque ellos salieron de tres y seis años.

–«Salí yo de España para acá, a los siete meses llegó mi mamá... Yo llegué el 21 de diciembre del 67, mi mamá llegó como en julio del 68, y acto seguido, alguien le resolvió en México, las visas para Nivaldo, sus hijos y su mujer y salieron para México. A mi esposo lo trababa para salir la edad militar, y después que la cumplió, él tuvo un accidente en el Ejército, estuvo preso un tiempo, y después no había manera de poderlo sacar de Cuba, cayó en el espacio ese de diez años, que no salía nadie.

–«Aleido nunca me abandonó, desde los primeros juguetes que yo recibí de niña, toda mi vida... así era él».

Aleido, que ya en Miami comenzaba a ser conocido en los círculos católicos como el padre Román, o el padre Agustín Román, trataba lo mejor que podía de balancear sus propias exigencias, que eran muchas, en cuanto a su misión sacerdotal y sus deberes familiares. La situación en Cuba, y lo que esto representaba para sus familiares en trámites de salida, no se iban de su mente.

En mayo del 2001, cuando yo lo entrevistaba para esta parte de su biografía, el ya entonces Obispo Auxiliar de Miami, recordaba vívidamente los tiempos de sus comienzos en Miami y no podía ocultar su satisfacción con el desempeño de los suyos como miembros de la comunidad cubano-miamense:

–«*En aquel momento, mi familia me escribía y quería salir como todas las familias. Mi hermana Iraida había salido por Es-*

*paña, no me acuerdo el año exacto... el esposo, Jorge Luis Martí-*
*nez, se quedaba en Cuba, porque en el momento en que fueron a*
*salir, y estas cosas son importantes que se sepan, dejaron la casa,*
*todas las cosas, y cuando fueron al aeropuerto se encontraron que*
*la Ley Militar se había puesto ese día y que él tenía que hacer el*
*Servicio Militar. Luego, ese día era, dejarlo a él y salir con dos*
*niños chicos. Ella salió con dos niños pequeños a España, porque*
*él le dijo – "¡Sal, sal tú, que yo salgo después, no importa!"...*

    –«*Trece años tuvo que esperar al esposo y durante esos*
*trece años ella tuvo que trabajar en una factoría. Desde muy tem-*
*prano los niños iban para un nursery al principio, y después para*
*el colegio, y siempre la preocupación de una madre que no tiene*
*carro, que tiene que ir con otra persona, que viene con otra perso-*
*na, que si los niños llegaron, si no llegaron...*

    –«*Entre tanto, también mi hermano Nivaldo, su esposa y dos*
*niños querían salir, y mis padres... había que sacarlos. Saqué por*
*México a mis padres y tuvieron que estar un tiempo en México.*
*Cuando fueron autorizados para venir a los Estados Unidos, yo*
*pensaba que ellos podían sacar a mi hermano... tampoco pudo ser.*
*Yo escribía todos los lunes una carta a México, pidiendo la entrada*
*de mi hermano, sus hijos, y su esposa. México me contestaba como*
*cada dos meses... si yo había escrito ocho cartas, me mandaban*
*ocho cartas de esas que son escritas... la misma carta que decía "no*
*califica tal persona", y así. Yo rezaba el rosario por esa intención.*

    –«*Un día hubo una equivocación. Mis padres fueron allí, a*
*ver si lo podían sacar primero, y les dijeron, "no se puede, porque*
*es mayor de edad, y está casado, México no da visa para eso"...*
*Pero, resulta que un día se equivocó la cosa, y en una de esas car-*
*tas que las botaba ya casi sin leerlas, había ya una visa para ellos.*
*Avisé a Cuba, y ellos pudieron salir por México y, de México, a los*
*Estados Unidos.*

    –«*Durante ese tiempo mi hermana estaba sola con los ni-*
*ños. Vinieron mis padres, después vino mi hermano con su familia,*
*y entonces ellos alquilaron una casa grande, más grande, y vivía*
*toda la familia allí. Mi hermano era contador en Cuba, pero con-*
*siguió trabajo en una factoría, de carpintería, y allí empezó a tra-*

*bajar y allí trabajó hasta retirarse por enfermedad. Mi hermana trabajaba en costura, y mi cuñada también. Mi papá trabajaba, al principio en el campo, y después, trabajó barriendo la factoría... barría, limpiaba los hilos... Mamá estaba en casa en el día, recibía a los niños después de las clases, almorzaban, iban después a San Juan Bosco, venían de San Juan Bosco, de la escuela pública que fue lo que se pudo conseguir en el principio. Ya mamá era la que cocinaba y lo tenían todo preparado, y ellos venían, (los mayores) comían, y se iban a limpiar edificios en la noche.*

*—«Todos, como equipo, se organizaban en la casa en las noches, después del trabajo. No sé si fueron tres años o algo limpiando edificios en la noche, pero el dinero que ganaban en la noche, no lo gastaban. Ese dinero lo guardaron para un down de las casitas que después ellos compraron, dos casitas, un duplex y es ahí donde han vivido toda la vida. Fueron como dos o tres años de no gastar un centavo, sino que todo lo dedicaban a eso.*

*—«En la Ermita, mi hermana se ocupó siempre de lavarme la ropa, de limpiar, de toda esa serie de cosas... el cuarto que yo tenía, y así hemos pasado todos estos tiempos... los muchachos creciendo, ya se casaron, la familia ha crecido.*

*—«Mi cuñado llegó en el tiempo del Mariel. Mi hermana hizo hasta lo imposible, fue a México, es decir, gastaba los kilos de la factoría corriendo a ver si lo podía sacar... Hubo un tiempo de un tranque que fue imposible, ese tiempo fue tremendo para ver si se le podía sacar con visa por México... no se pudo, era imposible... hasta que, por el Mariel, pudo venir. Los niños, ya, por supuesto, eran 13 años de distancia, ya habían estado mucho tiempo sin su padre, pues, se pusieron muy contentos, y gracias a Dios que les llegó. Eso en cuanto al problema familiar, así pudiéramos decir».*

Miami, tierra de reencuentros, ofrecía también al padre Román, la dicha de poder estar de nuevo no solamente con sus familiares, sino, además, con muchos de sus viejos amigos y conocidos, tanto de San Antonio de los Baños, como de los lugares donde había evangelizado él antes de ser expulsado de Cuba. La emoción de esas vivencias perdura en todos ellos:

Ranulfo Borges: –«Nos reencontramos aquí en Miami, cuando él vino de Chile. Siempre nos reuníamos. En la Catedral, él bautizó a mi hijo más chiquito, siempre estaba al tanto de mi familia, a mi esposa él la quería muchísimo»…

Otro miembro «del grupo», Robertico Hernández: –«En ese tiempo llega Monseñor Román aquí a Miami y se convierte en mi director espiritual. Él fue la persona que celebró el matrimonio mío y de mi esposa, María, y él fue quien bautizó a mis dos primeros hijos. La tercera, Lourdes, fue bautizada por Rivas, porque Rivas pasa en esos momentos por aquí, seguía en Honduras, pero Román, como siempre, dice: –"No, no… Rivas está aquí, Rivas tiene que ser el que bautice a Lourdes"».

Olga Soler, su colaboradora y amiga en Coliseo: –«Años después, aquí en Miami, nos volvimos a encontrar, cuando empezó su esfuerzo por construir la Ermita de la Caridad. Y yo tuve la suerte de que él nos casara, a Bolito y a mí… Eso fue un regalo del cielo».

# 18. ¡Haga el Santuario, haga el Santuario!

Era el jueves 8 de septiembre de 1966, y era el sexto año consecutivo en que los católicos cubanos de Miami, junto a algunos clérigos y correligionarios estadounidenses y quizás algún latinoamericano, se congregaban en el Miami Stadium, el estadio de béisbol de la calle 23 y la décima avenida del «*Norwé*», para celebrar la fiesta de la Patrona de Cuba, Nuestra Señora de la Caridad del Cobre. Muchos años después, este estadio, que ya no existe, sería rebautizado con el nombre del recordado empresario del béisbol, el cubano Roberto («Bobby») Maduro.

Era la «misa de la Caridad» de mayor concurrencia de todas las celebradas anteriormente. Los Vuelos de la Libertad habían comenzado nueve meses atrás y miles de cubanos recientemente llegados de la isla se sumaban por primera vez a los asiduos a la celebración que, en muy poco tiempo, se había convertido en el evento religioso más grande del estado de la Florida, –del país, decían algunos–, y que, además, mostraba claramente a la «*Iglesia americana*» la realidad de la presencia cubana en Miami, y el desafío que esto representaba para ella, algo que muchos acogían con gran celo pastoral, mientras otros no se resignaban.

Casi al final de la misa, después de la comunión multitudinaria, tras los momentos casi silenciosos de la acción de gracias, el obispo Coleman Carroll, celebrante, se dirigió a los fieles con aquella su potente voz que parecía no necesitar de micrófono alguno. Se le notaba entusiasmado y no era para menos, por el plan que comenzaba a revelar:

–«…Es verdaderamente apropiado que este mismo pueblo amante de Dios, –decía Monseñor Carroll terminando sus palabras– el cual se encuentra ahora lejos de su querida patria, exilado en un suelo extraño aunque hospitalario, erija un santuario como testimonio del profundo cariño que siente por su patrona, la Virgen del Cobre… La diócesis de Miami, en el día de hoy, se compromete a ayudar substancial y activamente en este proyecto que honrará a nuestra Señora del Cobre… La diócesis de Miami, en el día de hoy, exhorta a todos los cubanos: artistas, arquitectos, escultores, pintores y artesanos, a que den sus talentos y tiempo a fin de alcanzar esta meta. La diócesis de Miami, en el día de hoy, convoca a todos los cubanos, hombres, mujeres y niños, ancianos y jóvenes, pobres y ricos, para que ofrezcan frecuentes oraciones a la Virgen de la Caridad y den de sus recursos materiales, según sus medios les permitan, para poder edificar un santuario apropiado a la orilla de la Bahía de Biscayne, mirando hacia esa nación admirable, Cuba.

–«Y al iniciar esta grandiosa y consagrada labor en honor de María, –concluía el obispo– rogamos humildemente su bendición y le ofrecemos esta oración: "Oh, María, tú que eres el honor y la gloria de todos, tú que eres venerada sobre todas las criaturas de Dios, ¡oh, misericordiosa Virgen, Nuestra Señora de la Caridad del Cobre!, escucha las súplicas de los que esta noche fielmente te honran"».

El reto estaba lanzado: el obispo donaba el terreno, qué los cubanos construyeran el santuario. Atronadores aplausos coronaron sus palabras. Sin embargo, algunos ceños se fruncieron…

Monseñor Román recordaba detalladamente: –«*Primero, el Arzobispo Carroll había ofrecido, el 8 de septiembre del año 66, –y yo estuve en esa misa, como todos los sacerdotes– dar un terreno, pero que los cubanos tenían que hacer su santuario, y así fue precisamente. Formó un comité ya la siguiente semana en el Centro Hispano Católico, en una reunión que tuvo con Manolo Reyes y toda esa gente, lo nombró como chairman de ese comité y empezaron ellos a trabajar y empezó, en el principio también, la misma cosa de la crítica… de que eso era para que nosotros* (los cubanos) *nos quedáramos aquí, que nosotros no teníamos otro santuario que el de El Cobre, etc.*

–«*Es decir, que la gente que no es católica práctica, me parece que se mete… se hace católica en el momento que hay que protestar. Por tanto, nosotros tenemos unos "protestantes-*

*católicos" extraordinarios, porque... era la crítica... todo eso. Empezaron a decir entonces, "sí, que den un peso para el santuario, pero que den un peso también para las armas". Aquello, naturalmente, aguó un poco lo que fue el plan, pero el Arzobispo quería que el pueblo cubano, mostrara su fe... que hiciera un santuario solo, con su fuerza, para poder decir, ¡ésta es su obra!, y después lo pudimos comprobar muy bien».*

Ciertamente, no todos los exiliados acogieron con beneplácito la idea de la construcción de un santuario a la Patrona de Cuba en tierras de Miami. Algunos semanarios, que llamábamos *periodiquitos* sin ánimo peyorativo, muy influyentes en la comunidad, y algún que otro dirigente político, argumentaban que tal cosa le daba un carácter de permanencia a los cubanos fuera de Cuba, cuando lo importante era ratificar el deber de liberar el auténtico santuario para que los cubanos todos pudieran venerar a la Virgen en una patria libre, algo que, por demás, creíamos entonces, era ya inminente... A lo mejor, decían algunos, no habrá siquiera tiempo suficiente para construirlo aquí...

La controversia, sin embargo, no alcanzó grandes vuelos y se diluyó en poco tiempo, especialmente después que el padre Román comenzó a referirse al proyecto que unos llamaban santuario, otros llamaban monumento y muchos comenzaban a llamar Ermita de la Caridad, como un recuerdo en concreto, algo que dejaríamos aquí, al regresar a la patria, como testimonio *«del paso de los cubanos por Miami».*

–*«El Comité (organizador) siguió trabajando, después se nombró otro comité que fue el Comité de Construcción. Manolo Reyes era el presidente del primero, y el segundo, (fue presidido por) el Dr. Morales Gómez, que fue el chairman. Así se fue trabajando, y se fue recogiendo, peso a peso, kilo a kilo».*

Los comités creados para emprender la magna tarea pusieron manos a la obra con entusiasmo y diligencia. Manolo Reyes, el presidente del Comité Organizador, era una figura querida y respetada por el exilio cubano. Católico práctico, había sido uno de los pioneros de la televisión en Cuba y se le admiraba y quería en Miami por haber logrado tener el único noticiero de televisión en español en estos predios, que él presentaba diariamente por el Canal 4 de la televisión local.

José Miguel Morales Gómez, el *chairman* del Comité de Construcción Pro-Ermita, era igualmente una figura respetada y reconocida. Pertenecía a la antigua *aristocracia mambisa* de Cuba. Su abuelo, José Miguel Gómez, había sido general del Ejército Libertador y fue el segundo presidente de la República instaurada en 1902. Morales Gómez, además, tenía buenas credenciales como católico fiel. Junto a él, en ese comité, había un buen número de cubanos y cubanas procedentes de distintas clases sociales, y de distintos campos de experiencia, pero todos de sólida reputación: Leticia de Amblada, Delia Díaz de Villar, Elda Santeiro, Herminia Méndez, Luis Botifoll, Ernesto Freire, Camilo López, Raúl Valdés-Fauli, Isidoro Rodríguez, Jorge E. Díaz, Juan V. Tapia, Jesús Argaín, Pedro Peláez, Tarcisio Nieto, Rolando Encinosa, Evelio Jacomino, Armando León y Pedro Delgado. El padre Eugenio del Busto fungía como secretario.

—«*Yo entré dentro de ese comité, cuando me nombraron capellán de la Ermita de la Caridad. Yo creo que me escogieron por la incapacidad tal vez que yo tengo. Lo que pasa es que estaba en la Catedral... yo creo que las referencias que daba el párroco de la Catedral eran muy buenas, tal vez, él me veía con muy buenos ojos porque se entendía muy bien conmigo en francés y todo eso. Yo hacía esfuerzos ese año por renovar lo que había estudiado de inglés en* (el libro de Sorzano) *Jorrín... repasé un poco... podía defenderme más que lo que me defiendo hoy, aunque no era muy bueno, y él vio como un esfuerzo muy grande que yo estaba haciendo. Además, él veía que yo tenía, tal vez, una visión política o algo así y creyó, pues, que yo era una persona que podía ayudar en ese sentido.*

—«*Generalmente, se pensaba siempre, o pensábamos nosotros, que el que iban a nombrar* (como capellán) *sería alguno de los sacerdotes que ya llevaban más tiempo aquí, porque te-*

*nían más experiencia. En ese tiempo no se consultaba, era lo normal, el obispo veía una necesidad, y, vaya, nombró. Me nombraron Director Espiritual, así se llamaba en esos momentos, de la Ermita, del "shrine"».*

Ciertamente, la decisión del entonces Obispo de Miami de nombrar al padre Román como capellán o director espiritual de la todavía inexistente Ermita tomó a más de uno por sorpresa, pues el nombre del todavía recién llegado sacerdote que venía de ser misionero en Chile, no figuraba en los cálculos de los que se estimaban conocedores de las entretelas diocesanas.

El padre José Luis Hernando, que ya había trabajado junto a Román en los Cursillos de Cristiandad, recuerda aquellos tiempos en el Miami católico:

–«El Arzobispo Carroll... era un hombre muy inteligente y muy perspicaz, y yo creo que él conoció a Román desde el primer día que le habló. Conoció que era un hombre honesto, un hombre sencillo, que era un hombre entregado, un hombre de fe, que era un hombre de una tremenda espiritualidad, que conocía muy bien a su pueblo, y todo esto lo conoció Carroll, no tanto que oyese de él, de Román, porque Román no hablaba en aquellos momentos apenas inglés, pero vio que era un hombre capaz y que era un hombre que se había formado bien... Por eso Román encajó perfectamente en Cursillos, encajó en la diócesis, y yo creo que el Arzobispo Carroll se dio cuenta... Él se fijó en Román, y yo creo que cuando le da el encargo a Román de hacer la Ermita de la Caridad, yo te diría que fue una decisión profética.

–«Cualquier otro arzobispo, obispo, con la mentalidad de Carroll, en la situación de Carroll, no hubiera pensado en Román... habría pensado en un economista, en un sacerdote carismático de acercamiento a la gente... en alguno que hubiera levantado ya, a lo mejor, una iglesia, en alguien que tenía relaciones con gente más pudiente, o menos pudiente, pero... creo que fue una decisión profética. Lo digo en honor a Carroll, con quien muchas veces yo no estaba de acuerdo, por su manera de ser, pero, no cabe duda que Dios usa de instrumentos que humanamente consideramos que no son los mejores, pero, a la larga dan en el clavo».

El obispo había "dado en el clavo" al escoger al padre Román para su extraordinaria propuesta, pero casi seguramente el propio Carroll no lo sabía bien. No nombraba a un sacerdote cualquiera sino a uno a quien el amor a la Virgen, la devoción a *la Caridad,* y la enjundiosa mezcla de fe y cubanía que el proyecto reclamaba, no les eran ajenas, por el contrario, las tenía en abundancia.

–«*Siempre yo tuve devoción por la Virgen de la Caridad, aún antes de ser un católico práctico, que lo empecé a ser cuando tenía 15 años o algo así, porque, en el campo, no teníamos nosotros esta oportunidad de la misa, y todo, pero yo tuve devoción. La Virgen de la Caridad presidía mi casa, y el Corazón de Jesús, eso nunca faltó en casa. Por tanto, eso no era nada nuevo. Además, durante mis estudios de teología, yo pude ver el lugar de la Virgen en la Iglesia. En la Acción Católica, en Cuba, crecía muchísimo el amor a la Virgen, Madre de Cristo, y la devoción a la Virgen de la Caridad.*

–«*La devoción a la Virgen de la Caridad siempre yo la tuve, la aprendí de mis padres, y aunque no hubiera estado en la Ermita, siempre era para mí la Patrona de Cuba, era lo primero que conocí... Cristo en los brazos de la Virgen, no mucho teológicamente, pero sí lo suficiente para amarla».*

Disposición aparte, cualquiera hubiera podido pensar que el proyecto de construcción del santuario, gigantesco proyecto para las posibilidades de los cubanos de Miami en aquellos momentos, era algo más que suficiente para ocupar todo el tiempo de quienquiera que hubiera sido designado para llevarlo adelante. Sin embargo, no era ese el único trabajado encomendado al padre Román:

–«*Al mismo tiempo yo estaba también en Mercy Hospital como capellán, y también como assistant pastor, ayudando en la parroquia St. Kieran, que estaba entonces en La Asunción, (en*

Brickell Avenue). *Yo vivía en un cuarto que las Hermanas de la Asunción* (me cedieron) *el primer año...eran las asuncionistas, las Madres de la Asunción, se llamaban así. Allí comía y allí servía.*

—*«Estaba bien ocupado, porque había que estar en el hospital, que lleva mucho tiempo, y fue muy rico para mí, por el hecho de que pude trabajar el trabajo de hospital mucho mejor que si me hubieran mandado a otra parte, lo pude experimentar todo. Hice como 400 matrimonios en el hospital, preparados, bautizados... Hice de todo ahí porque tenía al obispo Fitzpatrick, que era obispo auxiliar aquí, y que era párroco después de St. Kieran y era un hombre muy abierto y que era muy bueno conmigo y me daba orientación, me decía "¡Adelante!... Los papeles me los llenas bien, pero, no tienes que venir a Cancillería, me das todo eso, yo te lo resuelvo, pero tu tiempo es para preparar a los enfermos con la catequesis, que no se quede nadie sin sacramentos, porque para eso es un hospital"... Me abrió los ojos muy bien y creo que pude hacer todo lo que se podía hacer.*

—*«En el año 67 ya yo empiezo en la Ermita y fue un shock rápido, muy rápido, porque ya yo estaba mentalizado antes, a pesar de haber trabajado en trabajos misioneros, porque estudié en un seminario misionero, donde se da una visión más amplia que lo que sería trabajar en una parroquia.*

—*«Sin embargo, cuando yo llegué aquí, me encontraba que no sabía por dónde partir.* Primero, preguntaba en Cancillería, pregunté un día al Arzobispo (cómo se sostendría la Ermita, cómo agenciaríamos el dinero para la construcción) *¿hay bautizos?...* —*"¡No, no, no!...* —*me dijo claro, bien claro*— *no hay misa el domingo, no hay bautizos, no hay matrimonios, no funerales, no hay nada"...* Claro, estos son tal vez como los servicios de la Iglesia por donde se recibe *algún estipendio, una cosa para poder sostener la obra, luego, se empezó sin nada, y cuando le preguntaba me decía "¡Haga el santuario, haga el santuario!"* Creo que el Espíritu Santo lo iluminaba, y creo que hizo muy bien, porque de lo contrario, (el santuario) *se hubiera vuelto una parroquia, y entonces ya habría sido una comunidad, entonces no* *hubiera podido circular la gente, creo que hay unas ventajas tremendas en eso. El Arzobispo tenía el Espíritu Santo en ese momento.*

*—«¿Qué hacer?... ¿Cómo mover al pueblo cubano?... ¡Yo no sabía!».*

## 19. Los kilos prietos

–«*La Ermita fue un nombre puesto por el pueblo que empezaba a visitar la primera capillita... Primero se le quiso poner Monumento a la Virgen de la Caridad por el Comité, después se le quiso poner Santuario a la Virgen de la Caridad, que era como yo había pensado, pero, no hubo caso: era la Ermita de Caridad, y la Ermita de la Caridad... Los cheques que venían eran para la Ermita de la Caridad, y eran de un dólar, que, ¿quién puede cambiarlos, voy a estarlos cambiando?... Dije, ¡se acabó, esto es lo que la gente dice, porque yo no voy a estar cambiando las cosas!*».

El nombre estaba, pues. Faltaba construir el templo que lo llevaría. Francisca García, "Panchita", fue de las primeras en arrimar el hombro. Ella recuerda con alegría:

–«Aquel día, la célebre fiesta de la Virgen en la que nos regalaron el terreno para la Ermita, yo estaba allí, en el stadium. Al día siguiente me puse a buscar el terreno, y no lo encontraba. A la semana siguiente, veo al padre Román en la Escuela de Cursillos y le pregunto: – "Padre, ¿qué terreno es el que nos dieron?"... Y él me dijo: – "*Tranquilízate, tranquilízate... yo tampoco sé*"... Pasaron los días y nos manteníamos en contacto, hasta que ya nos entregaron el terreno. Lo primero que hicimos fue tratar de acondicionarlo un poco.... Allí había mucho monte, se limpió el terreno y se empezó a fabricar la casita, una casita pequeña. Violeta del Junco, la mano derecha de Monseñor, hizo una combinación, que cuando tú entrabas en la casita y pisabas la alfombra, una grabación decía... – "Estamos frente a Cuba, en la casa de la Madre»...

Monseñor Román recordaba también, y lo hacía gozosamente:

–«*La casita la construyó el Comité Pro Santuario. Cuando yo llegué, (como Capellán) ya estaba la casita... Conmigo se inauguró la capillita... La imagen de la Virgen* (que había llegado de Cuba en 1961)*, se trajo desde San Juan Bosco, para la celebración*

139

*del 8 de septiembre del 67 y se celebró la misa* (en el terreno) *al lado (*de la capillita), *y el Arzobispo dijo "Esto va a crecer como el grano de mostaza", o algo así».*

–«Empezamos a recoger los kilos para la construcción de la Ermita, –recuerda Panchita García– y yo te digo sinceramente, si hubiera sido otra persona la que hubiera estado al frente de aquello, yo no creo que se hubiera hecho, porque Monseñor tenía el don de llegar, no a la mente del hombre, sino al corazón. Monseñor conocía al cubano de abajo, y conocer al cubano de abajo, es conocer al hombre limpio que, cuando se entrega, lo hace de corazón. Monseñor tenía confianza plena en ese hombre, en ese cubano que quería a la Virgen.

–«Por cierto, me pasó una anécdota muy curiosa… Estábamos todavía en la casita y, por las tardes, cuando yo terminaba de trabajar, me iba para allá. Un día, llega él y me dice: *–"¿Tú puedes recoger los kilos y llévalos para el banco?"*… El carro mío en aquellos momentos era un Ford Fairline 500, que tenía un maletero donde cabía un mundo. Yo empecé a cargar sacos de kilos, y a echarlos en el maletero. No me di cuenta, y cuando me voy a ir, arranco el motor, pero el carro no se movía… y no se movía… Estaba allí Jesús Argaín, y me dice: –"Pancha, ¿qué has hecho?"…

–«Yo le digo: –"No, lo que tengo aquí es los kilos, que el Padre quiere que los lleve para el banco"… Me dice Argaín… –"Sí, pero mira cómo está el carro"… El carro se había parado de cabeza, y las gomas delanteras no tocaban el piso. Tuvimos que sacar los sacos y repartirlos en todo el carro para equilibrar el peso y que pudiera andar. Te digo esto para que puedas ver la cantidad de kilos que se recaudaba. Fuimos al banco, allí los dejábamos. El banco se ocupaba de eso y le mandaba el reporte a él. O sea, que los kilos se recogían allí en cantidades descomunales, y gracias a Dios fue con aquello que pudimos comenzar la construcción».

A Jesús Argaín, que, como ya sabemos, había sido feligrés y amigo del Padre Aleido en Pedro Betancourt, Matanzas, se le ilumina el rostro al recordar:

–«Cuando Román decía que iba a construir la Ermita con los kilos prietos del exilio, no lo tomaban muy en serio, pero, había que seguir con él porque él era brillante, era un hombre de ideas brillantes... Él me invitó a ser miembro del comité para la construcción de la Ermita... Había en ese comité mucha gente buena, gente que estaba en otra escala más alta que yo, yo era un humilde servidor. Allí conocí mucha gente bonita... a Tarcisio Nieto, a Leticia de Amblada... Había que empezar de cero y así empezamos».

Se empezó a trabajar, se comenzó a recaudar los kilos prietos, se comenzó a pedir a los cubanos recién llegados que le donaran a la Virgen de la Caridad el salario de su primera hora de trabajo en el exilio, se empezó a construir bloque a bloque, cabilla a cabilla, confiando en la Providencia y en el corazón de los cubanos.

El dinero que iba llegando, se invertía con mucho cuidado. Guiado por su sabia formación campesina, el padre Román se negaba a contraer deudas y no buscaba más financiamiento que el de aquellos kilos prietos a los que muchas personas no les veían el potencial para llevar a cabo la obra encomendada. Así, los materiales se compraban y se instalaban cuando había dinero suficiente para pagarlos y pagar la mano de obra. Algunos criticaban sin mucho disimulo aquella manera de hacer las cosas, acostumbrados quizás a la forma «moderna» de levantar templos en Estados Unidos a base de créditos bancarios. Al padre Román no le perturbaban las críticas en ese sentido; le preocupaban más los intereses que habría que pagar si la Ermita se edificaba con dinero prestado.

Mientras se construía, se iba haciendo, como se podía, la promoción del proyecto, el *marketing,* que diríamos hoy. Se creó un boletín con un mensaje catequético y anuncios de los eventos próximos. El boletín se enviaba mensualmente por correo a miles de familias cuyas direcciones se conseguían de mil maneras diferentes. Junto con el boletín, un sobre para que enviaran su donativo. Los miembros de la incipiente Cofradía se reunían para trabajar en la propia capillita, en el garaje de Tarcisio y Gina Nieto, en la casa de la familia Román, etc.

Iraida Román: —«Nosotros comenzamos a ayudar a Aleido cuando le encargaron la obra de la Ermita, como tú. En mi casa se hacía el boletín, hasta los 5,000 creo yo... poniéndole los sellos, todo aquello. Muchos de ustedes nos iban a ayudar a la casa... Nivaldo mecanografiaba las etiquetas para las direcciones... todos los demás en el suelo pegándolas... y así empezó la Ermita, con esa pobreza. Confiábamos en que se podría hacer a pesar de las dificultades, porque el pueblo lo seguía a él, lo apoyaban mucho. A mí me gustaba mucho que lo quisieran así. Él era el pastor de todos».

—«*Estuvimos seis años pidiendo limosna, bien pobres. Nunca tuvimos esas grandes donaciones. Los millonarios no los he visto nunca, ni los conozco, y personas que yo veo así, que dan para otras caridades, tampoco, pero, el pueblo sí. Dios quiso que este santuario fuera hecho por el pueblo todo, que no fuera una persona. Desde el principio se vio que algunas personas darían si poníamos una placa* (con su nombre), *si ponían esto o lo otro. Yo no quise que se hiciera así, y entonces no interesó a muchas personas que hubieran podido dar y lo hubiéramos podido hacer tal vez más rápido, pero hubiera sido la obra de unas cuantas personas...*

—«*El comité hacía todo lo que podía, pero, era el kilo a kilo. Muchos del comité, que eran personas que conocían muy bien de economía, pensaban que era muy difícil con el kilo a kilo, vendiendo biblias y rosarios, y llegar a poder tener la obra... pero, se pudo ver, desde el principio, que la gente respondía gracias al team de la Cofradía.*

—«*Respondían dando la primera hora de trabajo, dando lo que tenían que era bien poco, pero podemos decir que la Ermita es una obra popular, es del pueblo y es de todo el pueblo. No tuvimos la ayuda de gente así, millonaria, que dijeran, mire, ahí pueden poner esto... Yo he visto obras en la Iglesia, muy lindas,* (hechas por) *la familia tal, la condesa más cual, y creo que son obras muy bonitas, pero no son obras de un pueblo, sino obras que le regalaron a un pueblo...*

—«*Las obras que se hacen por una sola persona, o una sola familia, son como propiedad de esa familia, pero no son propiedad de un pueblo... la Iglesia es de todos. Yo creo que lo que el Arzo-bispo quería era que la Ermita de la Caridad fuera un signo de un pueblo que tenía fe. Él quería que hubiera dinero suficiente para pagarlo y que él no tuviera que dar un kilo. El dio más que un kilo, porque dio el terreno, pero, realmente, él decía – "¡No doy un kilo, no doy nada, ustedes tienen que buscarlo!".*

*–«Efectivamente, yo creo que cuando la Ermita se pagó to-talmente, él lo repitió a todo el mundo, y dondequiera que iba lo decía. Yo creo que él lo que quería era decirnos "¡Hagan un ges-to, cumplan!"... Se lo repitió a todo el mundo, y prueba es que cuando fue a bendecir la Ermita, trajo al presidente de la Confe-rencia Episcopal, que era el Cardenal Krol, de Philadelphia, y fue el Cardenal quien la bendijo».*

A todas estas, el padre Román se daba cuenta de que él ne-cesitaba renovar y actualizar sus conocimientos para poder dar el máximo de sí mismo de acuerdo a los requisitos de la Arquidióce-sis, de la Iglesia en Estados Unidos, de la Iglesia post-conciliar y del mundo en el cual vivían él y su rebaño. Ni corto, ni perezoso buscó superarse, tal como lo había hecho de joven, cuando le de-cían que «no se podía».

*–«Yo empecé un máster, en el año 68 ó 69, buscando reno-varme un poquito, porque sabía que ya había mucha luz desde el Concilio, y empecé tres años en el Barry College, que lo daban en el seminario, en el summer... entonces, yo dedicaba un poquito de tiempo en ir allá sin desatender el hospital, la Ermita y la parro-quia. Esas clases eran tres años, a los tres años se hacía una tesis y se obtenía el máster.*

*–«Al terminar el máster, me dijeron "No, Ud. no tiene el B.A., lo suyo no tiene valor de bachelor, luego, Ud. tiene que sacar los créditos del bachelor"... Fui entonces a lo que era Biscayne College, y saqué 36 créditos para poder tener el B.A. Me dijeron "le vamos a guardar estas notas que tiene de máster, que le falta sólo la tesis... cuando termine el bachelor, venga acá".*

*–«Cuando terminé el bachelor, fui allí y me dijeron, "No, ya esas notas no tienen valor, porque la Facultad ha decidido que*

*no tendrían valor ". Empecé de nuevo el Máster en Religious Studies, después de sacar el B.A., pero eran las mismas asignaturas, ya no era difícil hacer un examen de aquello, luego, lo saqué dos veces.*

—*«Mientras tanto, se presentaban muchos problemas con el hecho de que teníamos muchos casos que yo no conocía: era la droga, los problemas juveniles de los 60. Yo estudié en Canadá, y nosotros conocíamos lo que era alcoholismo, no conocíamos droga: eso se mencionaba allá, pero, como una cosa tan excepcional, que no había una clase que nos pudieran orientar. A medida que fueron pasando los años de los 60 y no era tanto en el 66, pero, después empezó. Vi que en los 70, empezaba a crecer esto de la droga, y me fui al Biscayne College, a una serie de cursos que estaban dando, y los saqué con créditos, y después de estar como dos años así, yendo a una clase y otra, me dijeron "Ud. tiene ya las notas, lo que tiene que hacer es una tesis, porque Ud. tiene pudiera sacar el Máster en Ciencias de Counseling".*

—*«Todos los problemas venían de la familia y pensé que lo mejor sería ir al origen, al noviazgo, para preparar mi tesis... Me dijeron que eso no era recomendable, que para eso no iban a dar grants,... no era interesante para nosotros el grant... Saqué el máster en Religious Studies, y después lo saqué en Ciencias.*

—*«Esos dos másters me ayudaron bastante para poder funcionar un poco. Me pusieron al día del Vaticano II, el primero, y el segundo me puso al día en la situación que se estaba viviendo, pues estábamos viviendo en una situación que no era la misma de los 50, cuando yo estudié en Canadá.*

—*«Durante todo ese tiempo no abandonaba el Mercy, ni la Ermita, ni la parroquia. Iba corriendo de aquí a allá, gracias a la salud que entonces tenía».*

Y a la voluntad de hierro que lo animaba, habría que agregar.

## 20. Los Municipios de Cuba en el Exilio

El padre Román, de espaldas en la foto, predicando a los miembros de un Municipio en el Exilio, durante la peregrinación de estos a la Capillita que se usaba antes de la construcción de la Ermita. El objeto triangular al centro, es la «primera piedra» del Santuario, fundida con tierra, arena, piedras y agua traídas de Cuba por balseros. (1971)

*–«El primer año, el año 67, yo le preguntaba al Señor cuando rezaba el Oficio Divino, en el rato que tenía, porque tenía el Mercy bastante ocupado, y la parroquia de St. Kieran, yo preguntaba al Señor por dónde partía... No lo sabía, ciertamente, yo no sabía por dónde partir».*

El padre Román y sus primeros colaboradores en la obra de la construcción del santuario miamense a la Patrona de Cuba buscaban la manera de atraer a los cubanos al lugar donde éste sería erigido, con varios propósitos. Había que mantener viva la espiritualidad mariana del pueblo exiliado que se centraba en la advocación de la Caridad. Había que mantener también el entusiasmo por

145

la obra y nada mejor para ello que lograr que el mayor número de personas posible pudiera contemplar el progreso de la misma, cómo se iba levantando. Así, uniendo la espiritualidad y el entusiasmo, se hacía más fácil animar a todos a contribuir, con sus oraciones y sus donativos, para llevar a cabo aquella hermosa empresa donde la fe y el patriotismo se daban la mano.

Alguien adelantó la idea de organizar peregrinaciones de acuerdo a las fiestas patronales de las diferentes parroquias de Cuba. La dificultad era que había santos y advocaciones muy populares, –San José, San Juan Bautista, la Purísima, etc.– bajo cuyo patrocinio se hallaban varias parroquias, lo cual congregaría a muchos peregrinos en algunas fechas, mientras que otras quedarían vacías.

–*«Primero que todo, por las parroquias no podía ser, por los santos patronos, porque no fue organizado eso en el pasado y (por ejemplo) San Antonio de Padua es (el patrono) de no sé cuántas parroquias, San José también, y la Virgen de la Caridad... Había que organizar las cosas.*

–*«Los municipios ya empezaban a visitar la Ermita y venían espontáneamente. Venían los municipios... "¡Ay, no, padre, pero mire!... queremos venir los del municipio tal, o los del municipio más cual, o la parroquia"... Yo veía como si la palabra municipio podía ser mejor que parroquia, porque me parecía a mí que teníamos el nombre de Cuba muy vivo en esos momentos, más por municipio que por parroquia»...*

Cuando hablamos de los años 60 del siglo pasado, y quizás un poco más, hasta mediados de los 80, hablamos de los cubanos en Miami como una apretada comunidad: éramos exiliados políticos, con un claro y fuerte sentido de misión respecto al destino de nuestra patria. Estábamos aquí porque, de una u otra forma, habíamos sido forzados a irnos de Cuba, contribuíamos como podíamos y aguardábamos con variable esperanza, el día de la liberación, aún cuando, tras la catástrofe de Vietnam y el avance marxista en América Latina, «expertos» de toda laya –incluyendo algunos clérigos– decían que el mundo entero marchaba hacia el comunismo.

Trabajábamos largas horas, hombres y mujeres. Los abuelos, al igual que hoy, cuidaban a los niños, y se encargaban de mantener las tradiciones y de obligar a todos a hablar español. Buena parte de lo que ganábamos se iba en socorrer a los familiares que quedaban en Cuba, a sacarlos de aquel infierno y traerlos junto a nosotros. No había recursos para lo superfluo, ni mucho menos para ostentosos derroches que, de parte de algunos, veríamos después.

El punto de reunión eran las funerarias. Moría alguien y familiares y amigos se congregaban en el velatorio. Allí se veían los que habían crecido juntos, los viejos compañeros de escuela y amigos de la juventud, casi todos procedentes del pueblo de Cuba donde todos habían nacido o compartido aquellas vivencias que el desarraigo del destierro hacía más queridas. De esas vivencias se hablaba allí, de los buenos tiempos de antaño, de la situación en Cuba... Al terminar el entierro, nos despedíamos no sólo con un lamento por el difunto, sino, además, con otro lamento por nosotros mismos:   —«¡Oye, chico, qué lástima que nos veamos solamente en las funerarias!».

De esa necesidad de verse y abrazarse, de vivir la cubanía, de juntarse los amigos, surgieron los municipios de Cuba en el exilio. Los primeros en organizarse como tal fueron los hijos y vecinos de El Mariel, municipio perteneciente entonces a la provincia de Pinar del Río. Después, los de San José de las Lajas, en La Habana, y así poco a poco, fueron proliferando en Miami los "municipios" cubanos.

Se reunían periódicamente, celebraban sus tradiciones, participaban en los actos patrióticos, ayudaban económicamente a las organizaciones «de lucha», socorrían a sus coterráneos, etc. En 1961 ya se habían unido muchos municipios en una federación nacional que fue evolucionando, hasta que, a finales de los 70, contaba con alrededor de 110 de los 126 municipios en que estuvo dividida Cuba hasta 1975. Para 1980, Municipios de Cuba en el Exilio era, como un todo, la agrupación más espontánea y representativa del exilio cubano. Además, hubiera sido, por su propia organización, la estructura ideal para llevar a cabo un esfuerzo de envergadura, tanto para la liberación de Cuba, como para su posterior transición a la democracia.

Peregrinación del Municipio de Unión de Reyes en el Exilio
a la Ermita de la Caridad (1982)

Pugnas internas, el desgaste y la desaparición de algunos de sus líderes, entre otras causas, han reducido notablemente el número de municipios en el exilio todavía activos, así como el peso y la eficacia de su organización central. Pero, a finales de los 60, cuando surge el proyecto de construcción de la Ermita, el caso era muy diferente y de ello se percató enseguida el padre Román: si se lograba la participación en el mismo de los miembros de los municipios, las posibilidades eran enormes, tanto para la evangelización de los mismos, como para su participación en la obra a realizar. Luego entonces, aquellas peregrinaciones que algunos pensaron organizar por parroquias, se estructuraron por municipios. No podía ser más acertada la estrategia.

–«Lo que hice fue lo siguiente: al final se fundó la Cofradía y yo dije, vamos a tirar a la suerte (el orden de las peregrinaciones). *Los de Oriente, Camagüey, etc., y hacemos una lista... que cada uno venga una vez al año... y que vinieran en peregrinación. Cuando esto empieza a hacerse, viene a ser algo muy rico para mí. Primero, porque hay que llamar a cada uno de los municipios, o a cada persona de los municipios interesados en esto. Me daban un nombre, o yo encontraba un nombre, y empezábamos a llamar y a llamar. Las peregrinaciones comenzaron en 1968.*

–*«Yo recuerdo que tú estabas recién casado... en ese tiempo venían ustedes. Recuerdo ver grupos de municipios que venían. En ese tiempo me parece que la unidad municipal era mucho más fuerte. Primero, porque la gente se conocía. Cuando uno llamaba cinco familias, o tres familias, ya ellos mismos revolvían todo eso y venían. Además, en una máquina, en un automóvil cabían no sé cuántas personas, aquello era como unas latas de sardinas. Venían, los iban a buscar, los traían... un entusiasmo que, con el tiempo, va terminando... En aquellos tiempos el exilio era una familia.*

–*«El primer año, era yo quien llamaba. Yo llamaba por la noche, desde donde estaba en el colegio de La Asunción, en el cuarto que tenía, yo pasaba la noche llamando, haciendo los contactos. Después, seguía en el Mercy Hospital. En la noche, tarde, seguía llamando, yo empezaba desde la semana antes a llamar»...*

Las peregrinaciones fueron creciendo y la tarea de llamar a los miembros de cada municipio para invitarlos se hacía más ardua cada semana. El padre Román y sus ayudantes no daban abasto. Surgió entonces la idea de incorporar a la Cofradía a seis matrimonios más, uno por cada provincia de Cuba, para que ellos se ocuparan de llamar a los miembros de los municipios de su provincia cuando les tocaba peregrinar. Estos nuevos servidores serían los Coordinadores Provinciales.

Yo estaba entonces muy involucrado en los municipios y se hizo costumbre que, al principio de cada año, Monseñor me pidiera, a mí y a otros municipalistas, que le recomendáramos matrimonios que pudieran encargarse de las peregrinaciones. Siempre nos recordaba: –*«Busquen personas que tengan gasolina suficiente, eh.*

*No le insistan a los que empiezan poniendo dificultades y diciendo que no se puede, porque a esos se les acaba la gasolina muy pronto y nos dejan embarcados... Busquen gente que no tenga tiempo, porque aquí el que tiene tiempo, es porque no hace nada».*

Santiago y Raquel Madrigal, a quienes Monseñor Román ya conocía por su participación en los Cursillos de Cristiandad, fueron de los llamados a servir:

–«Monseñor me llamó para que yo fuera a ayudarlo a finales del 68, cuando empezaba la Ermita, éramos los encargados de la provincia de Las Villas, que era la provincia con más municipios, y eran las peregrinaciones. Raquel y yo nos pasábamos martes, jueves y domingo en el teléfono; teníamos que ir a la Ermita lunes, miércoles y viernes a las peregrinaciones, y ahí estuvimos trabajando con Román».

Monseñor Román tenía noticias de la existencia de los municipios cubanos en el exilio aún antes de venir para Miami. Su propio municipio, San Antonio de los Baños, había sido constituido a principios de los 60 y algo al respecto le había llegado a Chile. Pero, al llegar a la Capital del Exilio, Aleido encontró que su municipio estaba en proceso de desintegración, habiendo perdido mucho del entusiasmo inicial con que sus fundadores, todos ellos amigos o conocidos suyos, lo habían instituido.

Enseguida él se convirtió en la fuerza motriz de su querido San Antonio de los Baños en el Exilio. Habló con un número grande de sus coterráneos, les hizo ver la importancia de estar organizados para beneficio de todos y para estar listos ante lo que pudiera ocurrir en Cuba. Los comprometió, y así logró la reorganización del municipio. De ahí en adelante y sin inmiscuirse directamente, ejerció siempre un paternal cuidado que activó por muchos años la patria chica de los *ariguanabenses* exiliados.

Ese paternal cuidado se extendió a casi todos los municipios organizados en Miami, pues él creía firmemente en la importancia que, para el destierro, tanto como para Cuba, estos tenían. Cuando, en 1977 y 1978, varios municipalistas encabezados por el capaz líder Santiago Blanco, se dieron a la tarea de reorganizar la agrupación nacional de los municipios, Monseñor les dio mucho apoyo y ayuda. Cuando había que reorganizar algún municipio, él me permitía tomar nombres de personas del municipio en cuestión de la lista de miembros de la Cofradía y gracias a ello, entre otras cosas, aquella reforma logró darle sus mejores días a Municipios de Cuba en el Exilio.

Miguel Núñez, exdirigente municipalista que fue también, junto a su esposa Teresita, Coordinador de la Cofradía entre 1991 y 1993, conoció muy de cerca la valoración que Monseñor Román hacía de los municipios en el exilio: ─«Monseñor tenía predilección por los Municipios. Él veía en los municipios la columna vertebral del exilio. Él creía que a través de los Municipios todo se podía coordinar, todo se podía hacer, que los Municipios era una cosa imprescindible en el exilio. Tenía toda la razón. Y siempre, aún después de estar retirado, nos decía: no dejen que se caigan los Municipios. Él entendía que los Municipios eran la patria aquí en el exilio».

Y es que aquel cubano raigal había encontrado dos vehículos muy importantes para su doble misión como sacerdote cubano: la Cofradía para lo religioso, y los Municipios para lo cívico. De ahí la alta estima en la que los tuvo siempre.

─«*Yo no tenía un conocimiento de Cuba, yo conocía San Antonio de los Baños, el pueblo donde nací, que lo conocía todo, y de lo que era la provincia de Matanzas, especialmente aquellas parroquias con las que tuve más contacto, pero decir que yo tenía un conocimiento de Cuba, no. Yo vi a toda Cuba, porque salí con el rector del Colegio Padre Varela, el padre Marcel Gerin, y recorrimos casi toda Cuba haciendo propaganda para el colegio y explicando el colegio en distintos lugares durante las vacaciones. Además, con mi padre ya yo había ido a Pinar del Río, no hasta Mantua, pero hasta el propio Pinar del Río, y entonces podía decir que tenía un conocimiento somero de Cuba, pero no una cosa tan profunda como la que he podido tener en el exilio cuando cada municipio ha pasado, cuando cada uno ha contado sus cuentos de cada lugar, es decir, que ya hay un conocimiento mucho más grande. El contacto con los grupos que peregrinan a la Ermita ha sido para mí una escuela de patria».*

Monseñor Agustín Román se ganó el cariño, la confianza y la admiración de los municipalistas. Fue proclamado «Hijo Adoptivo» por innumerables municipios cubanos que entendieron que él era de toda la nación, y para toda la nación; de Cuba entera.

## 21. La Cofradía de Nuestra Señora

La Cofradía de Nuestra Señora de la Caridad del Cobre es, probablemente, la más antigua asociación de laicos católicos de cuantas en Cuba existieron. Se da como fecha de su fundación la del 15 ó 16 de junio de 1682 y es prueba de cuánto y cuán rápidamente se había extendido en la isla la devoción a la Virgen representada en la pequeña imagen que había sido hallada en medio de las aguas de la bahía de Nipe apenas setenta años antes, algo que maravilla más cuando se tiene en cuenta las escasas comunicaciones que entonces existían entre la región oriental, donde tuvo lugar el hallazgo, y el resto de Cuba.

La Cofradía se mantuvo laborando en Cuba, en distintas parroquias y regiones, durante casi todo el tiempo de la colonia y de la república, unas veces más notoriamente que otras. Que casi 300 años más tarde desde la fundación original la Cofradía reviviese en los Estados Unidos de América, parece cosa de fábula, pero así fue.

–*«Ya por el mes de junio (1968), me parece, el arzobispo, en las reuniones que había de aquel comité de construcción, dijo: –"Yo creo que ustedes tienes que hacer una asociación de la Virgen de la Caridad"».*

Monseñor Román tenía aquí una leve confusión de fechas, ya que todo parece indicar que la sugerencia del entonces obispo Carroll ocurrió, sí, en 1968, pero un poco antes, a principios de ese año y que fue en junio, recordando precisamente la fundación original, cuando se constituyó oficialmente la Cofradía en Miami y se efectuó la primera inscripción de miembros.

–*«Había un Comité Recaudatorio que fue el que hizo la capillita. El Arzobispo quiso hacer dos asociaciones, es decir, el Comité de Construcción, y la Cofradía y ahí se tomó la Cofradía de la Virgen de la Caridad, que ya Mons. Boza estaba trabajando en eso.*

–*«Mons. Boza adaptó y redujo el reglamento de la Cofradía, delineando los diez artículos que debieran marcar, para que en todas partes* (donde se estableciese la Cofradía) *tuviéramos un poco de unidad... porque ya no era aquí* (solamente) *era en otros lugares* (también*), y le preguntaban a él. Yo estuve en Venezuela para ver qué se podía hacer, y él estaba trabajando en eso. El Reglamento fue una buena respuesta.*

—«*Boza escogió, de aquella cofradía de la primera parte del siglo XX que había en Cuba, un reglamento que era más casi para un religioso que para un laico... y formó entonces un reglamento que sirviera para todas partes, con lo esencial, y que cada uno agregara lo que quisiera*»...

La amistad entre el padre Román y Monseñor Boza Masvidal tenía viejas y fuertes raíces, nutridas por el abono de las duras experiencias por ambos vividas en Cuba a manos de los testaferros del régimen castrista. Entre ellos dos, el respeto y la admiración eran recíprocos y, desde que Román llegó a Miami, era bastante frecuente la comunicación entre los dos.

—«*Yo conocía a Monseñor Boza. Yo iba mucho a La Caridad* (la parroquia de Boza en La Habana). *Primero que nada, yo ayudé a Monseñor Boza cuando él era profesor en el seminario, y él iba a decir la misa de la una de la tarde en Ceiba del Agua y entonces yo iba de San Antonio de los Baños, o Rivas, o cualquiera de nosotros y lo ayudaba a él en la misa. Lo conocía de ahí.*

—«*Después de eso, yo lo conocí y fue un hombre que me inspiró muchísimo todo el tiempo cuando fue párroco de La Caridad. Yo iba a comulgar, me confesaba con él y me iba al instituto. Monseñor Boza era muy querido por todo el mundo y por nosotros. Él y yo salimos* (de Cuba) *en el mismo barco, y estuvimos juntos ese tiempo. No era un desconocido, ni yo lo tenía por un obispo con quien era difícil comunicarse, nada de eso. Siempre que fui a verlo, en distintas ocasiones, era muy atento, muy abierto.*

—«*Se empezó la Cofradía de la Virgen y yo pensé que sería para doscientas personas. Una asociación en Cuba que tuviera doscientas personas, era bien numerosa. En la Acción Católica, muchas veces, un grupo de 25 jóvenes era tremendo, le parecía a uno que era muy fuerte. Yo tenía esa mentalidad... A principios pensábamos que serían como 200... empezaron a crecer, en muy poco eran mil, dos mil, tres mil... es decir, había un entusiasmo muy grande. Yo pudiera decir que el entusiasmo por Cuba, por la Iglesia... la fe, que era lo que sostenía todo aquello, era mucho más en aquellos años que en los años actuales».*

La Cofradía ha servido en la Ermita de la Caridad desde su fundación en Miami hasta el presente. Fue elevada al rango de Archicofradía por el Arzobispo John Clement Favalora en el año 2002. Sus presidentes o coordinadores han sido:

Tarcisio y Gina Nieto, 1968-1971; Gastón y Teresita Cantens, 1971-1979; Eduardo y Ofelia Domínguez, 1979-1983; Alfredo y Ana Corpas, 1983-1985; Roger e Idalia Miranda, 1985-1987; Julio y Lía Fernández, 1987-1989; Francisco (Paco) y Rosi Bruna, 1989-1991; Miguel y Teresita Núñez, 1991-1993; Alfredo y Belkys Ríos, 1993-1995; Evelio y Emelina Jacomino, 1995-1998; Roger y Carmen Herrera, 1998-2000; Juan y Silvia Arrondo, 2000-2002; Manuel y Olga Montero, 2002-2004; Julio e Isabel Estorino, 2004-2006; Miguel Ángel y María Rosa Rodríguez, 2006-2008; José Luis Cano, 2008-2010; Fernando y Laura Gómez, 2010-2016...

*Apéndice III*

## Testimonio de Gina Suero viuda de Nieto, primera presidente de la Cofradía de Nuestra Señora de la Caridad del Cobre

La llamada del Arzobispo Coleman Carroll en la celebración de la fiesta de la Virgen de la Caridad de 1966, a construir un santuario a nuestra patrona, la Virgen de la Caridad, nos llenó de alegría.

Algunos, pensando en un regreso rápido a nuestra Cuba, no pensaron que fuera conveniente, pues podía ser una señal de que nos quedábamos. La gran mayoría pensó que, antes de regresar a Cuba, debíamos dejar un signo de nuestro amor a la Madre de todos, la Virgen de la Caridad, Madre de Cristo y Madre nuestra.

El gran problema que todos veíamos era que había que hacerlo pronto, porque si la situación política de Cuba se arreglaba rápidamente, no podíamos dejarlo a medias. Además, los recursos económicos de que disponíamos eran muy escasos. No teníamos los cubanos casa propia entonces, ganábamos muy poco... en las factorías, en el campo, lavando platos en los restaurantes, cortando hierba. Así era el exilio.

El comité presidido por el Dr. Manolo Reyes comenzó su tarea queriendo construir una capilla provisional en los terrenos junto al Mercy Hospital que el Arzobispo había ofrecido generosamente. La obra comenzó el 20 de mayo de 1967, en homenaje a la fecha de la instauración de la República de Cuba, y se bendijo la primera piedra. En ese mismo año, 1967, se celebró la misa de la fiesta en los terrenos junto a la capillita ya terminada y se trasladó la imagen de la Virgen Exiliada desde la parroquia de San Juan Bosco, donde se encontraba. Fue una linda fiesta, que desde el año 1961 se había celebrado en el Estadio de Miami.

En aquella capilla pequeñita comenzó la historia... Se comenzó a rezar por Cuba, por su libertad, por la libertad de los presos políticos y de todo nuestro pueblo, regado en tantas partes del mundo. Nuestro dolor nos hizo rezar siempre no sólo por nosotros, sino también por la evangelización y la libertad de todos los que sufrían el comunismo en cualquier lugar del mundo. Sentíamos lo duro del ateísmo y así comprendíamos el sufrimiento de otros pueblos que por años lo habían sentido. Cada noche rezábamos el rosario y el padre Román nos contaba la historia de la aparición de la imagen de nuestra Patrona y nos hablaba del Concilio Vaticano II, sobre todo del documento dedicado a la Virgen. Compartíamos también las noticias que nos llegaban de Cuba, especialmente por medio de los Vuelos de la Libertad.

Mi esposo y yo, con nuestros hijos Lourdes y Manolito, comíamos al oscurecer y nos íbamos para la Ermita. Allí nos encontrábamos con otras familias y entre todos formábamos una familia. Desde 1968 comenzaron las peregrinaciones a nivel de los municipios, pero sin un orden fijo.

El 10 de marzo de 1968 el Arzobispo Carroll, queriendo dar más impulso a la construcción del Santuario definitivo, organizó dos comités: el Comité de Recaudación y Construcción para levantar la obra material, y la Cofradía de Nuestra Señora de la Caridad del Cobre, para propagar la devoción a nuestra Patrona. El Comité de Recaudación y Construcción lo presidía el Dr. José Miguel Morales Gómez, y la Cofradía, mi esposo, Tarcisio Nieto. En el grupo que la formó estaban Violeta del Junco, Herminia Méndez, Leticia de Amblada, Elda Santeiro, Delia Díaz de Villar, Isidoro y Josefina Rodríguez, Luis Botifoll, Ernesto Freire, Jorge Díaz, Camilo López, Juan Tapia, Raúl Valdés Fauli, Rolando Encinosa, Pedro Peláez, Armando y Olga León, Jesús Argaín, Pedro Delgado y Evelio Jacomino.

Trabajábamos muy unidos. Desde el principio mi esposo insistió en que teníamos que rezar el rosario y salir a la calle, y repetía el viejo refrán "a Dios rogando y con el mazo dando". No teníamos local donde reunirnos, pero lo hacíamos en nuestras propias casas; arreglamos el garaje de nuestra casa en Hialeah y allí montamos la oficina de la Ermita y de la Cofradía. Rezábamos el rosario, enviábamos los boletines y hablábamos de la obra. El 16 de junio de 1968 se hizo la primera consagración de miembros de la Cofradía a la Virgen y, por ser tantos, tuvimos que celebrarla en el patio, junto al mar que baña a Cuba. Al final del mes de julio de aquel año, ya tenía la Cofradía más de mil miembros.

Tarcisio, mi esposo, que trabajaba midiendo tierras, aprovechaba la hora del *lunch* para visitar las factorías, rezar el Ave María con los empleados y presentarles el proyecto del Santuario. También visitó los muelles y otros centros de trabajo. Nos alegraba ver cómo la devoción a la Virgen, revivía y nos unía en el exilio.

Los católicos de cada municipio organizaron las peregrinaciones por provincias, comenzando por el Municipio del Cobre, en la provincia de Oriente, que es donde se encuentra la auténtica imagen de la Virgen. Las peregrinaciones eran los lunes, miércoles y viernes y cada dos meses celebrábamos una romería que reunía a los de cada provincia. En las romerías preparábamos comidas típicas, disfrutábamos de la música cubana, compartíamos las experiencias de los que llegaban de Cuba en los Vuelos de la Libertad y las del exilio. Rezábamos por la libertad y la evangelización del pueblo cubano y de todos los pueblos esclavos del comunismo.

Se construyó una linda maqueta con el proyecto del santuario y eso atraía mucho a la gente. Los miembros de la Cofradía la paseaban por distintos lugares de Miami donde se reunía la gente. Al mismo tiempo, se repartía un lindo folleto hecho por el Comité de Recaudación y Construcción. La Dra. Delia Díaz de Villar escribió una interesante historia de la Virgen de la Caridad que nos ayudó a todos a conocer parte de la historia que habíamos olvidado o no habíamos conocido.

Así comenzó en Miami la Cofradía de Nuestra Señora de la Caridad del Cobre y así se fue levantando la Ermita de la Caridad, todo ello inspirado por el entusiasmo y la entrega del Padre Román, que nos contagiaba a todos.

# 22. La Ermita, ¡al fin!

Vista aérea de la Ermita y parte del público asistente en el día
de su bendición, Dic. 2, 1973 (*La Voz Católica*)

    —*«Desde que empezó la Ermita ya la gente quería casarse en aquel lugar, que yo no sé cómo se hubieran podido casar en un lugar que no tenía más que unos cuantos metros de tamaño, pero, ahí se querían casar, ahí querían bautizar... después se dieron cuenta que no, que un santuario no es para eso.*
    —*«Creo que fue algo muy valioso del arzobispo Carroll la decisión de no hacerla parroquia. Si la Ermita hubiera sido un santuario donde se hubiera casado, bautizado, todo eso, no hubiera llegado a ser un santuario verdadero, sino que se hubiese quedado en eso, y hubiera sido un lugar para católicos prácticos, pero, la gente "no práctica", no hubiera tenido un espacio como lo*

*tenemos nosotros... que en cualquier momento podemos hablarles
y evangelizar a los que no son los católicos prácticos.*

*—«Ese recorrido de gente "no práctica", yo opino... opina-
ba en el tiempo aquél, que era un 10% "práctico" y un 90% "no
práctico", pero, me parece a mí que ese 90% nosotros no lo hubié-
semos podido atender, si nos hubiéramos dedicado a la sacramen-
talización, pues no hubiéramos podido dedicarnos a la evangelización.*

*—«Esos años fueron muy ricos en la Iglesia. El Concilio
Vaticano II, que terminó en el 65, y yo empecé en Miami en el 66,
había dado pautas, había abierto ventanas y puertas en la Iglesia,
para unas facilidades que no las teníamos en el pasado... Además,
en el año 68, Pablo VI visitó Medellín, Colombia... Fue la primera
visita de un Papa, y ahí, entonces, esa reflexión que se hizo en Medellín por los obispos... yo creo que abrió muchas puertas para lo
que es la pastoral popular, es decir, ¿cómo llegar a ese pueblo? y
se empezó a estimar el santuario con su pastoral abierta a todos.*

*—«...Fue en ese momento que se descubrió que un santua-
rio es como un corazón por donde pasa toda la sangre y lo impul-
sa. Después de eso, empezaron las reuniones de los distintos santuarios, empezaron algunas revistas a recoger experiencias de los
santuarios... era el año 68, y yo empezaba aquí, eso también me
ayudó muchísimo.*

*—«También, yo había visto en Chile una revista que escribía
un sacerdote que ha venido muchas veces por aquí, el padre Segundo Galilea... Era cómo ir a ese mundo que no está viniendo a la
Iglesia, y que, esperándolo, no va a venir nunca. Hay que ir allá.
Creo que la Ermita ha tenido una función de pastoral popular, de
religiosidad popular, lo que Pablo VI llamó "piedad popular" en
Evangelii Nuntiandi, que en aquellos tiempos no se explicaba».*

Mientras aquella renovada visión sobre el rol de los santuarios iba moldeando lo que sería la misión pastoral de lo que se estaba levantado en piedra a las orillas de la bahía de Biscayne, el
padre Román, el encargado de traducir aquello a lo cubano, dentro

de la Iglesia en los Estados Unidos, continuaba su ajetreado ritmo de trabajo, que, como ya sabemos, no era poca cosa:

—«*El hospital fue muy lindo, muy precioso. Yo trabajaba, me levantaba muy temprano... me levantaba a las cinco diariamente, me bañaba y salía del cuarto. A las seis celebraba la misa, a las seis y media tenía que estar dando la comunión. En esos momentos no había en la Iglesia lo que se llama hoy... los ministros de la eucaristía, sino que era sólo el sacerdote, persona por persona. A las ocho de la mañana yo tenía que haber terminado, porque ya empezaba el hospital a funcionar. Iba entonces a la capilla para rezar la Liturgia de las Horas.*

—«*Desayunaba rápido, para empezar, venir y abrir la Ermita, porque la Ermita no tenía personal, no se podía pagar. Es decir, a mí me pagaba el Mercy como capellán, y yo libraba a la Ermita de un sueldo. Abría la Ermita, limpiaba todo aquello, pero, había un answering service que ya no lo hay... Un* (servicio de contestadora o *answering service) que tenían los cubanos aquí... Primero, respondía en inglés y en español, era igual que una buena secretaria. Tenías que darle todos los meses un schedulle de dónde estabas a cada hora y entonces te respondía "el padre está en este momento en tal lugar... está visitando el hospital... está haciendo esto... está haciendo lo otro, pero, espere un momento que le vamos a llamar". Esas respuestas de aquellos tiempos no se pueden comparar con la basura que hoy tenemos... O sea, a toda hora, del día o de la noche, siempre había una respuesta... Hoy día, esto es fatal, pero, esos answering services cubanos que se prepararon aquí al principio... yo no he encontrado a las personas que lo hacían, pero no tengo cómo agradecerles, porque, realmente, era eficaz, y* (se hacía con) *un cariño tremendo. Si había una emergencia me llamaban al Mercy, me ponían un "page" allá y entonces respondía, día y noche.*

—«*No dejé de atender los Cursillos de Cristiandad tampoco, pero entonces ya, más limitado por supuesto, pero prediqué cursillos. Aquí, sobre todo, se daban en La Salle, y los di. También atendía la parroquia, atendía la Ermita y atendía el hospital».*

161

Sor Francisca Jaúregui, aquella Hija de la Caridad que había llegado a San Antonio de los Baños justamente cuando Aleido daba a conocer su intención de marchar al seminario, estaba llamada –las cosas de Dios- a reencontrarse con él cuando iba ya tomando auge el proyecto de la Ermita.

–«Me reencuentro con él cuando llegamos aquí a Miami. Nosotras paramos en la Academia de la Asunción, ahí en Brickell y la 15.... Eso fue en 1971. Fuimos a la misa y, al verlo entrar, me dijeron "este es Monseñor Román"... bueno, Román, porque en el pueblo le decían Aleido, se conocía más por Aleido... Cuando terminó la misa, entramos nosotras en la capilla, y él nos mandó a buscar. Él estaba desayunando, y nos encontramos de nuevo... tanto tiempo.... ¡quién me lo iba a decir!... Así fue como yo me reencontré con él después del año 58, cuando me destinaron a Guanabacoa.

–«En el primer momento, nuestro trabajo en Miami fue en la iglesia del Gesu. En la Ermita se comenzó enseguida que llegamos. Yo iba los domingos, a ayudar a Sor María Escala, yo me quedaba para que ella pudiera ver a su familia, porque me gustaba la obra de la Ermita, siempre me gustó desde el principio.

–«En noviembre del 72 fue que empecé yo ya en la Ermita. En eso Sor Amelia (Arias) vino de España a ver a su familia, y pidió permiso para quedarse en Miami, y se lo dieron. Ella se quedaba solita en el Gesu, y me daba pena... "Sor Amelia, ¿tú quieres venir conmigo?"... "Yo sí, yo me voy contigo"... Y entonces Sor Hilda (Alonso), que era la superiora, me dijo: "¿Ud. quiere que ella se quede con Ud. en la obra?"... digo... "¡Sí, cómo no!"... porque era una compañera y me ayudaba. Y así fue. Yo empecé a fines de octubre o noviembre y ella empezó en marzo del 73.

–«Monseñor hacía de todo. Yo empecé en la oficina vieja, de la capillita, donde atendíamos a las personas. Nunca lo vi desanimarse. Por el contrario, él siempre decía que las personas que se desaniman no valen para nada, los que se ahogan en un vaso de agua... él, al contrario, él era muy optimista y confiaba en la Virgen.

–«Él se iba para Cursillos y me decía *"cualquier cosa, me llama"*, o él llamaba: *"¿tengo ahí algún recado, tengo algo?"*... Él estaba así, de una cosa en otra, y nunca se quejó de que tenía mucho trabajo... él estaba siempre dispuesto y atendía a todos».

Así, mientras el pastor mantenía con celo y alegría su apretado horario, multiplicándose en el hospital, en la parroquia y en la Ermita, el proyecto seguía adelante con la capillita provisional siempre en ebullición.

Precisamente, la capillita era como una pequeña muestra de la aceptación que el proyecto iba ganando en todos los sectores del exilio y de cómo ya era vista como algo emblemático, no solamente de la espiritualidad de los cubanos, sino también de su compromiso con la causa de la libertad de Cuba, anticipando el rol que desde sus inicios ha tenido la Ermita de la Caridad, no menos en lo patriótico que en lo religioso.

Por ejemplo, tan temprano como en julio de 1969, el domingo 27 de ese mes exactamente, culminó allí la «Semana de homenaje a las víctimas del terror comunista en el mar» con una misa que, según el periódico *El Sol de Hialeah,* de fecha 31 del propio mes, «comenzó al aire libre y tuvo que terminar dentro de la capillita por el mal tiempo reinante»... El periodista calculaba en más de quinientos el número de los asistentes y comentaba «el bellísimo sermón ofrecido por el padre Eneido Román»... el cual, «aprovechando la lluvia que caía, dijo que el agua parecía haber sido enviada por la Virgen de la Caridad para hacer que los cubanos se unieran junto a ella, para que se juntaran hombro con hombro, como sucedía en esos momentos debido a la lluvia».

Continuaba su reseña El Sol de Hialeah. «Dijo también el Padre Román que esa capillita era todos los días el lugar de reunión de los cubanos, los cuales iban allí a consolarse ante la Virgen, la Madre de todos, por la gran tragedia que los envolvía. Terminada la misa, el Padre Román ofició un responso junto a la costa y posteriormente un grupo de cubanos, a bordo de tres embarcaciones, partieron bajo una verdadera tormenta rumbo al mar para colocar flores y una bandera cubana en las aguas del Estrecho de la Florida»...

Mientras tanto, los kilos prietos continuaban llegando y eran tantos, que ya tenían su propio equipo de trabajo: los *kileros* y las *kileras* que se reunían con regularidad para contar y empacar las monedas que después serían llevadas al banco, por el propio padre Román o por alguien designado por él, para ser ingresadas entre el estupor y la admiración de los empleados bancarios. Continuaban las peregrinaciones, la gente que iba a rezar y a mirar, la Cofradía creciendo, los escépticos bajando la guardia, la celebración anual del 8 de septiembre... un año, y otro, y otro. En 1971, cinco años después del anuncio del proyecto, se rompió la tierra y se echaron los cimientos. Llegando 1973, el Arzobispo Carroll pedía apretar el paso, quería ver la obra terminada, bendecirla antes de fin de año. El padre Román no dudaba poder complacerlo, confiaba en Dios y confiaba en sus cubanos.

Acercándose el final de aquel año, una nueva cúpula con cruz se perfilaba en el cielo de Miami. A un paso acelerado, de la cúpula hacia abajo todo iba tomando forma en una nueva estructura llamada a ser punto focal del Miami de los exiliados, nueva estrella en el ancho firmamento del catolicismo en Estados Unidos y, lo que no pude evitar pensar al verla ya en su fase final, pararrayos de todas nuestras desgracias.

Por fin se fijó como fecha para la bendición del templo-símbolo que tanta y tan honda significación cargaba, el domingo 2 de diciembre de 1973. Fue un día esplendoroso de un cálido diciembre sudfloridano. A todos los que nos sentíamos de alguna manera parte de la obra de fe y tesón que se concretaba en concreto, y no era esto un juego de palabras, nos parecía un bello sueño, a pesar de que sabíamos, allá en lo profundo de los corazones, que ese sueño era fruto de un gran dolor. Por su parte, la efímera oposición de los que temían que aquello se interpretara como un signo de resignación ante la pérdida de la patria, había desaparecido por completo.

Gastón y Teresita Cantens que, para entonces, habían sustituido a Tarcisio y Gina Nieto, escribieron años después, en un resumen de su período que Monseñor había pedido a todos los ex coordinadores de la Cofradía:

–«El 2 de diciembre de 1973, con gran alegría, veíamos terminada la obra que por seis años habíamos soñado. La presencia del Cardenal Krol, de nuestro Arzobispo Carroll, y sobre todo, de nuestro querido obispo Monseñor Eduardo Boza Masvidal, nos llenaba de satisfacción. Todo el Comité de Recaudación y Construcción, y nuestro querido Tarcisio Nieto con los demás miembros de la Cofradía, participamos con una multitud de fieles que, juntos, dimos gracias al Señor al contemplar la casa de la Virgen, construida kilo a kilo por todos los que reconocíamos a la Virgen como Madre».

La Ermita abría sus puertas para los ojos y los corazones ávidos de aquella multitud que se congregaba para ver el fruto de sus ruegos y sus centavos. Abría sus puertas también como un amable tapabocas –Monseñor nunca lo hubiera dicho así– para algunos que, dentro y fuera de la Iglesia, ponían en duda que aquel cura guajiro, sencillo, sin grandes contactos con los que hoy llamaríamos los ricos y los famosos, pudiera llevar a cabo la atrevida encomienda que Monseñor Carroll le había dado cuando aún no había tenido tiempo, a derechas, para sacudirse de encima el polvo del desierto chileno, cuando aún le eran ajenos el mundo de la Iglesia y la sociedad en Estados Unidos, cuando muchos de los suyos, en Miami, no lo conocían todavía.

Al padre José Luis Hernando le llegaban algunos comentarios: –«Ya sabes que, entre el clero, como entre cualquier otra institución, pues, se empieza a hablar, pero, indudablemente, muchos pensaron que no iba a ser fácil, porque no había cómo potenciar lo económico para lograrlo, y el Arzobispo, desde el primer momento, lo había dicho claramente: –"Yo les doy el terreno –y creo que fue muy generoso– pero ustedes tienen que hacer el edificio"»...

Las dudas cesaron aquel 2 de diciembre. El Arzobispo Carroll quiso darle a la bendición todo el vuelo que el gran acontecimiento religioso merecía y lo hizo ocupándose personalmente de los detalles y trayendo desde Philadelphia, para que fuera el celebrante principal, al Cardenal John Joseph Krol, que presidía entonces la Conferencia de Obispos Católicos de Estados Unidos. Allí estaba también el obispo auxiliar René Gracida y, como recordaban los Cantens, Monseñor Eduardo Boza Masvidal, el obispo cubano que era la encarnación de todo lo que la Ermita significaba. ¿Cómo era aquel templo que se inauguraba, que se bendecía en Miami y frente a Cuba? ¿Cómo había quedado la casa en el exilio de la Patrona de Cuba? ¿Cómo describía el padre Román aquella obra, fruto de la clara visión pastoral de un obispo estadounidense de origen irlandés, fruto también de su propio corazón cubano, y del empeño religioso y patriótico de un pueblo en destierro? En 1986, él lo hacía así:

—*«La Ermita es la expresión simbólica de la jaculatoria tan frecuente del pueblo cubano en los momentos de apuro: "Virgen Santísima, cúbrenos bajo tu manto". La forma... es la de la imagen aparecida en la Bahía de Nipe hace casi cuatro siglos y venerada en el Santuario Nacional de El Cobre, cuya réplica tenemos entre nosotros.*

—*«Las seis columnas son el símbolo de las seis provincias que no han dejado de peregrinar desde que se inició su construcción. Su situación frente a Cuba hace orar al devoto frente a la patria. Sus asientos son los típicos taburetes que recuerdan el bohío de nuestros campesinos.*

—*«Debajo del altar, de manera visible, se encuentra la primera piedra que fuera bendecida el 8 de diciembre de 1971 al comenzar la obra que en honor de la Madre le levantaran sus hijos. Esta piedra contiene tierra, arena y piedras de distintas provincias de Cuba, y fue fundida con agua que llegó en una balsa en la cual perecieron los quince que salieron de Cuba en busca de libertad. La silla del celebrante en la Misa es una palma cubana convertida en asiento.*

—*«El mural, pintado por Teok Carrasco, muestra a la Virgen apareciendo en Nipe rodeada de la historia del pueblo cubano, y demuestra cómo Jesús, desde los brazos de María, ha iluminado todos los acontecimientos históricos de nuestra patria. La imagen de la Virgen es como un llamado permanente a aprovecharse del gran regalo de la gracia que el Señor nos da a través de los sacramentos de la Reconciliación y de la Eucaristía a ambos lados del altar principal.*

*—«Este ha sido el lugar de la oración... del encuentro de un pueblo desterrado con su Dios. El silencio, interrumpido por el choque de las olas de los mares que bañan a Cuba junto a las tierras generosas que han sido regadas con las lágrimas del que pierde la patria, han hecho de este un lugar santo dedicado a Aquélla que prestara sus entrañas para que la humanidad y la divinidad se unieran en Jesucristo, el Salvador».*

Gina Nieto resumía el cómo y el por qué: —«Monseñor nos transmitió a todos ese espíritu que él ha tenido siempre... esa fe, para poder llevar a cabo esa obra. La obra era grande, y nosotros éramos un grupo chiquito y la época que se vivía era de mucha estrechez económica, a veces no había ni para la gasolina. Él siempre trató de salir adelante, nos daba mucho aliento, y así pudimos llegar a hacer todo lo que se hizo».

En su homilía, el Cardenal Krol no perdió de vista la importancia de lo que allí se celebraba: —«Este monumento es hoy una feliz realidad y recordará a las generaciones futuras el paso de los exiliados cubanos del siglo XX por las tierras floridanas, así como la Misión del Nombre de Dios en San Agustín recuerda el paso de los conquistadores españoles hace cuatro siglos... La historia de los pasados 14 años, demuestra lo que el pueblo cubano de Miami puede lograr, cuando lo quiere. Si ustedes, con su dedicación y trabajo han sido capaces de hacer de Miami la gran ciudad que es hoy... ustedes pueden ser también una fuerza espiritual que transforme esta hermosa ciudad y la convierta en ejemplo de las demás ciudades de América»...

Claro que aquellas palabras del jefe de la jerarquía católica de Estados Unidos sabían a gloria para el humilde cura *ariguanabense* que había sido alma y motor de lo que se celebraba en aquel domingo de Adviento de 1973. Fiel a sí mismo, y al Maestro a quien seguía, no buscó la luz de las cámaras ni los aplausos que, de todas formas, el exilio cubano le tributaba. Su corazón estaba lleno de gratitud a Dios, que le había permitido llevar a buen término la gigantesca labor que se le había encomendado y a la Madre Santísima en cuyo honor y por cuyo pueblo había trabajado tan arduamente.

Un detalle, entre todos, le llenaba de satisfacción y él no se cansaba de repetirlo a cuantos quisieran oírlo: –«*Esta es la primera iglesia en Estados Unidos que, al inaugurarse, está totalmente pagada, libre de deudas*»... Kilo a kilo, rosario a rosario.

Al final de la misa, espontáneamente, se cantó a viva voz el himno de Perucho Figueredo que, en el paso de los años, resonaría mil veces más en el recinto sacro.

La multitud se retiraba ya. Parados junto a la capillita provisional, Isabel y yo contemplábamos la Ermita junto a José (Papi) y Daisy Tejada, fieles obreros de aquella magna obra: –«Coño, Julito, –me dijo Papi– yo creo que ahora sí, desde aquí, nuestras oraciones van a llegar al cielo... Cuba va a ser libre, tú verás».

## 23. El santuario misionero

La Ermita de la Caridad, como la llamaban todos, estaba terminada, hermosa, acogedora, libre de deudas y abierta para todo el mundo. Había ya, para la posteridad, para cuando regresáramos a Cuba, un testimonio físico *«del paso de los cubanos por el sur de la Florida»*. Por si fuera poco, ocho días después de consagrado el santuario, el 10 de diciembre de 1973, el padre Román, su arquitecto y albañil espiritual, recibía el título honorífico de Monseñor, como reconocimiento al gran trabajo realizado.

En justicia, pues, siendo así las cosas, casi todos pensamos que se había llegado a la meta, que se había concluido una obra que daba gloria a Dios a través de su Madre Santísima y que, al mismo tiempo, enaltecía al pastor y al pueblo que habían logrado llevarla a cabo. Los que, de una u otra forma habíamos contribuido en algo a superar el reto lanzado a los cubanos exiliados por el Arzobispo Coleman Carroll el 8 de septiembre de 1966, teníamos una gozosa sensación de *misión cumplida.*

Monseñor Román también, pero no del todo. Para él, la Ermita era todo lo que se ha dicho, claro está, y se sentía enormemente agradecido a Dios por la materialización del proyecto. Pero, en su forma de ver las cosas, la Ermita era, fundamentalmente, un instrumento para la evangelización, para mostrar a quienes no lo conocían, el rostro de Cristo, del Salvador y Libertador que, escondido en la figura de un niño, se acurrucaba en los brazos de la Patrona de Cuba.

De ahí que, si cuando la Ermita era solamente una idea en embrión, aquel lugar de Miami, junto a la bahía, era un sitio efervescente de actividad apostólica, ahora que el sueño había materializado, con mayor razón.

Las peregrinaciones de los municipios continuaban los lunes, miércoles y viernes, unas más nutridas que otras, pero casi todos los 126 municipios cubanos dando fe de vida y devoción a la Virgen de la Caridad. Al final de cada misa de las peregrinaciones municipales, se servía café a los asistentes en las afueras de la Ermita. A Monseñor le gustaba anunciarlo como «café carretero», que en realidad, no lo era, y conocedor, con el tiempo, de las particularidades de cada municipio, las aprovechaba para cimentar una fuerte identificación con ellos. Si peregrinaba, por ejemplo, el municipio de Matanzas, les decía que el café estaba hecho con agua «del pompón»; si era el de Güines, era agua del río Mayabeque; si eran los de Puerto Padre, el café estaba endulzado con azúcar del Central Chaparra... Todo ello, dicho con el tono distintivo de la «picardía cubana», contribuía al tipicismo que la nostalgia añoraba y hacía que los peregrinos sintieran que la Ermita era algo muy suyo y cada vez más.

Tal como nos lo recordaba Gina Nieto, se celebraba también una romería cada dos meses, o sea, una por cada provincia de Cuba, coincidiendo con las peregrinaciones de los municipios de la misma provincia. Al principio, las romerías se hacían en los jardines, bajo los pinos enormes que el viento batía, entre la Ermita y la antigua capillita. Allí se habían edificado unos bellos bohíos que, en las romerías, servían de comedor y cocina improvisados.

No era fácil. Cada romería implicaba una movilización tremenda de parte de la cofradía que se encargaba de solicitar donaciones de alimentos para ser vendidos y de regalos para ser sorteados en el curso del evento. Los mismos activistas de la cofradía donaban la mayor parte de los alimentos.... una «paleta de puerco» asada, «moros con cristianos», yuca con su mojo, tamales, un flan, y otro, y otro... pudín de pan, torrejas... Isidoro Rodríguez, que había sido miembro del Comité de Construcción, donaba invariablemente las «mariquitas de plátano» que su empresa producía... Frituras de bacalao, guarapo... café cubano, desde luego. Nicolás Álvarez Camps, antiguo «federado» y alto ejecutivo de la firma Goya, donaba una o varias cestas de productos de esa firma, igualmente el café La Llave y otras empresas. En la romería se vendían los tickets de un dólar que ofrecían la oportunidad de hacerse de uno de esos regalos.

Las romerías, siempre en domingo, comenzando a mediodía, no empezaban hasta que Monseñor no llegaba allí a dar la bienvenida y bendecir los alimentos. En no pocas ocasiones hubo que arrancarlo prácticamente del confesonario para que los hambrientos "romeros" pudieran saborear el arroz con pollo que allí mismo cocinaba Eduardo de la Fuente, o el pan con lechón que se preparaba en el comedor de las Hijas de la Caridad, con las paletas de puerco procedentes de «La Milagrosa», la «bodeguita cubana» de los Ugalde, en la Calle Ocho.

Se hacía también un animado show artístico para entretenimiento de los asistentes. Artistas reconocidos, así como talentosos aficionados –cubanos, españoles y latinoamericanos– actuaban allí sin cobrar nada absolutamente y eran recompensados por los entusiastas aplausos de los presentes. En varias ocasiones, se añadía a esto una representación teatral, más bien un «auto de fe», fuese un nacimiento viviente en Navidad, u otro tema según el momento, donde los artistas eran los mismos activistas de la Cofradía y la dirección, el libreto, la escenografía y el vestuario corrían de la cuenta de Oscar y Nely Rojas que lograban el objetivo evangelizador y la satisfacción del auditorio con gran profesionalismo. Esto se hizo tanto en alguna romería, como en presentaciones especiales, según el caso.

Al finalizar cada romería, al atardecer, con el cielo salpicado de los tonos del ocaso, salía la procesión de la imagen de *Cachita* conocida como *«La Peregrina»*. Monseñor dirigía el rezo del rosario mientras se caminaba alrededor de la Ermita. Cada misterio él lo explicaba brevemente en lo que era una catequesis compendiada que casi siempre él tenía que terminar a voz en cuello, pues los equipos de sonido casi nunca eran de confiar. Al llegar a la parte trasera del templo, donde se erigía el "Rincón Patriótico" con los bustos del Padre Varela y José Martí respectivamente, todos nos poníamos de frente al mar, de frente a Cuba, subrayaba el Capellán, y rezábamos la oración por los presos políticos que había sido escrita por Monseñor Boza Masvidal.

Por otra parte, se comenzó a promover un curso catequético por correspondencia. Era un buen número de lecciones, con sus correspondientes preguntas, que los receptores debían contestar semana tras semana, hasta completarlo, y recibir una certificación acreditativa. La participación era abrumadora y el padre

Román ponía esto como medida de la sed de Dios en la comunidad.

De la misma forma ininterrumpida, mes tras mes se enviaba un boletín informativo a todos los miembros de la cofradía, no importa donde residieran, cerca o lejos. En el boletín iba un mensaje del Capellán, de acuerdo al tiempo litúrgico o a alguna fecha importante en el calendario religioso-patriótico de los cubanos. Asimismo se anunciaban los eventos de próxima celebración en la Ermita. Junto con el boletín y las lecciones del curso catequético, iba un pequeño sobre para facilitarle a quienes los recibían el envío de su contribución económica –del monto que cada quien pudiera– porque, se recordaba a todos, *«ya tenemos nuestra Ermita, ahora hay que mantenerla»*.

Otro intenso esfuerzo evangelizador era la Cruzada del Rosario. Se confeccionaron varias urnas, cada una con una pequeña imagen de la Virgen del Cobre. Un número de matrimonios, activistas de la cofradía debidamente preparados para ello, visitaban los hogares de fieles que lo habían solicitado, llevando la imagen de la Virgen que salía a «visitar» a sus devotos. En cada visita se reunían familiares, amigos y vecinos que, guiados por los enviados por la Ermita, rezaban el rosario, por la libertad de Cuba y por las necesidades espirituales y materiales de los presentes. Se daba algún mensaje evangélico, se invitaba a las actividades de la Ermita, se les invitaba también a hacerse cófrades y se les animaba para que ayudaran en los trabajos del santuario.

Así, se visitaron centenares de hogares en todo el Gran Miami. Hay que recordar que eran tiempos en que pocos cubanos eran dueños de sus casas. La gran mayoría vivía en apartamentos que rentaban en edificios multifamiliares y, por lo tanto, las visitas de la Cruzada congregaran a casi todos los habitantes de un edificio, un gran número de personas que se sentían contentas y honradas al recibir la visita de la Virgen y, recibían, al mismo tiempo, un mensaje de fe y una invitación a integrarse en la Iglesia. Un aspecto que no puede perderse de vista, es que la Cruzada del Rosario fue una gran demostración de la confianza de Román en el trabajo de los laicos.

Al hablar de la Cruzada del Rosario en particular se hace necesario mencionar nuevamente a Tarcisio y Gina Nieto, los presidentes fundadores de la Cofradía en Miami, pues ellos articularon, dirigieron y fueron parte activa de aquella campaña con tal entrega y eficacia, que ésta quedó para siempre como una muestra de excelencia en cuanto a campañas de evangelización se refiere.

El otro gran evento que ocupaba a todas las manos hábiles de la Ermita era la celebración anual de la fiesta de la Virgen, cada 8 de septiembre. No daré muchos detalles, pues sería algo interminable, pero baste decir que toda esa tremenda operación logística que, de cierta manera, trasladaba la Ermita hacia un estadio deportivo o un centro de convenciones para celebrar por lo grande la fiesta de la Madre de Cuba y co-Patrona de Miami, corría por cuenta del padre Román y su equipo de la Cofradía, con alguna ayuda de la Arquidiócesis, y la colaboración de los movimientos apostólicos hispanos, algunas parroquias, Municipios, organizaciones del exilio, colegios católicos, coros parroquiales, empresarios y autoridades locales, etc.

Coordinar la misa, desde el desfile inicial y la procesión de entrada hasta el final, los sacerdotes concelebrantes, las confesiones, los lectores y los participantes en el ofertorio, los descendientes de *mambises*, la colecta, la distribución de la comunión a miles de fieles, la participación de los no cubanos, en lo cual siempre se hizo énfasis, las luces, sonido… era algo que, según decía Monseñor jocosamente, *«tomaría a los americanos no sé cuántas reuniones, no sé cuántos comités y todo un "budget", pero nosotros lo hacemos todo sin muchas complicaciones… y nos queda muy bien».*

Y era cierto. Todo se hacía con voluntarios, unos, habituales servidores de la Cofradía, y otros reclutados por estos para la ocasión. Se costeaba todo con donaciones y gastando el mínimo imprescindible. Había celo en los participantes porque aquello fuera una fervorosa rogativa por Cuba y por las necesidades de todos, y que fuera, al mismo tiempo una ceremonia majestuosa, pero no ostentosa, digna de Aquella a quien se homenajeaba y del Dios y Señor de ella y nuestro. Había celo también por «quedar bien» a los ojos de la Curia Arquidiocesana, ante la cual muchos sentíamos que los católicos cubanos teníamos que probarnos permanentemente.

Monseñor Román puso, desde sus inicios al frente del proyecto, hasta su retiro como Obispo Auxiliar y Capellán de la Ermita, un especial énfasis en el simbolismo cubano de la celebración. Desde la elección del predicador de cada año, hasta la presentación de las ofrendas, lo que incluía indistintamente, por ejemplo, caña de azúcar, hojas de tabaco, agua de la Bahía de Nipe, y otros elementos típicamente cubanos; él cuidaba que nada desviara la ceremonia de lo que había sido su objetivo original: orar por la libertad de Cuba.

Como puede verse, en todas estas actividades, excepto en las peregrinaciones donde los municipios iban a la Ermita, era la Ermita la que "salía de sí misma" para llevar el mensaje de Cristo a todas las gentes. Tan cerca como en sus propios jardines, en las romerías, o tan lejos como viviera alguien que ofreciera su casa para la Cruzada del Rosario o como pudiera el servicio de correos llevar una carta con un curso catequético, la Ermita era, en realidad, un santuario misionero, de acuerdo a la visión apostólica de aquel muchacho que quería evangelizar los campos de San Antonio de los Baños, pensando en los muchos que no conocen al Señor, y se había ido al desierto de Chile cuando en su patria le cerraron las puertas a la fe.

Los padres canadienses, qué duda cabe, habían encontrado en él material magnífico para llenar sus moldes misioneros. Monseñor Alberto Martín Villaverde sonreiría en el cielo, viendo a su primer seminarista "reventándose por Cristo".

A todas estas y por si fuera poco el incesante trabajo de la Ermita, nuevas responsabilidades caían sobre Monseñor Agustín Román, algo que evidenciaba la confianza que su desempeño pastoral y administrativo había ganado a los ojos del Arzobispo:

–«Carroll confió en mí en todo lo hispano, y cuando él hizo la llamada, no sé si por años 74 ó 75... cuando me mandó para que yo fuera vicario de los hispanos, solamente llamó a Mons.

*Fogharty y le dijo que me consultara primero porque necesitaba que yo fuera el vicario hispano. Yo le dije "bueno, déjeme pensarlo... yo no creo que yo sirva para eso"... No me interesaba llegar a nada de eso, porque yo estaba empezando con la Ermita, y la Ermita para mí siempre tuvo como toda prioridad, pues quería dejarle a la Virgen una casa construida por su pueblo.*

*–«A los diez minutos Fogharty me volvió a llamar y me dijo: –"Ya Ud. está nombrado". Yo le dije... "que lo piense bien, yo no estoy preparado para eso... déjeme pensarlo y que él lo piense bien... fíjese que yo nunca he trabajado a nivel de diócesis"... A los diez minutos me dice: –"Ud. ya es el vicario hispano... ya lo pensó". Vi que el Espíritu Santo había trabajado muy rápido.*

*–«Y lo comencé, lo único que le dije "yo no voy a ir a Cancillería todos los días... yo voy a trabajar desde aquí, y voy ciertos días a la oficina a firmar papeles, y toda esa serie de cosas", pero, no se podía, porque aquí había un trabajo enorme. Creo que el santuario ha sido siempre el lugar donde hay confesiones, donde hay gente, donde hay conversiones y, entonces... irse allí nada más que a firmar papeles... eso lo podía hacer yo en ciertos momentos en que iba, llegaba, y se acabó... volvía otra vez aquí. Desde aquí, por teléfono, trabajé con las secretarias siempre. Los sacerdotes hispanos trabajamos muy bien reuniéndonos semanalmente».*

Monseñor Román se mostraba siempre agradecido a todos los que ayudaban en el quehacer de la Ermita. No trataba nunca de acaparar el mérito, por el contrario, reconocía en todo momento que el trabajo doméstico y misionero de la Ermita no podría realizarse sin la labor de sus colaboradores, en especial los sacerdotes que le asistían, la Cofradía y, punto y aparte, las Hijas de la Caridad.

Su conexión espiritual con esta orden religiosa, que sabemos venía desde los inicios de su vocación sacerdotal, allá en su querido San Antonio de los Baños, se hizo más profunda y entrañable al calor de las largas jornadas de trabajo en la Ermita de la Caridad. Sor Francisca Jaúregui, cuando la entrevisté en 2011, para este libro:

–«Cuando yo llegué... cuando nos establecimos en la Ermita, ya la Cofradía estaba organizada desde 1967... los municipios... se seguían añadiendo las personas... Creo que fue en agosto de 1975 cuando ya las Hijas de la Caridad nos establecemos definitivamente en la Ermita. Sor María Escala había comenzado en el 72, dábamos los viajes, pero ya en el 75 nos quedamos allí».

Sor Hilda Alonso, que era Provincial de la Orden, cuando se decide establecerse en Miami, me ofreció también sus recuerdos:

–«Oí hablar de Mons. Román por primera vez cuando llegamos a Miami. Mi primer encuentro fue con él y con el arzobispo (Carroll) en 1971. Para Monseñor Román, reencontrarse en el exilio con las Hijas de la Caridad fue alegría para él y para nosotras también, porque sabíamos que teníamos aquí una persona que nos tenía cariño, afecto y así empezamos a trabajar aquí.

–«El Arzobispo Carroll había pedido que viniésemos a Miami. Yo vine, visité Miami por razón de una reunión de antiguas alumnas y el Arzobispo me pidió que viniéramos aquí a la diócesis, porque él no tenía religiosas en aquel momento que se ocuparan de las almas, de los trabajos de la pastoral.

–«En 1971 comenzaron los viajes de dos hermanas para trabajar en la Ermita. La Ermita no era lo que es hoy, sino que... era muy reducida. Allí se celebraba la Eucaristía, y todo lo que comprendía la pastoral era allí en la Ermita, con muy pocas dimensiones, pero sí había una profundidad de amor a los cubanos y a la Iglesia, muy profundo, muy grande».

La presencia de aquellas dedicadas mujeres se fue multiplicando, y, con el tiempo formaron un equipo laborioso y multifacético que contribuyó en mucho al desarrollo y crecimiento de la Ermita y sus múltiples actividades. Sor Francisca Jaúregui, Sor Amelia Arias, Sor María Esther de la Cruz, Sor Olga López, todas cubanas, y la portorriqueña (ella decía que era camagüeyana) Sor Teresita Meaux, lograron coordinar eficazmente el trabajo de cada una, en santa prisa y armonía y no exagero si digo que fueron todas ellas ejemplo de santidad en acción.

No que fueran las únicas. Tanto en tiempos de Monseñor Román, como tras su jubilación en 2003, otras hermanas de la misma orden han servido en la Ermita y han dejado allí las edificantes huellas de su abnegada labor por amor a Dios y a los pobres.

Regresando a los tiempos de nuestro relato, precisa reconocer que ellas, las Hijas de la Caridad, la Cofradía, los sacerdotes y el propio Capellán, vicario arquidiocesano para los hispanos, además, lograban desarrollar allí en la Ermita un asombroso número de actividades apostólicas, día tras día, y demostraban que, no obstante servir a una feligresía pobre, hacían su misión económicamente viable. ¿Cómo lo lograban?... ¿Cuál era el secreto?

## 24. Evangelio y Economía

El ritmo de actividades en la Ermita de la Caridad, valga repetirlo, requería una enorme capacidad de trabajo de parte del Capellán, de los sacerdotes que con él compartían el pastoreo del santuario, de las monjas y de los voluntarios de la Cofradía. Requería también una base económica que permitiera esas actividades y, sobre todo, el sostenimiento de los gastos propios de una iglesia, una, entre paréntesis, abierta al público de 9 a 9, siete días a la semana. Ambas cosas, el intenso trabajo requerido y su auto-sostenimiento económico, se lograban desde el primer día, lo cual dejaba un tanto perplejos a algunos conocedores de la situación en muchas parroquias, algunas con serios problemas económicos y funcionales. ¿Cómo lo lograba la Ermita?

La respuesta más pronta, y cierta era la del inmenso apoyo de los cubanos exiliados a aquella obra que les sostenía la esperanza del regreso a la patria, les consolaba en sus penas personales y les daba una buena base para el sano amor propio que producía el "haber hecho" la Ermita, y todo ello asentado en una sola razón: su inmensa devoción a Nuestra Señora de la Caridad del Cobre.

En marzo de 2003, mirando retrospectivamente, me decía Monseñor:

–*«La devoción a la Virgen de la Caridad no la propagaba yo, eso estaba ya metido en las entrañas de la gente desde mucho tiempo. Cuando yo vi que apareció el documento oficial de la aparición de la Virgen de la Caridad, allá por los años 70, cuando Leví Marrero lo encontró* (en el Archivo de Indias de Sevilla), *me di cuenta de que era como un cuño a lo que nos habían dicho* (nuestros mayores) *desde siempre, porque mi madre no tenía ningún conocimiento de teología, ni papá tampoco, y lo que ellos contaban era lo mismo que Juan Moreno, el negrito de la Caridad, dijo al final. Luego, ahí hasta creí más en lo que es la tradición de los pueblos que va pasando, indudablemente, de unos a otros».*

Eso, sin duda, era así, y así ha sido hasta el presente. Sin embargo, un factor complementario, muy importante, era el "mantenimiento" que Monseñor Román daba a la devoción y a las tradiciones que la acompañaban, así como su manera peculiar de narrar historias y desentrañar costumbres, poniéndolo todo bajo una luz eclesial vernácula, muy cubana, muy cálida y, sobre todo, muy entendible para su rebaño; un rebaño al que no era posible darle el mensaje de Jesucristo a través de estrictos rigores teológicos, sino a través del amor y la cercanía.

Buen conocedor de su pueblo y de su cultura, Monseñor lo llevaba todo por esos cauces en su manera de presentar el catolicismo esencial a los millares de «*católicos a su manera*» que desfilaban ante la imagen de *Cachita* con miradas cargadas de amor y necesidades. No criticaba directamente creencias adulteradas ni costumbres divergentes, si no que explicaba sencillamente el Evangelio y ponía «las verdades de la fe» en un nivel de comprensión nada sofisticado, por el contrario, las hacía fácilmente entendibles para todos.

¿Que advertía entre los presentes una o varias madres que, recién paridas, acababan de salir del vecino Hospital Mercy y, antes de irse a casa llevaban su bebé a la Ermita para que la Virgen lo bendijera?... Les hablaba con genuina ternura del don de la maternidad, subrayaba la importancia del respeto a la vida, les aclaraba con sutileza que la Virgen era como la vasija donde alcanzamos las bendiciones de Dios, y cómo ella misma había llevado a Jesús, recién nacido el Señor, a presentarlo en el templo. Les animaba a bautizar pronto al niño, explicándoles que tenían que ir a su parroquia, etc. –«No se vayan, que les doy la bendición al final»... Y así lo hacía, uno por uno, celebrando con entusiasmo a todos y poniendo, de paso, una amplia sonrisa en el rostro de madres, padres, abuelos, etc.

¿Que entraba un grupo dónde sobresalían algunos con la piel tostada por el sol y la expresión un tanto asustada, que alguno se tiraba de rodillas frente a la imagen de la Virgen... balseros, sin duda?... Les daba la bienvenida a la libertad, y los instaba a que, ya que la habían alcanzado, hicieran buen uso de ella. Les contaba cómo María, la misma Virgen de la Caridad, junto a su esposo y su Niño-Dios, había tenido también que huir de su tierra y buscar asilo en Egipto, porque, recalcaba, la Sagrada Familia había sufrido bajo una tiranía, igual que sufren los cubanos en Cuba. Les pedía que no olvidaran que habían invocado a la Virgen en medio del mar, y que ya que ella los había protegido, hicieran por conocerla mejor conociendo la fe católica y, para ello, los invitaba a la catequesis de la Ermita. —«Y nunca olviden a Cuba», les instaba también.

¿Que se leía el evangelio de Mateo, donde Jesús recomienda no atesorar riquezas en la tierra, que «atesoremos» en el cielo? Pues, Monseñor transportaba esas palabras a nuestros tiempos… —«*Tenemos dos pies solamente… ¿para qué queremos diez pares de zapatos?*»… ¿Que la predicación destacaba la importancia de lo pequeño… el grano de mostaza… el «*si no os hacéis como niños…*»? El padre Román contaba entonces, con deleite, la historia de cómo él, siendo niño, allá en la finca, había sido llevado por sus mayores donde una vaca se asfixiaba, atragantada con un mango. Él, siguiendo las instrucciones que le daban, introdujo su brazo en la boca del animal y extrajo la semilla, liberando sus vías respiratorias y salvando no sólo la vida de la vaca, sino, además, el sustento de los campesinos que vendían su leche. Lo que la mano de un hombre grande no hubiera podido hacer, lo lograba la pequeña mano de un niño… Todos entendían aquel mensaje de humildad.

Otro de los aspectos que hacían atractiva a la Ermita para cubanos e iberoamericanos en general, era la hábil manera en que allí se pedía la ayuda económica indispensable para su funcionamiento. Una de las quejas que se escucha con mayor frecuencia entre católicos prácticos y católicos ocasionales por igual, especialmente cuando llevan poco tiempo en Estados Unidos, es lo que se percibe como exceso de presión sobre los fieles para que contribuyan económicamente. Los estipendios por los sacramentos y misas de difuntos, el escándalo de cobrar por «el catecismo», y la insistencia de párrocos y predicadores en el tema de la economía, se ve como algo que se prioriza demasiado. Dos colectas en una misa es algo indigerible para los católicos hispanos, particularmente para los cubanos, a despecho de todos los atenuantes con que dicha práctica pueda adornarse.

El padre Román conocía esto de primera mano por su extracción católica-cubana y su experiencia pastoral en Cuba, en Chile, y aún en la Catedral de Miami, nutrida entonces de fieles cubanos, recién llegados también.

Las soluciones no eran fáciles de hallar. No hay que olvidar que el Obispo Carroll, al darle forma a la idea del santuario, había sido enfático en «no misas los domingos, no bautizos, no bodas», es decir, no competencia con las parroquias, dicho en palabras más pías. Vetaba pues, para la Ermita, muchos de los servicios que generan ingresos para las iglesias. Aquello no arredró al padre Román y su confianza en la Providencia pronto se vio totalmente justificada.

Todos los devotos que no se sentían parte de alguna parroquia, querían que las misas por sus difuntos fueran en la Ermita y como hasta tiempos relativamente recientes había allí una misa al día solamente, la de las ocho de la noche, de lunes a sábado, se determinó que todas serían misas comunitarias, se admitían tantas intenciones como la gente pidiera y no se estipulaba una donación específica. –«*Dé lo que usted pueda»* era la respuesta a la pregunta obligada y era la mejor inversión para la Ermita, tanto en materia de relaciones públicas, como de estímulo a la generosidad de los sufragantes. De ahí que las listas de difuntos y otras intenciones en las misas de la Ermita sean, hasta hoy, kilométricas; las más extensas que iglesia alguna haya visto.

Otra importante fuente de ingresos eran las donaciones de los miembros de la Cofradía, que llegaban por correo en respuesta al boletín que se les enviaba. En las romerías, el resultado económico no compensaba el esfuerzo que requerían, pero algo se obtenía. Algo también reportaba la venta de objetos religiosos. Nada de esto se hacía en gran escala, pues el padre Román era en extremo conservador en materia económica y su énfasis estaba más en gastar poco que en pedir mucho.

Pero, sabía pedir y sabía vender. Los miembros del equipo de la Ermita, estaban convencidos de que, de no haber sido sacerdote, el padre Román hubiera sido el vendedor estrella de cualquier firma comercial. Siempre tenía entre manos algún objeto religioso, algún libro, algo que proponer a los fieles que, a la vez que promovía la fe y la devoción, obtenía el aporte económico que su adquisición suponía.

Pongamos por caso «la medida de la Virgen». Desde tiempo inmemorial existía en Cuba la costumbre de tener cada familia en su casa –los católicos, desde luego– «la medida» de la Virgen. Esto había comenzado con los primeros peregrinos que iban a El Cobre tras el hallazgo y, asombrados y atraídos por el pequeño tamaño de la imagen original de Nuestra Señora, la encontrada en el mar por los tres Juanes, tomaban una cinta o un pedazo de cuerda y medían la imagen, de la base a la cabeza, cortaban la cinta o cordel a la medida exacta y la guardaban en la casa o la llevaban consigo, como recuerdo o como amuleto. Muchos *mambises* habían llevado la «medida de la Virgen» a la manigua y muchas madres juraban que aplicándola al cuerpo del enfermo, le quitaba la fiebre o le curaba el *empacho*... ¿cómo convencerlas de que no era así?

Con el tiempo, se confeccionaron en el Santuario de Oriente cintas de la medida, donde se imprimía el Ave María, y se aconsejaba contra la superstición. Las medidas fueron en sí mismas una buena medida de la devoción a *Cachita,* pues se extendieron rápidamente desde la punta de Maisí al cabo de San Antonio.

Monseñor quiso revivir la costumbre y lo hizo exitosamente. Mandó hacer e imprimir una buena cantidad de cintas, a la medida exacta y, antes de la bendición final en cada misa, las mostraba a los devotos que colmaban la Ermita, les recordaba la antigua tradición que muchos de ellos habían visto en sus hogares, les proponía que la llevaran como un recordatorio de sus deberes cristianos y, al final, advertía: –«*Eso sí, nadie lleve más de una, sólo una por familia, pues no tenemos muchas*»...

Lo que se pedía por la medida era una pequeña donación de uno o dos dólares, pero, al final de cada mes, sumaban miles las medidas que los devotos llevaban. Así se estimulaba la devoción, se mantenía la tradición y se ayudaba a la economía de la Ermita, y todo ello de una forma agradable y libre de presiones para los devotos que allí acudían, que, como sabemos, eran, en gran parte, personas de escasos recursos.

De esa manera, cuando no era la medida, era un rosario, o una biblia, o un libro… y al final de cada presentación… –*«Sólo uno por familia, que no tenemos muchos»*… Claro, si alguien quería dos, porque su hermana vivía en Hialeah y no había podido venir… pues, se le permitía, y todos contentos. Monseñor nunca aclaró lo que él consideraba "mucho"… –*«Sólo uno por familia, por favor, que no tenemos muchos»*.

Con el tiempo también se introdujo en la Ermita, por iniciativa de Miguel y Teresita Núñez, el hacer un radiomaratón anual en fecha cercana al 8 de septiembre, e igualmente, la rifa, también anual, de una imagen de la Virgen de la Caridad, artísticamente confeccionada por Rogelio Zelada. Ambas iniciativas producían un gran aporte económico, y se hacían –se hacen aún– como fuentes de fondos para ayudar con los extraordinarios gastos de la celebración cada año de la fiesta de la Virgen.

O sea, que, como todo en la vida, no era sólo propagar la fe y solventar la economía, era hacerlo de forma tal que nadie se sintiera abrumado en su vida espiritual por el rigor de la letra de la ley; ni, en su vida material, por la exigencia en la imprescindible requisitoria de la economía. Monseñor lo hacía así en el confesonario y en el púlpito, en la bendición y en la petición y lograba maravillosos resultados.

Capítulo aparte merecen sus *parábolas campesinas* y su relación con los practicantes de los cultos afro-cubanos, todo ello también parte de la singularidad de la Ermita de la Caridad en el cosmos eclesial.

## 25. De cómo cristianizar un arroz con mango

En la singularidad de la Ermita –que no exclusividad–, se da un fenómeno que es común a todo lo que tiene que ver con la religiosidad cubana, y es el de la extendida presencia del sincretismo yoruba-lucumí en el culto popular a diferentes santos, y a varias advocaciones de la Virgen María. Dentro de éstas, y de un modo destacado, a la Virgen de la Caridad, a la que en el panteón yoruba se identifica con *Oshún,* encarnación de la fecundidad, reina de los ríos y las aguas dulces y dueña de la miel y del color amarillo, entre otros atributos.

Es parte de lo que en términos generales el cubano identifica como *santería,* aunque estudiosos y conocedores han señalado, sobre todo en tiempos recientes, diferencias que caracterizan a diversas prácticas o sectas dentro de ese término que se aplica a todas las expresiones religiosas que, procedentes de África, llegaron a Cuba con los esclavos que allá llevó el coloniaje español, mancha tristísima en la historia de la humanidad.

Siendo la Ermita de la Caridad un templo dedicado a María en una advocación que los practicantes de esos cultos identifican con una de sus principales deidades u *orishas,* según su léxico, sobra argumentar el por qué de la notable presencia de estos creyentes en el santuario miamense de la Patrona de Cuba, algo que se da, en menor escala, en otros templos católicos.

Valga anotar aquí que la historia de las relaciones entre la Iglesia Católica y los practicantes de la *santería* está llena de altibajos, desde la aparición de este fenómeno cultural y religioso desde finales del siglo XVIII y sobre todo el XIX, hasta el presente. Desde el anatema y la represión hasta la comprensión y la tolerancia, diferentes eclesiásticos han tenido diferentes maneras de lidiar con este fenómeno en diferentes tiempos, algo no muy alejado de las reacciones de distintos sectores de la calidoscópica cultura cubana ante estas expresiones de religiosidad que son, en fin de cuentas, parte intrínseca de sí misma. Una fuerte tendencia dentro de la Iglesia ha visto en los *santeros* a hermanos bautizados, católicos culturales a los cuales no ha llegado completa ni apropiadamente la doctrina católica y por lo tanto, se les debe atraer para evangelizarlos. Otra tendencia ha sido la de aplicarles la exactitud de la ortodoxia y mantenerlos a distancia en tanto no se produzca en ellos una palpable "conversión".

A todo lo anterior hay que añadir que, en el paso del tiempo, la santería dejó de ser una religión exclusiva de esclavos africanos para permear a grandes capas de la población cubana en general, mulatos y blancos incluidos, algo fácil de entender en una isla donde *«el que no tiene de congo, tiene de carabalí»* y donde la lacra del racismo, condenable de por sí, ha tenido tonos menos agudos que en otros conglomerados, las instancias de segregación racial fueron más laxas y donde se mantuvo un ritmo lento, pero progresivo, de integración racial.

Esto presenta un tremendo desafío en el orden pastoral. La gran mayoría de los practicantes de la santería se consideran *«católicos a su manera»*, no menos católicos que otros tantos que, sin vínculos con otra religión, o practicantes del espiritismo, viven un «catolicismo» sui generis, según su conciencia, y otros tantos que proclaman ser «católicos» pero... *«yo no creo en los curas»*. Muchos –muchísimos– cristianos cubanos de distintas denominaciones definen su fe respecto a la santería con un ambivalente *«yo no creo, pero lo respeto»*, por aquello del temor a poderes sobrenaturales, y la capacidad de «hechizar» o «hacer un daño» que la ignorancia secular atribuye a los sacerdotes de los cultos yorubas o bien santeros, o *babalawos*. Muchos católicos también, si no "contaminados" en su fe, han adoptado como parte de su religiosidad algunas prácticas derivadas de las tradiciones africanas, como, por ejemplo, el vestirse de rojo el día de Santa Bárbara *(Shangó* para la santería), ofrecerle un vasito de ron a San Lázaro *(Babalú Ayé)* o dedicarle a la Virgen de la Caridad *(Oshún)* flores amarillas, que son *"las que a ella le gustan"*.

Algunos practicantes de la santería son fácilmente identificables por su vestimenta durante períodos específicos de su integración a su fe, por el uso de collares y pulseras rituales, y las vestimentas blancas de la iniciación. Monseñor Román se esforzaba en darles igual acogida cordial que a cualquier otro feligrés. Si la ocasión era propicia se les acercaba y entablaba con ellos una amigable conversación, sin énfasis proselitista, pero donde, desde luego, no faltaba la invitación a conocer un poco más de la fe católica.

El padre Juan Sosa, que ha dedicado largas horas de estudio a las religiones afro-cubanas y de acción pastoral en todos los aspectos de la religiosidad popular, nos dice algo de sus experiencias al respecto con Monseñor Román:

—«Yo estuve con Monseñor Román en la Ermita, del 79 al 81... Él nunca quiso señalar a nadie en forma alguna. Nunca me dijo "mira, aquel es un santero", siempre fue muy delicado y muy abierto a la evangelización. Sus catequesis verbales eran continuas en la Ermita, y a cada rato él salía para dar una explicación distinta, que si las flores eran blancas y amarillas; que si el mural de la Ermita tenía toda una serie de la historia de la evangelización del pueblo cubano... que si la bandera de Cuba y la bandera del Vaticano tenían un sentido en común... Él asociaba interminablemente todo lo que fuera la Naturaleza y los símbolos de la Iglesia, continuamente...

—«Él en particular era excelente, magnífico, en eso de unir la naturaleza con los símbolos, pero nunca quiso señalar personas, fueran santeros o de otra religión... para él todo el mundo era igual, todo el mundo trataba de buscar a Dios y él señalaba siempre que en la Virgen se encontraba a Dios, que la Virgen era una puerta que llevaba al pueblo a Jesucristo, es decir, a Dios, y por eso venía tanta gente».

Panchita García, como laica comprometida, miembro de la Cofradía y voluntaria de la Ermita, vivió también aquellas experiencias:

—«Para él, los santeros lo que necesitaban era conocer la fe, conocer la verdadera fe. Él se encargaba de que en la Ermita tratáramos bien a esas personas para poderlas captar y evangelizarlas, porque el problema de él siempre fue la evangelización, él no tenía otra meta... Por lo tanto, para él lo más importante era no echar a esas personas a un lado, si no captarlos, porque ya entonces, una vez que los tuviéramos con nosotros, teníamos la oportunidad de evangelizarlos.

–«O sea, él, de lo más mínimo, lo que nosotros no pensábamos que se podía hacer algo, él sacaba un motivo para evangelizar, para captar la gente y evangelizarlas. A él no le interesaba si no eran católicos, de eso se encargaba él después, de hacerlos católicos»…

¿Cómo lo hacía?, pudiéramos preguntarnos, o, para decirlo más apropiadamente, ¿cómo trataba Monseñor Román de evangelizar?, y es bueno aclarar que sus esfuerzos en ese sentido eran dirigidos a todas las personas alejadas de la Iglesia o desconocedoras del Evangelio, fuera que pertenecieran a otra religión, cristianos o no, fueran "católicos a su manera", ateos o agnósticos.

Primero que todo, era la sinceridad de su fe y de su acogida a todos los hijos de Dios, "sin distinción de persona", y en esto él no tenía que hacer nada, pues esa sinceridad era parte esencial de sí mismo y bastaba verlo o escucharlo para percibirla. Junto con esto, obraba la manera de dar el mensaje, la sencillez del lenguaje, la transparencia de los sentimientos, su sagaz creatividad, su identificación con su auditorio y, sin duda, el toque de humor del que nunca prescindía.

Un buen ejemplo de lo anterior es la explicación que él daba a la costumbre –de raíces yorubas– de ofrecerle a la Virgen flores blancas y amarillas, algo que maravillaba a los habituales de la Ermita que tantas veces la escuchamos:

–«Yo cada vez que oía por primera vez alguna de sus explicaciones, –recuerda el padre Sosa– como lo de las flores blancas y amarillas y los colores del Vaticano, me caía de la silla, porque eran cosas que se le ocurrían a él»…

De acuerdo con Monseñor, se le ofrecen a la Virgen de la Caridad del Cobre flores blancas y amarillas como una manera de identificarnos con *«los colores de la Iglesia»*, valga decir los colores de la bandera de la Santa Sede. Además, agregaba el Capellán de la Ermita, era una costumbre que nos recordaba que Cristo, el Niño de la Virgen, nos pedía que fuésemos *«sal de la tierra»,* de ahí el color blanco, y *«luz del mundo»,* el amarillo color del sol.

De esta forma, Monseñor Román, «cristianizaba» una expresión de fe ajena a la práctica católica, pero de imposible erradicación en la tradición religiosa de su rebaño; algo no muy distante de lo hecho por la iglesia primitiva con algunas costumbres paganas, como la adjudicación del nacimiento de Jesús al 25 de diciembre, fecha en que los conversos romanos acostumbraban celebrar el nacimiento del *Sol Invictus,* en homenaje al dios Apolo.

Aquella, su manera de comunicar la fe, calaba y él se daba cuenta, por lo cual insistía en ella. Una tarde me llamó, como hacía con frecuencia:

–*«Julito, yo sé que tú estás muy ocupado* –así comenzaba siempre que algo me pedía– *pero, mira, tú conoces la cuestión de las flores blancas y amarillas... Si tú pudieras escribir una poesía con ese tema sería magnífico... Lo que se canta y lo se pone en verso pasa más fácil a la gente... Mira a ver si para el sábado la tienes, no hay apuro»...* Probablemente era viernes. Para mí era un gusto, no lo negaré. Así escribí *Blanquiamarillas,* que fue, por mucho tiempo, su poema favorito.

Igualmente, las cosas de la patria, a la que él soñaba ver un día "creyente y dichosa", como proclamaba el himno de la Juventud Católica. Por ejemplo, en la bandera cubana, donde está presente la simbología masónica, bien conocida por su creador, el insigne venezolano y mártir de la libertad de Cuba, Narciso López; Monseñor veía las verdades de la fe. En 1998, recogió su prédica sobre la bandera en un artículo publicado en *Diario Las Américas,* la revista Ideal y otros medios locales:

–*«Así pues, al ver el triángulo de nuestra bandera –tres líneas iguales que forman una sola cosa– viene a mi mente la presencia permanente del buen Dios, uno y trino, la Santísima Trinidad... El color rojo me recuerda el amor, porque San Juan nos dice "Dios es amor" y "el amor procede de Dios" (I Juan, 4, 7-8).*

—*«Las tres franjas azules, color del cielo cubano que tanto añoramos, me recuerdan las tres virtudes teologales: la fe, la esperanza y la caridad... Las dos franjas blancas me recuerdan las nubes que adornan nuestro cielo y me hablan del mandamiento del amor en su doble dimensión: amor a Dios, como Padre que es de todos, y amor a los hombres, nuestros hermanos.*

—*«Por último, la estrella de nuestra enseña me recuerda a la Virgen María de la Caridad, estrella de la evangelización, que en las oscuras noches de nuestra historia nunca nos ha dejado de iluminar, para que no perdamos el camino que conduce a Cristo».*

Podrían citarse muchos ejemplos más de cómo el estilo evangelizador de Monseñor Román, su talante de maestro campesino, nada doctoral, y su uso abundante de los recursos de su «cubanología»... las costumbres del campo, los números de la charada, el refranero que heredamos de España y los dicharachos que se le sumaron, la anécdota oportuna... hacían que su prédica llegara lejos, porque llegaba al corazón de su auditorio. En fin, que a él, todo le servía para el bien.

Todo le servía para el bien, porque todo él lo ponía —*«A los pies de la Virgen Santísima, para que ella se lo presente a su hijo, Nuestro Señor»...* —*«Los cubanos tenemos un gran arroz con mango de creencias y tradiciones, pero si lo aliñamos con el amor de Cristo, que es camino, verdad y vida, todo se purifica. Para eso está la Iglesia, para eso es que María llegó a Cuba con su Niño en los brazos, para que todos lo conozcamos a Él».*

189

## 26. La Palabra en sus palabras

El sincretismo religioso, extendido entre los cubanos de Cuba y del exilio, y presente también, bajo otras formas, en otras comunidades del multifacético mundo de Miami, como los haitianos y los brasileros, no es el único *arroz con mango* que ha desafiado a la Iglesia desde la llegada del cristianismo a este continente. Está también la subversión de los valores tradicionales de nuestra civilización, valores judeo-cristianos, sacudidos, como nunca antes, a partir de la segunda mitad del siglo XX.

El uso de estupefacientes, la promiscuidad sexual, el distanciamiento cultural entre padres e hijos, y la aparición de exóticas formas de espiritualidad distantes del cristianismo, son sólo algunos de los desafíos que retaban entonces y retan aún a la Iglesia y la sociedad.

Hemos visto cómo Monseñor Román concebía a la Ermita de la Caridad y a su ministerio personal como instrumentos de evangelización. Para él, en eso se resumía todo, con eso todo se resolvía y en eso estaba la salvación de los hombres y, por ende, de la sociedad: que todos conocieran a Cristo, que su palabra llegara a todos.

Vimos también cómo, al ampliar sus estudios y percatarse de los grandes males que era preciso combatir, el aún bisoño Capellán de la Ermita había logrado identificar de dónde venían los problemas y dónde podía estar la solución: —«*Vi que en los 70, empezaba a crecer esto de la droga, y me fui al Biscayne College, a unos cursos que estaban dando... Todos los problemas venían de la desintegración de la familia*».

Manos a la obra pues, se dijo a sí mismo. La familia se convirtió en uno de los temas recurrentes en su prédica, enfatizando la necesidad de la unidad familiar y del reforzamiento de los roles tradicionales de padres e hijos. Para esto concibió «la noche familiar», algo que proponía sin pausa y sin tregua a toda su feligresía: la de la Ermita, la de los movimientos apostólicos y la de su vasta audiencia radial.

La noche familiar era como una estrategia diseñada por él para remediar el aislamiento de los miembros dentro de la familia y la falta de comunicación entre unos y otros. Proponía Monseñor que cada familia escogiese una noche de la semana, preferiblemente la del lunes —*«antes de que la semana se enrede»*, advertía. —*«Esa noche se apaga el televisor, se desconecta el teléfono y si alguien anuncia que viene, se le dice que otro día. Esa noche come toda la familia junta, en la misma mesa y durante la comida se conversa sobre cómo le está yendo a cada quien en su trabajo, en sus estudios... lo que quieran. Se recuerdan las anécdotas familiares... de cuando los hijos eran pequeños, etc. Después de comer y conversar, juegan todos al dominó, o "la brisca", bingo... cualquier juego de mesa. Y se sigue conversando»* –agregaba.

–*«Después de jugar, todos juntos rezan el rosario, y le piden a la Virgen por las necesidades de la familia, porque* –alzaba la voz– *"Familia que reza unida»*... Miraba al pueblo y todos respondían a coro: «permanece unida».

Esa receta para la unidad familiar la repetía hasta el cansancio. Hizo diseñar e imprimir un volante donde, con dibujos apropiados, se explicaban los pasos de la noche familiar. Pronto se fue viendo cómo aquello prendía con los testimonios que llegaban de familias que estaban practicándola, y hablaban con gran entusiasmo de sus noches familiares.

Otras veces tomaba como tema de predicación la necesidad de evitar el derrotismo, la visión negativa de las cosas, las malas noticias, etc. y criticaba seriamente a la prensa sensacionalista que se especializaba, decía él, en destacar lo malo. Así, si las noticias se centraban en un divorcio entre personajes famosos, con todos los detalles de infidelidades, peleas y demás, él tocaba el asunto sin mencionar nombres y se lamentaba del caso en cuestión y de la divulgación que recibía lo que él calificaba de *«una desgracia familiar»* que merecía compasión, no escándalo.

Pedía entonces que se pusieran de pie todos los matrimonios presentes y preguntaba a cada pareja: –*«¿Cuántos años de casados?»*. Le contestaban... –«39 años... 8... ¡53!»... Él le pedía a alguien que fuese sumando y al final preguntaba: –*«¿Cuántos años en total?»*... *«¡314 años!... Y, ¿dónde está la prensa?.... Fíjense qué gran noticia... ¡314 años de amor, de fidelidad, de sacrificarse el uno por el otro!... ¿por qué esto no está en la primera plana de todos los periódicos, en todos los noticieros?».*

Lo mismo hacía cuando el tema era algún escándalo en la Iglesia, un sacerdote que fallaba, problemas en una parroquia, o cosa semejante. Pedía a las Hijas de la Caridad y a los sacerdotes presentes que dijera cada uno sus años de vida sacerdotal o vida consagrada: –*«Sor Amelia... cuántos años?... ¿Sor María Esther?... ¿Padre Rivas?... ¿Padre Santana?... ¡Miren esto!* –exclamaba gozoso– *¡Cuántos años de servicio al Pueblo de Dios, a los pobres, a los enfermos!... ¿Dónde está la prensa?»*...

Otro de los temas típicos de su predicación consistía en mostrar a la fe cristiana, particularmente la fe católica, como parte integral de la identidad cubana. A partir del momento en que el Arzobispo Carroll le confió la tarea de erigir el santuario a la Virgen de la Caridad, el padre Román entendió bien que su misión iba más allá de la simple construcción de un templo. Aquella designación de Capellán de la Ermita lo convertía de hecho en algo así como el custodio de la fe del exilio cubano y la faena consistía no solamente en «guardar» esa fe, sino, además, en purificarla, difundirla, hacerla más cristocéntrica y llevar a la vida de su rebaño la práctica y vivencia de las virtudes cristianas, como manera única de expresar la devoción del cubano a su Santa Patrona.

Tal vez no fue un plan de predicación diseñado por él específicamente, quizás se trataba de la naturalidad de su docencia enfocada al propósito de subrayar las raíces católicas del pueblo cubano y la influencia de la fe en lo mejor de nuestra historia, el caso es que él mantuvo a todo el largo de su ministerio en Miami ciertas constantes en sus homilías, en muchos de sus escritos y en sus espacios en la radio. En todo ello era fácil advertir la conjunción de lo católico y lo cubano o la marca de lo católico en la naturaleza misma de lo cubano.

De ahí que el mural que sirve de retablo al altar de la Ermita, obra maestra del gran pintor Teok Carrasco, sea en sí mismo una síntesis muy completa de la historia de Cuba, con énfasis en su relación con la fe cristiana, desde la llegada de Cristóbal Colón a *«la más fermosa»*, con el estandarte de la cruz en su mano; hasta la llegada de los *balseros* a Estados Unidos, bajo la protección de la Virgen.

Monseñor se aprendió al dedillo el *quién es quien* del mural y se complacía en ir contando la historia de cada uno y de cada una... los indios de Cueiba a quienes Alonso de Ojeda dejó una imagen de la Virgen... el primer maestro cubano, un sacerdote, el padre Miguel Velázquez; la letra del Himno Nacional, interpretado por primera vez en una fiesta de Corpus Christi en Bayamo, junto al rostro de Perucho Figueredo; el Padre de la Patria, Carlos Manuel de Céspedes, que había presentado su espada a los pies de la Virgen antes de proclamar la independencia en La Demajagua; Mariana Grajales, que hacía jurar a sus hijos, ante un crucifijo, que lucharían hasta morir, si fuese necesario, por la libertad de Cuba; Antonio de la Caridad Maceo, uno de los hijos de Mariana, a quien la medalla de *la Caridad* había salvado su vida al detener una bala que iba rumbo a su corazón; el Apóstol Martí, que escribía versos a María donde la llamaba *«Madre mía de mi vida y de mi alma»*... el padre Varela, forjador de la nacionalidad cubana; el Dr. Finlay, que había descubierto al mosquito como transmisor de la fiebre amarilla mientras rezaba el rosario; Monseñor Eduardo Boza Masvidal, símbolo de la lucha por la libertad frente al castrato...

A todos nos gusta una historia bien narrada y había que ver las caras de la gente en aquella abarrotada Ermita cuando él hacía el recorrido del mural: embelesamiento total, miradas ávidas, bocas semiabiertas, silencio espeso. Escucharlo, era salir de allí más católicos y más cubanos.

No todos, claro está, que a algunos católicos rígidos no les caía muy bien aquella su manera de señalar lo católico en lo cubano, pensando tal vez, que "contaminaba" lo primero en beneficio de lo segundo. Así, llegaban unas pocas y airadas cartas de protesta por el mural y, en una ocasión, en los baños de la Ermita aparecieron grafitis demandando que sacaran «a todos esos masones» (los patriotas cubanos) del altar del santuario. El asunto no tuvo repercusión alguna y Monseñor, sabiendo que estaba en un punto focal del exilio y que todo lo que allí sucediera tenía el potencial de provocar polémica, no pareció preocuparse mucho por aquello.

Por otra parte, se dedicó Monseñor a «desenterrar tesoros» del catolicismo cubano, y a ponerlos como modelos a seguir y testigos de la presencia de la Iglesia a todo lo largo de la historia de Cuba. Hablaba de Doña Panchita, una pinareña que había catequizado a centenares de familias, o hablaba de Sor María Ana de Jesús, una monja capuchina nacida en La Habana en 1882 y muerta en olor de santidad en Plasencia, España, en 1904 y cuya causa de beatificación está en proceso.

Así también redescubrió al Padre Varela. Hay que decir que los cubanos no sabíamos mucho del presbítero Félix Varela y Morales. En las clases de Historia que ofrecían las escuelas de Cuba, públicas y privadas antes de 1959, se le mencionaba poco, y la Iglesia en Cuba nunca mostró un interés notable en su figura. Tras el triunfo de la revolución hubo un silencio sepulcral sobre Varela, al menos en los primeros tiempos. Eventualmente comenzó a nombrársele, pero sin mencionar su condición de sacerdote, algo que fue cambiando con el tiempo, aunque sin énfasis en el detalle.

Así pues, los que hicimos nuestro aprendizaje de la historia patria antes del comienzo de la presente desgracia, sabíamos, por regla general, que Varela había sido un sacerdote que había abogado por la independencia de Cuba, lo cual le ocasionó el ser perseguido y el tener que vivir en el destierro hasta el fin de sus días. Se nos decía que había sido alguien importante en el desarrollo de la identidad cubana, del cual Don José de la Luz y Caballero había dicho que era el primero *«que nos enseñó a pensar»*. Y nada más, con algunas excepciones.

Monseñor Román, evidentemente, no era una de esas excepciones. Nos refiere Germán Miret, uno de los fundadores de la Fundación Padre Félix Varela:

—«Recuerdo una anécdota que Monseñor repetía mucho y que es muestra de su humildad y del desconocimiento que todos teníamos sobre Varela. Contaba él que un estudiante, creo que chileno, quería hacer su tesis de grado sobre el Padre Varela, y lo llamó a él buscando información. Román se reunió con el estudiante y cuando éste se fue, él decía que, a la segunda o tercera pregunta, se había dado cuenta de que él (Román) no sabía nada sobre Varela. Tengo entendido que ahí fue donde comenzó su interés por difundir la vida de Varela».

Y así fue. Al tiempo que él mismo se nutría intelectualmente investigando y leyendo de y sobre Varela, su prédica en la Ermita y en la radio comenzó a incluir con frecuencia datos de la vida de aquel sacerdote forjador de la nacionalidad cubana. Mandó reimprimir *«El Habanero»* y *«Cartas a Elpidio»,* dos de las obras de Varela, alentó la organización de la Fundación Padre Varela e hizo suyo cuanto empeño *valeriano* surgía, particularmente la promoción de la causa de beatificación del *«santo de Cuba».*

–«Monseñor Román tuvo mucho que ver con la creación de la Fundación Padre Félix Varela –nos dice Miret. Yo tengo entendido que allá por el año 77 ó 78, él comenzó con Mercedes García Tudurí las peregrinaciones a San Agustín, a visitar la tumba del Padre Varela. Lógicamente, él tomó mucho interés en esto, él era el alma de esas peregrinaciones, que se hicieron continuamente durante muchos años, inclusive una donde fueron cuatro autobuses, como 200 personas. Él tomó gran interés en que se conociera la vida del Padre Varela.

–«Félix Varela era para él un personaje imprescindible en la historia de Cuba. Yo no dudaría que él, porque todo esto ocurría en la misma época en que él era nombrado obispo, que él viera en la vida de Varela como una definición de lo que debía ser su propio episcopado, porque, como él, Varela había sido un exiliado que nunca regresó a Cuba… Sin dudas, yo creo que la influencia del Padre Varela fue grande en la vida de Monseñor Román, no sólo como sacerdote, sino como patriota cubano también».

En la parte posterior de la Ermita, frente a la bahía, Monseñor hizo construir un «rincón patriótico» donde fueron colocados sendos bustos de José Martí y del Padre Varela. Ese conjunto se trasladó después, bellamente mejorado, al lugar que hasta ahora ocupa, en los jardines, entre el santuario y el edificio que comparten el convento de las Hijas de la Caridad, el salón Padre Félix Varela y las oficinas de la Ermita.

Alfredo y Ana Corpas, un matrimonio muy integrado en las labores del Santuario, hablaban de las peregrinaciones con las que Monseñor promovía la figura de Varela, en la memoria de sus años como coordinadores de la Cofradía (1983-1985): –«Pudimos disfrutar de los viajes a San Agustín, donde se encuentra la tumba del Padre Félix Varela, viajes que se aprovechaban para recordar nuestra historia y la presencia de nuestra religión en nuestra cultura. Esas peregrinaciones eran un motivo para hacernos de nuevos amigos y ganar socios para nuestra Cofradía».

La tarea que Monseñor Román se impuso en cuanto a la divulgación de la vida y obra de Varela, se repitió con la figura de San Antonio María Claret, el santo catalán que fue primer obispo de Cuba, cuando toda la isla era una sola diócesis, y en el cual Román veía y proponía un modelo de evangelizador.

Hizo lo mismo cuando descubrió a José López Piteira, religioso agustino nacido en Jatibonico, Cuba, y fusilado durante la guerra civil española, que se convirtió en 2007 en el primer cubano de nacimiento en ser beatificado. Monseñor subrayaba cómo el primer beato cubano había sido martirizado por los comunistas. Se alegró y predicó mucho también sobre Fray Olallo Valdés, el «padre Olallo» de los camagüeyanos, durante el proceso de su beatificación. En su caso, destacaba Monseñor el hecho de que había sido este santo fraile de la Orden de San Juan de Dios, quien había cuidado y lavado el cadáver del Mayor General Ignacio Agramonte, cuando éste murió en combate, luchando por la independencia de Cuba, en los campos de Jimaguayú.

Ni qué decir con cuanto amor y reverencia nos hablaba del que había sido su mentor y modelo, Monseñor Eduardo Boza Masvidal. Boza visitaba la Ermita al menos una vez al año y allí recibía muestras de respeto y gratitud de parte de muchos cubanos que recordaban su fidelidad al Evangelio y su valentía en los tiempos peores de la persecución castrista. Monseñor Román le daba siempre un tratamiento de real preeminencia y siempre que hablaba de Boza, lo proponía como ejemplo para los sacerdotes y obispos, ejemplo para todos los católicos y ejemplo, particularmente, para todos los cubanos.

Y toda aquella exaltación de lo católico-cubano, la hacía Monseñor cuidando no se le escapara ni siquiera una pizca de *chauvinismo*. Hablaba con igual veneración del Padre Rafael Guízar y Valencia, sacerdote mexicano exiliado en Cuba a principios del siglo XX, que había evangelizado arduamente en la Isla, y que fue canonizado hace algunos años. Hablaba también de la generosidad de los venezolanos con Boza, del agradecimiento a España por habernos comunicado la fe, o de cómo los fieles de su parroquia, siendo él misionero en Chile, le habían cantado canciones cubanas en su cumpleaños.

## 27. Rico en misericordia

No estaría completo ningún estudio sobre la homelética de Monseñor Román, no se ajustaría a la verdad ningún comentario sobre la sustancia y el estilo de su predicación, si no se mencionara prominentemente su capacidad de ponerlo todo en el contexto de la fe católica y lo que ésta enseña. Podía ser un tema del vivir de cada día, podía ser un tema patriótico, político o social; su presentación del mismo terminaba siempre en la referencia a la Escritura, a un mensaje papal, o a una simple lección de catequesis.

Uno de los aspectos más importantes de su cristiano enfoque de todas las cosas se revelaba de manera especial cuando hablaba él, pública o privadamente, del pecado y de los pecadores. No escuché nunca a Monseñor Román, ni en el púlpito ni fuera de él, tronar contra los pecadores, amenazar con el infierno, aferrarse a fundamentalismo alguno, decir que "el mundo está perdido" o manifestarse contra un tipo de pecado por sobre otros pecados. Él no juzgaba, todo lo ponía a la luz de la misericordia de Dios. Para él, siguiendo al apóstol Santiago el Menor, *«la misericordia se ríe del juicio»* (St. 2, 12-13).

Lo anterior se hacía evidente en su atención personal a personas que se debatían con problemas de fe o de conciencia o que se encontraban en lo que algunos llaman «situaciones de pecado». Monseñor no tenía jamás una frase de condena, ni una expresión de rechazo, ni una seca amonestación. Todo lo contrario, él era más bien una viva representación de la misericordia de Dios. Su confesonario era el pórtico de todos los perdones y un aula de sabiduría para evitar el pecado. Panchita García destaca ese aspecto de su ministerio:

–«Yo creo que, para él, no existían los pecadores. Para mí es una cosa importante, porque cuando nosotros decimos *"pecadores"*, muchas veces lo hacemos con un tono de rechazo, como... *"ese es el malo..."* Eso no existió para Monseñor Román. Nunca, nunca yo le oí hablar a Monseñor de pecado. Monseñor siempre, cuando hablaba, era de *"error"*. Para él, era... *–"Es que tuvo un error"*, o *–"tenemos que cuidarnos, porque es muy fácil que caigamos en errores, y, además de eso, siempre tenemos que tener en cuenta la palabra de Dios, que Dios perdona, luego nosotros tenemos que perdonar, tenemos que aprender a perdonar..."* *–*"Pero, padre, no siempre es fácil perdonar"*... –"No importa que no sea fácil perdonar"... El asunto no es que sea fácil, el asunto es que hay que perdonar, porque si el Señor nos perdonó a nosotros, y nosotros lo decimos en el Padrenuestro, ¿cómo no lo vamos a realizarlo con el hermano?"* Y ahí se quedaba».

Matrimonios abrumados por la prohibición del uso de anticonceptivos artificiales, homosexuales, divorciados en diversas situaciones sentimentales, hombres y mujeres, jóvenes y viejos, unos de sólida formación católica; otros no tanto, pero unos y otros en situaciones en conflicto con alguna enseñanza de la Iglesia, acudían al Capellán de la Ermita y encontraban en él paz, comprensión y guía. Sin desviarse un milímetro del magisterio de la Iglesia, él ponía los problemas que le consultaban en la perspectiva del amor de Dios y hacía que nadie se sintiese fuera del alcance de la misericordia divina.... *–«Reza mucho... pídele a la Virgen... ten mucha paciencia... Dios ve tu esfuerzo... No estés triste...»* eran sus consejos habituales.

A los que se escandalizaban o decepcionaban por los errores de algún sacerdote, las imposiciones de algún obispo o alguna cuestionable decisión del Vaticano, él les recordaba la frase famosa del reconocido autor católico Gilbert Chesterton: *«La Iglesia no es un museo de santos, sino un hospital de pecadores»*.

El padre Juan Rumín Domínguez, que fue nombrado Rector de la Ermita en 2010 y fue, por tanto, testigo excepcional de los últimos días de Monseñor Román, nos dice al respecto: –«Realmente, no tuve la experiencia de ver a Monseñor exaltado, o molesto por algo. Lógicamente, uno sabía que había cosas que le dolían, que le molestaban, cuando un sacerdote abandonaba el sacerdocio, por ejemplo, eso le dolía mucho, le preocupaba, y uno notaba que él sentía un dolor, pero, era incapaz de criticar la decisión del sacerdote... más bien como un pastor, un padre, le dolía».

Lo anterior lo puede atestiguar de primera mano el padre Alberto Cutié, otrora sacerdote católico, hoy sacerdote episcopal:

—«Ya yo me había ido, me había casado, había tenido hijos, y me acuerdo que Monseñor, a través de varias amistades, decía: —*"¡Ay, yo quisiera ver a Albertico, quisiera reunirme con él..."* Yo lo llamo y me dice enseguida: —*"Ven a la casa, tú ven a la casa, hijo, para hablar..."* Me acuerdo que me senté con él, estábamos ya a un año o dos de haber terminado yo en la Iglesia Católica Romana, ya yo ejercía mi sacerdocio en la Iglesia Episcopal. Me senté con él, en un *balance* allí, como dicen, en un sillón, en la Ermita, en su cuartico... era un cuartico pequeño, humilde, y allí nos sentamos a hablar.

—«Creo que hablamos como dos horas... Monseñor no me dijo "hijo, ¿por qué te fuiste, hijo, por qué te casaste?" Nada de eso; era la conversación entre un abuelito y su hijo o su nieto, era ese tipo de relación, no había ni un reclamo, ni el más mínimo resentimiento... "nos dejaste, te fuiste..." No escuché nada de su voz, ni en su tono, que fuera negativo, todo era proyectos, proyectos...—*"Estamos haciendo tal cosa, esta otra... el padre Tal está haciendo tal cosa, yo estoy haciendo tal otra"...* En ningún momento hubo el más mínimo reproche. Eso me impresionó muchísimo».

En cuanto al aborto específicamente, su posición era la de un fuerte rechazo a esa práctica. Frente al argumento del supuesto derecho de la mujer para decidir sobre la vida o la muerte de la criatura en sus entrañas, él sostenía el derecho de la criatura no nacida a la vida que ya poseía. Esto, al mismo tiempo que mostraba su comprensión, que no era condonación, hacia mujeres que, abrumadas por situaciones especiales, habían optado en algún momento por esa falsa solución. Abogaba igualmente por leyes de índole social que tendieran a eliminar la pobreza extrema que, en no pocas ocasiones, se convierte en un factor que incide negativamente en este tema. Apoyó siempre a los movimientos pro vida, pero no era dado él, en esto ni en ninguna otra materia, a campañas estentóreas o de confrontación.

Sus métodos eran diferentes y, generalmente, muy efectivos. El destacado empresario cubano Benjamín León Jr., reconocido tanto por sus éxitos en los negocios, como por sus servicios a la comunidad, tuvo una experiencia muy directa con Monseñor Román en referencia precisamente al tema del aborto y me ofreció un testimonio humilde, sincero y conmovedor, para esta biografía. Creo que a sus palabras, no hay nada que agregar para ver el corazón y la sabiduría de nuestro Hombre de Dios, aquel niño cuya madre se negó a abortar:

–«En la Clínica Asociación Cubana, en Hialeah, –nos dice Benjamín León, Jr.– teníamos un centro quirúrgico con once cuartos semiprivados... dos salones de operaciones. Hacíamos cirugías de todo tipo. Las hacíamos allí como se hacen hoy por hoy. Ese fue el primer centro quirúrgico de *outpatient* en el estado de la Florida.

–«Teníamos un contrato con el hospital Palmetto, que cualquier caso que se complicara lo podíamos llevar allá, como un respaldo a nuestra práctica. Parte de lo que se hacía allí era lo que se llamaba DNC, que era terminación del embarazo, allí los médicos hacían muchos.

–«Esto fue en los años 1977 y 1978. Yo estaba conversando con Federico Cruz, *"el Negro"*, le llamábamos así, aunque era blanco... Él y su esposa, Rosita, eran muy amigos de Román y *"el Negro"* me dijo un día: –"¿Por qué no vamos allá y hablas con Román... Yo te lo presento". Yo quería conocer al padre Román y *el Negro* me dijo: –"Yo te llevo cuando tú quieras". Acordamos un día y fuimos allá. Me senté con el padre Román, él y yo solos.

–«Conversamos de todo, le expliqué todo lo que yo hacía. Yo quería su opinión sobre mi vida y él me dijo... nunca se me olvidarán sus palabras... –*"Mira, Benjamín, todo en tu vida está bien, excepto por los DNC esos, los abortos... tienes que dejar de hacer los abortos, ahora mismo, a partir de ya".* Yo le dije: –"Monseñor, si yo hago eso, yo quiebro, porque esa es la entrada más grande que tiene el centro quirúrgico.

—«Román me puso la mano sobre el hombro y me dijo: – *"No vas a quebrar... tienes que parar de hacer eso hoy mismo... los que tengas para mañana, no los puedes hacer, los tienes que dejar, no puedes hacerlo más... Tienes que dejar eso, tienes que dejarlo ya, y no vas a quebrar, al contrario: Dios te va a premiar. Y como lo que tú has hecho hasta ahora ha sido en gran parte por ignorancia, yo te perdono en nombre de Dios".* Me dio el perdón y me repitió: – *"Ni uno más".*

—«Fue una conversación larga, pero la síntesis es esto que te he dicho. Como resultado de esa conversación, yo me fui, me fui pensando para Hialeah, que era donde yo tenía mis oficinas en ese mismo edificio. Cuando llegué, me senté en la oficina, miré al teléfono y llamé a Bob McDaniel, un gran amigo mío, que era el administrador de ese centro quirúrgico y le di las instrucciones... la orden de que tenía que cancelar todos los DNC que había para el próximo día y que no se iba a hacer más ninguno de ese minuto en adelante. Así lo hice.

—«Una cosa impresionante pasó: no mucho tiempo después... unos seis meses después... mi papá había vendido la compañía a AMI, una corporación pública de hospitales enorme, que era dueña del Palmetto Hospital, del Kendall Regional, varios hospitales... era mundial y radicaban en Beverly Hills, California. Decidieron que se iban a salir de la industria de HMO y entonces, de esas cosas así, se me ocurrió, y fui a California y hablé con ellos. Yo no tenía dinero, pero compré la compañía... CAC... yo solo.

—«Fui al banco aquí y me prestaron parte del dinero... y entonces la corporación me financió. Me financiaron ellos a 25 años... a los cinco o siete años, ya no les debía nada, y terminé siendo el dueño de la compañía.

—«No sólo se cumplió la profecía de Monseñor Román: se excedió, porque nunca esperé eso, y sucedió... una cosa tras la otra y de una forma espectacular... que yo pudiera comprar esa compañía que mi papá había vendido... algo tremendo. Monseñor cumplió, no; excedió. Yo nunca esperé que sucediera todo eso. Nadie pudo preverlo, pero así fue.

—«Después vinieron cambios en las regulaciones y decidí vender. Se la vendí al grupo australiano Ramsey.

—«Me quedé con algo adentro: aquella idea de que yo tenía que hacer algo para servir a la población que no tenía nada más que Medicare, personas mayores de 65 años. Yo tenía eso en mente, todo pensado, cómo yo lo quería hacer, y eso es lo que es hoy León Medical Centers. Todo lo que yo recibí en la venta de esa compañía, lo invertí en ésta a los seis años, en León Medical Centers y no alcanzó... pero el banco, gracias a Dios, me prestó casi la misma cantidad que yo puse, y abrí las puertas el 1° de agosto de 1996. Pude cumplir, pude quedar bien con el banco, con todo el mundo. El resultado de todo eso, es León Medical Centers hoy... haciendo el bien, no solamente a las cuarenta y pico mil personas que nosotros servimos hoy, Medicare todo, pero no solamente eso: nosotros hemos levantado el standard en la industria constantemente, desde hace 21 años.

—«No solamente le estamos mejorando la vida a los pacientes a los que nosotros servimos, sino que toda la competencia ha tenido que subir sus estándares y seguimos en eso: levantando el estándar. Y así, esas personas que nosotros no servimos directamente, están en otras compañías, pero se han beneficiado gracias a lo que León Medical Centers ha logrado hacer. La comunidad está recibiendo servicios muy superiores a lo que hubiera estado recibiendo si León Medical Centers no existiera. Todo eso es el resultado de lo que comenzó el padre Román.

—«Yo veía a Monseñor Román como un cura espectacular, un sacerdote santo, muy superior... yo lo veía a él como el sacerdote muy especial. Quería conocerlo, fui a verlo, él me dijo lo que me dijo, y esto fue lo que sucedió.

—«Y después fui a él, después que compré CAC. Fui a ver al padre Román, saqué una cita, fui con el Negro también. El Negro se quedó afuera y yo le dije a Monseñor: –"Mire, vengo a darle las gracias, y vengo a decirle en la forma en que sucedió todo... Ud. me dijo eso, hice esto, lo hice el mismo día, y, por razones que Dios nada más lo sabe, esto dio la vuelta de esta forma".

–«Yo lo veía de vez en cuando, fui a verlo cuando León Medical Centers ya estaba funcionando, ya estábamos fuera del agua, estábamos respirando... Monseñor Román bendijo los primeros tres centros médicos, y yo le di el historial de todo y, a cada rato, por lo menos una o dos veces al año, yo lo llamaba y me llegaba por allá, por la Ermita... me atendía en su oficina, y yo compartía con él, los planes, lo que estaba haciendo, y él me decía: –*"Pues, nada, ¿ves que el Señor es grande?"*»...

## 28. "Porque estuve preso y me...

El trabajo de la Ermita, las maravillas que su labor callada y paciente podía lograr, se vio claramente en un proyecto muy cercano al corazón de Monseñor Román, en el cual las Hijas de la Caridad llevaron el peso del trabajo, un trabajo concienzudo y minucioso comenzado a mediados de los 70 y que, en su momento, adquiriría importancia definitiva para la felicidad de innumerables familias cubanas. Monseñor recalcaba esto para reconocer la ingente labor de las Hijas de la Caridad al respecto, y también para demostrar la silente labor de la Iglesia, en Cuba y en los Estados Unidos, en favor de los presos políticos del castrato.

Como hemos visto, la preocupación y la oración por los prisioneros políticos cubanos estuvieron en la génesis misma de la Ermita de la Caridad y hay que decir que fue algo consustancial a ella hasta bien entrado el presente siglo. Desde el principio, familiares de los presos y antiguos compañeros de los mismos, visitaban la Ermita y acudían allí no sólo a rezar, sino también a tratar de hallar información a través de la Iglesia, solicitando ayuda en sus gestiones, muchas de ellas de imposible procedimiento.

Tantos eran los casos, tantos los presos, tantas las familias afectadas en Cuba y en Miami, que se vio la necesidad de ir organizando los datos, de ir identificando a los prisioneros y prisioneras y a sus familiares, tratando de establecer un *modus operandi* uniforme y de tener una base de datos, con la esperanza de que, un día, pudiera ser útil. El padre Román, pues, encargó a las Hijas de la Caridad la confección de una "lista de presos".

Para poner esto en su contexto histórico es preciso recordar la situación política y social de Cuba en la década de los años 70 del siglo pasado y las repercusiones que esto tenía en el exilio cubano. La década comienza con el frenesí desatado en la Isla, por el egolátrico empeño de Fidel Castro en lograr que la molienda de 1970 alcanzara la producción de diez millones de toneladas de azúcar, algo de antemano tachado de imposible por los expertos en la materia no comprometidos con el régimen. Castro soñaba con sacar a su dictadura del profundo estancamiento económico que ya desde antes era, y sigue siendo hoy, algo inherente al sistema por él impuesto en Cuba.

A ese propósito se sacrificó todo lo demás. Escuelas y hospitales cerraron sus puertas o redujeron al mínimo sus actividades, pueblos enteros cerraron sus comercios, oficinas de todo tipo se vaciaron, todo para trasladar a los cortes de caña y los centrales azucareros cuanto cubano y cubana capaz de sostenerse sobre dos piernas fuera posible. Viendo que no se iba a conseguir su propósito en 1970, el César de los cubanos extendió tercamente el calendario. Medio en serio, medio en broma, se dijo que 1970 sería un año de 18 meses y así se continuó el corte y la molienda hasta casi mediados de 1971, para que todo terminara, al final, en un patético fracaso.

Las consecuencias del enorme desbarajuste creado en el país por el abandono de toda otra actividad productiva en aras de satisfacer el capricho del tirano, incidieron severamente en el de por sí desastroso nivel de vida de la población. Como para que la desgracia no se sintiera sola, el gobierno de Richard Nixon decretó el fin de los Vuelos de la Libertad en abril de 1973. Cerrada aquella "válvula de escape", el descontento de los cubanos se hacía cada vez más ostensible, y potencialmente peligroso para la dictadura.

Mientras tanto, las actividades de los exiliados en pro de la liberación de su patria natal, recobraban cierto ímpetu al calor de nuevas iniciativas como el «Plan Torriente», una gestión de unidad de las distintas facciones del destierro en busca de reconocimiento y apoyo de Estados Unidos, Latinoamérica, etc. promovida por José Elías de la Torriente, un ingeniero y hombre de empresa, patriota verdadero, de ascendencia mambisa y amplias relaciones.

En medio de tales circunstancias en las dos orillas del drama cubano, una constante que dice bien de la perseverancia y el compromiso de los exiliados, era su incansable lucha por la liberación de los presos políticos en la Isla, que, en aquellos años, sumaban millares. Campañas, denuncias, recogidas de firmas, en fin, todo tipo de gestiones con ese propósito, estaban siempre a la orden del día en Miami y otras ciudades de abundante presencia cubana.

Como último recurso para tratar de paliar su crítica situación interna, Castro y sus planificadores de la economía, aspiraban a lograr tratados comerciales favorables con distintos países y, de ser posible, el cese de sanciones económicas impuestas a su régimen por Estados Unidos, así como restricciones dictadas por la Organización de Estados Americanos que eran observadas por algunos países de Latinoamérica, etc.

Pronto se dieron cuenta de que, para lograr este desesperado objetivo, necesitaban urgentemente mejorar su imagen ante la comunidad internacional, buscarse alguna buena prensa y de alguna forma "ablandar" a los exiliados que no le daban tregua con sus incesantes denuncias sobre violaciones a los derechos humanos, particularmente, valga repetirlo, en el caso de los prisioneros de conciencia.

Así las cosas, en octubre de 1978 se anunció que el régimen estaba dispuesto a sostener un diálogo con los exiliados sobre los temas del país y que estudiaría la posibilidad de liberar a los presos políticos. El anuncio desató encendidos debates en el exilio entre los que pensaban que valía la pena hablar con los representantes de la dictadura sobre la situación cubana y los que argumentaban que se trataba de una nueva artimaña castrista para ganar tiempo, adquirir legitimidad y dividir al exilio. El único punto en que todos parecían estar de acuerdo era en el de «tomarle la palabra» a Castro para tratar de lograr la liberación de los presos.

Había llegado el momento para «las listas» de la Ermita.

–«*Las listas* (de presos políticos cubanos que se hacían en la Ermita) *han sido siempre un trabajo popular, eso ha sido un trabajo en que es el pueblo el que lo está pidiendo. Pudiéramos decir que la pastoral de la Ermita ha sido una pastoral que no ha venido de arriba a abajo, sino de abajo a arriba. Se han presentado las necesidades y, a medida que el exilio cubano ha ido presentando las necesidades, se ha servido al exilio cubano, pero también se ha servido a otros pueblos que han venido después.*

–«*Desde el principio del exilio, el pueblo sentía con el dolor de sus presos, y los Municipios de Cuba, cuando peregrinaban, siempre decían una oración que había compuesto Monseñor Boza, que ya la sabían de memoria. Uno veía que aquella oración la repetían hasta los niños... "Hoy no vengo, Señor, a pedirte por mí, ni por los míos, sino por aquellos..." Yo lo que hice fue organizar aquello de una manera especial.*

–«*Los obispos de Estados Unidos fueron a Cuba, hicieron una petición para visitar a los obispos cubanos y claro, los obispos cubanos les presentaron el problema de los presos para ver cómo se sacaban. Los obispos de Estados Unidos no pudieron hacer nada entonces, porque los nombres que llevaban eran los nombres que les habían enviado la gente, familiares... sin detalles... Esos nombres, algunos, estaban equivocados. El cubano en eso es fatal, porque pone "Cheo García, Lala Pérez..." eso no hay quien lo encuentre. Después, no decían los nombres de las cárceles...* – *"Por todo eso, veíamos la necesidad de tener una buena lista"* (de los presos políticos en Cuba).

–«*Aquello se fue organizando en la Ermita, y las Hermanas lo iban haciendo, ayudando, es decir: nombre por nombre, persona por persona, pero bien. La gente se molestaba con las preguntas, pero sin esas preguntas... la cárcel, el lugar donde era, todos los detalles.*

–«*Esa lista se pudo componer y cuando... los obispos fueron nuevamente a Cuba, con esa lista, se encontraron todos esos presos. Prácticamente, fue en la Ermita donde se hizo todo el listado que los obispos llevaron y que se les mandó, se le dio al Arzobispo McCarthy, y él lo envió a la Conferencia de Obispos. Entonces, sí vinieron los presos.*

–«*Yo creo que la Ermita ha sido un instrumento de oración y de búsqueda, sin haber hecho ninguna propaganda en ese tiempo, pero, indudablemente, muy importante, pues yo creo que, sin ella, hubiera sido más difícil traer a los presos. Yo no sé si los expresos han comprendido lo que se hizo, pero fueron muchas horas, muchas horas* (de trabajo), *y no solamente con los presos de allá, sino con los presos de aquí también.*

—«*Ese mismo método de uno por uno, tomar datos, y volverlos a repetir, y volver a enviar para que los buscaran, eso se volvió a hacer y se hizo de una manera realmente muy bien hecha, muy bien hecha. Podemos decir que se hizo tan bien, que dio resultados*».

## 29. The Archbishop is leaving...

Iba yo conduciendo mi automóvil por la carretera 836, rumbo este. Levanté mi mano para arrojar la moneda de diez centavos, que era entonces el costo del peaje, en la estación de pago que estaba justo antes de la salida a la Avenida 17 del Noroeste. Lo recuerdo vivamente. Sonó entonces el *flash* de una noticia de última hora en la emisora radial que escuchaba y lo que escuché me dejó como petrificado, con el brazo en alto...

–«El papa Juan Pablo II ha nombrado Obispo Auxiliar de Miami al sacerdote cubano Agustín Román, Capellán de la Ermita de la Caridad»... Me dije a mí mismo: –«Nos chivamos –en realidad usé otra palabra– ahora lo envuelven en la burocracia de la Iglesia, y lo alejan de nosotros». El claxon enfadado del chofer que esperaba detrás de mí, me conminó. Arrojé el *dime,* salí del *expressway* y antes de entrar a casa, ya el teléfono estaba desgañitándose.

Muchos cófrades, especialmente los miembros del equipo de la Ermita, nos comunicamos ese día y casi todos con iguales sentimientos de alegría y preocupación; no queríamos perder a nuestro pastor, por muy obispo que lo hicieran. –«Tú verás que no –me dijo Idalia Miranda–, él no va a dejar la Ermita».

A los que lo conocíamos más de cerca no nos sorprendió la noticia. Sabíamos de sobra que él lo merecía y que tenía cualidades más que suficientes para llevar airosamente la mitra. A otros, sin embargo, si pareció sorprenderles que fuera seleccionado Monseñor Román para tan importante posición en la jerarquía miamense.

–«Yo creo que debió haber sorpresa cuando a Román lo nombraron Obispo Auxiliar», nos dice Monseñor José Luis Hernando. «Debió haber sorpresa, porque tal vez otra gente se consideraba o eran considerados como más aptos, más preparados, o tal vez pensaban en algún sacerdote hispano de otra diócesis, que no fuese de Miami... El primer sorprendido debió ser el propio Román y él lo dijo. Adujo que él no estaba incardinado aquí, que no era ciudadano americano, y el Arzobispo no le dio importancia a eso. Había dicho también: *–"No, pero mi idea es volver a Cuba cuando pueda entrar".* A lo que McCarthy contestó: *–"Bueno, pues si algún día puedes entrar, te daremos permiso para que vayas y evangelices en Cuba".* Entonces él aceptó».

El regocijo de los cubanos exiliados, católicos y no católicos, fue generalizado y se palpaba en el ambiente. Los sacerdotes y los laicos comprometidos nos felicitábamos por la buena nueva y la prensa reflejaba tales sentimientos. «La Nación», uno de los *periodiquitos* más leídos entonces, decía al respecto en su edición del 7 de febrero de 1979: *–«Estamos seguros que la mano de Dios estuvo presente en el minuto en que Su Santidad el Papa, firmó el documento que tanto satisface a millares de católicos en Miami y fuera de esta ciudad».* Su director, el reconocido periodista Armando García Sifredo, había sido uno de los más vehementes opositores al proyecto de levantar en Miami un santuario a la Patrona de Cuba, cuando aquel proyecto fue anunciado. Como tantos otros, cambió de idea al ver a la ejecutoria del padre Román.

Pero, tal como nos decía Monseñor Hernando, el primer sorprendido fue el propio Román: *–«Para mí fue una gran sorpresa, y un shock tremendo cuando fui llamado... El Arzobispo McCarthy me hizo una llamada a las 7 de la mañana diciéndome –"¡Venga, preséntese inmediatamente a la oficina de la Cancillería!"».*

*–«Yo pensaba que había hecho algo mal, porque no esperaba en lo más mínimo otra cosa. Dije, algo, algún error he cometido y no pude ni aún pensar qué error sería, pero, tenía que haber cometido algún error en el ministerio, que uno los comete por algo... qué sé yo.... Era yo el Vicario para los hispanos aquí. Había sido nombrado por el arzobispo Carroll y después, el arzobispo McCarthy me había dejado como tal, y estaba trabajando en ese departamento, además de la Ermita de la Caridad, donde siempre estuve.*

*–«Llegué a la oficina, y me dijo con mucha alegría –"¡Está nombrado obispo! He recibido la ya nota del Nuncio. Está nom-*

*brado... hoy tiene que dar Ud. respuesta a eso". El mismo día...*
*Era la mañana, tal vez las ocho o algo así, y me dijo –"Hoy tiene*
*que dar respuesta ante de las doce de la noche".*

*—«Fue un momento muy difícil para mí, tal vez el momento*
*más difícil que he vivido, porque, no sabía... Le dije "Yo no sirvo,*
*yo no creo que yo puedo ser... además de eso, yo no soy ciudadano*
*americano y yo no soy incardinado en esta diócesis, yo pertenezco*
*todavía a la diócesis de Matanzas... revisen eso, yo creo que eso*
*no puede ser". Me dijo: –"Bueno, yo creo que es cierto, que las*
*dos cosas son así, ni está incardinado, ni es ciudadano americano,*
*pero, el Papa sabe más que yo, luego, si el Papa lo ha nombrado,*
*ya, es así. Piense, estúdielo, pero recuerde: nadie es perfecto".*

*—«El arzobispo McCarthy era una persona muy bondadosa.*
*Le dije también "mi inglés es muy reducido, muy limitado". –"¡No*
*se preocupe de eso, no se preocupe!"... No me decía en lo más mí-*
*nimo que Nevins estaba también en la misma situación, no sé si*
*Nevins había llegado, yo no creo tampoco, porque nos llamó en la*
*mañana. –"Debe llamar esta tarde y hay una contraseña para que*
*Ud. pueda decir si acepta, es un telegrama en que Ud. diga –él*
*salía de viaje– "the Archbishop is leaving today" El arzobispo es-*
*tá saliendo hoy".*

*—«Fue un día muy difícil. Yo nunca pensé en ninguna otra*
*cosa, ni he pensado después, en otra cosa que no fuera lo que un*
*sacerdote de Cristo tiene que hacer: salvarse y salvar a sus her-*
*manos. Vine, estuve escuchando confesiones... atendía a las per-*
*sonas que venían, pero, ya después estuve orando todo el día...*
*"¿qué hago... qué hago... qué hago... qué hago?.. Yo no sé qué*
*hacer... yo no sé qué hacer".*

*—«En esos días pasaba Monseñor Boza por aquí... Era el*
*mes de enero de 1979, y le pregunté a Mons. Boza. Él me dijo, –*
*"Mira, sigue la regla de San Ignacio... pon las cosas en contra y a*
*favor, piensa si eso te está correcto y sigue tu conciencia en ese*
*momento". Yo mandé al final del día el telegrama al Nuncio, con*
*la contraseña "the Archbishop is leaving". Entonces sentí la paz".*

*—«Después de esto vino el Papa a México y fue para mí de*
*gran consuelo, porque parece que el Papa hizo el nombramiento*

*antes de salir para México, y se estaba viviendo en América una gran dificultad por la cuestión de que estaba la teología de la liberación en ese momento, y había como un poco de dificultad en saber, por ejemplo, cuál era la línea a seguir aquí.*

—«*Primero, la Iglesia tiene que defender la justicia, de eso no hay duda, pero, ya había como especie de una ideología confundida con el marxismo, no sé, que se había metido... una ideología que no estaba clara. El Papa vino, y el discurso del Papa fue para mí: "El obispo es un maestro de la verdad, la verdad sobre Jesucristo, sobre la Iglesia y sobre el hombre". Después el Papa va presentando como modelos de obispo en el mundo, y creo que el tema del Papa, la conferencia del Papa... los obispos en Puebla... me ayudó muchísimo. En esos días me trajo mucho consuelo también.*

—«*Eso no se sabía* (el nombramiento). *Lo sabía Roma, lo sabía yo, ni aún Nevins y yo sabíamos que uno era llamado y el otro también, porque no se podía hablar hasta el día que se dijera públicamente en Roma. Si acaso se sabía antes, lo advirtieron, inmediatamente quedaba nula la llamada.*

—«*Esos días fueron de oración bastante fuerte hasta el momento en que se hizo público... no me acuerdo ahora el día... Al hacerse público en Roma, la mañana misma se dio la noticia aquí. Yo no había dicho nada. Las Hermanas no estaban muy atentas a esto, les dije a las Hermanas que yo me iba para casa del Arzobispo y que era que era nombrado obispo y ya, salí para allá.*

—«*Allí nos encontramos Nevins y yo. Ya a nosotros sí nos habían permitido que nos comunicáramos uno con el otro.... Ese mismo día en que estábamos allí, fuimos a la vieja cancillería que estaba en Biscayne Blvd., pero mucho antes de llegar a la nueva. El arzobispo MacCharty mandó que lleváramos los padres. Llevé a papá y mamá sin saber mucho ellos lo que era, no sabían bien claro por qué había una misa tan temprano... era como a las siete y media de la mañana, o las siete, para comenzar la conferencia de prensa a las nueve. La misa se celebró en casa del Arzobispo.*

—«*Ya estaba la noticia en la calle. Nevins llevó a su mamá... Durante la misa no se dijo nada absolutamente... el Arzobis-*

213

*po celebró, nosotros concelebramos con él en su capilla privada, allí en la misma casa de él. Terminada la misa, eran las ocho de la mañana, ya era la hora que se podía decir, aunque aquí la noticia estaba corriendo antes, no sé cómo la supieron... probablemente la hora de Roma... Entonces, en ese momento, llamó a los padres, a los tres... a las dos madres, porque Nevins no tiene papá, él murió... y les dijo: –"Sus hijos son... su hijo es obispo, su hijo es bishop".*

*–«Fue un shock fuerte, porque no sabían bien. Papá tuvo una linda reacción. Me dijo: –"Si vas a hacerlo bien, acepta; si no, no aceptes", pero ya yo había aceptado. De ahí fuimos a la conferencia de prensa.*

*–«Durante esos días nos pedían a nosotros, antes, que fuéramos pensando en el lema que íbamos a tomar cada uno y también que hiciéramos un escudo, el escudo que sería como el signo del obispo.*

*–«El escudo... yo seguí lo que el Papa había dicho en Puebla, en 1979: "el obispo es el maestro de Jesucristo, el maestro de la Iglesia, el maestro del hombre". Lo que yo quise significar era esos tres puntos, es decir, Cristo, representado por el sol; me inspiraba mucho en San Antonio María Claret, que lo había tomado él mismo, lo había puesto en su escudo; el sol representaba a Cristo, sol de justicia. El segundo tema unía a la Iglesia y la Virgen, en la figura de la luna. La iglesia y la Virgen lo que hacen es reflejar la luz, que es Cristo, como la luna refleja la luz del sol, por eso puse la luna y, el hombre, representado por la palma, que era precisamente tomar un signo cubano, el signo de la palma y decía (el salmo 91) "el justo florecerá como la palmera".*

*–«Estaban los tres signos: Cristo, la Iglesia y el hombre, que era lo que el Papa había puesto como lo central en la función del episcopado, como para decir que el obispo no tenía que ir a buscar nada afuera, ninguna doctrina extraña, porque la tenía toda dentro de la Iglesia.*

*–«Yo mismo lo pinté primero, así, mal pintado, y el Padre Sardiñas, que en ese momento estaba en la parroquia... una que*

*está cerca del lago Okeechobee...él me lo dibujó como es hoy. El escudo me lo pintó perfecto.*

*—«El lema yo no lo encontraba, y celebrando una misa, que estaba ayudando los domingos en Good Shepherd, porque el padre Mario Vizcaíno no podía, estaba dando misiones en México, vi en San Pablo, en la lectura segunda de la misa, oí que dijo "¡Ay de mí si no evangelizo!", y dije, ¡aquí está, éste es!... No había pensado, no lo había encontrado... y ésa fue la frase. La tomé después de la misa, fui corriendo allí al misal, ni la gente sabía por qué, y lo leí así, 1ª de Corintios, 9:16, y ya, vine para ponerla en latín, escogerla en latín después.*

*—«Creo que ahí estaba todo. En la conferencia de prensa ya llevábamos el escudo y llevábamos también el lema.*

*—«Después, vino el arzobispo McCarthy a una misa que tuvo con nosotros, nos entregó a cada uno un pectoral del arzobispo Carroll, para que hubiera signos de sucesión, y un anillo del arzobispo Carroll a cada uno, a Nevins y a mí. Carroll había dejado sus joyas, que se perdieron cuando se puso la carpa para el comején en la Catedral... los ladrones entraron y se llevaron cosas, pero esas dos cosas se salvaron, que yo después las devolví, porque eran el único signo que quedaba del arzobispo Carroll, ya que todo lo demás se había perdido. Yo las devolví para que hubiera un signo en la diócesis. Además, yo nunca usé aquello porque era muy ostentoso, era de piedras finas...*

*—«Empezaron inmediatamente la gente a pedirme que... si yo le voy a dar las joyas de mi madre... yo quiero poner esto... iba a ser, realmente, un anillo y un pectoral demasiado... fuera de lo que, en el fondo, pensaba. Los sacerdotes de la diócesis dijeron "le vamos a dar el pectoral"... Me lo dieron, y también el anillo, pero, eran de oro, y no quería yo tener un signo de oro, luego, se hizo un pectoral en México, que me regalaron los miembros de la Cofradía, y ese pectoral de plata lo conservé siempre conmigo. El Papa Juan Pablo II dio pectorales en dos visitas ad limina y uno de ellos lo usé hasta que se perdió. El de oro lo envié a Matanzas.*

*—«Finalmente, me fui, me retiré... dediqué todo ese tiempo, desde enero hasta el día 24 de marzo a estudiar el Catecismo, es-*

*tudié un catecismo fuerte, de principio a final. Creo que lo que más he querido es ser un catequista y creo que es lo que he podido ser toda mi vida y así prometí ser en mi episcopado. Después, hice el retiro que había que hacer. Fui a West Palm Beach, como siempre la Casa de Retiros de los pasionistas. El retiro fue de varios días, no recuerdo cuántos, el de preparación, el que hace un obispo antes de ser ordenado, y ya vino la ordenación.*

*—«Nosotros pedimos que la ordenación fuera en una fiesta de la Virgen. La primera fiesta de la Virgen que había era el 25 de marzo, la Anunciación, pero se celebraba el 24, porque el 25 caía en domingo, entonces, se celebró el día 24 de marzo (1979), sábado, en el Convention Center de Miami Beach».*

Algo que el nuevo obispo ignoraba era que allá en su natal terruño la noticia se sabría prontamente y que, al tiempo que él era consagrado en Miami Beach, sus coterráneos se le unirían, congregados en la vieja parroquia de San Antonio Abad, orando por sus intenciones. A finales de 1978 y como parte del proceso del *diálogo,* del cual ya hemos hablado, la dictadura anunció que permitiría que los cubanos residentes en el exterior –nunca dijeron «los exiliados»– viajaran a la Isla para visitar a sus familiares. Los «viajes de la comunidad» comenzaron, pues, con toda la emoción que cabe imaginar por los reencuentros familiares. María Antonieta Herrera, la antigua amiga y compoblana de *Aleido,* aprovechó la oportunidad:

—«A mí me pareció una cosa extraordinaria cuando nombraron a Aleido Obispo Auxiliar. Era el año 79, yo llevaba 20 años sin ver a mis padres, y me dan el viaje a Cuba con lo que estaba pasando con Aleido aquí. Cogí el Miami Herald y cogí todas las fotografías que tenía el Herald, las corté y me las llevé para el pueblo. A la misma hora que Aleido estaba aquí con la ordenación, yo estaba en San Antonio y teníamos una misa llena, con las fotografías de él, con toda la familia que le quedaba.... las primas.

—«Cuando yo me fui para allá, él me dio biblias, rosarios… y yo le llevaba eso a la gente, pero, fue una satisfacción muy grande que aquel pueblo estuviera allí. Yo empecé a decirle a todo el mundo lo de Aleido, que lo iban a ordenar obispo... estaba llena la iglesia en acción de gracias. Se lo conté todo a él cuando regresé y él se reía tanto con las cosas que le contaba que se las tenía que contar dos o tres veces».

Antonieta regresaba a un Monseñor Román, a un Aleido, que era, sin duda, el mismo pastor y amigo de siempre, pero cuyas circunstancias eran distintas. Ya no se trataba sólo de un buen sacerdote, en nada diferente a otros buenos sacerdotes a los ojos de los más. Ahora era todo un señor obispo y bien sabido es que, para los criterios y las expectativas del común de los mortales, esto establece marcadas diferencias. A la dignidad episcopal, además de la autoridad que conlleva, que no es mucha en el caso de un obispo auxiliar, se le supone por muchos un entorno no exento de cierta elegancia, que no tiene que ser ostentosa, pero que, de alguna manera se espera que refleje el rango de ese pastor que ha recibido la plenitud del sacerdocio. Consecuentemente no pocos se preguntaban cómo y en qué medida cambiarían la vida y manera del padre Román.

–«*El Arzobispo me dijo, –"¿qué es lo que quieres, dónde quieres estar?". Yo le dije, "yo no tengo problemas, yo puedo seguir en el mismo lugar que estoy"*».

La propuesta era que Monseñor se mudara a la residencia, "oficial" de los obispos miamenses, frente al mar, en el antiguo barrio de Morningside, residencia que ofrece un marcado contraste con la modesta vivienda de los sacerdotes de la Ermita. El Dr. Rafael Peñalver, abogado y consejero a quien Monseñor consideró siempre como un hijo espiritual, sonríe al recordar la encrucijada en que aquella oferta ponía al primer cubano ordenado obispo de la Iglesia Católica en Estados Unidos:

–«Él me confesó que fue muy difícil para él cuando lo nombran obispo, cosa que él no esperaba, no aspiraba a eso, nunca. Le llaman para decirle que el Papa lo había escogido y le piden que se mude para la casa que tenían... (la Arquidiócesis de Miami), en el *North East*. Me la describió él como una casa frente a la bahía, y él dijo que no, que él no quería dejar su pequeño cuartico detrás de la Ermita, donde él vivía en compañía de los otros sacerdotes, un cuarto que quizás medía diez pies por diez pies... un closet grande, con su bañito... Él dijo que no, que él no se mudaba a la casa del Arzobispado y él me confesó que eso había sido chocante para algunos de los obispos norteamericanos, que lo habían señalado desde ese momento como una persona... distinta, como una persona quizás no del grupo, de la mentalidad de muchos obispos de la Iglesia Americana».

Al arzobispo McCarthy, estoy seguro, aquello no pudo sorprenderlo, pues ya él conocía a su Vicario para los hispanos y de ahí su admiración por él.

–«*El arzobispo me dijo, "lo que quieras". Entonces, se lo dijo también a Nevins, Nevins dijo lo mismo... y se acabó*».

Todos respiramos aliviados. Y él también.

## 30. El mismo, pero con solideo

–*«Empezamos a trabajar los dos, Nevins y yo, con el Arzobispo McCarthy. El tema de la evangelización era muy precioso, era el año 79… Habíamos acabado de vivir una carta pastoral que había escrito, "Crecer en fe, oración y caridad", y ya empezaba él con un plan de evangelización en los 80 sobre crecer en la fe, crecer en la oración… cada año era un tema y escribía una linda carta pastoral que era una joya… Después, un año para la familia… cada año él tenía un plan, que lo iba poniendo en la carta pastoral y lo pasaba a las parroquias para realizarse.*

–*«Se empezó a trabajar, y se hacía la visita pastoral a las distintas parroquias. Había que ir desde la mañana, reunirse, por ejemplo, con el colegio de la parroquia; después había que reunirse con las religiosas y la facultad del colegio, después había que reunirse con los sacerdotes y rezar con ellos las vísperas en la tarde, después, con los laicos que estaban preparados y formaban ya el equipo de evangelización de la diócesis, después se daba la confirmación, y, venía entonces que había que retratarse, con cada confirmado y sus familiares… Se gastaba bastante tiempo. Aquí pusieron al padre Sosa, en la Ermita, como asistente, para ayudarme.*

–*«El padre Sosa hizo un trabajo muy lindo, mientras estudiaba, desarrollaba la religiosidad popular. Nosotros no teníamos líneas muy claras hasta ese momento sobre hasta dónde llegaba la superstición y la evangelización. Él hizo aquí un Máster en antropología en FAU, lo había hecho en teología en el seminario de San Carlos, y eso fue muy rico en aquellos tiempos, porque profundizó en la religión de los que practican la santería y fue como la puerta para iluminarlos con el Evangelio».*

El padre Juan Sosa concuerda: –«Yo fui su primer secretario, una vez que lo nombraron Obispo Auxiliar de Miami. Él me había pedido que viniera antes, el año anterior, pero yo no pude. Yo estaba en la parroquia de Ntra. Sra. Reina de los Mártires en Ft.

Lauderdale, y estaba estudiando antropología, porque él y Mons. Nevins, sin ser obispos, le habían pedido a Mons. Carroll que yo siguiera estudiando antropología por el hecho de la relación de esa ciencia social con los estudios e investigaciones sobre las religiones afrocubanas y mis contactos con Lydia Cabrera, Mercedes Sandoval, y una serie de literatos e investigadores de ese tema.

–«Una vez que lo nombraron obispo, él me pidió que yo terminase mi tesis en la Ermita, donde iba a tener más tiempo y además, podía ver con él, no la santería, sino más bien la riqueza de la fe del pueblo y cómo el pueblo expresaba su fe, así que estuve con él del 79 al 81».

–«*Fue una etapa muy linda, después de dos o tres años, en julio de 1984, tuvo Nevins que irse para la nueva diócesis de Venice, que se fundaba, yo me quedé solo aquí, a mí me costó bastante, porque Nevins y yo habíamos trabajado juntos muchos años. Nevins es una persona muy bondadosa, muy bueno con todo el mundo... era una ayuda muy grande en todo esto. Íbamos a las reuniones a Washington, a Tallahassee con el obispo Gracida, que era el que nos recibía cuando las reuniones eran a nivel de estado. Fueron años muy lindos los primeros años.*

–«*Yo pensaba que era muy difícil, porque nunca había trabajado como obispo, no había trabajado a nivel de episcopado. No me costó nada, fue fácil. El inglés siempre ha sido un obstáculo grande, porque, para cualquier cosa siempre tengo que estar buscando la palabra... ¿cómo lo digo?... tengo que estar con el diccionario como si estuviera casado con una mujer, ahí, permanentemente, es una cosa tremenda, pero, bueno, nunca he tenido dificultades, no, y con los años me he soltado más.*

–«*Yo vi después cómo la gracia de Dios ayuda a uno en cualquier estado en que sea llamado, Dios da la gracia, como una madre, un padre, cuando se casan que no han tenido hijos, y después les nacen los niños, y uno se pregunta, ¿cómo les van a hacer frente?, y, sin embargo, les hacen frente, bueno, igual fue lo de obispo, casi uno no se daba cuenta de que era obispo, era... más bien buscando cómo catequizar la gente. La gente me ayudó mu-*

*cho. Todos me recibieron con cariño, como a un padre... americanos... hispanos... haitianos...*

*—«Yo nunca dejé la catequesis de la Ermita, a pesar de todo, yo siempre traté de que el sábado en la noche fuera un día en que yo no tuviera confirmaciones y en eso Nevins era muy bueno y después Dorsey también, para, de todas maneras, yo poder siempre darle el sábado en la noche a la Ermita. Siempre después de la misa tenía la clase, a no ser los años que Rivas ayudó, muchísimo, si no, yo siempre tuve catequesis para todo el mundo. He querido ser siempre un catequista».*

Pero no era solamente los sábados en la noche. Era todos los días, en los cuales Monseñor se multiplicaba para atender su trabajo tanto en la cancillería como en la Ermita. Él no soportaba que pasase mucho tiempo sin que las personas que visitaban el santuario escuchasen algo de la Palabra. El padre Sosa vivió y participó en aquella intensidad de predicación.

—«Él utilizaba una serie de catequesis maravillosas, que nacían de él, de su idea, de su motivación y de su anhelo de predicar el Evangelio, y lo interesante es que llegaba a la gente, y la gente se acordaba. Él repetía y repetía. Los primeros años eran salir de la oficina, o del confesonario cada media hora a hablarles a los peregrinos, hasta que alguien lo convenció de que lo grabara, porque se dio cuenta de que, como obispo, él no podía estar disponible cada treinta minutos y gracias a Dios se grabaron y se pudo dejar su mensaje, porque él creía que la repetición era importante.

—«Todos los santuarios marianos del mundo tienen un énfasis especial, Monseñor quiso darle a la Ermita el énfasis de la Palabra: el que encuentra a la Virgen, escucha la palabra».

Mirando atrás, al hablarme de aquellos, sus primeros años como obispo, Monseñor parecía que hablaba consigo mismo, hilvanando recuerdos que le provocaban un sonriente brillo en la mirada:

*—«No fue difícil, no; no fue difícil. Claro, el trabajo de la Ermita fue menos. Antes, yo podía tener un contacto de llamadas*

*mucho más fuerte en cada una de las peregrinaciones, que ya, al ser obispo fue más difícil y confié más en la Cofradía... eran, en ese momento seis romerías, era muy intenso aquello para poder conservar esto y aquello, pero, prácticamente, se pudo hacer; no con la facilidad de cuando yo estaba nada más que para eso, aunque, yo nunca estuve solamente para eso, porque yo nací aquí con el Mercy, con la Ermita y con la parroquia, y después, he tenido que ir muchas veces a la parroquia. La Cofradía ha sido siempre una gran compañera.*

*—«Fue muy precioso todos esos años, mis padres pudieron estar presente, mis hermanos también, y después, pues vino ya la etapa en que mis padres enfermaron y he podido, aún siendo obispo, ir funcionando... He podido también estar acompañándolos en esos momentos difíciles... Yo he tenido muy poco tiempo para mi familia, es cierto.*

*—«Tuve una secretaria muy buena, Martha García, que era excelente. Después Elvira González y después estuvo Norma... Norma Molina, que ha sido muy buena, o sea, tuve unas secretarias muy buenas, muy buenas, que pudieron... porque mi defecto, mi problema siempre ha sido cómo pasar del español al inglés. Fueron mi brazo derecho y gracias a ellas fue posible la correspondencia en inglés que yo escribía despacito».*

Fue Johann Wolfgang von Goethe, el escritor y científico alemán, uno de los autores más citados por su facilidad para sintetizar en pocas palabras verdades contundentes, quien dijo aquello de que *"no hay hombre grande para su ayuda de cámara"*. Yo diría que lo dijo porque nunca escuchó hablar de Monseñor Román, a quienes trabajaron muy de cerca con él, como por ejemplo, a Elvira González, una de aquellas secretarias muy buenas, según decía él mismo en el párrafo anterior:

—«Monseñor me llama un día por teléfono y me dice: —*"Elvira, ¿tú pudieras venir a la Ermita?"*. Fui para allá, fui con mi hijo menor y entonces Monseñor sacó un papel y empezó a pintar en el él... —*"Mira, esta es la Arquidiócesis de Miami, estos son los departamentos... yo estoy a cargo de este departamento de*

*Pastoral Care"*. Cuando acabamos de hablar, él me dice: – *"Bueno, yo te espero el dos de enero en el Centro Pastoral"*. Yo le dije: – *"Está bien, Monseñor, nos vemos allá"*.

–«Cuando acabamos la entrevista, me dice mi hijo, Frankie: –"Mami, yo creo que tú vas a trabajar con el obispo Román". Yo le dije: –"¿Tú crees?... Porque es que no hablamos de nada... simplemente me dijo 'te espero el 2 de enero'". Ese día me aparecí allí y yo no tenía idea de lo que iba a hacer, ni cuáles eran las condiciones de salario, responsabilidades... nada. Llegué allí y me encontré con ¡qué enorme cantidad de trabajo tenía Monseñor bajo su supervisión! Marta García me empezó a entrenar y así empecé yo a trabajar con Monseñor Román.

–«Monseñor era super-eficiente, y lo más curioso: yo sabía exactamente lo que él me iba a responder en cada situación, porque él era siempre el mismo, no era "me muevo para aquí, o me muevo para allá", según la persona. Yo sabía exactamente, cuando yo le presentaba cualquier problema, cualquier situación, lo que él me iba a responder.

–«En la Arquidiócesis no tenían ni idea de quien era en realidad Monseñor Román. Quien lo conocía de verdad era el Arzobispo McCarthy... McCarthy lo admiraba mucho, lo respetaba mucho, y contaba con él para muchísimas cosas. Por ejemplo, se creó hacer el festival de la fe en el 92, ó 93, algo así... en el Convention Center de Miami Beach. Entonces, como que no había respuesta de la gente, el fracaso se veía venir... ¿quién llenó el Convention Center de Miami Beach?... Monseñor Román. A él lo llamaban, él se ponía en la radio, invitaba a todo el mundo, y como la gente lo escuchaba, pues, él llenó aquel Convention Center y aquello fue un éxito gracias a él.

–«O sea, en cierta forma yo diría que él era un hombre extremadamente inteligente por naturaleza, él quería pasar inadvertido en el Centro Pastoral, nunca se nombró a sí mismo "el obispo", él contestaba el teléfono: – *"Es el padre Román"*. Y del "padre Román" no lo sacaba nadie. Pero, quien lo conocía de verdad, sabía que había, detrás de aquella apariencia tan sencilla y tan humilde, un hombre brillante. Bri-llan-te».

Aquel hombre brillante, como ya lo había demostrado, brillaba un poco más cuando se mezclaban en el ejercicio de su ministerio su amor de padre y pastor con su amor por Cuba. Una temprana muestra de que esto se subrayaría ahora que era obispo, se presentó trágicamente a finales de septiembre de 1979, seis meses después de su consagración episcopal, cuando llegó a costas de la Florida una balsa procedente de Cuba, sobre la cual venía solamente el cadáver de un hombre joven, evidentemente muerto en su intento de alcanzar la libertad.

Los Municipios de Cuba en el Exilio hicieron las gestiones necesarias para que aquel balsero desconocido tuviera unas dignas honras fúnebres. «Polito» Rivero donó el tendido y el velorio en una de las funerarias de su familia. El propio Monseñor Román donó el terreno en el cementerio católico. El funeral se llevó a cabo en la Ermita de la Caridad, aún sin identificar la nueva víctima del castrato, el 4 de octubre de 1979.

El entierro fue impresionante, con multitud de público y banderas. Un adolescente cubanoamericano, Elías Alberto Seife, convocó silencio con un electrizante toque de trompeta. A mí me tocó despedir el duelo a nombre de los Municipios. Y el nuevo obispo auxiliar de Miami resumió todo aquello en el amor:

—*«Hijo querido y hermano nuestro: como el samaritano te hemos encontrado herido por la injusticia, y sin detenernos a pensar, te hemos recogido como a un hermano. No sabemos tu nombre, pero sí sabemos quién eres: tú eres un hombre y por tanto, la imagen de Dios.*

—*«Tú eres el hombre más abandonado y aquí tienes a un Obispo de Jesucristo que presta sus brazos a su pueblo cubano para recogerte y recogerte con cariño, "porque para el obispo, la dignidad humana es un valor evangélico que no puede ser despreciado sin gran ofensa al Creador". (Puebla, 1979).*

—*«Te conocemos. Tú eres la imagen de Dios: tú nos recuerdas al Dios vivo. Te conocemos. Tu balsa y tu muerte nos dicen que saliste en busca de libertad, porque carecía tu tierra de libertad. Te conocemos. No sabemos si eres de Pinar del Río, de*

*Las Villas, de La Habana, Camagüey, Oriente o Matanzas, pero sabemos que vienes de un pueblo que tiene cinco siglos de existencia y que la Iglesia lo vio nacer, lo ha acompañado durante toda su historia proyectando el Evangelio y ahora los frutos son palpables. Aquí están.*

*—«Desde la Casa del Padre podrás ver cuántos hermanos te acompañan. No fue inútil la siembra del Evangelio porque aún queda el amor, la caridad que reúne a la familia en acontecimientos como éste.*

*—«Hermano nuestro, "no es por oportunismo ni por afán de novedad que la Iglesia, experta en humanidad, es defensora de los derechos humanos" (Pablo VI, discurso ante la ONU, 05-10-65). Es por auténtico compromiso evangélico, el cual, como sucedió con Cristo, es, sobre todo, compromiso con los más necesitados. Esta ha sido la actitud de la Arquidiócesis de Miami desde el comienzo del exilio cubano. Tú eres el más necesitado y aquí nos tienes para orar por ti».*

Poco tiempo después aquel pobre cubano pudo ser identificado. Era su nombre Adelfo Giz.

Así comenzaba el episcopado de aquel sencillo cura cubano, que ya, sin buscarlo ni pretenderlo, había dejado de ser «el padre Aleido» para pasar a ser «el padre Román» y que, de ahora en adelante se convertiría no tanto en «el obispo Román» como en «Monseñor Román» y, aún más coloquialmente, simplemente «Monseñor». Algunos se maravillaban de que, siendo tantos los monseñores en la Iglesia, cuando en Miami se decía «Monseñor» todos sabían de quien se hablaba. Y esto se debía, fundamentalmente, a que, en el decir de un viejo amigo, el nuevo Obispo Auxiliar de Miami era, sencillamente, el mismo padre Román, pero con un solideo en su cabeza.

# 31. Los movimientos apostólicos

Si algo caracterizó el talante como sacerdote y obispo de Monseñor Agustín Román, fue su confianza en los laicos, en los «católicos de a pie», como parte activa de la Iglesia en su misión evangelizadora. Ya desde su primera parroquia, la de Coliseo, en tiempos preconciliares, el recién ordenado padre Aleido mostró su confianza en «los seglares», que así se nos llamaba entonces, al confiarles tareas y responsabilidades. Los laicos comprometidos eran su gran ejército evangelizador.

A nadie puede extrañar esto, que era algo sin dudas adelantado a su tiempo, pues no hay que olvidar que él recordaba como él mismo, él solo, adolescente catequista, había pavimentado los caminos de la evangelización en los campos de San Antonio de los Baños, para que después pudieran pasar por allí los sacerdotes que confirmarían con los sacramentos las semillas por él esparcidas. Además, él había pertenecido y se había formado en las filas de la Acción Católica Cubana, cantera prolífica de activísimos seglares, algo que él siempre atesoraría.

Tal vez por estos antecedentes, parte de su vida misma, fue que él estimuló siempre a los movimientos apostólicos, y llegó incluso a fundar a algunos de ellos cuando vio alguna necesidad específica en el día a día de su rebaño. La Cofradía fue el mejor ejemplo de esto, pero no el único y son muchos los impactados por esta parte de su ministerio, que dan fe de ello:

Monseñor José Luis Hernando pudo comprobar esto apenas llegado a Miami aquel cubanito misionero que venía de Chile tras haber sido expulsado de Cuba y así lo atestigua:

–«Monseñor Román le dio todo su apoyo a los movimientos desde el primer momento. Él conocía los Cursillos ya, de Chile, y desde el primer momento vio que eran una cantera de apóstoles, de personas comprometidas, tú recordarás perfectamente cómo, en aquella época, los primeros años del exilio la gente buscaba… había una confusión, había un desconcierto también en la vida…

Monseñor Román se sumó al equipo que comenzaba el trabajo de los Cursillos de Cristiandad en Miami, apenas llegado aquí. Para mí fue como un respirar profundo porque él estaba metido en toda la pastoral que el Vaticano había ido elaborando y presentando y la verdad es que hicimos un equipo fabuloso».

El propio Monseñor Román, en el curso de nuestras conversaciones para esta, su biografía, se refirió varias veces a esto:

–*«El movimiento de Cursillos fue un movimiento que yo amé mucho, y creo que Cursillos ha dado muchos beneficios a la Iglesia... para mí el hecho de que una persona pase, de la no-práctica a la práctica, que despierte en la fe, me parece que es de un valor extraordinario y creo que el movimiento de Cursillos respondió y responde muchísimo a eso, como hoy día está Emaús y todo esto responde muchísimo. Encontré en los Cursillos otra familia que mucho me ayudó».*

Santiago Madrigal es uno de los católicos comprometidos que pudo vivir de cerca la dedicación de Monseñor a los movimientos apostólicos:

–«Román formó junto el padre Avelino González, un dominico, y el padre José Luis Hernando, un triunvirato de los directores espirituales de Cursillos. El padre Miguel de Arrillaga, un español que trabajó muchos años en Cursillos se acababa de ir, y estos tres santos sacerdotes se hicieron cargo del movimiento. También era la época en que los únicos movimientos apostólicos grandes, organizados que había en Miami, eran Cursillos y el Movimiento Familiar Cristiano, que lo trajo de Cuba el padre Villaronga.

–«Él, igualmente, ayudó mucho en la formación de otros movimientos en la Arquidiócesis. Gracias a él, en el año 73, no eran sólo los movimientos, ese año comenzó la Revista Ideal y Román fue el gran propulsor de la Revista Ideal, obra de Lorenzo de Toro, junto con Monseñor Eduardo Boza. Después surgió el Movimiento Camino al Matrimonio... Los matrimonios de parejas jóvenes que se casaban, no duraban mucho y Román, estaba preocupado. Se formó un grupo, cursillistas todos ellos de Sts. Peter and Paul.... Entre ellos estaban Alfredito Jacomino, Papucho Peláez, un sacerdote de apellido González, Manolito Ávila... un montón de la gente joven de Cursillos que empezaron a trabajar en Camino, el movimiento que se creó para ayudar a esas parejas.

–«Después, al poco tiempo surgió el Movimiento de Impacto, para matrimonios con hijos entre 4 y 12 años de edad. Román fue el propulsor de aquello también. En Impacto estaban Ricky Sánchez, Rafaelito Marqués, Gustavito Derribou... Eran todos cursillistas de St. Brendan...Como yo soy tan viejo en estas cosas, mi hija Raquel y su esposo Luis, con sus hijos, participaron también por muchos años en el movimiento Impacto.

–«También en aquella época, Monseñor ayudaba mucho en los Encuentros Juveniles, donde participaban mis hijas, y yo recuerdo haber visto a las tuyas en el Youth Center. El padre Román, cuando venía ya de retirada de la Ermita, por las noches, allá iba a recalar con la juventud, con los muchachos aquellos».

Podemos darnos cuenta, por su abundancia, que Monseñor tenía especial interés en los movimientos concebidos para ayudar a las familias a fortalecerse. Santiago Madrigal nos ha mencionado algunos como el Movimiento Familiar Cristiano, Camino al Matrimonio, Impacto, etc. En sus últimos años de vida, consciente de la proliferación de noviazgos entre adolescentes e incluso pre-adolescentes, que en algunos casos derivaban en matrimonios extemporáneos, Monseñor se dio cuenta de la necesidad de introducir o profundizar la fe y la madurez en esas parejitas apenas comenzaban el noviazgo y así fue que fundó el Movimiento Amor en el Principio, dedicado a esa labor.

Su apoyo entusiasta a los Encuentros Familiares es también de notar. Monseñor aplaudió la labor de su fundador, el jesuita Florentino Azcoitia y en más de una ocasión se hizo presente en la misa de clausura de algunos encuentros. Una anécdota que muestra su respaldo a este movimiento nos la cuenta Bernardo Soto, activista católico, muy cercano tanto al difunto Padre Azcoitia, como a

Monseñor Román: –«Cuando a Tino (el padre Azcoitia) se le ocurrió la idea de dar Encuentros Uniparentales, es decir para familias donde el padre o la madre estuviesen ausentes, por divorcio o por cualquier otra causa, porque él sabía que había una necesidad grande de eso, fue a buscar autorización en el Arzobispado, pero no tuvo mucha acogida por allá, lo cual lo dejó muy decepcionado. Cuando le contó a Monseñor Román de esa dificultad que se le presentaba, Monseñor le dijo –*"No te desanimes, Tino, que lo que tú quieres hacer es muy necesario... Acuérdate que a veces es mejor pedir perdón que pedir permiso... ¡Lánzate, y ya veremos!".* El padre se lanzó –agrega Bernardo– y ahí está el buen resultado: los Encuentros, los originales y los uniparentales, se continúan ofreciendo hasta el día de hoy, por el bien que han hecho».

El apoyo de Monseñor a la participación activa de los laicos en la vida y las tareas de la Iglesia no se cerraba a expresiones nuevas o renovadas de la fe y la acción apostólica. La Renovación Carismática Católica que en sus inicios resultó polémica para algunos por su forma de orar, de cantar, de expresar la fe, en fin de cuentas, halló en él a un convencido defensor. Monseñor se dio cuenta rápidamente del poder de penetración de dicho movimiento en sectores de la población que, de otra forma, no se hubieran acercado a la Iglesia, seguro como estaba también, de la legitimidad de esas expresiones en la tradición católica. Isaúl González, activista por muchos años de la Renovación, nos cuenta su experiencia:

–«En mi proceso de conversión, me pusieron en contacto con el Padre Federico Capdepón y con Monseñor Román. Yo había llegado, recientemente entonces, por el Mariel y no tenía conocimiento de la fe. Comienzo a hablar con Monseñor, él me prepara para la confirmación y me recomienda que, para completar mi preparación, yo hiciera un Seminario de Vida en el Espíritu, y ahí comienza mi participación en la Renovación Carismática. Hubo un momento en que surgieron dificultades, porque se cometían algunos excesos en el aspecto de las "liberaciones espirituales". El diácono Rafael de los Reyes, que dirigía la Renovación y era muy amigo de Monseñor, pidió su ayuda y éste escribió unas pautas so-

bre cómo manejar aquello, porque él tenía gran interés en que si-
guiéramos adelante. Él asistió a casi todas las conferencias caris-
máticas que se dieron en Miami».

Monseñor no sólo orientaba y facilitaba la labor de los movimientos apostólicos, si no también, en ocasiones, les daba el respaldo de su participación directa. De esto me hablaron Miguel Ángel Rodríguez, de los Talleres de Oración, y su hoy difunta esposa,
María Rosa:

–«Hemos sido asombrados testigos de la humildad de
Monseñor Román: cuando comenzamos a impartir los Talleres de
Oración y Vida en la Ermita, Monseñor nos expresó su deseo de
tomarlos y lamentaba que sus múltiples ocupaciones como Obispo Auxiliar se lo impedían. Al pasar a ser Obispo Emérito nos
dijo: *"Ahora sí podré asistir"*. Cuando le contestamos que era
imposible que nosotros pudiéramos pretender enseñarle a orar,
nos mostró el libro "Sube Conmigo", todo subrayado, comentán-
donos que admiraba a su autor, el Padre Ignacio Larrañaga, quien
es el fundador de los Talleres de Oración y Vida. Me llevó a su
oficina para marcar en su almanaque los días que daríamos el Taller, en las quince semanas, con lo que me convencí que, realmente, hablaba en serio.

–«Fue edificante verlo llegar puntualmente, con su cua-
derno de notas y su material que ni siquiera permitió le donáramos;
se sentaba calladito, como un tallerista más y seguía todas las indicaciones con una gran humildad, permitiendo así que los demás
participaran, sin amedrentarse al saber de que los acompañaba un
Obispo.

–«En el último taller que impartimos en la Ermita (su deseo
era que nunca dejaran de darse allí) todos los talleristas nos dijeron
que estaban ahí por invitación de Monseñor Román. Estábamos
terminando una sesión, en el Salón Varela, la noche que partió a la
Casa del Padre a recibir el premio que le reservaba el Señor. Hasta
el día de su muerte nos dio ejemplo de amor y entrega a la evangelización».

Otros movimientos de larga trayectoria en Miami, como la Legión de María, la Federación de la Juventud Católica Cubana en el Exilio, etc., tuvieron también una pródiga fuente de apoyo en Monseñor Román.

Y no solamente los Movimientos Apostólicos. Otras obras y agrupaciones de laicos, no de evangelización estrictamente, pero vinculadas de alguna forma a la fe católica, tuvieron siempre el respaldo del Pastor del Exilio. Germán Miret nos contaba anteriormente de su apoyo a la Fundación Padre Varela y esto podemos decirlo también de Cubanos con Fe en Acción, la benemérita obra de auxilio a los enfermos en Cuba que fundara el Padre Francisco Santana, así como de la Orden de Malta, de tan larga y fructífera trayectoria en la Iglesia. Así fue también con la Coral Cubana. Uno de sus miembros, Roberto Hernández, lo atestigua:

–«A él le encantaba que nosotros fuéramos a cantar. Nos buscaba trabajo, porque nos preguntaba si podíamos ir a cantar aquí o allá, gracias a él fue que comenzamos a cantar en la misa de la Caridad todos los años. Cada vez que había una fiesta en la Ermita, también; cada vez que había algo importante, él nos mandaba una notica. Es más, cuando Carmen Riera muere, él le pide a Andrés Trujillo que cuide a la Coral, y es por eso que Andrés la dirige hoy… él fue quien se lo pidió a Andrés».

Monseñor Román, respetuoso como era de las jerarquías y estructuras eclesiales, estaba muy consciente, al mismo tiempo, de que la Iglesia es algo más que mitras y cuellos romanos. Lo de «Iglesia, Pueblo de Dios», lo de «todos somos Iglesia» era en él una realidad creída y vivida. De ahí que fuese tan querido por el pueblo de Dios, precisamente.

## 32. Vivir con un santo

¿Cómo era en realidad aquel nuevo Obispo Auxiliar de Miami, que desde el principio de su desempeño daba muestras de una singularidad que hacía mucho bien a la Iglesia? ¿Cómo era en la intimidad aquel ser humano que se sabía cada vez más querido, cada vez más admirado por su pueblo? ¿Se envanecía en privado, se le «subían los humos»? ¿Cómo era de veras aquel hombre que tenía la doble misión, en razón de su ministerio, de dispensar misericordia y ejercer autoridad al mismo tiempo? ¿Era uno para el gran público y otro para los que tenían que vérselas con él día tras día? ¿Candil de la calle y oscuridad de la casa? Pregunté, por separado, cómo era Monseñor Román puertas adentro a algunos de los sacerdotes que convivieron con él, y a dos mujeres que, en distintas etapas, le sirvieron de secretarias y debo decir que esto fue una de las experiencias más monótonas de toda esta indagación.

Todos los sacerdotes me dijeron las mismas cosas y todos con tal admiración como si cada uno hubiese descubierto las llaves del Reino. Las secretarias lo mismo, todavía impresionadas por su caballerosidad como jefe. Ninguno ni ninguna dejó escapar siquiera una leve insinuación que pudiera revelar algo difícil o negativo. El periodista dentro de mí desconfía de toda unanimidad y al poeta le cuesta concebir algo idílico sin una pizca de amargura, pero, por todo lo atestiguado, así parece haber sido para todos la convivencia con Román.

Los padres Capdepón, Menéndez y Saldaña compartieron techo con Monseñor en los 80 ó 90 del siglo XX, en lo que pudiéramos llamar la cúspide de su episcopado, el padre Domínguez, al final del mismo, ya retirado como Obispo Auxiliar de Miami. Elvira González fue su secretaria en parte del tiempo que él estuvo insertado en el ajetreo diario de la Arquidiócesis; Alina Novarro en los años ¿más tranquilos? de su retiro. Pude darme cuenta, por sus testimonios, que, como enseñaba Mercedes García Tudurí, su maestra de Filosofía en los lejanos tiempos de su bachillerato, «él era él, a pesar de las circunstancias».

Todos los sacerdotes interrogados por mí sobre este tema, coincidieron en resaltar que Monseñor, es su intimidad, era, como en lo externo, un «hombre de oración, de gran espiritualidad». Todos me hablaron de la presión que ponía sobre ellos su entrega absoluta a su ministerio, su increíble capacidad de trabajo...

–«El reto de él era su propia vida, –me confiaba el padre Federico Capdepón– Cuando uno quería bajar la guardia, que lo veía a él, entonces, bueno... no me queda otra que seguir el ejemplo de él». El padre Jesús Saldaña: –«Si uno iba a descansar, y comentaba con otro sacerdote... –Monseñor es un hombre que nos hace sentir mal, porque como él no descansa, si uno va a coger un descanso, pues, uno dice: "caramba, si Monseñor no descansa, ¿cómo voy a descansar yo?» Más explícitamente, el Padre José Luis Menéndez: –«Todo lo que se ha dicho que él no tenía día libre, que no cogía vacaciones, las horas que trabajaba cada día... todo eso es verdad. Siempre lo vi trabajando. Eso es lo que yo quería imitar y que por poco me quema a mí, yo no podía».

Todos estuvieron de acuerdo en su cariño hacia todos, su gentileza en el trato diario. El padre Saldaña: –«No es convivir con un santo, es convivir con una persona que es un hermano más, y que no hace distinción. Él, era una persona recta, le gustaba la organización, que las cosas se hicieran bien, pero, él confiaba en nosotros, y delegaba en nosotros... No me gusta decir que era como un padre con los sacerdotes, porque la suya no era una actitud paternalista, pero, sí un hermano más. Allí en la Ermita nos sentíamos todos en familia, y esto es un detalle importante».

El padre Menéndez: –«En otro sentido, era muy fácil convivir con él. Esa etapa que me tocó a mí vivir, allá en la Ermita... me acuerdo... con Violeta, las Hermanas, los sacerdotes... era tan fácil. Va a ser muy difícil que yo me encuentre en mi vida alguien como Monseñor Román».

El padre Rumín: –«La sorpresa para mí fue que esa persona que yo había admirado de lejos, que es Monseñor Román, en la vida privada, en su vida íntima, en la vida de casa, era una persona tremendamente sencilla, familiar, preocupado... A veces él me encontraba en la cocina, fuera de hora, calentado y comiendo de pie, porque estaba apurado, y él me decía: *–"¡No, no, no, padre...eso de ninguna manera"*. Me ponía la mesa... *–"¡No, no, no, padre!... Siéntate a la mesa, con calma, que la Ermita va a seguir ahí"* y se sentaba conmigo... son gestos que uno no olvida, porque son de familia, como de un padre».

El padre Federico nos lleva a otro aspecto de la convivencia con Monseñor Román que todos destacan: –«Había algo de él que hacía la convivencia muy pacífica y muy buena, que era su sentido del humor: él tenía un gran sentido del humor. Y conmigo, especialmente... él me tenía mucho cariño y yo lo notaba que era diferente».

El padre Saldaña resumió, sobre este punto, lo que todos me dijeron: –«No era difícil convivir con él, todos formábamos un equipo muy bueno, y el humor de él... él disfrutaba, él se reía como un niño muchas veces, allí, con nosotros... si no, él nos pinchaba, así, en una forma jocosa, para ver si alguien saltaba... él se reía».

Pero, podrá decir alguno, una cosa es los curas entre ellos y otra es esa siempre especial relación entre laicos y curas. ¿Cómo era Monseñor con los que trabajaban junto a él? Elvira González, su secretaria de 1989 a 1992: –«Él era increíble en el trato con los que trabajábamos para él. Tenía la costumbre de poner un caramelito en el puesto de cada empleado y así sabíamos que ya él había llegado, por el caramelito. Yo creo que, con lo inteligente que él era, además del caramelito, estaba indicando que él sabía quién estaba en su puesto trabajando... Él era el caballero perfecto, además del gran sacerdote».

Y Alina Novarro, su secretaria en los años como Obispo Emérito: –«Yo le decía que si él se hubiera casado, hubiera sido el esposo ideal, porque era muy caballeroso, muy correcto, muy amable, muy pendiente de los demás, muy de detalles».

Queda un aspecto de su personalidad, uno tal vez conocido de primera mano solamente por sus más íntimos, algo que, a mi entender, redondea su carácter. El padre Carlos J. Céspedes, asistente en la Ermita, otro sacerdote que disfrutó el diario convivir con Monseñor Román nos lo describe: –«Él tenía su genio, cuando él se empeñaba en algo, era tremendo. Pero, ¡qué paciencia tenía!... Nunca se molestaba con la gente, aunque tuviera que volver tres veces al confesionario, porque alguien más quería confesarse».

Y su diácono, Manolo Pérez: –«Él tiene su fama de cabeciduro y es verdad. Cuando a él se le ocurre una cosa, tenemos que hacerla. Ya yo he tenido que asimilar esto... es muy difícil hacerlo cambiar de idea. Y lo más bonito es que casi siempre tiene la razón».

## 33. El Mariel

1980 comenzaba auspiciosamente para el exilio cubano. Desde el año anterior se estaban realizando gestiones serias y relativamente discretas que buscaban concretar, si no la unidad formal, al menos cierto tipo de coordinación que permitiera aunar los esfuerzos de las principales organizaciones de lucha por la libertad de Cuba y esto no solamente en Miami, sino también en casi todas las ciudades de Estados Unidos donde había fuerte presencia cubana, así como en España, México, Costa Rica, Venezuela, Puerto Rico y otros países. Yo estaba involucrado en esas gestiones y Monseñor Román, muy interesado en el asunto, me preguntaba con frecuencia:

–«¿*Cómo van las cosas, Julito?*»... –«Pues, parece que van bien, Padre. La asamblea coordinadora se reunirá por fin a principios de abril, creo que es abril 4, 5 y 6, en el *Bayfront Park Auditorium*, y creo que se va a poder lograr»... –«*¡Pero, Julito, eso es Semana Santa!... ¿Por qué no escogen otra fecha?*»... –«Lo sé, Padre, pero es cuando pueden viajar los que vienen de fuera... No voy a poder estar por aquí, por la Ermita...» –«*Bueno... reza tú allá, que yo estaré rezando aquí porque todo salga bien*».

Lo que no sabíamos es que ese fin de semana, esos días del Triduo Pascual de 1980, se convertirían en días históricos y no solamente porque los exiliados cubanos lograban armar en Miami una frágil, pero extensa y muy representativa coalición de organizaciones pro democracia en Cuba que terminaría llamándose *Junta Patriótica Cubana*, sino también, y en mayor medida, por los acontecimientos que, al mismo tiempo se estaban desarrollando en la Isla. Acontecimientos que es imprescindible conocer para poder entender toda la traumática secuencia que tendrían, con el correr del tiempo, no sólo en la misma Cuba y en Miami, sino también a lo largo y ancho de los Estados Unidos, con repercusiones a nivel mundial, además. Acontecimientos que, por otra parte, marcarían significativamente la vida de Monseñor Agustín Román.

Tocará a los investigadores que indaguen adecuadamente en esta etapa de la historia conjunta de Cuba y Estados Unidos, el discernir con mayor precisión la motivación o las motivaciones del dictador Fidel Castro, autor de la cruel y desgarradora trama que guió los acontecimientos que hoy conocemos como *«el éxodo del Mariel»*. Yo puedo adelantar aquí la versión que me parece más probable, en favor de la verdad y, repito, para poder entender los acontecimientos desencadenados inmediatamente y a posteriori, así como la respuesta de Monseñor Agustín Román, en su carácter de obispo de la Iglesia Católica, Auxiliar de la Arquidiócesis de Miami, y líder espiritual del exilio cubano.

Hemos visto anteriormente cómo la desastrosa economía cubana, el cuestionamiento político y el creciente descontento popular a finales de los 70, con todo lo que ello cargaba sobre el régimen, habían obligado a la dictadura a emprender una campaña de "lavado de imagen" en busca de mejores relaciones que podrían traducirse en ayuda económica y tratados favorables con la comunidad internacional. Vimos cómo lo anterior llevó a los Castro a la jugarreta del *«diálogo»* con el exilio y a permitir el regreso de los exiliados en los llamados *«viajes de la comunidad»*.

Todas estas artimañas lograron engatusar a algunos gobiernos y dar municiones a sus tradicionales aliados de la ultraizquierda mundial, lograron también introducir un punto de debate intenso en el exilio, pero no lograron engañar al grueso de los exiliados ni, mucho menos, aliviar el descontento en Cuba.

Muy por el contrario, ver a parientes, amigos y adversarios políticos que habían salido de Cuba entre improperios y abusos, que habían sido señalados como *«gusanos y vendepatrias»* y se iban bajo el vaticinio de que irían a Miami a ser criados de los *yanquis* y a «morirse de hambre» en tierra extraña; verlos regresar a Cuba, repito, con todas las señales de la prosperidad en su porte, en su vestimenta, y en la generosidad del dinero y los regalos que llevaban a los habitantes del *«paraíso socialista»*, resultó más convincente para los cubanos de la Isla, que todos los discursos del *Comandante en Jefe* y todas las historias de la prensa del régimen sobre la excelencia del castrismo y las penurias de la vida en «*el Imperio*». El descontento de los cubanos, lejos de disminuir, creció y a los Castro, esta vez, el tiro les salió por la culata.

Fieles, sin embargo, a su maquiavélica línea de pensamiento y a su no menos desalmado *modus operandi,* idearon un nuevo intento de «*convertir las derrotas en victorias*». Un vehículo donde viajaban varios cubanos se estrelló contra la verja de la Embajada de Perú en La Habana, sus ocupantes ingresaron en la sede diplomática y pidieron asilo político. Fidel Castro exigió a Perú que le entregara aquellos «criminales» y al no obtener una pronta respuesta de parte de Lima, montó en aparente cólera y, en una extraña forma de represalia, ordenó la retirada de la guardia que custodiaba la embajada y lo anunció a los cuatro vientos.

Tal vez el tirano calculó que algunos cubanos, quizás hasta una o dos docenas de ellos, alentados por su anuncio, se presentarían en la sede peruana para pedir asilo también... su gente se ocuparía de que hubiera entre ellos algunos encargados de "poner mala la cosa" y crearle una crisis al gobierno peruano y a su embajador, que seguramente se apresurarían en llegar a términos con él para solventar el caso.

Cabe suponer que «*el Máximo Líder*», encumbrado en la cúspide de su ego, cometió *un ligero error de cálculo.* No fueron dos docenas, sino más de diez mil los cubanos que, en apenas cuatro días, ocuparon todo espacio disponible en la casa y los terrenos de la embajada peruana, mientras las calles y carreteras de Cuba se llenaban rápidamente de hombres, mujeres y niños, familias enteras, que viajaban, incluso algunos a pie, hacia y por las calles de La Habana, para imitar a aquellos diez mil que se les habían adelantado.

Caía así, ante los incrédulos ojos del mundo, el mito del supuesto apoyo del pueblo cubano a «*su*» revolución y a «*sus*» líderes. De Cuba quería irse todo el mundo.

Al igual que otros muchos cubanos en Miami, el padre Juan Sosa apenas podía creer lo que estaba viendo en los noticieros: –«Recuerdo en el año 80, estar viendo la televisión en inglés, y en las noticias americanas a nivel nacional, escuchar en la tercera noticia, que habían quitado la guardia de la Embajada de Perú en La Habana, y que habían saltado aquellos primeros dos carros y yo llamé a Monseñor y le dije: —"Monseñor, ya está en tercera noticia algo que pasó en la Embajada de Perú en La Habana y se han colado dos personas, pero lo más interesante es que han quitado la guardia... esto es rarísimo, que la guardia cubana se vaya"... Pasaron las horas, recuerdo que era Viernes Santo, y a las seis de la tarde: —"Monseñor, la noticia ha pasado de ser tercera a primera, porque han entrado miles de personas en la Embajada de Perú. Hay que prepararse, le dije yo, porque esto es tremendo"».

Tenía razón el Padre Sosa. Lo que estaba ocurriendo era tremendo, y sería tremendísimo. Hundido en el ridículo por el evidente rechazo del pueblo a su liderazgo y al sistema por él impuesto en la Isla, Castro reactivó *la válvula de escape* que tan útil le había sido 15 años atrás, cuando el éxodo de Camarioca. Anunció que toda persona que quisiera irse de Cuba podía hacerlo a través del puerto de Mariel, en el oeste de la Isla. Se proveería de la documentación necesaria a los asilados en la Embajada de Perú para que pudieran salir de allí y trasladarse a Mariel, y se autorizaría a los exiliados para que pudieran viajar desde los Estados Unidos hasta el mismo puerto cubano para recoger allí a sus familiares en sus embarcaciones.

Se desataba en Cuba una electrizante fiebre de gestiones, súplicas, llamadas telefónicas, etc., entre los millares de cubanos –millones, pudiera decir, sin temor a equivocación– que trataban de salir "por el Mariel" y al mismo tiempo, una explosión popular en Miami, donde, a pesar de los aguaceros de aquellos días, las calles se colmaban de cubanos en manifestaciones de solidaridad con sus compatriotas.

Pronto la prensa mundial estaba hablando no tanto de cuántos cubanos querían irse de Cuba, sino de cómo Castro les dejaba ir y no tanto de los de la Isla tratando desesperadamente de marcharse, como de los de Miami desfilando en las calles o comprando embarcaciones a como diera lugar para ir a buscar a sus familiares. Ya nadie mencionaba que más de diez mil cubanos habían «votado con sus pies» al saltar la cerca de una embajada, entre ellos algunos militares y no pocos miembros del Partido Comunista que, antes de dar el salto, rompían su carné en medio de la calle. Lo folklórico se robaba lo importante.

Al mismo tiempo, comienzan a conocerse en Miami espeluznantes noticias. Turbas de personas organizadas por la dictadura estaban recorriendo las calles de Cuba, plantándose frente a las casas de familias que habían expresado su deseo de irse del país, o de las cuales se sabía que esperaban ser recogidos por familiares que vendrían de los Estados Unidos. Esas familias eran acosadas con diabólicos *actos de repudio*. Les tiraban piedras, los ofendían con los peores epítetos, golpeaban a los que se asomaran afuera y en no pocos casos entraban a las viviendas, desbarataban o robaban todo lo que encontraban a su paso y golpeaban salvajemente a los *contrarrevolucionarios* que querían *abandonar la patria*.

Además, el régimen esparcía de boca en boca la información de que todo aquel que tuviese antecedentes penales, fuese homosexual, prostituta, drogadicto, proxeneta u observase cualquier tipo de conducta clasificada como *antisocial* por el propio régimen, podía presentarse ante la policía y admitir tal condición, y se les facilitaría irse por Mariel. Así se presentaron muchos delincuentes, y personas que estaban bajo las clasificaciones mencionadas. Y también muchos cubanos y cubanas, que, sin serlo, confesaban *conductas antisociales* para poder lograr un puesto en una embarcación.

Al llegar a Mariel, los exiliados se encontraban conque las autoridades, en muchos casos, no "les daban" sus familiares, o no todos ellos. Algunos, con mucha suerte, lograban recoger a todos los que iban a buscar pero, además, tenían que aceptar en sus barcos a otros muchos cubanos desconocidos para ellos. Otros, sólo podían recoger a algunos familiares junto con muchos otros desconocidos y en todos los casos, en exceso del número de personas que podían transportar sin peligro por el sobrepeso. Algunos de los pasajeros que se veían obligados a recibir en sus botes tenían

un aspecto patibulario. Otros mostraban claros síntomas de ena-
jenación.

El Dr. Rafael Peñalver, que estaba llamado a desempeñar
un papel importantísimo en algunas de las más notorias deriva-
ciones del éxodo que entonces comenzaba, lo explica así: –«Eran
personas que Fidel Castro, muy hábilmente, había colocado dentro de los 125,000 del Mariel, la mayoría personas decentes, gente de bien; fuerza a unos dos o tres mil que tenían antecedentes
penales en Cuba a que se montaran en los barcos de los cubanos
de aquí que iban a buscar familiares al puerto del Mariel. Y también hace algo que es una de las cosas más crueles que se haya
visto jamás en la historia de la Humanidad, que un país lance al
mar, a alta mar, a sus enfermos mentales, muchos retrasados
mentales, sin documentos, sin medicinas, sin records médicos.
Simplemente vació los hospitales mentales para sacarse de encima aquel problema y montó a los enfermos forzosamente en las
embarcaciones, las personas que menos se podían defender por sí
mismas, el régimen de Castro los lanzó a alta mar. Esto causó una
situación difícil para el sur de la Florida, donde de pronto llegan
125,000 personas, muchas de ellas sin familia, sin hablar el idioma, sin trabajo, y con el estigma de que dentro de aquel grupo de
125,000 estaban los criminales».

Los barcos con aquella diversa, sufriente y desesperada
carga humana comienzan a llegar a Cayo Hueso y los que en ellos
venían comienzan a llegar a Miami. Con ellos venía una parte tal
vez grotesca, pero muy real, del inmenso drama de la nación
cubana. Miami, el Miami cubano, les abría sus puertas de par en
par y su corazón... bueno, su corazón, de media ala. Se iban
conociendo las manipulaciones de la dictadura con los cubanos
que venían por Mariel y a raíz de ello se acuñaba un nuevo
gentilicio con visos de temor y condenación: *los marielitos.*

Se creaba en Miami una situación con todos los ingredientes necesarios para convertirse en un enorme caos. Lo sabían
las autoridades locales, lo advertían las organizaciones del exilio,
la Iglesia y otras iglesias lo veían venir. Monseñor Román sabía
que era necesario actuar sabia y rápidamente. *«La fe sin obras es*

*cosa muerta»,* había dicho el Apóstol Santiago. *«Hacer es la mejor manera de decir»,* había dicho el Apóstol de los cubanos. *«El movimiento se demuestra andando»,* decían los guajiros en San Antonio de los Baños. Y él tenía todo eso grabado en su corazón.

## 34. Los "marielitos"

El flujo de cubanos *«del Mariel»* llegando a Miami en aquellos días de abril de 1980 más que la caída de una catarata, semejaba el desborde que sigue a la ruptura de una represa. Tras ser procesados por Inmigración en Cayo Hueso, llegaban por chorros a Miami. El gobierno del Condado Dade (lo de Miami-Dade vendría años después), el de Miami y otras ciudades colindantes, las agencias de ayuda comunitaria, las organizaciones del exilio, las parroquias, Cáritas y otras agencias similares, en fin de cuentas, que todos en la comunidad arrimaron el hombro y se dio una eficiente respuesta, dentro de las circunstancias, a la inesperada crisis.

La Cofradía se movilizaba en la Ermita recogiendo alimentos, medicinas y ropas para asistir a los que iban llegando. Los Municipios, con su bien estructurada red de activistas de casi todos los pueblos de Cuba ayudaban en la localización de familiares, la recién nacida Junta Patriótica Cubana y otros grupos dirigían las movilizaciones denunciando al régimen que –lo que todos pensábamos– *«ahora sí que se cae»*.

Eran muchos los problemas a resolver, pero quizás el mayor de todos era el del alojamiento. Familias que esperaban ser acogidas por parientes o amigos residentes en otros estados, otros que, sin familiares en Estados Unidos optaban testarudamente por quedarse en Miami; otros más, que aceptaban la relocalización a otras ciudades donde iglesias o agencias de ayuda los recibirían, pero debían esperar los trámites del caso y, sobre todo, hombres solos, muchos hombres solos, para los que resultaba muy difícil encontrar patrocinadores. Y todo en medio del natural desorden que la urgencia y la escasez de recursos imprimían al proceso de identificar, organizar, procesar, etc.

Como solución perentoria se instalaron campamentos de tiendas de campaña en el estadio Orange Bowl, debajo de los puentes de las autopistas o expressways y en otros lugares. A los allí alojados se les proveía de alimentos tres veces al día, se habilitaban lugares para bañarse y letrinas portátiles, atención médica preliminar, etc. Muchos, muchos exiliados, y también personas no cubanas, iban a esos campamentos tratando de ayudar, pero no siempre tenían una experiencia agradable.

Aquellos campamentos eran un muestrario de contrastes. Junto a carpas donde se alojaban familias que observaban una conducta dictada por el respeto mutuo, la sensatez y los requerimientos básicos para la convivencia en tan precarias circunstancias, se levantaban otras carpas, las de los hombres solos, en casi todas las cuales se podían ver pequeños grupos cuyos ademanes, vocabulario y alardes de *guapería,* inquietaban a los demás. Otros hacían ostentación de su sexualidad. En casi todos primaba la preocupación de que lo que les daban no alcanzara para todos, fuese alimentos, ropas, etc. Algunos reclamaban en forma intimidatoria. Los ojos mejor entrenados de policías y trabajadores sociales detectaban en algunos lo que pudiera definirse como "cultura carcelaria" y, como ocurre siempre, los malos, que eran los menos, hacían más bulla que los buenos, que eran los más.

De todas formas, no había que ser un experto para darse cuenta de que aquello era un polvorín esperando la explosión. Por otra parte, según pasaban los días, iba decreciendo el apoyo de una buena parte de la comunidad a los recién llegados al ritmo de generalizaciones, injustas como todas son... *«los marielitos... esa gente no son como nosotros... lo que Fidel ha mandado para acá...».*

Pensar que alguien con el compromiso cristiano, el sincero patriotismo y el temperamento de Monseñor Román pudiera quedarse de brazos cruzados ante lo que estaba ocurriendo y lo que amenazaba ocurrir en las carpas, era no conocerlo. Le preocupaban a él varias cosas, sobre todo las condiciones de vida infrahumanas de los albergados y la explosión que podía surgir en cualquier momento por la promiscuidad y el hacinamiento. También, el prestigio de los cubanos. Algo había que hacer, y pronto.

Ya desde que se instalaron las primeras tiendas de campaña debajo de las autopistas, Monseñor las visitaba apenas terminaba sus labores en la Ermita y aún, a veces, durante el día. Uno o dos miembros de la Cofradía lo acompañaban siempre. Entraba a las carpas, se sentaba con ellos, les hablaba, los orientaba, los invitaba a rezar con él. Recogía los papeles que le daban con nombres y teléfonos de los parientes o amigos que trataban de localizar. Pero, claro que no se conformaba con esto. Había que hacer algo por sacarlos de allí, por normalizar sus vidas.

Al mismo tiempo, él se multiplicaba en la radio de Miami, Iba por todas las emisoras, buscando una oportunidad para dirigirse a la comunidad, particularmente a los cubanos. Todas las emisoras le abrían sus micrófonos, pues se sabía cuán importante eran su palabra y su presencia en aquellos momentos de desconcierto. Invariablemente, él recordaba a todos que los que llegaban de Cuba eran víctimas del castrismo igual que lo habíamos sido antes todos los demás, sólo que estos habían vivido más años de opresión: –*«Han tenido que vivir en el marxismo y el ateísmo por mucho tiempo... han sufrido mucho... son nuestros hermanos y tenemos que ayudarlos... no nos dejemos dividir...»*.

Eduardo y Ofelia Domínguez eran entonces los coordinadores o presidentes de la Cofradía. Ellos escribieron sus recuerdos de aquellos días en la memoria de su presidencia: –«En la reunión de los Movimientos Apostólicos de la Arquidiócesis preparamos un folleto de bienvenida para los recién llegados, con una carta de Monseñor Román y muchas orientaciones para que pudieran integrarse a la nueva sociedad que los acogía. Se preparó un programa para alquilarles apartamentos de emergencia en hoteles viejos en el *downtown*... Varios miembros de la Cofradía trabajaron mucho en esto.

–«El folleto ayudó mucho en la orientación aquí en Miami y también a los que se trasladaban a otras partes de Estados Unidos, pues les ofrecía la Ermita como punto de referencia y también la oportunidad de llamar a nuestro número y pedir orientación».

Un joven empresario español, establecido en Miami y abundante en inquietudes espirituales, sintió timbrar su teléfono en medio de la baraúnda que era Miami en aquellos momentos. El hoy sacerdote Federico Capdepón, nos narra su experiencia:

–«Cuando llegó la situación del Mariel, Monseñor Román me llama para que yo lo ayude, porque yo tenía alguna experiencia,

245

yo había trabajado con refugiados cubanos en España. Yo entonces estaba en un proceso de búsqueda y reencuentro, aunque yo trabajaba por mi cuenta, tenía mi negocio aquí en Miami, de libros, y entonces él me llama para que lo ayude con los refugiados que se quedaban debajo de los expressways, en las carpas, y también en el Orange Bowl. Yo iba casi todos los días con él, él me daba unas estampitas de San Lázaro y de la Virgen de la Caridad, y entonces, lo que se veía ahí, imagínate...».

Lo que se veía allí, lo bueno y lo malo, impelía los esfuerzos que movía y realizaba Monseñor Román y provocaba una que otra incidencia, algo surrealista y no exenta de comicidad. La que sigue me la contó un amigo común, no católico, que piensa que esto no debiera publicarse, pero, con todo mi respeto hacia él, creo yo que ilustra muy certeramente aquel panorama y retrata la comprensión de que hacía gala «el obispo de los cubanos».

Nuestro amigo lo cuenta así: —«Cuando el Mariel, estábamos ahí ayudando a los que llegaban y demás. Me acerco allí, a hablar con él, allí donde estaban las carpas. Estábamos conversando, y viene uno de los recién llegados y ve al obispo Román, que parece que había estado en alguna ceremonia y tenía puesta la camisa roja de obispo, y el hombre lo mira así y le dice: – *"Oye, caballo, ¿tienes candela ahí?"* Román no se inmutó, le dijo que él no fumaba y cuando el hombre se fue, me miró, con una sonrisa de oreja a oreja».

Y es claro, digo yo: en su vida de servicio a Cristo le habían llamado «*Excelencia*», le habían llamado «*esbirro con sotana*», pero aquella era, sin duda, la primera vez en su vida en que, afectuosamente, lo equiparaban con un cuadrúpedo. Gajes del oficio, diría él.

Él amaba su oficio, y en aquella crisis, no se tomaba un minuto de descanso.

—«*Julito, ¿tú puedes ir conmigo esta tarde a las carpas?*».

—«Sí, Padre, yo voy hoy con usted. Yo tengo los folletos».

Llegamos por la tarde, un buen rato antes de que declinara el sol. Poniendo de su propio dinero y sumándole algunas ayudas,

Monseñor había rentado varios apartamentos, estos en el sur de Miami Beach, en un hotel, no de cinco estrellas, pero en decorosa condición. Un hotel que, como tantos otros, en los inviernos se llenaba de ancianos, judíos casi todos, que venían *«del Norte»* buscando el calor que allá les faltaba. No había nadie que soñara entonces que aquella área se convertiría, pocos años después, en el glamoroso y muy caro *South Beach.*

Había rentado también un pequeño autobús, una *guagüita,* y nuestra misión en ese día era encontrar a los refugiados, hombres todos, cuyos nombres él tenía en una lista, junto con su localización en el laberinto de las carpas, para instalarlos en sus nuevas viviendas. Si mal no recuerdo, se les pagaba a los hoteles por tres meses de renta. Así, fuimos recorriendo el campamento hasta agruparlos a todos en un sitio. Los que iban a ser mudados habían sido avisados de antemano, por lo que no fue muy difícil la tarea. Se les había pedido que vistieran camisa y pantalón, o shorts, si no tuvieran pantalones, los zapatos que tuvieran y que se acicalaran lo mejor posible y así lo habían hecho.

Abordamos la *guagüita* Monseñor Román, el chofer, el que esto escribe y unos 18 ó 20 refugiados. Mientras yo repartía los folletos, él no se cansaba de hablar a aquellos cubanos, a la vez que caminaba de arriba abajo, una y otra vez, por el pasillo del vehículo. Al igual a los *balseros* que recibía en la Ermita, trataba de hacerles ver lo importante que sería en sus vidas lo que habían vivido en Cuba y el minuto que vivían ahora en los Estados Unidos. Les insistía en que hicieran buen uso de la libertad que estaban estrenando. Les indicaba las páginas del folleto donde podían encontrar instrucciones para sus primeros pasos en este país. Les subrayaba la importancia de poner siempre en alto el hombre de Cuba y los cubanos. Les pedía encauzar sus vidas observando las leyes y las buenas costumbres. Y al final, persuasivamente, con aquel su tono al hablar de Dios que parecía salir directamente de su corazón, los invitaba a conocer al Señor, a encontrarlo en los brazos de María, *la Virgen de la Caridad del Cobre... –«Recuerden que ustedes no están solos. Ella es nuestra Madre y nos acompaña. Vayan a la iglesia que les quede más cerca, instrúyanse en la fe, vayan por la*

*Ermita. Abran ahora sus folletos en la página tal y recemos juntos el Ave María. Dios te salve, María...»*

Yo lo veía, incansable en aquella misión paternal y vino a mi mente el Evangelio de Mateo: *«¡Cuántas veces quise juntar a tus hijos, como la gallina junta sus pollitos debajo de sus alas!».*

Los «pollitos» balbucieron aquel Ave María que habrá sido, para muchos de ellos, el primero que escuchaban en sus vidas. Llegamos, nos bajamos con nuestros pasajeros, hablamos con un empleado del hotel que nos esperaba. Nos despedimos. Monseñor bendijo a cada uno de ellos. Había emoción y gratitud en los ojos de aquellos cubanos.

De regreso por el McArthur Causseway, oscuro ya, Monseñor medio que se derrumbó a mi lado, en el primer asiento de la *guagüita,* detrás del chofer, y suspiró hondamente. Estaba agotado. Pero, se incorporó de pronto, como quien recuerda algo, y dijo al chofer: *–«Hijo, ve con cuidado, pero apúrate un poco, que tengo que llegar a tiempo para celebrar misa en la Ermita».*

## 35. El profeta y los desamparados

La historia del éxodo del Mariel, de su impacto en Cuba y en Estados Unidos y del importante papel jugado en esa historia por Monseñor Agustín Román, no terminó con la última de las embarcaciones desbordantes de cubanos que atracara en la Florida en septiembre de 1980.

La tragedia que comenzara en abril de ese año con la «toma» de la Embajada de Perú en La Habana por diez mil cubanos desesperados ante la opresión y la miseria de sus vidas, tragedia ésta que diera un giro marcado por el oportunismo y la maligna astucia de Fidel Castro y sus secuaces al desatar el éxodo como tal, y que desembarcara en Miami con su carga humana, y su carga de incertidumbres y problemas; tuvo también sus capítulos de fuertes contrastes entre la visión profética de los que clamaban contra la injusticia que se cebaba en muchos de los llegados por Mariel, donde pagaban juntos *justos y pecadores,* y las autoridades federales que, guiadas por el oportunismo político, prejuicios, estereotipos y no menos por rastreros intereses, optaban por ignorar los síntomas del huracán que se avecinaba, e ignoraban también las voces que advertían sobre los peligros que esto implicaba.

El Dr. Rafael Peñalver, conocedor a profundidad de este tema, nos lo pone en perspectiva:

–«Cuando los del Mariel llegan a los Estados Unidos se les da un status diferente al de los cubanos que habían llegado anteriormente. Se les dio lo que se llama un *parole,* eso quiere decir que se le permite a la persona entrar al país bajo ciertas condiciones, pero, legalmente, esa persona está fuera del país: es decir que estabas adentro mientras no violaras las condiciones del *parole,* pero, si violas esas condiciones, no tienes derecho alguno, porque, legalmente, no estás en el país y, por tanto, no te protege la Constitución de Estados Unidos.

–«El número de personas que empiezan a cometer delitos menores en Miami, aumenta... personas que no conocían la ciudad, que no conocían a nadie aquí, que no tenían empleo... además era la época en que Miami era la capital de la droga. A muchos les decían –"*Mira, lleva este paquete allá y te vamos a dar tanto*"... Llevaban el paquete y los arrestaban, caían en la trampa, eran instrumentos del tráfico de drogas que había en aquel momento.

–«La fiscal en aquella época, era Janet Reno. Muchas de estas personas, o la mayoría de ellas, no tenían un centavo, no tenían el menor conocimiento del sistema legal de Estados Unidos y cuando los arrestaban, les decían: –"*Si Ud. se declara culpable, evita tener que ir a juicio, y le vamos a dar una condena de seis meses o un año*"... Para algunas de esas personas que estaban en la calle, debajo de un expressway, el tener un techo en la cárcel era preferible a seguir en las condiciones en que estaban, y aceptaban la oferta que les ofrecía Janet Reno, sin saber, porque ni siquiera ella lo sabía cuando hizo esa oferta, que al terminar de cumplir su sentencia, como que el cometer un delito era, además, una violación del *parole* bajo el cual habían entrado a este país, eso les quitaba todo derecho y caían entonces en detención indefinida por Inmigración, por haber incumplido los términos del *parole*.

–«Los mandaban a centros que se establecieron primero en Atlanta, después en otros lugares, llegaron a ser muchos centros donde estaban en detención indefinida los presos del Mariel.

–«Siendo presidente de la Comisión Hispana de la Florida, los detenidos del Mariel que estaban en la prisión de Tallahassee pidieron que fuera allí la Comisión a oírlos. Yo fui, y cuando me senté con ellos, yo no podía creer lo que estaba oyendo. Ellos me decían: –"*Yo vine en el 80, cometí un delito, me dieron dos años de cárcel, y sigo aquí, en el año 85*". Yo les decía –"Yo no creo que esto pueda ser así". Y ellos me decían: –"*Si Ud. no nos cree, vaya a ver a Monseñor Román, que él sí le puede contar nuestra situación*".

–«Efectivamente, cuando regresé de Tallahassee, fui a ver a Monseñor Román. Monseñor Enrique San Pedro sirvió de puente. Y, con esa preocupación empecé a estudiar los aspectos legales de estos cubanos que estaban en detención indefinida. Monseñor

Román básicamente se ocupó de la parte espiritual, yo me ocupé de la parte legal y de negociar».

Lo que no sabía entonces el Dr. Peñalver, lo que no sabía entonces Monseñor Román, era que el temprano y permanente interés de ambos en el caso de los presos del Mariel, los estaba providencialmente preparando a ellos para convertirse en verdaderos instrumentos de paz y justicia en momentos determinantes, momentos históricos, que estaban por llegar.

Sin lugar a dudas, a Fidel Castro le había salido muy bien su inhumana jugarreta. Se había librado de más de cien mil cubanos descontentos con su régimen, se había librado también de unos miles de «elementos antisociales» entre criminales empedernidos y delincuentes menores; había vaciado sus instituciones de enfermos mentales y, como ganancia colateral, estaba corroyendo el buen nombre de sus acérrimos enemigos políticos, los cubanos exiliados, y perturbando notablemente la tranquilidad y la economía de la ciudad que estos habían convertido en su sede.

Mientras tanto, ¿qué hacía al respecto Monseñor Román? ¿Qué pasaba en la Ermita?... Dejemos que él mismo nos explique:

–«*Después del Mariel, por cosas insignificantes y porque no sabían inglés, (los "marielitos") quedaban presos aquí. Al quedar presos, tal vez por cosas que ellos hicieron, o porque decían nada más que habían estado presos en Cuba, y entonces, iban quedando presos aquí desde que llegaban. Recordemos cuánto confundió aquí la palabra peligrosidad.*

–«*Las esposas, las madres y las personas, iban viniendo aquí, a la Ermita, a llorar. Las Hijas de la Caridad escuchaban... ellas me hablaban y me contaban el dolor que se estaba pasando... teníamos reuniones aquí cada domingo, después del Rosario de las 5, consolando a las familias... Yo estaba en los servicios pastorales, y yo tenía en ese momento, en el Departamento de Servicios Pastorales, el apostolado de las cárceles, o lo que se llama Detention Ministry... Ministerio de Detenidos. Esto me dio la oportunidad de conocer mejor el dolor del detenido y su familia.*

–«*Ellos* (los presos del Mariel) *mandaban cartas y cartas...
desde el 81 empezamos a recibirlas... Las cartas se multiplicaban:
el dolor que estaban pasando, la separación de sus familias...
Aquí, las mujeres, que tenían que trabajar en factorías durante el
día, que tenían que limpiar edificios en la noche, que tenían niños... Ellos en* (las prisiones federales) *en Louisiana, en California, en Atlanta y en todas partes, sin contacto con la familia. Eso
nos tocó enormemente y eso nos hizo hacer una lista, que fue la
que presentamos precisamente en el Departamento de Justicia, y
creo que esa lista despertó al Departamento de Justicia.*

–«*El arzobispo McCarthy, Monseñor Bryan Walsh, que estaba encargado de Caridades Católicas, y yo, firmamos un documento pidiendo que se hiciera justicia con esta gente y ese documento se hizo... no me acuerdo en que año... ese fue como el primer documento.*

–«*Después de eso, el obispo San Pedro, que fue aquí un
gran apóstol de los vietnamitas y de las cárceles, pues visitaba las
cárceles y todo eso, cuando ya él fue obispo auxiliar de Houston,
escribimos un documento también nosotros* (en diciembre de 1986)
*pidiendo que se hiciera algo por los presos, que eso era una injus-
ticia, estaban presos después de haber cumplido.*

–«*En ese tiempo no se quería saber. Era como un estigma
pensar eso. Desgraciadamente, las noticias que daban aquí tradu-
cían la palabra crimen en inglés por delito en español. Para nosotros, hay una distinción entre delito y crimen. Crimen es como de
sangre, y el delito, pues es otra causa, más ligera. Siempre hablaban de criminales y había como una crítica, que yo quería sacar
"los criminales del Mariel" y algunas personas llamaban* (a la
Ermita) *enojadas, porque* (según decían) *a esos, había que expul-
sarlos a Cuba, era lo que había que hacer con todos, sin juzgarlos.*

–«*El ambiente no era propicio. Era un tema que no era
simpático al pueblo... Las cartas (*de los presos) *que teníamos eran
miles y miles de cartas que se guardaron, hasta el momento del
huracán Andrew, que acabó con todo eso, con todo lo que teníamos de material escrito».*

Eran miles de cartas, hay que agregar aquí a lo dicho por Monseñor, miles de cartas que fueron contestadas una por una. Se daban respuestas generales o respuestas específicas, según fuera el caso, bajo las indicaciones del propio Monseñor. Las Hijas de la Caridad y voluntarios de la Cofradía escribían las respuestas, Monseñor las firmaba y, en ocasiones, agregaba alguna nota. No es difícil imaginar lo que significaba para los prisioneros –cada uno de ellos solamente un número dentro del sistema penal– recibir una respuesta personal a sus inquietudes, firmada por el Obispo Auxiliar de Miami, pero, más importante para ellos, por el Capellán de la Ermita de la Caridad.

Los años iban pasando, las injusticias se iban acumulando, el número de prisioneros iba creciendo, no había soluciones a la vista y lo que había, eran fuertes indicios de que se retenía a los prisioneros del Mariel indefinidamente, a la espera de lograr un acuerdo con el régimen castrista, que permitiera deportarlos masivamente de vuelta a Cuba. Parejamente, crecían las preocupaciones al respecto de parte de Monseñor Román, y de los obispos San Pedro y Boza Masvidal que, aunque no estaban en Miami, siempre estaban al tanto de todo lo que afectara a los cubanos.

Así las cosas, el 1º de enero de 1985, Monseñor Román logró publicar en el *Diario Las Américas* un artículo sobre el tema, que él tituló "Estos hombres desamparados", y que, tras su muerte, al reproducirlo para el libro «Una palabra más fuerte», una colección de escritos de Monseñor Román, editado por mí en 2012, y por un error tipográfico, apareció como «Estos hombres desesperados», lo cual incide y no altera, pues, ciertamente, aquellos desamparados, estaban también desesperados. Decía en parte Monseñor, menos de tres años antes de que estallaran los motines carcelarios de los presos del Mariel:

–...«*Entiéndase que no pretendo excusar los delitos reales que hayan podido cometer. Pero, hoy debo alzar mi voz por estos hombres desamparados, porque, a través de visitarles y de una correspondencia continua, he conocido la evidencia de métodos y procedimientos en desacuerdo con la justicia para los encarcelados.*

253

–«*En primer lugar, ha ocurrido en demasiadas ocasiones la retención indefinida de estos hombres en las cárceles, sin un motivo concreto y sólo en previsión de que pudieran aparecer nuevos acusadores.*

–«*Otra forma de injusticia ha sido la provisión de una defensa pública sumamente deficiente por tratarse de personas sin medios económicos, que la mayoría de las veces no han podido pagar ni la fianza, y por ello han tenido que depender de abogados de oficio con los que no han podido establecer una buena comunicación por causa del idioma. En otros casos, muchos encarcelados sólo han podido ver a sus defensores por primera vez el día anterior al juicio, y algunos no los han visto hasta el momento de presentarse ante los tribunales. Otra deficiencia ha sido los frecuentes cambios de abogados de la defensa, con la consiguiente falta de coherencia en la misma y aún la aparición de torpes contradicciones que han obrado en detrimento de hombres indefensos. Y finalmente, la sugerencia realizada por algunos de los defensores a los detenidos para que firmen una renuncia de derechos que luego se ha convertido en una trampa procesal.*

«*Otra forma ha sido la presión fiscal sobre muchos acusadores que se habían desinteresado en el proceso para que mantengan sus cargos y concurran a tribunales. Y quizás la más reveladora de todas ha sido la aplicación sistemática de tecnicismos procesales para lograr la dilación de los juicios y poder así retener al acusado. Esto ha ocurrido aún cuando el ministerio fiscal ha fracasado reiteradamente en su intento de presentar testigos de cargo. Para ejemplificar lo que esto significa, diremos que ha habido encarcelados que han sido presentados más de treinta veces ante el funcionario judicial correspondiente a lo largo de dos años y medio de reclusión y sin que todavía se vislumbre límite alguno para una decisión sobre el caso.*

«*Y toda esta práctica injusta ha venido ocurriendo de forma exclusiva dentro del grupo inmigratorio cubano proveniente del Mariel. Por todo esto podemos creer que ha habido una tendencia no confesada de mantener disponible a este grupo de cuba-*

*nos en una especie de limbo judicial, en espera de que se concreta-*
*ra la especulada deportación.*

*—«Nos ayuda a establecer este criterio el que los hombres*
*de iglesia y algunos de los propios funcionarios del poder judicial*
*de los Estados Unidos, con sentido encomiable de la justicia que*
*representan, hayan reaccionado a nivel de su autoridad positiva-*
*mente en defensa de estos hombres que parecen no tener derecho a*
*un sitio en este mundo de todos.*

*—«Por todo ello, al comenzar el Nuevo Año, elevo mi ora-*
*ción públicamente a Dios rico en misericordia para que nos ilumi-*
*ne a todos y especialmente a las autoridades en este país en su to-*
*ma de decisiones sobre estos hombres desamparados, para que no*
*se decida la injusta deportación global, así como superando el*
*prejuicio en que se apoya, y dando solución honesta según una*
*justa evaluación de cada caso y de cada persona».*

La situación de los presos del Mariel se convirtió en una
prioridad en la abultada agenda de Monseñor Román en aquellos
tiempos, a partir de 1980. Dedicaba largas horas él, sin descansar,
sin descorazonarse por la escasa respuesta que recibía, a agenciar
buenas voluntades en favor de la justicia para los detenidos, insistiendo en que se les prestara atención individual para poder *«sepa-*
*rar la caña del cohollo»* y evitar la arbitrariedad de clasificarlos a
todos como criminales.

Pero, nadie escuchaba. Solamente sus amigos y colaboradores le prestaban atención y apoyo a su cruzada. No pasaría mucho
tiempo sin que todos pudieran convencerse de que, en este caso,
como veremos más adelante, Monseñor no advertía, Monseñor pro-
fetizaba.

## 36. La «gran noticia»

Desde principios de los 80 comencé a ocupar posiciones de cierta relevancia en las organizaciones del exilio. En abril de 1980 participé en la fundación de la Junta Patriótica Cubana y, en junio, fui elegido Presidente Nacional de los Municipios de Cuba en el Exilio. En 1982 fui elegido vicepresidente de la Junta y fui anualmente reelegido a esa posición hasta 1992. Esas posiciones traían aparejadas contactos frecuentes con núcleos de cubanos exiliados en un gran número de estados de la Unión Americana, así como con distintas instancias y personajes del gobierno de Estados Unidos, organizaciones internacionales, gobiernos de otros países, y también elementos de la sociedad civil de algunos de ellos. Igualmente, esto provocaba continuas comparecencias en programas de opinión en radio y televisión.

Ese mi activismo en los asuntos cubanos explica el por qué fui uno de varios exiliados invitados a una serie de reuniones de índole informativa que tendrían lugar en Washington, DC, específicamente en el Departamento de Estado, el 20 de noviembre de 1987. Los invitados eran, en una buena parte, activistas del Partido Republicano –eran los meses finales de la presidencia de Ronald Reagan– y algunos otros, como yo, dirigentes de organizaciones cubanas, no solamente de Miami, si no, también, de otras ciudades de Estados Unidos.

Se nos informó primero acerca de la situación en Centroamérica, particularmente en Nicaragua, donde se libraba una encarnizada guerra civil entre las fuerzas armadas de la dictadura sandinista, apoyada por el régimen de los Castro y guerrillas insurgentes, apoyadas por Estados Unidos, y a los cuales se les conocía genéricamente como *«los contra»*.

Seguidamente Elliott Abrams, quien era en esos momentos Sub-Secretario para Asuntos Hemisféricos del Departamento de Estado, anunció, sin poder ocultar su complacencia, que tenía una importante noticia sobre Cuba e inmediatamente nos puso al tanto: los gobiernos de Estados Unidos y Cuba habían estado conversando y habían alcanzado importantes acuerdos, entre ellos, la reinstauración del Pacto Migratorio suspendido en 1985. Además, el régimen castrista aceptaría la devolución a la Isla de alrededor de 2,500 *«criminales del Mariel»* que se encontraban en prisiones federales en Estados Unidos. A cambio de esto, el gobierno de Estados Unidos reanudaría la emisión de 20,000 visas anualmente para cubanos que quisieran emigrar a este país. Había otros acuerdos complementarios, etc., pero lo anterior era el meollo de la cuestión, la *«gran noticia»*.

Hubo aplausos de la mayor parte de los asistentes. Yo pedí entonces la palabra y le expresé al Subsecretario Abrams mi desconcierto ante la información que acababa de darnos. Dije, si mal no recuerdo, que no se trataba de una gran noticia, sino de un gran error. Agregué que yo dudaba mucho que algún cubano aceptara resignadamente ser devuelto a Cuba y que cuando nuestra comunidad se diera cuenta de que, por primera vez, el gobierno de Estados Unidos se aprestaba a deportar cubanos a Cuba, la misma Cuba que Washington denunciaba constantemente por las violaciones a los derechos humanos que allí tenían lugar, lo cual era, además, un peligroso precedente, la medida no sería bien recibida. Agregué, para que no olvidaran mis objeciones, que esto pudiera tener repercusiones en las elecciones presidenciales del año siguiente. Y terminé diciendo que si bien la emisión de 20,000 visas sería algo aceptable como medida humanitaria, era una mala decisión política, pues le regalaba a Castro una nueva válvula de escape para aliviar las presiones internas en la Isla.

Mis palabras tomaron por sorpresa tanto al Sr. Abrams como a la mayor parte de la audiencia, de la cual no recibí expresiones de apoyo, pero tampoco de rechazo. Había algo como un poco de aturdimiento en muchos de los presentes, que me imagino trataban de digerir tanto lo informado por Abrams, como lo dicho por mí.

El Subsecretario articuló una rápida respuesta abundando en lo que Washington consideraba sus intereses y en el hecho de que Castro se hubiera visto «obligado» a firmar el acuerdo, así como expresando su confianza en que el exilio cubano comprendería y respaldaría el paso dado por la Administración. Aclaro que no cito sus frases exactas, sino el espíritu de su respuesta.

Terminó así aquella reunión que se había tornado algo tensa. Al atravesar otro salón del Departamento de Estado, uno lleno de escritorios y personas que en ellos trabajaban, nos presentaron allí a un joven diplomático llamado Michael Kozak. Kozak nos saludó eufórico, efervescente de alegría y orgullo: era él el primer diplomático estadounidense que lograba un acuerdo con Fidel Castro, algo que todavía hoy aparece en su curriculum en la página web del Departamento de Estado como un timbre de gloria.

Aquello me chocó. ¿De modo que lograr ponerse de acuerdo con Castro era considerado un gran mérito por el gobierno de Estados Unidos?... ¡Bien arreglados estamos!, me dije entonces.

A la noche, de regreso en Miami, hice varias llamadas. Una de ellas, claro está, a Monseñor Román, que, al igual que todos, conocía ya la noticia. Le conté: –«Padre, creo que tenemos que prepararnos para lo peor... me parece que esto tiene cola»... –«Sí –me dijo– es una mala noticia... tenemos que rezar mucho».

Esto, como he dicho, ocurrió el 20 de noviembre de 1987, un viernes. El 21, alrededor de mil prisioneros del Mariel se sublevan y toman control del Centro Federal para Detención de Extranjeros en Oakdale, Louisiana, reteniendo a 30 rehenes y comenzando incendios en las dependencias del penal. El lunes 23, un motín similar estalla en la Penitenciaría Federal de Atlanta, Georgia que albergaba casi dos mil prisioneros cubanos, toman allí 75 rehenes y también prenden fuego a varios edificios. El grito de los presos era el mismo en ambas prisiones: preferimos estar encarcelados en los Estados Unidos antes que ser devueltos a Cuba.

Habían comenzado los motines carcelarios más grandes en la historia de Estados Unidos.

# 37. El obispo, el abogado y el fiscal

Dr. Rafael Peñalver:

—«Monseñor Román me llama cuando ocurren los motines, porque el gobierno americano lo había llamado a él para pedirle que fuera a Atlanta y a Oakdale para pedirle a los cubanos que se rindieran, que soltaran a casi 150 rehenes que habían tomado... guardias federales que tenían como rehenes. Monseñor Román me pide que yo dirija las negociaciones con el Buró de Prisiones, con el Departamento de Justicia, la Casa Blanca, el Departamento de Estado, etc.

—«La primera llamada fue con el Buró de Prisiones y fue algo que todavía recuerdo como una de las experiencias más desagradables que uno pueda tener. Una llamada que duró más de hora y media, donde el Jefe de Prisiones me decía que Monseñor Román y yo teníamos una obligación moral de ir a acabar con aquellos motines y que nosotros no teníamos *standing* ninguno para pedir nada, pues aquellas eran unas personas que eran ilegales, etc.

—«Yo le dije: "Mire, Monseñor Román y yo nos hemos reunido, y hemos decidido que, apagar los fuegos y pedir que se rindan, no es el rol de nosotros. Yo llevo varios años trabajando en la parte legal de todo esto, yo creo que lo que se está haciendo con esos cubanos es inconstitucional. Monseñor Román, como obispo, considera que la detención indefinida es inmoral, por lo tanto, no nos vamos a prestar a esto".

—«El Jefe del Buró de Prisiones colgó de una manera abrupta, y acudió a ciertos líderes del exilio cubano, diciéndoles que yo estaba obstaculizando la resolución de una crisis que podía manchar en una forma imborrable la imagen del exilio cubano que había sido tan exitosa hasta aquel momento. No le fueron encima a Román, me fueron encima a mí.

—«Yo empiezo a recibir llamadas de algunos líderes de la comunidad... —*"Pero, Rafael, ¿cómo tú has hecho esto?... Lo que tenemos es que acabar con los motines".* Yo les dije –"Por la imagen del exilio yo no voy a exponer la vida de miles de cubanos que están en detención indefinida y que los van a dejar así, en una forma que yo considero que es inmoral". Se acabaron las negociaciones.

–«Pasan cuatro días, y una organización de Miami, FACE, (Facts About Cuban Exiles) logra que el fiscal Leon Kelner, que era el fiscal federal de Miami, reabriera la posibilidad de que Monseñor fuera a Atlanta y a Oakdale para pedirles a los presos que se rindieran. Volvemos a reunirnos Mons. Román y yo, y decidimos que no, que nuestra posición era la correcta y que no la íbamos a cambiar.

–«El gobierno americano se ve ya con una presión enorme, porque cada día que pasaba esto era noticia de primera página en los periódicos. El Primer Ministro de la Unión Soviética estaba por llegar a la Casa Blanca, y querían resolver esto antes de que éste llegara, creo que era Kosigyn, o Brezhenv. Entonces, hay otra conversación con el Jefe del Buró de Prisiones, y yo le pido una entrevista con el Fiscal General de Estados Unidos antes de ir a Atlanta y a Oakdale.

– *«Pero, ¿para qué Ud. quiere?...* –"Yo quiero hablar con él porque si Ud. me dice que la ley no permite cambios, la única persona que puede cambiar esto es el Fiscal General y nosotros queremos hablar con él para plantearle nuestra posición.

–«El día de Thanksgiving, sagrado en este país, a las dos de la mañana, salimos en un avión del gobierno para Washington. En el avión, íbamos Monseñor Román, el fiscal Leon Kelner, Carlos Arboleya como representante de FACE, y yo. Cuando llegamos a la reunión con el Fiscal, Edwin Meese, Monseñor dijo que él quería hablar con el Fiscal y conmigo solamente.

–«El Sr. Fiscal abre la conversación dándonos las gracias por nosotros haber accedido a ir a Atlanta y a Oakdale para ponerle fin a los motines. Yo le dije: "No, señor Fiscal, yo siento decirle que Mons. Román y yo hemos conversado bien esto... el rol de apagar los fuegos es de los tanques... Uds. tienen todos los medios militares para hacer eso, pero ese no es el rol de nosotros.... el rol de nosotros es buscar justicia para aquellos cubanos que llevan años detenidos sin que tengan la posibilidad de ser puestos en libertad, bajo una política que, en mi opinión, es inconstitucional".

—«¿Cómo Ud. va a hablar de derechos constitucionales de personas que ni siquiera están en este país?... Esas personas están del otro lado de la cerca, entraron aquí con un parole que violaron, por tanto, no tienen derecho alguno y están del otro lado de la cerca... ¿Qué derechos constitucionales, si ni siquiera están en este país?", exclamó el Fiscal General.

—«Pues, entonces, señor Fiscal, siento decirle que Ud. tendrá que resolver esta crisis con sus métodos, pero no con nosotros". Meese se dirigió entonces a Monseñor:

—«¡Señor Obispo!... ¿Ud. ha oído lo que este abogado ha dicho?... porque yo no puedo creer lo que estoy oyendo!.. Que un abogado, un oficial de la Corte, esté chantajeando al Fiscal General de Estados Unidos... diciéndome que si yo no accedo en darles un proceso de revisión, ustedes no van a intervenir y van a permitir que haya un derramamiento de sangre... ¡Esto es un chantaje y estoy seguro de que Ud., como representante de la Iglesia, no está de acuerdo con esto!"

—«Y Monseñor Román... con esa voz... con esa voz así, dice: —*"Yo creo que yo debo haber entendido mal. Ud. dice que estas personas no están en Estados Unidos, que no están en el país, pero... ¿cómo, si no están en el país, se han apoderado de las dos prisiones más grandes que hay aquí?... Yo no soy abogado, pero yo he estado siguiendo todo lo que estaba diciendo el Dr. Peñalver y yo estoy totalmente de acuerdo con su planteamiento... Esto no es un chantaje, esto es una búsqueda de la justicia, y esa es la misión de la Iglesia, y el deber de un obispo".*

—«Meese se quedó frío, porque aquel guajirito, calladito, que de pronto le haya soltado esos... como dos bofetadas: primero que ¿cómo si no estaban aquí teníamos esa situación? y después, que estaba de acuerdo con lo que yo había dicho y que eso era la misión de un obispo... eso fue algo que le vino a Monseñor como una inspiración del cielo... aquellas palabras.

–«Entonces Meese dijo que lo sentía mucho, y se acabó la reunión. Regresamos, llegamos a Miami como a las tres de la tarde, después de haberle dicho a Meese: "Aquí termina nuestra gestión. Si Ud. está interesado, en un futuro, en seguir hablando más sobre el tema de hacer un proceso de revisión, nosotros estamos más que dispuestos a seguir hablando"».

Permítaseme interrumpir brevemente este relato que nos hace Rafael Peñalver, para intercalar unos datos sobre Edwin Meese, el Fiscal General de Estados Unidos, atónito, en este punto de la historia, ante lo que quizás él consideraba un atrevimiento de parte de aquellos dos cubanos que con tal firmeza le hablaban.

Meese era un californiano, descendiente de una familia de origen alemán devotamente luterana. Conservador, inteligente, trabajador, abogado y profesor de leyes de sólida reputación. Miembro activo y destacado del Partido Republicano, había sido un aliado político del presidente Ronald Reagan desde los tiempos de éste como gobernador de California. Había servido en el Ejército y tres años antes de este encuentro se había retirado de la Reserva con grado de coronel. Tenía fama de eficaz, organizado y razonable, pero nada blando. Tengo entendido que actualmente, cerca ya de su novena década de vida, se mantiene activo como miembro de organizaciones jurídicas y *think tanks* de índole conservadora.

Incidentalmente y de importancia para el tema que discutía, Meese, como Jefe de Despacho del gobernador Reagan, había tenido un rol decisivo en la terminación de los motines ocurridos en un parque de Bekerley, California, en mayo de 1969. Su apoyo a la decisión de enfrentar aquella situación con toda la fuerza de la ley, que resultó en un estudiante muerto, centenares de heridos y la ocupación del parque por parte de la Guardia Nacional, fue ampliamente criticada por muchos. Con estos antecedentes, es fácil entender su actitud ante los motines de los prisioneros del Mariel y ante la posición asumida por el obispo y el abogado, cubanos de Miami, que rebatían sus opiniones.

Volvamos al relato del Dr. Peñalver:

–«Pasaron dos o tres días sin nada, y entonces, al fin llamaron para decir que estaban mandando a uno de los jefes del FBI para comenzar las negociaciones, pero que éstas tenían que ser totalmente secretas. Todo esto, mientras en la Ermita estaban las esposas de los presos, los hijos, familiares, reunidos todos. Los líderes de la comunidad cubana todos respaldando la posición de Monseñor Román. Recuerdo la declaración que tú escribiste a mano, que fue la base de todo aquello.

–«Comenzamos las negociaciones en el primer piso de mi oficina, en el 1101 de Brickell Avenue. Allí había un primer piso que tenía una ventana que daba a Brickell y pensábamos nosotros que nadie nos descubriría jamás, hasta que un día, estamos negociando y vemos que hay unas cámaras allá... el FBI se molestó... pensaban que nosotros habíamos provocado aquello... Continuamos las negociaciones en lo que después fue la casa de Monseñor Román, en el *Youth Center*, con el agravante de que, un día... esta gente del FBI fumaban mucho, enormemente... Eran como las diez de la noche y estábamos negociando allí, y de pronto suenan las alarmas de fuego, y se aparecen los bomberos y la policía... las negociaciones secretas, ya no lo eran.

–«Una cosa interesante es el rol que Monseñor Román le daba a la oración. En algunos de los momentos más críticos de las negociaciones, que estábamos allí en la casa de las Hermanas, en la Ermita, Monseñor iba a cenar a las seis de la tarde, teníamos la prensa afuera, todos los canales de TV tocando aquella puerta, porque tenían que salir al aire en vivo a las 6... el teléfono sonando de Washington, y Monseñor Román: –*"No, no, no... yo estoy en oración"*... y no había quien lo moviera hasta que no terminaba sus oraciones».

¿Qué pedía en sus oraciones Monseñor Román en aquellos angustiosos días, con el tiempo corriendo en contra de una solución pacífica y justa de los motines carcelarios?... ¿Le escucharía Dios?... Veamos lo que él nos cuenta.

*Apéndice IV*

**Declaración de las organizaciones del exilio cubano ante la crisis en la situación de los presos del Mariel**

En vista de los graves acontecimientos y las hondas preo-cupaciones que sacuden a nuestra comunidad con motivo de la amenaza de deportación a algunos de nuestros compatriotas prisio-neros del Mariel, nosotros, representantes de distintas organizacio-nes del destierro cubano y en nombre de nuestro pueblo, manifes-tamos lo siguiente:

1º- Pedimos a nuestros compatriotas que se encuentran amotinados en distintas prisiones que cese la violencia y que se evite todo derramamiento de sangre, de manera de poder hallar so-luciones justas para todos a la brevedad posible. Asimismo pedi-mos a las autoridades el actuar con extrema prudencia en el trata-miento de esta crisis, a fin de hacer posibles dichas soluciones.

2º- Pedimos también a las autoridades que presten inmedia-ta atención a los urgentes aspectos de humanidad que esta situación presenta. Nos duele que un acuerdo que se anunció como tendiente a la unificación de las familias cubanas, sea el vehículo que se uti-lice para separar de sus familias a los detenidos que las tienen en los Estados Unidos y entendemos que, particularmente en el caso de las personas que continúan en prisión a pesar de haber cumplido sus sentencias, es una fragrante injusticia que reclama inmediata solución. Creemos que a nadie debe negarse el debido proceso le-gal y el derecho a buscar la felicidad.

3º- Pedimos, por tanto, que no se niegue a estos compa-triotas nuestros los derechos fundamentales en los que hemos in-sistido desde el principio mismo de esta situación, en 1980. Entendemos que la moratoria ofrecida por el Procurador General de los Estados Unidos, debe servir para garantizar a esta comunidad que a cada uno de estos prisioneros se les respetará el derecho a una audiencia judicial individual, con todos los derechos que ampara la Constitución de los Estados Unidos. La Ley de Exclusión, que solamente provee un proceso administrativo, no se debe aplicar a esta situación, que no tiene precedentes en la historia de este país.

4º- Finalmente, reiteramos nuestra disposición de cooperar en cuanto sea posible para que este problema sea pacíficamente resuelto, atendiendo al reclamo de justicia que el mismo encierra.

Miami, Florida, Noviembre 23 de 1987

*Firmado, en distinto orden:*

*+Monseñor Agustín A. Román, Obispo Auxiliar de Miami*

*Dr. Manuel Antonio de Varona (Junta Patriótica Cubana)*

*Santiago Blanco, Rolando Fernández Padrón, Miguel A. Tudela, Luis Egozcue, Miguel Arronte y Julio Estorino (Municipios de Cuba en el Exilio)*

*Fico Rojas (Brigada 2506)*

*Rodolfo Capote (Asociación de Ex presos Políticos de Cuba)*

*Andrés Nazario Sargén (Alpha 66)*

*Francisco Carrillo (Masones Cubanos en el Exilio)*

*Luisa M. García Toledo (NACAW-National Association of Cuban American Women)*

*Siro del Castillo (Solidaridad de Trabajadores Cubanos)*

*Dr. Rogelio del Pino (Colegio de Abogados de La Habana en el Exilio)*

*Oilda del Castillo (Movimiento Demócrata Cristiano)*

*Fernando Subirats*

*Gustavo A. Subirats*

*María Cristina Barrios*

*Bárbara Ibarra*

*Hay, además, siete firmas ininteligibles, entre ellas, las de los representantes del Cuban American Bar y de FACE (Facts About Cubans in Exile) respectivamente.*

**Nota:**

La anterior declaración fue escrita a mano en el transcurso de la primera reunión de representantes de organizaciones cubanas del exilio, a raíz de los amotinamientos de los prisioneros del Mariel en la prisión de Atlanta, Ga, y en el Centro de Detención de Oakdale, LA. La reunión tuvo lugar en la Ermita de la Caridad, el lunes 23 de noviembre de 1987.

Fue firmada allí mismo, por lo que las firmas no están identificadas con cada nombre escrito en forma legible, ni tienen todas a su lado el nombre de la organización a la que cada persona representa, por lo que he tenido que hacer un ejercicio de memoria que, lamentablemente, no ha alcanzado a todos los firmantes. *JE*

# 38. San Francisco y el lobo

Monseñor Agustín Román:

–*«Cuando vinieron los riots, y ellos* (los presos) *pidieron que yo interviniera, no era nada nuevo. Yo había sido la persona que durante años les había escrito respondiendo sus cartas, y que sus familias, naturalmente, había venido aquí y siempre había encontrado en la Ermita un apoyo, un consuelo.*

–*«En 1987, noviembre 1º, tuve un infarto que me dejó muy débil. El día de Thanksgiving fuimos nosotros aquí, con Rafael Peñalver, y había... dos personas más, que tratamos de ir, primero al Departamento de Prisiones, y allí estuvimos, pero ellos no entendían, estaban bajo la presión de esto* (los motines)*, y hubo una gran discusión y no pasó nada. Entonces nos fuimos al Departamento de Justicia, y el Departamento de Justicia fue muy bueno, nos escuchó y fuimos bien recibidos.*

–*«Pero... lo que abrió al Departamento de Justicia en aquel momento, fue cuando ellos vieron la documentación que nosotros teníamos:* (la lista con) *todos los nombres, todos los datos... las familias, todo el proceso, que se lo fuimos contando. Eso fue lo que, precisamente, abrió al Departamento de Justicia, no fue otra cosa.*

–*«El Departamento de Justicia me dijo, "mire, muy bien todo lo que Ud. dice, encantados, le agradecemos mucho que vengan, pero, nosotros tenemos profesionales para eso, así es que, bien..." y yo dije "bueno, es cierto, yo no soy un profesional en esa materia, ni nada de eso".*

–*«Nosotros regresamos aquí, pero, cuando ya aquello no tenía solución y estaba ya aquello con los tanques* (de guerra) *para hacer lo que se hizo en Waco* (Texas) *años más tarde, pues entonces nos hicieron una llamada corriendo, que teníamos que ir...*

–*«Salimos Rafael y yo, y yo le dije... "yo no puedo comprar ahora un ticket, así, para ir así rápidamente" y me dijeron "le ponemos un avión". Nos llevaron en un avión a una de las bases que había allá cerca de Louisiana y allí pasamos un día com-*

*pleto... Reuniones, discusiones constantes. Ellos... querían algo como un contrato de seguridad. Yo no tenía experiencia en eso, y para eso fue Rafael Peñalver. Estuvimos allí estudiando el contrato para defenderlos a ellos. Algunas cosas Rafael creía que no estaban correctas, porque nos podían, tal vez, vender gato por liebre, y decía –"No, yo creo que esta palabra hay que cambiarla, esto por esto". Ellos aceptaron bastante lo que decíamos.*

–«*Yo grabé dos tapes* (dos vídeos) *para que se los pusieran dentro de las cárceles y ellos* (los presos) *pudieran verlos, donde yo les decía que aceptaran el contrato. Ellos habían hecho el contrato, el contrato no lo habíamos hecho nosotros, lo que tratamos era ver cómo ese contrato tenía más garantías para ellos, que ellos, los pobres, sin saberlo dentro, no lo hicieron bien. Esa noche dormimos en la base militar".*

–«*Al día siguiente ellos vieron el contrato... A nosotros nos llevaron una tarde en que ya era el último chance que había... Estaban los detenidos que tenían los rehenes, que era todo el personal* (de la prisión)*, los oficiales, en Oakdale primero.*

–«*Me llevaron en un helicóptero. Yo bajé en el helicóptero con Rafael Peñalver... Les pedí que me buscaran un automóvil abierto y que yo le diera la vuelta a la cárcel, para poder hablar a los presos... pero, que me dejaran solo los oficiales que estaban allí, que yo lo haría solo.*

–«*Yo di una vuelta a la cárcel, y ellos* (los presos)*, a medida que me iban viendo... parece que al principio no sabían, pero después empezaron a salir... eran diez, quince, veinte... cien, doscientos, trescientos... Unos iban viendo ya, y empezaron a cantar "Alabaré"... los cantos propios de los carismáticos. Fueron así... y entonces iban corriendo, siguiendo al automóvil, hasta que* (los oficiales) *me pusieron como en un camión,* (un camión con plataforma o plancha trasera abierta) *y yo les pude hablar desde allí, pero, no me dejaban entrar dentro de la cárcel, no tenía permiso para la cárcel, sólo* (me permitían hablarles) *desde el exterior, junto a la cerca.*

–«*Allí yo les hablé* (a los presos)*. Les hablé con el corazón, sin papel, sin nada escrito, es decir, yo les hablaba, y ellos se iban*

268

*acercando, y me dijeron "pero, es que nos han tratado muy mal" y yo les dije: "Es verdad que sí, es verdad que ustedes han tenido que sufrir muchísimo, ciertamente, pero, bueno, vamos a ver si empezamos una vida nueva y si se puede hacer algo".*

—*«El gobierno me prometió a mí, primero, lo que nosotros pedíamos: que cada uno pasara por un panel de revisión* (individualmente), *y que ese panel de revisión decidiera, y que no se decidiera como se estaba decidiendo, deportar a toda la gente, así, en grupos, para Cuba.*

—*«Mientras esto se hacía allá, aquí la gente se iba reuniendo en oración y creo que hubo oración no solamente de nosotros, sino de todos los medios, de todas las denominaciones yo creo que rezaron, porque allí mismo se vio que estaban rezando de todas las denominaciones también, como aquí* (en Miami) *y en todas partes.*

—*«Estaban* (los presos) *todos armados con puñales que ellos habían confeccionado. Ellos estaban con armas en las manos y eso era lo que temía precisamente el gobierno. Les dije así, "si quieren, tienen que decidirse a tomar el camino que tenemos que tomar, o continuar como estamos. Si ustedes deciden rezar el Padrenuestro conmigo, tiren las armas al suelo, porque no es posible querer libertad para sí mismo, si no le damos libertad también a esos que ustedes tienen aquí como rehenes".*

—*«Al momento cayeron todas las armas y fue para mí un momento muy impresionante, tremendamente impresionante, porque ahí la gracia de Dios trabajó, fue lo único que pudo trabajar. Levantamos todos las manos, los miles que estaban adentro y yo mismo y rezamos el Padrenuestro, junto con los cientos que esperaban afuera... los familiares.*

—*«Terminado el Padrenuestro ellos decidieron que aceptaban el contrato y los oficiales abrieron y me permitieron entrar dentro* (de la prisión) *y sacamos a todos los rehenes en ese momento. Ellos mismos, los presos, iban trayendo los rehenes y los oficiales los iban recibiendo... A los rehenes que estaban muy nerviosos los llevamos al hospital.*

—*«Esa tarde los llevaron a ellos a distintas cárceles, hasta el momento que se hicieran los paneles. Hubo una deportación a*

*Cuba como de unos mil, porque tenían causas graves, según el go-bierno.* (Después), *poco a poco fueron saliendo* (en libertad) *como siete mil en un período de tiempo largo...*

–*«Entre los que se deportaron a Cuba creo que se cometie-ron injusticias. Algunos habrían tenido tal vez dos o tres faltas y eso era la causa, que el que tenía una, sí, pero el que tenía varias, no. Ciertamente, yo sé que algunos han sido deportados, que han tenido que sufrir muchísimo dentro, porque no tuvieron chance de poder resolver sus cosas como había que resolverlas.*

–*«Después de aquello quedaba Atlanta. Yo les dije a ellos* (los representantes del gobierno) *aquella tarde que yo podía ir a Atlanta si ellos lo permitían. Me dijeron que no, que ellos pensa-ban que Atlanta no necesitaba que yo fuera... Muy atentos siempre fueron, pero así...*

–*«Terminamos allí, y yo creo que una semana después, el 4 de diciembre, fiesta de Santa Bárbara, en una confirmación, que yo me perdí* (tratando de llegar) *y como la prensa estaba detrás de mí, tenía la prensa como las guasasas, así que los reporteros me ayudaron, pues, que estaba perdido, para llegar a la* (iglesia para la) *confirmación. La prensa parece que conocía la noticia antes que yo.*

–*«Llegué a* (la parroquia de) *Santa Bárbara esa noche, y celebré, y esa misma noche llamaron que tenía que ir a Atlanta rápidamente, Me enviaron un avión y fui a Atlanta con Peñalver, y cuando llegué a Atlanta, allí estaba ya el obispo San Pedro, que yo lo había llamado también para que estuviéramos juntos allí... Ra-fael, San Pedro y yo, y estuvimos allí lidiando con todo el asunto.*

–*«Aquella noche hubo dificultades también, porque ellos, no los presos, el gobierno, no tenían la capacidad para entender y dialogar, y también la falta del idioma de algunos, y la nuestra también. Rafael trató de explicar, y esa noche se logró que se fir-mara el contrato en que ellos aceptaban lo propuesto. Me dieron los rehenes esa noche, entre los rehenes estaba el capellán. Fue muy impresionante, porque el capellán dijo: –"Si esta gente se queda, yo también me quedo. Yo no quiero de ninguna manera sa-lir, si ellos no pueden salir, yo quiero quedarme".*

—«*Esa noche salieron* (los rehenes)*, y las familias que estaban afuera tenían una alegría tan grande... después el obispo San Pedro y yo estuvimos visitando los grupos de familiares que estaban fuera, las esposas... algunos que tenían familiares allí, y amigos.*

—«*Yo no sentí miedo ninguno, absolutamente, yo creo en la gracia de Dios, que nos acompaña en todo trabajo pastoral... además, eran personas que me habían escrito durante todo ese tiempo... yo los había visitado, yo había pasado un Día de los Padres allá con ellos, yo había visitado las distintas cárceles donde estaban, en distintos lugares del país, pero aprovechando siempre* (cuando viajaba a) *las reuniones con obispos en otros estados. No eran personas desconocidas totalmente. Nunca hubo ningún problema en ninguna de las cárceles que visité, nunca pasó nada y después se me abrieron las cárceles a donde iba y sólo al conocer mi nombre me decían, "pase".*

—«*La Iglesia había sido el instrumento para consolar a esta gente y yo creo que a la Arquidiócesis de Miami... tenemos siempre que agradecerle, porque el Arzobispo McCarthy fue un hombre tan comprensivo.... Su único problema era que yo había pasado un infarto y él temía mucho que yo no me cuidara... Lo único que me pedía era que tuviera calma, que pudiera descansar y todo eso, pero, yo tuve todo el apoyo del Arzobispo, la oración de los sacerdotes, de los obispos, de todos...*

—«*Yo creo que es un trabajo que la Iglesia siempre tiene que hacer. Nosotros tenemos que tomar los asuntos que son tal vez menos simpáticos, no solamente estos presos, sino todos los presos. Nosotros tenemos que ver al preso como una persona que está en recuperación, como un enfermo, y que tiene que salir un día y que tiene que gozar de la libertad y, sobre todo, que tiene una familia que está sufriendo con él.*

—«*Dios nos ha creado para la libertad, y eso de quitarnos por siempre la libertad, creo que no es posible, a no ser que la persona esté enferma* (mentalmente)*, que no pueda integrarse en la sociedad; eso yo lo comprendo, que no puede ser, pero, todo aquel que se ha podido recuperar, y que uno ve que hay la capaci-*

*dad para vivir en la sociedad, no debe vivir en prisión. He sido siempre contrario a la cadena perpetua, hay que buscar cómo rehacer personas para la sociedad.*

*—«Después de los años, yo veo aquello como que... Yo creo que toda persona está creada para ser libre, algunas, por sus actos, es necesario que paguen a la justicia, que paguen dentro de una cárcel, pero, creo que no deben estar en la cárcel por siempre... Para mí, un preso es como un enfermo, tiene que estar en el hospital hasta que pueda curarse y hasta que pueda salir a trabajar. Creo que las cárceles son para reformar personas, no para castigarlas".*

Así, con tal sencillez, contaba Monseñor Román los episodios que le habían catapultado a la fama, a ser considerado un héroe por todos, menos por él mismo. Cuando él me contaba lo anterior, su encuentro con los presos, yo pensaba en San Francisco y su pacto con el lobo de Gubbia. Para el santo de Asís y para el santo cubano de Miami, todo era lo mismo: el poder de la gracia de Dios.

# 39. La fama y los «milagros»

Monseñor Román y el Dr. Rafael Peñalver durante una conferencia de prensa al final de los motines carcelarios de los presos del Mariel. Detrás, junto a una persona que no hemos podido identificar, el entonces Administrador de la ciudad de Miami, César Odio.

*(La Voz Católica, enero de 1988)*

Decir que Monseñor Agustín Román fue catapultado a la fama por su intervención en los motines en las prisiones de Oakdale y Atlanta, describe sólo pálidamente la reacción popular, la de la Iglesia y el gobierno de Estados Unidos, de organizaciones de derechos humanos y de la prensa nacional e internacional ante los momentos increíbles que el manso Obispo Auxiliar de Miami había protagonizado exitosamente a pesar de las enormes dificultades que obraban en su contra.

Solo que la fama se quedó como una amante desdeñada, pues Monseñor le huyó, perdón por la comparación, *como el diablo a la cruz,* y fiel a sus sentimientos y cuidando su propia salud espiritual, insistió en todas sus comparecencias ante los diferentes medios de prensa, que no le daban tregua, insistió, repito, que todo había sido obra de la fe de los que oraron por el fin de la crisis. Estas expresiones de su modestia avivaban aún más el interés de los medios nacionales e internacionales, los que hasta entonces jamás habían sabido de él, y se sentían como el clásico buzo que descubre de repente la perla mayor de los mares todos.

Los sacerdotes que trabajaban junto a él, las Hijas de la Caridad, los miembros de la Cofradía que estábamos con mayor frecuencia en la Ermita, amigos y colaboradores, no queríamos hablar nada más que de los acontecimientos de esos días, del fin de los motines, cómo había sucedido todo. Él, sin embargo, satisfacía nuestra curiosidad amablemente, pero con parquedad, y "nos traía a tierra" preguntándonos, en medio de todo aquello, cómo iban las celebraciones del Adviento y si estábamos listos para todo el trabajo del Santuario en la ya muy cercana Navidad.

Esa, su natural sencillez y la autenticidad con la cual rehusaba dejarse encandilar por los flashes fotográficos, parecían incrementar aún más el interés de la prensa, generalmente escéptica ante supuestos héroes.

Y no era para menos: Miami ya estaba acostumbrada a su santidad, a su humildad, a su modestia natural, a verlo entrar y salir de diferentes cárceles cercanas, a donde acudía como parte natural de su misión y ministerio, para llevarle el Evangelio a todos, especialmente a los que pudieran estar más lejos de sus postulados. Miami ya sabía de la persuasión de sus palabras y de su postura sin tibieza frente a las injusticias, vinieran estas de la dictadura de los Castro en Cuba; de regímenes autoritarios en el continente, o de la marginalidad forzada por los poderosos sobre tantos hombres y mujeres en cualquier lugar del mundo; todo ello reflejado en «la Capital del Sol» donde se refugiaban tantos que huían de la oscuridad.

Resulta fácil entender, pues, que si Miami se quedó alelada al ver a los presos amotinados en Oakdale y en Atlanta dejar caer sus armas y soltar a sus rehenes al conjuro suave del pedido de aquel cura de pueblo, que no les hacía ni una sola promesa falsa y cuya garantía era un Padrenuestro; el resto de la nación y buena parte del mundo contemplaran todo aquello como quien vive un espectacular fin de película, como quien viera en carne y hueso a un Indiana Jones franciscano, capaz de salir airoso de una situación de peligro extremo sólo que, en este caso, sin armas, sin violencia y sin buscar recompensa.

Tanto los reportajes noticiosos sobre el desarrollo de los hechos, como los artículos de opinión que decenas de periodistas escribían sobre los motines y su desenlace, se referían a Monseñor Román en términos elogiosos, algunos, incluso con reverencia, algo bien extraño en la prensa, suspicaz como tiene que ser.

Así pues, la revista *People* publicaba a página completa una foto del Obispo caminando frente a la Ermita de la Caridad y dos páginas de reportaje en las cuales se referían a Román como «el obispo que desarmó una bomba de tiempo». La cadena nacional de televisión *ABC* lo designaba «Persona de la Semana», el *New York Times* titulaba uno de varios artículos sobre el tema de los motines y Monseñor, «El Obispo que habla por los pisoteados», el *Washington Post* hablaba del «Clérigo que siente la tragedia de los presos cubanos», *U.S. Today* lo proclamaba «El Héroe de la Crisis». *The Atlanta Journal* Constitution ponía en titular: «El Obispo Román: Un cuasi legendario sacerdote de la vieja escuela, líder religioso cubano conocido por su humildad y su pasión por la justicia social»: *El Nuevo Herald* y *The Miami Herald* daban extensa y bien documentada cobertura a todo lo relacionado con los sucesos que, de cierto modo, ponían también a Miami en el centro de las noticias y nombraban a Monseñor como «El Héroe Reticente», y subrayaban «La virtud latente del Obispo: el heroísmo». Ariel Remos, Jefe de Redacción del *Diario Las Américas,* reseñaba el fin de la crisis diciendo: «...La palabra de Monseñor fue el bálsamo que sedó los ánimos y dio plena confianza a los amotinados para finalizar la crisis». *La Nación*, de Buenos Aires, en un recuadro especial, calificaba al buen Padre Román como «Instrumento de Dios». Unos productores de Hollywood lo llamaron, querían hacer una película que recogiera la historia de los motines, quizás toda su historia... Él se reía, apenas les hizo caso.

Por si fuera poco, desde el presidente Reagan y el Fiscal General Meese hasta todas las autoridades de la Florida y el condado Dade, pasando por las de los estados de Louisiana y Georgia, sedes de las prisiones en conflicto, habían ensalzado públicamente la providencial intervención de Monseñor Román en la crisis.

¿Cómo se sentía con tanta atención fijada en él, el callado guajirito de San Antonio de los Baños, el muchacho que recorría bateyes enseñando a los campesinos «la doctrina», el estudiante que a veces tenía que elegir entre el almuerzo y una larga caminata, pues el dinero no le alcanzaba para comida y transporte? ¿Cómo lo tomaba el curita de la motoneta, el "contrarrevolucionario" encarcelado, el «esbirro con sotana» expulsado de su patria a punta de pistola, el devoto sacerdote que propagaba una devoción casi infantil a la Virgen María, aquél de cuyo llamamiento al episcopado algunos se asombraban... «con su inglés de Hialeah»?

Pues, se sentía muy bien, sin que ello lastimara su humildad. Su semblante en aquellos días inmediatamente posteriores a las soluciones alcanzadas, era uno de gran cansancio, de no menor paz y de justa satisfacción por lo logrado, pero, sin que nada de esto lo desviara de su ser habitual, ni de su trabajo de todos los días. Cuando él atribuía el éxito de sus esfuerzos a las oraciones que le acompañaban, y a la bondad del Señor que acogía aquellas súplicas, lo decía porque así lo creía y él estaba contento solamente por haberse dejado utilizar por la Divina Providencia. Nada extraordinario, según su forma de ver las cosas.

Recuerdo que uno o dos días después de su regreso de Atlanta llegaron a la Ermita, ya en horas de la noche, un par de reporteros y un fotógrafo de un importante rotativo tratando de entrevistarlo. Eran los últimos periodistas de aquel día que había sido un desfile de ellos y recuerdo la incredulidad de estos, cuando les dije que tendrían que esperar un poco, pues Monseñor estaba impartiendo una clase de catecismo a un grupo grande de jóvenes adultos, casi todos cubanos llegados recientemente a Estados

Unidos. No concebían que, en el apogeo de su popularidad, el Obispo estuviera realizando sus labores de siempre como si nada fuera de lo ordinario estuviese ocurriendo.

Terminó aquella entrevista diciéndole a los periodistas: –«*Nadie debe olvidar que si en Cuba no existiera una dictadura marxista y atea, nada de esto hubiera ocurrido*».

Me acerqué a él y le dije: –«Padre, ni uno más. Ud. tiene que irse a descansar ya». –«*Sí, ya me voy* –me dijo– *estoy cansado*». –«Cansado –repetí yo–, pero, ¿contento?»... Asintió con la cabeza y sonrió.

Conduciendo mi automóvil, camino a mi casa, iba pensando yo en aquella sonrisa y en lo que se había logrado, mientras, en la radioemisora que escuchaba, una popular periodista hablaba precisamente, del "milagro" que se había producido en las prisiones amotinadas. Yo, que no soy nada milagrero, tuve que admitir para mis adentros que sí, algo milagroso había ocurrido. Y, pensándolo mejor, me dije a mí mismo: –«Bueno, no "un milagro": muchos "milagros"»…

De la mano de Dios, bajo el manto de la Virgen, como él creía, o por el crédito de su ejecutoria, como algún agnóstico pudiera decir, Monseñor Román había logrado el fin incruento de los motines, pero no sólo esto. Había logrado también la aceptación por parte del gobierno de Estados Unidos del establecimiento de un proceso de revisión individual para cada uno de los prisioneros, a pesar de la cerrada oposición a esto que el propio gobierno había mantenido desde el principio; es más, se reconocían de facto derechos constitucionales para «los marielitos», algo hasta entonces impensable por los expertos legales.

En el camino, Monseñor había logrado el respaldo de la casi totalidad de las organizaciones cubanas del exilio, unidas en un objetivo que hasta entonces parecía un despropósito, como era la defensa de los encarcelados y, más ampliamente aún, había logrado que la gran mayoría de los exiliados pasaran del rechazo, a la solidaridad con los presos del Mariel: «De descastados, refugiados pasan a ser mártires», decía *El Nuevo Herald* en su edición del 1° de diciembre de 1987. Y lo que comenzó como una severa amenaza contra la reputación hasta entonces excelente de los cubanos en Estados Unidos, se convirtió en un nuevo elemento para acrecentar y justificar su prestigio. Un cubano era el héroe de la jornada, los cubanos se habían unido tras él, todos los rehenes habían sido liberados sanos y salvos, no se escuchó un solo disparo.

De paso, y muy importante para él, el prestigio de la Iglesia Católica en los Estados Unidos, se elevaba a la quinta potencia, gracias a su primer obispo cubano. No, no había habido un milagro... eran muchos los milagros de esos días. Sonreí yo también, manejando por las calles de Miami.

Quizás por todo lo anterior, fue que el titular más llamativo de las noticias de aquella saga, fue el publicado también el martes, 1º de diciembre, por el *Diario Las Américas*. Recogía una frase de Monseñor a su regreso a Miami «después de solucionarse felizmente la crisis en la prisión de Oakdale».

*«Si hoy no fuera cubano, pagaría por serlo»*, decía el titular, desplegado a todo el ancho de la primera plana del periódico:

Quedaban, sin embargo, tuercas que apretar y vigilancia que ejercer para que se cumpliera en realidad todo lo ofrecido por las autoridades a fin de lograr el fin de los motines. Faltaba un buen trecho por recorrer en lo quedaba por delante, que era evitar que se le cortaran las alas a la justicia. El camino no sería muy fácil. Rafael Peñalver nos lo advertía y Monseñor estaba dispuesto. Algunos de los logros alcanzados eran milagros inconclusos y ahora la misión era lograr que los mismos cristalizaran.

–*«Hay que orar mucho»*.

*Apéndice V*

## Cuestiones, países, personas

## Instrumento de Dios

Menudo casi hasta la fragilidad, el obispo auxiliar de Miami, Agustín Román, se alzó como un gigante de la esperanza y la libertad a los ojos de los 3000 presos cubanos que, días atrás, se amotinaron en dos cárceles norteamericanas para lanzar un grito desesperado: «No queremos ser repatriados».

Entre la intransigencia del gobierno norteamericano, resuelto a devolverlos a su país; la oferta de amnistía, inmediatamente rechazada, que Fidel Castro hizo a «los indeseables», como les llama, y el clamor exaltado de éstos, que preferían la muerte a regresar a lo que ellos denominan «la isla del diablo», se ubicó, para mediar, este obispo cubano que el régimen expulsó en 1961.

De la misión imposible salió airoso. En unos pocos días, en los que recorrió miles y miles de kilómetros, logró plenamente su objetivo: la mayor parte de los presos sacó pasaje a la libertad y podrá viajar al país que desee; otros conseguirán permiso de residencia y trabajo, y los restantes quedarán libres cuando cumplan sus condenas.

Primero la cárcel de Oakdale y luego la de Atlanta, ambas tomadas por los cubanos, cayeron bajo el embrujo de Monseñor Román, convertido... en abogado de los *indeseables* cuando se produjo el traumático «éxodo salvaje» de Puerto Mariel. «No son indeseables, son desesperados. Esta es una crisis de gente abandonada, pues cuando el hombre pierde la esperanza es capaz de cualquier cosa», dijo al referirse a los motines que durante dos semanas conmovieron a los Estados Unidos.

Román, que «se levanta con el sol para celebrar misa y se acuesta después que la luna», según comentó uno de sus allegados,

279

está ubicado en el vigésimo tercer lugar entre los cincuenta cubanos más influyentes de Miami. Vastamente conocido por su defensa de los exiliados de la ciudad, ya sean cubanos, nicaragüenses o haitianos, él se siente uno de ellos. En 1961 fue expulsado de la isla junto a un grupo de 130 sacerdotes, y tras cuatro años en Chile se radicó en Miami como respuesta al llamado de sus compatriotas. Tres años después era nombrado obispo auxiliar. Aunque frecuentemente participa en manifestaciones de exiliados, se cuida muy bien de no intervenir en cuestiones estrictamente políticas –y mucho menos partidarias– y detesta la publicidad de su persona.

Cuando, tras el fin de las revueltas carcelarias, mereció el agradecimiento público de Reagan y fue llamado «héroe de la libertad» y «paladín de la justicia», rechazó los calificativos con una definición más modesta: «Simplemente soy, como tantos, un instrumento de Dios».

*Diario La Nación, Buenos Aires,*
*domingo 3 de enero de 1988*

# 40. A Dios rogando…

Pase de abordaje *(boarding pass)* de Monseñor Román para el avión que nos llevaría a Washington, DC, para discutir la situación de los presos del Mariel con funcionarios de la Administración Reagan (Dic. 18, 1987)

–«*Hay que orar mucho*» 'decía Monseñor y «hay que pelear muy duro» se podía agregar, al tomar en cuenta todo lo que quedaba por hacer para que el final feliz de los motines carcelarios lo fuera para todos y no se le escamoteara o disminuyera a los cubanos «presos del Mariel» nada de lo que les había sido prometido por el gobierno de Estados Unidos cuando lo apremiante era que terminaran los levantamientos y terminaran incruentamente. En ello estaba empeñada la palabra del Pastor del Exilio y ni él, ni los que le rodeábamos estábamos dispuestos a aceptar nada menos que lo prometido, nada que pudiera cuestionar, precisamente, la solidez de la palabra empeñada ante los presos. Así pues, en esto como en todo, se decidió que la estrategia mejor era seguir el consejo del refranero popular: a Dios rogando, y con el mazo dando.

Monseñor Román y el Dr. Rafael Peñalver regresaron de Atlanta el 5 de diciembre y al día siguiente se produjo una reunión en hotel Ramada Inn de Dadeland, en Miami, entre una delegación del gobierno encabezada por el Sub-Secretario de Justicia, Arnold

Burns, y Monseñor Román y un grupo de sus colaboradores. Además de Burns, integraban la delegación de Washington, Randy Levine, Bob Martínez y el fiscal Leon Kelner. Junto a Monseñor Román y su abogado, el Dr. Peñalver, estuvimos allí, según mis apuntes, el también abogado Gary Leeshaw, el exprisionero político cubano Alberto Müller y el que esto escribe.

Burns, segundo al mando en el Departamento de Justicia, comenzó la reunión agradeciendo que estuviéramos allí y exponiendo los puntos principales de los pasos que el gobierno estaba dispuesto a dar, de acuerdo a lo pactado con los prisioneros. Según sus palabras todos los presos que calificaran para ello, obtendrían un *parole* para su permanencia en Estados Unidos. Habría revisiones individuales de sus casos respectivos para todos los presos. La gran mayoría de estos se quedaría en Estados Unidos (el Sub-Secretario recalcó esto diciendo: *«The overwhelming, overwhelming, overwhelming majority will remain here»*). Unos pocos, dijo también, los «realmente malos», serán repatriados. Agregó que él personalmente creía que la gran mayoría de los prisioneros era gente buena.

Monseñor Román le respondió dando igualmente las gracias a los representantes del gobierno por haber venido desde Washington a reunirse con nosotros. Dijo que necesitábamos de profesionales con amplios conocimientos de las leyes, enfatizando que debieran ser personas comprometidas con la observancia de los derechos humanos... –*«La justicia es la justicia* –dijo– *y todos debemos preocuparnos por ella»*.

En el curso de todo este ajedrez político-diplomático, el Dr. Peñalver mantenía un saludable y previsor escepticismo que le hacía inquirir sagazmente ante cada manifestación de los delegados de Washington; sobre todo, insistía en conocer cómo serían conducidas las revisiones individuales de los records de los prisioneros para determinar el destino de cada uno (pedíamos que se realizaran audiencias completas con garantías judiciales, no sólo audiencias administrativas) y cuáles eran los términos reales del acuerdo entre la Administración y el régimen castrista en el tema migratorio, así como sus implicaciones políticas. Sobre todo, preguntábamos repetidamente si la posibilidad de ser deportado a Cuba era sólo para *"los marielitos"* o si podía extenderse posteriormente a otros cubanos; pregunta que era consistentemente evadida o contestada con evasivas.

Burns insistía en que el hecho de que el gobierno cubano aceptara la cifra de 2,500 presos a ser repatriados no necesariamente significaba que se llegaría a esa cantidad de deportaciones; que esto se limitaría «a los más malos», que era lo lógico y que era nuestro trabajo persuadir a nuestra comunidad para que aceptara el acuerdo, algo a lo que, bajo la guía de Monseñor y de Peñalver, dijimos que no haríamos sin mayores seguridades.

Esta reunión terminó sin una verdadera confrontación, terminó con cordialidad, pero sin llegar a ninguna conclusión y sin que se borraran nuestras preocupaciones. Sólo nos quedó claro, para nosotros, que el gobierno estaba dispuesto a dar tan poco como pudiera. Y para el gobierno, supongo, que el Obispo y sus cubanos eran un hueso duro de roer. Quedamos en reunirnos nuevamente.

La siguiente reunión tuvo lugar en Washington, DC, el día 18 del propio mes de diciembre, 1987. De acuerdo a los apuntes que guardo, fuimos allá, además de Monseñor Román y Rafael Peñalver, los también abogados Robert Boyer y Gary Leeshaw (éste viajaba desde Louisiana, donde vivía), Miguel Ángel Tudela, dirigente de los Municipios de Cuba en el Exilio, Húber Matos Araluce, de Cuba Independiente y Democrática (CID) y el que esto escribe. Estoy casi seguro que también formaba parte de nuestra delegación Luisa García Toledo, una cubana extraordinaria, activista cívica y patriótica, de gran habilidad para el debate.

Estuvimos primero en el Departamento de Justicia, nuevamente con el Subsecretario Arnold Burns y algunos de sus asistentes y posteriormente en el Departamento de Estado.

Algún efecto debe haber tenido la firmeza en nuestras posiciones, mostrada en la reunión anterior y, sobre todo, el ya más que probado liderazgo de Monseñor y Peñalver, pues el Subsecretario Burns comenzó anunciando que el gobierno estaba dispuesto a considerar nuestra petición de que las revisiones a los presos se hicieran en audiencias completas con garantías judiciales, algo que Monseñor agradeció en nombre de todos.

Claro está, esa disposición de parte del gobierno no significaba necesariamente que nuestra petición sería aceptada, por lo que Peñalver y Gary Leeshaw continuaron insistiendo en el tema de las audiencias pidiendo las condiciones específicas que su capacidad de abogados experimentados les indicaba.

Sin embargo, el punto más espinoso de nuestra agenda continuaba siendo la cuestión de las deportaciones. Todos los que componíamos el grupo de Miami, insistíamos en esto cuando interveníamos en la conversación, que se desarrollaba fundamentalmente entre Monseñor y nuestros abogados y, por parte del gobierno, Burns y alguno de sus asistentes. Queríamos estar seguros que la deportación sería el último recurso y que estaría reservado para los casos más graves únicamente. Y queríamos saber también si la famosa lista de «indeseables» sujetos a deportación aplicaba únicamente a los «marielitos» (alrededor de 2,500), o si la misma podría ser ampliada en el futuro y llegar a incluir a cubanos con antecedentes penales llegados con anterioridad a Estados Unidos.

Cada vez que uno de nosotros hacía esta pregunta, Burns contestaba muy rápida y tajantemente *«hasta ahora sólo son deportables los incluidos en la lista»*... «¿Qué pasa después que se acabe esa lista, pueden agregarse otros nombres?»... El Subsecretario repetía siempre, como una cantilena, aquello de *«hasta ahora sólo son deportables los incluidos en la lista»*.

Arnold Burns era un hombre que, a sus 58 años, mantenía la corpulencia de un *quaterback* de futbol y la actitud de un *coach* empeñado en ganar su partido. Newyorkino de Brooklyn, graduado de Cornell y con sobrada experiencia en materias de derecho corporativo, era un formidable contendiente en cualquier discusión y un hombre de armas tomar, algo que demostró pocos meses después de la reunión que estoy narrando, cuando renunció a su cargo para enfrentarse judicialmente a quien era su jefe en aquellos momentos, el Fiscal General Edward Meese. Burns falleció en 2013, a los 83 años de edad.

En fin de cuentas, que nuestra insistencia en pedirle una respuesta clara en lo de las deportaciones llegó el momento que le hizo perder la compostura en medio de nuestra reunión: se incorporó cuan alto era, subió su tono de voz e increpó a Monseñor diciéndole –cito de memoria– que habíamos obtenido un gran acuerdo, que el gobierno estaba haciendo grandes concesiones y que nuestra obligación ahora era regresar a Miami y convencer a los cubanos para que aceptaran lo que habíamos conseguido, sin más exigencias.

Todos nos quedamos en una pieza por la brusquedad del alto funcionario, en las cuales a lo sorprendente se sumaba lo indignante por haber dirigido sus altisonantes palabras directamente al Obispo, a nuestro Padre Román. Uno de los miembros de nuestro equipo saltó en su asiento como picado por un alacrán, se puso en pie al igual que había hecho Burns, dio un par de manotazos sobre la mesa y empleando el mismo tono y volumen usado por el Subsecretario, le espetó: –«Sr. Burns, Ud. ha sido irrespetuoso al dirigirse a Monseñor Román en la forma en que lo ha hecho y debe disculparse, nosotros todos lo respaldamos a él... Y permítame aclararle algo: ¿cómo quiere Ud. que vayamos a convencer a nuestros compatriotas en Miami para que acepten esto, si cada vez que preguntamos si las deportaciones se extenderán a otros cubanos, Ud. evade la pregunta y nos dice – *"Hasta ahora sólo hay esto"*... ¿qué pasa después de ahora?... Entienda bien, por favor, que nosotros no vamos a engañar a nuestra gente».

La tensión podía cortarse con un cuchillo en aquella oficina. Todos nos habíamos puesto de pie, excepto Monseñor, que nos pedía calma con sus manos. Burns nos pidió que nos sentáramos, ofreció sus disculpas a Monseñor, que las aceptó restándole importancia al asunto. La reunión continuó por unos minutos más, sin nada en firme. Nos llevábamos solamente la promesa de «considerar» nuestras peticiones en cuanto a las audiencias a los prisioneros.

Seguidamente fuimos para el Departamento de Estado, donde nos reunimos con el Subsecretario John Whitehead, el jefe del Buró de Asuntos Cubanos, Kenneth Skogh, y otros. Whitehead, diplomático en todo el sentido de la palabra, nos trató con gran delicadeza –probablemente ya estaba impuesto de lo ocurrido en la reunión con Burns– pero nos recalcó con gran firmeza que Estados Unidos no pondría límite al número de detenidos que podrían ser deportados a Cuba, si el gobierno cubano los aceptaba. Al igual que los funcionarios del Departamento de Justicia, evadió contestar si se buscaba ampliar las deportaciones a cubanos llegados a Estados Unidos antes del éxodo del Mariel.

Al anochecer, terminadas las reuniones, se nos ofreció una recepción en el Departamento de Estado, en la cual participaron el propio Whitehead y otros funcionarios. En un momento dado, Burns, el Subsecretario de Justicia, y algunos de sus subalternos, llegaron allí. Burns se dirigió a donde estaba el miembro de nuestro grupo que se le había encarado tras su infortunado intento de intimidación contra Monseñor, lo abrazó efusivamente –un *bear hug,* como se dice– y lo felicitó, diciéndole: –«Me gusta la gente como tú, que se apasionan el defender sus puntos de vista. *No hard feelings».* –«No hard feelings, Mr. Burns». Interpretamos positivamente esta señal. Si estaban en misión de *damage control,* era porque se habían dado cuenta de que habían metido la pata. Y esto no nos venía nada mal.

Sin embargo, el panorama no se nos presentaba muy halagador que digamos. Monseñor no nos ocultaba su preocupación y, en el avión que nos traía de regreso a Miami, se sentó junto a Peñalver pidiéndole una explicación exhaustiva de todo lo que pudiera ocurrir, dónde estábamos en ese momento, y qué pudiéramos hacer para lograr nuestros objetivos. Él lo preguntaba todo, y Peñalver todo se lo explicaba con gran paciencia. Estuvimos de acuerdo en que era necesario aumentar la presión popular para no perder lo que se había alcanzado hasta entonces y hacer que el gobierno midiera sus pasos en cuanto a las deportaciones.

A nuestro regreso a Miami nos aguardaba la prensa, ávida de noticias. Monseñor, ni corto ni perezoso, anunció que convocaba a los líderes cívicos y políticos del exilio para una reunión de emergencia ante la amenaza de deportación que se extendía a *«todos los cubanos».* Peñalver aclaraba que la posibilidad de deportación afectaría a cualquier cubano que hubiese tenido problemas graves con la ley. La alarma estaba dada, el exilio la escuchó y los clamores se hicieron sentir.

Quedó claro que había que seguir luchando, escudriñando cuidadosamente los movimientos del Departamento de Justicia, del Buró de Prisiones, del Departamento de Inmigración y Naturalización, y al tanto de toda información y toda queja que nos fuesen llegando de parte de los presos y sus familiares. Había que asegurar "los milagros" de los últimos días.

En vista de esto, Monseñor pidió que formáramos un equipo de trabajo o *task force,* compuesto por miembros designados por las organizaciones cívicas del destierro y expertos en materias legales, para que este equipo se ocupara, en base permanente y voluntaria, de darle continuidad a los esfuerzos en pro de justicia para los presos del Mariel y a los contactos necesarios con las autoridades a fin de que todo marchara en forma cordial y efectiva.

Hubo varias reuniones, la comunidad se movilizó, se hizo la pausa obligada por Navidad y Año Nuevo, y se escogió la fecha del 28 de enero de 1988, en celebración del aniversario del nacimiento de José Martí, el Apóstol de la libertad de Cuba, para anunciar el equipo sugerido por Román. Lo integraban, en representación de distintas organizaciones y entidades: Luis Botifoll, Carlos Arboleya, Aida Betancourt, Siro del Castillo, Luisa García Toledo, José A. Garrido, Jr.; Húber Matos Araluce, Raúl Rodríguez, Ramón Saúl Sánchez, Salvador Subirá, Eugenio Sansón, Miguel Ángel Tudela y Julio Estorino. En calidad de asesores estaban Monseñor Agustín Román, y los abogados Rafael Peñalver, Leopoldo Ochoa y Robert Boyer.

Este equipo de trabajo (todos se referían a él como *«el task forcé»*) hizo honor a su nombre y trabajó; trabajó arduamente durante dos años, logrando la excarcelación de alrededor de 7,000 prisioneros que, en su abrumadora mayoría, pudieron integrarse exitosamente en la comunidad. Nos reuníamos casi todas las semanas, en el comedor de la Ermita, siempre a mediodía. El sabroso almuerzo que invariablemente nos servían las monjas, era un gran incentivo y la sazón de Sor Francisca cobró merecida fama entre los miembros del *Task Force*. Ayudaba mucho en nuestras gestiones, el hecho de que el índice de reincidencia entre los liberados del Mariel, fuese uno de los más pequeños de todos los grupos étnicos de los Estados Unidos.

La reivindicación total de aquella causa, que no pocos calificaron de "quijotesca", liderada por Monseñor Román, con el asesoramiento incansable e inestimable del Dr. Rafael Peñalver y la ayuda de muchos voluntarios, se demoró años en llegar, pero al fin llegó. El 12 de enero de 2005 la Corte Suprema de los Estados Unidos dictaminó la inconstitucionalidad de mantener a una persona en prisión tras haber ésta cumplido su condena y sin importar el status migratorio de la misma.

El júbilo de Monseñor ante esta determinación del más alto tribunal del país, lo llevó a escribir un artículo que tituló *«Recordando el Mariel»*. *–«Esto nos hace comprobar a los creyentes –*decía en dicho artículo– *que la oración siempre triunfa, tarde o temprano».* El viejo refrán que se había adoptado como estrategia había demostrado su eficacia: a Dios rogando, y con el mazo dando.

## 41. Juan Pablo, Miami... y las tormentas

La gran saga del éxodo del Mariel, con su punto álgido en los motines de Atlanta y Oakdale, ocuparon gran parte del trabajo y las actividades de la Ermita, así como de las preocupaciones y la atención de Monseñor Román durante la década de los 80, pero, por supuesto que ello no detuvo el flujo del quehacer de cada día, entrelazado con todo lo inesperado que el correr del tiempo trae.

Las sublevaciones en las cárceles en noviembre de 1987 estuvieron precedidas por un acontecimiento de envergadura, que puso en jaque a Miami, a la Iglesia, a la Ermita y a Monseñor Román, desde luego. En septiembre de ese año tuvo lugar la histórica visita del papa Juan Pablo II (hoy San Juan Pablo II) a Miami, acontecimiento que terminó siendo una experiencia dulciamarga para los católicos cubanos exiliados en la «Capital del Sol».

Un sol que, en aquellos días, estuvo opacado más de una vez por tormentas inclementes, unas determinadas inapelablemente por la Naturaleza, y otras provocadas por insensibles y torpes decisiones de los hombres, hombres de la Iglesia en este caso. Y en medio de aquellas tormentas, el Capellán de la Ermita, el Obispo Auxiliar, el Padre del Exilio, Monseñor Román, cuyas más preciadas lealtades lo convertían, en aquellos días, en «signo de contradicción». Por un lado, su amor y su fidelidad a la institución eclesiástica y, por otro, su amor a Cuba y su sueño de justicia y libertad para ella.

El anuncio de la visita papal, hecho a finales de 1986 o principios de 1987, llenó de gozo y esperanza a la mayor parte de la población de Miami, incluyendo a muchos no católicos. Juan Pablo II rebasaba los límites de la Iglesia, era reconocido y reverenciado por hombres y mujeres de todas las confesiones religiosas, de todos los países, y de muy diferentes culturas. Inspiraba respeto por su liderazgo tanto en materia religiosa y moral, como en temas de derechos humanos, civismo y relaciones interreligiosas. Inspiraba a muchos, además, por su profundo patriotismo polaco, su abierta lucha contra el comunismo y la compasión que extendía a todos los sufrientes.

Entre los católicos, era particularmente reconocido por su acendrada devoción a María, la Madre de Dios y Madre de la Iglesia y la unción sin fingimientos con que celebraba la Eucaristía. Aún los católicos más liberales, que rechazaban su marcado conservadurismo teológico y moral, reconocían la autenticidad de su fe y su compromiso social con el bien de la humanidad.

Con tales credenciales, los cubanos exiliados y en particular los católicos cubanos exiliados, veíamos en él a un campeón de la libertad, a "nuestro" campeón de la libertad, alguien a quien, por su propia experiencia de vida, sentíamos muy cercano. Estábamos seguros, además, de que esos sentimientos eran compartidos por la mayor parte de nuestros compatriotas en la Isla, privados éstos de poder expresarlos libremente.

La esperanza, pues, de que su visita a Miami significaría, entre otras cosas, un espaldarazo claro a nuestros reclamos por la liberación de Cuba y el respeto allí a los derechos humanos, surgió espontáneamente entre nosotros; nadie, ni líder, ni organización, ni agitador alguno tuvo que articularla: era algo esperable y lógico, de acuerdo a la trayectoria del papa polaco y a los muchos puntos de coincidencia entre lo sufrido por su pueblo y lo sufrido por el nuestro.

Así, el 24 de febrero de 1987, el Ejecutivo Nacional de los Municipios de Cuba en el Exilio emitió una nota de prensa, donde "anuncia que ha tomado el acuerdo de asumir la responsabilidad de promover una masiva participación cubana en los actos públicos que tendrán lugar en esta ciudad de Miami, durante la visita que a la misma efectuará Su Santidad, el papa Juan Pablo II, durante el próximo mes de septiembre". La nota se refiere más adelante al "Santo Padre, a quien todos los oprimidos del mundo miramos como un símbolo de libertad", y agrega que «es nuestra obligación de desterrados el lograr que el horrible drama que vive ese pueblo (el cubano) no pase desapercibido... Con todo respeto, manifestaremos nuestra solidaridad con el Papa y con el ideal de justicia que él encarna».

Sin embargo, pronto aparecieron señales inquietantes. El comité anunciado por la Arquidiócesis de Miami para organizar la visita papal estaba integrado por 24 personas, la gran mayoría de éstas miembros del clero. De esas 24 personas, solamente cinco eran cubanos: además de Monseñor Román que, como Obispo Auxiliar, formaba parte del Comité Ejecutivo, estaban los sacerdotes Pablo Navarro, Juan Sosa y José Pablo Nickse y la Sra. Zoila Díaz. La falta de proporción entre la cantidad de fieles cubanos de la Arquidiócesis y el número de miembros del Comité de la Visita Papal del mismo origen, preocupaba a muchos, sobre todo a los que recordaban que la generosa acogida que la Arquidiócesis nos había dado a los cubanos exiliados, desde los inicios de la negra etapa del castrismo en Cuba, no había estado libre de fricciones e incomprensiones entre el *establishment* irlandés-americano de la Iglesia en esta parte de Estados Unidos y los sacerdotes y fieles cubanos que trataban de integrarse y recuperar su vida de Iglesia al llegar a estas playas.

Pero, más allá de estas discrepancias y preocupaciones, que al principio se comentaban a *sotto voce* en los círculos católicos, todo parecía ir viento en popa y a toda vela con los preparativos de la esperada visita. La Ermita de la Caridad era un hervidero de actividades preparatorias que Monseñor guiaba y supervisaba con entusiasmo pastoral.

–«La Cofradía vivió intensamente la preparación a la visita del Santo Padre Juan Pablo II...–escribieron Roger e Idalia Miranda que, en ese año 1987 terminaban sus funciones como presidentes o coordinadores de la Cofradía– Realizamos la campaña del Ave María. Desde febrero a agosto visitamos a familias que invitaban a otras familias en casas de apartamentos, donde al aire libre pudimos compartir la oración por el éxito espiritual de la visita apostólica de Su Santidad».

Julio y Lía Fernández, sucesores de los Miranda en la presidencia de la Cofradía le dieron continuidad e impulso a la Campaña del Avemaría que era, en realidad, una nueva edición de la Cruzada del Rosario de los primeros tiempos de la Ermita. La experiencia de los presidentes-fundadores de la Cofradía, Tarcisio y Gina Nieto, fue de gran valor. El objetivo era presentarle al Papa la cifra de un millón de Avemarías rezadas por sus intenciones en su visita a Miami. Los miembros de la agrupación multiplicaron sus esfuerzos visitando familias y rezando el rosario con éstas y sus vecinos y consiguieron sobrepasar abundantemente la meta del millón. El entusiasmo de los cófrades, del inmenso laicado católico y entre éstos y de forma exuberante, el de «sus» cubanos, aumentaba el entusiasmo del propio Monseñor.

El entusiasmo de la Cofradía venía de las mismas razones que animaban también a todos los católicos del sur de la Florida, pero, además, por un motivo muy especial. Estábamos convencidos de que Juan Pablo II visitaría la Ermita, nuestro santuario mariano en Miami, para rezar siquiera por unos minutos ante la imagen de Aquella de quien él se proclamaba *«Totus tuo»* en su escudo papal. Nos llenaba de regocijo aquella expectativa que considerábamos cierta y sólo esperábamos su confirmación oficial por parte de la Arquidiócesis. ¿Acaso no rezaba el Santo Padre en los santuarios de la Virgen en todos los pueblos que visitaba?... *Cachita* también recibiría su visita, pensábamos.

No obstante esto, las preocupaciones de los mejor enterados –entre estos no pocos sacerdotes– se agudizaban. El 25 de marzo los Municipios dirigieron una carta privada al Arzobispo McCarthy, en la cual, entre otras cosas, decían:

«Lo que vemos en los preparativos de este evento, que debiera ser uno de unidad y júbilo para esta comunidad, no otro motivo de división y angustia; no es el amor y la reconciliación que Su Excelencia nos ha pedido promover, sino discriminación y racismo... Estamos listos para ayudar en lograr que nuestro pueblo, que forma la mayor parte de su rebaño, dé al Santo Padre una calurosa bienvenida, pero, a menos que se hagan cambios drásticos en la composición y en los planes del Comité de la Visita Papal, puede que ese no sea el caso... No queremos crear problemas. Queremos ser útiles en la solución de los que vemos ahora, antes de que los mismos se hagan públicos y este asunto empeore». La misiva terminaba solicitando una entrevista personal con el Arzobispo para tratar el asunto y estaba firmada por Rolando Fernández Padrón, Presidente Nacional de los Municipios, y por su Secretario de Relaciones Interiores.

El 10 de abril, el padre Pablo Navarro, su secretario, contestó la carta de los Municipios en nombre del Arzobispo McCarthy. Tras afirmar que él no veía discriminación ni racismo en los preparativos para la visita papal, decía:

«Estoy al tanto de rumores y medias verdades que han sido esparcidas en nuestra comunidad hispana de Miami. Algo de esto ha sido esparcido a través de desinformaciones dadas por nuestros medios de prensa. Yo creo y estoy convencido de que todos los diferentes pueblos que forman parte de nuestra Arquidiócesis están bien representados en los comités… creo que el aspecto más importante de la visita está en pensar como Iglesia, donde nadie es un forastero. De otra manera, pudiéramos caer en el síndrome del "empleador con igualdad de oportunidades", que nos resulta tan ajeno». La respuesta de la Arquidiócesis no mencionaba siquiera la petición de los representantes de los Municipios de reunirse con el Arzobispo.

Así las cosas, los dirigentes de los Municipios decidieron que lo mejor era estar preparados. Nombraron una comisión (a la que jocosamente llamaron «Comisión Pontificia») para encargarse de todos los detalles, a fin hacer que la participación de los cubanos exiliados en las actividades de Juan Pablo II en Miami, fuera algo respetuoso y respetable y, al mismo tiempo, notable y efectivo en cuanto al propósito de hacer presente la realidad de Cuba ante toda la Iglesia y la prensa internacional.

Aclaro que menciono particularmente a los Municipios de Cuba en el Exilio, porque, debido a mi militancia de muchos años en dicha organización, algunos de ellos en calidad de dirigente, conservo documentos y datos específicos que inciden directamente en el tema de este libro, es decir, la vida de Monseñor Román. Otras muchas organizaciones del exilio cubano actuaban y se manifestaban, algunas en términos parecidos a los Municipios, muy cercanos a y muy queridos por Monseñor, y otras, más lejanas de la Iglesia, en tonos diferentes de indignación y niveles de exigencia, tanto en el caso de la visita papal, como en otras cuestiones que tenían que ver con Cuba y la propia Iglesia.

Monseñor Román veía el desarrollo de los preparativos para la visita y la controversia que empezaba a hervir con gran aprensión. Insistía en que la visita no se debía «politizar», que lo del Papa era un peregrinaje espiritual y que Juan Pablo II tenía tan bien establecidas sus credenciales anticomunistas que era algo fuera de todo cuestionamiento. Él no sabía si habría algunas referencias directas del Santo Padre a la situación cubana, pero no debíamos olvidar que su visita era a los Estados Unidos y a su Iglesia, y, por lo tanto, los temas de la Iglesia en este país serían sus temas principales.

Claramente, Monseñor repetía las respuestas oficiales de la Arquidiócesis a las preocupaciones de los cubanos y trataba de calmarlas, pero, en esta ocasión, no sonaba convincente ni convencido. Temía que los cubanos pudiéramos «echar a perder» la visita del Papa a Miami, y se horrorizaba ante esa posibilidad.

Entonces explotó el bombazo.

## 42. El gran desaire

Juan Pablo II no oraría en la Ermita de la Caridad durante su visita a Miami. La desoladora confirmación de lo que temíamos los católicos cubanos exiliados llegó fría y escueta, de parte del Comité Arquidiocesano de la Visita Papal, alegando impedimentos en la apretada agenda del Pontífice, cuestiones logísticas, etc. De todas las razones dadas, era imposible decir cuál sonaba más hueca.

En todos los sectores del exilio de Miami, pero, específicamente entre los militantes de la fe católica y, al mismo tiempo, de la causa de la libertad de Cuba, la noticia cayó como el clásico balde agua fría. En la Ermita, aquello fue un bombazo imposible de disimular. Todos nos sentíamos tristes y decepcionados y Monseñor Román no era la excepción. Pero, había algo en él que superaba sus sentimientos personales.

Buen momento es este para dejar esclarecido algo que nos servirá para entender detalles de algunos de los episodios de la vida de nuestro santo pastor, que encontraremos a lo largo de esta biografía:

Agustín Aleido Román era un católico, un sacerdote, un obispo, que sustentaba un ortodoxo concepto de la obediencia a sus superiores eclesiásticos, y esto se manifestaba hasta el extremo, bien fuera en el acatamiento de una definición del Magisterio sobre cualquier tema de fe o de moral, como en el cumplimiento de las instrucciones de su párroco, su obispo u arzobispo, la Conferencia de Obispos, aún de sus sucesores en el rectorado de la Ermita, según las diferentes etapas de su vida. Del Vaticano, ni qué decir. Para él, aquello de *"Roma locuta est..."* tenía tanta fuerza como las Tablas de la Ley.

Lo anterior había sido suavizado en algo por las refrescantes interpretaciones del Concilio Vaticano II, que él sentía como propias y aplicaba en el confesonario, pero no tanto como para admitir ante otro ser humano, no importa cuán cercano a él éste pudiera estar, críticas o cuestionamientos a sus superiores.

Esto no quiere decir que, en los círculos íntimos del gobierno de la Iglesia, o en privado con su Arzobispo, él no expresara claramente sus opiniones, acordes o no con las del propio superior. Esto se lo pregunté directamente al Arzobispo Emérito John Clement Favalora, al entrevistarlo para este libro. La respuesta del prelado fue clara al respecto:

*–«Definitivamente, él decía lo que pensaba. Tenía dos características: él estaba muy consciente de su obediencia al Papa, por ejemplo; como obispo auxiliar que era se mostraba muy respetuoso hacia mí, él sabía que yo tenía autoridad para decir la última palabra; pero eso nunca le impidió decir lo que él pensaba. Ya, si tenía que decir algo públicamente, eso es diferente, pero él siempre me dijo lo que pensaba».*

Cuando alguno de sus amigos o colaboradores más allegados le confiaba puntos de desacuerdo con «la Iglesia» (en el sentido anterior a lo de «Pueblo de Dios»), cuando yo mismo, en más de una ocasión, sólo con él, me mostraba crítico, dolido o indignado ante hechos o actitudes del Vaticano, del Arzobispado local, o de los obispos cubanos, en la materia que fuese y era casi siempre en referencia a la situación de Cuba, él trataba invariablemente de hacerme ver el otro lado de la moneda con atendibles razonamientos.

Cuando yo creía necesario y oportuno hacer públicas mis críticas y desacuerdos a través de mis espacios radiales o mis columnas periodísticas, algo que he hecho siempre desde el amor a la Iglesia, él no se mostraba contento con ello y siempre me recomendaba mesura y comprensión, pero nunca trató de silenciarme. Si el caso era tan descarnado o tan hiriente que él mismo se quedaba sin argumentos para intentar suavizar los míos, simplemente escuchaba en silencio.

Hombre en quien el amor a la verdad y la transparencia de sus sentimientos eran atributos innatos, su rostro lo traicionaba siempre que se trataba de un tema en el cual él, en el fondo de su corazón, compartiese mi dolor y mi enfado, aun cuando, por otra parte, se sintiera obligado a tratar de justificar al clérigo o los clérigos objeto de mi indignación y rechazo. Cuando esto sucedía era fácil ver en su rostro, en su mirada, en su expresión, el duro conflicto que vivía entre sus sentimientos personales y su férreo concepto de la obediencia.

Esto, que narro aquí en primera persona, porque es la única manera de atestiguarlo, es algo que se hacía ostensible, diría yo, a la casi totalidad de sus amigos más cercanos, pues así lo comentábamos entre nosotros cuando había motivo para ello, de tal forma que las actitudes o palabras que sentíamos que nos golpeaban como cubanos, vinieran de dentro o de fuera de la Iglesia, nos herían en lo personal y nos herían también por ver cuánto lo afectaban a él, que era quien menos lo merecía.

Establecido lo anterior, regresemos a la visita papal y, dentro de ella, a la no visita a la Ermita. El que el Papa, mariano por excelencia como era, «no tuviera tiempo» para estar unos minutos en uno de los más importantes santuarios erigidos en honor a la Madre de Dios en los Estados Unidos, era algo difícil de sostener y estaba agravado por el hecho de que el mismo día de su arribo a Miami, jueves 10 de septiembre de 1987, el Santo Padre estaría entrevistándose con el presidente Ronald Reagan en el Palacio Vizcaya, a sólo unos pasos literalmente del santuario de la Patrona de Cuba y Co-patrona de Miami. Los pretextos de logística y seguridad caían a tierra ante la fácil alternativa de que el Papa realizara una visita privada a la Ermita, un lugar pequeño en territorio y nada difícil de proteger. ¿Por qué desaire tal a los cubanos y a su Patrona?

El hecho de que la negativa del Comité Arquidiocesano a la visita a la Ermita viniese acompañado de otra negativa, ésta a una petición de que el Papa recibiera a una representación de las organizaciones cubanas de Miami, que había sido pedida por las más importantes entre éstas y para la cual tampoco «tenía tiempo» Juan Pablo, fue interpretado por muchos como un bien calculado esfuerzo para no molestar al régimen castrista durante la presencia del Papa en «la Capital del Exilio». Se daba por sentado que se exploraba la posibilidad de una futura visita del Papa a la Isla, entre otros asuntos pertinentes a las relaciones entre La Habana y la

Santa Sede. Según versiones, los obispos de Cuba presionaban también en el sentido de que el Papa no reconociese a la «Iglesia de los exiliados», buscando su propio acomodamiento entre el Vaticano y La Habana.

De más está decir que ni el Vaticano, ni la Arquidiócesis de Miami, ofrecían explicaciones plausibles que atenuaran el disgusto de los cubanos exiliados, católicos y no católicos por igual, ante el desaire del cual eran objeto y los ominosos tintes políticos que el mismo tenía. Se insistía en lo de la «falta de tiempo» y se argüía que, de reunirse con los cubanos, tendría que hacer lo mismo con las otras muchas comunidades latinoamericanas de Miami, etc. Algunos percibían un tono autoritario en las mismas explicaciones que se daban, con argumentos tan poco convincentes.

La situación era bien tensa. La prensa del exilio criticaba fuertemente esos aspectos de la visita papal y en algunos círculos ya se hablaba de abstenerse de participar, idea que, en honor a la verdad, no fue respaldada por las organizaciones más importantes. De todas formas, era evidente que algo tenía que hacer «la Iglesia» para paliar la situación y se determinó entonces que la imagen de la Virgen que se venera en la Ermita, fuese trasladada a las habitaciones privadas que ocuparía el Papa en la residencia del Arzobispo, para que el Sucesor de Pedro pudiera rezar ante ella.

Monseñor Román sufrió cristianamente, resignadamente, aquella controversia que sacudía a sus fieles, que sacudía a su pueblo. Resultaba triste verlo, tratando de hacernos ver como un gran honor el hecho de que la imagen de la Virgen de la Caridad presidiese el altar privado del Papa, algo que, en otras circunstancias, hubiera sido así, pero difícilmente entonces, cuando era fácilmente detectable el gusto a «premio de consolación» que aquello en realidad tenía. Monseñor trataba de mostrarse contento con la decisión tomada, pero, como siempre que tenía que callar lo que su corazón sentía, su rostro lo delataba.

Nada de esto interrumpió el efervescente ritmo de trabajo en la Ermita con respecto al acontecimiento venidero y muchos en la Cofradía sentíamos una dualidad de emociones difícil de balancear: la expectativa espiritual del bien que podía hacer en nuestras almas la presencia entre nosotros del Vicario de Cristo y la sensación de estar abandonados, algo que sabíamos que no merecíamos. Monseñor continuaba tratando de animarnos y, claro está, no queríamos defraudarlo, ni ahondar en sus preocupaciones.

De ahí, a pensar que él o nosotros nos quedaríamos tranquilos, había un gran trecho. Habría que no conocer al Pastor del Exilio. Habría que no conocer al exilio del pastor.

## 43. La Virgen se puso brava

El padre Francisco Santana

La confirmación de que no habría visita del Papa a la Ermita, ni reconocimiento específico alguno al exilio cubano, sirvió de acicate a los activistas católicos en particular y, con ellos, a las organizaciones del destierro, para evitar que, de nuestra parte al menos, la visita papal y nuestra participación en ella se convirtiera en un alambicado acto de malabarismo entre la fe de nuestro pueblo y las frías estrategias políticas de la Secretaría de Estado del Vaticano, de donde pensábamos dimanaba la planificación de la estancia de Juan Pablo en Miami.

La determinación nuestra, es decir, de los católicos comprometidos con la causa de la liberación de Cuba, era hace notar la inmensidad del exilio cubano, algo que ya de por sí constituía una denuncia a la dictadura que provocaba tan masivo éxodo de ciudadanos de su país; hacer notar también que constituíamos el grueso de la feligresía católica en ésta, la primera ciudad de Estados Unidos que visitaba el Papa en su peregrinación y dejar sentado, además, que seguíamos siendo cubanos, hijos de la Iglesia y, al mismo tiempo, activistas en la denuncia del castrato y el reclamo por los derechos de nuestro pueblo.

Para esto contábamos con el apoyo, discreto, pero muy efectivo, de un buen número de sacerdotes, que se sentían tan mal como sus fieles en cuanto a la manera en que se estaba manejando la visita papal. A través de ellos recibíamos información y estímulo en el propósito que nos animaba. Sabíamos por convicción, intuíamos, que Monseñor Román tenía su corazón junto a nosotros, y esto nos hacía sentir más comprometidos en el quehacer que nos proponíamos.

Hay que decir en honor a la verdad, que todos, sacerdotes y laicos cubanos, a pesar de nuestra frustración, manteníamos encendida, aunque vacilante, una pequeña llama de esperanza en nuestros corazones... *«Nah*... –nos decíamos a nosotros mismos o, si acaso, comentábamos con los más íntimos– *este es Juan Pablo II, el que se ha parado bonito frente al comunismo en su tierra... no se oculta para abrazar a Walesa... Tú verás que él se va olvidar del libreto que le han escrito, y va a darnos una mano... Habrá que ver lo que dice en la misa...».* Sabíamos, sin embargo, que lo anterior tenía mucho de *wishfull thinking*, y comenzamos a prepararnos.

Se formó un grupo, pequeño primero, algo más grande después, compuesto por laicos comprometidos y activistas del exilio, casi todos municipalistas. Fundamental en este proceso fue el liderazgo ejercido por un ejemplar sacerdote que, de forma natural, devino en coordinador de nuestros esfuerzos. Hombre santo –no exagero– de esos de fe casi infantil en Dios y en la Virgen Santísima, patriota hasta el tuétano de sus huesos; muy, muy astuto y valiente; admirador sincero de Monseñor Román, simpático y fumador empedernido: el Padre Francisco Santana.

Santana, «Paco» para sus amigos, había nacido en Cienfuegos, en 1941. Decidió ser sacerdote, en la propia Cuba, cuando más bestial era la persecución de los castristas contra la Iglesia Católica y pronto tuvo que dejar la Isla para poder continuar sus estudios. Recibió la ordenación sacerdotal en Honduras, en 1968. Se trasladó a Miami en 1972, donde ejerció su ministerio en diferentes parroquias.

Desde mediados de los años 80, Santana mantenía un programa en Radio Martí, la emisora de onda corta del gobierno de Estados Unidos, animada específicamente a Cuba. El programa se llamaba «El cubano y su fe» y era uno de los más populares en la Isla. Desde 1992, cinco años después de los episodios que se relatan en este capítulo, hasta su muerte, el 28 de enero de 2004, fue director asociado en la Ermita de la Caridad, donde fue muy feliz y sintió que ejercía la plenitud de su sacerdocio.

Para medir la confianza en la providencia de Dios y el amor a Cuba del Padre Santana, baste decir que viendo las enormes necesidades que pasan los cubanos, especialmente aquellos que no tienen familiares fuera del país y compadecido particularmente por la situación de los enfermos, se le ocurrió un día –por inspiración divina, decía él– decir a través de su programa radial que los enfermos que lo escuchaban, que no contasen con ayuda del exterior y necesitaran algún medicamento, le escribieran con los detalles del caso, y él les enviaría las medicinas que ellos necesitaban.

Las cartas desde Cuba pidiendo medicinas comenzaron a llover. Los que siempre critican, dijeron que se trataba de una «atrevida locura». ¿Con qué contaba el padre Santana para cumplir lo ofrecido a los enfermos en Cuba?... Los que «tienen gasolina» –en el decir de Monseñor Román– se dieron a la tarea de ayudar a aquel sacerdote, misericordioso y cubano, y así, con el esfuerzo de sus admirables voluntarios, los medicamentos y donativos también comenzaron a llover. Creó una red de correos que llevaban las medicinas a Cuba y el resto es historia.

Vitral, revista contestataria que publicaba bajo los auspicios de la Diócesis de Pinar del Río el dirigente laico Dagoberto Valdés, preguntó al Padre Santana, unos seis meses antes de morir éste, qué significaba para él ser sacerdote de Cristo:

–«Para mí, ser sacerdote de Cristo es dejarme llevar por el Espíritu Santo, para predicar a todos que, sabiéndolo o no, somos hermanos, hijos de un mismo Padre. La mejor predicación es la vida misma. Y la fe debe de expresarse en la acción. Por ello envío medicinas a los enfermos que me escriben desde Cuba, por eso trato de resolverles sus necesidades. ¿Con qué cara les voy a hablar del amor si no entrego mi vida? La Caridad tiene rostro». Así lo resumió Santana.

Tuvimos la enorme fortuna de que un cristiano de tal temple, un cubano de tales arrestos, se pusiera al frente de los que tratábamos de que la real situación de Cuba y la magnitud del exilio cubano se hicieran patentes durante la visita de Juan Pablo II a Miami.

No hay que decir que Monseñor Román y el padre Santana tenían muchos puntos en común, lo mismo en la labor apostólica que realizaban ambos, uno en la Ermita de la Caridad, y el otro en su parroquia, que en el trabajo cívico y patriótico que los dos realizaban en medio de nuestra comunidad de exiliados.

Cada uno en su puesto, el uno como obispo, Pastor del Exilio, Patriarca respetado y querido y parte de la jerarquía eclesial; el otro como sacerdote, como activista, respetado y querido también, pero menos cargado de arreos oficiales, más libre para actuar y expresarse y, aún para «meter la pata» y desviarse de lo indicado por el *establishment* católico cuando fuese necesario, se complementaban mutuamente.

La situación que se nos presentaba, pues, con los intentos de impedir que el tema cubano «contaminara»la presencia del Papa en Miami, era una que reclamaba la acción y dirección de alguien como el Padre Santana, directamente y desde dentro, y el apoyo sutil, pero claro, de Monseñor Román.

Debatíamos pensando cuál sería la mejor manera de hacerle ver al Papa y al mundo la enorme presencia cubana, la magnitud del exilio provocado por el régimen castrista. ¿Cómo hacerlo dándole un tono de testimonio, no de desafío o protesta?...

Tras muchas deliberaciones sobre diferentes opciones en cuanto a qué hacer, surgió la idea, no recuerdo si fue del propio padre Santana, de pedir a nuestros compatriotas que cada uno portara una bandera de Cuba en sus manos en todos los actos públicos del Papa en Miami. Era la mejor manera de identificarnos y nadie podría objetar en contra de esto sin ahondar las heridas de nuestra comunidad.

El problema ahora era cómo estar seguros de que, efectivamente, cada cubano tendría una bandera en sus manos en cada una de las actividades públicas del Papa. Tendríamos nosotros que mandar a hacer las banderas y ponerlas en manos de nuestros compatriotas. Y tendríamos que asegurarnos de que, efectivamente, los cubanos acudieran por decenas de miles a dichas actividades.

Lo anterior requería dos cosas fundamentalmente: dinero para pagar por las banderas y una gran cantidad de voluntarios para distribuir las mismas. Serían banderitas de papel, de 8.5" x 11", presilladas a un «asta» de madera fina, semejante a la usadas para abanicos de cartón. En el asta se imprimiría un saludo al Papa.

La idea, apenas se dio a conocer, fue acogida con enorme entusiasmo y fue de gran ayuda el que se pudiera convencer a la mayor parte de las radioemisoras cubanas y a sus más influyentes personajes, de que la cuestión ahora no era atacar al Comité de la Visita Papal, mucho menos a «la Iglesia». Lo importante era movilizar a los cubanos para su presencia masiva en los actos papales, sobre todo en la gran misa a celebrarse en el Parque Tamiami el 11 de septiembre.

Las organizaciones del exilio prestaron su concurso, todas, pero, de un modo especial, los Municipios de Cuba en el Exilio, sin cuya movilización no se hubiera podido llevar a cabo éxitosamente nuestra misión. Los municipios aportaron el grueso del dinero requerido para pagar por las banderitas, y pusieron en movimiento a un importante número de voluntarios. La imprenta rehusó toda ganancia y nos dio precios de costo. Empresas y comercios, así como simples "cubanos de a pie", hicieron llegar sus contribuciones. Se contactó a los líderes cívicos de nuestra comunidad, para tenerlos al tanto y contar con su apoyo, entre ellos al Dr. José

Miguel Morales Gómez, que había presidido el Comité para la Construcción de la Ermita de la Caridad. Tengo por acá una lista, donde, además de éste, aparecen los nombres de Feliciano Sabatés, Ángel Fernández Varela, Luis Botifol, Carlos Salmán, Antonio Infante, Diego Suárez, Fausto Díaz, Antonio Alonso Ávila, y Raúl Masvidal, así como los dirigentes de la comunidad cubana de West Palm Beach, Aparicio Aparicio y José Elías Bello.

Como era mi costumbre, yo visitaba periódicamente a Monseñor, en la Ermita, o en su casa. En aquellos días, y evitando darle un tono de "reporte", le hablaba casualmente sobre cómo iban las cosas, algo que, por su parte, hacía también de vez en cuando el Padre Santana... En una de aquellas ocasiones, me dijo Monseñor: –*«Yo creo que ustedes están haciendo un gran trabajo, pero, fíjate... no pierdan la dimensión espiritual de todo esto... ¿Ustedes están rezando?... Hay que orar porque todo salga bien, y todo sea para bien»*... Yo le aseguré que nuestras reuniones comenzaban todas con una oración y que, individualmente, lo hacíamos también. En otra ocasión Monseñor sonrió ampliamente cuando le conté que habíamos encontrado a un rotulista, polaco exiliado, que nos estaba haciendo varios letreros en su idioma, donde, entre otras cosas, le pedíamos al Papa que orara por Cuba. –«Monseñor está muy embullado –me decía Santana– y se siente tranquilo por el tono que le hemos dado a la cosa». Los sacerdotes que trabajaban en la Ermita me confirmaban esto.

Ese «tono que le habíamos dado a la cosa» contribuyó a que los sacerdotes se sintieran más libres para cooperar abiertamente con nosotros. Gran parte de las parroquias, sobre todo las «más cubanas» se convirtieron en centros de distribución de las banderas... San Juan Bosco, San Lázaro, St. Michael, San Roberto Belarmino, Sts. Peter and Paul, la propia Ermita...

Ya desde el momento en que el Papa besó tierra miamense, las banderas cubanas estaban por todas partes. Así fue durante su trayecto a la Catedral, al Palacio Vizcaya, a la residencia del Arzobispo, y tanto, que me contaba Monseñor que viajando él junto al Santo Padre en el papamóvil, en una de aquellas caravanas de un

sitio a otro, Juan Pablo, mirando las banderas, decía en voz baja...
—«cubanos, cubanos»...

Empezábamos bien, pues. Sin embargo, el gran esfuerzo, nuestra gran operación logística si se quiere, era la de la misa campal: teníamos el compromiso con nuestra fe, con nuestra patria y con nosotros mismos de que en la gran Eucaristía del Tamiami Park, no hubiera un solo cubano sin su bandera en la mano.

Se formaron diferentes equipos que, con gran cantidad de banderas, debían estar en cada uno de los lugares desde donde partirían los ómnibus hacia el parque, desde las dos de la madrugada de aquel viernes extraordinario. En el estadio Orange Bowl, en «los perros», el Flagler Dog Track, en Hialeah, en todas las parroquias, en la Ermita. Igualmente, en todas las entradas al Tamiami Park, desde las doce de la medianoche... no falló ni uno solo.

En total, se llegaron a distribuir poco más de un cuarto de millón de banderas cubanas y tal parecía que todas estaban allí, en el Tamiami Park, cuando Su Santidad Juan Pablo II comenzó la celebración eucarística «*In the name of the Father...*» Aquello era un verdadero mar tricolor que vaiveneaba incesantemente, agitado por un viento potente, un «aire de agua» que se iba haciendo molesto.

La homilía fue, para muchos, un tratado eclesial que dejaba fuertes y encontrados sentimientos. Por una parte, su profundidad espiritual, su inclusividad y su toque social, que resonaban en los corazones de todos. Por otra parte, su pesado silencio sobre Cuba y su dolor; silencio que nos dejaba a los cubanos con una triste sensación de desamparo. Juan Pablo solamente mencionó a los que agitaban aquel mar de banderas que le daban la bienvenida en el curso de un saludo general a las diferentes comunidades de Miami: —«También reconozco entre ustedes la presencia de tantos grupos étnicos, incluyendo cubanos, haitianos, nicaragüenses, otros de Centroamérica y el Caribe, junto con todo el resto que integran la comunidad eclesial. Los abrazo a todos en el amor de Cristo», dijo.

Allí, con su bandera en la mano, había sacerdotes que habían sido expulsados de Cuba a punta de fusil, familiares de miembros de la Acción Católica Cubana que habían sido fusilados por su fidelidad al Evangelio y a la Doctrina Social Católica; hombres y mujeres que habían sufrido largos años de prisión por oponerse al comunismo que la Iglesia nos había dicho que era «intrínsecamente perverso», monjas que habían servido al Señor en los más pobres de Cuba aún en circunstancias de persecución. Allí estaban los desterrados que habían convertido en una potencia espiritual y material a la anteriormente pequeña e incolora diócesis católica de Miami. No hubo para ninguno de ellos una palabra de reconocimiento. No la hubo tampoco para los que en aquellos mismos momentos eran víctimas de toda clase de violaciones a sus derechos, a su dignidad de hijos de Dios, en la isla cercana.

Al terminar la homilía, algunos amigos y familiares nos cruzamos las miradas: –«Si no llegamos a traer las banderas, eh»… Truenos y relámpagos rasgaron aquella mañana encapotada. Una súbita y torrencial tormenta impidió que el Papa terminara la misa en el altar. Se le pidió a la multitud que se dispersara ante el peligro de las descargas eléctricas.

Calados hasta los huesos y en varias filas paralelas, los fieles hacíamos colas para abordar las guaguas que nos habían llevado al Tamiami Park. En la «cola» a la izquierda de donde esperábamos mi esposa, mis hijas y yo, una mulata anciana, vestida toda de blanco, con sus collares cimbreando sobre su pecho agitado y su banderita temblando en su mano, decía en voz alta… –«La Virgen se puso brava… la Virgen se puso brava».

# 44 ...y los cubanos también

Monseñor, rodeado de feligreses que ondean banderas cubanas en la misa de Ntra. Sra. de la Caridad del Cobre, dos días antes de la llegada de San Juan Pablo II a Miami el 8 de septiembre de 1897
(*Diario Las Américas*, Sept. 10, 1987)

Sin dudas que, en cuestiones de simbología popular, los cubanos tenemos lo nuestro y no nos escasean expertos para interpretar los más peculiares «augurios», o lo que cualquiera defina como tal.

Recuerdo una de las primeras misas para celebrar la fiesta de nuestra Patrona en Miami, el ocho de septiembre de 1963 ó 1964, allá en el viejo Miami Stadium... en un momento de la celebración, creo que fue en la acción de gracias tras la comunión, se apareció por allí una lechuza de gran tamaño que recorrió, volando en círculos, casi toda la gradería, mientras graznaba horriblemente sobre la multitud allí congregada, tras lo cual se alejó del lugar como mismo había llegado.

Vi a dos monjas persignarse horrorizadas al paso del ave, escuché varios gritos de ¡*solavaya!*, la clásica interjección cubana para ahuyentar el mal, y debo confesar que yo mismo, que presumo de poco impresionable y nada supersticioso, no pude escapar de lo espectral del momento, que parecía sacado de un *film* de Hitchcock, ni de la conclusión a la que inevitablemente arribé en pocos segundos: «esto no augura nada bueno para nosotros... muchos años más de destierro», me dije.

Con tal antecedente, no me resultó nada extraño que aquella mulata viera en la intensa tormenta que interrumpió la misa del Santo Padre en el Tamiami Park, una clara manifestación de enojo de parte de la Virgen. Pero, como dije anteriormente, expertos en simbología no nos faltan y así fue que, tras abordar el autobús que nos regresaba al Orange Bowl, cuando ya la tormenta se había convertido en una llovizna socarrona, alguien gritó desde los primeros asientos, señalando al enorme parabrisas del vehículo: –«¡Miren, miren qué milagro, miren qué milagro!».

El «milagro» era de veras espectacular, algo que ni yo, ni mi esposa, mucho menos mis hijas, habíamos visto nunca antes y creo que tampoco habían visto nunca nuestros compañeros del autobús: en el cielo gris, pero ya clareando, cubriendo gran parte del horizonte, se perfilaban dos grandes y brillantes arco iris, bien definidos, uno a continuación del otro, como una celestial apoteosis, algo para lo cual estoy seguro de que los científicos tiene sus explicaciones, pero que a casi todos los demás nos parecía algo sobrenatural.

–«¡Es la esperanza!» –dijo uno. –«¡La promesa de Dios a Noé!» –exclamó otro con tono de *scholar* bíblico. –«¡Gloria a Dios, bendiciones para todos!», gritó un tercero. El chofer, gracias a Dios, estuvo más atento a los semáforos que a los arco iris, y así fue que llegamos sanos, salvos, mojados y un tanto desconcertados al que había sido nuestro punto de partida en aquel día inolvidable.

Claro que para los más inquisitivos, como el que esto escribe, quedó por definir cuál de los expertos simbologistas de aquella jornada estaba más cerca de la verdad; si los que vieron la esperanza y las bendiciones en los arco iris gemelos, o la vieja mu-

lata que, ante la contundente tormenta que interrumpió de improviso la misa papal, proclamaba a voz en cuello «la Virgen se puso
brava».

Lo que sí quedó muy claro y exento de interpretaciones, es
que los cubanos, sí: los cubanos de Miami «se pusieron muy
bravos» por lo que se percibió como olvido del Papa y desdén de
«la Iglesia local» ante sus sentimientos y aspiraciones. La radio, los
periódicos y las organizaciones cubanas del exilio, no escatimaban
las expresiones de ira y frustración de un pueblo que se sentía ul-
trajado y, sobre todo, traicionado una vez más, y terriblemente dolido de que el ultraje y el olvido hubiesen venido de quienes menos
podía esperarlo.

Si esto era cierto de los cubanos más alejados de la Iglesia,
no lo era menos de los militantes de la fe que se sentían aún más
heridos que los ajenos a ella. Había, cierto es, ese grupo de católicos ultraclericales, para los cuales es casi herético contradecir a un
sacerdote o a un obispo en cualquiera que fuese la materia, pero
esas voces que pedían callada sumisión, eran ahogadas por las que
expresaban la justa indignación que, el para ellos triste episodio de
la primera visita de un Papa a Miami, había dejado en sus corazones.

Algunas voces sumamente airadas y evidentemente desconocedoras de la intricada madeja de sentimientos y razones que se
debatían dentro de cada «buen católico-buen cubano», pedían boi-
cotear las misas dominicales, algo que, como era de esperarse, no
encontró respaldo alguno; pero, el solo hecho de se llegara a lanzar
propuesta tal, puede dar una idea de lo caldeado del ambiente en
aquellos días. Hubo una campaña para que los católicos cubanos
dejaran de contribuir a la campaña anual de caridades del Arzobispo, conocida como ABCD por sus siglas en inglés, como señal
de protesta. Nunca se supo del alcance real de tal iniciativa, pero,
según versiones, la misma se dejó sentir.

Monseñor Román sufría íntima e intensamente la iracunda
resaca en que dejaba al Miami cubano la tormentosa visita de Juan
Pablo II. Acudía a las estaciones de radio y contestaba con ecuanimidad las acusaciones más atendibles y las más disparatadas. Ra-

ramente tenía que enfrentarse a ofensas o insultos, pues tanto los periodistas como el público que participaba por teléfono en los foros radiales, reconocían en él al hombre que tenía que defender a la institución de la cual era parte, en las buenas y en las malas.

Hurgaba él en los discursos del Papa, buscando aquellas frases que contuvieran algunas palabras que pudieran entenderse como aplicables a la situación de Cuba. Hablaba de los frutos espirituales de la visita, destacaba la presencia de la imagen de la Virgen, la de la Ermita, en las habitaciones privadas del ilustre visitante... regresaba a la Ermita como si cargase al mundo sobre su espalda.

¿Qué había en su corazón, en su corazón de sacerdote católico y cubano, en aquellos días en que parecía que la tormenta del Tamiami Park continuaba azotando a su rebaño? ¿Comprendía él, o en algún sentido apoyaba las «razones de estado» que habían «obligado» a Juan Pablo II, a ignorar la enorme tragedia de la que le hablaban los millares de banderas cubanas que se agitaban ante sus ojos?... ¿Cómo se sentía verdaderamente al ver que el Papa se alejaba del Palacio Vizcaya sin volver la vista hacia la Ermita, «su» Ermita, la casa de la Madre? ¿Podía estar contento él con todo aquello?...

Cuidado al juzgar. Una cosa es que aceptara las decisiones tomadas por encima de él, por obediencia; otra muy distinta es que las aprobase, y otra radicalmente diferente es que se sintiera feliz con ellas.

Sor Francisca Jaúregui, de cuya cercanía a Monseñor Román ya hemos sabido anteriormente, me decía: –«Yo creo que él sufre algunas cosas de la Iglesia, lo que no las exterioriza nunca. Nunca le he oído hablar mal de la Iglesia, ni de algún sacerdote... él callaba, él no abría su boca nunca. Monseñor Román no exterioriza las cosas, más bien se las traga, las sufre él solo, la mayoría de las cosas... algunas cosas, sí... se pone un poco nervioso, pero, por lo general, él no exterioriza los sentimientos que tiene... si él ve algo, o le vienen con el cuento... si el arzobispo dijo esto o lo otro, o si hizo esto o lo otro, él no da su opinión... si da su opinión, es siempre favorable, a favor de la Iglesia, él le da la vuelta y no se ofende nunca a la Iglesia ni a la persona».

Hablábamos con mayor frecuencia que de costumbre Monseñor y yo en aquellos días. Yo estaba verdaderamente molesto con todo lo de la visita papal y él estaba verdaderamente triste, tan triste como pocas veces yo lo había visto antes. Tratando yo de animarlo un poco le conté todo lo de la «simbología cubana» que he contado al principio de este capítulo. Se rió mucho con lo de la lechuza, la mulata y los arco iris. A Sor Francisca, que pasaba cerca de donde estábamos, le preguntó si ella era de las monjas que se habían persignado al ver pasar la lechuza... Rieron un poco y él volvió después a su tristeza de aquellos días.

Algún tiempo después de lo narrado tuve que ir a Baltimore y a Washington DC para reuniones con las delegaciones de la Junta Patriótica Cubana en esas ciudades. En una cafetería del Aeropuerto Nacional, un rato antes de tomar el avión de regreso a Miami, divisé, en la «cola» del buffet, nada menos que al Arzobispo McCarthy, que llenaba su bandeja como cualquier simple mortal.

Lo saludé, me le presenté, y le pregunté si podía sentarme con él, a lo que, muy amigablemente, respondió afirmativamente. Allí, respetuosa, pero firmemente, le descargué toda mi frustración de católico cubano con la visita del Papa en Miami y cómo se había esquivado todo lo concerniente al tema cubano. Él fue paciente y amable, hasta comprensivo, diría yo. No me refutó nada. Simplemente me dijo –«Todo eso vino determinado por el Vaticano».

Esa noche, o al día siguiente, fui por la Ermita y le conté a Monseñor el fortuito y enjundioso encuentro. Él, un tanto cabizbajo, me dijo: –«*Julito, el Evangelio de Jesucristo es una cosa. La diplomacia vaticana es algo distinto*».

# 45. Dom Paulo

El 1º de enero de 1989 la revolución castrista cumplía 30 años ejerciendo todo el poder en Cuba, sin una sola consulta popular auténtica que pudiera sustentar los reclamos de Fidel Castro sobre el "masivo apoyo" que supuestamente le brindaban los cubanos. Treinta años de fusilamientos y largas condenas de prisión para sus opositores políticos, así como de dos éxodos multitudinarios y una constante fuga de cubanos que elevaba a más un millón el número de desterrados. Treinta años de ausencia total de derechos para el pueblo.

Por si fuera poco, eran también 30 años de encarnizada persecución a la Iglesia, no por incruenta menos avasalladora. No, en Cuba no echaban los cristianos a los leones, pero los leones estaban a las puertas de los templos para aterrorizar a los que querían entrar. 30 años en que muchos católicos habían enfrentado hostigamiento, cárcel y algunos, hasta la muerte, por el simple hecho de ser fieles a la Iglesia. Nada de esto era secreto para quienquiera que se interesara un poco en conocer la realidad.

De acuerdo al aburrido ritual castrista, aquel día primero del año fue de ostentosos desfiles militares, de bien organizadas manifestaciones «populares» y de encendidos discursos antiimperialistas. Los días siguientes fueron de grandes alardes en la prensa del país, toda propiedad del régimen, acerca del gran apoyo internacional al «gobierno revolucionario», algo que trataban de evidenciar con la publicación interminable de mensajes de felicitación recibidos de todas partes del mundo, provenientes de gobiernos, personalidades, y organizaciones de todo tipo.

El 6 de enero de ese año, el periódico *Granma,* órgano oficial del Partido Comunista de Cuba, publicó en su primera plana una felicitación especial. Venía de un cardenal de la Iglesia Católica, y era una carta, que comenzaba: «Queridísimo Fidel»…

Entre otras loas y alabanzas, la carta en cuestión decía en uno de sus párrafos: «Hoy día Cuba puede sentirse orgullosa de ser en nuestro continente, tan empobrecido por la deuda externa, un ejemplo de justicia social». En otro: «La fe cristiana descubre en las conquistas de la Revolución las señales del Reino de Dios». Al final: … «le pido al Padre que le conceda siempre la gracia de conducir el destino de su Patria». La misiva estaba firmada por Paulo Evaristo, Cardenal Arns, Arzobispo de Sao Paulo, Brasil.

Dom Paulo, como le llamaban los brasileños, era un popular prelado adscripto a la Teología de la Liberación. Nacido en 1921, era, desde 1970, Arzobispo de Sao Paulo, la diócesis de mayor población en las Américas y ganó gran notoriedad cuando decidió vender su majestuoso palacio arzobispal y dedicar el dinero obtenido en la venta a levantar construcciones en las *favelas* cercanas. Su oposición a las sucesivas dictaduras militares que ocuparon el mando en Brasil a partir de mediados de los años 60, como respuesta a la subversión castrocomunista que soliviantaba al país; así como su promoción de la justicia social, le granjearon el respeto de muchos e igualmente la perplejidad de muchos otros que no entendían que Dom Paulo no rechazara los postulados marxistas que sustentaba la mayor parte de los teólogos de «la liberación» como el uso de la violencia o la lucha de clases, y, peor aún, la adherencia de muchos de ellos al apotegma leninista de que «el fin justifica los medios».

Por otra parte, el cardenal estaba bajo la lupa del Vaticano por algunas de sus posiciones respecto a ciertas políticas eclesiales como el celibato sacerdotal, además de su activismo político. Como casi todos los militantes de la izquierda radical, Dom Paulo padecía también de indignación selectiva, aquella que se desboca ante los desafueros cometidos por gobiernos y fuerzas políticas de derecha, pero que es ciega y muda ante los crímenes de los que les son ideológicamente afines. Las víctimas del castrato jamás recibieron de él una palabra de solidaridad o consuelo cristiano.

Su carta de felicitación a Fidel Castro, levantó ronchas. Primero provocó consternación y gran enojo después, entre muchos círculos católicos, de manera particular entre los católicos cubanos exiliados. Monseñor Román no fue la excepción. Tampoco él podía entender que un pastor de la Iglesia se manifestase acerca de la tiranía imperante en Cuba en los términos en que lo había hecho el Cardenal Arns.

Ni corto ni perezoso, el Obispo Auxiliar de Miami se puso de acuerdo con los otros dos obispos cubanos en el destierro, Monseñor Enrique San Pedro y Monseñor Eduardo Boza Masvidal. Boza había escrito al cardenal solamente diez días después de que la carta de éste a Fidel Castro apareciese en el *Granma*. San Pedro y Román le escribieron entonces una misiva conjunta el 23 de febrero. Eran cartas privadas en las que los tres trataban de esclarecer lo que calificaban de desconocimiento y confusión de parte del prelado brasileño. Éste nunca contestó a los obispos cubanos exiliados.

Era ya el mes de mayo, y teniendo en cuenta el evidente desdén del Arzobispo de Sao Paulo, Román, Boza y San Pedro redactaron, firmaron y enviaron a éste una extensa y bien documentada «carta abierta», en la cual le reiteraban lo injusto e improcedente de su felicitación a Castro y le subrayaban algunas de las más concretas características dictatoriales y anticristianas del régimen impuesto por él a los cubanos.

*«Estamos seguros de que Su Eminencia no desea para su querido Brasil una situación en la que un número reducidísimo retenga irreversiblemente todo el poder político y económico, del que abusa para su propio provecho y para perpetuarse en el poder, mientras la población en general es mantenida en una condición de subyugación total...»* decían, en parte, los obispos exiliados.

La respuesta de los obispos cubanos del exilio al cardenal brasileño encontró gran beneplácito en Miami y repercutió ampliamente en el propio Brasil. Monseñor era un tanto renuente a hablar de ese episodio, pero conseguí que algo me dijera:

—*«Primero, le escribimos al Cardenal una carta privada, explicando que él no conocía la situación de Cuba, y... felicitaba al gobierno de Cuba por sus éxitos, a los 30 años de haber tomado el poder. Nosotros le explicábamos eso, pero..., él no respondió la carta; decía después, en otra carta, que él no la había recibido, y nosotros, siendo entrevistados por la prensa, tratábamos de responder. Entonces hicimos una carta abierta en la que decíamos que la situación de Cuba él no la conocía y que por eso él había hecho lo que hizo, y tratábamos de explicar la situación de opresión que tiene el pueblo cubano».*

Haciendo honor a la verdad, hay que decir que los tres obispos del destierro cubano no estuvieron solos en su defensa de la verdad de Cuba. La felicitación del Cardenal Arns provocó escándalo alrededor del continente y en su propio país, donde no todos callaron. El entonces Arzobispo de Río de Janeiro, el Cardenal Eugenio Sales, criticó lo que él dijo interpretar como apoyo de su colega de Sao Paulo a la perpetuación de Fidel Castro en el poder. *O Globo*, el más importante diario brasileño, expresó en un editorial que resultaba «simplemente increíble que un arzobispo pueda encontrar similitudes entre el Reino de Dios y un estado policíaco totalitario».

Por su parte, el padre de la Teología de la Liberación, el sacerdote Leonardo Boff, salió, como era de esperar, en defensa de Dom Paulo, en declaraciones llenas de falacias propagandísticas acerca del castrismo. En su momento, el propio cardenal se vio forzado a explicarse ante la prensa, diciendo que él y Fidel Castro mantenían una correspondencia frecuente, pero que él se oponía «a todas las dictaduras».

Varias personas, tanto sacerdotes como laicos, cercanos a Monseñor, aseguran que aquella controversia provocó alguna reprimenda para los tres obispos cubanos de parte del Vaticano, algo que Monseñor no me confirmó, aunque tampoco lo negó en forma tajante: —*«Yo creo que en la Iglesia tenemos derecho a hablar la verdad siempre, y disentir unos de otros en temas como estos, que son más bien sociales, políticos, en fin, temas humanos. Yo no creo que aquello tuvo mayor consecuencia, pero, la carta... se tradujo a varias lenguas y pasó a muchas partes, y la gente se interesó por esto».*

Inevitablemente, entre las muchas voces que criticaban al cardenal Arns por sus posiciones políticas y específicamente, por su apoyo a la dictadura de los Castro y aplaudían la firme respuesta de Román, Boza y San, no faltaban las de aquellos que tomaban el incidente como muestra clara de cierto «contubernio» entre «la Iglesia» y el régimen, algo que Monseñor rechazaba con vehemencia:

–*«Los que no simpatizan con la Iglesia, hablan antes y hablan después, y lo harán siempre, porque ya tienen como un problema, que es lo que dice precisamente Boza: el fanatismo. Las personas fanáticas se ponen de un partido o de otro, por razones que no son razonables, y siempre van a criticar, porque ya están en contra de la Iglesia, y van a criticarla».*

Probablemente no sabremos nunca con certeza total si hubo o no alguna reacción negativa de parte de la Iglesia institucional contra Román, Boza y San Pedro por salirle al paso públicamente a todo un señor cardenal. Lo que sí se puede afirmar inequívocamente es que ellos nunca se mostraron arrepentidos de haberlo hecho.

Dom Paulo Evaristo Arns falleció en Sao Paulo el 14 de diciembre de 2016.

*Apéndice VI*

**Carta a Fidel del Cardenal de Sao Paulo,
Paulo Evaristo Arns**

Sao Paulo, Navidad de 1998
Queridísimo Fidel
¡Paz y Bien!

Aprovecho el viaje de Frei Betto para enviarle un abrazo y saludar al pueblo cubano en ocasión de este Aniversario 30 de la Revolución. Todos nosotros sabemos con cuánto heroísmo y sacrificio el pueblo de su país logró resistir las agresiones externas y el inmenso sacrificio de erradicar la miseria, el analfabetismo y los problemas sociales crónicos. Hoy día Cuba puede sentirse orgullosa de ser en nuestro continente, tan empobrecido por la deuda externa, un ejemplo de justicia social. La fe cristiana descubre en las conquistas de la Revolución las señales del Reino de Dios que se manifiesta en nuestros corazones y en las estructuras que permiten hacer de la convivencia política una obra de amor.

Aquí en Brasil vivimos momentos importantes de luces y de sombras. De un lado, la victoria popular alcanzada en las últimas elecciones renueva el cuadro político del país y abre esperanzas de que el indescriptible sufrimiento de nuestro pueblo pueda ser aminorado en el futuro. Convivimos con una inflación del 30% por mes y una sangría de recursos absorbidos por el injustificable pago de los intereses de la deuda externa. De otro lado, sabemos que esa victoria aún no significa nuestra libertad y estaremos obligados a enfrentar en nuestro propio país todo tipo de presiones y dificultades creadas por los dueños del gran capital.

Este es un momento de dolor para quien hace de su servicio episcopal un acto de efectivo amor para con los pobres. Sin embargo, confío en que nuestras Comunidades Eclesiales de Base sabrán preservar las semillas de nueva vida que han sido sembradas. Desdichadamente, aún no se han dado las condiciones para que se efectúe nuestro encuentro. Tengo la certeza de que el Señor Jesús nos indicará el momento oportuno. Lo tengo presente diariamente en mis oraciones, le pido al Padre que le conceda siempre la gracia de conducir el destino de su Patria.

Reciba mi fraternal abrazo en los festejos por el XXX Aniversario de la Revolución Cubana y los votos de un Año Nuevo promisorio para su país. Fraternalmente,

*+Paulo Evaristo, Cardenal Arns*
***Granma, Viernes, 6 de enero de 1989***

*Apéndice VII*

## Carta Abierta al Cardenal Pablo Evaristo Arns

Eminentísimo Sr. Cardenal Arns:

Nos dirigimos a Su Eminencia en forma pública por dos razones principales: primero, porque el motivo que nos lleva a escribir esta carta es de orden público, habiéndose publicado en la prensa nacional e internacional y segundo, porque habiéndole escrito primeramente en forma privada, no hemos recibido respuesta, después de haber esperado un plazo de tiempo razonable. Nuestras anteriores cartas a Su Eminencia están fechadas en Enero 16 (Mons. Boza Masvidal) y Febrero 23 (Mons. Román y Mons. San Pedro) del corriente.

El objetivo de la presente es su mensaje de Navidad al Sr. Castro, dictador vitalicio de Cuba, con ocasión de los 30 años de haber tomado el poder. No vamos a repetir lo que le dijimos en nuestra correspondencia privada, aunque sí nos permitimos hacer un resumen de los puntos principales que tocamos en la misma.

Le decíamos que sería muy largo exponer toda la situación del país en cuanto a discriminación, falta de libertad religiosa, etc., señalábamos el carácter discutible de las conquistas y de los logros porque, por una parte, se hacen con costo ético y espiritual demasiado alto y, por otra parte, porque son muy relativos. (Carta de Mons. Boza Masvidal).

También le recordamos que Cuba padece desde hace 30 años una cruel y represiva dictadura militar en un estado policiaco que viola o suprime constante e institucionalmente los derechos fundamentales de la persona humana. Y entre otras pruebas de esta situación, mencionábamos las aventuras militares del castrismo que han costado millones de dólares al pueblo cubano y miles de víctimas a su juventud. (Carta de Mons. Román y Mons. San Pedro).

Sería muy largo el comentar punto por punto todas sus aserciones en el mencionado mensaje, pero estimamos necesario el señalar algunas de las más extraordinarias. Estima Su Eminencia que *«hoy día Cuba puede sentirse orgullosa de ser en nuestro continente, tan empobrecido por la deuda externa, un ejemplo de justicia social».* No queremos hacerle decir lo que no dice, pero, leyendo esta frase, podría pensarse que Cuba no está, como el resto del continente, empobrecida por la deuda externa. Estamos seguros de que Su Eminencia sabe que Cuba tiene una enorme deuda externa, no sólo con los países occidentales, sino igualmente con los países comunistas; según los últimos datos a nuestra disposición, esta deuda aproximadamente asciende a la cifra de 5,500 millones de dólares.

En cuanto a la justicia social de la que Su Eminencia afirma que Cuba es ejemplo en nuestro continente, deseamos recordarle que mientras un número bastante reducido de jerarcas del gobierno disfrutan de todas las comodidades de la vida, el pueblo se ve reducido a nivel de sobrevivencia. Eminencia, algunos de nosotros hemos estado, en un pasado reciente, en Cuba, no para disfrutar cómo cocinar camarones y langostas con «el comandante» (Ver *Fidel e a Religiao. Conversas con Frei Betto,* pags. 28-29, 33-34*)*, sino para convivir con nuestro pueblo y compartir con él su angustia y su dolor. Estamos seguros de que Su Eminencia no desea para su querido Brasil una situación en la que un número reducidísimo retenga irreversiblemente todo el poder político y económico, del que abusa para su propio provecho y para perpetuarse en el poder, mientras la población en general es mantenida en una condición de subjeción total equivalente a una minoría de edad. Pregúntele, por favor, Sr. Cardenal, a sus amigos que visitan a Cuba y se codean con los personajes de la dictadura si han visto alguna vez a alguno de ellos esperando pacientemente con la libreta de racionamiento en la mano para poder comprar una libra de carne cada nueve días, o dos camisas al año, como el resto de la población.

Dice a continuación Su Eminencia que *«la fe cristiana descubre en las conquistas de la revolución las señales del reino de Dios que se manifiesta en nuestros corazones y en las estructuras que permiten hacer de la convivencia política una obra de amor».*

No sabemos porqué al leer estas frases nos vienen a la mente aquellas otras de Pablo VI en las que afirma que *«la Iglesia... rechaza la substitución del anuncio del reino por la proclamación de las liberaciones humanas, y proclama también que su contribución a la liberación no sería completa si descuidara anunciar la salvación en Jesucristo. Ella... no identifica nunca liberación humana y salvación en Jesucristo, porque sabe... que no es suficiente instaurar la liberación, crear el bienestar y el desarrollo para que llegue el reino de Dios».* (Evangelii Nuntiandi, Nos. 34 y 35)

Por otra parte, afirmar que las estructuras vigentes en Cuba *«permiten hacer de la convivencia política una obra de amor»* es desconocer totalmente la realidad cubana. Si fuera como dice Su Eminencia, ¿por qué se debe considerar delictivo el tratar de escapar de esa *«convivencia política»* que se califica aquí como *«obra de amor»*? ¿Por qué un país como Cuba, que apenas si tenía emigración, ha visto en los 30 años de la dictadura castrista un millón de sus ciudadanos abandonar el país? ¿Por qué en el breve espacio de cinco meses, en 1980, 125,000 personas se lanzaron a las costas floridanas en un éxodo incontrolable? ¿Qué debiéramos pensar, Sr. Cardenal, si en cinco meses 1´100,000 brasileños buscasen refugio en Chile?

Creemos, Sr. Cardenal, que es víctima de su bondad y buen corazón. Su Eminencia no conoce a Cuba sino a través del testimonio de otras personas de su confianza. No nos corresponde a nosotros el expresar aquí una opinión sobre la intención de esas personas o el conocimiento que las mismas puedan tener de la realidad cubana, pero no podemos dejar de sentir dolor y extrañeza ante el silencio de Su Eminencia a nuestra oferta fraternal, como hermanos en el episcopado, de poner a su disposición otros aspectos de la situación en Cuba que por lo visto Su Eminencia ignora.

Uno de estos aspectos, que podría preocupar a Su Eminencia, es la falta de libertad religiosa que afecta especialmente a los católicos. Esta falta de libertad, cuyos detalles podríamos ofrecer a Su Eminencia cuando gustase, se refleja trágicamente en las estadísticas religiosas: Cuba es el único país entre sus hermanos del Caribe y probablemente de la América Latina en general, que en los últimos 30 años ha visto disminuir en cifras absolutas el número de católicos, sacerdotes, religiosos y seminaristas, así como la asistencia a la Misa dominical.

La reciente polémica suscitada por su mensaje navideño es una prueba evidente de lo que estamos diciendo. Su Eminencia ha podido contestar y hacer todas las declaraciones públicas que ha creído oportuno hacer, tanto en su patria como en el extranjero. Que sepamos, los obispos de Cuba, por su parte, ha mantenido su acostumbrado silencio. La prensa le ha atribuido la afirmación de que el mensaje, que pretendía ser confidencial y privado, se hizo público solamente después de que el Sr. Arzobispo de La Habana dio su asentimiento. Nos consta por el testimonio de personas completamente fidedignas que esa afirmación no corresponde a los hechos. Eminencia, no dudamos de su veracidad, pero pensamos que una vez más ha sido víctima de su confianza y credulidad confiando en terceras personas.

A propósito de esta libertad religiosa nos atrevemos una vez más a citar la exhortación apostólica Evangelii Nuntiandi: *«De esta justa liberación vinculada a la evangelización, que trata de lograr estructuras que salvaguarden la libertad humana, no se puede separar la necesidad de asegurar todos los derechos fundamentales del hombre, entre los cuales la libertad religiosa ocupa un puesto de primera importancia».* (Evangelii Nuntiandi, Nº 39).

Queremos concluir reiterándole el deseo que le expresamos en nuestra correspondencia privada: Dios quiera que su país nunca tenga que pasar por la trágica experiencia por la que nosotros estamos atravesando.

Señor Cardenal, paz y bien.

+Eduardo Boza Masvidal
Obispo Titular de Vinda

+Agustín A. Román
Obispo Auxiliar de Miami

+Enrique Sanpedro, S.J.
Obispo Auxiliar de Galveston-Houston

*9 de mayo de 1989*

## 46. Los males de un corazón muy bueno

–"Él siempre estaba enfermito... tenía asma", nos había dicho su hermana Iraida de la salud de *Leyo,* su hermano. Pasada la infancia, Aleido pudo llevar una vida normal respecto a su salud, aunque no fuera nunca un dechado de ella. Ya de adulto su actividad pastoral era tan intensa y le dejaba tan poco tiempo al sueño y al descanso, que cualquiera hubiera creído que Monseñor Román disfrutaba de una salud de hierro. Él se cuidaba, de acuerdo a la ancestral cultura *paramédica* cubana, del frío, de la lluvia, del "aire de agua", de los excesos en el comer. No era adicto a los médicos, pero los obedecía rigurosamente cuando tenía que verlos por algún mal menor, tomaba sus medicinas y tal vez en lo único que era negligente, sumamente negligente, era en lo referente al descanso y la recuperación que el cuerpo necesita.

En 1986, a sus 58 años, le llegó, en forma de un infarto, la primera señal seria de que su corazón precisaba una atención especial. En 1989, un paro cardiaco encendió las alarmas y confirmó la sabida contradicción de cómo corazones que son muy buenos, pueden estar muy malos. Se le instaló entonces un marcapaso con el que, aparentemente, sus problemas se atenuaban en gran medida, a tal punto que uno de sus colaboradores en la Ermita decía que – *"si malo del corazón nos llevaba al trote, ahora con un marcapasos, no habrá quien lo pueda seguir".*

Y efectivamente, era así: Monseñor Román continuaba siendo aquella inagotable fuente de energía que parecía no conocer el cansancio, ni saber de horarios. Sus más cercanos estábamos convencidos de que el marcapasos no energizaba a su corazón, era su corazón lo que energizaba al marcapasos.

El Dr. José Joaquín Centurión, eminente cardiólogo, es una de las personas que estuvo más cerca de Monseñor Agustín Román, no sólo por ser su médico, sino, además, porque él y su familia estaban entre los afectos más apreciados por el obispo. Su relación médico-paciente estaba envuelta en el más íntimo marco de su condición filial. Es precisamente el Dr. Centurión quien nos cuenta ahora:

–«Monseñor era muy fuerte, él no hubiera podido pasar todo lo que pasó si no hubiese tenido una gran fortaleza física. Siempre mucho ejercicio, caminaba mucho, iba a pie de la Ermita al Mercy, daba la vuelta y volvía a donde él vivía, caminando.

–«La diabetes de él no viene hasta después del primer evento cardíaco. Casi todo se le manifestó a la misma vez. Él empieza a tener una pre-diabetes en la época de mi padre, no se declara completamente diabético, más o menos hasta el 88 ó 90. Él era muy meticuloso en su dieta y sus ejercicios. Siempre, cuando cenaba o almorzaba con las monjas, el plato de él estaba separado con su dieta. Yo no recuerdo de él tener una diabetes mal controlada.

–«Monseñor era un paciente muy curioso, él quería saberlo todo, por qué se hacían las cosas, cómo funcionaba una medicina, etc. Él estaba muy al día con lo que pasaba en el mundo médico, muy bien informado« –concluye el Dr. Centurión

El 3 de enero de 1992, viernes, debíamos reunirnos Monseñor y yo y así lo hicimos en el antiguo comedor que servía de oficina, almacén, sede de tertulias, etc., con la bahía al fondo y la Ermita al frente. Apenas comenzamos a hablar me di cuenta que algo no andaba bien. Monseñor se veía cansado, respiraba con dificultad, su mirada se perdía en el curso de la conversación. –«¿Qué le pasa, padre?... ¿No se siente bien?»... –«*No es nada,* –me contestó– *un poco cansado».*

–«Creo que Ud. debe ver al médico... espere ahí un minuto». Salí de allí apresuradamente y apenas afuera me topé con el padre Jesús Saldaña, que era entonces uno de sus asistentes en el Santuario: –«Jesús, creo que debes llevar a Monseñor para el hospital enseguida... Yo no lo veo nada bien».

El padre Saldaña no ha olvidado aquel episodio: –«Una gran colaboradora de él, Violeta del Junco, enseguida llamó al médico de Monseñor, el Dr. Centurión, y fuimos con él para allá, a la Emergencia del Mercy. Él mantenía una ecuanimidad tremenda; lo único que decía era: –*"Bueno, en algún momento hay que partir, y morirse es como ir para Hialeah"*. O sea, la gente de Hialeah, él las comparaba con el cielo... Él aceptaba sus limitaciones de una manera muy jocosa, sin agravar la situación».

En el salón de emergencias identificaron prontamente el problema. Además de sus problemas circulatorios, el obispo presentaba un peligroso coágulo en la vena cava superior. Era muy arriesgado operarlo en aquellas condiciones y se decidió someterlo a un intenso tratamiento para licuar la sangre, algo que exigía un sinnúmero de sondas e inyecciones. Él confesaba que las inyecciones no le gustaban ni un poquito. Fue necesario esperar poco más de un mes para poder operar.

Apenas recibida la llamada de Violeta del Junco, el Dr. Centurión se dirigió al hospital y llegó allí pocos minutos después del arribo de Monseñor. Él nos cuenta: –«La primera crisis cardíaca de Monseñor fue el marcapaso. A él se le pone un marcapaso a finales de los años 80. Ese marcapaso era el más moderno de esa época y tenía dos alambres, uno en el atrium y el otro en el ventrílocuo. A él se le desarrolló un coágulo en la vena cava superior y eso era un asunto horriblemente peligroso en esa época.

–«Primera *mano de Dios*: para solucionar eso, sabiendo que esos alambres había que quitarlos y que después de cierto tiempo esos alambres estaban pegados al corazón, el caso no era fácil. El único cirujano que estaba quitando esos alambres con cierto éxito era el Dr. Charlie Byrd, de Harvard, a quien yo conocía porque él trabajaba aquí también. Yo lo llamé y entre él y James Judd le quitaron el marcapaso, los alambres, tratando de no rajar el músculo, pero tuvieron que ponerle un plástico como sustituto de la vena que entraba en el corazón, algo que tampoco se había hecho anteriormente».

Continúa el Dr. Centurión: –«No podíamos correr el riesgo de ponerle los alambres a través de las venas, y se hizo una cosa también ultra-inusual, que en 40 años de estar operando fue la primera vez que se hizo. Se entró el alambre por afuera del corazón, a través del atrium, por donde se hizo un hueco en el corazón, y ese alambre se pasó de la cavidad toráxica, a través del atrium, y se posicionó entonces en el ventrílocuo y en el atrium. Los alambres quedaron puestos entonces arriba del corazón. Fue la primera operación de corazón abierto de él.

–«Esos alambres se quedan por delante del corazón de él, que sería algo muy importante para su futuro. Se conectaron al marcapaso y el marcapaso no se le puso en el lugar usual... el de él se le puso en la barriga y le pasaron los alambres a través del diafragma, para localizar eso ahí».

El médico se emociona al recordar aquellos momentos de grave peligro para su paciente, pero continúa contándonos: –«Digo que eso fue algo de las cosas de Monseñor que indicaban que él estaba bajo el ojo de Dios, porque... quitar los alambres, no rajar el músculo, poder reemplazar la vena cava superior casi, reemplazarlo con teflón, pasar los alambres a través del atrium, poder posicionarlos, poder pasarlo por debajo y posicionar el marcapaso en el estómago, en el año 91... 92... eso no se oía... Fue una cirugía de casi seis, siete horas... Una cirugía pionera.

–«Él salió bien de esa y estuvo bastantes años con su diabetes, presión alta, el colesterol... Él se veía cada dos meses, en el hospital, en la oficina nuestra, el marcapaso se chequeaba también cada tres meses, y todo bien... Él se cuidaba, la relación que tenían los que trabajaban con él en la Ermita era ejemplar, todos lo cuidaban. Violeta, y todos los de la Ermita buscaban cómo ayudarlo. Yo creo que eso tuvo mucho que ver con el amor que él le tuvo a la vida, y el amor a lo que hacía. Eso lo mantuvo trabajando tanto, porque se sentía respaldado", concluye el Dr. Centurión».

A todas estas, ¿cómo se sentía Monseñor Román, cómo estaba su ánimo ante la posibilidad de la muerte, los malestares propios de la enfermedad, etc? Aracely Cantero, destacada periodista española integrada en nuestra comunidad y sólido pilar del periódico diocesano *La Voz Católica* entrevistó al obispo unos días después de ésta, su primera operación de corazón abierto para la edición de febrero 21 de 1992.

–«*He estado ofreciendo mi enfermedad momento a momento: especialmente lo que más me acobarda a mí que son las inyec-*

*ciones... y se lo ofrezco al Señor, para que Él haga posible que muchos corazones se le rindan y le conozcan»* le dijo Monseñor. Y también: *«Soy cubano, he tenido que vivir en el destierro y nunca he celebrado la Eucaristía sin pensar en Cuba, sin pensar en la Iglesia allá, en los obispos y en la evangelización de mi pueblo».*

Monseñor no dejaba de celebrar la santa misa diariamente, estuviera donde estuviera, y el hospital no era la excepción. De esto nos cuenta Vicky Cué, enfermera ya jubilada del Hospital Mercy, a quien tocó cuidar de él en más de una ocasión:

—«Recuerdo que él, estando enfermo, quería decir misa... yo le ponía la mesa de cama, con un crucifijo, corría la cortina y le pedía a los demás que no interrumpieran... era algo muy lindo... era una bendición... ¿Puede Ud. imaginárselo?... Tener una misa él y yo solamente... Yo sentía que estábamos tan cerca de Dios... guardo eso como una de las bendiciones del ser enfermera».

—«Ante la posibilidad de la muerte era cosa de ponerlo todo en manos de Dios. El Dr. Centurión cuidaba de él, y él siempre estaba animado, tenía el espíritu en alto. Yo no recuerdo cuantos días lo estuve atendiendo antes de su operación, pero en todo ese tiempo, no importa lo que pudiera venir, él estaba feliz», agrega Vicky, y prosigue:

—«Vi muchas veces que Monseñor llevaba trabajos para terminarlos mientras estuviera hospitalizado, él era así. Ni siquiera cuando él estaba en el quinto piso, que tenía complicaciones de sus operaciones de corazón abierto... falta de aire... ni siquiera así él dejaba de traer cosas de su trabajo, se rodeaba de papeles... y si yo le decía, pero, Monseñor, ¿qué hace Ud. con todos esos papeles?... él solamente sonreía y me decía que había mucho quehacer...

—«Él era muy amable con todos, con los empleados del hospital... Si se lo hubieran permitido, él habría recibido a todos los que preguntaban por él... Le decían "no, que se va a cansar" y él simplemente sonreía. Él no se daba por vencido nunca, no importa cuán enfermo se sintiera.

—«Incluso después de sus operaciones, —nos sigue contando Vicky, la enfermera— él visitaba a otros enfermos por las noches.

Yo le vi varias veces caminando de noche por los corredores y yo le decía –"Monseñor, ya es tarde".... A veces, cuando ya yo me iba a ir para mi casa... y él me decía – *"Es que ahí está un feligrés enfermo"*. Él era así, muy amable, trataba a todo el mundo como familia.

–«Yo soy filipina, y la primera vez que él me vio me preguntó cómo se saludaba en mi idioma. Yo se lo dije, y cada vez que yo llegaba, él me recibía con un saludo en mi propio dialecto... Él sabía que mi esposo es cubano y siempre me preguntaba – *"¿Dónde está el cubano, tu esposo?*

–«Me siento muy bendecida de poder haber estado tan cerca de un hombre de Dios, que un día será reconocido como un santo, porque hizo siempre su trabajo con todo su corazón».

¿Cuál es el recuerdo más preciado que le queda a Vicky de aquel paciente inolvidable?

–«Muchas veces él me pedía: – *"Por favor, reza por Cuba"*. Yo no podía olvidar eso... Él estaba enfermo, y se preocupaba por la situación de Cuba. Yo siempre recordaré aquel día, dos días después de haber sido operado de corazón abierto... él estaba sentado en una silla, en su cuarto del hospital, porque le faltaba el aire... estaba muy enfermo, y aún así me pedía que yo orara por Cuba. Era un hombre lleno de amor por su patria».

## 47. El pastor, el escribano, y la muerte rondando

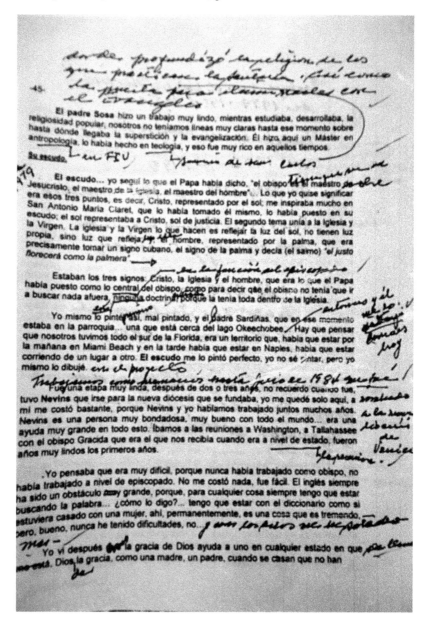

Una página de las transcripciones originales de mis grabaciones con
Monseñor Román para este libro, con las revisiones hechas a mano por él.

La operación se efectuó el 7 de febrero de 1992. Un par de días antes, conociendo ya la fecha en que debía efectuarse la cirugía, Monseñor me llamó desde el hospital: –*«Julito, ¿tú podrías pasar por aquí esta noche?... Necesito que me ayudes con algo que quiero escribir».*

–*«Mira, –me dijo, según lo recuerdo– esto de la operación y los problemas del corazón que tengo, me ha hecho pensar que debo decirle algo a la gente... dejarles un mensaje, porque, si vamos a verlo, el corazón de los cubanos también anda mal, aunque no sea como lo mío... son los males del espíritu que no dejan que funcionen bien los corazones. Anota ahí...»*

No era la primera vez. Prácticamente desde el comienzo de su episcopado, Monseñor me confiaba la redacción de casi todo lo que él escribía para el público. Unas veces él lo escribía casi todo a mano y después me lo daba para revisar el estilo; otras veces, como en esta ocasión, según anduviera él de tiempo, me daba la idea de lo que quería decir, me dictaba oraciones o párrafos enteros, me indicaba citas bíblicas o de documentos eclesiales que debían ser incluidas y me señalaba experiencias anteriores que él quería mencionar. Yo me iba a casa para cumplir el encargo, sabiendo que él me llamaría dos o tres veces para cambiar una frase o añadir algo que había olvidado. Una vez terminado mi trabajo, él lo revisaba todo minuciosamente, enmendaba, tachaba, agregaba, le daba forma final. Yo volvía a escribirlo todo, de acuerdo a sus correcciones y él firmaba la versión final que después mandaría a la prensa.

Monseñor Román escribió mucho. Lo hacía cada vez que bullía en su pensamiento un mensaje catequético que le parecía importante subrayar y cada vez que un acontecimiento zarandeaba a nuestra comunidad, como en el caso del éxodo del Mariel y sus consecuencias, el caso del niño balsero Elián González o la visita de Juan Pablo II a Cuba; cada vez que era necesario recordarle a todos el doble mandamiento del amor, como cuando defendía a haitianos y nicaragüenses; a los presos y los desposeídos; cuando alguna controversia agitaba a la Iglesia o entendía él que se criticaba a ésta injustamente; cuando quería promover alguna actividad, y desde luego, siempre que el calendario indicaba alguna fecha de importancia para católicos y cubanos, como la Semana Santa o la fiesta de la Virgen de la Caridad. Sus vehículos más constantes eran el *Diario Las Américas, La Voz Católica* y la *Revista Ideal. El Nuevo Herald* también le ofrecía sus páginas con frecuencia.

Él le daba mucha importancia a la palabra escrita, pues recalcaba siempre aquello de que lo que se escribe, se queda; aunque no por esto restaba importancia a la predicación y el uso de la radio y la televisión para evangelizar, refiriéndose con frecuencia al hecho de que la fe cristiana y los valores de cada cultura se preservaron gracias, en gran medida, a la tradición oral.

Era, pues, algo usual para mí sentarme frente a Monseñor Román, en la Ermita o en su casa, a veces a horas intempestivas, para, papel y pluma a mano, anotar rápida, pero cuidadosamente, lo que él me iba diciendo. Él indistintamente me dictaba sus ideas, que yo debía redactar, o me decía palabra por palabra exactamente lo que quería escribir, en forma pausada, a veces indicando hasta los signos de puntuación. Él poseía un extenso dominio del idioma, excelente ortografía y buena redacción. Lo que no tenía era el tiempo suficiente para ordenar todo lo que su corazón quería expresar.

Yo conservo la mayor parte de los escritos de Monseñor, tal y como quedaron tras revisarlos él y darles forma final. Guardo también algunos de los manuscritos que dieron forma inicial a esos documentos y así fue que, apenas dos meses después de su muerte, ocurrida el 11 de abril de 2012, pude editar y sacar a la luz una selección de sus escritos que titulé, tomando la frase de un himno por el que él sentía especial predilección, *Una palabra más fuerte.*

Creo que ese libro es un buen muestrario, un abanico panorámico del pensamiento de Monseñor Agustín Román. Desde incursiones en la sociología que retratan los males de nuestros tiempos y proponen a los mismos soluciones con base evangélica, como *Año nuevo, vida nueva,* hasta añoranzas de su infancia y juventud con aplicación en el presente, como *El cura de mi pueblo.* Desde su visión del ecumenismo y de las relaciones entre judíos y cristianos, hasta su muy sentido y celebrado *Mensaje de solidaridad con Colombia,* donde, como cubano, pide perdón a los colombianos por los males que, salidos de Cuba, han hecho sufrir a ese pueblo. Desde artículos preciosos dedicados a María, su Virgen de la Caridad del Cobre; hasta *Madre de Cuba,* una síntesis de lo que pudiéramos considerar su *mariología cubana.*

Hay en el libro, sobre todo, un desbordamiento de su católica cubanía. Muchos escritos sobre diversos aspectos de la problemática cubana, todos conectados por su insistencia en la necesidad de hacer a Dios presente entre su pueblo y el recurrir a Él en nuestra búsqueda de libertad, derechos, unidad... unidad, su constante clamor. Pero no sólo artículos y homilías. Ahí están escritos como *Para una Cuba nueva,* de julio de 1990; *La lucha del pueblo cubano por la justicia,* de diciembre de 2006 y *Creyente y dichosa,* de febrero de 2011; que son realmente tratados completos sobre el pasado y el presente de Cuba, con proposiciones concretas sobre los pasos a dar para lograr un futuro de paz y justicia según las enseñanzas de Jesús de Nazaret.

Me parece que quienquiera que desee conocer el alma y el pensamiento de este hombre extraordinario tendrá en sus escritos una escotilla por donde adentrase en su corazón y esto lo digo sin falsa modestia, porque cuanto hay en esos escritos es obra suya. Él fue el arquitecto y constructor; yo un simple ayudante de albañil que le ayudaba a repellar lo que él construía. A pesar de nuestra gran identificación de pensamiento, teníamos también algunas discrepancias, sobre todo en cuanto a posiciones de la Iglesia en la cuestión cubana, y, por el gran respeto que yo le tenía, cuidé mucho siempre de no poner en su boca palabras mías. Además, como ya he dicho, él no daba nada a la prensa sin haberlo revisado antes cuidadosamente.

En esas condiciones estaba yo con él, en su cuarto del quinto piso del hospital Mercy, aquella noche llena de presagios. Era lo mismo de tantas veces en que tratábamos de darle forma a su pensamiento, pero era, a la vez, algo totalmente diferente. Ambos estábamos conscientes de lo especial de aquella ocasión. He aquí a un hombre de Dios, un pastor de almas, que, contemplando una altísima posibilidad de muerte inminente –la operación era sumamente riesgosa– quiere dejarle un mensaje a su pueblo, a su rebaño… Ni él ni yo mencionamos la palabra testamento, pero era lo que estaba en mi pensamiento, y estoy seguro de que también en de él.

Sin embargo, había en él una serenidad, una paz increíble, que llenaba la habitación según me dictaba:

–*«Dentro de pocas horas, si Dios no dispone otra cosa, deberé ser sometido a una delicada operación del corazón y no quiero que llegue ese momento sin agradecerles muy profundamente…*

–*«Entre esas reflexiones que he ponderado en estos días de involuntaria reclusión, ocupan un lugar principal las cosas de Dios y las cosas de la patria, porque yo no sabría cómo separar en mí el amor a Dios y el amor a Cuba, y no quisiera bien mayor para mi pueblo que el saber que todo aquel que se preocupe de él, lo haga a la luz del amor de Dios…*

–*«Quiero compartir algunas de esas consideraciones con ustedes, el pueblo que el Señor me ha encomendado, porque, en cierto sentido, me parece que así como un corazón, en este caso el mío, puede necesitar ajustes y reparaciones de orden físico en un momento dado; todos, como individuos y como pueblo, necesitamos también, de vez en cuando, ajustar el corazón en el orden de los principios, las valoraciones y nuestra consecuente actuación. Viendo la triste situación que atraviesa nuestro pueblo, creo que es urgente que hagamos tales ajustes, porque los hechos nos están diciendo que no anda muy bien el corazón cubano, ni en Cuba, ni en la diáspora».*

Salí del hospital aquella noche con más pesadumbre que esperanza. Las palabras de Monseñor, el tono de su escrito y hasta su propia ecuanimidad me llenaban de tristeza. Le pedía a Dios que me ayudara a transcribir fielmente aquel mensaje que era más bien un legado con tonos de despedida. Cuando empecé a transcribir, ya sonaba el teléfono. Era él, añadiendo algo. Así, la mayor parte del día siguiente. Esa noche, le llevé el escrito terminado y él lo aprobó. Al siguiente día debía efectuarle la operación: –*«Pásalo en limpio rápido, para poder mandarlo mañana»*…

En la mañana, muy temprano, mientras lo preparaban para llevarlo al salón de operaciones, me llamó de nuevo para que le leyera una parte del escrito... Yo diría que estuvimos hablando prácticamente hasta entrar él en el quirófano. Nunca como en esta ocasión pude palpar tan de cerca el amor de aquel hombre por su Dios y por su patria.

*Apéndice VIII*

## Curemos el corazón cubano

Mis queridos hermanos:

Dentro de pocas horas, si Dios no dispone otra cosa, deberé ser sometido a una delicada operación del corazón y no quiero que llegue ese momento sin agradecerles muy profundamente las numerosas pruebas de afecto que he recibido de parte de todos: católicos y no católicos, cubanos y de otras nacionalidades, durante esta etapa de mi enfermedad. Agradezco muy especialmente la preocupación del Sr. Arzobispo y de mis hermanos sacerdotes y religiosos, así como las oraciones de tantos, que testifican una fuerte fe en el Señor. A Él va mi primera acción de gracias por esos afectos con los que ha querido bendecir mi ministerio.

Son muchas las reflexiones que vienen a la mente de quien pone la vida en perspectiva ante la fragilidad de la misma. Sin embargo, nada puede disminuir la alegría de sabernos amados por el Señor y de saber que, en toda circunstancia, podemos confiar en su misericordia. ¡Dichoso el hombre que ha puesto su confianza en el Señor!, dice la Escritura.

Entre esas reflexiones que he ponderado en estos días de involuntaria reclusión, ocupan un lugar principal las cosas de Dios y las cosas de la patria, porque yo no sabría cómo separar en mí el amor a Dios y el amor a Cuba, y no quisiera bien mayor para mi pueblo que el saber que todo aquel que se preocupe de él, lo haga a la luz del amor de Dios, pues sería eso la mejor garantía de felicidad para todos.

Quiero compartir algunas de esas consideraciones con ustedes, el pueblo que el Señor me ha encomendado, porque, en cierto sentido, me parece que así como un corazón, en este caso el mío, puede necesitar ajustes y reparaciones de orden físico en un momento dado; todos, como individuos y como pueblo, necesitamos también, de vez en cuando, ajustar el corazón en el orden de los principios, las valoraciones y nuestra consecuente actuación. Viendo la triste situación que atraviesa nuestro pueblo, creo que es urgente que hagamos tales ajustes, porque los hechos nos están diciendo que no anda muy bien el corazón cubano, ni en Cuba, ni en la diáspora.

Es un corazón oprimido por muchos años de injusticias y abusos. Es un corazón herido por el odio y el recelo. Es un corazón que ha sufrido mucho y que, en no pocos casos, sufre aún más por el desconocimiento de Dios. Pero es, al mismo tiempo, un corazón que no se ha desprendido de las raíces que, en sus orígenes, le conformaron virtuoso y optimista, enamorado del bien y de la justicia, dado a la fraternidad, al perdón y la risa fácil. Creo que es deber de todos hacer que esas virtudes se impongan sobre los males circunstanciales y salven el corazón de la patria, ese noble corazón donde reinó y debe reinar María, la Virgen de la Caridad, que, como madre, llama a todos sus hijos a un sano y fecundo patriotismo.

Y, ¿qué es el patriotismo, se preguntarán algunos, más allá de un término abusado a veces por egoísmos e hipocresías? El patriotismo bien entendido, el único legítimo, parte del amor a Dios y hay que encuadrarlo, pues, dentro de la virtud cristiana de la caridad. Patria es porción geográfica y es también el pueblo que la llama suya y sólo podemos amar a una y al otro cuando descubrimos en la tierra la obra maravillosa del Creador y su propia imagen en los hombres y las mujeres que nos dio como hermanos.

Del primer Amor, que es amor de y a Dios, se derivan los demás amores y es por eso que queremos a la familia, a los amigos y a la patria. Siendo así, el patriotismo real se traduce en servicio a los demás, y no en búsqueda de sí mismo, porque viene de Aquel que aclaró que no vino a ser servido, sino a servir. Cuando esto se olvida, surgen las deformaciones y las falsificaciones del patriotismo, de cuyas consecuencias no es preciso hablar mucho, porque, desgraciadamente, nuestro pueblo las ha padecido y aún las padece en demasía.

Quien quiera patria feliz, forme familias felices. Quien quiera una patria unida, forme familias unidas. Se hace patria fortaleciendo a la familia, porque patria no es más que la gran familia de familias. Hemos de rechazar todo cuanto atente contra la estabilidad familiar y hacer que el amor entre los cónyuges y entre padres e hijos sea la base de ese «amor de hermanos» sin el cual no se concibe la nación.

Ese es el primer paso del patriotismo. Patriotismo que, además, debe ser atemperado por la virtud de la prudencia que, en su concepción cristiana, no es freno que reduzca la creatividad, sino impulso que estimula la opción mejor dentro de una situación concreta; que no va nunca contra la dignidad humana, que dirige nuestros actos según la verdad; que nos lleva al justo medio, entre el exceso y el defecto, que nos hace dóciles y no arrogantes para buscar el consejo de los demás y que, según Santo Tomás de Aquino, es la capacidad de examinar y prever si una acción será un medio válido para realizar el fin.

Esa prudencia es elemento indispensable para que las buenas intenciones se traduzcan en obras buenas, porque ¿cuánto bien puede hacer un patriota imprudente? Esa prudencia da como fruto el equilibrio, sin el cual no existe la justicia, porque, contra el desequilibrio, hasta la sabiduría se estrella. Creo que la gran tragedia que vive Cuba y la urgencia de estos tiempos que parecen ser cruciales para ella, nos están pidiendo que equilibremos el corazón, para poder servir más limpia, mejor y más fructíferamente en ese deber de patriotismo que nos corresponde a todos.

Un corazón equilibrado nos permitirá visualizar mejor los caminos para alcanzar la patria justa y buena que anhelamos. Un corazón equilibrado nos hará rechazar la violencia como opción escogida, pero no nos permitirá olvidar que un pueblo al cual se le ha impuesto la violencia, tiene derecho a defenderse de la misma. No nos dejará confundir el patriotismo con el ansia de gloria personal, ni con intereses de grupo, ni con demagogias de ocasión. No permitirá el juicio irreflexivo, no se gozará con la polémica constante, de por sí destructiva, y será capaz de evitar que el odio nos cierre las puertas de la paz. Un corazón equilibrado podrá impedir que la cizaña de la división merme la cosecha de la concordia, sin la cual no alcanzaremos la libertad ahora, ni el sosiego después.

Llamo, pues, a la concordia. Llamo a todo el pueblo y muy especialmente a los dirigentes del exilio, a sus organizaciones y a todos los que, a través de la prensa radial, escrita y televisada, pueden dar la tónica de nuestro sentir.

Ahora que me preparo para reparar mi corazón, quiero que me acompañen: ¡Reparemos todos los corazones, curemos el corazón de la patria! Dejemos que el bisturí del amor elimine todo cuanto nos ata, y fortalezca cuanto nos libera, para que ese noble y buen corazón cubano sea trono del Señor Jesucristo y pueda, por Él, con Él y en Él, servir a la patria que su amor nos dio.

Los bendice,

+Agustín A. Román
Febrero de 1992

## 48. Papel y tinta para el Señor

Hemos visto, someramente todavía, la importancia que daba Monseñor Román al uso de los medios de comunicación como instrumentos para la evangelización y el cuidado que ponía en esto. Periódicos y revistas, la radio y la televisión, eran vistos por él como como medios maravillosos a través de los cuales Dios podía llegar a los corazones. Pocas cosas ilustrarán mejor esa preocupación suya que el ahínco que puso en empeños que pudieran haber parecido quijotescos a los que andan a ras de tierra, como *La Voz Católica, la Revista Ideal, Radio Paz,* etc.

Hombre del Concilio Vaticano II en todas sus dimensiones, y hasta un poco más adelantado en algunos temas, diría yo, estaba bien consciente de la necesidad de que el mensaje de Cristo se hiciera llegar *«a todas las gentes»,* pero no sólo esto: él estaba convencido de que, además de dar a conocer el Evangelio a los hombres y mujeres de estos tiempos, era necesario poner énfasis en que estos lo entendieran claramente y sabía que tal cosa no podía lograrse ya con los medios del pasado. ¿Cómo llegar a la inmensidad de los pobladores de una parroquia moderna, de una diócesis o de un país? ¿Cómo poderles explicar en detalle las verdades de la fe, sino a través de los medios masivos de comunicación?

Lorenzo de Toro, periodista católico y cubano, fundador y director de la Revista Ideal, que se publicó en Miami por más de 45 años, podía dar fe de todo lo anterior y lo hizo en una conversación que sostuvimos unos meses antes de su fallecimiento:

–«La *Revista Ideal* –nos dijo– nace de una inquietud. Yo llevaba a mis hijas al colegio y había un tipo, un *hippie*, vendiendo un periodiquito. Yo se lo compré por ver qué cosa era aquello y me quedé asombrado al ver que en ese periodiquito había de todo... pornografía... cómo pedir matas de marihuana por correo –estamos hablando de los años 70– en fin, todas esas cosas....

–«Yo propuse, –contaba Lorenzo– en el Secretariado de los Cursillos de Cristiandad, que por qué nosotros no hacíamos una publicación que combatiera esto, que llevara un mensaje positivo, un mensaje cristiano, un mensaje de familia, y al mismo tiempo de nuestra causa, de la causa cubana. Había muchas dificultades... si no se podía, que hacía falta mucho dinero, que hacía falta profesionales, que no teníamos nada de eso... En fin, que esa batalla duró unos cuantos meses, y yo diría que hasta unos cuantos años, pero, al fin nació Ideal.

–«Desde el principio Monseñor Román se consideraba, y de hecho lo era, partícipe de esta obra. La apoyó siempre. Recuerdo que en aquella época todo era rudimentario, no había computadoras ni nada de eso, y él iba muchas noches a donde estábamos trabajando, a la oficina, y se pasaba hasta la una o las dos de la mañana, allí con nosotros, compartiendo, haciendo chistes, revisando las cosas. En fin, yo te diría que, si Ideal existe, se debe en una enorme parte, por no decir todo, a Monseñor Román. Él se enamoró de la obra, comprendió la necesidad que había de algo así, y nos apoyó siempre con alma, corazón y vida».

–¿Cómo encajaba aquel cura de pueblo, aquel obispo de la religiosidad popular, aquel cubano preocupado por su pueblo, en esa labor de periodismo católico?    –pregunté a Lorenzo de Toro.

–«Lo que más me impresionó de él –me contestó– fue su santidad y eso se notaba en él lo mismo en la Ermita, que en la improvisada redacción de la revista. En segundo lugar, la habilidad tan grande que él tenía para lograr sus propósitos... sin que se notara casi, él iba influyendo en cualquier obra para lograr que esa obra, si era buena, por supuesto, se llevara a cabo... con una mansedumbre, con una humildad tremenda, pero Monseñor Román yo te diría que, junto a Monseñor Boza, fueron los motores de Ideal.

–«Él sorteaba con una habilidad extraordinaria esas situaciones en que surgían conflictos ante algunas actuaciones o expresiones de la jerarquía de la Iglesia en Cuba y nuestra comunidad de exiliados. Él ponía en primer lugar sus principios, que eran los principios de Cristo y de Cuba. Él tenía una habilidad para, con una humildad tremenda, ir llevando la discusión... cualquier problema que hubiese de distintas opiniones, etc., él iba encausando aquello por el camino correcto».

Tan consciente estaba Monseñor Román de la importancia de la prensa católica y admiraba tanto a Ideal por el vacío que llenaba en algo que a él interesaba tanto como a era lo que pudiéramos llamar *la catolicidad cubana*, que obtuvo que le fuera otorgada a Lorenzo de Toro una condecoración del Vaticano, como reconocimiento a la labor de éste, al cumplir la Revista Ideal sus 40 años de publicación.

Fue quizás su conocimiento y apego a la labor de Ideal, lo que hizo a Monseñor Román emprender, apenas consagrado como Obispo Auxiliar de Miami, un ingente esfuerzo por lograr una publicación en español para toda la Arquidiócesis de Miami, algo, una voz católica que pudiera llegar por igual a todos los hispanoparlantes, fuesen antillanos o centroamericanos; mejicanos o sudamericanos. Y así fue que nació, precisamente, *La Voz Católica*. Sobre aquel sueño suyo hecho realidad, Monseñor Román escribió en octubre de 2007:

—*«Durante el año 1980, el sur de la Florida recibió a 125,000 cubanos durante el éxodo del Mariel, con motivo de lo sucedido en la embajada de Perú en La Habana... Diariamente se les esperaba con un folleto preparado por nuestros Movimientos Apostólicos Arquidiocesanos, en el cual se les daba la bienvenida y se les orientaba para que pudieran integrarse en la nueva sociedad a la que llegaban.*

—*«La oficina de Pastoral Hispana descubrió la carencia de evangelización en un pueblo que había sufrido el ateísmo impuesto por la ideología marxista del gobierno de Cuba durante más de dos décadas, y que, por lo tanto, manifestaban hambre de Dios. Teníamos el periódico católico en inglés, The Voice, en la Arquidiócesis, que desde el 20 de marzo de 1959 venía sacando dos hojas en español, suplemento que dos años más tarde, el 21 de abril de 1961, tomó el nombre de La Voz.*

—*«En una reunión con el Arzobispo McCarthy, vimos la necesidad de una respuesta urgente y adecuada, y que estuviera completamente en español... El gran problema que se presentaba era el carecer de un presupuesto para sufragarlo. Se me ocurrió pedirle al arzobispo que me permitiera arriesgarme en ese proyecto, prometiendo que trataría de sufragarlo con anuncios que recogeríamos, y el arzobispo aceptó.*

*—«Al comenzar la petición de anuncios tuvimos buena respuesta, pero se nos presentaba otro problema: ¿cómo distribuirlo? Me reunía con un equipo formado por Jorge Lescano –cubano–, Donald Dugan –americano– y Víctor Rejón –mexicano–; reflexionábamos, carecíamos de todo, pero nos sobraba el entusiasmo. El Señor nos iluminó para hablar con un lunchero católico de la parroquia de San Benito, en Hialeah, el Sr. Salvador Gil, y con él descubrí otros luncheros que pronto se contagiaron del entusiasmo y se dispusieron a llevar el periódico en sus carros, y a repartirlo en las factorías y otros centros y lugares de trabajo, como la construcción, durante el tiempo en que vendían su lunch.* (Luncheros: vendedores de comidas de diverso tipo, crudas y cocinadas, que llevan en vehículos especialmente preparados para ello a los centros de trabajo para consumo de los trabajadores).

*—«El plan era hacer un periódico durante el Adviento de 1980-1981. El primer número salió el domingo 30 de noviembre... De repente me hice periodista, y con la ayuda de otros que escribían fuimos respondiendo a la necesidad.*

*—«El Arzobispo McCarthy consiguió poder ayudar en lo que nos iba faltando de lo que recibíamos de los anuncios. Así continuó el periódico durante el año 1981, publicándose mensualmente. Yo llevaba los paquetes de periódicos a las cocinas en mi carro, y allí los recogían los luncheros, llevándolos en sus carros a los centros de trabajo. Los obreros los recibían con gusto, y así el mensaje de la Iglesia llegaba a los hogares.*

*—«Me reunía periódicamente con los buenos luncheros, y ellos nos contaban el gran resultado de aquella humilde experiencia, pero, a medida que pasaban los meses, me daba cuenta de que yo, como periodista, no valía mucho, y pedía al Señor que nos enviara a alguna persona dotada que continuara lo que se había co-*

*menzado. El Señor nos envió el regalo de Araceli Cantero, quien elevó aquella incipiente obra a lo que es hoy La Voz Católica.*

*—«El 24 de febrero de 1982 nacía el "niño" que se había estado gestado durante un año. Aquella experiencia fue como el aperitivo de una buena comida. Hoy La Voz Católica es el orgullo de los hispanos católicos en esta arquidiócesis. Aprovecho esta ocasión para agradecer y bendecir a todos los que han trabajado en esta gran obra, de manera especial a Araceli Cantero, Dora Amador y Emilio de Armas, quienes la han dirigido».*

Monseñor hablaba de esto con agrado, pues él lo entendía como lo que en realidad era, un gran logro para la evangelización y la comunicación entre la Iglesia institucional, y la Iglesia, pueblo de Dios.

*La Voz Católica* estuvo siempre asediada por dificultades económicas, era muy difícil conseguir que se mantuviera por sí misma. Ya después de jubilado Monseñor, la Arquidiócesis tomó la decisión de dejar de publicarla y encargó de ello al padre Alberto Cutié, entonces sacerdote católico y director de Radio Paz.

El padre Alberto, hoy sacerdote episcopal, nos cuenta de su experiencia al respecto con Monseñor Román:

—«El día que yo tengo que llamar a Monseñor Román, siendo director yo de Radio Paz, que se me había pedido que agarráramos la dirección de *La Voz Católica* porque la iban a cerrar... Yo presento un plan a la Arquidiócesis para que no la cierren, pensando en Monseñor Román, porque si yo tengo que llamar a Monseñor para darle la noticia que están cerrando a sus espaldas *La Voz Católica,* porque eso era exactamente lo que estaba pasando... es que no podía ser.

—«Hacemos un plan... la vamos a publicar por el periódico católico más antiguo de Colombia... iban a hacer todo el trabajo del emplanaje y eso en Bogotá, para reducir el presupuesto a más de la mitad de lo que costaba hacerlo en Miami. Llamo a Monseñor y me acuerdo de su respuesta cuando yo le explico lo que tenemos que hacer para salvar a *La Voz...* y me dice: *—"Hijo, aquí hay dinero para todo tipo de cosas, pero no hay dinero para evangelizar".*

–«Eso siempre se me quedó en el corazón, porque estaba hablando por teléfono, pero yo percibía que Monseñor estaba a punto de llorar, que se había emocionado y le había afectado la noticia. Yo pensaba que le estaba dando una buena noticia, diciéndole –*"Mire, Monseñor, vamos a poder salvar La Voz Católica de esta manera"*. Pero, para él, sacar parte de lo que era crear el periódico diocesano en español de la diócesis de Miami, sacarlo de aquí y llevarlo a otro lugar por cuestiones económicas... eso él no lo entendía, y, de hecho, le dolió muchísimo y yo lo sentí en su voz. Cuando me dijo esa frase, yo lo pensé y me dije, desde el punto de vista de un obispo, de un sacerdote, es verdad que es difícil pensar que tenemos dinero para miles de cosas, pero no tenemos dinero para evangelizar, y para Monseñor Román todo era la evangelización».

Monseñor no pudo verlo, pero creo que podemos estar seguros de que, allá en el *segundo piso* se habrá puesto muy contento al ver, pocos años después, que el actual Arzobispo de Miami, Monseñor Thomas Wenski, logró revivir *La Voz Católica*, que continúa publicándose, ahora mensualmente.

## 49. ...y micrófonos también

Todo cuanto hemos dicho del interés evangelizador de Monseñor Román por la Revista Ideal, por La Voz Católica y por cualquier otro medio escrito donde pudiera él poner un poco de la Palabra, pudiéramos decirlo igualmente de los medios audiovisuales como la radio y la televisión.

De esto tenemos testigos importantes, protagonistas junto a él de aquel celo apostólico que miraba a los micrófonos y las cámaras como los púlpitos modernos. Uno de ellos, sin duda, es Monseñor José Luis Hernando:

–«Él y yo coincidíamos en darle la importancia que tienen a los medios de comunicación. Valorábamos cuán importante era llegar a la gente a través ellos. La gente misma nos lo decía... Yo recuerdo que un obispo de Cuba una vez vino aquí, visitó, y oían el programa que yo tenía en *La Cubanísima, Los Caminos de Dios,* y me dijo: – *"Tú eres más famoso que yo. Yo soy el obispo,* –no me acuerdo si era exactamente el de Holguín– *pero a ti te conocen mucho más".* En aquella época la gente en Cuba no iba a la iglesia, no se atrevían, no había la vida eclesial tanto como ya después de la visita de Juan Pablo II. Eso me confirmó lo importante que son los medios de comunicación, que tú llegas, sin saber a quién llegas, pero estás llegando, y Román en eso tenía una apreciación, un agradecimiento por el minuto que nos podían dar en cualquier estación de radio, que ya eso ha desaparecido... cuando tuvimos nosotros nuestra propia radio, en *La Cubanísima* me dijeron –"Si quieren seguir tiene que pagar, como paga cualquier comerciante... como tienen ya su propia radio, pues, la Administración ha pensado que ya no podemos cederles ese tiempo"...

–«Román, si le ofrecían tiempo en cualquier estación y no había un sacerdote que pudiera ocuparse, ahí estaba él, aunque repitiese lo que había dicho en la otra estación media hora antes, él estaba ahí. Tenía una insistencia, un tesón, una constancia, que, indudablemente, llegaba.

–«En aquella época en que teníamos programas en casi todas las estaciones de Miami, era maravilloso ver a cuánta gente podíamos llegar… estaba el Padre Villaronga, en *Un domingo feliz*, muchos años; estaba Azcoitia, el padre Paz también estuvo en una estación, Santana… estaba yo en *La Cubanísima*, el padre Nickse… o sea, que cuando se mira la historia de la Pastoral Hispana en aquellos años, uno se maravilla, porque en muchísimas diócesis de los Estados Unidos estuvieron tratando por años y años, o por siglos, como en Tejas… aquí, en diez años, en quince años… los americanos tuvieron que reconocer que esas parroquias, no podían entran prácticamente a ellas porque esas parroquias era cubanas, toda la actividad en ellas venía de los hispanos»– concluye Monseñor Hernando.

Cuando pregunté sobre este tema a Monseñor Román para esta, su biografía, él me respondió realmente entusiasmado:

–«*En el año 66, agosto del 66, nos llamaron a Villaronga* (el padre Ángel Villaronga) *y a mí para que empezáramos media hora que regalaba La Fabulosa. Es decir, que los Cursillos de Cristiandad abrieron una oportunidad muy grande, porque hicieron posible que gente que estaba dentro de estas estaciones nos ayudaran. Yo empecé la primera vez con mucho miedo. Ten la seguridad que temblaba cuando iba a la radio, tenía que escribir palabra por palabra. Villaronga tenía mucha facilidad, era una maravilla cuando hablaba, y si le daban quince minutos, eran quince minutos, pero, yo, si me daban quince minutos, me faltaban tres…*

–«*Yo recuerdo los primeros años, que era muy difícil, pero, iba escribiendo todo eso, ahí, palabra por palabra, para no decir nada que se pasara o algo así. Después empezamos, ya yo empecé… A Villaronga le aumentaron, era mucho más bonito todo lo que él hablaba… A él media hora, y a mí quince minutos, y seguimos trabajando ahí durante muchos años.*

–«*Después se abrieron otras estaciones, se abrió la Cadena Azul, después La Cubanísima se abrió, se fueron abriendo y fuimos entrando en distintas emisoras. Ahora, eso sí que puedo admirar en los sacerdotes hispanos, cubanos, porque hay que ver que, desde el principio, cada vez que se le pidió a uno que hiciera frente a una cosa de estas, ellos lo hicieron. En esto, el sacerdote hispano ha sido un verdadero misionero, porque, sin tener preparación, ni tiempo, ni nada. Por ejemplo, el padre Hernando le hizo frente enseguida, y esos programas del padre Hernando fueron tremendos, los sacerdotes respondían con eso.*

—*«Yo opino que la radio es muy importante. Primero, porque la gente está en el carro mucho tiempo, y no puede estar viendo televisión, y me parece que la gente joven muchas veces responde más por radio que por televisión... están conduciendo, están fuera... la televisión veo que es para personas mayores, algo así. Yo he trabajado, he hecho lo que he podido siempre, y por ejemplo, si me dan oportunidades dos estaciones, yo siempre he tratado de responder sí a eso. Ahora me doy cuenta de que yo tenía una capacidad superior a la que tengo ahora, que no era muy grande, pero, podía responder.*

—*«Violeta (del Junco), un gran pilar en la Ermita, fue para mí una cosa fantástica, porque, si a las doce del día yo tenía un minuto, si después de la misa yo tenía... ella podía grabarme. En eso yo no he aprendido nada... yo no sé tocar esas cosas, yo no sé nada, nada de eso. Yo soy una persona nula para lo práctico, para lo mecánico... Cada vez que había que grabar algo, ella iba corriendo y yo le decía y ella dejaba lo que estuviera haciendo, y lo ponía, y todo eso. Yo tenía días de grabar dos programas, dos o tres programas... Hoy día no soy capaz de eso... uno va viendo cómo los años van gastándolo a uno, y tengo que preparar más, y buscar, y leer... en otro tiempo era distinto, pues tenía personas del seminario y de los estudios del college aquí.*

—*«Yo nunca me atreví a pensar que tuviéramos una radio, 24 horas. Lo recé, yo lo rezaba, pero me decía, ¿cómo va a ser esto?... No lo sé, porque sabía lo que era una emisora de radio. Para mí, sinceramente, la alegría de tener una radio 24 horas, yo creo que eso no tiene nombre. ¡Qué nosotros podamos tener eso!... Yo no sé si los católicos pueden apreciar eso.*

—*«Por ejemplo, esta semana, tenía hasta este momento el programa de los miércoles en Radio Paz, después el programa de Radio Mambí, que lleva muchos años, desde que se fundó, en 1985... no sé cuántos... más de 15 años... 16 años... desde entonces, desde la primera semana... ¿16 años también hace de Radio Martí?... la semana pasada... ya dieron un programa en WQBA, la Cubanísima, de ocho y media a nueve... Yo nunca he dejado... y yo no sé si la Arquidiócesis puede darse cuenta, no lo sé... La Oficina de Medios de Comunicación puede darse cuenta de lo que son esos programas, la importancia que tiene eso. Yo creo que en el mundo americano no tenemos las oportunidades que hemos tenido en el mundo hispano.*

—*«Yo creo que los medios de comunicación en este tiempo, han sido un instrumento que Dios nos ha dado, muy grande, y que la Iglesia tiene que utilizarlos a profundidad. Hay que ir, hay que proclamar el Evangelio, en cualquier momento. Hay que dar la luz del Evangelio mañana, tarde y noche. San Pablo lo dice: —"A tiempo y a destiempo", y por los medios es posible. Radio Paz ha sido para mí un regalo para esta Arquidiócesis, como lo fue La Voz Católica.*

—*«Puede ser que alguien me diga "no lo haga en esa estación de radio, porque puede ser que después que Ud. hable, esté el horóscopo". Si yo puedo predicar el Evangelio, yo sé que si el horóscopo es oscuridad, el Evangelio es la claridad para acabar con esa oscuridad».*

Si grandes eran la alegría y el entusiasmo de Monseñor Román por las oportunidades que la radio hispana de Miami brindaba para la difusión de la fe, grande fue también su júbilo cuando se abrió una gran oportunidad para la realización de un sueño suyo truncado por el régimen castrista. Ese sueño era el poder evangelizar en Cuba, su patria, aquella de la cual él nunca hubiera salido, sueño que no había podido realizar por haber sido expulsado violentamente de la Isla, pero al cual nunca había renunciado.

El 20 de mayo de 1985 el gobierno del presidente Ronald Reagan sacó al aire Radio Martí, una potente emisora de onda corta, animada entonces en su totalidad a difundir información para el desinformado pueblo cubano y a sembrar ideas democráticas para contrarrestar el adoctrinamiento marxista. Esto fue un gran logro del exilio cubano, gracias, en gran medida, a las gestiones de la Fundación Nacional Cubanoamericana que lideraba Jorge Más Canosa. No sin tener que vencer grandes obstáculos, se pudo obtener prontamente un espacio para la transmisión de la misa dominical. Se grabaría la misa de vigilia de cada sábado en la noche, en la Ermita de la Caridad, para ser radiada el domingo siguiente. Para Monseñor aquello fue un regalo del cielo que él siempre cuidó con máximo esmero.

A los miembros de la Cofradía dio instrucciones para que se trabajase por la excelencia de la celebración sabatina. Entre él y las Hijas de la Caridad, particularmente Sor María Esther de la Cruz, que dirigía el coro, se escogía el tema de cada eucaristía de acuerdo al tiempo litúrgico, las lecturas correspondientes y todo ello se envolvía en un manto de cubanía que facilitaba mucho su acogida por parte de la audiencia, tanto los exiliados presentes en la Ermita, como los que escucharían la misa en Cuba al día siguiente. La música, los símbolos que se presentaban como ofrendas, etc., llevaban a todos el claro mensaje de que la fe católica no era ajena al pueblo cubano y de que solamente volviendo a sus raíces cristianas éste podía alcanzar la paz. Era una inteligente y respetuosa interacción de lo religioso y lo patriótico, donde se cuidaba siempre de que ambos aspectos se complementaran armónicamente para la gloria de Dios y el bien de los fieles.

Monseñor cuidaba en extremo de sus homilías. Las escribía cuidadosamente y las orientaba de acuerdo a su condición de catequista, sin dejar por ello de tocar puntos de actualidad que encajasen en la tónica de las lecturas. Jamás convirtió sus sermones en arengas políticas, pero jamás dejó de señalar cuando la política violaba los evangelios, cuando las acciones de los hombres se iban contra el plan de Dios.

La Virgen de la Caridad de Cobre, *Cachita,* la Virgen Mambisa, era no sólo devoción que él proponía y ejemplo que presentaba, sino, además, sendero hacia Cristo y compromiso con la patria al cual invitaba. Aquellas homilías calaban hasta el alma de los que escuchaban y pronto se vio el resultado.

Llegaban cartas de Cuba dando gracias por la misa, y llegaban tanto a Radio Martí, como a la Ermita, como a familiares en Miami de los cubanos de la Isla. *–«Aquí la oyen hasta los sordos»,* decía una que recuerdo con particular agrado.

*–«Ya tú ves lo que son los caminos de Dios* –me dijo en una ocasión– *los comunistas me botaron de Cuba para que yo no pudiera predicar el Evangelio, cuando yo lo hacía en mis parroquias pequeñitas. Pero, gracias a que me botaron de allá, ahora yo puedo llevar el Evangelio a todos los cubanos, de San Antonio a Maisí, gracias a la radio».*

También la televisión fue objeto del interés de aquel incansable "megáfono de Dios". El padre Federico Capdepón ilustra esto con una anécdota deliciosa:

*–*«Cuando yo estaba trabajando con la juventud, conocimos al director entonces del Canal 23, José Cancela. Le invitamos a un desayuno en el Centro Juvenil, pero, realmente, Monseñor Román y yo habíamos preparado la situación de tal forma que era para que nos diera media hora de televisión todos los domingos. Al final, Cancela se dio cuenta de que era una ratonera que le habíamos hecho y al final nos dio la media hora. Hicimos un programa, por dos años, que se llamaba "En busca de la felicidad", que salía las nueve de la mañana, que era muy buena hora, todos los domingos. Teníamos un productor, Chuchi… Ernesto González también, de la Arquidiócesis, hacíamos el programa donde Monseñor hacía siempre la reflexión final, de cinco minutos. Era una cosa extraordinaria… muy bueno… muy bueno».

# Monseñor Román y Radio Paz

*Habla el padre Federico Capdepón, fundador de Radio Paz*

Monseñor Román y yo teníamos algo en común, que era las comunicaciones. Los dos hablábamos siempre de la radio. En aquel entonces había varios sacerdotes que tenían programas de radio, pero eran a horas intempestivas... por la mañana los domingos... en fin, que muy poquita gente los escuchaba.

Yo le dije a Monseñor Román: mientras nosotros no paguemos, va a ser muy difícil que nos den un buen horario. Vamos a alquilar dos horas de radio diarias... prime time... –*«Pero, ¿qué es prime time?»*... Prime time es la mañana, de 7 a 9 de la mañana, esa es la hora que funciona.

Empezamos en una emisora que se llamaba Radio Fe. Fuimos las dos horas al aire y hacíamos aquello con un entusiasmo tremendo... Isaúl González, Marité Alfonso, Miguel Alberto, los demás... y Monseñor Román. Cuatro o cinco parroquias nos ayudaban y empezamos a pagar aquellas dos horas que fueron tremendas.

El año 97... 98... había un entusiasmo en Miami, en la Arquidiócesis de Miami, que yo lo echo mucho de menos... a las siete de la mañana nos íbamos todos para la emisora de radio, a trabajar. Yo estaba con lo de la juventud, el Centro Juvenil, donde preparábamos todo, pero todos los días íbamos para allá.... Varios sacerdotes, hacíamos un potpourrí de programas.

Un día yo recibo una llamada de Javier Romero, el popular animador radial, que conocía a Monseñor Román, y le dice: –*«¿Qué está pasando, Monseñor, que ustedes están teniendo más rating que nosotros en Radio Ritmo... que tienen más rating que nosotros y que Betty Pino?»*... ¡Dimos con la clave del éxito, que era el entusiasmo con que se trabajaba, y después, mucha gente, muchos movimientos, todos tenían algo que decir, que hablar! Monseñor Román era el motor de todo eso, porque para él las comunicaciones eran muy importantes para la evangelización.

En aquel entonces había una crisis por la llegada de inmigrantes, y Monseñor Román se preocupaba muchísimo de eso, porque había un traspaso a los protestantes, a las sectas, y él estaba bien preocupado, y Radio Paz era una vía de información. Monseñor cuidaba muchísimo a Radio Paz, que primero era el programa *Amanecer,* pero él era el primer entusiasta para empezar la emisora 24 horas.

La programación era toda alquilada y estábamos pagando muchísimo dinero al mes... habíamos ido ampliando a cuatro horas... seis horas... cambiamos de frecuencia dos veces... pero, llegábamos a pagar 30 ó 40 mil dólares al mes... por ese dinero podíamos comprar una emisora y pagar eso de interés y de hipoteca.

Yo era párroco entonces de St. Timothy, y tenía que tomar una decisión muy importante. Le pregunté a él... –«¿Qué hago?... Yo no puedo hacer las dos cosas, estar comprando una emisora, pues eso lleva mucho tiempo, mucho esfuerzo, y siendo párroco». Y él me dijo que dejara la parroquia. Fui a ver al Arzobispo, a McCarthy, que entonces no estaba para comprar una emisora, porque las emisoras estaban muy caras entonces, y nada... Empecé siendo las emisoras alquiladas y fuimos a Biscayne Blvd. y la 135, que es donde estaba la 1360, y fuimos a Corpus Christi... el Padre José Luis Menéndez y Monseñor Román siempre se han llevado muy bien, y el Padre Menéndez nos cedió los terrenos para montar los estudios y ahí empezó la emisora en tres idiomas: español por la mañana, inglés por la tarde, y creole por las noches.

Aquello funcionó a medias, porque la gente no se acostumbra así a su emisora de radio. Nos dimos cuenta y Monseñor dijo –«*Yo creo que es mejor hacer la emisora 24 horas en español, y entonces, en inglés y en creole en otras emisoras».* Y así fue. Él era el que estaba siempre detrás, y yo, todo lo que hacía, lo consultaba con él.

De la Arquidiócesis hubo apoyo en parte. Hubo que usar mucha astucia y Monseñor era muy astuto. Yo no voy a decirte aquí ahora lo que hicimos, pero, en realidad, la emisora se hace porque dijimos que todo el mundo estaba de acuerdo cuando nadie estaba de acuerdo, pero en vez de ponerlos juntos en una mesa, lo hicimos por separado. Y al final, salió, pero salió por el entusiasmo de Monseñor Román, porque yo tenía muchas personas en contra. La mayoría estaba en contra de comprar la emisora, porque costaba mucho dinero... ocho millones de dólares con los terrenos y las antenas.

Nadie sabe esta historia. Le dije a Monseñor Román: «tenemos la emisora, pero tenemos que alquilar las antenas. Para comprar la emisora, tenemos que comprar las antenas». Claro, las antenas era un gasto adicional de dos millones de dólares, por eso sube el montante, la emisora en realidad eran cuatro millones... la frecuencia. Después con las antenas, los estudios, el terreno... se montó en siete millones. Son siete acres.

Yo le dije: «Monseñor, yo no sé si Ud. sabe de negocios o no, pero si Ud. compra un negocio de un millón de dólares, pero que le está produciendo mensualmente $35,000, es muy buen negocio». Él lo entendió inmediatamente.

Yo estaba en una peregrinación con Paco Bruna, en Rusia. Yo llamo por teléfono a Monseñor y le digo: «hable con Mons. Vaugham» y así fue que se compró la emisora, primero la frecuencia y después las antenas. Eso fue clave para la solidez de la emisora. Claro, empezamos con una deuda de siete millones de dólares y entonces eso era mucho dinero... hacía falta personal para producir ese dinero, toda la historia que tú sabes. Monseñor era el entusiasta primero.

Monseñor Román pensaba como yo en cuanto a la manera que debía Radio Paz cumplir su misión evangelizadora. Por ejemplo, nosotros teníamos la exclusiva del Miami Heat. Esas dos horas que transmitíamos, que no era todas las noches, sino cuando había juego, setenta noches al año. Había mucha gente en contra de aquello, pero había dos cosas que nos traía el Miami Heat. Una de ellas era que atraía a los hombres... a través del Heat los hombres conectaban con la emisora y se enteraban de que había una emisora católica que transmitía los juegos del Heat, o sea, que no era sólo para mujeres. Segundo, había un cartel tremendo en el Miami Arena, que se veía en la televisión y que decía Radio Paz, y todo el mundo lo veía.

Yo siempre he pensado, y Monseñor Román pensaba igual que yo, que tú no podías pescar lo que ya estaba pescado, que tenías que ir a pescar afuera... era el concepto de Cursillos, de Emaús... que tenías que salir afuera a evangelizar... que tenía que haber noticieros, que tenía que haber programas, que tú hacías también, *talk shows,* tú traías a políticos, tú eras un comentarista que sabía, un comentarista católico que siempre le iba a dar la perspectiva católica a las noticias, pero con una naturalidad de entrevistar lo mismo al gobernador, al alcalde, que al que fuera. Además, tenías tu reflexión del día, que lo hacías muy bien.

Había cosas en la emisora que eran claves, que yo siempre le decía a Monseñor Román: «Monseñor, Ud. tiene que salir todos los días al aire. Yo tengo que salir todos los días, si yo quiero estar ahí. Si yo salgo una vez a la semana, no tiene efecto: es todos los días, que se sepa que siempre a esa hora». Tú, Julito, tenías también tu reflexión y tu programa a la misma hora todos los días, porque eso es lo que crea estabilidad en la programación.

Tú recuerdas el primer maratón, que nosotros hacíamos allá. Yo recibo unos centavos de cubanos de Santa Clara... eran los primeros centavos que nos mandaban para el maratón, para que nosotros continuáramos transmitiendo.

Radio Paz se hizo, yo tenía el entusiasmo y tenía las ganas para poder hacerlo. Yo no sé ahora, pero aquello fue de mucho, mucho sacrificio...

*9 de julio de 2016*

## 50. CRECED

Si bien la década de los 80 había comenzado auspiciosa-mente para los cubanos exiliados, sus expectativas al iniciarse el decenio de los 90 superaban con creces todo lo anterior. 1989 había concluido con la caída del Muro de Berlín y la liberación de los países del bloque comunista de Europa Oriental. El 90 y el 91 ve-rían el progresivo desmantelamiento de la Unión Soviética que concluiría en 1992 con la proscripción del Partido Comunista en la nueva Federación Rusa.

La lógica, que tantas veces se ha dado de bruces ante los hechos en Cuba, volvía a entusiasmar a los cubanos, insulares y exiliados, con la probabilidad, que parecía ineludible, de que las ondas telúricas del desplome del marxismo en Europa y Asia llega-ran más pronto que tarde a la ya descascarada Perla de las Antillas, para marcar el fin del castrocomunismo.

En la Isla, Fidel Castro imponía lo que él bautizaba como «período especial en tiempos de paz», que no era otra cosa que una hambruna mal organizada y un feroz aumento de la represión. En Miami se vivía un reavivamiento de las organizaciones del destie-rro y proliferaban las propuestas para la reconstrucción de Cuba, al tiempo que las autoridades del sur de la Florida trazaban planes de contingencia ante las posibles repercusiones acá de «la caída de Castro«. En Washington, el presidente George H. W. Bush se apropiaba del título de una comedia entonces en boga en la Capital del Exilio, para anunciar que "En los 90, Fidel revienta".

Monseñor Román, sin euforias ni exageraciones, que no era eso lo suyo, no se sustraía al optimismo que reinaba entonces res-pecto a Cuba, algo que no era aminorado ni siquiera por las juga-rretas de su corazón enfermo. No fue por casualidad que en el mes de julio de 1990, él publicara su más profunda y abarcadora refle-xión sobre Cuba. Bajo el título de «Para una Cuba nueva», el obis-po del exilio detallaba lo que era entonces la realidad cubana y ofrecía su cristocéntrica visión de las soluciones más deseables pa-ra los problemas de la nación. No se trataba de un simple artículo periodístico, sino de todo un agudo tratado sociopolítico de honda raíz evangélica, donde quedaban plasmadas su fe, su sabiduría, su liderazgo, su entendimiento claro de la misión de un pastor de pueblos y su sincero patriotismo.

Es en este entorno que cobra vida y calor el proyecto de las Comunidades de Reflexión Eclesial Cubana en la Diáspora, conocido por sus siglas, CRECED, que llegó a convertirse en algo verdaderamente querido para Monseñor Agustín Román. CRECED era un llamamiento que se hacía al pueblo cubano en la diáspora –se evitaba celosamente utilizar el término «exilio»– a «reflexionar en su ser y quehacer desde su fe y desde sus distintas realidades para dar respuesta a la Nueva Evangelización con la que el Papa Juan Pablo II había pedido celebrar el 5º centenario de la llegada del Evangelio al continente descubierto por Cristóbal Colón». Es necesario no olvidar ese entorno, el contexto en el cual este proyecto tiene su génesis y alcanza su mayor desarrollo, al tratar de entenderlo y valorarlo, tarea en la que, de inicio, parece que tropezamos con más preguntas que respuestas.

Si nos atenemos al «Itinerario de CRECED», publicado como parte de la hoja de bienvenida que se entregó a cada uno de los participantes en el Encuentro Internacional efectuado en San Agustín, Florida, del 30 de julio al 2 de agosto de 1992, y del cual he tomado la cita descriptiva del párrafo anterior, tendremos que la razón para la iniciativa se sitúa en 1983, en Haití, año y lugar en el cual el papa polaco había promulgado una preparación de nueve años para celebrar el acontecimiento de 1492.

En el propio «Itinerario» se señala que, en 1989, la Fraternidad del Clero y Religiosos Cubanos en la Diáspora, reunida en Puerto Rico, siente «la necesidad de que también el pueblo cubano disperso, tuviera la oportunidad de reflexionar sobre sus raíces católicas» y que, en 1990... «En Miami, la Fraternidad propone un proceso para la Diáspora: Comunidades de Reflexión Eclesial Cubana en la Diáspora, CRECED», pues, «se necesita saber dónde están los cubanos y sus diferentes realidades».

El proyecto se concibe, y cómo ocurría cada vez que Monseñor tenía algo «entre manos», toda la acción pastoral del Santuario se ponía al servicio de la meta trazada, casi siempre una iniciativa evangelizadora. Francisco y Rosa Bruna (Paco y Rosi, para todos en la Ermita) fueron coordinadores de la Cofradía entre 1989 y 1991:

–«Empezábamos cada misa presentando la cruz que abría la procesión, en recuerdo de los 500 años de historia cristiana en América, cantábamos, al terminar, el himno del V Centenario y, durante el mes de octubre, mes en que peregrinan los distintos países del continente, el himno de las Américas... *"Un canto de amistad, de buena vecindad"* –recuerda Rosi. Y Paco añade: –"Respondiendo al llamado del Papa a la Nueva Evangelización... la Ermita fue un ejemplo. Nos sirvió de mucho el proyecto de los tres obispos... el programa CRECED, que desde 1989 se desarrolló en el exilio, reflexionando sobre la fe del pueblo cubano en el pasado, presente y futuro».

Al preguntarle sobre este tema, Monseñor no se refirió a cómo, dónde o de quién surgió la idea de CRECED. Más bien me habló sobre los comienzos de su puesta en marcha: –«*Toda la preparación salió de la reunión de los sacerdotes cubanos reunidos con Monseñor Boza en lo que se llama la Fraternidad del Clero y Religiosos Cubanos en la Diáspora. Ahí fue cuando se pensó en una reunión en Puerto Rico, que debíamos hacerla en el año 89*».

Otras personas que estuvieron muy involucradas en el proceso, coinciden en que, de alguna forma, fue un proyecto concebido y elaborado de común acuerdo con el episcopado cubano, algo que, cierto o no, Monseñor nunca mencionó. El padre Mario Vizcaíno, escolapio, que trabajó intensamente en el desarrollo de la iniciativa, nos dice:

–«A mí me da la impresión, pero no estoy seguro de eso, que ese proceso surgió de una conversación que yo tuve con el Padre Pastor González, acerca del proceso que se vivía en Cuba, el ENEC, con una participación bastante general, de todas las diócesis, los feligreses... Eso a nosotros verdaderamente nos impresionó y entonces salió la idea de Román y no sé quién más, de hacer algo parecido, que pudiera ser una cosa colaborativa, en ningún momento sustitutiva, en ningún momento queriendo dictarle nada a la iglesia de Cuba, sin embargo, orientar al exilio cubano católico, de cómo colaborar con todo ese proceso».

Natalia Casamayor, y Ondina Menocal, activistas laicas que trabajaron intensamente en todas las etapas de CRECED, coinciden en señalar una cierta concordancia entre los obispos de Cuba y los obispos cubanos exiliados en la concepción y desenvolvimiento del proyecto:

Natalia: –«Cuando empieza en Cuba el ENEC, los tres obispos cubanos, Mons. Boza, Mons. San Pedro y Mons. Román, deciden que el pueblo en la diáspora también debe hacer una reflexión y ahí es que nace CRECED... Yo creo que CRECED surgió de un acuerdo entre los obispos de Cuba y los del exilio... un poquito al menos».

Ondina: –«CRECED surge de contactos entre los obispos de Cuba y los de la diáspora. Hay una foto, creo que tomada en Yucatán, donde están juntos los tres obispos principales de Cuba y los tres de la diáspora... están Meurice, Jaime y Emilito, de parte de Cuba y están los tres de aquí... sería por los años 80 y pico»...

Ondina se refiere a los arzobispos Pedro Meurice y Jaime Ortega, de Santiago de Cuba y La Habana respectivamente, y a Emilio Aranguren, Obispo entonces de Cienfuegos. Por rigor histórico, debo apuntar que la fotografía a la que ella se refiere no puede haber sido tomada antes de 1995, cuando ya CRECED comenzaba a declinar, pues fue en ese año cuando Monseñor Aranguren fue nombrado obispo de Cienfuegos. Antes era Obispo Auxiliar de Cienfuegos-Santa Clara, lo que lo excluiría de los «obispos principales», por usar la terminología de Ondina. Esto, sin embargo, no contradice la posibilidad de un acuerdo eclesial, Cuba-Exilio, en cuanto a CRECED.

Lo que sí está generalmente aceptado es que el ENEC fue una referencia cierta y conveniente además, en el diseño de la «hoja de ruta» de CRECED. Para los menos familiarizados con el tema, valga anotar que, en 1986, la Iglesia en Cuba buscaba cómo salir de la parálisis en que sobrevivía desde 1961, el año peor de la persecución castrista. Con ese fin se logró llevar a cabo una reflexión nacional entre el clero, los religiosos y los laicos comprometidos, trabajando esto prácticamente de sacristía en sacristía y no obstante lo limitado de sus recursos y la perenne vigilancia del régimen. El encuentro no estuvo libre de controversias y produjo un «documento final» no menos controvertido. En opinión de muchos fue un evento clave en la recuperación del espíritu evangelizador de la Iglesia en medio de las adversas circunstancias que la rodeaban, algo sin dudas positivo. Otros señalan que, al mismo tiempo, el documento final refleja cierta disposición de parte de la Iglesia a colaborar con el régimen en lo que fuera posible y una renuncia implícita a su misión profética al aceptar los parámetros impuestos por éste para su trabajo apostólico.

Con este marco de referencias, regresemos a CRECED. En 1990 se lanza la convocatoria y se organizan un Secretariado Ejecutivo y un Equipo Internacional. Se desarrolla una gran búsqueda de contactos con cubanos desterrados en todo el mundo para invitarlos a participar y a compartir sus opiniones a través de una encuesta.

Ondina Menocal: –«Las reuniones aquí para CRECED comienzan en el 89 ó 90. Monseñor creó primero un Secretariado… Él buscó al padre Mario Vizcaíno y a Felipe (hoy Monseñor Felipe Estévez, actual Obispo de San Agustín, Florida) para visualizar cómo iba a ser esto, y se decidió que era mejor que esto lo trabajase la Acción Católica (la asociación de los antiguos federados de Cuba en el exilio) y Monseñor creó lo que él llamó un Comité Internacional, cuyo primer trabajo fue la encuesta.

–«El trabajo era, primero, contactar a los cubanos en todo el mundo para enviarles la encuesta. Esto se hizo y hubo respuestas de 19 países. Johnny Clark (eminente sociólogo cubano, ya fallecido) analizó las encuestas. El padre Vizcaíno, que llevaba diez años con el SEPI, (South Eastern Pastoral Institute) tenía una visión pastoral muy clara… ayudó muchísimo. Siempre se mantuvo el contacto con Monseñor Boza y también con el padre Lebroc, el historiador. Otro que ayudó mucho fue el difunto José Ignacio Lasaga, el gran intelectual católico».

Natalia Casamayor: –«El proyecto se le da la Acción Católica Cubana en el Exilio, cuya presidenta era Nidia García. Ella me da el proyecto a mí, ya que muchos no querían esa responsabilidad, y me dice: "Tú vas a llevar CRECED". El asunto era contactar cubanos dondequiera que estuvieran, fuera de Cuba, para reflexionar sobre Cuba y sobre la Iglesia, y para esa reflexión aquí en Miami, vino hasta la representante de Australia, nunca imaginamos que viniera alguien de tan lejos... La encuesta era larga –continúa Natalia– y era para ver si los cubanos fuera de Cuba seguían haciendo la misma labor que hacían en Cuba y si estaban incorporados a la Iglesia donde estuvieran... La mayoría de los cubanos encuestados se quejaba de que no se podían amoldar a los sitios donde estaban, porque, claro... las diferencias culturales»

Y concluye: –«Nosotros teníamos otra mentalidad».

En medio de aquel frenesí de trabajo, no había nadie más feliz ni más esperanzado; nadie más optimista, que Monseñor Román. El hecho de que se pudiese contar con la participación directa o indirecta de cubanos católicos de casi veinte países diferentes, y de catorce estados de los Estados Unidos, era para él una fuente de inagotable regocijo. Su proverbial energía se disparaba al máximo en las largas sesiones de trabajo y su prédica en la Ermita estaba constantemente salpicada de referencias a aquel proceso de reflexión y hermanamiento entre cubanos católicos, desterrados y de la Isla. Las calladas posibilidades de crear un instrumento armónico para una eventual reevangelización de Cuba iluminaban, sin duda, su visión de futuro.

Pero, según se avanzaba hacia el Encuentro Internacional de 1992, los escollos del camino se hacían imposibles de ignorar. No todo sería miel sobre hojuelas...

## 51. El documento de la discordia

El padre Mario Vizcaíno, Ondina Menocal y Natalia Casamayor coinciden en la importancia de la encuesta enviada a millares de católicos cubanos alrededor del mundo y la determinación de utilizar las vivencias y opiniones de los encuestados como fundamento para la elaboración de un borrador (el Documento de Trabajo) sobre el cual se estudiaría, se discutiría, se enmendaría según fuese necesario y de todo ello saldría el Documento Final, que debía ser aprobado en el Encuentro Internacional de CRECED a celebrarse en San Agustín en el verano de 1992.

Ondina Menocal: –«Basándose en las respuestas a las encuestas se creó el documento de trabajo. Nos ayudó mucho la celebración del Tercer Encuentro de Pastoral Hispana del SEPI. Allí se adquirió la técnica».

P. Mario Vizcaíno: –«Una de las preguntas que se hacía era cuántos estaban dispuestos a regresar a Cuba cuando esto pudiera ser, y a mí me sorprendió porque sólo un pequeño porcentaje dijo que sí, que volverían para Cuba... Muchos ya no pensaban en eso, aunque sí estaban dispuestos a una apertura con la Iglesia cubana, una colaboración cuando fuera posible».

Natalia Casamayor: –«Hubo mucha diversidad en las opiniones. Algunos consideraban que no teníamos que dar esa importancia a la Iglesia en Cuba, pero no lo pensaron así los obispos. Ellos pensaban que, en realidad, nosotros estábamos haciendo algo en un sitio donde no estábamos pasando lo que pasaban los obispos en Cuba, o sea, los obispos de Cuba tenían al régimen atrás, nosotros, no».

–«Entre aquellos cubanos que contestaron la encuesta, la fe se mantenía muy bien, y el patriotismo era muy importante, la cultura cubana y la cultura cristiana... Se pasó entonces a hacer un documento de trabajo que era con el cual se iba a reflexionar».

Agrega el padre Vizcaíno:–«Monseñor Román estaba decididamente a favor de todo esto, yo diría que era como una ordenación muy sana del pensamiento del exilio cubano en relación al
trabajo de la Iglesia en Cuba, y que no era en ningún momento
competitiva, sino que era colaborativa, complementaria para unificar visiones. Monseñor Boza participó también muy activamente
en todo esto, y le dio el visto bueno a todo lo que estábamos haciendo».

–«Yo era partidario –continúa el padre Mario– de que se
redactara un texto que fuera de principios generales, de líneas pastorales, pero Nazario Vivero quería que fuera ya específico, con
cosas concretas y en esas cosas fue que tuvimos una dificultad».

Nazario Vivero es un laico cubano, exiliado en Venezuela,
que cuenta con una extensa hoja de servicios a la Iglesia. Un intelectual serio, con amplios conocimientos teológicos, así como sobre documentos eclesiales y la Doctrina Social Católica. Ha sido
miembro del Pontificio Consejo para los Laicos y funge como ase-
sor de la Conferencia de Obispos Católicos de Venezuela, donde
reside. Fue muy cercano a Monseñor Eduardo Boza Masvidal,
quien sentía gran estimación por él. Vivero fue una de las personas
que más contribuyó en la redacción del borrador del Documento de
Trabajo.

No creo que resulte difícil de entender que aquel borrador
tenía que ser, dados sus componentes, algo de por sí complicado y
proclive a la controversia. Hay que darse cuenta de que sus temas
iban desde cosas como una analogía histórico-teológica del éxodo
de Israel con la diáspora cubana, «Contexto de la Cristología de los
antiguos Concilios de la Iglesia» y definiciones de la fe; hasta otras
como «Promoción humana del cubano en la Diáspora», «Reflexiones histórico-filosóficas sobre Marx y los marxismos posteriores y
revisionistas» y «Los becerros de oro de la Diáspora», sólo por
brindar una muestra.

Varios párrafos del borrador contenían, además, juicios y
comentarios en los cuales los cubanos exiliados, particularmente
los de Miami, no quedábamos muy bien parados que digamos y en

los cuales se notaba una clara aceptación de los estereotipos y prejuicios que intereses políticos, casi siempre afines al castrismo, y elementos racistas, han propagado sobre nosotros, sobredimensionando nuestros errores y no reconociendo nuestros aciertos; subrayando los vicios e ignorando las virtudes.

Con tales ingredientes a mano, nadie debiera sorprenderse de que el «documento de trabajo» se convirtiera en el documento de la discordia; que se debatiera intensa, extensa y acaloradamente a veces y que pesara negativamente sobre las posibilidades de acordar un documento final que resumiera los motivos, el procedimiento y los objetivos de CRECED.

Por si esto fuera poco, pronto se reveló en el marco de las reuniones, una clara división entre los participantes, todos ellos católicos amantes de su Iglesia; división que existía antes, se manifestaba entonces y pervive hoy a lo largo y ancho del pueblo de Dios cubano y es aquella que se mantiene entre los que entienden que la fidelidad no permite críticas a, ni discrepancias con las jerarquías eclesiásticas y los que entienden que, por el contrario, sólo se sirve bien a la Iglesia y a la Patria, señalando en libertad y desde la caridad, los errores que es necesario rectificar y los caminos que habría que discernir. Poco a poco quedó en claro que en el proceso de CRECED no se contemplaba la aceptación de esto último.

En ese incómodo contexto, Monseñor me citó un día de septiembre de 1991, a la Ermita. Puso en mis manos todo el abultado borrador del documento de trabajo y me encomendó una misión que no era nada fácil. Como era su costumbre, dijo que él no sabía cómo a mí me alcanzaba el tiempo para todo lo que yo tenía entre manos, me dijo también que no tenía que apurarme y que lo necesitaba con urgencia. Y sonrió como niño que recuerda sus "maldades". La carta que sigue lo explica todo.

*Apéndice X*

## Carta a Monseñor Román sobre el esquema propuesto para el Documento de Consulta de CRECED

Septiembre 19 de 1991

Padre:

Aunque la tentación de modificar algunas cosas fue muy fuerte, me he limitado, como quedamos, a, en lo posible, traer el lenguaje a términos más comprensibles para el católico medio... a eliminar algunas cosas (muy pocas) reiterativas o superfluas y a despejar un poco las notas y referencias. Sin embargo, debo señalarle algunos detalles que me parece deben ser tomados en cuenta, en favor del equilibrio...

Tanto en lo político, como en lo religioso, el trabajo generaliza y reitera demasiado la parte negativa de la diáspora, con marcado énfasis en los errores "de derecha", cosa que no es totalmente cierta ni justa. En lo religioso, no hay ni una sola palabra de reconocimiento... para la actividad, ya misionera, de la diáspora dentro de la diáspora misma, como lo es la labor de los movimientos apostólicos cubanos. Muchos compatriotas a los que no interesaba la religión para nada, aquí han descubierto una rica vivencia de fe... porque alguien los invitó a un Cursillo, o a un Encuentro Familiar.

En lo político advierto un gran desbalance: mientras abunda la crítica a errores y actitudes equivocadas de la «derecha», no se dice nada de «la izquierda»: falta la crítica a los que han callado (entre ellos algunos intelectuales católicos de la diáspora) ante los desmanes «revolucionarios», en nombre de una mal entendida posibilidad de «reconciliación». De igual manera, se menciona, justamente, el pecado de los que han acusado a otros de comunistas o marxistas simplemente por diferencias de enfoque en una situación

365

dada, pero no se dice nada de los que igualmente han acusado de «cavernícolas» o «reaccionarios» a hermanos de alta conciencia social, que, simplemente, no se dejaron embelesar por los cantos de sirena marxistoides y que ahora, ha sido el derrumbe del comunismo... las guerrillas y las «teologías» falsamente liberadoras, lo que ha venido a darles la razón.

Por lo demás, creo que el documento es excelente, y que tiene puntos luminosos en cuanto a sus definiciones de la fe, del papel de la Iglesia con respecto a la misma, y de la Mariología. Espero que les sea útil lo que he hecho y le doy las gracias, porque a mí me ha servido de mucho bien el hacerlo. Saludos,

Julito

## 52. El Encuentro y sus desencuentros

Los obispos Petit, Boza Masvidal, Román y San Pedro
durante una de las sesiones de CRECED en Orlando, FL (1992)

Desde 1991 y durante la primera mitad de 1992, de acuerdo al recuento que se ofrecía en la hoja de bienvenida al Encuentro Internacional de CRECED, «los cubanos formaron comunidades de reflexión para comentar los temas del Documento y enviaron sus aportaciones desde las numerosas ciudades donde residen. En el sur de la Florida se organizaron talleres por parroquias. Estos consistían en la presentación de los temas con preguntas para reflexionar en pequeños grupos y ofrecer sus recomendaciones por escrito. Todas las recomendaciones recibidas se recopilaron y fueron utilizadas por los diferentes equipos para elaborar el Documento de Trabajo».

Era precisamente en los pequeños grupos de reflexión y en las recomendaciones que se hacían, donde se podía palpar que, si bien los temas teológicos y pastorales se examinaban sin mayores dificultades; las referencias histórico-políticas no corrían igual suerte, muy por el contrario, provocaban discusiones, no siempre amables, entre los que aceptaban el frecuente silencio ante los desmanes de la dictadura, de parte de «la Iglesia» en Cuba, y justificaban la esporádica emisión, por parte de sus voceros, de opiniones condescendientes o afines a las del propio régimen, por una parte, y aquellos que, por otra, entendían que el Pueblo de Dios tiene el deber y el derecho de llamar la atención de sus pastores y pedir las rectificaciones necesarias ante situaciones comprometedoras para la misión profética de la Iglesia.

Eran numerosos los puntos que provocaban encendidos debates sobre la forma en que debían ser tratados en el documento... que si no se debía llamar «presidente», sino dictador a quien en realidad dictador era, Fidel Castro... que si no sería justo minimizar los detalles de la persecución religiosa en Cuba... los católicos fusilados... los encarcelados.... que si era necesario destacar que el exilio de los militantes católicos cubanos no había sido una opción libremente ejercida, sino una cuestión de vida o muerte impuesta por la dictadura... Así, apasionadamente.

Esta situación preocupaba mucho a Monseñor Román, quien, al largo de los intensos meses de trabajo de los diferentes grupos que reflexionaban, había tenido que intervenir repetidamente en las discusiones que surgían, para, con su proverbial pedagogía, calmar los ánimos exaltados, y retomar las reflexiones en tonos menos encrespados, obviando casi siempre los puntos más polémicos.

El tiempo transcurría y era evidente para todos los involucrados que, a punto ya de comenzar el Encuentro Internacional, donde se debía dar forma y aprobar el Documento Final, no existía consenso entre los que serían participantes del evento respecto a los temas más directamente ligados a la situación cubana en sus aspectos políticos e históricos y a la relación Iglesia-gobierno-pueblo-exilio que era ineludible analizar dentro de la temática de CRECED de acuerdo a su propia convocatoria, donde se señalaba como objetivo primero: «Reflexionar sobre nuestra realidad cubana y eclesial concreta a la luz de la fe para reconocer lo que Dios quiere de nosotros en este momento de nuestra historia como Iglesia y como cubanos».

Así las cosas, el jueves 30 de julio de 1992, comenzó en San Agustín de la Florida el Primer Encuentro Internacional de CRECED, con la asistencia de alrededor de 150 delegados, provenientes de diferentes países y de más de una docena de estados de la Unión Americana. Allí estaban los obispos cubanos exiliados, sacerdotes, diáconos, religiosas y religiosos y muchos laicos comprometidos, algunos de larga trayectoria católica en Cuba y en el destierro; otros de incorporación más o menos reciente al apostolado, ya de exiliados. Junto a ellos, una delegación de la Iglesia en Cuba encabezada por el recién ordenado Obispo Auxiliar de La Habana, Monseñor Alfredo Petit, antiguo militante de la «Juventud Católica». Cielos nublados y un torrencial aguacero recibieron a los delegados…

Monseñor Román saludaba a todos, contento de ver tan sólida respuesta de parte de tan disperso rebaño. Para los que le conocíamos bien, era fácil advertir que aquella su alegría, estaba siendo retada por alguna aprensión.

El día siguiente era el señalado para el comienzo de la asamblea. Al declarar abierta la sesión, tomó la palabra el Capellán de la Ermita. Aracely Cantero, destacada periodista, directora entonces de *La Voz Católica,* lo contó cómo sigue en la edición del 21 de agosto de 1992: *–«Vamos a vivir estos días en el espíritu de la triple A»,* dijo Monseñor Román ante la sorpresa de todos. Y explicó que se trataba de vivir la Amistad, el Amor y el Apostolado. *–«Descubrir que tenemos un mismo Padre y somos hermanos… no pongamos barreras al que piensa distinto. Es necesario conocernos, derrumbar muros y prejuicios, porque ahí empieza la reconstrucción de un pueblo».*

Comenzó la asamblea y comenzó con una impactante sorpresa. Se mostró a los asambleístas, de lejos, lo que se dijo era la versión del Documento Final al cual se habían incorporado, según se dijo también, las preocupaciones expresadas en las sesiones de reflexión. Y se pidió que, puestos de pie, los delegados aprobaran dicho documento por aclamación, es decir, sin discutirlo.

Aquello constituyó una desagradable sorpresa para los delegados, Hubo una estupefacción generalizada, que era visible en casi todos los rostros. Muchos se pusieron de pie en acatamiento de aquella proposición. Otros muchos se quedaron sentados y lo que levantaron fueron sus voces de protesta; unas más airadas que otras, pero, todas respetuosas y todas muy firmes en la no aceptación de aquella pretensión. La protesta crecía por minutos.

Rápidamente se descartó aquella proposición y se comenzó a discutir el documento, solamente para ratificar lo que quizás temían los que querían evitar los debates: se repetían las interminables contiendas verbales por el tratamiento de su contenido histórico y político y aquello se prolongaba interminablemente, sin nada que indicara que un acuerdo era posible.

*La Voz Católica,* en la antes citada edición, reportaba el evento discreta, pero certeramente. Decía la periodista al comentar los debates sobre el documento de trabajo: «Elaborado con las aportaciones a un documento anterior de consulta, todavía no satisfizo a todos los delegados. No faltaron los debates y los puntos de aclaración. Pero sólo la oración y un cambio de metodología lograron salvar al grupo de la crisis y llevar a término la tarea».

¿Crisis? No exageraba la directora del periódico en español de la Arquidiócesis de Miami. El padre Mario Vizcaíno recuerda también: –"A mí me gustó mucho el Encuentro en San Agustín, y el entusiasmo que había, hasta que llegamos a un punto donde hubo discrepancia y la discrepancia fue que se quería aprobar un texto demasiado detallista y demasiado explícito en todas las cosas que se debían hacer".

Ondina Menocal y Natalia Casamayor que, recordemos, junto con el Padre Vizcaíno eran miembros del Secretariado de CRECED, recuerdan igualmente aquellos tensos momentos, y lo expresan en términos muy cubanos:

–«Yo no creo –dice Ondina– que hubo ninguna suspicacia (en que se pidiera aprobar el documento final sin ponerlo a discusión) más bien fue el temperamento de algunas personas... Pero el caso es que se formó un ambiente grave, de discusión, y aquello iba a acabar *como la fiesta del Guatao».* Natalia, por su parte, acota: –«El Encuentro en San Agustín... algunos nos criticaron...

Acuérdate que se formó allí, como diríamos en Cuba, *un titingó*, pero lo que queríamos era algo que armonizara».

Terminó el primer día de la asamblea, segundo del Encuentro, sin avances visibles. A la noche, una impresionante procesión con antorchas llameando al cielo y una hermosa Eucaristía al pie de la gran cruz de la Misión Nombre de Dios, el lugar por donde el catolicismo hiciera su primera entrada a lo que sería después los Estados Unidos, en el siglo XVI, ayudaron a cerrar sosegadamente aquel agitado día.

El sábado, tras el desayuno, se reanudó el Encuentro. Y si hasta entonces había habido desencuentros, lo que siguió fue un terrible encontronazo. El Obispo Auxiliar de La Habana, Monseñor Alfredo Petit, fue llamado al micrófono...

En un tono ríspido y hasta despectivo, el enviado de la Iglesia en Cuba habló brevemente para decirnos a los asambleístas que ya debíamos dejar de llamarnos a nosotros mismos «exiliados», que debiéramos olvidarnos de Cuba y evangelizar aquí, donde estábamos y vivíamos. Dijo más, algunas otras cosas que nadie recuerda, porque el resto de su alocución quedó totalmente eclipsado por aquellas duras e injustas palabras que provocaron, de inmediato, una indignada y adolorida reacción.

Elvira González, entonces secretaria de Monseñor en su oficina del Centro Pastoral, estaba allí en el Encuentro y recuerda vivamente lo ocurrido: –«Cuando el encuentro aquel que hubo en San Agustín, de CRECED, que vino de Cuba Monseñor Petit, –tú estabas allí– fue un momento de mucho dolor para los que estábamos allí y habíamos trabajado muy de cerca con Monseñor Román, en lo de CRECED y sabíamos cuál era el propósito de CRECED, y esta gente venía con una idea muy equivocada. Yo creo que ni nosotros los entendíamos a ellos, ni ellos a nosotros. Aquello de decir «ya está bueno de llamarse exiliados y para qué llamarse exiliados... aquello cayó muy mal, muy mal».

La pausa del almuerzo brindó un oportuno alivio a la crispación encendida por las desafortunadas palabras del obispo Petit. Sin embargo, y como era de esperar, fue un alivio pasajero. Entre los delegados había muchos hombres y mujeres que habían arriesgado sus vidas en Cuba, muchos que habían estado presos o habían sentido el rigor de la persecución en mil formas diferentes por ser fieles a la Iglesia y que se sentían rechazados ahora. Al regresar al salón de sesiones, muchos habían escrito debajo de sus nombres respectivos en la tarjeta de solapa, o *name tag,* que los identificaba, la palabra «exiliado». Los presagios no eran nada buenos.

Padre Mario Vizcaíno: –«Monseñor Petit... en esa intervención, se mostró como un poco desafecto a esto, porque él decía que nosotros nos teníamos que olvidar de Cuba y nosotros decíamos que no, que Cuba para nosotros era muy importante, que nosotros estábamos aquí, pero, en cuanto fuera posible, queríamos estar en sintonía con la iglesia cubana en todas las cosas.

–«Yo no sé si fue una impresión de él, personal, y no estoy seguro si él traía un mensaje de los obispos de Cuba, nosotros no lo tomamos como un mensaje de los obispos de Cuba, nosotros lo tomamos como una impresión personal de él, donde él creía que nosotros estábamos aquí y teníamos que ocuparnos de las cosas de aquí y no pensar en las cosas de allá, porque ya eso era, el mar por medio y la historia por medio y eso fue un aspecto que a nosotros no nos satisfizo de ninguna manera, porque estábamos allí, precisamente, porque Cuba era importante para nosotros, sobre todo como católicos y como miembros de la Iglesia».

Ondina Menocal: –«Lo de Petit me parece que fue más la reacción de nosotros... Petit, al hablar, fue brusco, pero ese es su estilo, él es brusco... yo creo que él pensó que lo que él estaba diciendo... hay que concentrarse y eso se entiende, si estamos aquí, hay que crecer aquí y hay que evangelizar aquí».

Lo cierto es que muy pocos delegados tomaron las palabras del Obispo Auxiliar de La Habana tan benevolamente como Ondina las recuerda. «*La fiesta del Guatao*» que ella misma presentía, parecía a punto de materializarse. El rostro de Monseñor Román hablaba por sí mismo.

El caos se adueñó de la asamblea: no había acuerdo sobre el Documento Final. El desacuerdo mayor radicaba en el hecho de que la mayor parte de los delegados no quería que la posición del exilio católico cubano ante la situación de Cuba y frente a la tiranía castrista, se confundiera con la actitud, demasiado conformista, según la opinión de muchos, del episcopado cubano. La intervención de Monseñor Petit no había hecho más que agravar la situación. Los delegados lo expresaban con dolor, pero con gran convicción. Se pidió un receso durante el cual, los obispos y miembros del Secretariado tratarían de hallar una solución.

Natalia Casamayor: –«Tuvimos que parar aquello y nos metimos allá atrás Monseñor Boza, Monseñor Román, el Padre Mario Vizcaíno... o sea, salimos del salón y nos metimos en una de las habitaciones para ver que hacíamos... Monseñor Boza tú sabes que era el más tranquilo, Monseñor Román, no... San Pedro se quedó con el grupo, pastoreando».

El receso se prolongaba. El tiempo transcurría, la expectación aumentaba y la tensión no cedía.

Ondina Menocal: «Entonces Monseñor Román salió con su rosario en la mano y rezó. Aparentemente para nosotros, la ola bajó... y espiritualmente sentimos la fuerza del rosario».

La fuerza del rosario tuvo un excelente aliado en la confianza que inspiraba Monseñor y en su convincente manera de hablar a su pueblo: –*«Este documento tenemos que terminarlo para poder lanzarnos a misionar»* –dijo el Obispo, y agregó: –*«Vamos a pedirle a la Virgen que conceda a esta asamblea el equilibrio que necesita».*

Como era su costumbre de catequista, entre decena y decena del rosario, Monseñor emprendía una reflexión que partía de la base bíblica del misterio en cuestión y se centraba en el tema de la ocasión. En aquel memorable rosario, pidió implícitamente un voto de confianza, que se diera por terminada la discusión y auguró un documento final que nos satisfaría a todos.

No se habló más del documento. Un silencio espeso, pero no amargo, más bien esperanzado, siguió a la Salve final, acompañado de un hondo suspiro: se había capeado el temporal. El Encuentro tenía cinco horas de retraso, de acuerdo al programa, pero se había evitado que aquello terminara en un gran desencuentro o en un irremediable encontronazo.

Se cerró la asamblea con la santa misa en una iglesia cercana y a la noche… música, cantos y poesías… una «noche cubana», de acuerdo al programa, en la cual la afamada Coral Cubana, bajo la batuta de su fundadora, Carmita Riera, así como otros artistas, echaron el bálsamo de la música sobre una Iglesia lastimada.

Pedí a la Dra. Silvia Rodríguez, uno de los pilares sobre los que descansó CRECED, su visión retrospectiva de todo lo ocurrido en aquel Primer Encuentro de las Comunidades de Reflexión Eclesial Cubana en la Diáspora:

–«Las heridas estaban abiertas y sangrando, heridas profundas» –me dijo. –«Lo miramos ahora en retrospectiva y hablamos de esto serenamente, pero, si te pones en aquel momento… ¡mucho dolor!... muchas cosas… Entonces, imagínate, estamos juzgando en frío… Fue heroico poder haber hecho aquella reunión».

Llegados a este punto, sería oportuno recordar algo que se nos dijo al comenzar a indagar sobre CRECED y que los hechos posteriores no parecen corroborar. Si CRECED nació de algún tipo de acuerdo entre los obispos cubanos de la Isla y los del destierro, buscando estrechar lazos entre los dos pulmones del catolicismo cubano, con vista a los cambios que, de acuerdo al panorama mundial de la época, parecían inevitables para Cuba también, ¿por qué, entonces, los exabruptos de Monseñor Alfredo Petit que minaban el pretendido acercamiento?... ¿Hubo un cambio de opinión de última hora de parte de los obispos de Cuba, o su enviado sencillamente se salió del libreto impelido por su personal parecer y su difícil temperamento?... Quizás algún día lo sepamos.

De igual manera hay otro importante aspecto del proceso de CRECED en el cual debemos detenernos un poco, sobre todo si tratamos de calibrar las dimensiones todas de la personalidad y la trayectoria vital de nuestro biografiado:

No está claro de quién o de quiénes surgió la iniciativa de proponer a los delegados al Encuentro la adopción por aclamación del documento, pero es inevitable asumir que esa decisión debió contar con el consenso de los tres obispos exiliados y tal vez de algunos de sus asesores. No sabemos tampoco cómo acogió Monseñor Román aquella propuesta, si la patrocinó o si hubo que convencerlo al respecto. Pero sí sabemos que nadie podía prever mejor que él las posibles reacciones de los delegados ante tal proposición, por su conocimiento de los serios enfrentamientos que el borrador había provocado de antemano entre los que reflexionaban sobre el mismo a nivel de los pequeños grupos parroquiales, etc. ¿Por qué, entonces, se presentó a la asamblea aquella propuesta que tenía tan alto potencial de abrir la caja de Pandora entre los católicos cubanos más activos en el servicio de la Iglesia, los de aquí y los de allá, cómo ocurrió en definitiva? ¿Por qué, al declarar abierta la reunión, Monseñor pedía... *«que no pongamos barreras al que piensa distinto»?* ¿Por qué clamaba el Pastor del Exilio... *«Es necesario conocernos, derrumbar muros y prejuicios, porque ahí empieza la reconstrucción de un pueblo»?*

Yo no tengo la menor duda de que, al formular estas peticiones, Monseñor Román pensaba en todos los participantes del Encuentro, clérigos y laicos por igual, los de la Isla y los de la diáspora también, necesitados todos de lo que él pedía. Sin embargo, el hecho de que él promoviera o aceptara la idea de proponer la aclamación del documento, a sabiendas de lo que esto provocaría, me obliga a preguntarme a mí mismo si no estaría él tratando de que la Iglesia toda –la de Cuba, la de Miami, la de Estados Unidos y aún la lejana Roma– pudiera calibrar de primera mano la enorme frustración de la mayor parte de los católicos cubanos exiliados ante posiciones asumidas y caminos escogidos por la propia Iglesia con respecto a la situación cubana. –*«Es necesario conocernos»...* había dicho Román. Monseñor Petit, por ejemplo, se llevó una buena muestra, nos «conoció» de primera mano.

Pienso que no hallaremos respuesta definitiva para esta interrogación. Cuando le pregunté, y lo hice en más de una ocasión, sobre estos detalles de CRECED, Monseñor, tratando siempre de acallar y olvidar las polémicas internas, prefirió hablar de los resultados positivos de aquel, su proyecto amado.

*Apéndice XI*

## Mensaje de Oswaldo Payá Sardiñas

A los católicos cubanos de la Diáspora con motivo de su reunión en la Florida para celebrar el evento C.R.E.C.E.D.

*(Fragmentos)*

La Habana, 27 de Julio de 1992

Queridos hermanos en Jesucristo:

Doy las gracias a Dios por este encuentro de nuestros hermanos que peregrinan por el mundo, porque a pesar de tantas negaciones, distancias y circunstancias adversas, desde acá se les siente y considera a ustedes como nuestros, como parte inseparable del pueblo cubano y del pueblo de Dios en Cuba...

...¡Cuántas presiones y barreras para aislarlos de nosotros, cuánta mentira y desinformación... para que aceptemos como justo lo que se impuso por la fuerza! ... Gracias a Dios, estamos unidos en Cristo y en una comunión que en torno a Él se ha mantenido y probado frente a todo tipo de campañas sistemáticas por negarles a ustedes su identidad y desprenderlos de nosotros; y ahí están, tan cubanos y más que antes por haber sufrido más por Cuba, tan católicos y más porque sufrieron por Cuba por ser fieles al Evangelio y a la Iglesia nuestra.

...Con gran satisfacción quiero expresar... mi gratitud y admiración por aquellos Obispos de los primeros años de la revolución, sobre los cuales ha caído tanta calumnia y tanto silencio otorgado. Cuando los obispos cubanos... se pronunciaron contra el materialismo, el comunismo ateo y el totalitarismo; no hicieron otra cosa que defender valiente y proféticamente al pueblo de Cuba. Ellos alertaron y denunciaron lo que después sufrimos... Entre ustedes en la Diáspora y precisamente por su valor y fidelidad a

Cristo y a Cuba, vive uno de esos obispos, Monseñor Eduardo Boza Masvidal. Reciba nuestra gratitud y esté seguro de que muchos en el pueblo de Dios tomaron fuego de vuestras antorchas y aún hoy lo sostenemos... Porque la Iglesia en Cuba vive, trabaja y evangeliza en medio de la dificultad y la persecución que ha tomado diversas formas por épocas.

Pero también hay que denunciar para la historia, tal como lo alertaron aquellos obispos, el proceso de descristianización de la sociedad y la cultura cubanas y de nuestra vida nacional. Ese ha sido y no otro, el daño más grave y el atentado más desleal contra nuestra identidad cubana y cristiana y contra la dignidad de la persona.

Muchos laicos y algunos sacerdotes cubanos sufrieron la cárcel, la persecución y el destierro a veces forzoso, otros como única alternativa. No albergamos odios ni resentimientos... y reconocemos nuestra responsabilidad y pecado. Pero no se puede escamotear la historia ni tampoco tergiversar la raíz del origen de una realidad actual que hoy se pretende explicar con parcialidad y hasta con falsificaciones.

...Durante mucho tiempo en Cuba, el gobierno ha tratado de ignorar la realidad del exilio... En el lenguaje oficial, el insulto y el desprecio han sido constantes hacia nuestros hermanos del exilio. Al que logra escapar se le odia, como el esclavista odia al cimarrón. Y por último, y no menos importante, se niega la realidad de la diáspora. Desgraciadamente... esta postura oficial logró por momentos inducir en ciertos medios eclesiales cierta aprensión y silenciamiento hacia la diáspora... surgieron prejuicios y barreras... Hoy, cuando aumenta la esperanza del reencuentro... debemos comenzar a trabajar para infundir... el espíritu del perdón, la reconciliación y la solidaridad.

...Mas, recuerden hermanos, no deben confundir el respeto y los escrúpulos con los condicionamientos y complejos de culpa. Si ustedes se dejan silenciar allá, o desde acá, ya sea por los que, en su cautela bien intencionada prefieran que ustedes callen; entonces terminaremos sin ninguna voz que clame por nosotros y además, sin la solidaridad que ustedes pueden brindarnos.

Hermanos, con toda humildad les digo a ustedes, a nosotros y a nuestros hermanos de la Iglesia aquí: ¡liberémonos en primer lugar nosotros, en el amor de Jesucristo! Eso es lo que pido a Jesús para ustedes en este C.R.E.C.E.D. Porque, si se inhiben y se dejan silenciar ahora, en esta hora, llegarán tarde a la cita con su pueblo y ustedes, no lo olviden, son también la Iglesia Cubana... Lo que está en juego no es el papel de una institución, ni el prestigio de unos hombres, sino algo más importante: las vidas de miles de cubanos y el futuro de nuestra nación.

... Algo más hermanos, necesario decir mientras haya tiempo... si algunas diferencias tuvimos con nuestros pastores, culpa nuestra fue y desde aquí les pedimos perdón. Pero, debemos decir más... para aquellos que... desde el poder o en cualquier parte, les atacan: donde se ataca a los pastores, se nos ataca a nosotros. Y todavía más, para los que pudieran tener planes de aniquilamiento: si el Señor en sus designios llega a permitir el ensañamiento y la persecución sangrienta contra nuestra Iglesia, al mundo les gritamos que nos encontrarán unidos en Jesucristo; junto a nuestros obispos, a nuestra diáspora, a todo el pueblo de Dios, y al Santo Padre. ¡Cubanos de aquí y de allá, comencemos la travesía! ¡Virgen de la Caridad, une y reúne a tu pueblo cubano!

Oswaldo J. Payá Sardiñas

## 53. El amor, ¿todo lo espera?

Veintiún días después de haberse clausurado el Encuentro de CRECED, vueltos a lo que debiera haber sido la normalidad evangelizadora de la Ermita de la Caridad, un huracán de enormes proporciones, el más destructivo que jamás haya pasado por el sur de la Florida, según la memoria existente, vendría a virarlo todo al revés.

Andrew, que así había sido bautizado el potente ciclón, arrasó cuanto encontró a su paso y la Ermita, vulnerable de por sí por su cercanía al mar, sufrió la saña del fenómeno atmosférico. Tras dejar protegido el Santuario, el convento de las Hijas de la Caridad, etc., Monseñor, sus sacerdotes asistentes y las religiosas, buscaron refugio en diferentes lugares, sin poder imaginar siquiera lo que encontrarían al regresar.

Lo que encontraron fue un espeluznante testimonio de la fuerza de la Naturaleza, algo que quizás en otros tiempos hubiera sido atribuido a «la ira de Dios». Los fuertes vientos hicieron poca mella en los edificios, aunque el techo cónico de la Ermita sufrió algunos daños de consideración. Toda la vegetación aledaña había sido tirada al suelo, al tal punto que resultaba en extremo difícil poder llegar allí debido a los grandes árboles derribados que bloqueaban el camino. Un enorme velero había sido tirado por el mar y los vientos a la puerta principal del templo.

El daño mayor había sido causado por la penetración del mar. Todo, incluido el interior de la Ermita, el convento y el comedor, estaba cubierto por una gruesa capa de lodo, arena, algas y desechos de todo tipo arrastrados por las olas. El sótano, donde se guardaban ornamentos, sacramentales y gran cantidad de documentos, estaba completamente inundado, prácticamente hasta su techo, por aquella baba fangosa de insoportable olor. Era un cuadro impresionante.

Para Monseñor Román la destrucción dejada por el huracán fue un gran golpe, por lo mucho que sufrió la comunidad y por los

valiosos documentos perdidos e irreemplazables… las listas originales de prisioneros políticos cubanos… cartas de los presos del
Mariel… apuntes y cuentas conservados desde la construcción de
la Ermita. No hubo, sin embargo, tiempo para lamentarse mucho.
Había que atender a los más afectados: cinco parroquias del sur de
la Arquidiócesis habían sido destruidas casi totalmente y una multitud de familias, sobre todo en el área de Homestead, había perdido todo cuanto tenían. Eran momentos para consolar y llevar ayuda
a los más golpeados, no para lamer las propias heridas.

Dentro de la magnitud de la catástrofe, un lenitivo que él
agradeció mucho: espontáneamente, sin ser convocados siquiera,
un buen número de personas, miembros de la Cofradía, cubanos y
de otras nacionalidades también, llegaban a la Ermita, una vez des-
pejado el acceso a la misma, y llegaban con escobas, baldes, rastri-
llos, etc., para ayudar a restaurar el templo y sus alrededores. Era
un trabajo desagradable y agotador, pero era algo hermoso ver el
amor y la dedicación con que aquellos voluntarios lo hacían.

Miguel Núñez y Teresita, su esposa, coordinadores entonces de la Cofradía, no han olvidado aquellas experiencias: –«Era
maravilloso –nos dice Teresita– ver a los miembros de la Cofradía
dentro de aquel desastre, trabajando durante el día, porque no teníamos luz por las noches. La misa se celebraba solamente a mediodía y todos tratábamos de participar. Éramos una verdadera familia».

Y, en medio de todo, un detalle que con el paso del tiempo
resultaría conmovedor. Habla Miguel: –«Allí, limpiando junto a
nosotros, estaba Pablito Morales, quien más tarde sería uno de los
cuatro mártires de Hermanos al Rescate»…

Estas muestras de amor a la Virgen, y la inmediata y generosa respuesta que los *miamenses* todos dieron a sus hermanos necesitados, fue inmediatamente resaltado por el pastor, que a pesar
de las difíciles circunstancias, quería destacar cómo, además de los
escombros, Andrew había logrado sacar a flote lo mejor de su rebaño. El 2 de septiembre de 1992, publicaba un pequeño, pero sus-
tancioso artículo en la prensa local que, en parte, decía: *«¿Quién
no se ha percatado, a raíz de estos acontecimientos, de que la*

*fuerza del amor es más poderosa que la fuerza del huracán? ¿Quién no ha visto los corazones en fila, cumpliendo con hermosa espontaneidad el mandato cristiano de "dar de comer al hambriento, dar de beber al sediento, dar consuelo al afligido"? ¿Quién no se ha dado cuenta de que, en este ejercicio de solidaridad, dando y recibiendo ayuda, se han entrelazado manos de todas las razas, de todas las culturas, de todos los credos y de todas las procedencias étnicas que integran nuestra comunidad?».*

Esos aspectos alentadores, no disminuían, sin embargo, los quebraderos de cabeza que lo perentorio presentaba. Quedaba en suspenso lo que sería la celebración de la Virgen de la Caridad. El fuerte huracán había destrozado también el *Marine Stadium*, (el Estadio Marino de Miami) bello y apropiado lugar donde se venía celebrando la gran misa del 8 de septiembre desde hacía varios años y faltaba apenas una quincena para la tradicional celebración eucarística. Algunos sugirieron suspenderla, o reducirla, dada las circunstancias, a la Catedral; pero Monseñor entendió que entonces, con tantas familias fuertemente golpeadas, era más necesaria la cercanía de la Madre Santísima a su pueblo, y del pueblo a Ella, sobre todo –así lo decía– para dar gracias por la mínima pérdida de vidas humanas, algo –insistía– lamentable aún en tan bajo número, pero que pudiera haber sido mucho peor. Se decidió hacer la misa de campaña en el *Bayfront Park,* el Parque de las Palomas.

Tantas dificultades parecían dar fuerzas a Monseñor Román. *Cachita* siempre, en las buenas y en las malas, pero sobre todo en las malas, y su capellán dándole frente a todo, confiado siempre, en el poder de intercesión de la Madre ante su Hijo.

Y la vida debía continuar. Un año después, el 8 de septiembre de 1993, el obispo, el pastor, el patriota exiliado, recibiría una de las mayores alegrías de su vida: tras el paso del huracán por Miami, una brisa fresca nos llegaba desde Cuba.

Recordemos de nuevo el entorno existencial del mundo en aquel tiempo. Cuatro años antes había caído el Muro de Berlín y había colapsado el mundo comunista. Apenas doce meses atrás se confirmaba *el desmerengamiento* –así lo llamaron en Cuba– de la Unión Soviética y el fin de la hegemonía comunista en Rusia. Cuba se encontraba sumergida en un hueco profundo, el «período especial», del cual no se veía salida alguna, y la certidumbre de un cambio real e inevitable que casi todos veíamos cercano, aconsejaba fijar posiciones, máxime, atendiendo a posibilidades ciertas de que ese cambio podría producirse en medio de una cruenta hecatombe. No se podía callar por más tiempo. Hablaron entonces los obispos de Cuba. Y lo hicieron bien.

«El amor todo lo espera» fue una corajuda, contundente y coherente carta pastoral en la cual el episcopado cubano describía las miserias todas que hundían a la nación cubana: las espirituales, las morales y las materiales y demandaba de las autoridades la restitución de los derechos de los ciudadanos y el cambio de sistema imprescindible para salir de aquel caos. La Iglesia en Cuba parecía retomar la voz que se había apagado en 1961, así como su postura de natural liderazgo al lado de su pueblo. Era como esas brisas potentes, frescas y claras que, aunque tal vez anuncian tormenta, refrescan, despejan el panorama y permiten ver mejor. Leyendo aquel documento, y predicando sobre el mismo, Monseñor Román no podía ocultar el júbilo que le producía el hecho de que su Iglesia hubiera reencontrado su voz.

Preocupado por la situación que la pastoral describía, pero, entusiasmado al mismo tiempo por aquello que parecía ser la necesaria recuperación del papel cívico que corresponde a la Iglesia, Monseñor recorría las estaciones de radio locales, algunas de las cuales eran audibles en Cuba, dando a conocer el texto y comentando sobre el mismo. Igualmente en Radio Martí, donde el Padre Francisco Santana, que había sido nombrado asistente de la Ermita, hacía una labor semejante. Y, desde luego, a través de aquel su espacio especial de acción de gracias, evangelización y profetismo que era la misa vespertina de los sábados, la que se retransmitía los domingos por la propia Radio Martí.

A partir de la publicación de «El amor todo lo espera», Monseñor pasó muchos de los domingos siguientes (recordemos que la misa de los sábados es la vigilia dominical) haciendo paralelos muy bien traídos entre las lecturas correspondientes y pasajes de la pastoral, tratando incansablemente de romper la censura impuesta por el régimen castrista que dificultaba en extremo la divulgación del mensaje de los obispos, para él tan importante.

Al mismo tiempo, seguía con avidez las noticias que llegaban de la Isla, por diferentes canales, acerca del impacto y las consecuencias del documento eclesial. Algunas noticias eran estimulantes: la pastoral había sido bien recibida por la población. Habían sido impresos alrededor de cien mil ejemplares que se agotaron rápidamente y los comentarios susurrados, así como el lenguaje de las miradas y expresiones corporales que domina tan bien el pueblo cubano, expresaban aprobación y una alegría no exenta de temores.

Otras noticias no eran tan buenas, como era de esperar. El régimen reaccionó virulentamente, primero a través de la prensa, toda controlada. Se desempolvaron contra los obispos los viejos epítetos que habían caído en desuso y volvieron, aunque en menor grado, las consabidas «reacciones espontáneas del pueblo combatiente»... –cuidadosamente organizadas por los «Comités de Defensa»– para mostrar el «respaldo popular a la Revolución y sus líderes, frente a las provocaciones del clero imperialista».

El propio Fidel Castro, nunca remiso a la infamia, despotricaba vehementemente contra los prelados, a los que acusaba, entre otras lindezas, de ser enemigos permanentemente agazapados contra la Revolución, en los cuales nunca se podía confiar.

La escalada anticatólica iba *in crescendo*, tanto, que los obispos tuvieron que volver a hablar. El 7 de octubre de 1993, apenas un mes después de la aparición de «El amor todo lo espera», se produjo una declaración del Comité Permanente de la Conferencia de Obispos Católicos de Cuba, en la cual manifestaban, entre otras cosas, «*Rechazamos completamente, por calumniosas, las graves acusaciones que se nos hacen de traición a la Patria, propiciar un "baño de sangre" en nuestro país, entrar en alianza con el extranjero, desear la restauración colonial o favorecer la anexión a Estados Unidos*». En el mismo texto se subrayaba que la Iglesia había intentado, en más de una ocasión, establecer un diálogo con el gobierno para hablar sobre los problemas del pueblo cubano, encontrando siempre, de parte del propio gobierno, «*silencio, dilación o rechazo*».

En aquellos momentos Monseñor no ocultaba su preocupación ante la posibilidad de que volvieran para la Iglesia en Cuba los tiempos peores de la persecución castrista, aquellos de los cuales él mismo era una víctima directa, un sacerdote expulsado de su país a punta de metralleta. Al mismo tiempo, entendía y aceptaba para la Iglesia que amaba, los riesgos que siempre entraña la fidelidad al Evangelio. Y, en aquel mar de sentimientos disímiles, le consolaba el ver que, tras muchos años de alejamiento, los católicos cubanos exiliados se sentían entonces muy unidos a los obispos de su patria. Habían sabido esperar por un momento así: el amor todo lo espera.

Lo que no espera el amor, es que lo traten como a un estorbo, pero, a veces, pasa, y siempre que pasa, duele. Por ahora, veamos el rumbo que tomaron los acontecimientos.

## 54. El libro y la pastoral

Quedaba algo pendiente desde mediados del año anterior, desde el Primer Encuentro Internacional de CRECED, algo que, como un barrenillo, apremiaba a Monseñor Román. Él había prometido a los reunidos en San Agustín de la Florida, en los momentos más álgidos del debate, un «documento final» que, sin excluir ningún punto de vista y atendiendo a las objeciones expresadas, pudiera conciliar las opiniones y resultar en un documento de consenso, que a todos nos dejaría satisfechos en términos generales. Y para él, aquello de "lo prometido es deuda" tenía todo el peso de un juramento.

Al fin, a principios de mayo de 1993, el documento quedó listo para la imprenta. Había experimentado una gran transformación que recuperaba "el espíritu de CRECED", que eliminaba las opiniones peyorativas contra la generalidad de los cubanos exiliados que habían sido plasmadas en el borrador del documento de consulta, así como las críticas acerbas contra posiciones y expresiones de la Iglesia en Cuba, que algunos habían manifestado en el curso de las reflexiones, todo ello sin dejar de mencionar errores del pasado cuyo reconocimiento ayudaba a elaborar mejores concepciones para el futuro.

El documento se imprimió en forma de libro, con 227 páginas. En una «presentación» fechada el 20 de mayo de 1993, firmada por los tres obispos del exilio de entonces, Boza, San Pedro y Román, y que aparece como prólogo, se dice, entre otras cosas: —«*...podemos constatar con humildad, pero también con la responsabilidad que nace de la fe, que el Espíritu ha generado en nosotros, como comunidad, lo que bien podemos calificar como un proceso de fidelidad creadora y crítica*». Y hablando ya más directamente del documento en sí, los obispos declaran cristalinamente: —«*...hay cambios de énfasis, corrección de desequilibrios o de posibles distorsiones, introducción de matices, etc., que se han hecho, no por un equilibrio táctico para contentar a todos, sino por la convicción profunda, de raigambre agustiniana, de que debe* haber *"en lo necesario unidad, en lo discutible libertad y en todo caridad", lo que bien podría resumir el espíritu y la práctica de esa fidelidad».*

Monseñor Román quedó altamente satisfecho con el «Documento Final» que de ahí en adelante, comenzó a ser conocido como «el libro de CRECED». No perdía oportunidad de hablar sobre el libro, sobre su valor histórico y su proyección catequética, sobre cuánto esfuerzo había costado, sobre su importancia testimonial del destierro de los cubanos y la labor de estos como Iglesia alrededor del mundo, así como su fidelidad en el acompañamiento a la Iglesia en Cuba.

El libro se convirtió en su *vademecum*, dondequiera que iba lo llevaba, lo mostraba, lo proponía... –«Este libro debe estar en todos los hogares cubanos –decía– quien no lo ha leído, no conoce la verdadera historia de Cuba... si viajan a Cuba, llévenlo»...

Quien lea el libro de CRECED en los tiempos que corren y pueda situarse mentalmente en la época en que el mismo fue escrito, podrá darse cuenta de que, sin menoscabo para su contenido histórico y sin que esto se diga en el propio libro, es una obra hija de su momento. Se pudiera decir que se trata de un pre-manual para el regreso, físico o a distancia, a una Cuba liberada y en urgente necesidad de re-evangelización, para lo cual era necesario «reunificar» a su Iglesia, los de adentro y los de afuera, algo que parecía tener mucho sentido entonces y que hoy, con el tiempo que ha transcurrido y las circunstancias que han cambiado, no deja de provocar una triste nostalgia por aquellos tiempos de gozosa expectativa respecto a Cuba.

Aquello que Monseñor Román consideraba un tesoro, fruto de las reflexiones de católicos cubanos dispersos en 19 países del mundo, prueba al canto de su fidelidad a la «Santa Madre Iglesia» y de su disponibilidad misionera, todo lo cual provocaba en él un justo y sano orgullo, no podía quedar oculto o circunscribirse solamente al ámbito cubano. Había que darlo a conocer como testimonio y como proyecto de futuro y de ahí que se enviaran copias del libro a muchas conferencias episcopales del continente, a España, a muchas diócesis estadounidenses y a algunos dicasterios romanos. Faltaba solamente que lo viera el Papa.

Así pues, a finales de septiembre de 1993 y al frente de un entusiasmado grupo de alrededor de dos docenas de laicos comprometidos, cubanos exiliados todos ellos, Monseñor Agustín Román partió rumbo al Vaticano tras haber asegurado una audiencia especial en la cual el Santo Padre recibiría en sus manos el libro de CRECED. ¿Qué manera mejor de ponerle un broche de oro a aquel hermoso y difícil proceso, que depositar su fruto más elocuente en las manos de Juan Pablo II, el Papa que mejor podía entenderlo por sus propias vivencias de católico sujeto a un régimen comunista?

Santiago Madrigal, uno de los laicos que participaron en aquella peregrinación, no ha podido olvidar lo ocurrido:

—«Una vez en Roma, Monseñor fue informado de que la audiencia con el Papa había sido pospuesta para unos pocos días después. Poco antes de llegar la nueva fecha, otra cancelación. Indicios que se recogían en distintas esferas del Vaticano, apuntaban a que el encuentro del Papa con Monseñor Román y su grupo de exiliados, contaba con serias objeciones de parte de terceros. Tras varios días de espera y contradicciones se hizo evidente que la audiencia no tendría lugar.

—«Por más que Román hacia su mejor esfuerzo por disimularlo -continua diciéndonos Santiago Madrigal-, no podía ocultar su disgusto ante lo que la mayor parte de los miembros del grupo percibimos como un desprecio inmerecido al esfuerzo de tantos cubanos exiliados que habían trabajado afanosamente en aquel proyecto».

Ondina Menocal, integrante también de aquella frustrada peregrinación, obtuvo alguna información que parece encajar en el contexto de la situación que enfrentaba la Iglesia en Cuba en aquellos momentos y la posible incidencia en ello de la programada audiencia papal con los peregrinos de Miami:

—«Cuando se anuncia la publicación del libro de CRECED, coincide con la aparición en Cuba de la carta pastoral "El amor todo lo espera", el 8 de septiembre de 1993. De igual manera coincide que cuando nosotros vamos al Vaticano para que Monseñor le entregara el libro al Papa en una audiencia especial, estaban allí todos los obispos de Cuba, que habían ido para informar al Papa de la reacción del gobierno a la pastoral... esas son las cosas que hace Dios».

–«Habíamos ido con la seguridad de que íbamos a ver al Papa, a entregarle el libro» –continua Ondina. –«Se suponía que hubiera una misa privada en la capilla del Papa, a la cual íbamos a asistir los peregrinos de CRECED. Pero resultó que con toda la manipulación... no la manipulación, con toda la diplomacia del Vaticano, se nos informó, que no podía ser, que con las circunstancias que había, no podíamos reunirnos con el Papa. Se nos daba el *"consolation prize"* de reunirnos con el cardenal Etchegaray, de Justicia y Paz y con el cardenal Pironio, que habían estado antes en Cuba».

Santiago Madrigal añade: –«La presencia nuestra en Roma coincidía también con la visita *ad limina* de los obispos de Texas, entre los cuales se encontraba Monseñor Enrique San Pedro, a la sazón obispo de Galveston. Éste fue el encargado de entregarle el documento al Papa y cumplió su misión».

Lo delicado de la situación, los temores de cuánto esta pudiera agravarse si el Papa se reunía con «los católicos contrarrevolucionarios de Miami», la desmesurada prudencia eclesial que en ocasiones hace desesperar a la justicia, todo ello, tal vez hubiera hecho entendible la cancelación de la audiencia para los peregrinos de CRECED y para los católicos cubanos exiliados que, en Miami, esperábamos ilusionados el encuentro de Juan Pablo II con Monseñor y su grupo, tras haber trabajado todos en aquel proceso por puro amor a la Iglesia y a la patria.

Pero, como se entendió también que esas razones no podían ser explicadas sin incurrir igualmente en la ira de la dictadura, se prefirió ponerle al mal tiempo, buena cara; fingir que todo había ido bien y no abundar en lo ocurrido, para desazón de aquellos que todo lo que sabían era que el Papa no había recibido a Monseñor Román y sus peregrinos cubanos de Miami.

Los que conocían el por qué regresaban a Miami con la sensación de que, aunque el amor todo lo espera, no espera ser maltratado. Los que lo ignoraban, quedaban con la impresión de que, aunque el amor todo lo espera, no espera el desprecio. Y en medio de ellos un apóstol que se tragaba sus lágrimas y articulaba una sonrisa, por amor. Amor a su Cristo, a su Iglesia y a su Cuba. Un apóstol que lo aceptaba todo, quizás porque no esperaba nada, solamente poder cumplir con su Cristo, con su Iglesia y con su Cuba. Aunque doliese mucho.

## 55. La crisis de los balseros

Para poder calibrar en justicia y en verdad la excelencia del "pastoreo" del obispo Román, especialmente entre sus compatriotas exiliados en Miami, es necesario tener en cuenta una particularidad que tal vez se hace esquiva a quienes no han tenido la experiencia de vivir bajo un régimen totalitario y ser exiliado en un territorio muy cercano al de la patria de la cual se procede.

Las decisiones de una dictadura totalitaria impactan la totalidad de la vida de la totalidad de sus ciudadanos, desde el pan que te comes –o no te comes– hasta los parientes a quienes puedes saludar sin hacerte sospechoso de «desviación ideológica». Por ser tan abarcador el alcance de las decisiones del régimen y tan numerosas las personas que son afectadas por esto, es que, generalmente hablando, los exiliados de regímenes tales pueden, al marcharse de su país, escapar de su acción directa, y no siempre; pero difícilmente pueden evitar las repercusiones de esas decisiones.

Esto crece en presencia y gravedad en el caso cubano por la altísima incidencia de familias divididas –una parte en la Isla, otra en el destierro– y por la cercanía geográfica entre Cuba y Miami, lo cual imprime rapidez e intensidad a los hechos. Cuando se trata de un tema migratorio, todo esto se eleva a la quinta potencia.

Es por esto que, en muchas ocasiones, al largo de este relato de su vida, he tenido y tendré que referirme a sucesos y acontecimientos específicos, ocurridos dentro de la Isla, para que pueda entenderse mejor su impacto en Miami, la respuesta de nuestra comunidad ante esos sucesos y acontecimientos y, sobre todo, el accionar pastoral y cívico de Monseñor Agustín Román en medio de su pueblo.

1994 fue un año pródigo en instancias de interacción entre Cuba y su exilio, un año repleto de tensiones que «explotaban» en las dos orillas y, sobra decirlo, un año de frenética actividad en la Ermita de la Caridad que, como una nueva barca de los tres Juanes surcaba aguas procelosas. Suerte que Dios le había destinado a esa barca un inmejorable timonel y una estrella guiadora de elevada magnitud.

Recordemos que, para entonces, la situación económica en Cuba tocaba fondo. El hambre y la casi total desaparición de los elementos necesarios para una subsistencia tolerable tenían a los cubanos rozando la desesperación. El régimen no ofrecía más respuesta que constantes llamamientos a «apretarse el cinturón», un brutal incremento de la represión, una contraproducente insistencia en impedir las salidas ilegales del país y un talante desafiante de plaza sitiada; todo lo cual llevaba la situación, crítica de por sí, a niveles de exasperación e inmenso descontento.

Desde principios de ese año va aumentando paulatinamente la incidencia de intentos de salida del país por la vía marítima, unos exitosos para los *balseros;* otros, no. En mayo y en junio se producen sendas penetraciones de cubanos en embajadas europeas en La Habana, buscando una vía para poder llegar a Estados Unidos. La dictadura no cede y la mayor parte de los que buscaban asilo se ven obligados a dejar las sedes diplomáticas.

La tensión crece por días. La gente ya apenas trata de ocultar sus planes para «tirarse al mar». Las comunicaciones con sus familiares en el exilio van adquiriendo todas el mismo tono: –*«Sácame por donde sea»*. –*«Mándame dinero para comprar un motor»*. –*«Yo me voy en cualquier cosa... te aviso»*. En la Ermita es fácil advertir el aumento en el número de balseros que, apenas besar las arenas de la Florida, llegan allí a darle gracias a Cachita.

La situación se les va de las manos a Fidel Castro y su gente. En su torcida visión de las cosas, se hace imprescindible un gran escarmiento. Que nadie olvide quién manda.

En la madrugada del 13 de julio de 1994, un grupo de cubanos se adueña de un remolcador, el «13 de Marzo», en el puerto de La Habana. Una vez en posesión de la embarcación, ésta se llena de familiares y amigos para llegar a un total de setenta y una personas entre hombres, mujeres y niños, que rápidamente se hacen a la mar animados por el sueño compartido por millones de sus compatriotas: escapar de Cuba y comenzar una nueva vida en los Estados Unidos. Hacia «el Norte» enfilan la proa.

No por mucho tiempo. Llegando a la boca de la bahía habanera, en las inmediaciones del Castrillo del Morro, los ocupantes

del «Trece de Marzo» se dan cuenta de que están siendo perseguidos por otros dos remolcadores conducidos por «guardafronteras»
que, al alcanzarlo, lo embisten fuertemente con la clara intención
de hundirlo. Por si fuera poco, los agentes del régimen empuñan
grandes mangueras de agua a presión y enfilan sus potentes chorros
contra los que, en la cubierta del «Trece de Marzo» se ven impo-
tentes ante el salvaje ataque. Algunas madres, en la cubierta, elevan
a sus hijos en sus brazos, por ver si conmueven a los perseguidores. Los chorros de agua entonces se enfilan contra ellas. Algunos
bebitos son arrancados de los brazos maternos y casi todos caen al
mar.

El espectáculo es dantesco, se hace increíble incluso para
los que están sufriendo la diabólica saña de aquellos esbirros.
Cuando estos ven que son muchos ya los frustrados balseros que
están en el agua, comienzan velozmente a hacer círculos con sus
naves para crear un remolino que se traga a muchos en el mar.

Providencialmente, la inesperada llegada a la escena de la
masacre de un carguero griego, obliga a los propios asesinos a tratar de rescatar a los sobrevivientes. Así lo hacen, y los llevan a tierra. Los hombres, para la cárcel; las mujeres y los niños para sus
casas. Al final, 41 cubanos ahogados, entre ellos 12 menores de
edad.

Silencio. Los voceros de la dictadura callan, no informan
nada sobre lo ocurrido, pero, curiosamente, no se esfuerzan mucho
en impedir que algunas de las mujeres sobrevivientes denuncien
los trágicos hechos a través de radioemisoras de Miami. Ellos nunca aceptarían su responsabilidad por la tragedia, pero, sin duda,
querían que se supiera. El escarmiento, para ser efectivo, tenía que
ser conocido. Desde la WQBA, «La Cubanísima», yo logro sacar al
aire la voz de María Cristina García que, desgarrada de dolor, narra
la horrible historia donde ella había perdido numerosos familiares.
Varios colegas de otros medios multiplican las denuncias. La noticia llega también a los más importantes medios de prensa nacionales e internacionales.

Miami se estremece, el llanto y la rabia se dan la mano; la
pena y la indignación se adueñan del corazón del exilio. La Ermita

de la Caridad es nuevamente el «paño de lágrimas» de los cubanos de Miami, especialmente de los que saben o suponen tener familiares haciendo la peligrosa travesía. Monseñor Román sufría todo esto intensamente. A él llegaba el llanto de todos, las dolientes historias de todos. Él no podía ser indiferente, por el contrario, lo suyo no era simplemente dar consuelo y ofrecer solidaridad, lo suyo era fundirse en comunión con su pueblo sufriente. Suya era también la indignación de sus hermanos, algo que solamente atenuaba su inagotable confianza en Dios, presente siempre en la constante plática de su corazón con la Madre del Cobre.

Pasan los días y todos pueden darse cuenta de que el bárbaro escarmiento no ha funcionado. Cada vez son más las precarias embarcaciones que surcan el Estrecho de la Florida. Los intentos de secuestrar naves en La Habana y otros puertos se repiten, algunos exitosamente. ‒«¡Esto no hay quien lo pare!»... exclaman algunos balseros al ser rescatados por el Servicio de Guardacostas.

Entonces, el «*Maleconazo*»... Día tras día de aquel candente verano, el puerto de La Habana y sus inmediaciones están cundidos de cubanos jóvenes que buscan afanosamente algún medio para convertirse en balseros ellos también. Para la mayor parte de ellos, cada anochecer es una nueva frustración. La temperatura sube en forma constante y no sólo climáticamente: en los corazones también.

El 5 de agosto «La Habana no aguanta más». Centenares de jóvenes se lanzan en desafiante manifestación por la Avenida del Malecón, ventilando su frustración lanzando pedradas contra las vidrieras de hoteles y tiendas «por dólares». La policía, sorprendida, retrocede en un primer momento ante aquella masa de cubanos encabronados que pronto vuelcan su encabronamiento contra la causa de sus males. No gritan «*queremos irnos*», gritan «*Libertad!... ¡Abajo Fidel!*». La protesta amenaza desbordarse a otras calles de la capital. Cuba no había visto algo así desde que el castrismo se adueñara del poder.

Recordando, seguramente, que la caída de los gobiernos de la Europa Oriental había comenzado por crisis migratorias que se fueron transformando en manifestaciones anticomunistas, Fidel

Castro reaccionó rápidamente y envió refuerzos numerosos a la Avenida del Malecón con órdenes de desbaratar la protesta a como diera lugar. Así se hizo tras varias horas de enfrentamientos. Pero aquella alarmante medida del descontento popular ya estaba dada y el dictador sabía que había que darle a aquello una urgente salida. Y la salida –él lo había comprobado un par de veces ya– la salida para él y su régimen, estaba en la salida del mayor número posible de los cubanos que ansiaban salirse de su «paraíso socialista».

Seis días después del «maleconazo», Castro imparte órdenes a sus tropas de no impedir las salidas de los que desean abandonar el país. Decir esto y comenzar la estampida, fue la misma cosa. Los guardacostas de Estados Unidos se ven abrumados por el siempre creciente número de balseros que tienen que auxiliar. La crisis está ya en pleno desarrollo.

El 18 de agosto Washington anuncia que los cubanos que lleguen a la Florida en sus embarcaciones, serán detenidos. Al día siguiente, el presidente ordena que los balseros interceptados sean internados en la Base Naval de Guantánamo.

La Base comienza a recibir un flujo imparable de balseros, para los cuales se erigen allí carpas que los acogen en auténticos campamentos de refugiados. Aquello no parece tener fin. A finales de agosto son recogidos en un solo día más de 3200 cubanos. La situación se va haciendo insostenible, tanto en el mar como en la Base.

El 10 de septiembre Washington anuncia un acuerdo con Castro para aumentar la emigración legal de cubanos. Al día siguiente, Castro ordena terminar las salidas, que vuelven a ser «ilegales». A todas estas, no se dice nada del destino que se les dará a los miles de balseros ya en la Base, que se convierte en un limbo migratorio real.

Esta situación presenta un nuevo reto para el Miami cubano: –«Hay que traerlos para acá, son cubanos que ya se han señalado como desafectos a la dictadura y no podemos permitir que sean devueltos a Cuba», dicen las organizaciones del exilio. –«Hay que traerlos para acá, las familias deben reunificarse en tierras de libertad, no deben ser devueltos a una "situación de ausencia de respeto a los derechos humanos», clamaba Monseñor Román. Por su parte, Washington dice y reitera que trabaja para que pueda haber una emigración «legal, ordenada y segura» desde Cuba y que "está estudiando el asunto". La tensión aumenta por días.

Mientras tanto, Monseñor entiende que todo esto plantea un gran desafío pastoral. Esos cubanos y esas cubanas, que han recalado en Guantánamo son «ovejas sin pastor», que necesitan de todo pero, sobre todo, atención espiritual, consuelo; necesitan la solidaridad de sus hermanos y de la Iglesia que quiere ser su Iglesia.

Monseñor Román era ya, desde su intervención en la crisis de las prisiones de 1987, una «figura de influencia» no sólo a nivel de pueblo en Miami, sino, además, en otras esferas de los Estados Unidos, quizás más en esferas de gobierno que en la propia Conferencia de Obispos donde también, sin dudas, era altamente respetado. Él lo sabía, era muy discreto y conocía muy bien cómo administrar esa influencia.

El 6 de octubre (1994) el Arzobispo Edward McCarthy, Monseñor Román, Monseñor Bryan Walsh y el padre Thomas Wenski visitan durante seis horas la Base Naval de Guantánamo y pueden comprobar *in situ,* la situación de los cubanos y los haitianos allí retenidos y darles una primera muestra de la preocupación por ellos de parte de la Iglesia. La situación en la Base no era fácil. McCarthy describió lo que allí pudieron ver en un artículo publicado en La Voz Católica el día 21 del propio mes:

—«En general fuimos bien recibidos. Los cubanos apreciaron la visita del obispo Agustín Román. Muchos ya le conocían y apreciaban sus palabras. Los haitianos también agradecieron el saludo del padre Tomás Wenski en creole... Sólo encontramos un grupo de cubanos malcontentos. Eran unos 400, en su mayoría hombres jóvenes. Estaban aislados debido a sus actitudes agresivas. Algunos querían regresar a Cuba. No quisieron recibimos. Decían que todo el mundo —incluso gente religiosa— les están haciendo falsas promesas».

Por su parte, —«*La situación es triste* —dijo Monseñor a La Voz Católica a su regreso a Miami. Contó también cómo los cubanos en la Base le preguntaban si la gente en el exterior estaba consciente de su situación y expresó su confianza en que *"quienes tienen fe mantienen la esperanza y pueden luchar».*

Enseguida, Monseñor movilizó contactos con pastores de otras denominaciones religiosas y pronto se consiguió autorización para que sacerdotes y ministros de Miami tuvieran acceso a la Base Naval para prestar auxilio espiritual a los refugiados. Con pleno apoyo del Arzobispo McCarthy, reunió a los sacerdotes hispanos de la Arquidiócesis, les planteo la situación y recibió un apoyo entusiasta que mucho le satisfizo. Pronto estaba organizada una «tropa de choque» sacerdotal, de manera que siempre había uno o dos curas en la Base, «pastoreando» a aquella gente desesperada a quienes las jugarretas inhumanas de Fidel Castro habían colocado en la provincia de la incertidumbre. Le ayudaba mucho en estos asuntos la dedicación del Padre Santana, en quien todo lo que tuviera algo que ver con la situación cubana hallaba patriótica resonancia. Santana visitó varias veces a los balseros en la Base.

Al mismo tiempo Monseñor también movilizo a la Cofradía para la recogida de ayuda material para los refugiados, algo que se cumplió al máximo posible, mientras que, por otra parte, no perdía ocasión de hacer pública su persuasiva petición de que se permitiera la entrada de estos en los Estados Unidos.

Al fin, el 2 de mayo de 1995 el presidente Bill Clinton dio el visto bueno para que los cubanos retenidos en la Base Naval de Guantánamo pudieran entrar al país y acogerse a la Ley de Ajuste Cubano. Al final de la «Crisis de los Balseros» más de 35,000 de ellos habían logrado escapar de la tiranía de los Castro y comenzaban una nueva vida en los Estados Unidos de América. El Miami cubano respiraba aliviado. *–«Veremos cuál será la próxima»,* me dijo en la Ermita Monseñor Román.

## 56. Capello para un cubano

Cuando, a finales de octubre o principios de noviembre de 1994 se anunció en el Vaticano que S.S. Juan Pablo II celebraría un consistorio el 26 de noviembre de ese año y que, entre los nuevos cardenales estaba el Arzobispo de La Habana, Monseñor Jaime Lucas Ortega y Alamino, la noticia fue recibida con cautelosa alegría por la mayor parte de la feligresía cubana de Miami.

Desde el fallecimiento, el 20 de marzo de 1963, del primer y único cardenal cubano, Monseñor Manuel Arteaga y Betancourt, Cuba no había vuelto a recibir honor semejante en materia religiosa, algo que se entendía, dado lo impredecible que resultan las reacciones de la dictadura castrista ante todo lo que incida en sus siempre crispadas relaciones con la Iglesia.

Algunos argumentaban que el nombramiento de un nuevo cardenal cubano indicaba una mejoría en las relaciones entre La Habana y la Santa Sede, tras los agrios días de «El amor todo lo espera». Otros se esperanzaban pensando que era un espaldarazo que el Papa daba a la Iglesia en Cuba, la cual, con todo un señor cardenal al frente, podría asumir posiciones más atrevidas ante la dictadura, pero, aun entre estos, muchos dudaban que Monseñor Ortega fuera el hombre para ese rol.

Otros, mas ácidos y menos comprometidos con la Iglesia, manifestaban fuertes críticas contra el nuevo purpurado, pues consideraban que era demasiado «flojo» y obsequioso con el régimen desde su posición, importante de por si, como Arzobispo de la sede capitalina.

Ciertamente, aunque Monseñor Ortega resultaba ya polémico, muchos de los que habían sido sus feligreses recordaban de él posturas y palabras, fuertes y claras en ocasiones, frente a la dictadura, desde sus posiciones anteriores como simple sacerdote diocesano en Matanzas o como Obispo de Pinar del Río, sede que había ocupado entre 1978 y 1981. Así, unos más escépticos que otros, no eran pocos los que esperaban que aquel antiguo Jaime –así se refieren a él– reverdecería al calor de su acrecentada importancia en el escenario cubano y sustentaban sus argumentos recordando que había sido el primer firmante de «El amor todo lo espera».

Monseñor Román no ocultaba su satisfacción ante el nombramiento del nuevo cardenal. Aunque no había habido entre ellos dos mucho trato –Ortega había sido ordenado sacerdote tres años después de la expulsión de Cuba de Román– Monseñor tenía especialmente en cuenta el hecho de que ambos tenían la misma procedencia sacerdotal. Los dos eran frutos del novel seminario San Alberto Magno de Colón, los dos pertenecían a la Diócesis de Matanzas, los dos habían terminado su formación en el seminario de los padres canadienses en Quebec y ambos compartían la referencia de la Acción Católica Cubana y del obispo Martín Villaverde.

Algunos dentro de la Iglesia entendieron que la exaltación del Arzobispo de La Habana al Colegio de Cardenales era una buena ocasión para fomentar la unidad católica de las dos orillas del drama cubano, entre ellos el propio Monseñor Román. Con esa idea, pues, se dio a organizar una peregrinación de cubanos «de la diáspora» para asistir, en el Vaticano, a la ceremonia de imposición del capello a los nuevos purpurados, así como a algunas celebraciones por el capello al cubano.

De Cuba viajarían con Monseñor Ortega más de dos centenares de católicos de todas las diócesis de la Isla, algo que se interpretó como un «gesto de buena voluntad» de parte de la dictadura, motivado quizás por la urgente necesidad de ayuda internacional con la cual paliar los efectos cada día más agudos del «período especial», algo en lo cual la Iglesia no sería remisa a cooperar por razones humanitarias.

Desde luego, es necesario recordar que, por regla general, todas las interpretaciones y conjeturas que se puedan hacer sobre el modus operandi y las motivaciones de los castristas, y sobre los manejos de la diplomacia vaticana, no son más que eso: conjeturas, opiniones, etc. unas con mayor base de sustentación que otras, pues bien sabido es, tanto el régimen de La Habana, como los diplomáticos de cuello romano, velan por sus intereses haciendo uso de un riguroso secretismo.

El caso es que rápidamente se logró organizar un buen grupo, encabezado por Monseñor Román, para participar en Roma de aquella importante ocasión. Ondina Menocal, sobra decirlo, no se hubiera perdido aquello ni por los tesoros del mundo. Ella nos cuenta:

—«Cuando hacen a Jaime cardenal, estaba todo preparado para ir un grupo a Roma, a la ceremonia... Iba Rivas, iba Boza, iba Monseñor, y el único que quedaba en la Ermita creo que era un curita de Matanzas que estaba aquí, que estaba viviendo allí. Entonces sucedió lo del intento de robo de la imagen de la Virgen... Monseñor no podía dejar a aquel curita solo allí para hablar con la policía, etc. y entonces Monseñor decide que él no va a Roma y le encarga al Padre Santana los detalles del viaje.

—«Este era el primer encuentro que incluía un acto oficial, que había que tener papeles, etc. Santana dio la cara. Tuvo que hablar con Monseñor Meurice, el Arzobispo de Santiago de Cuba, allá en Roma, explicarle lo que había pasado en la Ermita... Meurice lo resolvió todo...»

Efectivamente, las cosas se complicaron en el último minuto. Uno o dos días antes de partir hacia Roma, ocurrió, tal como lo ha mencionado Ondina, que Stephen Odell, un hombre joven, «americano», trató de robarse la imagen de Nuestra Señora de la Caridad del Cobre de su altar de la Ermita. Fue en pleno mediodía, en un minuto en que no había muchas personas en el Santuario y casi que el ladrón sacrílego logra su objetivo. Dos o tres feligreses lo persiguieron y uno de ellos, llamado Eduardo Jaime, logró alcanzarlo y derribarlo, reteniéndolo hasta la llegada de miembros de la policía de Miami.

Aquello estremeció no solamente a los habituales de la Emita y a los católicos en general, sino a todo Miami. Por las implicaciones que el hecho podía tener, tanto religiosas como políticas, se requería una investigación exhaustiva, y la prensa, como era de esperar, lanzó una cobertura incesante del caso. Claro está que, en tales circunstancias, Monseñor sentía que no podía ausentarse de la Ermita. Pero algo lo hizo cambiar de opinión. Ondina Menocal recuerda:

–«Monseñor Bernardino Stella, que había sido nuncio en Cuba llamó a Monseñor Román y le dijo: –"Ud. tiene que venir"… Román llegó después de la investidura, pero llegó a tiempo para la misa, y las dos personas que oficiaron, junto a Jaime, fueron Monseñor Román y Monseñor Boza».

Santiago Madrigal y su esposa Raquel también estaban allí:

–«Román llegó dos días tarde, pero cuando llegó y la gente de Cuba comenzó a ver "al obispo San Román", que era como le decían… Cuando vieron llegar a aquel obispo que tantos abrazos nos daba a los veinte cubanos de Miami que estábamos allí, y con el cariño con que él nos trataba… todos querían conocer y hablar con Román.

–«Me acuerdo una tarde, –agrega Santiago– que estábamos frente a San Pedro… Llegábamos temprano y había mucho frío, pero ya Román estaba allí, para esperar las guaguas de los que venían de Cuba, pararse frente a cada guagua y saludar uno a uno a los que iban bajando. Luego a la noche, estábamos ahí a las siete y media para despedir a los que se iban.

Y añade: –«Cuando fue la misa de Monseñor Ortega, que se la dieron para que la oficiara en Santa María la Mayor, una de las cinco grandes basílicas de Roma, aquello fue apoteósico, una experiencia única. Cuando terminó la misa, afuera, en la plazoleta frente a Santa María la Mayor, parecía que Román era el nuevo cardenal, todos, los de Cuba y los de aquí, querían estar con él… aquello fue increíble».

Lamentablemente, no faltó en esta ocasión tampoco, una nota amarga que hizo sentir a muchos de los peregrinos de Miami que nuevamente se les veía y trataba como «católicos de segunda clase»:

–«Nosotros no podíamos entrar a la recepción, porque éramos muchos y el espacio estaba reservado para los que habían ido desde Cuba», –recuerda Ondina. Sin embargo, no pudieron sentirse solos ni abandonados. Junto a ellos estaba su padre y pastor: –«Monseñor, como obispo, hubiera podido entrar, pero, como nosotros no podíamos, él se quedó afuera también en solidaridad con nosotros».

Todo terminó cordialmente y tal vez allí fue –no he podido comprobarlo– donde Monseñor Román transmitió a Su Eminencia la invitación para que visitara la Arquidiócesis de Miami. Todos sobreentendían que por importante que fuera Santa María la Mayor, los honores allí recibidos necesitaban ser «ratificados en cubanía» en Miami, en la Ermita de la Caridad.

## 57. El ladrón y «las manos ocultas»

De vuelta en «La Capital del Sol», no había tiempo que perder. El viaje al Vaticano había coincidido con el nombramiento de un nuevo Arzobispo para Miami, tras la aceptación por parte del Papa de la renuncia, por razón de edad, de Monseñor Edward McCarthy, algo que Monseñor Román vivió con evidente pesar, ya que aquél, más que su superior, había sido para él un verdadero amigo y pastor:

—*«McCarthy era muy detallista, pero en el buen sentido. Cuando uno se reunía con él había que darle un reporte muy americano: —"Yo hice esto, esto, esto, esto... estas personas se visitaron"... cuántas cárceles se visitaron, cuántas personas... Eso era muy propio de él, porque le gustaba así, tenía un cuidado muy grande de que nadie se quedara sin el Evangelio. McCarthy fue un modelo de hombre de Dios por su celo pastoral con todos».*

Monseñor regresaba a Miami en los últimos días de noviembre de 1994 y la instalación del nuevo Arzobispo, Monseñor John Clement Favalora, estaba dispuesta para el 10 de diciembre. Pero, antes que otra cosa, él tenía que resolver algo que lo perturbaba y ardía en deseos de poder dejar en claro. ¿Cómo era posible que alguien hubiese tratado de robarse la imagen de la Virgen del Cobre de la mismísima Ermita?... ¿Quién era aquel «americano» joven y qué lo motivaba?... ¿Qué lo ligaba o lo desligaba del exilio cubano?... ¿Había sido la iniciativa de un desquiciado, o había algo oscuro detrás de aquel extraño incidente?... Monseñor se mostraba convencido de esto último.

Y se fue a la cárcel: aquel hombre necesitaba ayuda y él necesitaba saber. Después contaría aquella experiencia:

—*«En la cárcel del condado hay un hombre que no conoce a Dios. En realidad, las cárceles se nutren de hombres y mujeres que, en su gran mayoría, o no han oído de Dios o se han hecho sordos a su existencia y es triste ver que nosotros, los que estamos afuera, nos preocupamos más de construir prisiones que de dar a conocer al Señor, como si quisiéramos impedir el mal sin arrancar su raíz.*

*—«Este hombre en particular se llama Steven Phillips y es el que trató de robar la imagen de Maria, la Madre de Dios, que bajo el título de Nuestra Señora de la Caridad del Cobre veneramos los católicos en su santuario de Miami, la Ermita de la Caridad. He visitado a este hermano, he estado con él en su prisión para llevarle el perdón y el amor que nuestro Padre no escatima a ninguno de sus hijos y he tratado de llevarle también un poco de luz, para animarle a encontrarse con esa hermosa realidad de Dios que él no ha tenido la suerte de conocer...»*

Claro está que el viejo catequista no iba a dejar de aprovechar la oportunidad. La mayor parte del artículo, que tituló *«La Patrona de la diáspora cubana»,* la dedicó a dejar muy en claro los detalles del culto que la Iglesia da a las imágenes y a repetir una vez más la historia de aquella imagen en particular. Ya al final, regresaría al tema del artículo y subrayaría la duda que lo punzaba:

*—«Yo estoy seguro de que si este desdichado joven que esta hoy en prisión hubiese conocido a Dios, hubiese sabido todo lo que simboliza la imagen que trató de hurtar, no lo hubiera hecho. Por eso he repetido para él las palabras de Cristo en la cruz: "Perdónale, Padre, que no sabe lo que hace».*

Seguidamente, Monseñor daba las gracias *«a Eduardo Jaime, el devoto de la Virgen que impidió que se consumara totalmente la profanación y a las autoridades que se ocupan del caso".* Y antes de concluir, recalcaba: *—"A esas autoridades pido que este hecho se investigue a profundidad. Debemos conocer cuáles son las manos ocultas detrás de esta reprobable acción y los propósitos que la motivaron, a fin de evitar que pueda repetirse en el futuro».*

¿Había sido esto la obra de alguna secta anticatólica?... ¿El régimen castrista tratando de «levantar un avispero» en Miami, de manera de quitarle *momentum* a la investidura de un cardenal cubano en Roma?... ¿Alguien, tratando de impedir que Monseñor participara del gran evento en la capital del catolicismo?... ¿Un simple robo por las joyas que adornan la imagen de la Virgen?... Lo que fuera, el capellán de la Ermita y custodio de la venerada imagen quería saberlo. Y Miami, que ardía en interrogantes, quería saber también.

Sin embargo, todos, o casi todos, nos quedamos con las ganas, ya que el misterioso intento de robo nunca llegó a esclarecerse del todo, a pesar de lo interesante del caso, de sus detalles extraños y de ciertas "casualidades" que justificaban el convencimiento de Monseñor y otros de que, efectivamente, había *«manos ocultas»* detrás de todo aquello.

Para empezar, el autor material del hurto no se llamaba Steven Phillips, como informaron a Monseñor cuando éste fue a visitarlo en la cárcel. Ese apelativo era uno de diez alias que se le conocen a Stephen Odell, que es su nombre real. El hecho que tantos días después de su arresto no hubiera sido correctamente identificado por los agentes de la ley, pudiera interpretarse como falta de interés o falta de rigor investigativo de parte de los encargados del caso, que tal vez lo enfocaron desde el principio como un simple intento de robo.

Odell era entonces un hombre de 27 años de edad, blanco, de poco más de cinco pies y medio de estatura, ojos y cabellos castaños y residente al momento de los hechos en el área del *downtown* de Miami, cerca del río. Había tenido ya algunos tropezones con la justicia y, lamentablemente, hay que decir que continuó teniéndolos después del caso que nos ocupa, casi siempre delitos de poca monta por los que ha entrado y salido con frecuencia de la cárcel.

Llamó siempre la atención el que una persona tan aparentemente ajena a la Ermita hubiese ido precisamente a ese lugar, un sitio por donde generalmente no pasan los que no van específicamente allí, y que fuera nada menos que a tratar de cometer un robo a plena luz del día y en presencia de testigos potenciales.

Otro hecho que contribuía a la suspicacia generalizada al respecto, es que esto ocurrió a pocos días de que un vociferante grupo de personas, presuntamente pro-castristas algunos de ellos, trataran de adueñarse por la fuerza del Club San Carlos de Cayo Hueso, un lugar, al igual que la Ermita de la Caridad, de enorme simbolismo en la lucha de los cubanos por su libertad. ¿Coincidencia?

Posiblemente nunca sabremos con seguridad. Odell recibió una leve sentencia por el caso de la Ermita y no se habló más del ello. El hecho de que el propio Monseñor Román no insistiese en su pedido de aclaración de lo ocurrido ha hecho pensar a algunos que tal vez él sí llegó a conocer a quién o a quiénes pertenecían las *manos ocultas* que él sospechaba estaban detrás del preocupante asunto y, por el motivo que fuese, prefirió dejarlo todo así.

En honor a la verdad, sin embargo, debo decir que nunca vi indicio alguno de esto último de parte de Monseñor.

Y así, en medio de los comentarios acerca de aquel misterio no aclarado, la instalación del nuevo Arzobispo se llevó a cabo con toda la pompa litúrgica del caso, el mundo siguió girando, y llegó el año 1995.

# 58. El Cardenal en Miami

En la primera página del diario *El Nuevo Herald*, edición del 28 de mayo de 1995, los periodistas Pablo Alfonso y María Fernanda Durand describían vivamente los detalles más sobresalientes de la visita a Miami del cardenal Jaime Ortega, Arzobispo de La Habana:

«Con sendas celebraciones en la Catedral de St. Mary y la Ermita de la Caridad del Cobre –decían–, bajo el mismo llamado al amor y la reconciliación pero con diferentes expresiones de recibimiento popular, el cardenal cubano Jaime Ortega comenzó el sábado su visita de dos días a Miami.

«Por la mañana, mientras llegaba caminando lentamente a la Catedral de Miami, Ortega fue acogido con una salva de aplausos y gritos de "Viva el Cardenal". Pero más tarde apenas pudo entrar por la puerta de la Ermita, mientras el público aglomerado en las afueras lo rodeaba ondeando banderas cubanas y coreando consignas de: "Para Cuba: libertad"».

El flamante cardenal llegaba a la Capital del Exilio en medio de una polémica estela de contradicciones y de apreciaciones diferentes sobre su persona, su misión y su manera de llevarla a cabo. La razón detrás de su periplo miamense tenía, sin duda, la intención de despejar sospechas, acentuar lo fraterno, hacer más directas y claras las comunicaciones –al menos entre los católicos cubanos de los dos litorales– y, en términos generales, fortalecer a la Iglesia, en la más amplia acepción de ésta, como posible interlocutora en el complicado escenario cubano y cubano-estadounidense. Sin embargo, leyendo las crónicas periodísticas de aquellos días se puede afirmar que aquello no arrancaba con buen pie.

«Como los antiguos profetas de Israel el Cardenal Jaime Ortega Alamino se dirigió a las conciencias de sus compatriotas y como aquellos recibió una buena dosis de rechazo e incomprensiones. Tampoco faltaron oídos atentos a su mensaje» –decía Aracely Cantero al principio de su análisis sobre la visita cardenalicia en la edición especial del periódico arquidiocesano *La Voz Católica* del 16 de junio de 1995.

El camino a la Ermita, desde la entrada al complejo estructural que ocupan, además del Santuario y la casa sacerdotal, el colegio Inmaculata-La Salle y la parroquia de Saint Kieran –hasta las puertas de la propia Ermita– estuvo bordeado por una ininterrumpida multitud de cubanos que agitaban pancartas y gritaban consignas de rechazo al régimen castrista y buscaban, sin duda, el reconocimiento del Cardenal. «Más de 50 personas –volvamos a *El Nuevo Herald*– se apostaron a la entrada de la Ermita con una manta formada por 134 paños bordados con nombres de cubanos, que representan a 10,000 muertos o desaparecidos durante el gobierno de Castro. Un gran cartel solicitaba a Ortega que bendijera a los muertos».

*La Voz Católica*, en otro artículo de Aracely Cantero en la ya citada edición especial: «Centenares de personas se agolparon a su llegada con banderas cubanas y aclamaciones que no encajaban en lo que se había planeado como un encuentro de oración».

Monseñor Ortega pasó incólume e inalterable en medio de aquel recibimiento menos que amistoso que le daba la mayor parte de sus compatriotas exiliados. Si bien no abundaron expresiones de rechazo personal en su contra, tampoco abundaron las de bienvenida y se hizo más que evidente que el propósito de las organizaciones que animaron la «recepción» en las afueras de la Ermita era provocar una definición de parte del Cardenal en cuanto a su visión de y sus lealtades con respecto a la situación cubana. Si bendecía el «Manto del Dolor Cubano» o se sumaba a las demandas de libertad para Cuba, estaría poniéndose claramente frente a la tiranía y al lado de sus opositores; si no lo hacía, equivaldría a un rechazo a estos, con todas las consecuentes decantaciones que le quisieran atribuir de cercanía o alianza con el castrismo.

Muchos vieron aquello como una trampa política, un *no-win situation* para alguien que como el Cardenal tenía que desarrollar una delicadísima tarea dentro de Cuba. Otros entendieron que, a pesar de esto, el prelado no aprovechó otras instancias de su visita para tratar de mostrar apego y respaldo al respeto de los derechos humanos en la Isla y ser comprensivo con los heridos sentimientos del exilio cubano, católicos incluidos; apreciación esta última no totalmente cierta, pero tampoco absolutamente falsa.

La misa en la Catedral, mucho más atemperada, no estuvo del todo exenta de cuestionamientos políticos. Los otros eventos públicos de la visita, sus comparecencias en la Universidad Barry y en la de Santo Tomás fueron bien recibidas por la audiencia y, en lo privado, el almuerzo con los sacerdotes cubanos, por ejemplo, se desarrolló dentro de los parámetros de los exquisitamente detallados encuentros intra-eclesiales.

Los reportajes periodísticos citados anteriormente en este capítulo abundan todos en opiniones recogidas por los periodistas en los distintos escenarios donde estuvo el Cardenal y en esas opiniones puede verse claramente lo divisivo que resultaba éste. En justicia, hay que decir que quizás lo más impresionante del evento en su totalidad fue la casi confrontación suscitada a las puertas de la Ermita de la Caridad.

Monseñor Román le dio frente a todo aquello con sabiduría, con su acostumbrada fidelidad a la Iglesia y a su Cuba sufriente, y su don de estimular la unidad sin rehuir la verdad. Estuvo todo el tiempo al lado del Cardenal, dándole su apoyo sin entrar con él en los temas más controversiales. Preguntado por la prensa sobre algunas expresiones del polémico huésped, decía siempre lo mismo: –*«La gente no ha leído sus intervenciones... sólo ha oído citas fuera de contexto».*

En las celebraciones religiosas estuvo siempre junto a Ortega y en todo momento sus palabras para él fueron cálidas y acogedoras. Hizo todo lo anterior sin fustigar y sin utilizar su autoridad moral para vaciar de razones los argumentos de los que se mostraban hostiles.

–*«Julito,* –me dijo un par de semanas antes de la llegada del Cardenal– *¿tú crees que los Municipios podrán estar aquí en la Misa del Cardenal?... Yo sé que ustedes pueden ver las cosas de Cuba con las "luces largas", y me temo que otros quieran "dar la* *nota"... No sé dan cuenta de quién se beneficia con las broncas de los cubanos»...*

—«Déjeme ver, Padre, —le dije— déjeme hablar con Reinerio González, el presidente. Esto es muy delicado, pero yo creo que no habrá problemas con los municipios».

Los municipalistas estuvieron en la Ermita. Afuera, dando vivas a Cuba libre y adentro, respetuosamente orando por la libertad de la patria y la unidad de sus hijos.

Una anécdota tal vez nos pueda dar una idea más precisa de su posición y su pensamiento en medio de tanta controversia. Me la cuenta un sacerdote cubano, muy ligado a Monseñor Román y al cual yo sé que él estimaba mucho: —«Yo estaba afuera cuando más enardecido estaba aquello, cuando el Cardenal estaba ya a las puertas de la Ermita y era tan grande la multitud que lo rodeaba gritando, que parecía que no iba a poder entrar. Yo entré y vi a Román, que no había salido todavía y le dije: "Monseñor, eso se está poniendo feo allá afuera con el Cardenal... Yo creo que hay que hacer algo". Él me miró, sonrió y me dijo: —"Déjalo, hijo, déjalo que se dé un baño de multitudes, que eso le hará bien"... Pero salió al poco rato, calmó a la gente, y el Cardenal pudo entrar para la Misa».

No tengo razones para dudar de la veracidad de este relato. Y esto me confirma una vez más que Monseñor quería que la Iglesia toda pudiera percatarse, de primera mano, de la negatividad que le acarreaban las declaraciones improcedentes y las ambigüedades respecto al caso cubano. Como buen pedagogo, sabía que nada convence tanto como la experiencia propia.

No sería este el último encuentro entre el Cardenal Ortega y Monseñor Román. Pero sí sería la primera y última visita pública del purpurado cubano a la Capital del Exilio. Puesto y convidado.

## 59. Monseñor, la Iglesia y Cuba

Al llegar a este punto, me parece importante dejar bien establecida la posición de Monseñor Román con respecto a la Iglesia y a clérigos de todo rango que sostenían constante o esporádicamente, puntos de vista distintos a los suyos en cuanto a las realidades cubanas y cuyos nombres aparecían de vez en cuando envueltos en controversias, casi siempre desagradables.

El amargo incidente con el Cardenal Arns no fue único en su tipo, aunque tal vez sí el más notorio y, en mi opinión, el más sintomático de una dura situación que los cubanos exiliados hemos tenido que enfrentar dondequiera que el destierro nos ha llevado, dentro y fuera de la Iglesia y que ha sido la de tratar de hacer que la verdad de Cuba resplandezca ante un número de personas, generalmente bien intencionadas, pero tremendamente mal informadas, en las cuales ha perdurado la falsa imagen de «Robin Hood» de Fidel Castro y la no menos falsa de los «logros de la revolución».

A los obispos y sacerdotes cubanos exiliados, así como a los laicos comprometidos, nos ha tocado, al largo de los años, una abundante cuota de sinsabores en ese sentido. En 1994, Monseñor Eduardo Boza Masvidal se refirió a esto en sus Notas Autobiográficas (2ª edición, Ermita de la Caridad, 2014), donde dice:

«Tuve que contestar, ya fuera de Cuba, a Obispos de diversos países que escribían alabando a la revolución y poniéndola por las nubes. En el mismo Concilio Vaticano II algunos obispos de los países comunistas de Europa pedían que se hablara claro sobre el comunismo y se defendiera a los católicos de esos países, pero no fue aceptado ni siquiera mencionar la palabra "comunismo", que no aparece en ningún documento del Concilio. Y aún hoy día, después del tiempo que ha pasado y de las cosas que han sucedido, todavía quedan Obispos que simpatizan con la revolución marxista».

Es fácil entender que esas diferencias de criterio respecto a perseguidores de la Iglesia y violadores de los derechos humanos, dentro de la misma Iglesia, resultan en extremo dolorosas para las personas que han sido víctimas de persecución y abusos. Monseñor Román se vio muchas veces afectado por situaciones de esa naturaleza, donde su rango, su propia bondad, y sus deseos de propiciar la armonía y la paz dentro de la catolicidad de la Iglesia le obligaban a tratar de minimizar los desencuentros y limar las asperezas.

Cuando esos desencuentros y asperezas se producían dentro de la "iglesia cubana", la que para él abarcaba a la Isla y a su diáspora, la situación se hacía doblemente penosa para él, y doblemente difícil su autoimpuesta tarea de aliviar tensiones. Otra cara de esta cuestión tiene que ver con los diferentes criterios mantenidos acerca de cuál debe ser la correcta actitud de la Iglesia en Cuba, ante los desafueros de la tiranía: ¿la crítica frontal… la denuncia… el apoyo a los opositores… el silencio prudente… el sigiloso trabajo de formación y diseminación del Evangelio, sin conectarlo a la situación del país?... Es fácil percatarse de lo complejo del tema, sobre todo en cuanto a la definición de prioridades en el cumplimiento de la misión de la Iglesia, sus consecuencias, y las relaciones entre católicos que sustentan opiniones distintas sobre el más adecuado *modus operandi* frente a la tiranía.

Sus deseos de armonizar y acercar en lo posible a los católicos cubanos, los del exilio y los de la Isla, hizo que, por ejemplo, tras la polémica visita del Cardenal Ortega a Miami, él animara a los movimientos apostólicos a salir a la palestra pública y manifestarse sobre tema tan espinoso. Alfredo Ríos, ya fallecido, y su esposa Belkys, presidentes de la Cofradía entonces, escribieron sobre esto en el resumen de su presidencia: —«Nosotros, los de la Cofradía, con todos los Movimientos Apostólicos, hicimos una declaración… tratando de poner en claro quién era el Cardenal y el propósito de su visita, declaración que se publicó en el Diario Las Américas».

Nada de esto, sin embargo, cohibió a Monseñor de proclamar la verdad sobre Cuba, al mismo tiempo que mostraba solidaridad con los obispos y sacerdotes de la Isla y hacía lo imposible por «aclarar los malos entendidos» que se suscitaban ante acciones o declaraciones que resultaban controversiales.

El padre Federico Capdepón nos dice al respecto: –«A Monseñor Román yo nunca le he oído hablar en contra de la Iglesia o de alguien de la Iglesia... nunca, nunca... Yo sí, yo hablaba, los sacerdotes también cuando había algún problema con lo de Cuba... Él, nunca se quejó. Yo hablaba, yo le hablaba de cosas bien serias, de la situación en Cuba, y acerca del futuro, de si la Iglesia podía vivir en democracia... Él me daba sus opiniones, pero tú sabes, él era muy de.... de "tirar la toalla"».

–«En realidad, en Cuba tienen que estarle muy agradecidos a Monseñor Román, súper agradecidísimos. Si hay alguien que, a pesar de sus opiniones, y yo sabía sus opiniones, si hay alguien que ha defendido a la Iglesia de Cuba, es Monseñor Román. Y tienen que estarle súper agradecidísimos, porque él mantuvo aquí el honor, la dignidad, de la Iglesia Católica en el exilio. Él hizo saber y creer a los cubanos de aquí que la Iglesia importaba, que los cubanos le importaban a la Iglesia».

En iguales términos, el padre José Luis Menéndez: –«Monseñor fue muy entregado a la Iglesia y tal vez por eso le dolía más cuando en la propia Iglesia se hacían cosas, o se decían cosas que él sabía que no eran verdad, que eran contrarias a lo que él sabía y había experimentado... Nunca le oí una crítica a la Iglesia. Él siempre buscaba la manera... –*"No, pobrecito... es que él no entiende, él no sabe"*. Su lealtad a la Iglesia no le permitía decir nada. Sufría calladamente».

Además, era proverbial la ayuda que Monseñor Román brindaba a la Iglesia en Cuba en todos los sentidos. Él no fue nunca un hombre de grandes recursos económicos, pero su frugalidad le permitía tender una mano al necesitado siempre y dondequiera, pero, con mayor interés cuando se trataba de la Iglesia en la Isla, tanto para la evangelización, como en las urgencias materiales de miembros de la misma. Si se trataba de su diócesis de Matanzas, él «sacaba de donde no había», y esto se hizo aún más intenso a partir de ser nombrado obispo de la iglesia yumurina su coterráneo y amigo de juventud Monseñor Mariano Vivanco. Si el caso era algún proyecto específico, se entusiasmaba con poder

413

lograrlo. El arquitecto David Cabarrocas, con gran conocimiento de este tema, nos dice:

−«Al estar yo envuelto junto a amigos y miembros de la Agrupación Católica Universitaria en gestiones para enviar ayuda a la Iglesia en Cuba, Monseñor Román me llamaba a cada rato y me entregaba un dinero suyo para enviárselo a Monseñor Emilio Aranguren, obispo de Holguín, con el propósito de reconstruir la antigua capilla de Barajagua, que fue donde estuvo primero alojada la imagen original de nuestra Señora de la Caridad antes de llevarla al Cobre. Tuve la oportunidad de tomarle fotos a esta capilla ya terminada y dárselas a Monseñor, dos semanas antes que él falleciera».

Un testimonio muy valioso en cuanto a este tema, me lo dio el inolvidable Arzobispo de Santiago de Cuba, Monseñor Pedro Meurice durante una visita suya a Miami en agosto de 2004: −«Monseñor Román −me dijo el prelado oriental, entre otras cosas− nos ha ayudado mucho, en muchos aspectos. El regaló la urna que protege la imagen auténtica de la Virgen, allá en El Cobre... Nos ha prestado ayuda económica y ha sido muy generoso en la acogida a los sacerdotes que tienen que salir de Cuba».

Esto último, la acogida de Monseñor a los sacerdotes que tenían que salir de Cuba, era otro aspecto importante de su preocupación por las necesidades de la Iglesia en Cuba. Si se trataba de una salida temporal por problemas de salud o de otra índole, él buscaba el contacto, los recursos, la forma de ayudar al sacerdote. Si era una salida permanente, trataba de ubicar al sacerdote y hacer que la transición fuese lo menos complicada posible dentro de los requisitos de la Iglesia en Estados Unidos.

Testigo excepcional de esto fue el padre Carlos J. Céspedes quien, tras llegar de Cuba en 2008, fue destinado a la Ermita de la Caridad. ¿Cómo recibió Monseñor Román a este sacerdote para quien el servicio en un santuario y los trajines del exilio eran algo completamente nuevo? Él mismo nos lo dice:

−«La acogida de Monseñor fue siempre fraternal, sacerdotal, él se caracterizaba por eso... −*Venga, padre, venga por aquí... Venga a celebrar, venga a almorzar"...* Él siempre mostraba una gran fraternidad. Servir al lado de Monseñor fue para mí un privilegio. Aquí encontré a un hermano, a un maestro y a un hombre sencillo como las palmas... Para mí fue un gran privilegio porque vine a servir aquí, a la Ermita, a vivir aquí donde estaba Monseñor».

Todo lo anterior lo hacía por su extrema caridad y por su gran sentido del deber, a pesar de las dificultades y las incomprensiones de una relación inter-eclesial sujeta siempre a los vaivenes de las situaciones políticas y las susceptibilidades humanas. Él quería que la Iglesia toda, desde la Plaza de San Pedro hasta Biscayne Boulevard estuviera consciente de la verdad de Cuba y de la mejor manera de proceder al respecto, según su opinión. Pero todas sus actuaciones y todas sus expresiones estuvieron siempre enmarcadas dentro de la fe católica, dentro de la lealtad a la Iglesia, el respeto a sus jerarquías y el más evangélico proceder con respecto a sus semejantes, amigos o no.

## 60. En la barca zarandeada...

El 24 de febrero de 1996 y los días subsiguientes tuvo Monseñor Román que situarse una vez más en medio del dolor de su pueblo para suavizarlo con su propio dolor, para hacerlo llevadero al ofrecer él su corazón para cargar el mismo y para ser, como siempre fue, voz de la solidaridad cristiana y de la misericordia divina ante tantos a quienes, comprensiblemente, la pena llevaba a pensar que Dios olvidaba a los cubanos.

–«¡*Ten misericordia, Señor!... Como los discípulos en la barca zarandeada por la tempestad, los cubanos también te decimos: ¡sálvanos, Señor, que perecemos!*» clamaba él como un viejo profeta golpeado por los descalabros de Israel, mientras las lágrimas de sus hijos eran mudo testimonio de una pena impotente ante otra injusticia cruel.

Ese día, aniversario del inicio de la Guerra de Independencia de Cuba, dos aviones Mig de manufactura soviética pertenecientes a la Fuerza Aérea del régimen castrista, abatieron sobre aguas internacionales del Estrecho de la Florida a dos de tres avionetas de la organización Hermanos al Recate que aquel día y por enésima vez vigilaban el trozo de mar que une y separa a la Isla y la Península para socorrer a los balseros que pudieran estar intentando cruzarlo para desembarcar en la libertad.

Había sido un zarpazo bárbaro de una dictadura que se sentía nerviosa y acorralada porque los sometidos por ella se revolvían inquietos. Continuaba creciendo el descontento que era exacerbado por las penurias del "período especial", los opositores internos, con gran apoyo del exilio, se aprestaban para concretar ese mismo día un potente esfuerzo unitario llamado Concilio Cubano; las «salidas ilegales» eran más cada día y cada día más desafiantes; los exiliados ganaban terreno en la apreciación de sus hermanos de la Isla gracias, en buena medida, a la humanitaria labor de Hermanos al Rescate que, además, unía a ésta la acción patriótica al haber dejado caer sobre La Habana en un par de ocasiones volantes contra la tiranía. El ambiente de aquellos días, tanto en Cuba como en Miami, era de fuerte tensión y grandes expectativas.

Los detalles del frío asesinato se conocieron rápidamente: cuatro miembros de Hermanos al Rescate que piloteaban las avionetas derribadas habían muerto pulverizados por los misiles empleados por la Fuerza Aérea castrista para destruirlas. Carlos Costa, Armando Alejandre Jr., Mario Manuel de la Peña y Pablo Morales, jóvenes valientes y de altos ideales, sumaban sus nombres a la extensa lista de mártires de la tiranía de los Castro. José Basulto, fundador y presidente de la organización y Andrés y Sylvia Iriondo, conocidos activistas pro democracia, que le acompañaban ese día, salvaron sus vidas de puro milagro. Todos ellos, en mayor o menor grado, eran visita frecuente en la Ermita y conocidos personalmente por Monseñor Román. Pablo Morales, recordemos, había estado trabajando voluntariamente en las labores de limpieza de la Ermita tras el paso del ciclón Andrew.

De más está decir que la Ermita volvió a ser, en aquellos días, punto neurálgico del exilio cubano. Apenas conocerse la información, el Padre Santana quería irse para el hangar de los Hermanos al Rescate en un aeropuerto local, donde esa noche, la del 24 de febrero de 1996, había una frenética y triste actividad. Monseñor se puso severo y lo retuvo en la Ermita por un buen rato, antes de dejarlo ir: –«*Lo primero es orar mucho, ahora más que nunca*», decía.

En más de una ocasión ambos, Monseñor Román y el Padre Santana, fueron entrevistados por la prensa nacional e internacional, con motivo del trágico incidente que agravaba seriamente las de por sí tensas relaciones entre La Habana y Washington. Eran las de ambos voces de una fe estremecedora y de una cubanía doliente, pero indoblegable.

Cinco días después, el 2 de marzo de 1996, el antiguo estadio Orange Bowl de Miami abrió sus puertas para recibir a millares de personas, cubanos y de otras nacionalidades, que se congregaban allí para condenar el bárbaro atentado y reclamar justicia.

Monseñor fue el encargado de abrir el multitudinario acto con una invocación a Dios. Le acompañaban en la tarima de los

417

oradores un impresionante conjunto de familiares de los mártires, representantes del clero y ministros de otras denominaciones religiosas, exprisioneros políticos del castrato, dirigentes de organizaciones del exilio, y autoridades de todos los niveles de gobierno, así como representantes del Servicio de Guardacostas. Allí estaba el Arzobispo de Miami, John Clement Favalora, y estaba también la Secretaria de Estado, Madeleine Albright representando al presidente Bill Clinton. También un enjambre de periodistas.

En aquel enorme coliseo, hecho a la excitación y el alboroto de los aficionados a los diferentes deportes que tenían allí sus contiendas, se hizo un silencio hondo como un pozo y solemne como un claustro al acercarse al micrófono aquel hombre humilde y de escasa corpulencia, que ya frisaba la ancianidad y en el cual muchos veían transparentarse un aura de trascendencia que superaba lo estrictamente humano.

Abrió su boca, y lo que salió de su corazón fue todo un cántico de inconmovible fe y conmovedora angustia; de total acatamiento a la voluntad divina y, al mismo tiempo, de santa impaciencia ante las penas de la patria amada. Al final de su oración se podía decir, generalizando, que no había en el estadio mejilla sin lágrima.

*Apéndice XII*

## Oración en el estadio Orange Bowl ante el derribamiento de las avionetas de Hermanos al Recate

Dios de nuestros padres y Señor de las bondades: Trinidad Santísima que, como Padre, nos has creado; como Hijo, nos has redimido y como Santo Espíritu enciendes en nuestras vidas el fuego del amor divino: Desde el comienzo de los siglos eres Tú refugio del hombre y baluarte de su esperanza, porque, generación tras generación, acoges a cada uno de tus hijos, a todas tus criaturas, con entrañas de misericordia. Aquel que te conoce, sabe que a ti solamente podemos volver los ojos, porque solamente Tú eres camino, sólo Tú eres verdad, sólo Tú eres vida.

Por eso hoy, con más razón, con mayor angustia, vuelvo los ojos a ti, Señor, porque los hombres parece que no escuchan. Confiadamente te invoco, porque sé que quien pone en ti su confianza, no quedará defraudado: ¿no fuiste acaso Tú, Señor Jesucristo, quien *se hizo obediente hasta la muerte, y una muerte de cruz,* para salvarnos a nosotros, los pecadores?... ¿No fuiste Tú acaso, quien, en particular gesto de predilección, envió como regalo a mi pueblo, porción de tu rebaño, el símbolo bendito de la llena de gracia, Madre del Redentor, como Señora de la Caridad, para llevarnos a ti por el amor?... ¿Cómo no confiar en ti, si confió ella al pie de la cruz, cuando todo parecía consumado.

Faltaba, sin embargo, la resurrección. Y es precisamente por la resurrección de ese pueblo al que quisiste bendecir con la belleza de su tierra y la nobleza de su espíritu, por lo que hoy clamo a ti: ¡ten misericordia, Señor!... Como los discípulos en la barca zarandeada por la tempestad, los cubanos también te decimos: «*¡sálvanos, Señor, que perecemos!*».

419

El dolor toma nombre hoy en el recuerdo de Armando, Carlos, Mario y Pablo, los cuatro heroicos muchachos de Hermanos al Rescate martirizados sobre el Estrecho de la Florida donde tantas veces, por salvar otras vidas, arriesgaron la propia. Por ellos y por sus familiares es que te pido que, como el fresco aroma de nuestros campos cuando la lluvia los bendice o sol los besa, se eleve hasta ti nuestra plegaria.

Es mucha la pena, Señor, porque junto a estos cuatro que hoy dan nombre a la tragedia de Cuba, hay otros nombres, miles y miles de ellos, los de los hombres y las mujeres que a lo largo de tantos años de opresión han entregado sus vidas tratando de recuperar el don sagrado de la libertad, que recibiera Adán en el paraíso como herencia sagrada para todos los hombres. Están presentes también los nombres de los niños hundidos cruelmente en el remolcador Trece de Marzo, los de los adolescentes asesinados por tratar de buscar alimento, los de aquellos cuyos restos han convertido los mares que rodean nuestra isla en un enorme camposanto.

Pero hay más aún, Dios mío. ¿Cómo no traer ante ti los nombres de cada hermano y de cada hermana arbitrariamente encarcelados por un sistema injusto y avasallador; todos los que han marcado de dignidad y sacrificio la lista enorme de los prisioneros políticos de Cuba, los que fueron y los que son?

¿Cómo no mencionarte hoy a los que en este mismo momento, en medio de persecución y hostigamiento, luchan por la libertad y por los derechos humanos, regalo tuyo a los hombres que nadie puede arrebatarles porque, según la Escritura, Tú los coronaste de gloria y dignidad? Ten en tu corazón a los que hoy luchan en Cuba, agrupados en Concilio Cubano, individualmente, o en otros grupos y bendice su reclamo por el orden que pertenece a toda sociedad civilizada.

¿Cómo no poner ante tu presencia hoy, Dios clemente y leal, todo el desgarramiento del destierro y la separación; todo el llanto que, al igual que Tú por Jerusalén, han vertido nuestros ojos por la patria que nos diste?... Tú, que mandaste a Lázaro salir de su tumba, ¿permitirás que la cultura de la muerte siga devorando a los hijos de Cuba? Tú, que te presentaste a Israel como aquel que venía para liberar a los cautivos y perdonar a los pecadores, ¿no harás buena tu promesa para esta generación de cubanos?... Tú, que sufriste ensañamiento y exilio, ¿no querrás fijar ya el día de nuestro regreso?

¡Apresura, Señor, ese día de liberación y haz que sea auténtica, genuina liberación, en ti y para ti. Apresúrala, Señor, porque la soberbia de un hombre y la ceguera de los que le siguen, hacen que nuestro pueblo agonice en la carencia de lo que no niegas Tú siquiera a las aves del cielo, ni a las flores del campo!

Así, frente a la mesa abundante y suculenta del turista y del alto funcionario, está el hambre, hambre verdadera, física y espiritual, del pueblo; y los frutos de nuestra rica tierra, bloqueados por la sed de poder de los que mandan, no llegan siquiera a las manos de los que los cultivan. Frente a los hospitales que atienden esmeradamente a los extranjeros ricos, están los enfermos del pueblo, sin medicamentos ni atención adecuada; frente a los lujosos hoteles donde capitalistas y comunistas se juntan como burla a la miseria circundante, está una nación desprovista de viviendas decentes, al tiempo que tanta necesidad alienta la degeneración moral y se le impone a nuestra juventud el tener que vender sus cuerpos por el pan que Tú quisiste que fuera para todos.

¡Mueve Tú los corazones de los hombres, Señor! Que entiendan unos y otros que no es tarea de los gobiernos vivir vigilando a un pueblo para impedir que se eche al mar, sino crear las condiciones de libertad y satisfacción de sus necesidades, que le permitan ser feliz en su propia tierra.

¡Mueve los corazones de los que se vanaglorian de sus crímenes, para que encuentren el arrepentimiento, y por él, el perdón. Que no haya más cubanos así, que no haya más hombres así, capaces de gozarse en el mal de sus hermanos! Les arrancaron tu ley del corazón, les quitaron tu nombre de su credo, y esto es, Señor, lo que hemos cosechado.

Infunde en cada uno de nosotros, en cada corazón cubano, la decisión de la libertad, de la justicia, del amor y de la verdad; para que alcancemos la bienaventuranza de los que trabajan por la paz, los que serán llamados hijos de Dios.

No permitas que tanto dolor nos conduzca al odio. Que busquemos tu justicia, que distingue misericordiosamente entre el bien y el mal; pero nunca la venganza que nos haría semejantes a los que no te conocen y solamente traería más pesares a nuestra patria. Bendice a la nación que nos acoge y a todos los que se solidarizan con la Cuba que sufre.

*«Señor, si Tú quieres, puedes curarme»,* clamó un día un leproso en tu camino. Señor, si Tú quieres, puedes curarnos; clama hoy un pueblo entero. Tú no nos dejarás en esta *soledad poblada de aullidos,* ni esconderás tu rostro a los que te buscan con sincero corazón. Si nos equivocamos antes, confiando en los hombres, mira que ahora solamente confiamos en ti. ¡Deja oír ya tu voz y así como al hijo de la viuda de Naím, di ya a nuestro pueblo: «Cuba, yo te lo ordeno, ¡levántate!». Tú que vives y reinas por los siglos de los siglos.

*2 de marzo de 1996*

# 61. Lili

El periodista Roberto Rodríguez Tejera, Monseñor Román y el
diácono Manolo Pérez en el vestíbulo de WQBA "La Cubanísima"
durante la recolección de ayuda para los damnificados del huracán
Lili en Cuba (Octubre 1996)

La tragedia del derribo de las avionetas de Hermanos al
Rescate no sería el único acontecimiento importante en impactar
fuertemente al sur de la Florida y en particular a Monseñor Román
en 1996. Más adelante en ese mismo año se desencadenaría una
serie de hechos de fuerte intensidad en el sentir del exilio cubano,
en el curso de los cuales el Capellán de la Ermita se vería involucrado en una cruda polémica, en la que se producirían vejámenes,
burlas y hasta amenazas de muerte en su contra.

Todo comenzó con Lili y su desdichado andar por Cuba.
Lili fue una tormenta de la temporada ciclónica de aquel año, la

423

duodécima cuya fortaleza ameritó que se le diera nombre propio. El 18 de octubre y siendo ya un huracán de categoría 2, Lili se dejó sentir en territorio cubano, primero en la Isla de Pinos (Isla de la Juventud) y más tarde ese mismo día en la provincia de Matanzas, con vientos cuyas ráfagas rondaban las cien millas por hora. Al final de su paso por Cuba, el huracán había afectado 11 de las 15 provincias en que se dividía entonces la Isla, causando daños enormes, especialmente en viviendas y sembrados y abatiendo en particular la zona de Cienfuegos y Sancti Spiritus. El costo total de los daños se estimó en más de 360 millones de dólares y sobra decir que, dadas las condiciones en el país, las posibilidades de recuperación para las familias afectadas eran prácticamente inexistentes.

No era ésta la primera vez desde el arribo de los Castro al poder que un huracán azotaba ferozmente a Cuba, dejando tras sí una larga estela de destrucción, trayendo aún más miseria a un pueblo sumido ya en la inopia y dejando entre los exiliados sentimientos de desazón, compasión e impotencia. Pero, con Lili, las circunstancias eran diferentes y éstas desembocaron en un fuerte desafío para el destierro cubano.

Las circunstancias de octubre de 1996 tenemos que situarlas también en el contexto del llamado «período especial», una manipulación lingüística de la dictadura para denominar de un modo menos crudo la cuasi hambruna de aquellos tiempos inmediatamente posteriores al desplome del mundo comunista europeo (1989-1990) y el desalmidonado final de la Unión Soviética (1991-1992). Antes de la llegada del huracán, ya el pueblo cubano rozaba los bordes de la desesperación y no era fácil entender cómo no se había producido todavía una explosión social de impredecibles consecuencias, un nuevo «maleconazo» quizás. Lo sabíamos en el exilio por nuestro interés en lo que pasa en Cuba. Lo sabía, mejor que nadie, Fidel Castro.

Al narrar esto, me es imposible no referirme a mí mismo, ya que los sucesos relacionados con Lili me situaron virtualmente "en el ojo del huracán", tanto por mi posición entonces en la radio cubana de Miami, como por mi militancia católica y mi cercanía a

Monseñor Román, todo lo cual se entrelazó completamente en esta peculiar etapa de nuestra historia.

Era yo entonces Director del Departamento de Noticias de la WQBA, conocida como «La Cubanísima», una radioemisora de larga trayectoria en el sur de la Florida que era audible también en una buena parte del territorio cubano. Además de dirigir los espacios informativos, participaba yo en dos programas de comentarios y análisis, «Detrás de la Noticia», en la mañana, con Agustín Acosta, sagaz gerente general de la emisora y «Primera Plana», en las tardes, con los colegas Roberto Rodríguez Tejera y Amado Gil, periodistas de sólidas credenciales, gran talento y probado patriotismo.

Temprano en la tarde del viernes 18 de octubre, cuando el huracán azotaba todavía la provincia de Matanzas, había ya información sobre la devastación causada por el fenómeno en Isla de Pinos. Por otra parte, la trayectoria pronosticada por los meteorólogos hacía prever que Lili barrería casi todo el caimán cubano, prácticamente desde la cola hasta la cabeza. Un rato antes de salir al aire «Primera Plana», a las 3:00 PM, nos reunimos Rodríguez Tejera, Amado Gil y el que esto escribe para considerar la situación. Inevitablemente, lo primero que saltaba a la vista, era la crisis humanitaria que se desataba sobre nuestro pueblo. Los tres sentíamos el imperativo moral de hacer algo por aquella pobre gente, nuestra gente, entre las cuales nos constaba tener muchos radioyentes.

Consideramos también la angustia que permeaba grandes sectores de nuestra comunidad del sur de la Florida. No había que olvidar que apenas dos años antes habían llegado aquí unos 35,000 compatriotas en la «Crisis de los Balseros», la mayor parte de los cuales tenían muchos familiares inmediatos en la Isla que estaban siendo afectados o lo serían pronto, por el violento ciclón: era necesario responder también a sus preocupaciones.

Era claro que, en recta conciencia, debíamos ayudar a los damnificados en Cuba y decidimos hacerlo. Era una decisión, sin embargo, que tropezaría con inmensos obstáculos para poder ser implementada, algo que no ignorábamos. Primero que todo, la dictadura castrista tenía entonces y mantiene aún merecida fama de apropiarse de ayudas humanitarias enviadas a Cuba por gobiernos y organizaciones internacionales y utilizarlas a su antojo y para su propio beneficio, llegando en ocasiones a venderle a los afectados lo que otros han enviado gratuitamente para ellos. Tan importante como esto, era el tradicional rechazo del exilio a todo tipo de trato o acuerdo con el régimen, aunque fuera con el mejor de los fines, rechazo que nosotros compartíamos también. Por lo tanto, nos planteamos que nuestra campaña para enviar ayuda a los damnificados teníamos que hacerla no contando con el gobierno de Cuba, sino a pesar de él, cosa en extremo difícil ya que ese gobierno domina el territorio donde la ayuda debía ser entregada.

Corríamos también el riesgo de que aquello terminara en un gran fiasco que podría dañar seriamente la imagen de la emisora y poner en precario nuestro trabajo. ¿Qué tal si la gente no respondía y sólo lográbamos una pobre recaudación?... ¿Qué, si Castro se negaba a recibir ayuda de Miami o si la incautaba toda?... ¿Qué, si las organizaciones y los líderes del exilio rechazaban de plano la iniciativa?...

Rápidamente Roberto, Amado y yo llegamos a la misma conclusión: creemos que debemos ayudar a nuestra gente, y es lo que vamos a tratar de hacer. Siempre habrá quien no esté de acuerdo, pero eso es muy legítimo. Nosotros trataremos de explicarlo todo con la mayor transparencia. Es probable –pensábamos– que el gobierno de Estados Unidos, ante la situación de emergencia en Cuba, levante sus restricciones y provea para el transporte de la ayuda si ésta es aceptada.

Además, nos era evidente un beneficio colateral: era aquella una ocasión magnífica para desenmascarar a Fidel Castro y su régimen. Si aceptaba la ayuda del exilio cubano en Miami, él mismo desbarataría su permanente campaña de infamias, donde se nos acusaba de odiar a nuestro propio pueblo y estar llenos de un espíritu de revancha y codicia contra ellos. Si no la aceptaba, o si la incautaba, se identificaría a sí mismo como el gran obstáculo que evitaba que tan necesaria ayuda llegara a los damnificados.

Así las cosas, salimos al aire y anunciamos el proyecto de auxiliar a los afectados por Lili en Cuba. Les pedimos a los que nos escuchaban que trajeran a nuestros estudios alimentos enlatados, leche en polvo, artículos de aseo, todo lo que pudiera aliviar las penurias de los castigados por el ciclón. La respuesta fue inmediata y contundente. La inmensa mayoría de los oyentes que llamaban al programa se manifestaban decididamente a favor de nuestra iniciativa, las líneas telefónicas casi que colapsaban por la gran cantidad de llamadas y antes de que terminara «Primera Plana» ya comenzaban a llegar personas a los estudios con bolsas llena de artículos de primera necesidad.

Una de las primeras llamadas que recibimos, ésta por el teléfono interno de la cabina radial, fue de Monseñor Román. Llamaba desde la Ermita para apoyarnos. Le pedimos que lo dijera en el aire, y él aceptó gustoso. Su llamamiento fue una sentida apelación al corazón del exilio cubano. Recalcó el deber cristiano de ayudar al prójimo, máxime –dijo– cuando el prójimo es tan cercano a nuestro cariño. Y entre las cosas que recuerdo, una frase muy llena de sabiduría: –«*Si la ayuda no llega a nuestros hermanos* –dijo– *que no sea por nosotros*».

Después, hablando fuera del aire, me advirtió que debíamos prepararnos para una situación muy complicada y mencionó algo que sería fundamental en todo esto: Cáritas.

Agustín Acosta, el gerente general de la emisora nos dio su respaldo y puso sus propios espacios, en realidad todo el poder de «La Cubanísima», en función de la recaudación de ayuda. Inmediatamente él y yo nos reunimos con Monseñor: –«*Hay que hablar con el padre Wenski* –nos dijo–, *él es el nuevo director de Cáritas en la arquidiócesis*».

El padre Wenski, Thomas Gerard Wenski, no perdió tiempo. Éste era un sacerdote todavía joven (46 años tenía entonces) y lleno de energía, «vivo, rubio y colorao» según lo describía un colega suyo. Había nacido en West Palm Beach, de padre polaco y madre polacoamericana, y había hecho en la Florida sus estudios para el sacerdocio. Hablaba fluidamente el español y el creole, gozaba de reconocimiento general por la encomiable labor que realizaba con los refugiados haitianos y estaba completamente «aplatanado» en el decir de los cubanos, condiciones éstas que impulsarían después su rápido ascenso en la jerarquía eclesial.

427

Además, para el caso que se nos presentaba, cómo hacer llegar la ayuda a Cuba y, ya en Cuba, a los damnificados, Wenski tenía a su favor que, siendo hijo de polacos, no le eran ajenas las características de duplicidad y falta de escrúpulos comunes a todos los regímenes comunistas, algo esencial para lidiar con la situación que confrontábamos. Por otra parte, el hábil sacerdote estaba familiarizado con el quehacer del exilio.

Yo lo había conocido a finales de 1981 cuando, a raíz de la imposición de la ley marcial en la Polonia que luchaba por sacudirse el comunismo de encima, los Municipios de Cuba en el Exilio ofrecieron una misa por Polonia en la iglesia de San Juan Bosco y un acto de apoyo al sindicato Solidaridad en el parqueo de la propia iglesia. Yo tenía referencias acerca de él, pero no sabía cómo contactarlo. Le dije a Monseñor: –«Padre, me hace falta un polaco que hable español para este acto»… Monseñor me puso en contacto con el padre Wenski y éste pronunció allí un discurso que resultó muy aplaudido. Su familiaridad con los cubanos y con la problemática cubana venían, pues, como anillo al dedo para la ocasión.

Inmediatamente, Cáritas envió a todos los medios de prensa un urgente pedido de ayuda para los damnificados en Cuba dirigido a todos los habitantes de la Arquidiócesis. De las tres grandes emisoras «cubanas» de Miami, dos, WCMQ y Radio Mambí, no solamente se negaron a cooperar, sino que, además, se opusieron vehementemente al proyecto, alegando que lo que se recaudara iría a fortalecer al régimen de Castro, no a socorrer a los necesitados. Nosotros anunciamos que Cáritas transportaría y distribuiría la ayuda en Cuba y redoblamos las exhortaciones a nuestros oyentes para que continuaran trayendo sus donaciones a nuestros estudios. Radio Paz, la emisora católica, se sumó al esfuerzo.

Monseñor Román hizo suya la causa, con gran entusiasmo. Salía repetidamente al aire, narrando el historial de Cáritas, y recalcando que desde el año 1991, la agencia de caridad de la Iglesia estaba trabajando en Cuba, tropezando con muchas dificultades, pero allí, al lado de los cubanos que más lo necesitaban. Cada vez que Monseñor hablaba, se duplicaba la llegada de ayuda. Aquello no paraba, aquello crecía como la espuma. Pero, al mismo tiempo, ráfagas de maledicencia e incomprensión azotaban a Miami. Monseñor Román no se libraría de ellas.

## 62. El huracán del amor

La oposición a que se enviara ayuda humanitaria a los afectados por Lili en Cuba, manifestada por las emisoras rivales de La Cubanísima, no se limitó a la rotunda negativa de sus directores respectivos a participar en el proyecto, sino que, además, se volcó en fuertes ataques contra nuestra iniciativa y contra nosotros.

Sus espacios periodísticos, inmensamente populares, de gran audiencia e innegable peso en la opinión pública miamense, comenzaron a combatir la idea desde el momento mismo en que la habíamos lanzado. Las llamadas que recibían de sus oyentes y salían al aire, eran, sin sorpresa para nadie, mayoritariamente a favor de las opiniones que ellos expresaban, aunque también los llamaban algunos que nos apoyaban. No pocos de sus opinantes pasaban con facilidad de los criterios políticos a los ataques personales. Para algunos de ellos, los periodistas que estábamos apoyando el envío de ayuda a los damnificados éramos simplemente «ingenuos monaguillos» que confiábamos en la «buena voluntad» de Fidel Castro y estábamos destinados a un gran chasco. Para otros verdaderamente vitriólicos, éramos agentes del mal, miembros de la «quinta columna» castrista infiltrada en Miami para dividir al exilio y fortalecer a la tiranía.

Por su parte, los que llamaban a nuestros programas en La Cubanísima se mostraban casi unánimemente solidarios con nuestro esfuerzo. Tampoco faltaban algunos que apenas los poníamos en el aire, nos gritaban ¡comunistas!, etc., ni otros que recurrían también al ataque personal para oponerse a los que se nos oponían. Nosotros tratábamos siempre de atajar esos ataques e insistíamos en pedir a todos que el debate se mantuviera dentro de los límites del respeto mutuo, algo que casi nunca se lograba.

Era, desde sus inicios, una situación muy tensa, una controversia muy afilada donde ambos bandos decían tener el respaldo mayoritario del exilio. Medir esto no era cosa fácil, pero un detalle en particular nos hacía ver que contábamos con enorme apoyo de parte de nuestros compatriotas exiliados. Lo reportaba el diario *El*

*Nuevo Herald* en su edición del martes 22 de octubre: ...«a pesar de las arengas en contra de la ayuda, miles de cajas de comida enlatada, leche en polvo y arroz inundaron desde el sábado los locales de WQBA-La Cubanísima, que fue la estación de radio que se convirtió en el centro de donaciones».

Pronto aquellos ataques comenzaron a alcanzar a la Iglesia y de un modo específico a Monseñor Román y al padre Francisco Santana. En la edición de *El Nuevo Herald* anteriormente citada, se relata lo siguiente: «El padre Francisco Santana, de la Ermita de la Caridad, fue agredido verbalmente el domingo en medio de la vía pública y recibió varias amenazas de bombas, por teléfono»...

–«Se bajó un hombre de su auto y me gritó "hijo de p..a, comunista", dijo Santana. "Me sentí como cuando era seminarista en Cuba en 1960 y me ofendían en las calles. La mayoría está ayudando a sus hermanos en Cuba, pero aquí en la Ermita recibimos muchas llamadas ofensivas y hasta le han gritado horrores a monseñor Agustín Román».

En medio de aquella situación de controversia y contradicciones, la Administración Clinton «después de haberse conducido consultas con líderes de la comunidad, la Iglesia Católica, y Caridades Católicas» aprobó una licencia para que pudiera enviarse, «a través de Cáritas, suministros a los damnificados por el huracán Lili en Cuba»... algo prohibido en aquellos momentos debido a las sanciones impuestas al régimen castrista a raíz del asesinato de los pilotos de Hermanos al Rescate. «La aprobación se hizo de acuerdo con las regulaciones y pautas trazadas en la Ley Helms-Burton y el Cuban Democracy Act»...que proveían para excepciones como el paso de un huracán, decía la nota que al respecto publicaba el *Diario Las Américas* el 23 de octubre.

Monseñor pasaba horas, todos los días, en los predios de La Cubanísima, lo mismo en los micrófonos, participando en los programas en los que se continuaba recabando la ayuda, que en el vestíbulo de la emisora, donde se recibían las donaciones y un enjambre de voluntarios trabajaba moviendo los bultos, etiqueteando el contenido, descargando voluminosas donaciones de empresas comerciales y cargando los camiones que transportaban lo recolectado hasta los almacenes de Camillus House, benemérita institución católica de ayuda a los desamparados, donde la mercancía se depositaba en espera de poder ser llevada a Cuba.

Recuerdo en particular una ocasión en que él estaba allí, en el vestíbulo de la emisora, conversando con su viejo amigo de sus tiempos de seminarista, y entonces pastor de la Iglesia Bautista Calvario, el reverendo Marcos Antonio Ramos, que también había puesto su enorme prestigio y su influencia en la comunidad evangélica de Miami en apoyo a nuestro esfuerzo. Hablaban sobre la posibilidad de hacer un documento respaldando el envío de ayuda a los damnificados y firmado por un número grande de sacerdotes católicos y pastores protestantes, algo que no llegó a hacerse por falta material de tiempo para coordinar, recoger las firmas, etc. Como siempre que había en Miami alguna controversia que involucrara a la Iglesia, Monseñor decía que a él no le molestaba que protestaran los protestantes, lo que sí lo enfadaba eran los «católicos protestones». El reverendo Ramos le contestaba: −«Aleido, aquí los que menos protestan son los protestantes».

La masividad de las mercancías que estábamos recibiendo en La Cubanísima acrecentó nuestros temores acerca de las posibles manipulaciones de la tiranía si ésta por fin era distribuida en Cuba y nos hizo ver la conveniencia de identificar de alguna manera lo que enviábamos a los damnificados, para que fuera evidente de dónde procedía la ayuda. Así fue que decidimos escribir en cada artículo la palabra «Exilio» y, después, en menor escala, algunos agregaron pequeñas tarjetas donde se leía: «Por Cuba el amor todo lo puede. Al pueblo cubano de sus hermanos en el Exilio». Contagiados por el entusiasmo de lo que hacíamos, algunos voluntarios sugirieron poner también en la mercancía consignas de lucha por la liberación, algo que no nos pareció oportuno en el contexto del mensaje que queríamos transmitir con la obra que estábamos llevando a cabo. Además, teníamos que cuidar el proyecto de posibles infiltrados que tratarían de desvirtuarlo. Monseñor nos orientó claramente en esto.

En la Ermita de la Caridad, Monseñor Agustín A. Román, indicó que los donantes de suministros a los damnificados no deben escribir lemas políticos en los paquetes de alimentos y demás artículos, para evitar que sean confiscados por el régimen. Añadió que sí puede escribirse la palabra «Exilio» (*Diario Las Américas*, jueves, 24 de octubre de 1996).

La decisión de escribir en la mercancía la palabra "Exilio" fue objeto de algunas críticas también, éstas mayormente de parte de elementos procastristas, algunos arropados bajo un manto de súbita humildad que invocaban la discreción que implica la verdadera caridad y otros que argumentaban que la sola palabra "exilio" era, en el contexto de la situación cubana, una arenga política. Nosotros, los que llevábamos el peso de la campaña en favor de los damnificados no hacíamos caso alguno de críticas ni amenazas, seguíamos adelante. En el caso del uso de la identificación de la ayuda nos vino como bendición la aprobación de Monseñor Román. Unos días más tarde Peter Coats, asistente especial de la Arquidiócesis, confirmó que muchas de las cajas de ayuda tenían mensajes... «Hay varios mensajes en las cajas, pero no son mensajes políticos... la palabra exilio no es un mensaje, es un hecho», dijo Coats. (*El Nuevo Herald*, lunes, 28 de octubre de 1996)

A todas estas, apenas tres o cuatro días después de comenzar la recolección de ayuda, el vestíbulo y parte del parqueo de La Cubanísima resultaban pequeños para la recepción y el manejo inicial de las donaciones que llegaban, por lo que se decidió trasladar la operación para la Ermita de la Caridad, a donde el flujo de mercancía continuó imparable. El 24 de octubre había ya más de 170,000 libras de alimentos y otros artículos básicos en los almacenes de Camillus House.

Ese día el presidente Bill Clinton, que estaba en plena campaña para su reelección, cumplió con el ritual electoralista de visitar el restaurant Versailles en La Pequeña Habana. Allí puso sobre su pecho una camiseta blanca donde se leía un lema muy popular entonces que rezaba «No Castro, no problema», chapurreó también sus correspondientes «¡Viva Cuba libre!» y declaró su apoyo a la campaña de ayuda a los damnificados de Lili, entre cálidos aplausos de sus partidarios.

En la medida en que aquella gran movilización del exilio se erguía como prueba del inmenso respaldo con que el proyecto humanitario contaba, y su divulgación mediática alcanzaba ya niveles internacionales, se incrementaban también los ataques contra la obra, en algunos de los cuales y con mayor frecuencia ya, se ofendía directamente al padre Santana y a Monseñor Román, por parte de los que no entendían y los que no querían entender el valor humano y político que aquel testimonio tenía ante el mundo y frente al régimen castrista.

El 26 de aquel agitado octubre se dio por terminada la recolección de ayuda, que ya había sobrepasado con creces todas las expectativas iniciales. Ese mismo día, un avión cargado con 76,000 libras de alimentos y otros suministros llegó a Cuba. Junto con la generosa carga, llegaron también a la Isla el padre Wenski, otro sacerdote polaco-americano, el padre Daniel Kubala y Chris Gilson, de Caridades Católicas. En el aeropuerto los esperaban el Dr. Rolando Suárez, presidente de Cáritas Cuba y Monseñor Emilio Aranguren, entonces Obispo de Cienfuegos.

Por aquellos días me llamó Evelio Jacomino, uno de los primeros activistas con que contó la Ermita. Ya de avanzada edad, él y Emelina, su esposa, presidian entonces, todavía con gran dinamismo, la Cofradía de Nuestra Señora de la Caridad. El buen hombre estaba indignado. –«Julito –me dijo– tenemos que hacer algo. No podemos quedarnos callados ante los insultos y las barbaridades que están diciendo de Monseñor y de Paco (el padre Santana)… tú sabes que Monseñor es muy humilde y no contesta como esa gente merece»…

Ya Jacomino había consultado a varios miembros de la Cofradía y todos se sentían igual de molestos… La idea era celebrar una misa en la Ermita como desagravio a Monseñor Román y al padre Santana por las ofensas recibidas. –«Ya yo le dije algo –me dijo Jacomino– habla tú con él para que acabe de decidirse».

Apenas unos minutos después de la anterior conversación, recibí una providencial llamada telefónica. Era Monseñor Román.

Quería que lo ayudara con algo que estaba escribiendo y me preguntaba si yo podía pasar por la Ermita. Aquí me la puso Dios, pensé para mis adentros. –«Sí, padre, –le dije– esta tarde, cuando acabe "Primera Plana", yo paso por ahí». –*«En la casa»* –me dijo.

Monseñor me esperaba con su clásico block de papel amarillo y rayado, sobre la mesa del comedor, con varias páginas escritas a mano. –*«Revísame esto, por favor... mira a ver si me olvidé de alguien a quien tengamos que dar las gracias»...* Yo era experto en descifrar sus garabatos, leí y le pedí algunas aclaraciones. Él me dictó algunas correcciones y añadiduras. Cosa rara, al mismo tiempo que hablábamos, él trataba de escuchar un comentario radial, en el cual se repetían acusaciones y diatribas contra nuestro proyecto. En un par de ocasiones detuvo nuestra conversación para escuchar algo y, moviendo su cabeza, exclamaba: –*«¡Qué favor le están haciendo a Fidel Castro!... ¡Qué favor le están haciendo a Fidel Castro!».*

El escrito que él me daba para revisar, era un bien hilvanado artículo cuyo tema, precisamente, era todo lo que venía ocurriendo a raíz del paso del huracán por Cuba. Tenía un tono severo y valiente en su categórica refutación de los ataques que recibíamos. –«Yo se lo tengo listo mañana –le dije– pero antes de irme quiero hablarle de algo que la Cofradía cree que se debe hacer». Un poco apresuradamente, pues ya se acercaba su hora de rezar vísperas, hablamos de mi conversación con Evelio Jacomino. En realidad, convencerlo fue más fácil de lo que yo esperaba.

–*«Está bien –me dijo– yo entiendo, pero hay que cambiar la invitación. Debe ser una misa para dar gracias a Dios por el éxito del proyecto y por la generosidad del pueblo de Miami».*

–«No hay problema con eso –le contesté–, pero no podemos dejar fuera lo del desagravio a Ud. y a Santana. No podemos consentir las faltas de respeto, ni las mentiras, y este es un buen momento para que se sepa quiénes son los verdaderos líderes del exilio". Él sonrió, asintió con la cabeza y yo me fui.

Enseguida llamé al presidente de la Cofradía: —«Jacomino, ¡métele mano!»... La movilización fue inmediata. La ira contenida ante las ofensas a Monseñor y al padre Santana fue un tremendo acicate para la rápida difusión de la convocatoria al desagravio. La misa se pautó para el domingo siguiente, 27 de octubre, día en que se cumplían 504 años del descubrimiento de Cuba. Tomamos el riesgo de que fuera una misa campal, frente al mar, porque confiábamos en que la asistencia sería multitudinaria y queríamos que esto se viera.

En la noche del sábado, en el *Diario Las Américas*, y en la mañana de aquel domingo de la misa esperada, en *El Nuevo Herald*, venía ya el escrito de Monseñor. Lo había titulado «El huracán del amor» y, entre otras cosas, decía:

—*«Así como en las finas arenas de nuestras bellas playas puede ocultarse algún pedrusco que nos lastime los pies, sin que deje por ello de ser hermoso el paisaje, ni refrescante la playa; así las voces de la confusión no pueden restar mérito ni belleza a la obra realizada aquí por tantos corazones buenos. Es triste, sin embargo, ver que algunos que, por temores, no están de acuerdo con nuestros esfuerzos a favor de los damnificados, no han logrado mantenerse en los límites justos de la auténtica discrepancia y han pasado al síndrome pernicioso de la difamación y el divisionismo. Es triste también escuchar los venenosos e ingratos ataques de unos pocos contra la Iglesia y aún contra el Santo Padre. Es doloroso que haya habido incluso amenazas contra nuestra Ermita de la Caridad y contra algunos de nosotros, al calor de irresponsables incitaciones. Pero, todo ello es tan pequeño comparado con la grandeza de la generosidad, que no debe perturbarnos».*

Y ya al final del artículo, lo que no podía faltar:

—*«Tanto el padre Francisco Santana, nuestro querido hermano en el servicio del Señor, como yo, perdonamos cualquier expresión que en nuestra contra haya sido vertida y llamamos a nuestra comunidad a la sanación y la fraternidad en Cristo Jesús».*

La misa fue una gigantesca manifestación de cariño y respeto a aquellos dos pastores, genuinos servidores del pueblo de Dios.

436

En la procesión final, Monseñor estaba serenamente contento y a mí me pareció advertir en su mirada una leve expresión de picardía, como de niño travieso que se sale con la suya. Santana, por su parte, tenía una sonrisa de oreja a oreja. Ya en la fila de los que los saludaban para despedirse, Monseñor, en un susurro, me preguntó: –«*¿Se sabe algo de Cuba?*»... Entones vi que, en realidad, él estaba preocupado. Muy preocupado.

## 63. Las últimas ráfagas del ciclón

Razones tenía nuestro guía y obispo para estar preocupado. Él había podido hablar con Monseñor Mariano Vivanco, su amigo y coterráneo *ariguanabense*, a la sazón Obispo de Matanzas, y éste le había puesto al día sobre la severidad de los daños causados por el ciclón y sobre los barruntos de dificultades que los castristas comenzaban a poner para la distribución del primer embarque de ayuda llegado a Cuba el día anterior a la gran misa de campaña en Miami. A él le entristecía pensar que los suministros que tanto necesitaba el pueblo cubano y que con tanto amor y generosidad habían donado los exiliados no pudieran llegar a manos de los damnificados. Lo que menos le importaba es lo que pudieran decir aquí en Miami los que de antemano se habían opuesto a cualquier envío de ayuda a Cuba.

El lunes 28 de octubre de 1996 Caridades Católicas de la Arquidiócesis de Miami emitió una nota de prensa en la cual se informaba, con detalles, que los alimentos enviados a Cuba «han sido mantenidos en un almacén de La Habana». Tras ofrecer la lista de los pueblos donde comenzaría a distribuirse la ayuda, todos en la provincia de Cienfuegos, informaba también que «los alimentos saldrán de La Habana para Cienfuegos esta tarde y mañana», es decir, octubre 28 y 29, y que «el Padre Wenski acompañará los camiones».

Pero, aquello no sería tan fácil. La dictadura comenzó, primero, a valerse de procedimientos burocráticos para detener la ayuda, aparentemente tratando de tomar tiempo para discutir entre ellos aquella situación que, en el argot beisbolero cubano, los ponía «en tres y dos». Si, en fin de cuentas, aceptar o no la ayuda de «la gusanera» miamense; si permitir o no una supervisión efectiva de parte de Cáritas, etc.

Primero argumentaron que había que revisar la mercancía, sobre todo la leche en polvo, por requerimientos de salubridad, así como por sospechas de que, el polvo alimenticio pudiera ocultar algo subversivo o contaminante. Después, que no podían aceptar la ayuda marcada con "consignas contrarrevolucionarias"... El caso es que los alimentos que Cáritas anticipaba que partirían rumbo a Cienfuegos en octubre 28 y 29, estaban todavía en el almacén habanero el 1° de noviembre y no llegaba a los necesitados.

Al día siguiente, 2 de noviembre, *Granma*, el periódico que es órgano oficial del Partido Comunista de Cuba, publicaba un extenso editorial bajo el dramático título «Nuestro pueblo no acepta nada que atente contra su dignidad» el cual, en tono teatral, decía, entre otras cosas: –«...se comprobó durante la clasificación y revisión de la carga recibida que una parte de ella venía marcada con propaganda correspondiente a grupos contrarrevolucionarios e intereses de sectores de la extrema derecha en Miami»... Y más adelante: –«Ha sido necesario además... realizar el control fitosanitario y la clasificación habitual en estos casos, en adición a las precauciones necesarias derivadas de la evidente manipulación de la ayuda por elementos inescrupulosos, de quienes puede esperarse cualquier fechoría».

Ese mismo día Caridades Católicas emitía otra nota de prensa reportando una llamada telefónica que, desde Cuba, había hecho el padre Wenski con detalles sobre lo que estaba sucediendo con la ayuda. «El primer embarque de alimentos donados por Caridades Católicas de Miami... saldrá de La Habana este sábado para dirigirse a las áreas afectadas por el huracán en la provincia de Santa Clara... Aproximadamente 21 toneladas se transportarán en este primer envío... El padre Thomas Wenski... y el padre Daniel Kubala... con Mr. Chris Gilson, representante de Catholic Relief Services, acompañarán al equipo de Cáritas Cuba a Santa Clara y esperamos que permanezcan allí unos días para observar el proceso»...

Inmediatamente que se divulgara lo anterior, se anunció una precipitada conferencia de prensa, a ofrecerse en el Centro Pastoral de Miami por Monseñor Agustín Román y Peter Coats a la una de la tarde. La rueda de prensa fue muy concurrida, y tanto el Obispo como el funcionario de Caridades Católicas sortearon muy bien las preguntas, tanto las legítimas como las tramposas. Lo más importante: la ayuda enviada desde Miami ya comenzaba a ser distribuida.

En los días subsiguientes y desde La Cubanísima, se pudo hacer contacto telefónico con algunos disidentes, así como con algunos otros cubanos, todos los cuales daban testimonio de haber recibido algo de la ayuda enviada desde Miami. En el aire, sus voces llenas de emoción expresaban un profundo agradecimiento a sus hermanos del exilio. Poco tiempo después comenzaron a llegar también cartas y notas desde distintos lugares de Cuba, en el mismo sentido.

El 5 de noviembre, el padre Wenski, de vuelta en Miami, habló con gran claridad y tocó en sus declaraciones algunos de los puntos que mayor controversia provocaban. Decía, en perfecto español, el Director Arquidiocesano de Caridades Católicas:

—«Se están repartiendo más de 21,000 libras de arroz, frijoles y leche en las provincias de Villa Clara y Sancti Spiritus, en los albergues donde están alojadas las familias que lo perdieron todo por el huracán. El huracán fue de mediana a pequeña intensidad, pero, debido a las malas condiciones habitacionales en Cuba, afectó muy duramente a los más pobres… Se están proveyendo dos comidas diarias en los albergues a un promedio de 25,000 personas.

—«Todo el mundo en Cuba conoce al detalle todo lo que ocurre en Miami —continuaba el padre Wenski. Están muy al tanto de la recogida de ayuda, de las donaciones del exilio y de la controversia al respecto, que les molesta mucho. Todos oyen La Cubanísima y Radio Martí, y "Radio Bemba" funciona con mucha eficacia.

—«Los representantes del gobierno estaban asustados y desconcertados porque la primera ayuda llegada a Cuba fue la del exilio, a través de la Iglesia y sin intervención del régimen. Han usado tácticas dilatorias, precisamente para que el pueblo no recibiera, primero, la ayuda de Miami.

—«Ha habido fricción por las inscripciones con la palabra "exilio" y la frase "El amor todo lo puede", pero, parece ser más parte de las mismas tácticas dilatorias del régimen. Hay negociaciones en progreso para determinar qué se hace con la ayuda que está todavía almacenada en La Habana, la cual está bajo el control de Cáritas. El gobierno no puede devolver a Cáritas lo que Cáritas nunca le ha entregado al gobierno.

Y proseguía Wenski en su informe: –«Cáritas Cuba y la Iglesia han sido muy firmes al mantener la posición de que la ayuda hay que repartirla de acuerdo a las condiciones de los donantes y no han cedido el control de la mercancía.

–«No es cierto –concluía– que se esté pensando enviar parte de la ayuda a otros países en estos momentos. Confiamos en que toda la ayuda llegará a los damnificados, pero, si hubiera que tomar decisiones al respecto, se haría en consulta con los que han cooperado con este esfuerzo en Miami».

El éxito evidente de la misión que nos habíamos impuesto no lograba, sin embargo, detener la feroz campaña desatada por algunos de los que eran más apasionadamente contrarios a la misma.

«Viva Semanal», una publicación ácidamente satírica, estuvo durante tres meses dedicando casi todo su contenido a tratar de ridiculizar al proyecto humanitario y a los que lo promovimos, llegando a veces al colmo de la irreverencia. En una de sus portadas publicaron una composición fotográfica en la cual aparecían Monseñor Román, el padre Santana, los dirigentes exiliados José Basulto y Ramón Saúl Sánchez, así como Agustín Acosta, con sus cabezas rapadas «como bolas de billar» y debajo de un enorme titular donde se leía «¡Les tomaron el pelo!».

Sin embargo, ataques de esa naturaleza nos resultaban beneficiosos a la larga, pues suscitaban una ola de respaldo a nuestro favor. Monseñor, que no era inmune al enojo, se reía muchas veces con las cosas que los detractores alegaban y se mostraba satisfecho de cuánto aumentaban las llamadas favorables y los mensajes de apoyo cada vez que se incrementaban las ofensas y ataques en nuestra contra.

Poco a poco aquella campaña salida de la incomprensión y el escaso sentido político de algunos, de la maldad de otros y de la solapada acción de los agentes del castrato en Miami, iba perdiendo vapor según se hacía evidente que la ayuda estaba llegando a los damnificados.

El 7 de noviembre la dictadura rechazó en forma oficial los alimentos identificados con la palabra «exilio» o con la frase «el amor todo lo puede», en total, unas 12,000 libras, parte de las casi 180,000 recolectadas. No obstante esto, de Cuba nos llegaron algunas fotografías de damnificados que mostraban en sus manos latas de alimentos donde se leía claramente «exilio». Se acordó que la ayuda rechazada fuese enviada a República Dominicana, «la patria de Máximo Gómez», donde Lili había golpeado fuertemente también y donde había entonces un gran número de cubanos refugiados en espera de poder llegar a Estados Unidos.

A finales de enero de 1997 se envió a Cuba el último embarque, éste de 16,000 libras de alimentos y otros artículos, y se mandó a Santo Domingo lo que había sido rechazado por los castristas. Había sido un esfuerzo agotador, que nos había costado vivir días de fuerte tensión. Pero había valido la pena. El Pastor del Exilio lo había resumido todo, anticipadamente, en «El huracán del amor»:

–*«Hemos cumplido con nuestro deber de cristianos y con nuestro deber patriótico y, al mismo tiempo, hemos podido comenzar el envío a nuestros compatriotas que sufren en la Isla de un sincero mensaje de cariño fraternal que vigoriza las quebrantadas bases de la nacionalidad y que tiene, al mismo tiempo, la demoledora fuerza de la verdad, frente a las falacias de los que, por casi cuatro décadas, nos han querido presentar a nosotros, los exiliados, como enemigos de nuestro propio pueblo. Con este gesto le hemos dicho a nuestros hermanos que no deben temer al cambio hacia la democracia que Cuba necesita y que todos queremos, porque tal cambio abriría las posibilidades a "la república cordial, con todos y para el bien de todos" por la que luchó José Martí, aquella nación sin fanatismos que quería el padre Varela, y no al imperio de la supuesta rapacidad revanchista de nuestra parte, con la que constantemente los ha amenazado el actual régimen».*

–«Padre, esto de Lili ha sido una trituradora, ¿por qué no se toma unos días y descansa un poco?»... –«*¿Descansar?*... *Acuérda-te que tenemos encima el segundo encuentro de CRECED y ya viste que, por fin, el Papa irá a Cuba*»...

Al evangelizador de siempre, el que no conocía de días libres, ni de vacaciones, ni siquiera de un mediodía de asueto, la adrenalina le fluía con ímpetu mayor cuando más llena tenía su agenda y su temple de acero lo demostraba sin siquiera proponérselo. A pesar de los ratos amargos del primer encuentro de CRECED, ya él se preparaba para un segundo encuentro que le ilusionaba. A pesar de la polémica visita del Cardenal Ortega a la Ermita, él invitaba nuevamente al prelado, esta vez, precisamente, para la celebración de CRECED. Y no obstante los sinsabores del envío de ayuda a los damnificados de Lili en Cuba, él ya estaba entusiasmado con el anuncio de una visita papal a la Isla en enero de 1998, algo cuyo potencial de polémica era tanto o más explosivo que lo provocado por el ciclón. Nada parecía arredrarlo cuando su corazón y su fe le indicaban una tarea de evangelización, de cubanía, o de ambas a la vez.

Lo que tendría entre manos en aquellas, las postrimerías del segundo milenio, no eran cosas para pusilánimes.

## 64. CRECED: el encuentro final

Como hemos visto, no bien acabábamos de peinarnos tras la ventolera de Lili cuando, a finales de 1996, ya Monseñor Román apretaba el paso para llevar a feliz término lo que sería el Segundo Encuentro Internacional de CRECED. Monseñor conminaba a los miembros de la Cofradía y a todo el laicado cubano de Miami a darse con ahínco a la participación en el evento que, al haberse anunciado que habría una visita papal a Cuba en 1998, se enmarcaba por añadidura en la preparación para aquel histórico peregrinaje de Juan Pablo II.

Monseñor salió del primer encuentro de CRECED, no abatido por la pugnacidad manifestada en el mismo debida a las diferentes visiones sobre la misión de la Iglesia en Cuba, la manera de llevarla a cabo y las relaciones entre ésta y el exilio católico-cubano de Miami. Por el contrario, él continuaba lleno de entusiasmo por aquel proyecto que le ilusionaba.

Su ilusión era que CRECED quedara como una fuente donde cubanos y cubanoamericanos jóvenes pudieran nutrir su doble identidad de católicos y cubanos, donde se ofreciera sustento educacional a la fe y el patriotismo y se fortaleciera la hermandad Isla-destierro, particularmente la del pueblo católico.

Así, entre 1992 y 1997 se formalizaron en la Ermita y en otros locales reuniones periódicas de CRECED donde participaban jóvenes y adultos bajo la guía de Monseñor. Él imprimía a aquellas reuniones una dinámica donde se aplicaba la técnica de «ver, juzgar, actuar» que él había aprendido, de adolescente, en los círculos de estudio de la Juventud Católica Cubana y, por otra parte, la condición de ser estudios cíclicos y continuados que él le había dado a la Catequesis de la Ermita, de manera que los que iban llegando como nuevos integrantes se podían sumar a las reuniones inmediatamente, sin esperar al comienzo de un nuevo ciclo.

Al mismo tiempo, se iban dando otras reuniones para la organización del Segundo Encuentro, que tendría lugar en San Agustín, los días 31 de julio, 1º, 2 y 3 de agosto de aquel año, 1997.

Monseñor hacía énfasis en la necesidad de entusiasmar a los posibles participantes, los laicos comprometidos. Se publicaba un boletín, creo que mensualmente, el cual, entre otros objetivos, se enfocaba a ese fin. Escribiendo en la edición de marzo de 1997, la Dra. Silvia Rodríguez, decía al respecto:

«Partimos de un presupuesto que entraña un tremendo compromiso: somos cubanos y católicos. Esto obliga a muchas cosas, entre otras, a discernir los signos de los tiempos. A evaluar dónde estamos como personas y como pueblo, teniendo siempre a mano la certeza de que Dios habla a través de la realidad».

Y, en otra parte, insertando el encuentro en el ámbito de la anunciada visita papal a Cuba, Silvia agregaba:

…«Celebrar que nuestro Santo Padre Juan Pablo II visitará nuestra sufrida tierra y que toda la preparación para este acontecimiento es ya una celebración… Nosotros, que somos parte de la nación cubana porque ésta no tiene fronteras geográficas y se encuentra allí donde hay un cubano orgulloso de serlo, debemos prepararnos para este "encuentro". Juan Pablo II, Mensajero de la Verdad y la Esperanza. Trabajador por la Paz y la Reconciliación que tanto necesita nuestro exilio»…

Diez días antes de que comenzara el Encuentro en San Agustín, «explotaba una bomba» que amenazaba incrementar la presencia en el mismo del ingrediente contencioso y pugnaz de la generalmente quieta, pero muy viva división entre los católicos «dóciles» y los «contestatarios», de Cuba y del exilio, respecto a la posición de la Iglesia frente a la dictadura, exactamente como esto había incidido anteriormente en el Primer Encuentro.

Los servicios cablegráficos internacionales daban cuenta el 21 de julio de 1996, de unas declaraciones del Vicario General de La Habana, Monseñor Carlos Manuel de Céspedes en las cuales éste, entre otras cosas, supuestamente decía: –«No creo que las amenazas al Papa puedan venir de personas que viven en Cuba. Pienso que aquellos que están fuera, en Miami, harán todo lo que puedan para crear problemas antes, durante y después de la visita del Pontífice»... (EFE, 07-21-97)

Monseñor Román tuvo que hacer un gran esfuerzo de auto-control, para no dejarse llevar por la tristeza, pero, sobre todo, por la indignación que tales declaraciones le causaban. Él era muy susceptible a las críticas, casi siempre injustas y desproporcionadas, contra el exilo cubano, pero mucho más cuando esas críticas provenían de algún sector de la Iglesia, dondequiera que se produjesen.

La reacción generalizada de escándalo ante tan insidiosas diatribas contra los cubanos exiliados fueron tan fuertes, que el propio vicario habanero, Monseñor de Céspedes, se apresuró a desmentirlas, asegurando en tono categórico que él nunca había hecho tales declaraciones. La desmentida contribuyó a calmar un poco los ánimos en Miami, pero no pudo evitar que surgiera con nuevos bríos la secular controversia de conformismo versus enfrentamiento entre los católicos de las dos orillas, justamente en la víspera del nuevo encuentro.

Monseñor me citó para la Ermita dos días después de publicarse la falsa noticia. Nos vimos en la noche, después de la misa, me entregó algunos apuntes y me pidió, como otras veces, que lo ayudara en la redacción de una respuesta suya al sonado incidente.

—«Pero, Padre, –le dije– Monseñor de Céspedes desmintió esa información»...

—«*Sí,* –me cortó– *pero el daño ya está hecho. Además,* –agregó– *esta cizaña hay que contestarla de una vez por todas, porque no es la primera vez que ocurre algo así... Fíjate que esto lo han hecho una semana antes del Encuentro... Esto es cosa del gobierno de allá... Hay que contestarlo»...*

—«Sí, yo creo que sí»... –le dije. Revisé con él sus apuntes, me repitió las cosas que quería añadir, etc. Antes de despedirnos y cerrar la Ermita:

—«*Me da pena apurarte, Julito, pero quisiera poder publicar esto antes de irnos para San Agustín»...*

Y así fue. Al día siguiente le llevé mi compilación de lo que él había escrito y lo que me había dicho. Él le dio la revisión final, me dio las gracias, e inmediatamente lo dio a la prensa.

Por fin, y tal como se había planificado, el 31 de julio comenzó en San Agustín de la Florida el segundo y último encuentro internacional de CRECED, que no había logrado suscitar el interés y el deseo de participar en manera alguna comparable al encuentro anterior.

Contaba esta reunión con la presencia de importantes miembros del clero de la Iglesia de Cuba, que eran, a su vez, representantes de posiciones disímiles en cuanto a la situación en la Isla. Por una parte el cardenal Ortega y el entonces obispo de Bayamo-Manzanillo, Monseñor Dionisio García, quienes encabezaban entonces, y todavía hoy, los sectores más acomodaticios en cuanto al régimen castrista. Por otra parte, alguien como el padre José Conrado Rodríguez, considerado por muchos, entonces y ahora, como el principal representante de los católicos contestatarios frente a la dictadura.

Claro está, todos ellos representaban a la misma Iglesia, todos trataban de mantener un tono mesurado y centrado fundamentalmente en aspectos de la evangelización, pero la dicotomía que representaban en cuanto a la situación cubana y las diferentes maneras de abordarla es lo que estaba en la mente de la gran mayoría de los participantes, esta vez no tantos, ni de tan diversas procedencias como en el encuentro de 1992, pero sí con el mismo interés en las cosas de la Iglesia y las cosas de Cuba, no obstante la ausencia de otros que, habiendo participado del primer encuentro, habían quedado un tanto desencantados.

Las palabras del padre José Conrado eran muy esperadas y el título de su ponencia acrecentaba el interés en lo que tendría que decir aquel sacerdote que unos años antes había dirigido una carta pública al dictador Fidel Castro señalando los males que sufría Cuba y pidiéndole que renunciara para dar paso a un nuevo día. «La actualidad internacional, Cuba, y la función de CRECED», era el título y no defraudó a su auditorio:

«Luchemos por llevar el mensaje del Evangelio a nuestro pueblo, que es el mensaje de la libertad y el amor»... dijo el padre en su conferencia, señalando en otra parte –«...el carácter corrosivo del poder que no sólo daña al que lo impone, sino al que lo padece con los brazos cruzados».

Los asistentes escuchaban aquellas frases que decía el padre José Conrado, e inmediatamente, instintivamente casi, buscaban en los rostros del Cardenal, del obispo García y de Monseñor Román, tratando de leer en sus expresiones la reacción que en ellos provocaban. A Monseñor, la faz se le suavizaba al compás de una discreta sonrisa. El Cardenal Arzobispo de La Habana y el prelado de Bayamo-Manzanillo mantenían una imperturbabilidad estoica.

Monseñor Ortega limitaba sus intervenciones a las sesiones de preguntas y respuestas que se efectuaban al final de cada charla y, desde luego, a las homilías de las misas que celebraba. María L. Negrín, periodista de La Voz Católica en aquellos tiempos, reseñaba parte de la primera sesión. Contestando una pregunta, el Cardenal explicaba: –«No podemos aplazar el evangelio por situaciones contingentes».

La periodista reseñó igualmente los comentarios del Cardenal a la inquietud de que los cubanos del exilio no se sienten entendidos en Cuba: ...sin perder nunca la paz de su sonrisa, –reportaba ella– el Cardenal comentó: ...«no creo que sea falta de información, sino de comprensión en cuanto a la realidad concreta que vive el otro. Ante dos modos tan diversos de vivir que la gran mayoría no ha escogido, sino que se ha visto situada en ella, se nota la falta de una comprensión mutua». (*La Voz Católica*, agosto de 1997)

En una de aquellas sesiones de preguntas y respuestas, Monseñor Román, que procuraba sentarse siempre en la primera hilera de asientos, frente a la mesa de los conferenciantes, inquirió directamente del Cardenal Ortega el significado de las palabras diálogo y reconciliación. Según Su Eminencia: –«No se dejen asustar de esas palabras, son nuestras, despojarlas de toda carga circunstancial de orden político y rescatarlas cristianamente es urgente»...

«La reconciliación –agregó el Cardenal– es entre cristianos. Es una palabra religiosa». (*La Voz Católica*, ídem)

Una buena parte de aquel encuentro fue dedicada a celebrar la entonces inminente emisión oficial de un sello de correos de los Estados Unidos que honraba la memoria del Padre Félix Varela. En la sesión de CRECED del 1° de agosto de 1997, fue develada una imagen ampliada de la estampilla postal. Monseñor acompañó en el develamiento a Tirso del Junco, presidente de la Junta de Gobernadores del Servicio Postal de los Estados Unidos y, casualmente, hermano de Violeta, la «mano derecha» de Monseñor en la Ermita.

Aquello llenó de alegría a Monseñor que había apoyado mucho el trabajo de la Fundación Padre Varela para lograr tan importante reconocimiento. Y el tranquilo final del segundo encuentro de CRECED, le satisfizo mucho, si bien su aguda inteligencia percibía que CRECED ya no crecería más. ¿Por qué?

## El exilio cubano y la visita del Papa a Cuba

Hemos recibido con profunda alegría las aclaraciones de Monseñor Carlos Manuel de Céspedes sobre informaciones que le fueron atribuidas por un periodista italiano, en que se refería al exilio cubano de Miami. Como ignoramos las intenciones de aquellos que produjeron la desinformación, me parece oportuno aclarar algunos conceptos sobre este tema porque, aunque las declaraciones fueron inexactas, la noticia ha corrido por todas partes.

Los católicos cubanos tenemos que buscar más lo que nos une que lo que nos separa, evitando palabras que puedan causar heridas innecesarias, tanto de adentro como de afuera, mucho más cuando no se ajustan totalmente a la verdad.

Los católicos exiliados, que son parte del destierro cubano, ven con esperanza la visita del Papa a Cuba: primeramente, porque saben que la finalidad es anunciar a Jesucristo, como nos lo dicen los obispos de Cuba en su carta del Domingo de Resurrección de este año. Estamos seguros de que esa visita evangelizadora traerá la luz que disipará tinieblas, y por tanto, a la larga traerá fuentes de auténtica liberación que es parte del mismo Evangelio.

Lejos de obstaculizar la visita del Santo Padre a la patria, oramos para que la misma se dé en condiciones que permitan que su mensaje pueda llegar a un pueblo que ha sufrido tanto por su fe.

Como personas que viven en libertad, hay en el pueblo cubano exiliado diversidad de opiniones sobre cualquier tema que se trate. Puede haber extremismos e intransigencias como en otros pueblos, pero no podemos generalizar, porque muchísimos también opinan de manera equilibrada buscando la verdad.

Hemos orado con la comunidad cubana diariamente desde que la visita fue anunciada, para que esta visita produzca frutos abundantes para todos los cubanos.

Ya durante la visita del Santo Padre a Miami en 1987, los católicos cubanos exiliados dieron muestras vivas de su fidelidad al Sucesor de Pedro, como a la patria que tuvieron que dejar un día buscando libertad. Muestra de esto son las fotografías de aquel acontecimiento en el cual la multitud de banderas cubanas habla por sí misma.

No es justo acusar en forma generalizada a esta porción de la nación cubana que tiene sus raíces de la Iglesia en Cuba y que, a pesar de sus sombras, como humana al fin que es, sus luces las superan. Esta fe y este amor a Cuba y a la Iglesia que en ella peregrina, nos une íntimamente a los hermanos de la isla y es por eso que junto con ellos, queremos que Cuba cambie para la verdadera paz, que la Iglesia ha definido como fundamentada en la verdad, la justicia, el amor y la libertad.

Esa coincidencia de las aspiraciones en el verdadero cambio en Cuba, ha quedado palpable en el apoyo a la carta pastoral de 1993 de los obispos de Cuba titulada «El amor todo lo espera», así como en otros documentos que de Cuba nos llegan y, de manera especial, en el reciente documento «La patria es de todos», que habiéndose producido dentro de Cuba, expresa las mismas aspiraciones que los desterrados han manifestado durante casi cuatro décadas.

Con los obispos católicos de Cuba les invito a continuar orando para que la visita del mensajero de la verdad y la esperanza no haga crecer a todos, los de adentro y los de afuera, en la fe, esperanza y caridad.

+Mons. Agustín A. Román
Obispo Auxiliar de Miami
*24 de julio de 1997*

*Apéndice XIV*

## Mi experiencia en CRECED

*Habla la Dra. Yusimí Sijó:*

Yo empiezo en CRECED ya después del primer encuentro. Las reuniones eran muy fructíferas... juntaban a muchachos "de aquí" que habían mostrado algún interés acerca de la vida religiosa y laical en Cuba, con todos sus matices, porque había una gran represión a la religión en la Isla entonces. La mayoría de los integrantes del grupo éramos laicos comprometidos que habíamos sufrido la etapa de persecución más dura y estábamos ya en el destierro, pero nos considerábamos todavía como «recién llegados al exilio».

En el grupo había mucho intercambio sobre esas experiencias de nuestra vida de fe en Cuba y estos muchachos cubanoamericanos. De esa manera estaba balanceada la presencia en el grupo, con muchachos con ese origen, de aquí, y, pudiéramos decir, «de allá».

Monseñor Román, con el dinamismo, con la devoción que le caracterizaba, con su energía contagiosa, con aquel entusiasmo suyo, nos animaba siempre porque para él era como una inyección de vitalidad el ver que había jóvenes de las dos orillas. Para él, era muy esperanzador. CRECED era su tesoro, era su *baby*... ¿Cuál era su propósito?... Era preservar esa Cuba, el espíritu cubano-católico a través CRECED.

Tengo anécdotas muy vívidas en mi memoria, de momentos contrastantes, un poco apasionados... Recuerdo, por ejemplo, a raíz del derribo de las avionetas de Hermanos al Rescate. Nos estaba visitando un laico que tenía una posición en la Arquidiócesis de La Habana. Recuerda que en el caso mío y de mi novio entonces, hoy mi esposo, Juan José Fernández de Castro, JJ, éramos miembros de CRECED, pero también estábamos activos en el Directorio Democrático Revolucionario Cubano... Yo tenía una relación muy especial, sobre todo con dos de los muchachos asesinados en las avionetas... Mario de la Peña era como un hermano para nosotros...

Hubo comentarios muy desafortunados de parte del visitante... los ánimos se caldearon, y hubo una discusión muy acalorada con aquel muchacho que nos visitaba y que actualmente participa con mucha asiduidad en las reuniones que se celebran aquí regularmente, entre el clero y el laicado de la Isla y el de la diáspora.

Había un fondo de tensión... había como dos vertientes, según mi percepción... Había una cuestión generacional, una materia cronológica e ideológica. Había discrepancias, vivencias diametralmente opuestas en muchos casos.

Yo tenía una visión muy cruda de los rasgos característicos del clero cubano y de cosas que no eran historias, eran vivencias personales. Yo soy muy sincera y nunca me gustó quedarme callada. Eso, a veces, levanta ronchas. Hubo ocasiones en que fue muy beneficioso, para la dinámica del grupo, fue edificante en algunos momentos. En otros, no; hizo que se incrementasen las tensiones y eso no es positivo para la evolución de un grupo. En el caso mío y de algunos otros, existió algún tipo de choque, de discrepancias con personas de otra generación que no tenían esa experiencia vivencial de la Iglesia en Cuba, dentro de la isla.

Monseñor era un pedagogo guajiro, un pedagogo nato. Él conocía al hombre, el alma del ser humano, y se bandeaba muy bien en limar asperezas, y en poner a cada cual en su sitio sin que nadie se sintiera negativamente aludido. No era tarea fácil, porque los que formábamos aquel grupo, me incluyo a mí, éramos apasionados... Monseñor hizo una labor muy loable al navegar esas aguas, en muchas ocasiones especialmente turbulentas y en lograr que se apaciguaran los ánimos y volviéramos al precepto fundamental que era buscar la luz en las tinieblas.

Las diferencias eran grandes a veces. Por ejemplo, yo sé que se me vetó para que no participara en una reunión de jóvenes, algo que no era entendible dado el grado de participación que yo tenía en CRECED. Iba a ser una reunión con el padre Conrado, si mal no recuerdo, y se llevaron a dos muchachos que quiero como familia, de modo que no es nada personal... Dolió infinitamente, era una reunión de En Comunión, el grupo de intercambio entre católicos de la Isla y de la diáspora y a JJ y a mí se nos vetó por nuestro activismo en el exilio, en el Directorio. Hubo muchas cosas, pero te puedo decir que, aún a personas que protagonizaron cosas como esta, las quiero y las respeto.

Con el tiempo aquello se fue apagando, se casaron los muchachos, nos convertimos en padres de familia... Desgraciadamente, CRECED no llegó a ser todo lo que Monseñor hubiese querido, que se preservara y que creciera... no se llegó a conformar como una organización. Yo creo que llegó a un punto de estancamiento, y no trascendió más allá del propósito que pudo cumplir en su momento.

Para Monseñor, y por mucho tiempo, era algo muy difícil llegar a racionalizar que aquello no había trascendido más allá, como él hubiera querido en sus inicios. Ya después, cuando él hablaba de CRECED era como una evocación nostálgica... Es muy difícil para alguien, sobre todo cuando se va envejeciendo y se ha invertido tanto en un proyecto, conformarse a la idea de que no trascendió, pero, en el caso de CRECED, trasciende en el libro. Yo creo que el libro es meritorio en la capacidad que tuvo para plasmar la esencia de ese proceso y va a quedar para la posteridad.

Para mí fue una bendición conocer a Monseñor Román. Tenía una austeridad inmensa, tenía una infinita fe en su fe y tenía un espíritu de sacrificio inigualable. Guardo muchos recuerdos muy lindos, yo creo que nos quiso mucho, quiso mucho a la familia que formé y también como ser humano me marcó profundamente... su humildad... su modestia... ese espíritu de entrega desmedida... esa fe incuestionable, y un amor por Cuba que soportó la prueba del tiempo y de muchos desafíos. Monseñor fue un santo varón, un hombre de Dios. No hay otra forma de definirlo.

## 65. Misión secreta

Especulaciones y conjeturas acerca de la posibilidad de una visita del Papa Juan Pablo II (hoy San Juan Pablo II) a Cuba circulaban en ambientes políticos y eclesiásticos de la propia Cuba, de la Santa Sede y de los Estados Unidos desde muchos años antes de que el hecho se concretara.

Cuando el Papa polaco visitó Miami en 1987, se dijo de un modo extraoficial que una de las razones por las que el Santo Padre había entonces evadido a los cubanos exiliados y al tema cubano, había sido su interés en no poner en riesgo su hipotético viaje a la Isla y, de ahí en adelante, distintos medios de prensa publicaban de cuando en cuando rumores más o menos confiables sobre tal eventualidad.

Por otra parte, el Vaticano, tan famoso por la habilidad de sus diplomáticos como por su hermetismo sobre sus quehaceres, no parecía ser tan sigiloso en el curso de sus gestiones respecto a la proyectada visita, muy deseada por el propio Papa y por el episcopado cubano. Altos miembros de la curia romana, como el cardenal Bernardin Gantin, Decano del Colegio de Cardenales, y el Arzobispo Jean Louis Tauran, Secretario para las Relaciones con los Estados, viajaban a La Habana y se reunían con el dictador Fidel Castro y miembros de su camarilla íntima. Los prelados cantaban sus alabanzas a «la mejoría» en las relaciones entre el régimen y la Iglesia, deslizaban algunas frases que podían interpretarse como condenatorias del embargo de Estados Unidos «contra Cuba» y, como quien no quiere la cosa, mencionaban la esperanza de que el Papa pudiera visitar la Isla.

En Miami, esos rumores se comentaban con gran apasionamiento, para no variar. Cuando se anunció, en 1996, que Fidel Castro sería recibido en el Vaticano por Juan Pablo II, la noticia fue tema obligado durante muchos días y los cuestionamientos a la Iglesia y su posición en Cuba ascendieron nuevamente en los debates radiales y las tertulias políticas.

La audiencia del Papa con el azote de la Iglesia cubana, tuvo lugar en el Vaticano, el 19 de noviembre de aquel año y, al final de la misma se informó que el Santo Padre había aceptado una invitación de Fidel Castro para visitar Cuba en enero de 1998.

Invariablemente, cada vez que era abordado sobre este tema por la prensa, Monseñor Román respondía enfatizando siempre el mismo concepto: *–«Yo no confío en Fidel Castro, pero yo confío en el Papa. En un encuentro entre Juan Pablo II y Castro, yo apuesto por el Papa»,* y exhortaba a todos a tener igual confianza en el extraordinario pontífice que había sido clave en la liberación de los pueblos de Europa del Este. Preguntado directamente por el periodista Horacio Ruiz Pavón sobre «la manipulación que seguramente ejercerá el régimen cubano en torno a la visita papal», Monseñor respondió *–«...el costo político de pretender manipular al Papa es muy alto. Recordemos que si se está hablando de la visita del Papa a Cuba es porque al régimen no le ha quedado más remedio que aceptarlo, ellos no querían que esto sucediera».* (*Diario Las Américas*, jueves 7 de agosto de 1997)

En aquellos días de la confirmación de la visita por parte del Vaticano y La Habana, Monseñor se encontraba enfrascado en los preparativos del Segundo Encuentro Internacional de CRECED y, al mismo tiempo, preparándose en oración intensa, pues estaba muy consciente de que, a medida que se acercara el peregrinaje papal a la Isla, aumentarían en Miami los debates y las controversias. Estaba muy consciente también de que los católicos exiliados no podíamos descuidar tan importante ocasión para Cuba y para la Iglesia y que lo que hiciéramos al respecto debía ser hecho con extrema cautela y tras pensarlo muy bien.

Sería en aquellos días finales de noviembre de 1996, cuando recibí una llamada telefónica que me resultó muy interesante. Me llamaba un buen amigo y excelente pastor de almas, gallego, y tan cubanizado como las calles de Hialeah: el padre Federico Capdepón, fundador, y director entonces, de Radio Paz, la emisora arquidiocesana.

–«Oye, Julito –me dijo–, ¿qué están haciendo ustedes los cubanos con esto del viaje del Papa a Cuba?»...

–«Bueno, padre,... yo no he escuchado que eso se esté considerando todavía... Falta más de un año y»...

–«¿Qué?... –exclamó Federico con un tono de incredulidad–. Ustedes ya están atrasados. Yo creo que hay que reunirse, hay que preparar algo, planificar... estas cosas hay que hacerlas con tiempo, porque un viaje papal se planifica con mucha anticipación y esto de Cuba no lo podemos dejar así, a lo que quieran allá... Yo creo que ustedes tienen que reunirse, un grupo de católicos cubanos de aquí»...

–«Bueno, sí, yo creo que tienes razón –le dije.... ¿Monseñor sabe de esto?».

–«Sí –me contestó. Él está al tanto de todo, pero él no se puede involucrar directamente... Yo creo que debes ver a Lorenzo de Toro y a otros como él.... Pero, no pueden perder tiempo».

–«OK, yo entiendo. Iré a ver a Lorenzo y algo haremos... Yo te dejo saber»... le respondí.

No lo sabía yo entonces, pero de esta manera comenzaba a tejerse una complicada trama, que tendría ingredientes novelescos y que subrayaría la condición de Monseñor Román como hombre astuto, hombre de sincera fe y claro pragmatismo, hombre profunda y realmente comprometido con su Iglesia y con su patria.

Me fui a ver a Lorenzo de Toro y a Germán Miret. Ambos coincidieron en que el padre Federico «estaba muy claro» y quedamos en que cada uno de nosotros aportaría nombres para una lista de católicos cubanos que pudieran formar parte del grupo sugerido, para reunirnos a la brevedad posible. Ya corría el mes de diciembre y queríamos comenzar lo que fuéramos a hacer antes de que las fiestas navideñas nos impusieran un inevitable receso.

Monseñor y yo estábamos citados para grabar un programa en «La Cubanísima» el 12 de diciembre. Él me había pedido reunirnos antes para chequear los temas a tratar, algo en lo que él era siempre cuidadoso en extremo. Además, quería que hiciéramos algo especial para la reunión de Navidad de la Cofradía.

Pasé por la Ermita el día anterior a la grabación. Sor Francisca "me hizo" almorzar con ellos, como yo esperaba, y al final del sabroso condumio le dije a él: –«Padre, tenemos que hablar del programa de mañana»… –«*Vamos para la oficina*» –me dijo.

Aproveché la ocasión para comentarle –«Me llamó el padre Federico… él está un poco preocupado con lo de la visita del Papa a Cuba».

–«*¡Ah, sí!… él habló conmigo… él tiene un buen punto ahí*» –me dijo.

Yo esperaba hablarle del asunto en un tono casual e indirecto, cómo habíamos hecho cuando preparábamos el «recibimiento cubano» que le dimos al Papa cuando visitó Miami, pero, para mi sorpresa, él fue al grano directamente. Me hizo dos o tres indicaciones… –«*La Iglesia es muy grande, hijo, y tiene que ocuparse de los problemas de todo el mundo… En el Vaticano no pueden saber los detalles de cada país, de cada problema… Yo creo que les ayudaría mucho tener información suficiente sobre Cuba y sobre el exilio antes de que el Papa llegue allá… El padre Federico puede ser muy útil en eso, y José Luis también…* –Eso sí –me advirtió– *hay que ser muy discretos y no dejar que esto salga afuera, para que no se nos eche a perder*»…

Logramos juntar un buen grupo y asumimos el nombre de «Católicos Cubanos Exiliados». Orando, invocando al Espíritu Santo, comenzamos la primera reunión. Los padres Capdepón y Menéndez explicaron el propósito: era necesario que el Papa conociera el pensamiento y la historia del exilio católico cubano y que estuviera impuesto de nuestros puntos de vista sobre la situación de la Iglesia en Cuba y del pueblo cubano en general, antes de que él llegara a la Isla, más aún, antes de que se escribieran en el Vaticano los discursos y homilías que él pronunciaría allí durante su visita.

Era necesario también que esas informaciones llegaran al Papa directamente o, en todo caso, a las manos de los cardenales más cercanos a él e involucrados en la preparación del viaje a Cuba, para evitar que el asunto muriera sobre el buró de algún burócrata de la Curia.

Era igualmente necesario que el documento que hiciéramos fuera redactado en términos claros, pero sobrios y respetuosos: había que ponerle riendas al apasionamiento cubano y precisaba que quienquiera que lo leyera se diera cuenta de que era la voz de católicos comprometidos con su fe y con su Iglesia.

Era preciso, además, que el documento estuviera en el Vaticano a finales del próximo mes de mayo o principios de junio, antes de que el fuerte verano romano mandara de vacaciones a medio mundo en la Ciudad Eterna, incluyendo las eminencias y los *monsignori* y se fuera el Papa para Castelgandolfo. Muy importante también, para propiciar la posibilidad de que el documento pudiera ser leído oportunamente por los redactores de los discursos del Papa.

Dicho todo lo anterior, se recalcó lo que ya Monseñor me había advertido privadamente: todo esto tiene que ser hecho bajo un compromiso de absoluto silencio. Cero comentarios, si el asunto se filtraba a la prensa, eso sería el final del proyecto. Todo debía quedar entre los miembros del grupo, pues, mientras más personas lo supieran, mayor peligro para el éxito de la gestión.

Se acordó que el grupo sería coordinado por el que esto escribe, con la asesoría de los padres Federico y José Luis. Los sacerdotes, junto con Germán Miret, se ocuparían de hacer los contactos necesarios en el Vaticano. Se pidió a los participantes en aquella primera reunión que, para la siguiente, perfilaran sus opiniones sobre el contenido del documento y se asignaron tareas específicas para algunos: la parte histórica, a Mayda Leal; la importancia de los exilios en la tradición cubana, a Rafael Abislaismán, datos y estadísticas sobre el exilio cubano, al Padre José Luis Menéndez y al abogado Luis Fernández Caubí; descripción de la situación en Cuba, a Jesús Permuy y Germán Miret y, la Iglesia exiliada, a Luis Ramírez. Yo sería el encargado de cotejar todo lo anterior y darle forma al documento.

Y siguiendo el invariable consejo de Monseñor Román, oramos nuevamente al despedirnos. Todos estábamos muy conscientes de que, para el éxito de la empresa que teníamos por delante, necesitábamos una dosis extra de la ayuda de Dios. Del Jefe del Papa, como dijo alguien al terminar la reunión.

# 66. Miami, La Habana y Roma

El Jefe del Papa, ciertamente, nos dio una mano. El grupo sostuvo muchas reuniones con gran interés en hacer un buen trabajo y con asombroso celo en guardar el secreto prometido. Nos reuníamos en la óptica de Lorenzo de Toro en la Calle Ocho, en la Ermita, en rectorías como las de St. Michael, St. Brendan, etc., estudiando cuidadosamente lo que sería el contenido del documento que se presentaría al Papa. Ni que decir que se discutió prácticamente palabra por palabra y, cuando hubo ya consenso, me tocó enfrascarme con aquel maremágnum de ideas y expresiones para escribir la versión final.

Viendo que estábamos ya cerca del punto culminante de nuestra misión, le pedimos a Monseñor que celebrara una misa rogando por el éxito de la misma y él accedió gustoso, contento de que las cosas se estaban haciendo como él lo había pedido, en oración y armonía. La misa se celebró en la Ermita, el 3 de abril de 1997.

Los padres Menéndez y Capdepón me llamaban para pedirme que acelerara el paso y terminara el documento, pues ellos tenían concertada una entrevista con el Arzobispo Favalora a finales de mes, donde le informarían de nuestro proyecto y pedirían su ayuda y bendición. Para mediados del propio mes de abril ya yo había acabado la redacción del documento. Monseñor fue el primero en leerlo y aprobarlo. Se lo di entonces a los sacerdotes, quienes igualmente lo aprobaron. Lo «pasé en limpio» y todos respiramos hondo.

Yo insistía en que debíamos tener una reunión con todo el grupo para que todos los involucrados conocieran la versión final del documento antes de presentar el mismo al Arzobispo, pero Federico y José Luis me hicieron ver que el documento no contenía nada que no hubiese sido aprobado anteriormente por todos al leerse en sus fragmentos y ya no había tiempo de coordinar otra reunión antes de la de ellos con Monseñor Favarola.

461

La reunión con el Arzobispo se efectuó el 29 de abril de 1997 y, además de los ya mencionados, participó en ella también otro sacerdote, el padre Gustavo Miyares. No pudo ser más fructífera: Favalora estuvo muy de acuerdo con nuestra gestión, no puso objeciones al documento, cuyo contenido se le explicó y prometió que nos daría una carta en su condición de Arzobispo de Miami para que se nos facilitaran las cosas en el Vaticano.

El grupo se reunió nuevamente el 13 de mayo siguiente para ser informado. El éxito de la entrevista con Monseñor Favalora nos llenó a todos de entusiasmo, el documento fue unánimemente aprobado y se acordó que, junto con los padres Federico y José Luis, fuésemos al Vaticano a entregar el documento y promover nuestra visión sobre la visita del Papa a Cuba, Germán Miret y el que esto escribe. Antes, era necesario recoger las firmas de todos los participantes en el proyecto.

El «Mensaje a Su Santidad Juan Pablo II de Católicos Cubanos Exiliados» era un alegato de 27 páginas, en cuya introducción se sintetizaba su contenido: «...Antes de poner en el presente documento nuestras inquietudes y anhelos, queremos hacer profesión de nuestra fe católica, de nuestra devota fidelidad a la Santa Madre Iglesia y a su Supremo Pastor, el Papa Juan Pablo II, así como a nuestra iglesia local, la de Miami, y a su guía y pastor, nuestro Arzobispo John Clement Favalora».

Continuaba la presentación: «Nos anima únicamente el amor a la Iglesia y a Cuba... Somos un grupo de cubanos católicos exiliados, sacerdotes, religiosos y laicos comprometidos, representativos de una fuerte corriente de opinión compartida mayoritariamente por nuestra Iglesia exiliada, que, preocupados ante la realidad actual y las posibilidades de futuro para la nación cubana, queremos ofrecer a la Iglesia jerárquica y de modo especial al Santo Padre, nuestras preocupaciones y puntos de vista con espíritu de servicio y con la humilde esperanza de que los datos y opiniones que aquí exponemos le puedan ser de utilidad en la preparación de su próxima visita a Cuba».

«... Deseamos profundizar en quiénes somos desde varios aspectos: espiritual, económico, social y político. También deseamos reiterar nuestra solidaridad con el pueblo de Cuba y nuestro rechazo a su gobierno comunista. No podemos dejar de mencionarle la terrible situación de los derechos humanos y la actitud de la jerarquía eclesial de la Iglesia en Cuba, la cual no deseamos juzgar, pero sí exponer las percepciones que de ella se han tenido y las repercusiones que ha provocado, así como sus posibles implicaciones en el futuro».

La introducción terminaba invocando a Dios, pidiéndole al Espíritu Santo… «que nos ilumine en esta tarea… para que Él guíe al Santo Padre en esta peregrinación a nuestra sufriente patria» e implorando «del propio Santo Padre… su bendición apostólica»…

El primero en firmarlo fue Monseñor Agustín Román, Obispo Auxiliar de Miami. Sin embargo, pocos días después, algunos sacerdotes consideraron que esto no era apropiado, que era mejor, para evitar posibles conflictos inter-eclesiales, que él no firmara. Él se mostró de acuerdo, ya que los argumentos de los sacerdotes estaban bien fundamentados y, en consecuencia, yo eliminé la página final del original donde estaba aquella primera firma y escribí la página de nuevo. El documento fue firmado por todos los integrantes del grupo, sacerdotes y laicos, y por algunos otros sacerdotes y diáconos que, de una u otra forma, habían apoyado la misión, a saber:

Los sacerdotes Federico Capdepón, Director de Radio Paz y Radio Peace; Santiago Mateu, Parroquia Santa Águeda; José Luis Menéndez, párroco de Corpus Christi; Gustavo Miyares, párroco de la Inmaculada Concepción; José Pablo Nickse, párroco de St. Brendan; Juan Quijano, Seminario San Vicente de Paúl y Francisco Santana, Ermita de la Caridad.

Los diáconos Víctor M. López y Rafael de los Reyes y los seglares Dr. Rafael Abislaismán, Fundación Padre Varela; Carlos Barahona, Luis Ramírez, Francisco Robaina, Leonel Sorondo y Néstor Suárez, de Cursillos de Cristiandad; Humberto y Elena Bustamante y Bernardo Soto, de Encuentros Familiares; Lorenzo de Toro, director, y Germán Miret, Sub-director, revista católica Ideal; Julio Estorino y Rafael Peñalver, Cofradía de Ntra. Sra. de la Caridad del Cobre; Efrén Leal, Iglesia Inmaculada Concepción; Emildo y Mayda Leal, Iglesia San Juan Apóstol; Antonio B. Sánchez, Camino al Matrimonio; Milagros Velasco, Acción Católica Cubana y Roberto Villasante, Iglesia St. Kevin.

Llegamos a Roma, los padres Federico y José Luis, Germán Miret y yo el 9 de junio de 1997, nos hospedamos en la Casa Romana del Clero por su poco costo y porque nos quedaba a pocos pasos de las oficinas vaticanas que tendríamos que visitar. Como nadie nos preguntó, Germán y yo pasamos como curas sin necesidad de mentir. Esa misma noche nos reunimos en una de las habitaciones para planificar nuestro curso de acción, horarios, etc. Germán era invaluable para la mejor organización de nuestra agenda, pues él habla italiano y se conoce a Roma como la palma de su mano.

Pudiera contar mucho aquí sobre nuestras anécdotas y peripecias en el fascinante mundo del Vaticano y sus personajes, pero esto pretende ser la biografía de Monseñor Román, no la detallada historia de todas las iniciativas que él tomaba o delegaba, o de las acciones que él inspiraba y bendecía, como era nuestra misión.

Valga pues anotar que nos reunimos con varios clérigos de diverso rango, distribuidos en diferentes dicasterios y dependencias del gobierno de la Iglesia. Con Monseñor Mario Marini, Subsecretario de la Congregación para el Culto Divino y la Disciplina de los Sacramentos, con el Hermano Álvaro Rodríguez, Superior de los Hermanos de la Salle; con Monseñor Darío Castrillón Hoyos, expresidente del CELAM (Comisión Episcopal para América Latina) y entonces a cargo de la Congregación Pontificia para el Clero; con el director de Radio Vaticano, padre Pasquale Borgomeo y su asistente, el padre Javier de San Martín; con el Hermano Lino Campos, vicepresidente de la congregación encargada de los superiores de órdenes religiosas; con Monseñor Cipriano Calderón, vicepresidente de la Pontificia Comisión para América Latina; con Monseñor John Folley, presidente del Pontificio Consejo para las Comunicaciones Sociales y con el Padre Leopoldo González, asistente del

Cardenal Roger Etchegaray, que presidía entonces la Pontificia Comisión Justicia y Paz.

Nos reunimos también con dos sinceras amigas de la causa de la libertad de Cuba, ambas activistas de los derechos humanos a nivel internacional. La italiana Laura Gonsalez y la holandesa Liduine Zumpolle, esta última de la organización Pax Christi, quienes nos hicieron, cada una por su cuenta, importantes indicaciones. Y logramos también lo que en un principio parecía imposible: una reunión privada con el Arzobispo Jean Louis Tauran, Secretario para las Relaciones con los Estados de la Secretaría de Estado del Vaticano, el hombre que, de acuerdo a todos los conocedores de la materia que nos llevaba allí, era «el que teníamos que ver».

Lograr que Tauran, quien era considerado como «el arquitecto» de la visita papal a Cuba, nos concediera aquella entrevista que duró poco más de treinta minutos, no fue cosa fácil. La carta del Arzobispo Favalora fue clave para esto y para la obtención de otras entrevistas, pero, en el caso de Tauran, estábamos resignados a ser recibidos por alguno de sus asistentes, no por él mismo. Que esto cambiara a nuestro favor fue conseguido por un buen amigo y extraordinario diplomático, quien puso toda su influencia a nuestro servicio: Don Carlos Abella, Embajador de España ante la Santa Sede, quien, antes de ocupar esa importante posición con la que coronó su exitosa carrera, había sido Cónsul General de España en Miami.

El Dr. Rafael Peñalver, parte de nuestro grupo y quien era su amigo personal, había contactado a Abella desde Miami, al iniciarse nuestras gestiones. En un principio su respuesta había sido un tanto pesimista: él no creía entonces que habría receptividad para nosotros en el Vaticano y no creía oportuno que él interviniera. Sin embargo, apenas llegamos al Roma y el padre José Luis lo llamó, por indicación de Peñalver, Abella comenzó a movilizarse para ayudarnos. Nos invitó a almorzar en su embajada, un palacio romano impresionante, y allí nos dijo que creía que Tauran nos recibiría, cosa que confirmó esa misma noche: la entrevista sería la mañana siguiente.

Al igual que los otros funcionarios del Vaticano con los que nos habíamos reunido anteriormente, Tauran nos recibió cortés y fríamente. Igual que en las entrevistas anteriores, Germán y yo apenas intervenimos, dejando siempre que fueran los sacerdotes los que hablaran. El arzobispo francés, que al igual que Monseñor Darío Castrillón, sería después nombrado cardenal, escuchó con gran atención, hizo dos o tres preguntas mientras un asistente lo anotaba todo, se reservó sus opiniones como era de esperar y nos despidió prometiéndonos que entregaría el documento al Santo Padre y que nuestras opiniones serían tomadas en cuenta.

Amén, dijimos los cuatro en nuestros corazones. Durante cada día de nuestro peculiar peregrinaje, asistimos a misa y, cada vez que se podía, la misa la celebraban el P. Federico y el P. Menéndez. En nuestro tiempo libre, no hubo basílica que no escuchara nuestra oración. Nos portamos tan bien, que era como si Monseñor Román estuviera con nosotros. Así se lo dije, y él se rió mucho, cuando, al día siguiente de nuestro regreso a Miami, tuve que contarle paso por paso el desarrollo de nuestra misión en la capital del catolicismo, a pesar de que él ya lo sabía todo por Federico y José Luis. Pero le gustaba escuchar la historia, preguntar y hacer observaciones.

Cuando partimos para Roma, iba cobrando calor en Miami una nueva polémica, esta vez por un barco crucero que la Arquidiócesis quería utilizar para transportar a Cuba a centenares de peregrinos del sur de la Florida que supuestamente participarían en las actividades del Papa durante la visita de éste a la Isla. Le pregunté a Monseñor y su rostro se ensombreció un poco. –*«Eso está encendido»* –me dijo. –*«Y usted, ¿cómo se siente?»* –le pregunté. –*«Bien, bien...* –me contestó– *Mucho trabajo, pero, bien»*... Sin embargo, algo en su expresión me decía lo contrario. No todo andaba bien.

# 67. ¿Quo non vadis, Monseñor?

Además de su preocupación por la cuestión del crucero, Monseñor estaba sintiendo la presión de algunos personajes de variado rango e influencia dentro de la Iglesia que le insistían para que él fuera a Cuba con motivo de la visita papal.

Entendían los que así pensaban que esto sería una contundente muestra de unidad en torno al Papa y a la Iglesia cubana, algo que fortalecería la posición del Vaticano en sus negociaciones con el régimen y contribuiría a suavizar las críticas que se hacían al propio Vaticano y a la jerarquía cubana por lo que muchos consideran sus débiles posiciones, sobre todo las asumidas a partir de finales de los años 60, ante los desmanes de la dictadura contra su propio pueblo.

Por su parte, Monseñor era completamente sincero cuando decía respetar a los cubanos exiliados que viajaban a la Isla por algún motivo válido, familiar o de otra índole, y así pues, alentaba a los que querían hacerlo, a ir a Cuba y participar en las actividades del Papa. De igual manera, era muy sincero también al decir que no había contradicción entre esto, y su negativa personal a visitar Cuba mientras gobernase allí la misma dictadura culpable de su expulsión de la Isla en 1961. No era una cuestión de rencor o soberbia. Era, según él lo veía, que alguien de responsabilidad dentro de la Iglesia tenía que estar junto a los muchos católicos a los cuales se les impedía entrar de nuevo a Cuba y al lado de muchos otros que entendían que su renuencia a regresar constituía una viva denuncia de la situación allí imperante.

Por otra parte, él no quería ser utilizado, directa o indirectamente, como muestra de "cuánto han mejorado las cosas en Cuba, que hasta los que una vez fueron forzados a irse del país, ahora pueden regresar sin problemas" y por esto resistía firmemente las exhortaciones para que volviera a Cuba por la visita del Papa.

Su posición en cuanto a esto se había hecho un tanto vulnerable desde que, en 1987, alguien a quien él amaba y respetaba mucho, alguien a quien él ponía como ejemplo de obispo y de cubano,

Monseñor Eduardo Boza Masvidal, había regresado a Cuba para ver a sus hermanas, muy ancianas, e, incluso, había visitado allí a los presos de la cárcel Combinado del Este, en La Habana. Boza había anunciado que volvería de nuevo a Cuba para acompañar a Juan Pablo II en su peregrinación.

Los que presionaban a Monseñor Román, utilizaban aquellas decisiones de Boza como argumentos de fuerza para hacerlo cambiar de opinión. Él, no obstante esto, resistía y lo hacía astutamente, sin permitir que nadie lo enfrentara con su amigo, mentor y ejemplar pastor del pueblo cubano.

En julio de 2001, grabando conmigo para ésta, su biografía, Monseñor decía:

–«*Entre tantos obispos, hay un obispo que yo he admirado muchísimo y es Monseñor Eduardo Boza Masvidal... Yo siempre veía en aquel hombre la humildad tan grande, la bondad tan grande, yo creo que fue extraordinario para mí y para todos los que lo conocimos... yo me confesaba con él, y además de eso, iba a comulgar allí casi siempre, a su parroquia de La Caridad, antes de entrar al Instituto de La Habana. Yo siempre vi a este hombre como un ejemplo sacerdotal. Después lo hicieron obispo, después lo expulsaron en el mismo barco en que me expulsaron a mí, o a mí me expulsaron en el mismo barco que lo expulsaron a él. Después, él ha seguido ese recorrido del exilio que yo creo que ha sido como un profeta, el hombre que ha guardado, y ha servido a su pueblo y ha llevado el consuelo, y ha dado la orientación a su pueblo durante todos estos años.*

–«*Para mí, Monseñor Boza es un ejemplo, un hombre realmente santo, y con unos principios muy fuertes. Hay veces que yo no estoy de acuerdo completamente, tal vez, en algunas cosas, pero pienso que si Monseñor Boza regresó a Cuba dos veces, puede regresar diez veces, porque antes de regresar, él decía "no rechazo nada, pero absolutamente nada, de lo que he escrito, ni de lo que he dicho, y cuando regrese de Cuba, tendré que decir la verdad de todas las cosas". Y así lo ha hecho. Creo que Mons. Boza ha sido un ejemplo para todos nosotros*».

Quise abundar en este tema para que quede despejada cualquier duda sobre su posición, o si ésta cambió con el tiempo. Pregunté específicamente sobre esto a varios sacerdotes entre aquellos que habían sido muy cercanos a Monseñor:

Padre Juan Sosa: –«Después que yo vi que Monseñor Boza regresó a Cuba... yo le pregunté a Monseñor Román: –"Monseñor, ¿por qué tú no vas a Cuba, no por la visita del Papa, si no en otro momento, si te invitasen?"... Él me contestó en una frase muy corta, que me calló la boca, por decirlo así: –*"Porque alguien se tiene que quedar representando a aquellos que no pueden entrar en Cuba, aquellos a los que no les dan permiso para entrar"*... Esa frase a mí no se me ha olvidado.... –*"Alguien de la Iglesia se tiene que quedar representando a quienes no les dan permiso para entrar en Cuba"*.

–«Yo creo que sí, que él veía eso como parte de su vocación. Ya él era como un símbolo... un símbolo de aquellos que no podían entrar. Él ya tenía la auto-conciencia de que él representaba a un pueblo. Él sabía, antes de morir, que él era un símbolo».

Padre Federico Capdepón: –«Él estaba bien claro en todo eso. Él era un hombre moderno, un hombre con los pies en la tierra. Él se enfrentaba, aunque nadie lo sepa, a la realidad. Yo siempre lo admiré por su postura política en cuanto a Cuba. Lo que él decía era –*"A mí me sacaron, yo no regreso. A mí me sacaron –*y lo sacaron por el barco famoso– *y yo no regreso hasta que las cosas cambien"*».

El padre Alberto Cutié, hoy sacerdote episcopal, compartía semanalmente con Monseñor Román en Radio Paz: –«Monseñor Román no regresó a Cuba, no porque él no quisiera regresar: él se sentía, sobre todo, pastor del exilio y creo que él tomó esa posición fuerte, y la posición era "yo me quedo con mi gente, y si mi gente no va a regresar hasta que aquello cambie, yo tampoco voy a regresar"... Monseñor tenía eso... él era un exiliado, a él lo exiliaron de la forma más cruel, y yo creo que él siempre se sintió como que él tenía, espiritualmente, que acompañar a este pueblo, él era el buen pastor, y como buen pastor, no iba en contra de sus ovejas».

Padre Juan Rumín Domínguez: –«Monseñor Román siempre fue muy respetuoso con las diferentes opiniones sobre la solución a los problemas de Cuba, pero él mantuvo siempre su testimonio; él fue anticomunista siempre, hasta el momento en que murió. Querer ver en Monseñor Román alguna evolución hacia otro tipo de pensamiento, yo no lo vi. Yo vi que él fue anticomunista hasta el final, en su decisión de no regresar allí hasta que Cuba fuera libre, no por odio, no por rencor, sino por una convicción personal. Él me dijo a mí: – *"Yo quiero ser un testimonio... a mí no me preocupa que vayan allá, yo no critico eso; yo puedo ir a despedirlos al aeropuerto y puedo ir a recibirlos, yo no tengo ningún problema con eso. Simplemente, yo quiero ser un testimonio de lo que hicieron los comunistas para que eso no se repita"»*.

Pregunté también a alguien que gozaba de su absoluta confianza, su médico y amigo, el Dr. José Joaquín Centurión: –«Monseñor jamás me indicó que estuviera dispuesto a cambiar su posición de no ir a Cuba. Él me infundió a mí los mismos pensamientos de Varela y hay que estar muy claro en eso: él nunca cambió en eso, era el pensamiento de Varela, el pensamiento de Monseñor Román y lo admiro muchísimo por eso».

Aquellas presiones sobre Monseñor Román para que él fuera a Cuba durante la presencia allí de San Juan Pablo II, se atenuaron muchísimo gracias, nada menos, que a la dictadura de los Castro. El 11 de diciembre de 1997, poco más de un mes antes de la llegada del Papa a Cuba, el periodista Juan Tamayo publicaba en el diario *El Nuevo Herald*: «Fuentes del Vaticano dicen que La Habana ha expresado su oposición a permitir que cuatro funcionarios de la Iglesia Católica que están actualmente en el extranjero –dos sacerdotes, un obispo auxiliar y un cardenal– viajen a Cuba para estar junto al Pontífice durante la visita que hará a Cuba, del 21 al 25 de enero».

Los cuatro «indeseables», de acuerdo a las informaciones, eran el cardenal nicaragüense Miguel Obando y Bravo, que era en aquellos tiempos la figura más destacada en la lucha de su país contra el sandinismo; los sacerdotes cubanos Francisco Santana, quien se destacaba en la lucha del exilio cubano contra el régimen castrista; el también sacerdote cubano Miguel Ángel Loredo, que había cumplido diez años como prisionero político en Cuba y... Monseñor Agustín Román.

La información de *El Nuevo Herald* terminaba con palabras de «un funcionario de la Iglesia cubana» cuyo nombre no se dio, el cual decía: –«Nada de esto parece bien... Más bien parece que será Castro el que decida quien asistirá a la misa papal».

Monseñor se libró un tanto entonces de las presiones eclesiásticas para que volviera a Cuba, presiones que regresarían más tarde en su vida. De lo que no pudo librarse fue del juicio temerario de los que no entendían, ni hacían esfuerzo alguno por tratar de entender su posición, que era también la de la mayor parte del exilio cubano. El Dr. Rafael Peñalver, su abogado y amigo, fue testigo excepcional de esto:

–«Nadie calcula la fortaleza, la seguridad interna, de Monseñor Román. Hubo dos o tres ocasiones en las que yo estuve presente, que pusieron de manifiesto esa fortaleza interna. Una de ellas fue cuando el Papa Juan Pablo II fue a Cuba y se le puso a Monseñor una presión tremenda para que él fuera a Cuba, y él, contra viento y marea, dijo que él no podía regresar a Cuba, de donde lo habían expulsado a él, mientras persistiera allí la misma situación de cuando él fue expulsado.

–«Aquella presión –continúa Peñalver– venía de los jerarcas de la Iglesia de Estados Unidos, del Vaticano... tanto, que un día él me confesó que, para él, la Iglesia no era la Secretaría de Estado del Vaticano: –*"No, Ralph, la Secretaría de Estado es un órgano de estado, como la tienen todas las naciones, pero eso no es la Iglesia"*».

Lo anterior lo pudo comprobar el propio Dr. Peñalver, estando en París, el 14 de julio de 2010, en un acto en el que se honraba con la Legión de Honor a Monseñor Nicolás Tehvenin, un miembro del servicio exterior del Vaticano. Peñalver pudo escuchar allí cómo un prelado que había sido Nuncio en Cuba tuvo expresiones muy peyorativas sobre Monseñor Román por la negativa de éste a visitar la Isla durante la visita del Papa, acusándolo de egoísta, y de poner su orgullo por encima del bien de Cuba y el de la Iglesia.

Claro está que Monseñor no tenía tiempo de preocuparse de juicios semejantes, ni pretendía «caerle bien» a todo el mundo. A él, como hombre de fe, no le interesaba tanto la opinión de los diplomáticos del Papa, como la del Jefe del Papa.

Como ya se ha dicho, su decisión en cuanto a este tópico de regresar o no a una Cuba sometida aún por el castrato, no cambió nunca. En un vídeo biográfico de Monseñor Román, propiedad de la Arquidiócesis de Miami, que puede ser visto en internet en https://youtu.be/F7bcirytNJU, y del cual no aparece fecha de filmación, pero es ostensible que ésta ocurrió en los tiempos finales de la vida del Pastor del Exilio, él se expresa categóricamente, diciendo:

–«*Yo quisiera regresar a Cuba, pero a trabajar, no como turista. Si me hubieran dado la oportunidad de regresar, pero para trabajar en cualquier parte de Cuba, yo hubiera ido. Yo no pedía nada más que ser sacerdote en Cuba, trabajar en Cuba... Sería muy fácil regresar como un turista, pero no sería honesto y yo daría un mal ejemplo a los comunistas. Yo quisiera, hasta el final de mi vida, decirle a los comunistas que eso no se hace, para que no lo repitan otra vez.*

–«*Las puertas se cerraron para mí durante años y todavía están cerradas. La visita a Cuba sería el callarme y no denunciar. Yo creo que un profeta no puede callarse. Si un profeta se calla, verdaderamente no es profeta y un cristiano tiene que ser profeta*».

Queda claro pues, que Monseñor Román no varió nunca en su decisión de no visitar Cuba mientras imperase allí el régimen castrista. Él entendió siempre que su exilio era una denuncia viva contra ese régimen. Mientras tanto, el crucero...

# 68. El crucero que no cruzó

La iniciativa de disponer de un barco crucero que, zarpando de Miami, llevaría a Cuba a un millar de peregrinos, según se calculaba, para participar en las actividades del Papa allí, parece haber sido, originalmente, del entonces Director de Cáritas-Miami, el padre Thomas Wenski. El Arzobispo Favalora la acogió con beneplácito y la misma se dio a conocer como parte de los planes de la Arquidiócesis de Miami respecto al acontecimiento religioso que comenzaría en la Isla el 21 de enero de 1998.

Recordemos que Wenski, a quien muchos describen, para su crédito, como un cura «polaco-haitiano-cubano-americano», políglota, trabajador, conservador, testarudo, dado a la caridad, «miamense aplatanado», e inmerso en la problemática cubana y, dentro de ésta, en la situación de la Iglesia allí, se había incrustado aún más en todo ello tras el rol protagónico que había desempeñado pocos meses antes, a raíz del paso por Cuba del huracán Lili y la subsiguiente controversia sobre el envío de ayuda humanitaria allá por parte del exilio.

La idea del crucero provocó reacciones mixtas, mayormente adversas, entre los católicos del sur de la Florida, particularmente entre los cubanos. Mientras unos argumentaban que una avalancha de católicos de Miami llegando a Cuba y tomando parte en la visita papal sería una prueba visible de inmenso apoyo al Papa y a la Iglesia; otros, los más, aducían que sería contraproducente, pues enviaría al mundo un mensaje contradictorio, con frívolas connotaciones y un negativo simbolismo.

Los razonamientos de los que nos oponíamos a la idea eran varios, tanto de orden práctico como de índole sentimental. Un crucero a Cuba daría una impresión de «normalidad» en la Isla que no se conformaba con la realidad y minaría la credibilidad de nuestras denuncias sobre la tiranía. Esto, a su vez, tendría implicaciones políticas que ayudarían a la legitimación y aceptación internacional de la dictadura. Por otra parte, era prácticamente imposible despojar a una travesía en un crucero de su carácter festivo y sería ofen-

473

sivo hacer esto en las mismas aguas del Estrecho de la Florida donde tantos cubanos han dejado sus vidas en su búsqueda de libertad.

A Monseñor Román este asunto lo ponía en una difícil encrucijada. Sobra decir que él entendía y compartía en mucho los argumentos en contra del crucero. Por otra parte, él no asumiría nunca una posición contraria a una decisión del Arzobispo. Y fuera lo que fuera, era él quien tenía que dar la cara a sus cubanos exiliados.

Por otra parte, Monseñor sentía gran afecto y admiración por el padre Wenski, a quien él conocía desde que el joven «vivo, rubio y colorao» era seminarista, y no quería manifestarse él en ningún sentido que pudiera dañar la iniciativa de éste, ni menoscabar su posición como director arquidiocesano de Cáritas.

Además, se trataba de... ¡otra controversia! entre cubanos, cubanos católicos en pugna con la Iglesia jerárquica, mientras «los enemigos» aprovechaban para su constante «siembra de cizaña». Había momentos en los que él se sentía abrumado por tantas discusiones y entonces no bastaba su rosario mañanero, y la misa diaria, y la Liturgia de las Horas, y el Ángelus tres veces al día... –*«Hay que orar mucho»*... repetía cuando las controversias se acaloraban y él lo hacía. En la oración encontraba la paz que se reflejaba en su sonrisa, más allá de las circunstancias.

Recordemos que hablamos de una época en la que yo tenía una constante presencia en la radio en español de Miami y un activismo de vieja data en algunas organizaciones del exilio, además de mi conocida militancia católica. Todo esto me situaba, quieras que no, en medio de las polémicas que se suscitaban en nuestro entorno. Yo me esforzaba en aclarar siempre que mis opiniones eran opiniones personales mías y de nadie más, ni siquiera de las empresas para las cuales trabajaba, pues me gustaba subrayar mi independencia y no deseaba comprometer a nadie con mis expresiones, especialmente a Monseñor Román, pues mis vínculos con él eran bien conocidos. Es por esto, repito, que en el curso de esta autobiografía/biografía tengo en ocasiones que referirme a mí mismo para poder contar hechos relevantes de la vida de nuestro santo

474

obispo, en el contexto en que yo los viví junto a él, e incluso otros, en los cuales no tuvo él participación directa, pero ayudan a entender mejor las circunstancias en las que él se desenvolvía en determinados momentos.

Yo andaba en los preparativos del viaje al Vaticano para presentar el mensaje de los católicos cubanos exiliados al Papa, algo que logramos mantener en secreto a pesar de que no era muy pequeño el grupo de los involucrados. Pero, el calor que iba tomando la discusión sobre el barco crucero me obligaba a prestarle atención al caso, ya que era noticia de permanente importancia en nuestros espacios radiales. Además, yo temía que cuestiones colaterales como ésta, desviaran la atención de nuestra gente de lo que era fundamental en aquellos momentos, que era la presencia del Santo Padre en Cuba y lo que diría él allí a nuestro pueblo y a la dictadura, que era lo que debíamos tratar de influir. A mi entender, había que liquidar el asunto del crucero.

Así pues, se me ocurrió tratar de hablar en privado con el padre Wenski, que era la voz más sonora en la promoción y defensa de la peregrinación naval. El propósito era disuadirlo, hacer que se cambiara al transporte aéreo para llevar a los peregrinos de Miami y acabar la polémica al respecto. Invité al director general de la radioemisora (WQBA, La Cubanísima), Agustín Acosta, a acompañarme, lo cual él aceptó gustoso.

Agustín y yo pensábamos que el hecho de que la emisora y sus periodistas habían llevado la voz cantante en defensa del envío de ayuda a los damnificados de Lili en Cuba, en apoyo a la Iglesia, a Cáritas y al propio padre Wenski, a pesar de las críticas y amenazas que habíamos recibido por ello, nos proporcionaba cierto ascendiente para que él prestara atención a nuestros argumentos, pues él sabía que éramos amigos, aunque en este caso no pensábamos igual.

Queriendo pisar terreno firme, decidimos no hacer nada hasta poder tener una buena idea sobre nuestras posibilidades de ser escuchados. Acudí, pues, a Monseñor, le conté los planes de reunirnos con el padre Wenski y le pedí su opinión. Monseñor me animó a proceder. –«*Tom... el padre Wenski es muy bueno y yo* *estoy seguro de que él quiere que este lío se acabe... –*me dijo. *Seguro que él los recibe y los escucha de buena gana, llámenlo».* Llamamos al padre y él rápidamente nos dio la cita. Nos reunimos Agustín, él y el que esto escribe, el 28 de mayo de 1997. Estuvimos conversando poco menos de una hora. Wenski nos escuchó amablemente, nos expuso su pensamiento: él creía que los aspectos positivos que él veía en el proyecto del crucero superaban cualquier percepción negativa que el mismo pudiera proyectar y no creía que el rechazo de la feligresía cubana fuese tan masivo y enérgico como nosotros decíamos. Agustín y yo nos dimos cuenta de que el dinámico director de Cáritas-Miami estaba determinado a seguir adelante con su idea. Nos despedimos amigablemente y yo me quedé con la impresión de que el padre tomaba el asunto como algo personal.

Así pues, me fui para Roma junto con Germán Miret y los padres Federico y José Luis. Al regresar, 20 días después del encuentro con el padre Wenski, me enteré que el asunto del crucero estaba *«encendido»,* según lo describía Monseñor.

No obstante la tensión que envolvía al Miami católico, el 29 de junio de aquel año Roma anunciaba que el Santo Padre había designado dos nuevos obispos auxiliares para Miami. Uno era un sacerdote cubano de respetable trayectoria en el servicio a la Iglesia, el padre Gilberto Fernández. El otro, para sorpresa de nadie, era el padre Thomas G. Wenski.

Para Monseñor Román fue una gran alegría la elección del padre Wenski al episcopado y la comunidad católica miamense, de todas las procedencias étnicas, vio con complacencia su promoción. Los cubanos no nos quedamos atrás: Wenski era un amigo, había aprendido español para poder evangelizar mejor entre nosotros, alguien que nos entendía, aunque no siempre viéramos las cosas de igual manera, alguien que compartía nuestros deseos y esperanzas sobre Cuba y un buen servidor de la Iglesia. Además, entendíamos los más, su labor como sacerdote bien que merecía el reconocimiento que su elección entrañaba.

El sábado siguiente, 5 de julio, celebrábamos en la Ermita un nuevo aniversario de la ordenación sacerdotal de Monseñor y él, en su acción de gracias, las dio no sólo por su sacerdocio, sino también por el llamamiento al episcopado de los padres Fernández y Wenski, hablando elogiosamente de ambos: –«*Tenemos que orar por ellos*» –dijo. –«Tenemos que orar por ellos», me repitió al final de la misa una buena amiga matancera, integrante del coro de la Ermita. –«Tenemos que orar por ellos... que la mitra no les haga daño»... Era lo que ella decía, un tanto socarronamente, al tiempo que se persignaba, siempre que nombraban un obispo nuevo para Cuba o para Miami.

La elección del padre Wenski no hizo amainar la acalorada controversia sobre el crucero, En agosto, lo "encendido" del debate provocó que Monseñor diera a la opinión pública unas concisas e inusualmente enérgicas declaraciones defendiendo la proyectada visita del Papa a Cuba y pidiendo igual respeto para los que querían viajar a la Isla por la ocasión y para los que decidían no ir:

–«*No hay derecho a confundir una peregrinación religiosa de tan alta y legítima motivación, con el frívolo turismo que practican algunos en Cuba, de espaldas a las tristes realidades que vive la nación*» –decía Monseñor en su mensaje. De paso, pero sin mencionarlo directamente, trataba de apaciguar en algo la disputa por lo del crucero: –«*No hay, en el momento presente, planes definitivos en la Arquidiócesis de Miami para peregrinaciones a Cuba con motivo de la visita papal, ya que todo ello depende de las especiales circunstancias que rodean la misma. Si esas peregrinaciones fuesen finalmente posibles, los detalles para los interesados serán dados a conocer oportunamente*». («Sobre las posibles peregrinaciones a Cuba con motivo de la visita a la Isla de S. S. Juan Pablo II», 20 de agosto de 1997")

No obstante, la Arquidiócesis seguía adelante con el proyecto del crucero. En su edición del 17 de octubre de 1997, *La Voz Católica* informaba que «La Arquidiócesis de Miami abrió el proceso de reservaciones para la peregrinación en barco»... y agregaba que sólo el primer día se habían hecho «más de 500 reservaciones», cifra que algunos consideraron un error de imprenta... Consecuentemente, la polémica no daba tregua. Y Monseñor en el medio.

Unos pocos opinantes de la radio, le pedían que «hablara claro» al respecto, y él lo hacía, aunque algunos no escuchaban:

De acuerdo con otra edición del periódico de la Arquidiócesis: «Monseñor Román... piensa que hay que ir a apoyar a la Iglesia de Cuba, aunque en su caso ha tomado la opción de no volver». –*«Hay que tener una actitud de denuncia, ser un símbolo profético, frente a gobernantes que expulsan a ciudadanos porque no piensan como ellos... No se puede expulsar a un sacerdote, el sacerdote debe morir al lado de su pueblo en las buenas y en las malas»*. Y, en otra parte de la información: –*«Yo me quedaré aquí unido a la peregrinación. Estaré rezando todo el tiempo»*. Sobre la interminable polémica: –*«El fanatismo cierra a la verdad y hay posiciones que no admiten la verdad. Ojalá que podamos salir del fanatismo marxista y antimarxista y permanecer en la línea de la verdad evangélica»*.

Con cada bando en sus trece, la controversia que, en el mes de junio Monseñor me describía como *«encendida»*, ya para diciembre, un mes antes de la llegada de Juan Pablo II a Cuba, estaba al rojo vivo. Esto se vivía, con un alto grado de tensión dentro del propio arzobispado de Miami. Elvira González, entonces secretaria de Monseñor Román, recuerda aquellos días:

–«Recuerdo como si fuera ahora que hubo una reunión en el atrium del Centro Pastoral... estaban Monseñor Favarola, Monseñor Román y muchos sacerdotes. Monseñor Favarola dijo que tenía que consultar con el Espíritu Santo para ver si el crucero se daba o no. Monseñor Román dijo muy clarito, muy sencillo: – *"Yo vine a este país, este país me ha acogido, me ha abierto las puertas, pero, yo vine porque fui expulsado por los que están en Cuba todavía, los que continúan allí, luego yo no tengo que ir a buscar nada allá. Yo no juzgo al que quiera ir, pero yo no voy"*. Todos los empleados del Centro Pastoral lo aplaudieron, porque, en realidad, nos sentíamos que lo del crucero era como un bofetón a nosotros los cubanos».

El 16 de diciembre (1997) la Concertación Cívica Cubana, una alianza de organizaciones del exilio y prominentes líderes cívicos de Miami, envió una carta al Arzobispo en la cual calificaba el proyectado crucero a Cuba como "un grave error". Y añadía: «En vez de unirnos en una causa común estamos viendo el dolor y la división creada por la decisión de la Arquidiócesis de auspiciar un crucero que muchos católicos cubanos, tanto en Cuba como en el exilio, consideran ofensivo. Necesitamos alzar nuestras voces en oposición a este crucero». La misiva, en la que se pedía una reunión con el Arzobispo para hablar sobre el espinoso tema, estaba firmada por decenas de conocidos dirigentes del exilio, muchos de ellos católicos prominentes.

La reunión tuvo lugar dos días después, en las oficinas de la Arquidiócesis, la Cancillería, o Arzobispado, como tradicionalmente se les llama. Los tres obispos auxiliares, Román, Wenski y Fernández, el entonces Canciller, Monseñor Tomás Marín y otros asistentes del Arzobispo acompañaron a éste, mientras que los representantes de la Concertación Cívica Cubana sumaban una decena, entre ellos, Carlos Arboleya, Diego Suárez, Carlos Saladrigas, Adolfo Henríquez y el Dr. Rafael Peñalver.

El encuentro no fue nada aburrido. Tanto el Arzobispo como Monseñor Wenski reiteraron sus puntos de vista y lo mismo hicieron los representantes de la Concertación. Los dos obispos cubanos, Román y Fernández, no intervinieron mucho en la conversación, al terminar la cual, uno de los participantes de parte de la Concertación, el empresario Diego Suárez, expresó: –«Estimamos que el Arzobispo entendió nuestros puntos de vista. Está pensando dos veces antes de ir adelante con el crucero». (*El Nuevo Herald*, 19 de diciembre, 1997)

Al día siguiente reseñaba el periodista Ariel Remos, en el *Diario Las Américas*, unas declaraciones del Arzobispo Favalora: –«Tras una cuidadosa reflexión en la oración y tomando en consideración el propio bien pastoral de la Iglesia en Miami, he decidido cancelar el barco crucero y llevar la peregrinación a Cuba por otras vías. Una vez más, animo a todos los fieles de la Arquidiócesis de Miami a rezar por el éxito de la visita de nuestro Santo Padre a nuestros hermanos y hermanas en Cuba».

La calma volvió al Miami nuestro al menos por unos días. El crucero no cruzó, pero, aun así, dejó tras de sí una estela de sentimientos heridos. Monseñor se sintió aliviado al ver que la cruda polémica llegaba a su fin, pero se lamentaba de que era una amarga situación que podía haberse evitado si hubiera habido la voluntad de escuchar.

La vida continuaba. Teníamos el Adviento encima y había que prepararse para la intensa temporada litúrgica, urgía Monseñor a los miembros de la Cofradía. Todos nos asimos a la modesta esperanza de una Navidad en paz... Paz en la tierra a los hombres de buena voluntad... la que queríamos que el Papa llevara a y encontrara en Cuba. Contábamos los días para su llegada a la Isla. Contábamos con Cachita para que todo saliera bien.

## 69. San Juan Pablo en Cuba, Román en Miami

El avión que llevaba a Juan Pablo II a Cuba partió del aeropuerto Fiumicino, de Roma, el miércoles 21 de enero de 1998, a las diez de la mañana y arribó al aeropuerto José Martí de La Habana tal como estaba planeado, a las cuatro de la tarde de ese mismo día, un trayecto de doce horas.

Una muy nutrida comitiva formada por clérigos de la Curia y autoridades civiles de Italia lo despidió en la Ciudad Eterna. Entre ellos, el Arzobispo Jean Louis Tauran, Secretario para las Relaciones con los Estados, aquel a quien habíamos entregado el Mensaje de Cubanos Católicos Exiliados al Papa, en cuyas observaciones y sugerencias estaba la impronta de Monseñor Román. Curiosamente, el Cardenal Tauran falleció el 5 de julio de 2018, aniversario del día en que, cincuenta y nueve años atrás, Monseñor Román era ordenado sacerdote en Colón, Matanzas.

Al llegar a Cuba en una esplendorosa tarde habanera, le esperaban para darle la bienvenida todos los obispos de la Isla, el cardenal Jaime Ortega, un número de funcionarios del Ministerio de Relaciones Exteriores y del Departamento de Asuntos Religiosos del Partido Comunista. Y Fidel Castro, muy serio, y de cuello y corbata.

La presencia del papa polaco en Cuba marcó un antes y un después en cuanto a la expresión de la religiosidad en la Isla bajo el régimen castromarxista y, salvo a aquellos que esperaban lo que no era dable esperar, su decir y su actuar en «la más fermosa» dejó complacida, sino ciento por ciento satisfecha, a la mayor parte de los cubanos exiliados, particularmente a los católicos.

¿Qué esperaba Monseñor Román de aquella peregrinación, qué deseaba él que sucediera, qué le pedía a Dios? Para contestarnos estas preguntas no tenemos que especular, ya que él mismo nos respondió por anticipado. En uno de sus más bellos escritos, y con un lirismo que sólo se da en los corazones de los que son poetas, pero no lo saben, Monseñor escribió su «Oración ante la visita de S. S. Juan Pablo II a Cuba», fechada el 15 de enero de 1998, y publicada por aquellos días.

Así hablaba con Dios el Pastor del Exilio en vísperas del gran acontecimiento: *–«¡Bendice y guía al Pastor de tu pueblo para que su prédica y sus acciones estén iluminadas por el fuego vivo del Espíritu Santo, para que su palabra sea tu palabra y no caiga entre las piedras y las zarzas, sino en terreno fértil; fértil como la tierra dadivosa con que bendijiste a nuestra isla!.. Que, si bien físicamente el Papa no podrá estar en todos los rincones del país, su espíritu de pastor y poeta vea en él la magnificencia de la Creación y perciba desde la mansa quietud de las vegas pinareñas hasta el exuberante despliegue de las montañas orientales, desde el palpitar histórico de nuestra capital hasta la inmensidad de las sabanas camagüeyanas; desde el canto del mar en las playas matanceras, hasta el verdor infinito de los cañaverales villareños.*

*–«Que el Papa pueda percibir también, junto a tanta belleza, el dolor inmenso que impregna cada porción del territorio cubano, donde no hay ciudad sin mártires, ni paisaje sin cárceles, ni barrio sin tristeza, ni familia sin heridas; donde no hay hombre, mujer, ni niño sin necesidad de ti: los que te conocen para crecer en su fe, heroicamente probada; los que no te conocen, para encontrar camino, verdad y vida allí donde los caminos han sido erróneos, donde la verdad está secuestrada y donde la vida depende del capricho de unos pocos.*

*–«Que su presencia en Cuba sea fuente de consuelo, solidaridad y estímulo para tu iglesia, que ha resistido el duro embate del huracán marxista con indoblegable fidelidad al Pastor Universal, que, entre luces y sombras, siempre se ha prendido a ti, Señor, única luz que puede alumbrar a los hombres. Que sus obispos y sus sacerdotes, sus diáconos, religiosos y religiosas, sus laicos comprometidos y todo tu pueblo, reciban el impulso arrollador de la fe y del compromiso de Juan Pablo II, probado él también en la persecución y en el dolor.*

*–«Que pueda volver la mirada también sobre los mares, a los hijos de este pueblo que hemos sido desterrados y estamos hoy esparcidos por la redondez de la Tierra. Nosotros también necesitamos sanación, Señor, pues el odio y la incomprensión*

*también descargan sus zarpazos entre nosotros. Que entendamos todos que junto con la libertad y la justicia, tenemos que buscar la reconciliación como fundamento reconstituyente de la fraternidad que fue prenda definitoria de nuestro pueblo y sin la cual la palabra patria pierde su sentido.*

*—«Que el Mensajero de la Verdad y la Esperanza pueda cumplir su misión. Que pueda proclamar la verdad sobre ti, verdad única; la verdad sobre el ser humano, sobre su inviolable dignidad de criatura privilegiada del Padre, y la verdad sobre tu iglesia, instrumento de salvación. Que pueda comunicar la esperanza a nuestra nación, la esperanza real que tiene en ti su fuente, para que nunca más la pongamos en un hombre o en una ideología».*

Los ruegos de Monseñor parecían hallar respuesta en las palabras del Papa y en la reacción del pueblo que, abarrotaba las misas en Santa Clara, Camagüey, Santiago de Cuba y La Habana. Así, la homilía del Pontífice en Santa Clara, centrada en la familia, parecía recoger de alguna forma, casual, pero cierta, el énfasis del Capellán de la Ermita al predicar sobre la «Noche Familiar». Las exhortaciones del Papa en Camagüey, dirigidas a los jóvenes, tenían que sonar muy familiares a los miles de jóvenes miamenses que alguna vez hicieron un retiro en el «Youth Center» y Monseñor «se dejó caer» por allá para hablar con ellos; las palabras del Sucesor de Pedro sobre la Virgen de la Caridad, al coronar su imagen al pie de las montañas santiagueras, tenían los mismos timbres de sincera devoción y las mismas referencias históricas que todo Miami había escuchado antes de su obispo en la Ermita de la Caridad. Era, quizás, una criolla ratificación de la doctrina paulina: «un solo Señor, una sola fe, un solo bautismo, un solo Dios y Padre de todos». *(Efesios 4/ 5-6)*

Algo que mucho tocó el cubano corazón de Monseñor, fueron las expresiones del Santo Padre en La Habana, en la Plaza Cívica, pronunciadas sin titubeo alguno en presencia del dictador Fidel Castro, allí presente. Recordemos:

–«*El Espíritu del Señor me ha enviado para anunciar a los cautivos la libertad... para dar libertad a los oprimidos*» (*Lc* 4, 18). La buena noticia de Jesús va acompañada de un anuncio de libertad, apoyada sobre el sólido fundamento de la verdad: «*Si se mantienen en mi Palabra, serán verdaderamente mis discípulos, y conocerán la verdad y la verdad los hará libres*» (*Jn* 8, 31-32). La verdad a la que se refiere Jesús no es sólo la comprensión intelectual de la realidad, sino la «*verdad sobre el hombre* y su condición trascendente, sobre sus derechos y deberes, sobre su grandeza y sus límites. Es la misma verdad que Jesús proclamó con su vida, reafirmó ante Pilato y, con su silencio, ante Herodes; es la misma que lo llevó a la cruz salvadora y a su resurrección gloriosa» –dijo el Papa.

Y agregó: –«La conquista de la libertad en la responsabilidad es una tarea imprescindible para toda persona. Para los cristianos, la libertad de los hijos de Dios no es solamente un don y una tarea, sino que alcanzarla supone un inapreciable testimonio y un genuino aporte en el camino de la liberación de todo el género humano. Esta liberación no se reduce a los aspectos sociales y políticos, sino que encuentra su plenitud en el ejercicio de la libertad de conciencia, base y fundamento de los otros derechos humanos. El Papa es libre y nos quiere a todos libres».

Esas palabras del Papa y la multitudinaria voz de los cubanos allí congregados que, inspirados por él, respondían en coro estremecedor «¡Libertad, libertad!», vibraban en el corazón del exilio cubano y quizás como en ningún otro, en el enfermo, pero siempre alegre corazón de Monseñor, próximo entonces a cumplir sus 70 años de vida. Que el Papa repitiera sin cesar, durante su estancia en Cuba, –«¡No tengan miedo!... ¡Abran sus corazones a Cristo!»... era, para él, la prueba más evidente de que el Papa había diagnosticado acertadamente el mal que aplasta a los cubanos.

Pero, por si así no hubiera sido hasta entonces, la salutación dirigida al Santo Padre por el entonces Arzobispo de Santiago y Primado de Cuba, Monseñor Pedro Meurice, antes de comenzar la inolvidable Eucaristía en la Plaza Antonio Maceo de la capital oriental, mostró ante el Pontífice y ante el mundo el corazón del pueblo cubano.

El «León de Oriente» como algunos llamaban al prelado santiaguero, hablando en el mismo tono que debió haber tenido la voz del Bautista cuando preparaba los caminos de Señor, aclaró cualquier duda sobre Cuba y sus angustias que pudiera haber tenido el Peregrino que de Roma venía. El periodista Mauricio Vicent, que fuera durante muchos años corresponsal en Cuba del periódico español El País, recordaba aquel discurso de Monseñor Meurice en una crónica que publicó el 31 de julio de 2011, con motivo de la muerte de éste, diez días antes:

«Meurice –decía Vicent– fue encargado de hacer la presentación de la misa que el Pontífice ofreció, la mañana del 24 de enero de 1998 en la plaza de la Revolución de Santiago ante cientos de miles de personas, en presencia del entonces ministro de las Fuerzas Armadas y hoy presidente de Cuba, Raúl Castro. Nadie de los que estábamos allí esperaba lo que sucedió al comenzar la ceremonia. Meurice se dirigió así a Juan Pablo II: "Deseo presentar en esta eucaristía a todos aquellos cubanos y santiagueros que no encuentran sentido a sus vidas, que no han podido optar y desarrollar un proyecto de vida por causa de un camino de despersonalización que es fruto del paternalismo".

«Fue solo el principio –continuaba el periodista español. A partir de ese momento, el arzobispo de Santiago, que entonces tenía 66 años, empezó a soltar verdaderas cargas de profundidad: "Le presento, además, a un número creciente de cubanos que han confundido la patria con un partido, la nación con el proceso histórico que hemos vivido las últimas décadas y la cultura con una ideología". La temperatura subió todavía más en los minutos siguientes: "Son cubanos que al rechazar todo de una vez, sin discernir, se sienten desarraigados, rechazan lo de aquí y sobrevaloran todo lo extranjero. Algunos consideran esta como una de las causas más profundas del exilio interno y externo".

«Las críticas de Meurice al régimen eran habituales en sus homilías, –seguía Vicent– pero aquello, ante los ojos del mundo y con la campana de resonancia del Papa, era más de lo que muchos creían posible»...

Contaba el padre Francisco Santana, que, como hemos anotado, era entonces asistente en la Ermita, que, mirando en el televisor, en la casa de los sacerdotes, aquel emotivo encuentro en Santiago de Cuba, una reveladora humedad brillaba en los ojos de Monseñor Román. Sus sentimientos de sacerdote, seguidor de Jesucristo e hijo de Cuba se le hacían inocultables, por mucho que él trataba de mantenerlos en privado. Fue para la Iglesia, para Cuba y para los cubanos todos, una eclosión de fe y esperanza, que el Pastor del Exilio vivió intensamente, algo de lo que él mismo habló con inusual franqueza en varias charlas que ofreció posteriormente en la Ermita para, según decía, «sacarle el jugo» a la visita papal.

Como nota adicional, un brevísimo despacho de la agencia EFE, fechado en La Habana el 25 de enero informaba: «El papa Juan Pablo II pidió hoy a la Iglesia cubana que inste a todos los católicos, del interior o del exilio, a unir sus esfuerzos en favor del progreso de su país, evitando "confrontaciones inútiles" y fomentando un clima de "diálogo y entendimiento". Su petición está contenida en el discurso entregado a los miembros del episcopado cubano, con los que almorzó hoy, después de haber celebrado la misa en la plaza de la Revolución».

¿Había leído el Santo Padre el mensaje de los católicos cubanos exiliados? Algunas de sus expresiones en Cuba, algunas de sus exhortaciones a los cubanos y a su Iglesia, y particularmente lo contenido en el párrafo anterior parecen confirmar esto. El esfuerzo, pensamos todos, valió la pena. No olvidemos que «de Roma viene lo que a Roma va».

Cuatro días después de la partida del Santo Padre de Cuba, Radio Paz celebraba un banquete con fines recaudatorios en un conocido salón de la Calle Ocho. Cuando Monseñor llegó, saludando a todos como era su costumbre, un cubano de muy avanzada edad, *enguayaberado* y con potente voz, se le acercó, lo sorprendió tomándolo por los hombros, a la vez que le decía:

–«Monseñor, ¡ahora sí que el Papa se la comió!»… Monseñor estrenó una gran sonrisa, me miró satisfecho, y dijo a su efusivo interlocutor: –*«¡Sí, el Papa se la comió!»*.

*Apéndice XV*

## El León de Oriente y el Santo de Miami

*Habla Monseñor Pedro Meurice,*
*Arzobispo Emérito de Santiago de Cuba:*

–«Yo había oído hablar de Monseñor Román antes de que él fuera obispo, porque allá en Santiago estaba el padre Pedro García (Pelli), que había estado con él en Canadá. Vine a Miami por primera vez en el año 78, a despedirme de mi mamá que vivía aquí y estaba muy mal, pero después, gracias a Dios, todo cambió y ella mejoró después de aquello. Pasé entonces por la Ermita y desde entonces, cada vez que he venido a Miami, he pasado por la Ermita.

–«Mi relación con Román empezó en 1980. Enfermó el Arzobispo Oves y a mí me nombraron Administrador Apostólico de La Habana. Yo me sentí en la obligación de visitar a todos los sacerdotes de la arquidiócesis de La Habana que estaban aquí en Miami, de la misma forma que lo había hecho antes con los de Santiago. Román y yo nos tratábamos a distancia, sin entrar profundamente en ningún tema. A mí me daba la impresión de que él era un poco duro con nosotros, los que estamos en Cuba.

–«Ahora que lo conozco, comprendo su posición y es que como él está siempre al pie del cañón, quizás piensa que todo el mundo puede estar siempre al pie del cañón.

–«A mí me tocó llevar a Monseñor Oves[*], enfermo, a Roma. De paso, me acerqué a Román y me consolé con él. Comenzamos a intercambiar y así fue creciendo nuestra amistad, aunque no siempre estamos de acuerdo.

---

[*] Monseñor Francisco Oves Fernández, Arzobispo de La Habana entre 1970 y 1981.

–«En 1986, me invitó a que yo le hablara a la Fraternidad del Clero y Religiosos Cubanos de la Diáspora y yo les expliqué lo que había sido el ENEC, fue un encuentro muy emotivo, era la primera vez que un obispo cubano de la isla le hablaba a los sacerdotes cubanos exiliados.

–«Después sucedió algo que me reveló sus grandes condiciones... no sé si Ud. debiera escribir esto... Sucedió que durante mis palabras a los sacerdotes yo dije que les pedía perdón por cualquier cosa que hubiéramos podido hacer o decir nosotros allá en Cuba, que pudiera haberlos lastimado a ellos de alguna manera, algo en lo que fui muy sincero y que los que estaban allí entendieron muy bien, pero que no era el tema principal de mi discurso.

–«Bueno, pues, resultó que allí estaba esta muchacha, la que dirigía el periódico *La Voz Católica*, y a los pocos días puso en la portada del periódico un titular grandísimo que decía, más o menos, *"Obispo cubano pide perdón a los exiliados"*... la forma en que estaba escrito daba una impresión que no reflejaba el espíritu de lo que yo había dicho.... Al primero que no le gustó aquello fue a Monseñor Román, aunque todos sabíamos que no había habido mala intención al ponerlo así.... Bueno, el caso fue que ya el periódico estaba hecho y listo para ser distribuido, algunos ya se habían repartido... Monseñor Román mandó recogerlos todos y hacer una nueva portada y así se hizo... Fue un gesto que yo no olvidaré nunca....

–«Monseñor Román nos ha ayudado mucho, en muchos aspectos. El regaló la urna que protege la imagen auténtica de la Virgen, allá en El Cobre... Nos ha prestado ayuda económica y ha sido muy generoso en la acogida a los sacerdotes que tienen que salir de Cuba...

–«Una vez le dije en una carta que él es el obispo más conocido en Cuba, y es verdad. Allá no tenemos medios de comunicación, prácticamente no existimos... Los fieles nos conocen por el contacto personal nada más. Sin embargo, todo el mundo oye la misa de Radio Martí...La gente lo escucha y la gente lo sigue oyendo, lo que me hace pensar que les gusta su predicación. Es un catequista bueno y sabe proponer las cosas pedagógicamente....

Más de una vez le hemos pedido que toque determinados temas que queremos que lleguen a la gente allá y él siempre nos ha complacido.

—«Hay un punto que yo no lo entiendo bien, y es su insistencia en no volver a Cuba hasta que cambie allá la situación... yo creo que sería positivo que él nos visitara.

—«Admiro sus gestos... es un hombre de detalles... como eso de que me regalara su rosario o el hecho de que él concelebrara hace poco, en la misa por los 70 años de esta señorita... María Cristina Herrera[**]... Fue un gesto muy bonito, porque todos sabemos que ellos no siempre se han llevado bien»....

NOTA: Monseñor Pedro Claro Meurice Estiú nació en San Luis, Oriente, el 2 de febrero de 1932. Fue ordenado sacerdote el 26 de junio de 1955 y sucedió a Monseñor Enrique Pérez Serantes al frente de la diócesis primada de Cuba el 4 de julio de 1970, sede que ocupó durante 37 años. Él me dio este testimonio sobre Monseñor Román en casa de su sobrina July Ojea, en Miami, en la mañana del lunes 16 de agosto de 2004. Me confesó no sentirse muy bien de salud y se mostró cauteloso al hablar, aunque me pareció muy sincero en lo que decía sobre Monseñor Román. No quiso que grabara nuestra conversación, prefirió que yo tomara notas. Monseñor Meurice falleció en Miami el 21 de julio de 2011.

---

[**] María Cristina Herrera, prominente intelectual católica, ya fallecida, que generalmente mantenía criterios sobre Cuba y su Iglesia contrarios a los de Monseñor Román.

# 70. Lo extraordinario y lo cotidiano o lo extraordinario de lo cotidiano

No descubro nada nuevo si digo que al igual que sucede con nuestras propias vidas, o con cualquier empresa humana en su tiempo y su espacio, los grandes eventos, los acontecimientos importantes, lo que deslumbra y se roba la atención de todos, lo extraordinario, en fin de cuentas, requiere gran esfuerzo e implica mucho trabajo, más allá de lo común de cada día. Sin embargo, lo cotidiano no puede descuidarse, ya que, sin esa callada y rutinaria labor, lo extraordinario no sería posible.

La Ermita de la Caridad no podía ser excepción de esta regla, algo que Monseñor Román nunca perdía de vista y de ahí que el trabajo que pudiéramos llamar «normal» del Santuario, no fuera nunca afectado por la atención que lo extraordinario demanda, a pesar de que la ocurrencia de actividades y situaciones extraordinarias era, prácticamente, algo casi cotidiano allí. Esta era la razón detrás del riguroso orden de trabajo que él imponía a su propia agenda e, inevitablemente, al ritmo de su entorno habitual, fuese éste la Ermita, la Cancillería o las labores pastorales que él mismo se echaba encima, como sus visitas a las cárceles, hospitales, etc.

Viniera el Papa a Miami, fuera a Cuba o se quedara en el Vaticano, la Ermita permanecía abierta al público recibiendo peregrinos siete días a la semana, de nueve a nueve y hasta un poco más tarde. Llegara una ola de refugiados a Miami, hubiera disturbios raciales en Liberty City o partiera una flotilla hacia Cuba desde la orilla del Santuario; el generoso horario de confesiones se cumplía inalterablemente. Lloviera, tronara o relampagueara, la catequesis no se interrumpía, las romerías se llevaban a cabo, los municipios se mantenían peregrinando. Con ausencia de la prensa, o con legiones de periodistas tocando a sus puertas por el motivo que fuera, Monseñor atendía con igual paciencia a todos los que buscaban en él dirección espiritual y, entre uno y otro, a los periodistas, a los que también invitaba a rezar.

Por ejemplo, mientras Monseñor atendía con esmero todos los preparativos para la visita de San Juan Pablo II a Cuba en cuanto a la participación e intereses de su rebaño exiliado, la vida continuaba en la Ermita con su trajín de cada día.

Para mediados de los 90, y aún desde antes, era evidente que el Santuario levantado por los cubanos desterrados comenzando en 1967 y terminado en 1973 ya no podía físicamente acoger a todos los devotos que traspasaban su umbral para postrarse ante Cachita. Era necesario, pues, ampliar el recinto para poder servir a los cada vez más numerosos peregrinos, tanto por el incremento en el número de cubanos en el sur de la Florida, como por los muchos latinoamericanos que igualmente manifestaban allí su devoción a María Santísima.

Monseñor era inconmovible en su determinación de agenciar los fondos necesarios para la ampliación de la misma manera que se había hecho para la construcción original: centavo a centavo, con las donaciones de los pobres fundamentalmente y que nadie le hablara de préstamos ni financiamientos que, esos términos no existían en la contabilidad del Obispo, que era la misma que el guajirito de San Antonio de los Baños había visto aplicar a su padre en las vegas de tabaco o en la administración de la lechería: se compra lo que se puede cuando hay dinero para pagar; mejor demorarse sin pagar intereses ni buscarse dolores de cabeza, que inaugurar sin haber terminado y con deudas por pagar. Y así se hizo.

Se comenzó a pedir la ayuda económica de los devotos de la Virgen para el proyecto de ampliación del Santuario y la ayuda comenzó a llegar. Se hicieron rifas y radiomaratones y, como de costumbre, todos podían comprobar que cuando Monseñor pedía las donaciones a través de Radio Paz y de otras emisoras, las contribuciones subían como la espuma.

Las obras de construcción comenzaron el 7 de julio de 1996 y consistían en la construcción de un pequeño edificio en la cresta de una modesta ondulación del terreno existente entre la entrada a los jardines de la Ermita y la que da acceso al estacionamiento del colegio Inmaculata-La Salle, donde se situaron los baños para el público en la parte posterior y, en la parte delantera, un quiosco para vender comestibles y jugos y refrescos a los visitantes, con énfasis en lo que no podía faltar: pan con lechón, café cubano y guarapo o jugo de caña. El quiosco fue bautizado con el nombre «Los Tres Juanes».

Se quitaron los baños antiguos que estaban en la parte trasera del templo, también las oficinas o rectoría, así como el sagrario que estaba a la derecha del altar y el confesonario de la izquierda, o sea, se despejó toda el área que se extiende desde el reverso del mural del altar hasta el contorno de la Ermita que da al mar, con el propósito de albergar allí al Rey de Reyes: allí estaría la Capilla del Santísimo.

Todo marchaba viento en popa y a toda vela, bajo la dirección del arquitecto Felipe de León, quien era, además, diácono permanente y, sobre todo, un gran afecto de Monseñor, alguien que gozaba de toda su confianza.

Así las cosas, todo bien encarrilado, Monseñor se preparaba para emprender una peregrinación a Tierra Santa al frente de un grupo de fieles que había sido coordinado a través de la agencia de viajes de sus leales amigos y colaboradores Paco y Rosi Bruna, activistas de la Cofradía y cantantes en el coro de la Ermita, quienes le aliviaban toda preocupación en cuanto a los detalles técnicos del viaje. Él estaba más que entusiasmado ante la perspectiva de visitar los sitios sagrados, aquellos que había andado su Señor, pero no podía evitar preocuparse por la marcha de las cosas durante su ausencia.

Dos días antes de partir, una mala noticia: el arquitecto y diácono Felipe de León, que supervisaba la ampliación del Santuario, había muerto de un fulminante ataque al corazón. Aquello fue un fuerte golpe para Monseñor: la muerte lo privaba de un gran amigo, de un querido hermano en los caminos del Señor. Su inmediata preocupación fue la familia del difunto y en su esposa y sus hijos fijó su atención y ayuda espiritual. Pensó suspender su participación en la inminente peregrinación a Tierra Santa, pero, a tan corto plazo era prácticamente imposible encontrar un sacerdote disponible para ocuparse de la dirección espiritual del grupo que lo acompañaría. Además, ¿irse y dejar sin un encargado, capacitado y de su confianza, las obras que ya habían comenzado?...

Otro arquitecto cubano, de sólido prestigio y añeja militancia católica salvó la situación: David Cabarrocas. Él nos cuenta:

–«Un día me llama Monseñor Román para darme la noticia que el arquitecto Felipe de León había fallecido y me pedía que yo me hiciera cargo de los trabajos de la ampliación de la Ermita de la Caridad. De ahí en adelante terminamos los trabajos que se estaban haciendo y se a mí me tocó diseñar la capilla del Santísimo».

El 21 de mayo de 1998 el Arzobispo Favalora bendijo la capilla y no ocultó su admiración por la belleza del lugar en el cual, gracias a un gran vitral que rememora la aparición de la imagen a los tres Juanes y a través del cual puede verse el mar, todo invita a la oración. Pero eso no fue todo.

El Arzobispo traía una buena nueva que era al mismo tiempo un reconocimiento al expediente de trabajo evangelizador que la Ermita acumulaba. A partir de ese día la Cofradía de Nuestra Señora de la Caridad del Cobre era elevada al rango de Archicofradía de acuerdo al territorio eclesiástico en el cual desenvolvía sus actividades. Monseñor estaba contento, y nos asustó a todos diciéndonos que como ahora nuestra agrupación tenía más alta categoría, tendríamos que trabajar más, pues así, decía él, es como hay que entender los honores.

Otra necesidad que ya adquiría timbres de urgencia era la de contar en la Ermita con salones apropiados para el sinfín de actividades que allí tenían lugar, con harta frecuencia entonces: retiros, reuniones de movimientos, las propias de la Cofradía, organizaciones del exilio que pedían celebrar allí algún tipo de actividad, etc.

La campaña recaudatoria para construir lo que sería el Salón Padre Félix Varela, así nombrado por el propio Monseñor en homenaje a quien «nos enseñó a pensar», comenzó en agosto del 98. Las obras de construcción comenzaron en mayo del año siguiente. El arquitecto Cabarrocas fue el encargado de aquel proyecto también. Él nos cuenta:

–«Para la construcción del salón se concibió la idea de cubrir la capilla original, que era donde estaba entonces el gran comedor y donde vivían las religiosas, con un nuevo edificio que es el actual Salón Padre Félix Varela, y se hizo así, sin perturbar para nada el edificio existente que quedó debajo».

El precioso y amplio salón construido en el clásico estilo cubano de pisos de mosaicos blancos y mosaicos negros y ventanas con lucetas tricolores, amplia cocina, baños y cómodas oficinas, fue bendecido el 16 de diciembre del año 2000. La primera actividad que allí tuvo lugar se realizó el 28 de propio mes y fue una reflexión a la cual Monseñor invitó a los representantes de todos los Municipios de Cuba en Exilio.

El último día del mes de agosto de 2000, una enorme alegría: la Conferencia de Obispos de los Estados Unidos declaraba a la Ermita de la Caridad como Santuario Nacional y aunque Monseñor era generoso en señalar en todos los devotos y todos los miembros de la Archicofradía, así como, desde luego, en el Arzobispo, en los sacerdotes que trabajaban con él, en las Hijas de la Caridad, y los que de una u otra forma servíamos en la Ermita, los méritos para tan honrosa designación, todos estábamos de acuerdo en que, sin él, sin su incansable trabajo y su guía, humilde y sabia a la vez, tal honor no se hubiera alcanzado nunca.

El 25 de febrero de 2001, fueron bendecidos en los jardines de la Ermita una hermosa estatua del Siervo de Dios, Padre Félix Varela y el Rincón Patriótico, un bello conjunto escultórico donde un busto de José Martí, otro del propio Varela, sendos pensamientos patriótico-religiosos de ambos forjadores de la nación cubana, y una artística estrella hecha de cables tensados que se elevan a lo alto, ambas obras sufragadas igualmente «kilo a kilo» gracias al empuje de Monseñor Román y a la generosidad de los fieles.

El 5 de julio de 1999, se cumplían 40 años de la ordenación sacerdotal de Monseñor Román, debo decir, del Padre Aleido. Él bromeaba diciendo que era un aniversario muy clerical, porque eran 40 años de cura y el 40 es cura en la charada china, la que se jugaba en Cuba. Ese día la Eucaristía en la Ermita fue una profunda y jubilosa celebración en la cual él ratificó su compromiso con el Señor: –«*Si hoy me dieran a escoger nuevamente* –decía– *nuevamente escogería ser sacerdote*».

El siguiente 13 de junio se le ofreció un almuerzo que congregó a unas setecientas personas que le tributaban cariño y reconocimiento. Roger Herrera, quien, de niño, había sido alumno de Monseñor en el colegio Padre Varela, en Colón, Matanzas, y era junto a Carmen, su esposa, presidente de la Archicofradía, le dio a La Voz Católica el testimonio de su gran admiración por el celo apostólico y la sincera cubanía de quien era ya reconocido como el padre espiritual del exilio cubano, destacando «su gran amor a Cuba y su defensa incansable de los derechos humanos». (*La Voz Católica*, junio de 1999)

Aquella lucha incesante por el Evangelio y por Cuba, ya dejaba ver sus huellas en el rostro y el andar de Monseñor Román. Años atrás, cuando él explicaba los detalles de su escudo al ser nombrado Obispo Auxiliar, señalaba la palma real que el mismo está, como símbolo de Cuba, su patria y, además recordaba un verso del salmo 91: «El justo crecerá como una palmera». No mencionaba él entonces, pues no venía al caso, el final del propio salmo que añade: «En la vejez seguirá dando fruto / y estará lozano y frondoso / para proclamar que el Señor es justo, / que en mi Roca no existe la maldad». Ya para esta etapa de su vida, septuagenario, la totalidad del salmo se estaba cumpliendo en él.

# 71. Subuso[*]...

Un compañero de muchas luchas, ministro él de una denominación protestante y buen amigo de Monseñor, me dijo alguna vez, medio en serio, medio en broma, que éste era un «conspirador nato». –«Si no hubiera sido cura –me dijo– hubiera sido un excelente político, un tremendo diplomático... él sabe muy bien cómo mover sus fichas».

Yo tuve que asentir. Calladamente, entre bambalinas, Monseñor llevaba a cabo un sinnúmero de gestiones que, por su propia naturaleza o que, en beneficio del objetivo que se quería alcanzar, requerían la mayor discreción. Podía ser algo relacionado con la Iglesia en Cuba, un intento de unificar las organizaciones del exilio, la mediación entre dos líderes distanciados, la promoción de una ley a nivel estatal o federal, la búsqueda de perdón para un preso, una trama para «sacar» a alguien de Cuba, o una petición para que no devolviesen a Cuba a cubanos estancados en otro país, él se reunía discretamente con autoridades de la Iglesia y autoridades civiles a todo nivel; con personas influyentes en diversos campos de acción, con políticos y líderes cívicos; con quienquiera que fuese necesario, si el propósito encajaba, de una u otra forma, dentro de su misión pastoral.

Una excelente testigo sobre este aspecto de la vida de Román, es Elvira González, quien fuera su secretaria durante varios años:

–«Había una correspondencia constante entre el Vaticano y Monseñor Román. Por orden de él yo abría toda la correspondencia que a él le llegaba. La correspondencia del Vaticano es... tú la puedes leer veinte veces y no entiendes nada, porque era todo como en clave. Yo no estaba en el *inside* de la cosa, y algunas cosas las podía leer, pero otras no tenía la forma de entenderlas».

---

[*] Subuso: silencio, sigilo, en el habla de los chucheros cubanos.

Nada anormal hasta aquí. Cabe suponer que así debe ser al menos una parte de la comunicación del Vaticano con sus obispos. Lo extraordinario es lo que de ese intercambio se desprendía. Por ejemplo, aparentemente no había en su momento dos prelados con posiciones más opuestas en cuanto a Cuba que el propio Monseñor Román y el Cardenal Arzobispo de Boston, Bernard Law.

Se decía extraoficialmente que Law era el verdadero "hombre para Cuba" del Vaticano. Viajaba con frecuencia a la Isla, era muy apreciado por los obispos cubanos y mantenía públicamente una posición complaciente y apaciguadora con el régimen castrista; todo lo contrario a Monseñor Román. Elvira nos da detalles ahora de la relación que, lejos del público, ambos obispos sostenían:

–«En aquel entonces el cardenal Law, el de Boston, tenía contactos con la Iglesia de Cuba y con Monseñor Román. No sé porqué él tenía ese contacto con la Iglesia de Cuba, y varias veces vino a ver a Monseñor Román y otro que estaba con él, que se me ha olvidado el nombre, que tenían también un contacto con Cuba, era el District Attorney de Washington, DC, hombre de una gran influencia y al cual Monseñor admiraba y respetaba mucho, tenía mucho contacto con él.

–«El único problema –concluye Elvira– era que la cita era para las nueve y media de la mañana, y yo me pasaba media hora paseando al Cardenal para arriba y para abajo, porque Monseñor llegaba a las diez, eso no fallaba…. El Cardenal aprendió a tomar café cubano, a comer pastelitos de guayaba… Pero Monseñor llegaba sonriendo y era siempre el mismo, con un "marielito", o con un cardenal, con quien fuera».

Monseñor no comentó jamás con nadie de aquellos intercambios con el entonces famoso cardenal, cuyo triste final nadie podía predecir en aquellos momentos.

Otro ejemplo de ese actuar tranquilo y silencioso, según lo exigían las circunstancias, fueron sus gestiones para que Estados Unidos cambiara algunas de sus leyes migratorias con respecto a los cubanos.

A finales de los noventa se daba un gran incremento en los casos de cubanos llegados a este país durante la «crisis de los balseros» de principios de la década, que, desesperados por la larga separación de sus familiares más allegados, esposa e hijos casi siempre, trataban de sacarlos clandestinamente de Cuba para traerlos junto a ellos, al precio que fuera. Esto aumentaba la incidencia de operaciones de contrabando de personas en las que operadores sin escrúpulos, utilizando lanchas rápidas, iban a Cuba con el propósito de traer a Miami a personas, niños incluidos, por los cuales su familiar en Miami tenían que pagar exorbitantes sumas de dinero.

Algunos de estos casos terminaban en tragedias en alta mar, otros cumplían su cometido y otros simplemente estafaban a los parientes de Miami, y no iban a buscar a los que en Cuba esperaban. Como se trataba de actividades ilegales, los estafados no denunciaban a los estafadores ante las autoridades. Todo ello ponía un peso tremendo en nuestra comunidad y provocaba agrias discusiones sobre si los "balseros" hacían bien en recurrir a esos medios para reunirse con sus familiares, si quebraban la ley al hacerlo, etc.

Ni que decir que esta situación preocupaba mucho a Monseñor, quien se refería con frecuencia a los problemas de «los hombres solos» y las posibles consecuencias que esa soledad implicaba para la familia y la sociedad.

Sabiendo que, por otra parte, el gobierno de Estados Unidos otorgaba anualmente –otorga todavía–, a través de una lotería, un total de veinte mil visas en favor de cubanos deseosos de vivir en este país, Monseñor diseñó una propuesta en la cual sugería al Departamento de Estado que una parte mayoritaria de esas visas se otorgaran a personas que tuviesen familiares cercanos viviendo ya en Estados Unidos, y el resto fueran concedidas al azar, como se hacía con la totalidad de ellas.

–«*Al hacer esto* –decía la propuesta– *el gobierno de Estados Unidos estará ocupándose no solamente el asunto de la reunificación familiar, sino que, al mismo tiempo, estará proveyendo una vía legal para que muchos de los cubanos llegados reciente-*

*mente puedan reunirse con sus seres queridos, disminuyendo así la tentación de recurrir a medios ilegales para poder lograr esto».*

Se logró concertar una cita de Monseñor con Peter Romero, Sub-Secretario de Estado para el Hemisferio Occidental durante la presidencia de Bill Clinton. La reunión entre el obispo y el diplomático se produjo el 18 de septiembre de 1998, en el hotel Biltmore de Coral Gables, en el curso de una visita del funcionario al sur de la Florida.

No se le prestó mucha atención entonces a aquella sabia proposición. Pero, cabe mencionar que alrededor de diez años después, el gobierno de Estados Unidos comenzó a aplicar medidas muy parecidas a las propuestas por Monseñor, al implementar un plan de *paroles* que se extendían a favor de familiares inmediatos de cubanos que lograban emigrar legalmente a este país.

Aquellas calladas actividades de Monseñor, al igual que las públicas, todas en favor de la justicia y la paz en nuestra comunidad, no pasaban del todo inadvertidas.

Corría el mes de abril de 1997 cuando me llegó un mensaje de Lula Rodríguez, desde Washington. Lula, una cubana simpática, inteligente y muy experimentada en el arte de la alta política, tenía una importante posición en el equipo de la Secretaria de Estado Madeleine Allbright y, en el decir de algunos, era, más allá de su título oficial, la verdadera encargada de los asuntos cubanos en el gobierno del presidente Clinton.

Ella iba a proponer a Monseñor Román como uno de los galardonados aquel año con la Medalla de la Libertad, la más alta condecoración civil que concede Estados Unidos, algo a lo cual ella estaba segura de que el propio presidente daría su beneplácito. Lula me pedía que yo le mandara el *curriculum vitae* de Monseñor, para proceder con "el papeleo".

Entusiasmado, me di inmediatamente a la tarea de poner en orden los datos que se me pedían, pero pronto tropezamos con un obstáculo mayor: era requisito indispensable para poder recibir la preciada medalla el ser ciudadano de Estados Unidos por nacimiento o por naturalización y Monseñor no lo era, ni planeaba serlo. Él amaba entrañablemente a Estados Unidos y agradecía muy mucho las oportunidades que aquí habíamos encontrado los cubanos. Pero, en su concepto de las cosas, le parecía que cambiar de ciudadanía era algo como «abandonar a Cuba a su suerte, en sus peores momentos», opinión que cambiaría unos años más tarde, cuando por fin tomó la ciudadanía estadounidense.

    ¿Era ajeno el Vaticano a aquellas actividades de Monseñor Román? Es muy difícil encontrar respuesta a esta pregunta. Comentando sobre los funerales del venerado obispo, el padre Juan Sosa observó algo que tal vez arroje un poco de luz sobre este aspecto: –Yo me asombré mucho al ver en su funeral al Nuncio Papal... ¿Cuándo el nuncio en un país, un país tan grande como éste, se aparece en el funeral de un obispo auxiliar?.. ¿Por qué?... Pero, bueno, estaba allí...

## 72. El fin, los medios y la justicia

La fiesta de Nuestra Señora de las Mercedes, cada 24 de septiembre, era celebrada de un modo especial en la Ermita. «Las Mercedes» es probablemente, entre los cubanos, la advocación mariana que mayor fervor inspira después de la de la Caridad del Cobre, la Patrona Nacional y su devoción tiene características singulares que explican esto. La misa de la Ermita conmemoraba esta fiesta mariana con una intención muy especial: la liberación de los presos, ya que, desde los comienzos del culto a María bajo ese título, la condición de ella como «liberadora de los cautivos» le es consustancial. Monseñor nos lo explica en lo que leeremos más adelante.

El «día de las Mercedes» de 1999, él publicó un artículo sobre un tema que pesaba en su conciencia y en el cual había cavilado durante mucho tiempo: la situación de cubanos que cumplen severísimas penas de prisión en Estados Unidos por haber cometido, en el curso su lucha por la liberación de Cuba, acciones violentas contra activos del régimen castrista en este país. El artículo en cuestión, que él tituló «Día de la Misericordia», explica su pensamiento sobre tema tan espinoso y mejor que relatarlo yo, sería leer con atención lo que el Pastor del Exilio decía al respecto:

–*«La fecha del 24 de septiembre debe ser siempre, para los cristianos, una celebración de la misericordia y la libertad, enmarcada en la hermosa relación entre Dios y sus hijos. Según la tradición, en el año 1218 la Santísima Virgen María se apareció a San Pedro Nolasco, a San Raimundo de Peñafort y al rey Jaime I de Aragón, pidiéndoles que fundaran una orden religiosa bajo el título de Nuestra Señora de la Merced, con el fin de rescatar a los cristianos prisioneros de los musulmanes.*

*–«Nacieron así para la Iglesia la orden de los Mercedarios y la devoción a María Santísima en esta linda advocación de Nuestra Señora de la Merced o de las Mercedes, advocación de profundo arraigo histórico en este continente, adonde arribó junto con*

*los primeros colonizadores. María, pues, llegó a nuestros pueblos, identificada con la libertad y la misericordia, y como abogada y protectora de los cautivos en sus anhelos de alcanzar la libertad.*

*–«Es propio, pues, este día, para rogar la intercesión de la Madre Celestial por todos los prisioneros... Lo hemos hecho aquí en Miami, particularmente desde que la llaga aún abierta de la dictadura marxista en Cuba marcó prácticamente a cada familia cubana con algún prisionero. Renovamos hoy esa oración con todo fervor, por los prisioneros políticos de Cuba y por todos los presos, de cualquier origen o nacionalidad, dondequiera que se encuentren.*

*–«Me parece apropiado, en vista del tiempo transcurrido desde que fueron sentenciados, hacer hincapié hoy... en el caso de un número de cubanos que cumplen penas de cárcel en los Estados Unidos, acusados de la comisión de actos violentos, calificados como hechos terroristas, en territorio de esta nación.*

*–«La violencia indiscriminada es siempre detestable por el potencial que tiene de causar daño, incluso la muerte, a personas inocentes que nada tienen que ver con los asuntos que se intentan dirimir de esa forma deshumanizada. Se inscribe dentro de lo que en los últimos tiempos se ha dado en llamar "la cultura de la muerte" tantas veces condenada por el Santo Padre Juan Pablo II, y como tal, debe ser rechazada, pues es indigna de los que hemos sido redimidos por Jesucristo, víctima por amor. Como principio, hemos de sustentar que el fin no justifica los medios y en el caso particular de los cubanos, hemos de hacerlo con firme convicción, pues, de otra manera, estaríamos bajando nuestro ideal al triste nivel de lo mismo que combatimos.*

*–«No contradice nada de lo anterior... decir que el caso de estos prisioneros cubanos en los Estados Unidos debiera ser revisado a la luz de la misericordia, y también de la justicia rectamente entendida, tomando en consideración las circunstancias y las motivaciones que los condujeron a actuar en la forma en que lo hicieron, así como el concepto contextual en que estos hombres fueron formados, en consonancia con las valoraciones de su tiempo.*

–«*Son hombres que actuaron motivados por un ideal patriótico, según lo entendieron, y que, al hacerlo, entendían también que luchaban contra un enemigo de los Estados Unidos, capaz de apretar botones atómicos contra el territorio de este país. Recurrieron a métodos que hoy son universalmente condenados, pero que, en su momento, no lo fueron tanto, y que, históricamente, fueron hasta glorificados en casi todas las culturas. Métodos, además, que según prueban documentos oficiales que son hoy de dominio público, fueron utilizados, en ocasiones, por agencias del gobierno de este país, como manera de alcanzar objetivos que se entendían necesarios para la seguridad nacional o que estaban en armonía con las políticas que entonces se entendían como buenas.*

–«*Los dignísimos conceptos de la lucha cívica no violenta, la desobediencia civil y la resistencia pacífica como forma de conseguir reivindicaciones en el orden de la justicia, son relativamente nuevos en el quehacer político y todos debemos alegrarnos de que el hombre esté alcanzando tal grado de civilización, al menos en lo conceptual.*

–«*Comprendo que una sociedad regida por un estado de derecho, no puede permitir, bajo ninguna circunstancia, que individuos tomen la ley en sus manos, pero, debemos de reconocer que la lucha armada, el enfrentamiento violento, y la guerra, han sido tradicionalmente presentados, desde las aulas hasta los hemiciclos, como formas valientes y heroicas de lograr los derechos cuando estos son conculcados. Fue esa la pauta de conducta de los libertadores de casi todos los pueblos de este continente, incluyendo a los que lograron la independencia de las trece colonias que darían origen a los Estados Unidos de América. Nunca celebraron los pueblos civilizados la violencia en sí misma, pero siempre se le vio como un recurso legítimo, incluso glorioso, para luchar por la patria...*

–«*Como cubano, y como sacerdote, yo me complazco en ver cómo la nueva mentalidad, de innegable raíz evangélica, que proclama y practica la lucha no violenta, parece ir ganando adeptos entre mis compatriotas, tanto en la Isla como en el destierro.... Esto, sin embargo, no nos exime de la obligación que tenemos pa-*

*ra los que, buscando tan noble fin, utilizaron esos métodos que hoy vemos como inaceptables, pero en los cuales se nos enseñó a creer cuando nos formábamos...*

*Dichosos los misericordiosos, porque ellos alcanzarán misericordia", nos dijo el Señor Jesús (S. Mateo, 5-7). En la fiesta de la Virgen de las Mercedes, quiero apelar, respetuosamente, a la misericordia de los que pueden ejercerla a favor de estos prisioneros, como lo han hecho ya a favor de otros».*

No obstante sus sólidos argumentos y su clara condena a los métodos empleados por esos prisioneros, Monseñor recibió duras críticas por el artículo de marras, particularmente de parte de la prensa de lengua inglesa. En julio de 2003, conversando conmigo para esta, su biografía, él abundaba en estos conceptos:

—*«Yo creo que las personas que así piensan* (las que critican sus gestiones) *no están conscientes de que no podemos decir que la historia es una cosa plana, va como subiendo... las guerras de los siglos XVII y XVIII eran unas guerras a machete... era lo que había, y peleaba un ejército contra otro. En las guerras del siglo XIX ya vemos el fusil. Las guerras del siglo XX fueron guerras hecha con bombas, donde se destruían no sólo los ejércitos, sino que también eran víctimas los inocentes que estaban lejos.*

—*«Sin embargo, a través de todas estas guerras no hay un concepto de violencia, de terrorismo, sino, era ganar una batalla uno a otro... muchas personas, nosotros todos, fuimos formados en América, y creo que en el mundo, como admiradores de aquellos hombres que daban la vida, pero que también quitaban la vida de los demás, por defender la patria... fuimos educados así y hay que tener un poco de comprensión y compasión con nosotros, porque esos no son los métodos actuales, gracias a Dios que no lo son. Yo sé que el fin no justifica los medios, eso lo sé. Pero, también hay que ver en la cultura y en la situación en que uno vive... creo que luchar por la justicia y por la libertad no es nada malo, sino algo muy propio de los derechos del hombre.*

—*«Hoy día hay otros caminos y son los caminos no-violentos, en los que también se da la vida, pero, sin quitar la vida.*

*Ha habido un progreso, y me parece que la luz del evangelio ha ido iluminando mucho más al hombre de este tiempo. Me parece que esto no es comprendido por todo el mundo, y pienso que lo hacen honestamente, no están de acuerdo con mi manera de pensar, pero, esta manera de pensar, según mi conciencia, es lo correcto... Juan Pablo II insiste en su carta en que no se puede tratar la justicia sin la misericordia».*

Valga decir que las críticas nunca le quitaron el sueño a Monseñor. Su conciencia estaba en paz.

## 73. Un milenio, un centenario, un pedido de perdón y un cansado corazón

El tercer milenio de la era cristiana llegó con el paso del tiempo, tal como habían llegado los dos milenios anteriores. Tal vez un poco más de fuegos artificiales para marcar la ocasión, pero nada de explosiones galácticas, nada de terremotos, ni tsunamis, nada de paralización de las computadoras, nada de lo que habían profetizado los futurólogos apocalípticos. El Señor no llegó sobre las nubes, pues su calendario nunca ha sido el los terrícolas. Cabe suponer que estaría entre decepcionado y divertido viendo los líos que nos inventamos los humanos.

Monseñor Román se sintió aliviado, no porque no había ocurrido algo armagedónico, que él sabía que no ocurriría, sino porque el año 2000 daba paso al 2001 con toda naturalidad y cesaban por fin las inquietudes de los que le preguntaban, inseguros y preocupados, si era cierto que estábamos próximos al «fin del mundo». Él contestaba buenamente a los asustados aquietando sus temores y remitiéndolo todo a la misericordia de Dios. –*«No sólo ahora que llega el tercer milenio,* –les decía– *todos los días tenemos que estar preparados para el encuentro con el Señor»*... y con una sonrisa, agregaba: –*«¿Te acuerdas lo que dijo el Papa en Cuba?... ¡No tengan miedo».*

Ya desde antes del cambio de milenio venía yo insistiéndole para que me contara él la historia de su vida, con el objetivo posterior de escribir esta biografía. Una vez cumplidos sus 70 años en 1998, él hablaba sobre su propia muerte con frecuencia, se le notaba un progresivo deterioro físico y ya sabíamos que su salud no era muy promisoria. Todo ello era para mí como un aguijón que me conminaba a no dejar escapar el rico tesoro de sus vivencias, su sabiduría y su relación con Dios, y a pesar de su resistencia yo le repetía mi petición cada vez que se presentaba la ocasión.

Parece ser que lo vencí por cansancio y al fin accedió, no sin ponerme dos condiciones inapelables: yo no comentaría con nadie los datos que él me iría dando y yo no publicaría nada de ello mientras él viviera. –«Trato hecho», le dije. El 29 de marzo de 2001 comenzamos nuestras conversaciones para este propósito, algo que se extendería, con intervalos, hasta unos días antes de su muerte, el 11 de abril de 2012.

El año 2002 comenzaba con altos tonos patrióticos para los cubanos exiliados. Se había formado a mediados del año anterior el Comité del Centenario con el fin de coordinar y promover la celebración de los cien años de la instauración de la República de Cuba. Se trataba de un respetable grupo de intelectuales y líderes cívicos del exilio miamense, los cuales habían tenido la largueza de incluirme. Presidía la ilustre escritora, maestra, periodista y patriota Rosa Leonor Withmarsh. En su primera reunión nombraron Presidente de Honor a Monseñor Román y su primera actividad pública fue un acto ecuménico que se celebró en el salón Padre Félix Varela, de la Ermita de la Caridad el 3 de enero de 2002. A Monseñor le entusiasmaba la posibilidad de que las conmemoraciones por tan importante aniversario se llevaran a cabo en un ambiente de cordial unidad entre las organizaciones del destierro.

Los actos conmemorativos del centenario de la República tuvieron su más brillante momento en el marco de la Ermita de la Caridad, con Monseñor Román como figura principal. Los miembros del Comité del Centenario, cuyo esfuerzo prioritario era la unidad del exilio en torno a la importante celebración, sabían bien que no había en todo el destierro en aquellos momentos, otra persona que encarnara a mayor cabalidad el alma de la nación cubana, ni que pudiera ser universalmente aceptada y reconocida entre sus compatriotas, como Monseñor Agustín Román, alguien que, no obstante su definitoria confesión religiosa, gozaba del apoyo unánime de representativos de otras confesiones, algo que se evidenciaba en su inteligente liderazgo del Grupo de Guías Espirituales del Exilio Cubano. A Monseñor se le encargó el discurso principal de la histórica celebración.

Así pues, se determinó que en la noche del 20 de mayo de 2002, justamente el día del centenario, la velada conmemorativa se llevaría a cabo en los jardines de la Ermita. Se montó una amplia tarima frente a la entrada principal del Santuario y se dispusieron asientos que llegaban hasta la verja de entrada y ocupaban todo el estacionamiento y sus terrenos aledaños. Se diseñó un programa exquisito, emotivo y de alta calidad, tanto, que me cuesta someterme a lo imperativo del espacio y no reseñarlo todo. Válgame decir que estaba allí lo más granado de las excelencias de la Cuba exiliada, junto con la flor y nata de las distintas expresiones musicales cubanas... lo lírico, lo guajiro, lo afrocubano; que fue una noche esplendorosa acariciada por los penachos de las palmas de la Ermita. Allí, la emoción patriótica nos imbuía a todos.

En un momento cumbre hizo su entrada la Antorcha de la Libertad, que maratonistas cubanos habían traído desde el Instituto San Carlos de Cayo Hueso y era portada por el primer jinete de una caballería mambisa que atronadoramente hacía su entrada en los terrenos de la Ermita. Y entonces...

Una feroz y súbita tormenta, zigzagueante de relámpagos, ronca de truenos y de copiosa precipitación se abatió sobre aquel pedazo de Miami que esa noche soñaba con ser Cuba. Bajo aquella borrasca irreverente, con aquella multitud de cubanos calada hasta los huesos, se izó la bandera de la estrella solitaria mientras una trompeta atrevida se batía con los truenos espetándole a la noche el himno de Perucho.

La multitud se dispersó y un grupo grande se refugió en el Salón Varela donde, empapado de amor a su Cristo y a su Cuba, el Pastor del Exilio, leyó uno de los más medulares pronunciamientos de su largo exilio. Salió de allí contento y reanimado. Para consuelo de su alma, vio aquella noche que la fe y el patriotismo de su pueblo vivían aún, a pesar de los pesares.

Pero, en su corazón no estaban solamente las glorias y las penas de los cubanos. A finales de febrero de ese año, Monseñor decidió ponerle fin a una inquietud que le zumbaba en la conciencia. Le entristecía el hecho de que, de Cuba, su patria, hubiera salido una enorme cantidad de elementos subversivos, hombres y pertrechos, para crear el terror como vía para tomar el poder en casi todos los países del continente y más allá también, a fin de situar a esos pueblos en la órbita del castrismo.

El costo de aquella aventura imperial de Fidel Castro en vidas humanas, en familias destrozadas y en riqueza perdida, es incalculable y era la negación misma del sueño de nuestros próceres en cuanto a Cuba como hermana de las demás repúblicas americanas. Más aún, todo aquello era lo exactamente opuesto a lo que enseña la fe que hermana a todos nuestros pueblos.

En aquellos días debía celebrarse en la Ermita una misa por la paz en Colombia. Monseñor aprovechó la ocasión: escribió y me dio para «pasar en limpio» un conmovedor mensaje que, en parte, decía a los colombianos:

–«*Quiero darles las gracias y ofrecerles, al mismo tiempo, el amor de María... y deseo hacerlo como un acto de solidaridad y, al mismo tiempo, de reparación, que, como cubano, me siento en el deber de llevar a cabo... Lamentablemente, ha sido de nuestra sufrida Cuba de donde han emanado muchos de los males que aquejan a los otros países de América. De allí ha salido el odio que ha motivado muchas de las batallas fratricidas que han ensangrentado a otros pueblos latinoamericanos. De allí han salido la subversión y el terrorismo, así como las armas que han sido instrumentos de muerte desde el Río Bravo hasta la Patagonia.*

–«*Colombia no ha estado exenta de ese flagelo... ha sido uno de los territorios donde se han hecho sentir con mayor rigor las trágicas consecuencias de los males promovidos... para la satisfacción de la agenda de poder de los que mandan en Cuba.*

–«*Claro está que el pueblo cubano no es de culpar por ello, pues ese pueblo ha sido la víctima primera de esos hombres sin Dios... Pero ya que esos cubanos alejados de la fe y de los valores que conforman la esencia de nuestra común tradición cristiana, no han querido reconocer... el mal que han hecho; yo quiero, como hijo de la noble nación cubana, pedirles perdón a ustedes y a todas las familias de Colombia que han sido laceradas por la violencia marxista salida de Cuba».*

El Mensaje de Solidaridad con Colombia tuvo un gran impacto y no solamente entre la colonia colombiana de Miami. La agencia católica de noticias ACI Prensa lo publicó en su página web y fue comentado en diversos círculos latinoamericanos. Muchos colombianos llamaron a la Ermita, agradecidos.

El buen corazón del obispo cubano, del obispo desterrado, se sintió reconfortado. Reconfortado, pero muy cansado, que ya sabemos que un corazón bueno, no siempre anda bien…

# 74. Elián

Elián González era un niño cubano que fue hallado flotando en el mar, cerca de la costa de Fort Lauderdale, Florida, sobre una cámara de automóvil, a finales del mes de noviembre de 1999, unos días antes de cumplir seis años de edad. Junto a él fueron rescatados dos hombres, siendo los tres los únicos sobrevivientes de un trágico intento de fuga de Cuba, uno más en la larga historia de tragedias cuyo número sólo conocen Dios y las profundidades el Estrecho de la Florida.

El arribo del niño a Miami, las dramáticas circunstancias que marcaban su corta existencia, y que todo ello se convirtiera en una causa célebre que involucraba desde personajes como Fidel Castro y la Secretaria de Justicia de Estados Unidos, Janet Reno, hasta las organizaciones del exilio y el simple cubano desterrado, pondría a Monseñor Agustín Román en una verdadera encrucijada en la cual le halaban, por una parte, su fidelidad a las enseñanzas de la Iglesia respecto a la familia y, por otra, su corazón cubano y su conocimiento profundo de las realidades de Cuba, las imperceptibles para el observador casual. El doloroso caso hirió profundamente el corazón del Obispo.

Elián había salido de la costa norte de Cuba, cerca de Cárdenas, en la provincia de Matanzas, ciudad donde vivía. Salió acompañado por su madre Elizabeth Brotons y el novio de ésta, Lázaro Munero, el 21 de noviembre de aquel, el penúltimo año del siglo XX. En alta mar encontraron mal tiempo, en medio del cual comenzó a fallar el motor del pequeño bote de aluminio en el que viajaban un total de trece personas. Las olas, inmensas, volcaron la débil embarcación, tras lo cual, y según contó el niño más tarde, Lázaro, el novio de su mamá, lo colocó a él en la cámara de automóvil, gracias a la cual salvó su vida. Elián no los vio más.

Tras ser rescatado, las autoridades pusieron al niño al cuidado de Lázaro González, su tío-abuelo por línea paterna exiliado en Miami. De acuerdo con las informaciones que entonces se ofrecían, el padre de Elián, Juan Miguel González, había llamado desde Cuba al propio Lázaro González, su tío, para notificarle que estuviera al tanto, pues su exesposa, Elizabeth, se había ido clandestinamente de Cuba llevando consigo a Elián, supuestamente sin su consentimiento.

Al conocerse por la prensa, la historia adquirió rápidamente ribetes de leyenda y la palabra milagro era repetida dondequiera que se hablaba del caso. Era evidente que su mamá quería que Elián viviera en libertad, tanto, que había tomado el grave riesgo de tratar de encontrar ésta, aventurándose en el mar con el niño. Que él hubiera sobrevivido la tormenta y la inmensidad de las aguas que lo separaban de Miami, era prueba, decían muchos, de que Dios también quería que Elián no sólo viviera, sino que, además, fuera libre. El hecho de que su rescate ocurriera muy cerca del Día de Acción de Gracias (Thanksgiving Day) de aquel año, le daba simbolismo al caso. En el imaginario del exilio, corrían incluso versiones de que, al ser rescatado, un coro de delfines custodiaba al pequeño náufrago. La noticia no se iba de las primeras planas.

Juan Miguel, el padre del niño, reclamaba desde Cuba que le devolvieran su hijo. No obstante, su tío Lázaro y el resto de sus familiares en Miami, anunciaban que lucharían a como diera lugar porque se les diera la custodia definitiva de Elián. A pesar de venir por el propio padre el parentesco de ellos con el niño, ellos entendían que éste no debía ser devuelto a Cuba.

La esencia interfamiliar de la tragedia se fue pronto diluyendo en el trasfondo político de la cuestión. Fidel Castro intervino directamente, «respaldando» a Juan Miguel con toda la potencia de su ego desbordado y con la probada eficacia del bien aceitado aparato propagandístico de su régimen. El exilio cubano, por su parte, tomó a Elián y a la lucha de sus familiares de Miami como una causa sagrada, quizás como una encarnación de su propia lucha contra el castrismo.

Era un enfrentamiento de voluntades férreas que no dejaba espacio para la neutralidad e involucraba y ponía a prueba tanto al totalitarismo castrista, como a las instituciones de Estados Unidos: la Casa Blanca y su Departamento de Estado, el Congreso, al cual se le pedía que concediese a Elián la ciudadanía estadounidense como salvaguarda de su estancia aquí, los tribunales, sin excluir a la Suprema Corte del país; que debían pronunciarse; la prensa, por supuesto, y la atención mundial.

El caso dividió y polarizó en extremo las opiniones. Para los que nunca habían vivido bajo un sistema totalitario de gobierno, era algo muy claro que el niño debía ser devuelto a su padre, sin importar dónde éste residiera. Esa venía siendo la opinión mayoritaria de los no cubanos, que no podían entender que devolver a Elián a Cuba no sería devolverlo a su progenitor, si no regalárselo a Fidel Castro para que este lo convirtiera en un pelele de sus intereses políticos. No podían entender que los deseos del padre, era lo que menos contaba en la intrincada ecuación que la contienda por el futuro de su hijo establecía entre los gobiernos de Cuba y Estados Unidos, por una parte, y el exilio cubano, incluyendo a los familiares del niño, por la otra.

Mucho menos podían entender que algunos exiliados planteasen la posibilidad, nunca probada, pero nada irreal, de que Juan Miguel, el padre de Elián, pudiera haber sido en realidad parte del plan para sacar a su hijo de Cuba, por el bien del niño y por la posibilidad de que su presencia aquí fuese una vía futura para su propia salida de la Isla; que Juan Miguel quisiera en realidad que Elián estuviese en Miami y que la presión que impone y el terror que inspira la tiranía de los Castro eran las razones de su aparente actitud contraria. ¡Locuras, patrañas de los cubanos de Miami!... ¿quién que no conozca las entrañas del castrato, pudiera creer semejante cosa?

La comunidad cubana de Estados Unidos se quedó sola en su batalla, y el escarnio de los más, alimentado por la «leyenda negra» que sobre la misma han forjado el régimen castrista y sus simpatizantes, se cebó en «esa gente consumida por el odio que trata de impedir que un pobre niño, que acaba de perder a su madre, pueda reunirse con su papá»…

Aquella situación golpeaba duramente la sensibilidad de Monseñor Román, cuya opinión al respecto era continuamente buscada por la prensa y exigida, a veces airadamente, por extremistas de ambos bandos. ¿Cómo se sentía él, en medio de tan gran conflicto?... A sus amigos y colaboradores más cercanos, él nos confiaba su convicción de que, en algún momento, las cortes de Estados Unidos ordenarían el retorno de Elián a Cuba, a la custodia de su padre; nos confiaba también su pesar, pues estaba igualmente convencido de que el niño sería víctima de la fría manipulación de la dictadura y del duradero daño emocional que esto significaría para el pobre huérfano. Asimismo, Monseñor se lamentaba de que ninguna de las partes en conflicto pudiera entender todo lo que esta tragedia implicaba.

En todos mis muchos años de amistad con él, nunca vi yo a Monseñor Román más triste y preocupado que durante el desarrollo y final del caso de Elián. Al cumplirse un mes del hallazgo del niño, el Pastor del Exilio escribía:

—«*Frente a los que no creen, en Cuba y aquí, hemos de llamar nuevamente a la oración de todos los que creemos. Y hemos de orar, como lo venimos haciendo en la Ermita de la Caridad, incluso desde antes de que se levantaran sus paredes, no solamente por el caso de este niño, sino porque todos los niños de Cuba puedan ser felices y libres en su propia tierra, porque ninguna madre tenga que morir en el mar tratando de hallar un futuro mejor para sus hijos y porque ningún niño tenga jamás que escoger entre su padre y la libertad.*

—«*Veo con satisfacción que el caso de Elián González será decidido ante un tribunal, donde todas las partes tendrán la oportunidad de exponer sus razones, que es precisamente lo que nuestro pueblo exiliado, mayoritariamente, ha pedido desde el principio. Esperemos con fe y con serenidad el resultado de este proceso legal y, una vez más, oremos insistentemente para que, dentro de las limitaciones humanas y las dificultades del caso, se haga justicia.*

—«*Al mismo tiempo, debemos invitar al mundo a ver en este caso no solamente el desgarramiento de una familia, sino la permanente agresión a la que es sometida la familia cubana desde la entronización del marxismo en nuestro país, algunas de cuyas lamentables consecuencias fueron señaladas particularmente por el*

515

*Santo Padre Juan Pablo II, en su homilía en la ciudad de Santa Clara, el 22 de enero de 1998.*
*—«Debemos cuidar, como un tesoro, la unidad de la familia. Debemos aplaudir e imitar la generosidad de las familias que acogen a un niño desamparado y le ofrecen amor y ayuda, como si fuera un hijo. Y debemos lograr que la patria sea lo que debe ser: una gran familia».*

La Iglesia de Miami no era inmune a la agria controversia que envolvía al resto del sur de la Florida y a buena parte de la opinión pública a nivel nacional. Había en el clero profundas discrepancias al respecto, los sacerdotes divididos casi estrictamente por nacionalidad y cultura; los cubanos y cubanoamericanos, a favor de la permanencia de Elián con su familia de Miami; los «americanos» y otros no cubanos, a favor de su retorno a Cuba. Esto obligaba a los de mayor responsabilidad eclesial, a actuar con mucho tacto. El entonces Arzobispo de Miami Monseñor John Clement Favalora me concedió una extensa entrevista para este libro en el Centro Pastoral, el 27 de enero de 2017. Elián y Monseñor Román fue uno de los temas que abordamos:

—«Lo de Elián González —me dijo el hoy Arzobispo Emérito— fue una situación muy dolorosa para Monseñor Román, precisamente porque él podía ver las dos caras de la situación. Él podía ver los dos argumentos; número uno, que si el niño volvía con su padre, iba para un país comunista, donde probablemente estaría en el Partido Comunista, etc., etc., y lo otro era lo que enseña la Iglesia, lo que dice la ley natural, que los niños deben estar con sus padres. Eso es una enseñanza muy clara, pero no necesariamente contempla todas las consideraciones, y él era, decididamente, un cubano patriota.

—«Por lo tanto, su país y la ley natural dividían profundamente sus lealtades y yo sé que él se sentía desgarrado por aquello. Fue una situación muy dura, yo creo que la peor que él tuvo que enfrentar porque, en una mano, él se identificaba con una parte; pero en la otra, había una enseñanza sólida respecto a la familia y, por lo tanto, no había soluciones fáciles en ese caso y, como Ud.

sabe, aquello no terminó fácilmente, pero, de todas formas, fue quizás la situación más dolorosa para él.

–«Él no quiso tomar partido públicamente entonces, porque yo no quería tampoco pronunciarme sobre el asunto, por la dificultad de las dos posiciones. Era una de esas situaciones en las que, inevitablemente, según yo lo veo, el gobierno de Estados Unidos tenía que hacer algo al respecto, y lo hizo. Entretanto, lo único que podíamos hacer, pastoralmente hablando, era ser compasivos con la gente, tratar de entenderlos y dejar que las cosas tomaran su curso natural, y fue lo que sucedió.

–«Yo escribí un artículo sobre este tema, –concluye el Arzobispo Emérito– en el cual expuse las dos caras del asunto, pero, deliberadamente, no asumí posición alguna. Preferí hacer ver a la gente la fuerza de ambos argumentos, y esa fue básicamente la posición que Agustín (Román) asumió. Fue muy doloroso para él»…

Monseñor Favalora no es el único que recuerda el pesar que Monseñor Román experimentaba por el caso de Elián. Otras personas que fueron muy cercanas a él han expresado opiniones parecidas en cuanto al impacto que esto tuvo en él.

Sintiéndose así, crucificado él mismo entre su lealtad al magisterio de la Iglesia y su lealtad a Cuba y su exilio, Monseñor decidió, por prudencia, no asistir a «La Cruz del Dolor». Esta fue una de varias jornadas de oración que se llevaron a cabo en Miami bajo el liderazgo del Grupo de Guías Espirituales del Exilio Cubano y con el apoyo de las organizaciones cubanas de Miami. «La Cruz del Dolor» fue denominada así porque fue convocada para el miércoles 29 de marzo de 2000, en plena Cuaresma, a menos de un mes de la Semana Santa, a celebrarse en el mismo corazón de la Pequeña Habana.

El padre Francisco Santana era en aquellos días el sacerdote más visible y destacado en los actos del exilio con motivo de la saga de Elián. Muchos consideraban a Santana como el *alter ego* del que Monseñor Román se valía para llevar a cabo ciertas actividades en las que él entendía que la Iglesia debía estar presente, pero que, como obispo, él no debía encabezar (esto con la total aquiescencia de Santana) y, a mi modesto entender, no estaban muy equivocados los que así pensaban.

«La Cruz del Dolor» concentró a cerca de 50,000 cubanos que portaban luces y se congregaron en forma de cruz precisamente en la Avenida 22 entre las calles Flagler y Ocho del suroeste, todos reclamando la permanencia de Elián en Miami. El padre Santana y otros miembros de los Guías Espirituales presidían, subidos en una tarima. Muchos preguntaban por Monseñor Román...

El también sacerdote Alberto Cutié, entonces una estrella ascendiente en la Iglesia de Miami, estaba allí también. Él nos cuenta: –«Me acuerdo cuando se produjo lo de Elián González y fuimos a la calle Ocho... Monseñor Román no fue... tal vez alguien le dijo "no vayas", pero él mandó una carta que leyó el padre Santana. Me acuerdo que cuando el padre Santana se paró en el ambón, en el podio aquel que habían puesto en el *stage*, en la Calle Ocho, comenzó a leer, de una forma muy emotiva:

–"Estas palabras son de alguien que no puede estar aquí por razones fuera de su alcance"... y comenzó a leer la carta, y era una carta preciosa... Monseñor Román estaba presente allí, con sus palabras, con su carta»

La «carta» de Monseñor estaba dirigida a Dios, era una oración brotada de su corazón:

–«*Tú eres, Dios, nuestra fortaleza. Tú eres nuestro escudo y nuestra salvación. Mira hoy esta otra cruz, símbolo de aquella de la patria, que tu pueblo exiliado te ofrece, lleno de fe y esperanza en medio de su tribulación. Mírala, y deja que tu corazón bondadoso la transforme en instrumento purificador, así como la de tu Unigénito pasó a ser, de asiento de la muerte, a puerta de la resurrección.*

–«*...Tanto nos amas, Señor, que nos has dado a tu Hijo Unigénito, para que quien crea en Él no muera, sino que tenga vida eterna. Nos lo diste niño en Belén de Judá y apenas recién nacido, enviaste a tu ángel para que su Madre Santísima y el buen hombre que le diste como padre adoptivo lo llevaran al destierro para librarlo del mal.*

–*«No permitiste que volviera a su patria terrenal, mientras reinaba en ella quien quería hacerle daño y dejaste que creciera en edad, en gracia y sabiduría ante ti y ante los hombres hasta que, ya adulto, pudo asumir voluntariamente todos los riesgos y peligros de su misión salvadora.*

–*«...Padre, ¡protege nuevamente a Elián, el que fue salvado de las aguas! ¡No permitas que lo ahoguen ahora los odios de los hombres, ni que sea presa de los que lo quieren para el mal! ¡Que el símbolo de la liberación no sea transformado en instrumento de la esclavitud!*

–*«...Bendice a Elián. Bendice a toda su familia: a los que aquí, en el destierro, lo han rodeado de amor y a los que, allá en Cuba, padecen bajo el totalitarismo. Ten junto a ti a Lázaro Munero, el padre adoptivo que tanto lo amó, que prefirió ahogarse él para salvarlo. Ten en tu Reino también a Elizabeth, la madre sacrificada, que lo puso en tus manos y dio, igualmente, la vida por él.*

–*«Y permite, Señor, en el nombre de tu Hijo Jesús, por quien todas las cosas nos son dadas, que al igual que dijera tu siervo Zacarías del hijo de otra Isabel, tu pueblo pueda cantarte también, diciendo:*

–*«Y a ti, niño, te llamarán profeta del Altísimo,*
*porque irás delante del Señor*
*a preparar sus caminos,*
*anunciando a su pueblo la salvación,*
*el perdón de sus pecados». Amén.*

La Corte Suprema de Estados Unidos decidió no revisar el caso de Elián González, dejando así en pie una decisión de un tribunal inferior que había determinado que el niño fuese entregado a su padre. Al amanecer del Sábado Santo, 22 de abril de 2000, más de un centenar de agentes federales, con armas largas y en zafarrancho de combate, tomaron por asalto la modesta vivienda de Lázaro González en la Pequeña Habana y se llevaron de allí, por la fuerza y a punta de ametralladora, a un aterrorizado Elián, para ponerlo en brazos de su padre, Juan Miguel González, que lo esperaba en la Sección de Intereses de Cuba en Washington, DC.

Pocos días después ambos regresaron a Cuba para un recibimiento de héroes que Fidel Castro compartió con ellos. El paso de los años a partir de entonces demostró cuan ciertos eran los temores de los exiliados, que se fueron cumpliendo inexorablemente. Elián González, de niño, de adolescente, hasta el día en que esto escribo, 18 años después, ha sido convertido en una triste marioneta del régimen castrista.

El exilio cubano recibió el final del drama como el clásico balde de agua fría, sentimiento que fue compartido igualmente por su ya viejo pastor. Le consolaba solamente pensar que en Miami "la sangre no había llegado al río" y daba gracias a Dios por el mérito que en ello tenía el Grupo de Guías Espirituales del Exilio Cubano.

Y, ¿qué era eso de Guías Espirituales del Exilio Cubano?

## 75. Los Guías Espirituales del Exilio Cubano

El Reverendo Martín Añorga y Monseñor Agustín Román (2010)

El Grupo de Guías Espirituales del Exilio Cubano fue lo que su nombre indica, un conjunto de sacerdotes católicos y ministros de varias denominaciones cristianas, todos con un gran espíritu ecuménico, casi todos cubanos, todos firmemente comprometidos en su apoyo a la causa de la liberación de Cuba y todos poseedores de sólido prestigio e indiscutible liderazgo en nuestra comunidad; un proyecto acariciado y animado principalmente por dos gigantes de la fe y el patriotismo: el Reverendo Martín Añorga, pastor presbiteriano y el propio Monseñor Román, dos hombres de Dios a quienes, además, unía una fraterna amistad.

Los Guías Espirituales, como se les llamaba habitualmente, habían asumido un rol preponderante en la situación que se vivía en Miami por el caso de Elián González, con el objetivo de imprimir carácter y orientar pacíficamente las manifestaciones en favor de la permanencia del niño aquí con sus familiares y así se organi-

521

zaron varias jornadas de oración durante el tiempo que duró aquel tenso enfrentamiento.

La unión y la funcionabilidad de aquel heterogéneo grupo de religiosos picaba la curiosidad de algunos, casi siempre personas un tanto desconectadas de la realidad del cristianismo posterior el Concilio Vaticano II, o miembros de grupos fundamentalistas de diversa laya. La respuesta, sin embargo, era muy sencilla: el Grupo de Guías Espirituales del Exilio Cubano no hubiera sido posible sin la decidida vocación ecuménica que compartían sus integrantes, más allá de la denominación religiosa la que pertenecía cada uno. ¿Qué decía sobre esto Monseñor Román?

—«*Yo he podido trabajar más con los hermanos separados, o, más bien, los hermanos de la Reforma, lo que sería, pudiéramos decir, lo histórico. Yo no he podido tener esa misma relación con las sectas, porque tienen todavía esos prejuicios contra nosotros, y todo eso. Pero, yo me he podido sentir muy fraternal con todos mis hermanos de las distintas denominaciones, que son bautistas, presbiterianos, episcopales, luteranos... Yo no he tenido la más mínima dificultad con ellos.*

—«*Cada día al levantarme oro por la unidad de los cristianos. Claro, he vivido una etapa muy linda, que es la etapa post Concilio Vaticano II, en que ha habido una reflexión muy profunda de la Iglesia, fuera de lo que sería el tiempo de la separación entre cristianos del siglo XVI. Yo creo que ha sido siempre muy fraternal, muy buena, y nos hemos sentido realmente como hermanos. Yo lo que he sentido de mis hermanos, y creo que ellos lo hayan sentido igual de mí, un gran afecto, y creo que siempre buscando la unidad, que vendrá cuando el Espíritu Santo la quiera, pero, mientras tanto, la estamos buscando*».

Una figura fundamental en el movimiento ecuménico cubano en Miami lo es, sin duda, el Reverendo Dr. Marcos Antonio Ramos, amigo de Monseñor Román, desde que éste era seminarista y profesor al mismo tiempo, en Colón Matanzas, como vimos ya en el capítulo 8 de esta obra. Con él pude abundar en este importante tópico de la visión ecuménica de Monseñor, y el surgimiento de los Guías Espirituales:

–«Aleido era un hombre del Concilio Vaticano II, pero manteniendo siempre algo de la tradición, cosa que era de esperarse por su formación, por su edad, pero, él siempre quiso, aun cuando estaba en Colón, acercarse a los "hermanos separados", pero eso se incrementó hasta el punto en que él se convirtió en el gran punto de contacto de los católicos hispanos y los protestantes hispanos.

–«En cuanto al Grupo de Guías Espirituales del Exilio Cubano, antes que Román, fue fundamental el padre Francisco Santana. Santana era muy leal a Monseñor Román. Román a veces hacía cosas a través del padre Santana y hasta a través de mí. Él no podía hacer ciertas cosas, como Obispo que era, y usaba a sus amigos, amigos entrañables como el Rev. Añorga, el padre Santana, y este servidor, para algún tipo de artículo, cuando él quería expresar algún punto de vista, porque hay que recordar que, desde el punto de vista de la Eclesiología, él era obispo, pero obispo auxiliar, y en un país extranjero… él tuvo que adaptarse a esa situación. Trató, dentro de eso, de sacar todo lo que pudo para la cosa cubana, y ahí está la Ermita, y ahí están muchas cosas, pero, él tenía que medirse. Algunos quizás lo hayan criticado, pero él tenía que actuar así. Los que hemos trabajado «en iglesia» conocemos las limitaciones.

–«De modo que los Guías Espirituales salen de la idea de Román, Añorga y Santana y me incorporaron a mí enseguida. La idea era que hubiera un número de sacerdotes y pastores, líderes religiosos, que pudieran, en determinado momento, dar orientaciones en relación a Cuba, desde una perspectiva cristiana, que sirviéramos para evitar excesos, para mantener la concordia dentro de la comunidad, sin dejar de expresar estas verdades y estas cosas que tienen que ver con Cuba.

–«La amistad de Román y Añorga se fue desarrollando con el tiempo y llegó a ser una cosa total, eran como un par de hermanos. Yo creo que él tuvo tanta amistad y tanta relación con Añorga como la que tuvo o puso haber tenido con cualquiera de sus más cercanos sacerdotes, como el padre Rivas. Ahí te digo que es una cosa muy interesante. No quiere decir que no haya habido una relación conmigo, que siempre la hubo, una amistad entrañable, pero, había más contacto con Añorga... y Añorga con él, Añorga quería mucho a Monseñor Román; Añorga es el hombre que más ha levantado a Monseñor Román. Eso es una cosa extraordinaria».

Debo decir que el Reverendo Marcos Antonio Ramos no exagera un ápice al hablar de la gran y hermosa amistad que unió a Monseñor, Obispo Auxiliar de la Arquidiócesis de Miami y al más prominente pastor protestante de nuestra comunidad, el presbiteriano Martín Añorga. A éste pedí también que nos hablara de la vocación ecuménica de Monseñor y del Grupo de Guías Espirituales del Exilio Cubano:

–«A mí me maravillaba constatar como el padre Aleido, que fue como primero yo lo conocí, había desarrollado al largo de su vida un espíritu ecuménico tan genuino que lo impulsaba a actuar siempre en busca de la unidad de los cristianos. Él se formó como católico y como sacerdote en los tiempos antes de que el Concilio Vaticano II erradicara algunos conceptos arcaicos y erróneamente concebidos en su momento, que propendían más a la separación que al encuentro entre las diferentes confesiones cristianas.

–«Sin embargo, él no sólo era un hombre tolerante y respetuoso de todas las denominaciones cristianas, y de los judíos también, sino que fue un activo promotor de la unidad de los cristianos. Nadie acogía ni promovía con más entusiasmo que él la celebración en Miami de la Semana de Oración por la Unidad de los Cristianos que celebramos siempre en el mes de enero, ni nadie era más considerado en el trato personal a los ministros protestantes, tanto en público, como en privado. Un verdadero amigo. Un verdadero hermano en Cristo.

–«El Grupo de Guías Espirituales del Exilio Cubano surgió de un grupo informal de sacerdotes y ministros que nos reuníamos con alguna frecuencia en la Iglesia de San Juan Bosco. Todos éramos amigos y respetábamos mucho al Padre Emilio Vallina que era un hombre de Dios, muy cubano.

–«Los acontecimientos en Cuba y en Miami nos obligaron prácticamente a estructurar el grupo de una manera más formal para ofrecer un enfoque cristiano y una referencia ética a lo que podía ser la respuesta del exilo a los hechos que nos afectaban como cristianos y como cubanos. Monseñor Román era muy delicado y respetuoso tanto con los sacerdotes como con los ministros de las diferentes iglesias evangélicas que participábamos y trataba de que no se le viera a él como cabeza del grupo, pero era inevitable que así fuera y todos buscábamos siempre su opinión y su consejo. Él era muy respetado».

*Apéndice XVI*

## Santo, sabio y servicial

*Habla el reverendo Martín Añorga, fundador y pastor emérito de la Primera Iglesia Presbiteriana Hispana Unida de Miami*

Monseñor Agustín A. Román, el obispo auxiliar y pastor providente de los miles y miles de seres humanos que han pasado por la Ermita de la Caridad del Cobre, erguida frente al mar y señalando hacia Cuba, fue un hombre de Dios con un espíritu de humildad al sincero estilo de San Francisco de Asís.

Román dominaba el uso de la palabra en sus homilías, conferencias y charlas con una elocuencia convincente, inspiradora y creativa. No hemos conocido a ningún otro proclamador de la Palabra divina que haya tenido la habilidad para el uso de la anécdota oportuna y precisa como Monseñor Román. Su predicación era cautivadora, atrapaba la atención de los fieles, que lo mismo reían que lloraban al escuchar la luz del púlpito convertida en santa voz.

Ante todo, debemos considerar su santidad, su dedicación a la oración, su comunión permanente con el Padre y su vida ausente de manchas y debilidades.

Era costumbre del recordado sacerdote caminar desde su habitación, cada mañana casi al amanecer, para disfrutar de sus meditaciones religiosas frente al mar, pensando en su patria, en los que allá viven cautivos y en los que aquí vivimos azuzados por las nostalgias y hasta por las frustraciones.

Era normal que en su caminata matutina se encontrara siempre con alguien que quería ser espiritualmente ayudado. Su disponibilidad para el que venía prendido de sus quejas era sosegadora. Después de sus consejos piadosos colocaba sus manos sobre la frente o la cabeza de la persona que reclamaba su atención y expresaba unas fortalecedoras palabras de bendición.

Su refugio era la Ermita. Todavía, cuando visito el bello escenario en el que se levanta, veo al noble cura caminando despacio, ajustando su cansada respiración e inclinándose al suelo para recoger hojas sueltas y desperdicios dejados atrás por gente descuidada.

Siempre fue confortable una conversación y un encuentro con Monseñor Román, permanentemente positivo, sin emitir juicios desfavorables ni críticas, reconciliador, amable y guía de almas. Yo, que tengo ya una larga vida y he recorrido muchos ámbitos del mundo, muy pocas veces he visto a siervos de Dios con la santidad y la nobleza que siempre vi en la figura de Monseñor Román. Me lo imagino en el cielo buscando ángeles con los que conversar y escuchando música en la compañía multitudinaria de los que en las alturas disfrutan de su santidad.

La sabiduría de Monseñor Román se pone de manifiesto, entre otras muchas cosas, en la variedad de las actividades que llevó a cabo, por todos conocidas, y en la fertilidad de los artículos que escribió.

Román nunca confundió la política con el patriotismo y se enfrentó a incomprensiones por su posición sobre la realidad dolorosa de su patria. El venerado obispo, amante inquebrantable de su provincia matancera, jamás volvió a Cuba. Invitaciones le abrumaban, pero no quiso jamás bajar su cabeza ante el poderío de los tiranos, sino únicamente ante la suprema autoridad del Dios al que sirviera con todo el ardor de su vida.

Fue sabio Monseñor en manejar el tema de la patria. No se hizo partidario de divisiones, y para todos se abrieron sus brazos. En varias ocasiones participé junto al sabio obispo de reuniones en las que hubo discrepancias y distanciamientos. Observé con devoción casi religiosa cómo Monseñor se levantaba frente al micrófono y al influjo de sus enseñanzas y señalamientos, la calma resplandecía y reinaba la armonía. Su patriotismo, hermanado a su sabiduría, siempre fueron factores de paz y unidad.

Hablar de cómo se creó y se levantó la Ermita es adjudicarle la autoría de un verdadero milagro. Sus viajes continuados a cárceles del país para reclamar justicia para los centenares de cubanos encarcelados durante el memorable éxodo del Mariel, en circunstancias en las que llegó a poner en peligro su propia vida, fue un acto de heroísmo inimitable. Las veces que fue a Washington a interceder ante las autoridades en favor de los cubanos y de los inmigrantes en general son trazos ignorados de su robusto espíritu de servicio. Estos temas los trataba Monseñor Román sin hacer nunca énfasis en lo que su labor personal aportaba a los asuntos que se trataban o las soluciones que se buscaban.

Monseñor es –y usamos el presente, porque su vida prevalece sobre la ausencia que ha producido su muerte–, un hombre de Dios, santo, sabio y servicial. Como dijo Víctor Hugo, «todo hombre es un libro en el que el propio Dios escribe», y ajustándonos a sus palabras afirmamos que Agustín Román es una de las obras mejores creadas por Dios.

*Martín N. Añorga*
*Julio del 2012*

*Apéndice XVII*

## Aleido

*Habla el reverendo Marcos Antonio Ramos, ministro bautista, doctor en Teología e Historia, autor de varios libros sobre esas disciplinas:*

Yo conocí a Aleido Román en el año de Nuestro Señor 1954. En ese año se habían construido los nuevos edificios de la Ciudad Estudiantil de Colón, Colegio Padre Félix Varela y el de la Inmaculada Concepción para las muchachas.

Yo estuve presente en su ordenación y en su primera misa. Éramos buenos amigos. Yo soy muy jaranero, él era más serio, pero tenía un gran sentido del humor y me aceptaba todas mis jaranas. Me decía: –*«Tú no cambias»*...

Viene la etapa de la revolución, me entero yo que lo han expulsado de Cuba, a pesar de que él era un hombre de Iglesia, tendría relaciones con alguna gente que actuaba en contra del gobierno, pero él no, él tenía sus ideas contrarias a aquello, pero era solamente un hombre de Iglesia. Pasó algún tiempo, yo había oído que Eugenio del Busto, buen amigo nuestro, que era sacerdote entonces y trabajaba con el obispo Carroll, estaba haciendo gestiones para traer a Aleido para acá y un día, en el parqueo de un banco, me encuentro a Aleido... Nos abrazamos, yo lloré de la emoción, y aquí reanudamos nuestra amistad.

Nada en él cambió cuando lo nombraron obispo. Yo en privado siempre seguí llamándolo Aleido, pero una vez le dije «Monseñor». Y él me replicó: –*«si me tienes que dar algún título, llámame Padre Román».*

La Dra. Mercedes García Tudurí y su hermana Rosaura, creo que por años 70, deciden reorganizar aquí la Sociedad Cubana de Filosofía. Entonces, se constituye una directiva con los antiguos miembros de la Sociedad, que estaban casi todos en el exilio, y con algunos que habíamos ofrecido clases de Filosofía. Nos reuníamos todos los meses en casa de las García Tudurí, ellas, Ariel Remos, Humberto Piñera, Max Castro, el pastor episcopal Dionisio de Lara, y dos o tres más.

Aleido participaba en esas reuniones, era Presidente Honorario de la Sociedad porque le impusimos ese nombramiento, yo era el Secretario. Allí nos dimos cuenta de que él era un hombre con amplios conocimientos de la Filosofía, muy inclinado a los filósofos tradicionales, que eran a la vez filósofos y teólogos, y también de Maritain, a quien conocía muy bien. Se veía que los años del seminario en Quebec habían influido en él a través de los filósofos franceses.

Conociendo él las diferencias que existen entre el pensamiento de un pastor bautista y un católico romano, jamás hubo una discusión, jamás hubo una palabra que no fuera la misma que podían utilizar personas de la misma creencia...

Él tuvo momentos que se sintió muy disgustado con cosas que pasaban en nuestra patria. Él no tenía control de la Iglesia en Cuba... Muchas veces la gente critica a la Iglesia, o al sacerdote, o al obispo o al pastor, y tienen razón, pero a veces, no. Por ejemplo, un punto vital, que yo lo comenté muchas veces con él es que la Iglesia nunca abandonó al pueblo cubano. Es verdad que no siempre se han portado, la jerarquía de las iglesias cristianas, como uno hubiera querido; pero hay que recordar que, si vamos a hablar de abandono, el gran abandono fue el de los feligreses, porque los feligreses, o nos fuimos, o los que se quedaron dejaron de ir a los templos. Es más, yo se lo decía: somos pecadores, nosotros, como parte del Cuerpo Místico de Cristo, y en esto se incluye a todo el mundo, todas las iglesias, sacerdotes, ministros, obispos, todos tenemos nuestras culpas, pero, el pueblo, tiene la suya. Te voy a dar un ejemplo: año 1961, rebeldía contra el régimen, la gente iba a la iglesia para demostrar que estaban en contra de aquello. Año 62: casi vacíos los templos.

La primera gran preocupación de Román, eran las cosas de Dios. Después de eso, Cuba. En su corazón, él hubiera dado la vida por ir a Cuba, en otras condiciones. Yo nunca le oí decir que él pensara ir a Cuba en las actuales circunstancias.

Es fácil y al mismo tiempo es difícil hablar del legado de Román. Primeramente, es fácil para cualquier cubano decir que él fue el más prominente líder religioso para la comunidad cubana del exilio. Segundo, que jamás quiso dividir a los cubanos del exilio y jamás quiso crear divisiones entre los distintos grupos religiosos, todo lo contrario. Que mantuvo su estilo conservador, su teología, su liturgia, pero siempre tratando de acercar a las distintas vertientes del pensamiento religioso, sobre todo a los protestantes, que es el otro grupo grande y organizado entre los cubanos.

Por otro lado, el legado de él es haber logrado ser una sola voz religiosa en medio de un pueblo que tiene varias expresiones religiosas, pero que, históricamente, no ha sido guiado por un líder religioso. En la comunidad cubana del exilio, yo diría que Román es la figura de mayor inspiración, de mayor poder de convocatoria que no fuera eminentemente política, sin alejarse de las realidades de que todo eso tenía que ver con el caso de Cuba. Él tiene el legado de haber sido una voz que trascendió barreras confesionales.

Román... nunca oí a nadie que hablara mal de Román. En la comunidad religiosa, que es una comunidad bastante criticona, no escuché nunca una crítica a Román. El otro es Añorga. Yo diría que, después de Román, el religioso con mayor poder de convocatoria aquí ha sido Añorga. Añorga y Román han sido nuestras dos grandes luces.

Yo quise entrañablemente a Román. Nunca nada me separó de él. Fue mi amigo, siempre me inspiró hablar con él. Cuando nos veíamos, sentía alegría de vernos... Me trató igual que si yo hubiera sido un sacerdote católico... era un personaje muy especial. Yo lloré cuando él murió.

## 76. Setenta latidos

Las cosas no andaban bien. En muchos países del mundo y en casi todas las diócesis de los Estados Unidos surgían cada día más acusaciones contra sacerdotes a los que se señalaba como perpetradores de abusos sexuales contra menores y acusaciones también contra obispos que, conocedores de esa situación, se habrían preocupado más de ocultar el daño que de corregirlo, propiciando, en muchos casos, un ambiente de impune continuidad para tan malvada conducta.

El escándalo crecía según se iban conociendo más y más casos y Miami tenía su cuota en el desgraciado asunto. Monseñor estaba en extremo abatido y se tragaba el dolor que todo esto le infligía. Cuando comenzaron a conocerse los diferentes casos, su primera reacción fue de genuina incredulidad; le parecía imposible que un sacerdote renegara así del especial llamamiento que había recibido de parte del Señor y advertía siempre contra la posibilidad de acusaciones injustas.

Pero, según las evidencias iban demostrando la credibilidad de la mayor parte de los casos, se acentuaban en él la vergüenza y el dolor al pensar en las víctimas, en el daño que se le había hecho a éstas, a las familias afectadas, a la propia Iglesia, y en cómo todo ello lastimaba la fe del pueblo de Dios. No era él la persona llamada a tomar decisiones en materia tan delicada y espinosa, pero le preocupaba que todo se tratara de resolver en base a compensaciones monetarias. Pensaba que, además, era necesario buscar la sanación de los abusados, la regeneración de los abusadores y la misericordia de Dios para todos.

Los afanes de cada día, la permanente herida de su patria sufriente, los golpes que la vida va acumulando en la gente buena, y las situaciones como la que veíamos anteriormente, los problemas de la Iglesia, pesaban en su corazón.

Hablando sobre la forma de ser de Monseñor con alguien que lo conoció en total cercanía, su asistente fiel de muchos años, el Diácono Manolo Pérez, éste me decía:

–«Muchos problemas que hay dentro de la Iglesia, dentro de la Arquidiócesis, Monseñor los guarda en su corazón... Esas son las preocupaciones que a veces él lleva, a veces preocupaciones grandes dentro de la Iglesia que él se calla y yo le digo que él es igual que la Virgen María, que, como cuenta San Lucas, todas sus cosas las guardaba en su corazón».

Y no hay que olvidar que era un corazón enfermo. Diez años después de su operación de corazón abierto, se le presentó al Pastor del Exilio una nueva y aguda crisis cardíaca. Su vida peligraba.

Su médico y amigo, el Dr. José Joaquín Centurión, quien venía advirtiendo la continuada declinación de su paciente y guía espiritual, corrió a su lado apenas se presentó la emergencia. Él lo recuerda todo muy vivamente:

–«Después de la crisis del 92, él estuvo varios años bien, como diez años. En el 2002 viene la próxima crisis, donde él empieza a tener dolor de pecho. Se le hacen varias cateterizaciones, se le trata con medicinas, con globitos, que era lo de esa época, y llegamos a un punto en que no había otra forma excepto operarlo otra vez.

Ya ahí se le pone difícil –continúa el doctor– porque tienes un paciente con un marcapaso externo, tiene alambres en el corazón y la única manera que había de hacer cirugía en esa época era rompiendo el esternón otra vez, con una sierra, atravesar los alambres que tenía ahí, tratando de evitar cortarlos, porque ya, durante los últimos cinco años, todas las pruebas que teníamos nosotros chequeando el marcapaso, sabíamos que él era completamente dependiente del marcapaso, sabíamos que en el minuto que comenzáramos a chequear la batería que tenía el marcapaso, a ver el ritmo él que tenía, si se apagaba el marcapaso...

–«Su corazón dependía del marcapaso y ahí viene el problema: él entra en la cirugía, y todos pensando "que uno no oiga que la sierra corta los alambres" y esto no hay manera de predecirlo, no hay manera de mirar, porque hay que cortar el esternón a ciegas, tratando de profundizar, y no sabes a qué nivel de ese tejido de escaras, porque todo lo que hay detrás del esternón es escara, es como sembrar adentro de un cemento los alambres del marcapaso... No sabes dónde se unieron, tienes una idea por las placas, pero sólo sabes que esos alambres están detrás del esternón.

—«Primer paso en la cirugía —nos sigue contando el Dr. Centurión— era poder lograr la anestesia, lo cual se hizo, y el marcapaso seguía trabajando muy bien, la pantalla del monitor era puramente marcapaso, no había latido espontáneo del corazón de Monseñor. El Dr. Joseph Lamela era el cirujano... yo, Johnson, el ayudante del Dr. Lamela, las enfermeras y el anestesiólogo. Cuando comenzamos el corte del esternón, la primera fase fue bastante bien, entonces se tenía que profundizar.

—«Me recuerdo que cuando estábamos ya a la mitad en el proceso de cortar, no en la parte superior, sino en mitad del esternón, oímos que se cortó el alambre y en eso teníamos ya un marcapaso listo para entrarle por la pierna, estábamos ya listos para entrarlo por la vena cava inferior, y era fácil posicionarlo por la parte de abajo, pero el alambre que estaba adentro no captó bien con el marcapaso externo y ahí nosotros, tratando de reposicionar el marcapaso externo, y no captaba, y mirando que él no tenía un latido. La pantalla por lo menos estuvo ocho o diez segundos, que es una eternidad en medicina, esa pantalla no tuvo un latido.

—«Y ahí, de pronto, empezó el corazón —el doctor se emociona al recordar aquellos momentos— ¡setenta latidos por minuto!... No es que empezó poco a poco, como se ve en televisión: empezó ¡rácata!... setenta latidos.

—«Eso fue algo que nos dejó fríos... Eso no fue lo más que nos asombró aquí... bueno, se puede lograr poner el marcapaso externo a captar, pero se dejó apagado porque el corazón de Monseñor estaba latiendo por sí mismo. Entonces se siguió abriendo la caja toráxica, y se puso el separador para abrir el hueso, para ver, y poder llegar al corazón. El Dr. Lamela comenzó a cortar con mucho cuidado a través de ese cemento, toda esa escara que estaba ahí y a la vez que cortaba, me decía: —*"Centurión, esto es imposible, esto es horrible, aquí no hay cómo ver, no sé dónde estoy cortando, esto es imposible"*...

–«Yo estoy parado detrás de él, mirando sobre su hombro derecho, y le digo: –*"Con cuidado y piensa en Dios"*... –nuevamente la emoción ahoga las palabras del Dr. Centurión. No sé cómo explicarlo, pero la próxima tajadita... se abrieron, como si hubiera sido la puerta de una catedral... cayeron para cada lado y lo que quedó debajo de eso fue el corazón, limpio de todas las escaras y con todas las arterias expuestas. De ahí para adelante, fue facilísimo, los *bypasses*... se hizo todo, se cerró bien, esas dos cosas son parte de esa cirugía que yo nunca olvidaré».

Esta, su segunda operación «de corazón abierto», que nos ha contado en detalle el Dr. Centurión, se realizó el 13 de agosto de 2002. Unos días antes recibí una llamada de Monseñor, y con esto comenzó, no un proceso de *deja-vu,* pues no conllevaba la sensación, sino la certeza de haber vivido antes lo que de nuevo me tocaba vivir. Igual que diez años atrás al operarse por primera vez «de corazón abierto», Monseñor me pedía que le ayudara con un escrito que tenía en mente. Quería despedirse sin decir adiós, dejar algo escrito «por si acaso», subrayar su prédica de toda su vida con la prédica ante su posible muerte.

Pronto me di cuenta de que si en 1992 su «Curemos el corazón cubano» había sido un llamamiento cívico-religioso a sus compatriotas para sanar el corazón de Cuba; el nuevo artículo que ahora me dictaba, aunque no carente de patrióticos tonos, era más bien un cántico de acción de gracias a Dios y a sus semejantes por todo lo vivido. «¡Levantemos el corazón!», su *sursum corda* ante la muerte, decía en parte:

–«*¡Levantemos el corazón a Dios para encontrar la unidad y la concordia, para fortalecer nuestra vida familiar, para hallar el equilibrio y el respeto mutuo, para practicar el civismo y promover la virtud, para no cejar en la lucha por el respeto a la dignidad plena del hombre, para no dejarnos conquistar por la ambición material, ni por la sed de protagonismo, para actuar con espíritu de nación y con sentido de la fraternidad universal!*

–«*Mi corazón puede estar enfermo, pero no desanimado, porque ha puesto su confianza en el Señor. Por eso estoy en paz y en paz espero el momento de ver su rostro tras tan largo caminar siguiendo sus huellas.*

*—«He predicado mucho sobre la muerte y es otra palabra a la cual no podemos temer los que tenemos claro el concepto cristiano de la vida. Cuando llegue la muerte, pues, bienvenida sea. Mientras tanto, quiero vivir hasta mi último día con fidelidad al llamado que el Señor me hizo, orando por mis hermanos, que son todos los hombres y mujeres del mundo, y con amoroso énfasis por la tierra doliente donde Él quiso que viera yo la luz primera».*

Este artículo terminaba: *—«Los bendice y los quiere... Mons. Agustín A. Román, Obispo Auxiliar de Miami».* Era la primera y creo que la única vez, que el introvertido padre y pastor de los católicos del sur de la Florida, dejaba que la sencilla expresión de su amor por su rebaño brotara explícitamente de su maltrecho corazón. Tal vez la posibilidad de que la muerte le impidiera decírnoslo, lo impulsó a hacerlo, para que nunca lo dudáramos: *—«Los bendice y los quiere»...*

Pasado un poco más de un año, le pregunté a Monseñor cómo se sentía y él me respondió con una luminosa reflexión sobre la muerte, dicha en la misma sencilla manera en la que cualquiera de nosotros hablaría sobre un asunto baladí:

*—«Yo me siento bien físicamente en este momento, pero yo estoy preparándome para la muerte, porque yo sé que eso no puede tardar mucho. Ya yo tengo 75 años que cumplo el 5 de mayo, pero, además de eso, porque yo sé que esa es la ley de la vida. Yo tengo que morir y yo me voy preparando pues, para un encuentro con Cristo, por la misericordia de Dios, que la espero. Pero, sí puedo decir que estoy en paz. He predicado la salvación a todos y ahora debo pensar en la mía.*

*—«No hay noche que yo me acueste que yo no esté convencido de que puedo morir y nunca cierro la puerta, porque así no tendrían que romperla en la mañana los padres que viven en la casa... Si no pude salir, pues... no pude salir.*

*—«Estoy consciente de que esto va a venir, que será mejor que lo que hay aquí, de eso no hay duda. Yo tengo la fe cristiana-*

*católica que me lo dice y estoy seguro, pero, claro, uno va hacia lo que no conoce. Sería como... cuando la primera vez que tuve que irme a Canadá. Me contaban de Canadá y todo eso, pero, yo no sabía lo que era Canadá. Fue muy lindo, muy precioso; cuando yo me fui a Chile fue lo mismo y ahora cuando haya que ir a la eternidad, pues, también estoy dispuesto a partir en el momento en que Dios lo quiera. Que Dios escoja el momento que sea más propicio para que yo pueda pasar mejor a esa nueva vida y a esa Casa del Padre.*

*—«Yo creo que el Señor me está dando más tiempo para purificarme. Yo creo que aquí estamos preparando y sembrando para cosechar en la otra vida y yo creo que el Señor me ha dado la oportunidad de más tiempo, para purificarme. Por tanto, yo agradezco a su misericordia, tan grande, que me da ese tiempo.*

*—«Como yo soy un ser humano, naturalmente, la vida esta me gusta y no hay duda de que la otra será mejor, pero, tampoco me siento mal con que el Señor me de unos días más aquí. Lo triste es que no me aproveche para purificarme, y me queda mucho todavía para purificarme, pero, espero que, con la gracia de Dios, y con la ayuda de la Virgen Santísima y de los santos, pues, yo pueda atravesar este desierto y llegar a la tierra prometida».*

## 77. Los dos gigantes

Monseñor Román se repuso prontamente, tras una corta convalecencia, de su segunda operación de corazón abierto. Él atribuía su recuperación a la pericia de los médicos y el personal que lo había atendido, pero, sobre todo, a la oración.

Y es cierto que, igual que diez años atrás, Miami había orado intensamente por su pastor. Juan y Silvia Arrondo que habían sido entonces los coordinadores de la Cofradía, recordaban aquellos días de la gravedad de Monseñor en la memoria que el propio obispo había pedido escribir a todos los que habían servido en esa posición:

–«Las noticias que daban los médicos… no eran muy alentadoras, pero la expresión de fe y oración en la Ermita fue extraordinaria, tanto de parte de los miembros de la Cofradía, como de tanta gente que venía a orar. El verle recuperado fue motivo de mucha alegría» –contaban los Arrondo, en la memoria de la Cofradía.

Claro está, no fue una recuperación absoluta. En ocasiones se le notaba el cansancio y a veces, la lentitud progresiva propia de sus años se imponía por encima de su voluntad de servicio. Sus asistentes en la Ermita y los amigos que compartíamos con él frecuentemente, nos dábamos cuenta y comentábamos, «ya no es lo mismo».

Ya no era lo mismo, pero él era el mismo. Sin desafiar directamente las indicaciones de su médico y amigo, el Dr. Centurión; sin rechazar los consejos de familiares y amigos, era evidente que sus intenciones eran las de trabajar tanto como pudiera, seguir cumpliendo sus tareas de Obispo Auxiliar y las de Rector del Santuario, además de todas las demás que él se había "echado encima" a través de los años… la atención directa a los movimientos apostólicos, las visitas a las cárceles, su atención a la problemática cubana, sus programas de radio, etc.

Era evidente que él quería «morir con las botas puestas» y es más, en un par de ocasiones en que personas cercanas a él trataron de presionarlo para que disminuyera sus actividades, cuando la insistencia se le hacía molesta, pude ver cómo asumía un tono grave y enfático y ponía punto final al asunto diciendo inequívocamente: *–«Miren, yo no sé cuándo voy a morir, ni me preocupa. Pero quiero morirme trabajando por el Señor, que es para lo que fui llamado».* Fiel a esa decisión, Monseñor fue recuperando su intenso ritmo de trabajo a medida que pasaba el tiempo. Apenas cinco meses después de aquella complicada cirugía, la Ermita bullía de actividad, pues, además del quehacer habitual, esperaba a un visitante singular, uno que proyectaría otra vez al Santuario como punto neurálgico de la actualidad cubana.

Oswaldo Payá Sardiñas, el líder opositor cubano más conocido y reconocido dentro y fuera de Cuba, había sido galardonado por el Parlamento Europeo con el Premio Sajarov a la Libertad de Conciencia. La tiranía había cedido a la presión internacional y permitió que Payá fuera a Estrasburgo para recibir el premio personalmente. Camino de regreso a Cuba, Payá debía visitar Miami en enero de 2003.

Payá, un ingeniero aún joven, era un hombre de pura raíz católica y había permanecido fiel a la Iglesia aún en los tiempos de mayor hostigamiento. Él no vacilaba al atribuir la razón de su lucha frente al castrato al compromiso personal que sentía con el Evangelio de Jesucristo. Inteligente, astuto, valiente y, sobre todo, muy íntegro, había logrado impactar fuertemente la opinión pública a través del Movimiento Cristiano Liberación, organización que fundó y dirigía, y en específico a través de una iniciativa ciudadana a la que llamó Proyecto Varela, y puso en movimiento en Cuba.

El Proyecto Varela, así llamado en honor al padre Félix Varela, el forjador de la nacionalidad cubana, era una petición de reformas de índole electoral, de acuerdo a las normas fijadas para iniciativas populares dentro de la constitución vigente en la Isla. Se requería que cada cubano que estuviese de acuerdo con pedir dichos cambios, firmase la petición e incluyese su dirección y el número de su carnet de identidad.

Para sorpresa de todos y estupefacción del régimen, Payá y sus colaboradores lograron que más de treinta y cinco mil cubanos firmasen en apoyo al Proyecto Varela, a sabiendas de que esto les traería fuertes represalias de la dictadura. Las firmas fueron presentadas en dos o tres entregas parciales a la Asamblea Nacional del Poder Popular que, como era de esperarse, las ignoró campanudamente. Sin embargo, el auge del Proyecto Varela le granjeó a Payá y a su movimiento popularidad y respeto a todos los niveles; mayor represión por parte de la dictadura, así como considerable apoyo en los ámbitos del exilio. Y, desde luego, también un montón de enemigos y difamadores en ambas orillas de la tragedia cubana.

Desde que Payá y su Movimiento Cristiano Liberación comenzaron a surgir en Cuba, a finales de los años 80 y a la par que sus valores, su fe católica y su visión de la patria se dieran a conocer, Monseñor Román se había sentido muy identificado con él. Desde el principio, el padre Santana había sido el gran amigo y aliado en Miami de aquel valiente y sagaz opositor y ello contribuyó grandemente a establecer la amistad entre Payá y Román. Era una amistad y una alianza tácita entre dos opositores, ambos perfectamente coherentes con la ética católica y precisamente por ello, nadie se confunda, opositores bien definidos los dos frente al régimen castrista.

Algunos de los más vitriólilcos adversarios de Payá dirigían y/o participaban en programas de radio en Miami, donde difamaban al dirigente del Movimiento Cristiano Liberación acusándolo de ser agente de la dictadura, comunista encubierto y figura clave en una gran farsa cuyo objetivo real era la formación de una falsa oposición, lo cual daría visos democráticos al régimen en busca de su definitiva legitimación.

Además de la injusticia latente que esas acusaciones representaban, la persistencia de sus detractores en ellas, mantenía muy vivas las divisiones en el destierro y en última instancia, rendían altísimos réditos a la dictadura, detalle éste que Monseñor siempre destacaba. Triste, agobiado e indignado por tan decepcionante panorama, el Capellán de la Ermita acudió a su entrañable amigo, el Reverendo Martín Añorga, para que le ayudase en una callada gestión:

–«Monseñor Román –nos dice Añorga– sentía gran afecto y admiración por Oswaldo Payá, el fundador y líder del Movimiento

Cristiano Liberación y lo ayudaba desde aquí en todo lo que podía. Hubo momentos en que Payá era muy controversial, se discutía mucho sobre él y algunos lo atacaban con gran apasionamiento. Esto se notaba mucho en las emisoras de radio hispanas, donde yo tenía varios amigos.

–«Román me pidió que yo fuera portador de su petición a algunos comentaristas de que cesaran en sus ataques a Payá, invocando la necesidad de unión entre los luchadores por una Cuba libre. Yo sabía que la misión no era fácil, pero traté de cumplirla. Fue en vano. Aquellos con quienes hablé esquivaron la cuestión diciendo que ellos no podían hacer nada, porque, según decían, los ataques a Payá no partían de ellos, sino de oyentes que llamaban a sus programas para expresar sus opiniones.

–«Yo llevé esa respuesta a Monseñor Román y él la recibió con pesadumbre, pues entendía que faltaba entre los cubanos un aprecio real por la necesidad de la unidad», concluye el Reverendo Añorga.

Monseñor Román, como ya se ha señalado, mantenía estrecha relación con todas las emisoras de radio hispanas, por dos razones muy importantes para él. Por una parte, esas emisoras donaban algún tiempo para programas religiosos y cooperaban a la divulgación de eventos de la Iglesia. Por otra parte, quizás la más importante para él, la mayor parte de los personajes de los medios no eran católicos prácticos, algunos eran visiblemente anticlericales y él, Monseñor Román, era, dada su cercanía, el único sacerdote al cual pudieran sentirse animados a acudir con sus problemas personales, el único sacerdote a través del cual –y a veces sin que ellos mismos se dieran cuenta– podían emprender una búsqueda de Dios.

Estas consideraciones no hicieron, sin embargo, que Monseñor silenciara ni disimulara su apoyo a Payá. En marzo de 2001, el Pastor del Exilio publicó su artículo *«Un proyecto liberador»*, a favor del Proyecto Valera; en octubre de 2002, *«Cuba, tiempo de esperanza y alegría»,* en celebración de un galardón internacional concedido a Payá y más adelante, en abril de 2006, *«Honor al mérito: Oswaldo Payá»*.

El sábado 11 de enero de 2003, el líder del Movimiento Cristiano Liberación se apareció de improviso en la misa vespertina y la Ermita reventó en aplausos. El domingo 12, se llevó a cabo en el sótano del Santuario una rueda de prensa con Payá, atestada de medios informativos locales, nacionales e internacionales. El lunes 13, una nutridísima y a ratos, acalorada reunión de Payá con organizaciones del destierro en el salón Padre Varela. La Ermita de la Caridad se había transformado, quieras que no, en cuartel general en Miami de aquel católico cubano humilde, perseguido y aplaudido, bendecido y calumniado, pero invariable en su lucha por transformar su patria esclava y descristianizada en una Cuba «creyente y dichosa». La misma con la que soñaba el cura de pueblo devenido en Obispo y cuyo abrazo parecía ampararlo.

# 78. 2003

Sin que nadie lo buscara o lo pretendiera, el papel jugado por Monseñor Román durante el paso de Payá por Miami, subrayó cómo aquel cura de pueblo devenido en obispo se agigantaba ante todos como un sólido e indiscutible líder cívico-religioso del exilio cubano, algo que tanto dentro, como fuera de la Iglesia, no todos veían como algo positivo.

Menos de dos meses después de aquella agitada visita, Monseñor Román recibiría otra alegría, muy consoladora para él. Sorpresivamente, el Arzobispo de La Habana, Cardenal Jaime Ortega, publicaba una carta pastoral en la cual, alejándose de sus habituales circunloquios, denunciaba claramente los grandes males morales y espirituales que afligen a la nación cubana, casi todos producto de o exacerbados por la descristianización de las costumbres.

El Cardenal tituló su mensaje «No hay patria sin virtud», frase del venerado Padre Félix Varela. La pastoral está escrita como una reflexión por el 150° aniversario del nacimiento del santo patricio cubano. En ella, el purpurado no acusa directamente a la dictadura, pero deja implícitamente establecida la responsabilidad de ésta en un estado de cosas que él señalaba como dañino para el pueblo cubano.

El documento avivó en algunas personas, cautelosas expectativas de que al fin se estaba produciendo un necesario cambio de rumbo en el episcopado cubano en cuanto a sus relaciones con el poder y una recuperación, siquiera discreta, de la misión profética de la Iglesia. Monseñor no escapaba de aquellas expectativas aunque, *cujeado* de decepciones, no les daba rienda suelta a las mismas.

Sin embargo, la carta pastoral del Cardenal Ortega no tuvo divulgador más constante fuera de Cuba, que el obispo Román, quien, como en otras ocasiones, aprovechaba la misa de Radio Martí para hacer que el importante mensaje fuese conocido en la Isla. Asimismo, aprovechaba cada una de sus prédicas en aquellos días para presentarle al exilio una imagen más llevadera del Arzobispo de La Habana.

En ese orden de cosas, Monseñor escribió un artículo, fechado el 7 de marzo de 2003, *«Sobre la carta pastoral de S. E. el cardenal Jaime Ortega»*, en el cual exaltaba al documento y a su autor y pedía a los exiliados el olvido de antiguas diferencias, así como la unidad de todos en bien de Cuba.

Pero, no todas serían buenas noticias. El 16 de marzo de aquel año, 2003, fallecía en Los Teques, Venezuela, su padre espiritual, su mentor y modelo en el servicio a Dios y a su rebaño, Monseñor Eduardo Boza Masvidal.

La partida de aquel que había sido su confesor en los años primeros de su entrega al Señor, uno cuyo sacerdocio le había servido de inspiración en lo religioso y en lo cívico, su ejemplo en la resistencia de los primeros tiempos de la imposición del marxismo de corte castrista, su compañero al ser ambos expulsados de Cuba, su modelo como obispo y como exiliado, dejaba a Monseñor Román con un hondo sentimiento de soledad (el obispo San Pedro había muerto en 1994). Además del dolor por la ausencia de su mentor y maestro, ahora, como nunca antes, sentía la gran responsabilidad de cuidar de un rebaño que abarcaba toda la diáspora cubana.

–*«Creo que Mons. Boza* –decía Monseñor Román– *es un modelo, ha sido un modelo para nuestro exilio. Ha sido un padre que nos ha ayudado, nos ha visitado y nos ha dado ánimo para todo. Ha sido el hombre que no se desanimó nunca, nunca perdió la esperanza. Siempre tuvo esa esperanza cristiana que es fuerte en Dios. Esperanza que no se limita al ahora, sino un futuro que se pierde en la eternidad.*

–*«Primero, para seguir trabajando por la patria hasta el último día. Si no se puede conseguir, no se puede, pero Cuba, él piensa que merece ser libre, y no lo es, pero lo será».*

Apenas conocida la triste nueva, Monseñor decidió ir a Venezuela para las exequias de Boza y allá fue, acompañado por un reducido grupo de sacerdotes y feligreses. Tras su regreso, y por muchos días, su corazón estaba centrado en la figura del desaparecido obispo a quien muchos ya comenzaban a llamar santo y profeta:

–*«Lo que más me impresionó* –me decía Monseñor– *fue su funeral... Aquella catedral... estaba tan repleta que no cabía nadie más. Aquella multitud en la plaza, que no pudo entrar a la catedral... Hubo que sacar el cadáver afuera para hacer una procesión, porque el pueblo que estaba afuera no podía entrar en la iglesia, así se les dio la oportunidad de que todos pudieran pasar... Las calles estaban repletas. Y era nada menos que un sacerdote cubano, a tal extremo, que nunca tocaron el himno venezolano sin el himno cubano.*

–*«El encuentro de aquel pueblo con el ataúd fue tan impresionante. Yo creo que no hay quien no haya llorado... no los pocos cubanos que estábamos allí, sino el pueblo venezolano. Lo aplaudían, y lloraban como niños... el féretro, estaba cubierto con la bandera venezolana y la bandera cubana. Lo siguieron en la procesión por varias calles hasta llegar, y todo esto con una banda de música... Antes de bajarlo a lo que es la cripta, allí en el suelo... se tocaron los dos himnos, el cubano y el venezolano, y se oyó la música de La Guantanamera. Y al descender el cadáver, pusieron la música de "Cuando salí de Cuba dejé enterrado mi corazón"...* ¡precioso!... ¡inolvidable!*

–*«Los periódicos decían "Ha muerto un santo obispo", decían "mártir... apóstol"... Las cosas que decían, estaban diciendo el amor tan grande que le tenían... En el silencio y con el dolor del destierro, Boza había sembrado mucho y lo vimos florecer al final.*

–*«En algún momento yo pensé que hubiera sido mejor traerlo aquí. Pero ahora estoy seguro de que el pueblo aquel no podría soportar que se lo quitaran: lo querían mucho, y lo demostraron. Creo que el cuerpo de él tendrá al final que ir a Cuba, cuando Cuba sea libre».*

La muerte de Monseñor Boza Masvidal no sería el único golpe del 2003. El reconocimiento internacional que estaba alcanzando Oswaldo Payá, subrayado por el Premio Sajarov y por su visita a Miami, y la escabrosa posición en la que el Proyecto Varela ponía a la dictadura, entre otras muestras de vigor que iba dando la oposición interna, fueron motivos no admitidos públicamente, para que los Castro desataran una radical ola represiva, a raíz de la cual 74 destacados opositores y una no menos destacada opositora, fueran condenados a largas penas de cárcel en el mismo mes de marzo. Este amargo episodio de terrorismo de estado sería conocido como la «Primavera Negra», en la cual, con maquiavélica intención, no encarcelaron a Payá, pero sí a sus principales colaboradores.

Esto afectó grandemente a los que, de una forma o de otra nos sentíamos ligados a la oposición interna cubana, particularmente a Payá. Veíamos en esto la desarticulación de un movimiento que comenzaba a fomentar en nosotros la esperanza de una posible alternativa para el pueblo cubano frente al régimen castrista.

Monseñor Román no era inmune a esos tristes sentimientos, aunque a él la confianza en Dios le daba la certeza de un final victorioso para la justicia y la libertad, esperanza a la cual añadía, siempre que hablaba de esto, –«*Yo no lo veré en esta vida, pero sé que lo podré ver desde el segundo piso*».

Sufría, sí, pensando en los sufrimientos de su pueblo, particularmente de los que se atrevían a enfrentarse a la dictadura, los presos políticos, etc. Le dolía también el silencio de muchos ante la tragedia de los cubanos. En abril del mismo año publicó un artículo titulado *«Entre el terror y la fe»*, en defensa de los encarcelados en la Primavera Negra. Nada lo hacía cejar en su dedicación a la Iglesia y a Cuba.

A estas alturas de su misión, la Ermita continuaba adaptándose a los cambios que el transcurso de los años aparejaba de forma inevitable. Ya no eran sólo los cubanos los que llenaban los bancos del santuario, rostros «de toda raza, pueblo y nación» se iban sumando cada vez en mayor número a la devoción a la Virgen de la Caridad, mientras el exilio primitivo iba entrando en un lento proceso de extinción debido al paso de los años.

A partir del triunfo de los sandinistas en Nicaragua, en 1979, Miami recibía cada vez más nicaragüenses que comenzaban a recorrer el azaroso camino del destierro y la integración a una nueva realidad que ya habían trillado los cubanos anteriormente. Junto a los *nicas,* aumentaba también el número de personas procedentes de los otros países de Centroamérica que llegaban, igualmente impelidos por los descalabros políticos y económicos del área. Las pequeñas comunidades de sudamericanos experimentaban también un crecimiento más lento, pero igualmente constante. Los haitianos y los dominicanos no se quedaban detrás.

Había sido un proceso paulatino e inevitable que, al mismo tiempo que lo incrementaba, transformaba un tanto el trabajo evangelizador. En 1985, y tomando como modelo las peregrinaciones de los municipios cubanos en el exilio, Monseñor quiso hacer del mes de octubre de cada año «el mes de la Hispanidad» en la Ermita y así comenzó la minuciosa tarea de contactar consulados, clubes y grupos folklóricos de diferentes países, personas que pudieran «mover» a sus compatriotas, etc. una labor en la que, con el curso de los años, se destacaría el trabajo de la cofradía, presidida en los comienzos de esta iniciativa por Roger e Idalia Miranda, y en particular, el trabajo constante y paciente de Elvira de los Ríos, responsable de mucho de lo concerniente a aquellas celebraciones. Cada día del mes de octubre de cada año correspondía peregrinar a un país diferente del continente, incluyendo a los no hispanos como Brasil, Haití, Estados Unidos y Canadá y, además, a España, la Madre Patria de casi todos.

Manolo y Olga Montero, coordinadores de la ya Archicofradía (2002-2004), vivieron los cambios que poco a poco iban teniendo lugar. Ya para los comienzos del tercer milenio, –«Las romerías, –nos cuentan– que en el principio habían sido seis, recordando las seis provincias de Cuba, con la llegada de tantos hermanos latinoamericanos a Miami, tuvimos que concentrarlas en dos: una, la romería cubana al principio de cada año y otra, la romería latinoamericana en noviembre, donde, de manera linda, se reúnen todos los países de Sur y Centroamérica».

Esa ingente labor extendió notablemente la devoción a la Virgen de la Caridad y la participación de los católicos no cubanos en las actividades de la Ermita. Poco a poco se iba tejiendo la confraternidad de muchos iberoamericanos, a la sombra de la Patrona de Cuba. Nos unía la Madre de Jesús, claro está. Pero nos unía también la admiración y el respeto que todos sentían por Monseñor Román.

Para entonces, él tenía el dulciamargo consuelo de tener junto a sí a su queridísimo amigo el padre Romeo Rivas. Monseñor lo había llevado para la Ermita al ver que la salud de su coterráneo iba declinando y éste, durante un buen tiempo, trabajó allí intensamente. En cuanto a su otro gran ayudante, el padre Santana, la situación era más que preocupante: se le había diagnosticado cáncer en los pulmones y según avanzaba el 2003, el deterioro de su salud era más que evidente.

Era éste también, el año en que Monseñor cumpliría sus 75 años de edad, fecha significativa dentro de las estructuras eclesiales: –«*Por la ley de la Iglesia,* –nos recordaba él– *todo obispo, a los 75 años, tiene el retiro, lo pida o no lo pida. Pero, siempre hay la delicadeza de pedirlo al Santo Padre.*

Y nos dejaba ver su proyección de futuro –«*Yo creo que como obispo y como sacerdote, yo puedo seguir trabajando, tal vez mucho más que lo que puedo hacer ahora, porque ahora yo me tengo que dedicar mucho a papeles y todo eso, y ya después no tendré nada de papeles, y tendré más tiempo para atender a las personas, visitar a los enfermos, en fin, poder tener más contacto con las personas que muchas veces no lo he podido tener durante estos 24 años. Pasaré de la administración a la pastoral, que es para lo que soñé ser sacerdote».*

*Apéndice XVIII*

# La dimisión

El papa Juan Pablo II aceptó la renuncia del obispo Agustín A. Román, quien ha sido Obispo Auxiliar de Miami desde 1979.

El arzobispo Gabriel Montalvo, Nuncio Apostólico ante los Estados Unidos, hizo el anuncio en Washington el 7 de junio.

El obispo, nacido en Cuba, cumplió 75 años de edad el 5 de mayo. De acuerdo a la ley canónica, se les requiere a los obispos entregar su renuncia al Papa cuando llegan a la edad de 75 años.

...El Arzobispo de Miami, John C. Favalora, alabó en una declaración al obispo Román por su "auténtico y genuino amor a Dios y a todos los hombres"

«No hay palabras para expresar la inspiración que su vida y su ministerio han representado para miles de personas», dijo el Arzobispo. «La santidad de su vida se ha plasmado a través de sus sufrimientos como un exiliado cubano»...

*Catholic News Service, Washington, DC*
*La Voz Católica, Miami, FL, junio de 2003*

## 79. Jubilado, pero atareado

En enero de 2008, en una de nuestras sesiones de grabación para ésta, su biografía, pregunté a Monseñor cuáles habían sido los principales cambios en su vida tras su jubilación:

—*«Desde el 2003 no ha habido mucho cambio, porque el sacerdote sigue en la actividad pastoral. El cambio ha sido más bien en la administración. Claro, ya yo no tengo necesidad de ir a una oficina todos los días, no tengo necesidad tampoco de recibir un recuento de actividades que tenían que darme cada día parroquias y movimientos apostólicos. Aquí en la Ermita, al ser retirado, no tengo tampoco responsabilidad económica alguna, y eso me ha liberado para poder pasar estos últimos años en un tiempo muy bonito, trabajando pastoralmente con las personas y a través de los medios.*

—*«Estos años los he pasado, tal vez, como yo siempre soñé. Cuando uno siente la vocación sacerdotal, no siente una vocación de administración, uno siente una vocación de trabajo pastoral, y he podido hacerlo, es decir, que me dedico el día entero al apostolado, como siempre, pero ya no tengo la obligación de estar yendo a una oficina, ni nada.*

—*«Una parte del día, la mañana o la tarde, la he dedicado al sacramento de la confesión; un sacramento que, para mí, siempre fue muy precioso, porque es el tiempo que uno tiene para comunicarse con la gente, y que los corazones se puedan abrir y donde uno aprende mucho de la humildad de los cristianos y también del buen deseo que tiene todo cristiano cuando se acerca al sacerdote, deseo de cambiar, porque ve al sacerdote como intermediario entre Dios y el hombre. Sentir el amor de Dios, que siempre perdona y espera la enmienda.*

—*«Yo no he sentido diferencia entre mi vida anterior y mi vida de jubilado. Yo he visto la voluntad de Dios en este momento. Lo he aceptado como un regalo muy grande de Dios, porque es el tiempo que nosotros tenemos al final de nuestra vida, para poder reflexionar más en lo que nos queda de tiempo, y aprovecharlo ayudando a los hermanos sacerdotes encargados del trabajo en el ministerio.*

—*«Prácticamente, además, nunca va a cesar al trabajo, aunque uno no tenga responsabilidades. Yo continúo haciendo confirmaciones, como todos los otros obispos. Yo continúo predicando en las parroquias, continúo también ayudando a los sacerdotes en alguna actividad, como retiros, etc. He tenido más tiempo para dar dirección espiritual a la gente, como la tuve, naturalmente, cuando era solamente sacerdote. Luego, yo creo que esto ha sido muy precioso, este tiempo yo lo he apreciado mucho.*

—*«Por otra parte, he tenido la salud suficiente —naturalmente, los años desgastan— para poder vivir mi sacerdocio en todo este tiempo, pues otros hermanos sacerdotes se han enfermado, y no han podido, porque están muy limitados por la enfermedad. Yo he podido hacerlo, yo he continuado con los programas de radio. Ya no tengo las entrevistas que venía a hacerme la televisión constantemente, lo cual también me libera de tener que estar con esa actividad, eso es también algo precioso.*

—*«Este tiempo ha sido muy lindo... muy lindo. No he tenido tanto tiempo como yo pensaba que iba a tener durante la jubilación, no lo tengo. Prácticamente, yo me levanto en la mañana como siempre, a las cinco y cuarto, hago mi oración. De ahí voy a la capilla a las cinco y media; termino la meditación a las seis. A las seis comienzo la Liturgia de las Horas, en el Oficio Divino. Comienzo las lecturas bíblicas y de la Iglesia y después, voy y desayuno.*

—*«Después que desayuno, hago una caminata de media hora, o 25 minutos, que es una milla... un rosario es una milla, eso es una medida muy exacta: uno puede rezar un rosario y estoy seguro de que siempre es una milla, porque lo puedo medir aquí, en lo que es el track del Colegio de La Salle.*

—*«Entonces vengo, y oro, es decir hago la oración con los sacerdotes, Laudes, que hacemos en común. Después, me baño y las nueve comienzo la actividad del día. Generalmente, si no celebro la misa a las doce del día, la celebro a las ocho de la noche, a menos que tenga que celebrarla afuera, donde me manden, así es que, prácticamente, mi día está lleno. La noche igual, hasta las once, que trato de ver las noticias. A las once y media me acuesto. Eso es los siete días de la semana y puedo decir que tengo salud para poder vivir estos años muy bien y muy contento».*

El tema de la salud, la enfermedad y la muerte, era recurrente en casi todos los tópicos que enfocaba Monseñor Román a estas alturas de su vida, no sólo por lo avanzado de su edad y sus problemas cardíacos, sino, además, porque era algo que tenía que enfrentar día tras día y no únicamente como parte de su ministerio, sino también como experiencia personal, cosa que le afectaba más que lo que él se permitía expresar o dejar ver.

A partir de su retiro pareciera que se producía un aceleramiento en el número de sus amigos y colaboradores a los que Dios llamaba a su reino. El 28 de enero de 2004, asfixiado por el cáncer que corroía sus pulmones de fumador irremediable y tras haber ofrecido repetidamente sus sufrimientos por la libertad de Cuba, moría su amigo, asistente y eficaz «cómplice» para gestiones patrióticas extra-eclesiales, el padre Francisco Santana. El 1º de marzo de 2006 fallecía Violeta del Junco, su inapreciable "mano derecha" de los primeros tiempos de la Ermita. Cuatro meses después de esta entrevista, el 1º de mayo de 2008, partiría su entrañable colaborador Tarcisio Nieto, el primer presidente de la Cofradía en Miami y el 19 de junio de 2010 moriría, prácticamente en sus brazos, su fiel coterráneo y hermano de aulas, de la Juventud Católica Cubana, de seminario, sacerdocio, persecución y destierro, el Padre Romeo Rivas. Para su fuerte, pero enfermo corazón, cada uno de estos golpes era un mazazo demoledor que era atenuado solamente por la íntima alegría de su fe, la que le decía que estos y tantos otros lo esperaban ya «en el segundo piso».

A esos dolores que son parte natural de la vida se sumaban otros, causados por acciones humanas, menos comprensibles para él, tanto dentro de la Iglesia, como fuera de ella. Dentro de estos estaban el deterioro, ya entonces notable, de la combatividad e influencia de las organizaciones cubanas del destierro, y la permanencia, contra todas las predicciones, de la dictadura castrista, cada vez más contumaz en su desprecio por la vida y los derechos de los cubanos.

Pero, no todo eran tristezas, claro está. En aquellos años de su muy activo retiro le llegarían a Monseñor Román alegrías muy ciertas y una que otra noticia ilusionadora. La elección de un sacerdote muy querido por él, el padre Felipe Estévez, primero como obispo auxiliar de Miami y posteriormente como ordinario de la diócesis de San Agustín; la celebración en el 2007 de los 40 años del comienzo de las obras de la Ermita de la Caridad; el arribo, en 2009, de sus Bodas de Oro sacerdotales y sus 30 años de episcopado; el que las autoridades de la ciudad de Miami decidieran, también en 2009, dar a la avenida South Miami, en el tramo que pasa frente a la Ermita, el nombre de «Most Reverend Monseñor Agustín A. Román Way», la elección de otro sacerdote, para entonces ya obispo, igualmente querido por él, Monseñor Thomas Wenski, como Arzobispo de Miami en 2010; la designación, ese mismo año, de Fray Juan Rumín Domínguez ofm, como Rector del Santuario, y la colocación, el 28 de septiembre de 2011, de la primera piedra de lo que sería el malecón de la Ermita, fueron ocasiones de gran gozo para él, momentos que disfrutó alegremente.

Al mismo tiempo, y a pesar de su pregonado alivio al verse libre de encomiendas permanentes en la Arquidiócesis, Monseñor nunca quiso, ni hubiera podido, de haberlo querido, sentirse libre de sus responsabilidades como pastor y guía de los cubanos del exilio. Monseñor continuó escribiendo artículos de prensa, no sólo de orden puramente catequético o pastoral, sino igualmente aquellos en los que enfocaba con firmeza y perseverancia la problemática cubana, mirándola siempre desde la fe y la ética cristianas. Uno de sus más celebrados ensayos patrióticos, «La lucha del pueblo cubano por la justicia» es de esa época (diciembre de 2006).

Por otra parte, el tema cubano aparecía constantemente en sus programas y comparecencias radiales, particularmente en sus homilías en la misa vespertina de cada sábado en la Ermita, la misa «de Radio Martí». De igual forma, continuamente participaba en distintas actividades del exilio a las cuales era invitado y donde invariablemente se le asignaba la inicial invocación a Dios. Gracias a él, en gran medida, la lucha por los derechos del pueblo cubano adquirió una cercanía a la Iglesia y a los sentimientos religiosos, como no se había visto antes en la historia de Cuba.

# 80. Al rescate del exilio cubano

La reacción de Monseñor Román ante el paulatino debili-
tamiento de las organizaciones del exilio, pasaría necesariamente
de la preocupación a la acción. Ya desde finales de los años 90, él
me hablaba de esto, cada vez con mayor frecuencia y consternación: –*«Julito, hay que hacer algo para revivir a los municipios.
Fíjate, las peregrinaciones están muy flojas... y ya no se les ve tan
activos como antes en las cosas de Cuba... eso no se puede perder»*... Yo había cesado en mi participación activa en los organis-
mos superiores de los Municipios de Cuba en el Exilio algunos
años atrás, debido a las interminables pugnas internas que postra-
ban a la que pudo haber sido la gran organización de la república
exiliada. Con dolor, trataba de explicar al Pastor del Exilio el porqué de mi convicción de que era muy difícil, virtualmente imposible en mi opinión, poder hacer lo que yo deseaba tanto como él,
reactivar a los municipios y, en general, a todas las agrupaciones
patrióticas de exiliados cubanos.

Esas preocupaciones él las compartía también con Miguel
Núñez, quien, como ya sabemos, había presidido la Cofradía, y era
también un activo militante municipalista. Las respuestas y razonamientos de Miguelito eran tal vez un poco menos pesimistas que
los míos, pero, en fin de cuentas, muy parecidos. Monseñor comprendía, pero no se resignaba.

Así las cosas, poco antes de su retiro y, con mayor intensidad después, Monseñor probó encausar sus esfuerzos por el rescate
del activismo del destierro cubano a través de otro instrumento,
éste con una clara identidad católica, además de la patriótica. Él
daría la batalla porque el exilio cubano no se diluyera en una pasi-
va inmigración y para ello, movilizó a un grupo notable de laicos
cubanos de cuyo compromiso con la patria y con la Iglesia él conocía de sobra. Roberto Hernández fue uno de ellos:

–«En el año 2003 ó 2004, Monseñor Román reunió a un
grupo de nosotros. Él quería reinventar... revivir la UCE, porque él

pensaba que los cubanos aquí estábamos un poquito esparcidos y que no sabíamos de verdad lo que había pasado en Cuba y que no conocíamos la verdadera historia de Cuba, sobre todo los más jóvenes y los que, en aquellos momentos, llegaban de Cuba».

La Unión de Cubanos en el Exilio (UCE) era una de las organizaciones pioneras del destierro cubano. Había sido concebida por Monseñor Eduardo Boza Masvidal apenas llegado a España, tras haber sido expulsado de Cuba por la dictadura castrista, a punta de fusil, en septiembre de 1961 y a bordo del barco Covadonga, donde, providencialmente quizás, expulsaban también al padre Aleido Román. El hasta entonces Obispo Auxiliar de La Habana, escribió en sus «Notas Autobiográficas», cuya segunda edición publicó la Ermita de la Caridad en el 2014:

... «Viendo a los cubanos dispersos por tantos lugares en un exilio que ya adquiría grandes proporciones, sentí que había que hacer algo para que esa dispersión física no se convirtiera en dispersión espiritual, en desorientación, frustración y amargura, y que el pueblo cubano necesitaba fortalecer su fe cristiana en la hora de la prueba, unirse en principios fundamentales comunes... Muchas personas de distintos lugares sentían también la necesidad de unificar los esfuerzos de los cubanos exiliados y se dirigían a mí pidiéndome que propiciara la unidad... En una carta que escribí en noviembre de 1961 decía lo siguiente:

«Yo creo que la idea pudiera cristalizarse de la manera siguiente: constituir un movimiento que se podrá llamar "Unión de Cubanos en el Exilio" o "Unión de Cubanos Exiliados" (UCE) a la cual podrían pertenecer todos los grupos ahora existentes aún sin perder su organización interna»...

Seguidamente, Monseñor Boza fijaba los requisitos para pertenecer a la UCE: «En lo ideológico, ser creyente y querer una Cuba afianzada en la fe... rechazar el materialismo ateo en cualquiera de sus formas. En lo político, aspirar a una Cuba verdaderamente libre y en la que se respeten todos los derechos que Dios ha concedido al hombre... En lo económico, querer una verdadera justicia social».

Y junto con los anteriores requisitos, un compromiso: «Todos los que pertenezcan a la UCE deberán comprometerse a no dirigir ataques o insultos a los demás grupos o miembros, trabajando juntos»...

La UCE echó a andar a principios de 1962, creció y se expandió notablemente en sus primeros tiempos: Caracas, New York, Miami, Puerto Rico tuvieron capítulos de gran actividad que, con los años, fueron decayendo hasta casi desaparecer.

Pero, habiendo tenido las características que tuvo en su concepción, es fácil entender que, dada la necesidad que él veía a principios de los 2000, Monseñor Román creyera que, ya que no era posible revivir a los Municipios para revivir al exilio, revivir a la UCE pudiera ser la solución. Roberto Hernández continúa su relato acerca de aquel hermoso intento:

–«Monseñor insistió con nosotros y al fin se reorganizó la UCE en Miami. Escogimos a Roberto Piñeiro como presidente, y un tiempo después me tocó a mí. A medida que fuimos avanzando y fuimos haciendo estudios con Monseñor Román por cerca de un año o año y medio, hasta que se dio el primer Día de Cubanía, que fue como él los llamó. Fuimos estudiando las cosas de Cuba con él y yo diría que fue una historia pasada a través de los ojos de la Iglesia, o sea, hay un factor político en todo esto, pero era todo a través de los ojos de la Iglesia... qué fue lo que sufrió la Iglesia, cómo fueron desterrados los sacerdotes de Cuba... pudimos aprender una serie de realidades de las que nadie hablaba en aquellos momentos.

–«Él nos planteó a nosotros la necesidad del cubano de volver a vivir y revivir todo lo que pasamos, para que no cometiéramos el mismo error otra vez y eso se mezcla con las palabras de Boza que decía "perdona, pero no olvides", o sea, que en todas esas cosas se podía ver en enganche de Román con Boza, con la UCE original... En aquellos momentos la UCE no estaba funcionando, la gente no sabía lo que era la UCE, aquello se había parado por completo. Todos los que formábamos el grupo que él reunió éramos individuos activos que habíamos trabajado en casi todos los movimientos.

—«Los Días de Cubanía eran la idea principal de Monseñor. Consistían en dar una serie de temas en un día en el cual se le explicaba a las personas lo que pasó en Cuba, comenzando con Boza Masvidal. Se daba la historia de nuestro fundador, se daba todo lo del Covadonga, se hablaba de los héroes cubanos y se hablaba de la cantidad de héroes cubanos que hubo y sigue habiendo, que lo hacían por la Iglesia.

—«Se explicaba cómo los mambises llevaban la medida de la Virgen de la Caridad, una de serie de detalles que están en los escritos, y después se hablaba de la historia de Cuba. Se empezaba con Cristóbal Colón, y se llegaba al exilio. La idea era atraer a las personas a través de la Virgen de la Caridad... explicábamos quien es la Virgen de la Caridad, cómo apareció, su presencia en el pueblo cubano.

—«Definitivamente, era un intento de re-cristianizar a Cuba en el exilio. Las personas que hacían el Día de Cubanía, que acababa con una misa, salían de allí y seguían yendo... los veíamos en la Ermita. Esas personas empezaron a ir a la iglesia, comenzaron a seguir las huellas de lo que les habíamos enseñado. Se hicieron cerca de treinta Días de Cubanía... con un promedio de asistencia que variaba mucho... Los hubo de treinta personas y los hubo de tres personas... Se hizo el esfuerzo.

—«A mí nunca se me olvida la última reunión que nosotros tuvimos con Román. Recordemos que en aquellos últimos años de los Días de Cubanía ya él estaba bastante enfermo...Ese día, estábamos reunidos... las cosas del Señor... por un error de comunicación estuvo reunido el grupo de la UCE con el grupo de la Fundación Padre Varela...estaba Rafael Abislaismán, allí estaba todo el mundo y ese día Román estaba mal... lucía muy pálido, grisáceo, se le caía la cabeza, se quedaba dormido... abría los ojos y seguía, yo no sé de dónde sacaba fuerzas. A los dos días murió».

Concluye Roberto Hernández, emocionado, debo decir, por el recuerdo de aquel hermoso esfuerzo convocado por Monseñor

Román pensando en el bien de la Iglesia, en el bien de Cuba y el bien de los cubanos:

–«En su misión en la UCE él era el pastor y era el patriota. Él estaba convencido de que los cubanos que estaban llegado en aquel momento no sabían nada de lo que había pasado en Cuba de los años 60 en adelante, y él pensaba que a través de la Virgen de la Caridad, él podía unir estas dos ideas, la de la patria y la de la fe, y ayudar a esa gente».

Es bueno subrayar que Monseñor Román emprendió esta misión de "rescate del exilio" recién salido de su segunda gran crisis cardíaca. Es lógico pensar que él se dio a esta misión impelido, como hemos visto, por la declinación en el vigor de muchas organizaciones cubanas y por el convencimiento de que a él no le quedaba mucho tiempo para intentar llevarla a cabo. Se lo decía su corazón.

## 81. Camino a casa

Monseñor Román continuaba su intenso quehacer en la Ermita, y su participación en algunas actividades del exilio, a pesar del lento pero implacable declive de su salud. El dinamismo y el carácter «cubanazo» del padre Rumín, el nuevo rector, comenzaban a dar como fruto un notable avivamiento en el Santuario, así como un incremento en el número de personas que allí acudían.

Monseñor, en su determinación de servir hasta el último de sus días, ocultaba un tanto, a los ojos de muchos, su verdadero estado físico. Entre sus amigos más cercanos, sin embargo, crecía la preocupación ante aquella situación que ya su médico y amigo, el Dr. Centurión, había calificado como irreversible.

Iraida, su querida hermana, recuerda con tristeza: –«Él no tenía 75 años todavía cuando el Dr. Centurión le dijo que ya no podía trabajar más. Centurión se atrevió a hablar con el Arzobispo, y le dijo: –"Monseñor no puede trabajar más". El Arzobispo Favarola le dijo que no podía trabajar más. –*"No, cuando yo me mejore... Si yo no tengo remedio, bueno, no tengo remedio... si no, yo sigo trabajando hasta los 75... cumplo mi mandato y después lo dejo".* Entonces él le echó tremenda descarga a Centurión: –*"Tú me tienes que dejar trabajar. Yo puedo y quiero seguir trabajando".*

–«Él nunca me dijo que le quedaba poco de vida. Centurión tampoco me lo dijo. Yo no lo sabía. Además, yo le preparé aquí en mi casa el cuarto de pipo, acondicionado para él, para que dijera su misa, todo, para que él viniera a vivir conmigo. Él nunca quiso abandonar la Ermita... –*"No, no... yo puedo estar aquí, no me compliques la vida".*... –"Pero si ya tienes un cuarto preparado para que estés conmigo y yo te pueda atender, porque yo vengo aquí, pero no es lo mismo.... Él no quiso».

El padre Rumín nos cuenta también:

–«La enfermedad él siempre la llevó con mucha paz, con mucha entereza. No era un hombre centrado en sí mismo, en su enfermedad... él tomaba sus medicinas, pero, nunca oí yo a Monseñor quejarse de que se sentía mal, o que iba a dejar un compromiso, dejar de trabajar porque no se sentía bien, nunca lo hizo... Él no le daba mucha importancia a la enfermedad, él le daba importancia a su misión. Le molestaba mucho, como a cualquiera, estar enfermo; no quería ir al hospital y cuando iba, era, sencillamente, porque no quedaba más remedio.

–«Y en el hospital, pues, no paraba... Me mandaba a pedir catecismos... Recuerdo que estando por última vez en el hospital, en el mes de enero del año en que falleció, en el Mercy, me mandó a pedir catecismos y me mandó a pedir una carta que él escribió sobre el futuro de Cuba. Yo se lo llevé, y él se encargó de repartir eso allí, a las enfermeras les daba el catecismo, las oraciones, o sea, que él estaba en el hospital, estaba en una cama, y estaba evangelizando... él nunca dejó de hacerlo.

–«Para mí era difícil, porque yo me sentía con una responsabilidad; así como él cuidaba también de nosotros, y se preocupaba de mí, como un padre... pues, yo también me sentía la responsabilidad por él, y en la medida de lo posible traté de mejorar un poco sus condiciones de vida... Él no podía dormir bien y hubo que comprarle una cama de hospital, para que él pudiera dormir semi-acostado, semi-sentado, para ayudarle a respirar, pero, eran cosas que él no las pedía.

–«Él pasaba horas en el confesionario, muchas horas, y yo veía que su cuerpo estaba débil... el médico también recomendaba que él no hiciera tanto esfuerzo, y en una ocasión yo traté de ayudarlo... lo quité del calendario de trabajo de la Ermita, y le dije: Monseñor, siéntase libre de participar en todo lo que Ud. quiera... las misas, las confesiones, pero, no puse su nombre en la agenda para que Ud. no se sienta obligado, porque el médico me ha dicho que Ud. debe descansar un poquito...

–«Bueno, pues, eso fue tremendo. No le gustó... fue una de las pocas veces que le vi molesto. Me dijo: –*"Me pones en todo* –daba unos golpecitos con los nudillos en la mesa. *A mí me pones en todo... Tú ahora haces ese calendario de nuevo y me haces el favor de ponerme en todo, porque yo quiero morir trabajando"*.

–«Cuando me dijo eso, yo dije: –"Bueno, aquí no hay nada que hacer"... Era una situación un poco difícil... porque, claro, personas que se preocupaban por él me comentaban que él estaba trabajando mucho... Yo quería que él descansara, pero él me dijo así: –*"A mí me pones en todo, porque yo quiero morir trabajando".* Y así fue hasta el último día».

El año 2010 iba llegando a su fin y, como podemos ver, Monseñor había logrado que todos a su alrededor respetaran su determinación de continuar trabajando tanto como sus fuerzas le permitieran y hasta un poco más, como era habitual en él, lo cual no lo libraba del todo de alguna que otra cuidadosa recriminación de parte de los que nos preocupábamos por él. Él respondía invariablemente con una sonrisa, le restaba importancia al asunto y aseguraba sentirse bien.

Pero, una cosa es sentirse bien, y otra diferente es estar bien y esto se evidenciaría dramáticamente en unos pocos días. Yo había terminado de transcribir todas las grabaciones de las entrevistas que Monseñor y yo habíamos tenido en el transcurso de los últimos diez años, es decir, desde el 2001, para esta, su biografía y le había pedido a él que lo revisara todo para que corrigiese los posibles errores, y añadiera o quitara todo lo que le pareciera. Él comenzó a hacerlo en su casa, pero en aquellos primeros días del 2011 fue necesario ingresarlo nuevamente en el hospital. Esta nueva estadía suya en el Mercy, la aprovechó, entre otras cosas, para completar su revisión de mis notas. Dado de alta, de regreso en su casa, le pidió al Reverendo Manolo Pérez, su fiel diácono, que me devolviera las notas ya revisadas por él. Manolo y yo nos citamos para el Salón Varela para poder recoger el cartapacio morado donde todavía guardo esos papeles. Allí conversamos largamente sobre nuestro común padre espiritual y su estado de salud un día de finales de febrero de 2011:

–«A principios de enero de este año, 2011, –contaba Manolo– Monseñor Román asistió, en Tampa, al retiro anual de los obispos del este de los Estados Unidos. Él no quiso ir en avión, porque había tenido la mala experiencia de cuando nominaron a

Monseñor Noonan obispo de Orlando, que él se tuvo que quedar todo un día en el aeropuerto, ya que los vuelos fueron cancelados por el estado del tiempo... Se fue en tren de aquí a Orlando, y de Orlando a Tampa. Él quería hacer ese viaje y cabeciduro como era... Eran cinco horas en tren, y él fue así, ida y vuelta. Cuando regresó, yo lo fui a recoger a la estación del tren, y vi que tosía mucho, y la tos era seca, seca...

–«Lo llevé al médico, y el médico me dijo, *"Mira, llévalo al pulmonólogo"*. Así lo hice y el pulmonólogo me dijo *"Yo no le veo nada en los pulmones, esto debe ser una cosa sencilla...vamos a mandarle antibióticos, etc."* Estuvo una semana con los antibióticos, pero la tos no se le quitaba. El pulmonólogo lo vio de nuevo y me dijo: *"Esta tos seca es un problema cardiaco... Creo que es mejor que me lo lleves inmediatamente para ingresarlo"*... Y lo ingresamos.

–«Efectivamente, era un problema cardíaco...–continúa Manolo– Había disminuido el *bombeo* del corazón. Ya él estaba de nuevo al cuidado de su médico, el Dr. José Joaquín Centurión, y éste me dijo *"Mira, Manolo, esto no está muy bien"*...

–«Yo llamé inmediatamente al Arzobispo, al secretario del Arzobispo, a Monseñor Marín, y a varios sacerdotes para que supieran lo que estaba pasando. Monseñor estuvo en el hospital una semana, lo saqué, y el domingo siguiente él dijo la misa sentado, en la capillita de la casa.

–«Cuando terminó la misa, yo le dije al doctor, *"Mira, Centurión, no me gusta como él está"*. Y el doctor me dijo, *"A mí tampoco. Si esto sigue así, mañana va para el hospital de nuevo"*. Al otro día vi que Monseñor estaba muy pálido, y la tos seguía. Llamé otra vez a Centurión y le dije que lo llevaba para el hospital. Centurión cerró su consulta, y fue también para el hospital. Llegamos casi juntos.

–«Monseñor estuvo ingresado otra semana más. Le hicieron una serie de cambios de medicinas y eso lo ha mejorado mucho. El Dr. Centurión me decía: *"Mira, Manolo, Monseñor tiene el mismo problema que tienes tú, lo único es que tú vas a ir, en un futuro cercano, o cuando el Señor determine, a un trasplante de corazón,* pero, Monseñor Román ya no se puede someter a un trasplante, lo único que se puede hacer es alargarle la vida a través de los procedimientos que hay, de medicinas, etc."

–«Ya tú ves, esta crisis empezó a principios de año. En estos momentos que estoy hablando contigo, –agregaba Manolo– Monseñor ha mejorado un 90%. Se siente un poco más fuerte. Ya no es testarudo... ahora es obediente: se está tomando todas las medicinas como debe ser, no como él quiere. Está escribiendo mucho y está caminando bastante, pero, necesita caminar más todavía, necesita un poco más de rehabilitación. Yo creo que, con el favor de Dios... el Señor parece que lo quiere todavía un poquito de tiempo más aquí. Y concluía Manolo, esperanzado:

–«Él dice que ya está preparado, que si a él le dieran a escoger... Cada vez que ingresa en el hospital, dice: *"Ya yo estoy preparado, cuando el Señor quiera llevarme, que me lleve, así voy a estar al lado de la Virgen, y voy a estar al lado de Él.*

—«Esas son las palabras que él siempre me dice a mí. Y yo le digo: ¡Ay, deje eso para después, tenemos que luchar, porque Ud. hace mucha falta aquí... Y me dice: –*"No, ya yo estoy vencido. Yo estoy ahora aquí, como aquel que dice,... estoy prestado, pero estoy preparado para partir"»*.

Todo lo anterior lo resume la persona que podía ver la real situación de Monseñor no sólo desde el plano afectivo, sino también desde su conocimiento profesional, el Dr. Centurión: –«Sus últimos tiempos fueron muy difíciles, porque, de acuerdo a la lógica médica, uno sabe cuándo ya se llega a la pared, pero, trata de explicarle eso a un dínamo, a uno que no sabe cómo parar. Él andaba a puro galope y no había manera de pararlo. Aunque estuviera enfermo... él no paraba.

–«Él empezaba a las cinco de la mañana... Mira, hay sacerdotes que no se molestan en ir a un hospital a ver a los enfermos, pero él era distinto. Él siempre iba, aunque enfermo, se levantaba y, para el Mercy, a visitar los enfermos, para darles los óleos, los últimos ritos... él era quien lo hacía. Yo le peleaba, porque me lo encontraba allá, a las once, las doce de la noche... a las cinco de la mañana... aunque no fuera el capellán, él siempre estaba allí, era como una llamada que él tenía... No lo podías parar, el temperamento de él era muy fuerte, y cuando lo enfrentabas, con razón y le decías: –"Tú no me puedes hacer esto"... la última palabra de él era: –*"Esa no es tu decisión... ni la mía"*... Y se fajaba a pico y pala hasta el día que murió.

–«Nunca lo oí quejándose... –"Monseñor, ¿no te duele el pecho?... –*"Yo estoy bien, yo puedo seguir"*... –"¿No te falta el aire?... –*"No, yo estoy bien"*... Era una persona que cuando tú veías que no se levantaba de su asiento, ya tú decías, hay algún problema, porque él no te decía una palabra si se sentía algo. Él lo ofrecía todo y echaba pa'alante, y eso creo que lo conoces tú también.

–«Ya cuando llegamos a un punto que no se podía pensar en cateterismos, en globos o stains... todo se estaba cerrando y él no era candidato para otra operación, porque hubiera quedado en la mesa, yo hablé con él. No tuve que decirle mucho, porque él me miró y me dijo: –*"Yo lo sé"*. Y yo le pregunté: –"¿Qué planes tienes, qué vas a hacer?" Él me dijo: –*"Yo no me voy a retirar, el llamado mío es para seguir sirviendo"*... En ese minuto yo entendí que él sabía que su vida iba de día en día, y de día en día él daba las gracias por poder seguir hasta el próximo día. Nunca contó las horas, nunca contó los días, siempre pensó en lo que podía hacer por el prójimo»...

Así, cansado y lleno de paz, aquel hombre de Dios iba acercándose al final del camino que lo llevaría a su casa, la casa del Padre.

## 82. Subiendo al segundo piso

El autor, junto a Monseñor Román,
en la Unidad de cuidados Intensivos del hospital Mercy (2011)

Todos los que andábamos en su entorno sabíamos que la vida de Monseñor Román se iba extinguiendo como un velón frente al Santísimo, emitiendo sus últimos resplandores. Veíamos el desgaste de su cuerpo, lo opaco de su mirada, su lentitud, su sonrisa que continuaba siempre presta, pero que ya no era la misma sonrisa llena de vida que iluminaba todo su rostro en otros tiempos.

Sin embargo, aquella certeza trágica era, al menos en mi mente, algo más bien intelectual, de lo cual los sentimientos no llegaban a percatarse del todo, pues, lo teníamos ahí, lo veíamos en la misa, en el confesonario, respondía al teléfono... No era, ni con mucho, alguien con la actitud reconocida del que espera la muerte.

Contra todos los pronósticos y contra todas las advertencias, Monseñor celebró la Misa del Gallo de 2011 y en su predicación nos llamó a todos a la alegría por el nacimiento de Jesucristo, una alegría que él sentía genuinamente. Contemplándolo cuando salía en la procesión recesional, Sor Adela de la Cruz, una de las Hijas de la Caridad que sirven en el Santuario, nos decía: –«Él se está pasando de la raya, y ahí está, como él quiere... pero yo no lo veo nada bien». Ciertamente, Sor Adela no estaba sola en su observación.

Él fue siempre muy reservado en sus expresiones de afecto, pero aquella víspera de Navidad, mientras saludaba a los fieles, impulsivamente nos dimos un abrazo que mucho me impresionó. Era como abrazar a un niño, tan pequeño y tan frágil lo sentí. Quedé muy preocupado y lo comenté con mi esposa. Todo lo que podíamos hacer era acompañarlo en la forma que él quisiera.

Con frecuencia comentábamos la situación con el Rector, el padre Rumín. Él nos cuenta: –«Estábamos preparando la fiesta de los 400 años del hallazgo de la imagen de la Virgen de la Caridad, una celebración muy importante. Yo tenía mucha ilusión, por supuesto, yo quería que él predicara esa celebración que era muy importante, ¿quién mejor que él?... Le pedí que predicara y él me dijo: –"No, no, no"... En realidad él sabía que posiblemente no llegaba a esa fecha.

–«Yo había comentado con el Dr. Centurión: –"¡Ay, qué bueno que Monseñor ya salió del hospital, porque estamos en esto de los 400 años y a mí me gustaría que fuera él quien predicara esa misa"... Y me dijo el Dr. Centurión: –"No, no cuentes con Monseñor para el 8 de septiembre"... Imagínate, que te digan eso en el mes de febrero. Yo no lo podía creer... yo me decía: –"No puede ser... ¿cómo va a ser así, de esta manera?".... Yo sé que él lo sabía también.

–«Es increíble cómo una persona, sabiendo eso, puede vivir su vida con el mismo ritmo, con la misma paz, con la misma alegría, con el mismo espíritu de trabajo, de servicio, sin inmutarse, como si nada pasara... Eso es de los testimonios más grandes que yo tengo de Monseñor Román.

–«Quizás muchas personas no sabían esos detalles, pero él sabía, yo sabía, el médico sabía y los cercanos sabían que él no iba a llegar a esa fecha. Cuando tú convives con una persona, consciente de que se va a ir de este mundo en cualquier momento y que vive de esa manera, tú dices, bueno, esto es cosa de Dios. Era un hombre de Dios, un hombre que tiene puesta toda su vida, su confianza y su esperanza en Dios».

El lunes 9 de enero del nuevo año, 2012, pasada la celebración de la Epifanía, Monseñor fue ingresado nuevamente en el hospital Mercy, esta vez para su examen anual. El once de enero recibí una llamada del padre Rumín: al día siguiente, debíamos estar a las dos de la tarde en el ayuntamiento de Miami, el City Hall, para una reunión con oficiales y funcionarios locales. El objetivo era planificar lo que serían, llegado el momento, los funerales y el sepelio de Monseñor Román. Nos reuniríamos una hora antes en la Ermita para ponernos de acuerdo.

A la hora convenida llegamos a la cita. A Rumín y a quien esto escribe nos acompañaban José Luis Cano, entonces coordinador de la Archicofradía y Miguel Núñez, que había ocupado anteriormente esa posición. Por parte de la administración local estaban el alcalde, Tomás Regalado, su portavoz de prensa, Ángel Zayón, el Jefe de la Policía, Manuel Orosa, dos subjefes del propio cuerpo, y varios directores de departamentos que estarían involucrados en la logística de la ocasión.

Rumín explicó que ya esperábamos un desenlace en cuanto a la salud de Monseñor y describió lo que él tenía en mente en cuanto a la secuencia de actividades que deberíamos seguir en la Ermita cuando se produjera el fatal suceso. Se discutió sobre la mejor manera de dar la noticia, de la necesidad de estar listos para la avalancha de público y el consiguiente tráfico vehicular en el área, del desplazamiento hacia la Catedral y posteriormente al cementerio Nuestra Señora de las Mercedes. Rumín preguntó si habría alguna dificultad para, camino a la Catedral, detener el cortejo fúnebre en la Calle Ocho, frente al monumento a los mártires de Playa Girón…

El alcalde Regalado fue tremendamente atento. Instruyó a su equipo para que se nos dieran todas las facilidades posibles y todos le respondieron afirmativamente, con lo que a mí me pareció que era un gran deseo de servir y un genuino aprecio por Monseñor. Fue una reunión fácil y sombría al mismo tiempo. A mí me parecía algo irreal, no llegaba yo a captar del todo la realidad de que estábamos preparándonos concretamente ya para la muerte del Pastor del Exilio, de nuestro Monseñor Román.

Terminada la reunión, nos comprometimos a observar la mayor discreción, dadas las implicaciones del asunto que estábamos manejando. Al día siguiente, 13 de enero, el Rector enviaba un correo electrónico a colaboradores y amigos de Monseñor:

–«Lo acabo de visitar esta mañana y lo he encontrado con el mismo buen ánimo, y una vez más (como siempre) con el libro de la Liturgia de las Horas en las manos y haciendo sus oraciones. Se ha alegrado mucho de saber que todos ustedes le envían saludos por este medio… Me ha pedido que los salude con mucho afecto»…

Dos días después, el 15 de enero, otro *email* del padre Rumín, daba cuenta de cómo iba evolucionando aquel extraordinario enfermo:… –«He concelebrado la Misa con Monseñor, al que he encontrado con la misma paz que a todos nos sirve de gran ejemplo. Él ha predicado sobre el hermoso mensaje del Evangelio… recordándonos que así como los discípulos de Juan fueron a ver a Jesús, también nosotros debemos acercarnos a Jesús… Así recordaba, por ejemplo, el valor que tiene el trabajo de la Catequesis en la Ermita de la Caridad… Por otra parte recordó que la Iglesia celebra la Semana de Oración por la Unidad de los Cristianos!... Me pidió que saludara a todos y les transmitiera su bendición»…

El Rector acompañaba el texto con fotos de la celebración eucarística a la cual se refería y en la cual habían participado también Manolo, el diácono de Monseñor y Sor Iliana Aponte, Hija de la Caridad, destacada entonces en la Ermita.

Yo tenía libre acceso a su cubículo en la Unidad de Cuidados Intensivos, así como su habitación en el quinto piso del hospital. Varias veces lo visité, pude participar en algunas de sus misas

–él la celebraba diariamente, no importa qué– pero trataba de no abusar para que él pudiera descansar.

Recuerdo particularmente una noche en la que coincidí allí con Manolo Pérez, el diácono, y con el Dr. Centurión. Tras estar con Monseñor un rato, hicimos un aparte en el pasillo, junto la estación de las enfermeras y allí el médico, apesadumbrado, nos confirmó lo que ya otras veces habíamos escuchado: –«Todo lo que podemos hacer es rezar, y esperar. Él está todo lo bien que puede estar, y su fortaleza de espíritu lo ayuda mucho, pero no podemos engañarnos... No le queda mucho tiempo».

Monseñor, sin embargo, superó aquella etapa, fue dado de alta y regresó a su casa, a la sombra del Santuario que su tesón y su infinita confianza en Dios habían levantado. Regresó, no como un anciano convaleciente y apocado, sino como el obrero siempre dispuesto a trabajar la mies. Regresó al altar, al confesionario, a la radio; el 18 de ese enero publicó el que sería uno de sus últimos artículos, éste con motivo de la Semana de Oración por la Unidad de los Cristianos. ¿Cómo podía?... Habrá que decir que él no podía, él solamente se dejaba llevar por Dios.

# 83. La partida

El 22 de marzo de 2012 visité a Monseñor Román en la casa sacerdotal de la Ermita. Quería ver cómo se sentía y, además, tenía yo cierta inquietud respecto a este libro, ya que sabía que no era yo el único escritor interesado en narrar su vida, y deseaba estar seguro de cómo él se sentía respecto a este proyecto en el cual laborábamos él y yo desde tanto tiempo atrás.

Le dije que yo quería hacerlo todo de acuerdo a sus deseos y que yo no me sentiría mal si él decidiera que no fuera yo quien lo llevara a su culminación. Yo había llevado conmigo todas mis notas y transcripciones y le dije que mejor él se quedaba con ellas, para que les diera el destino que a él le pareciera más apropiado. Él me miró, entre turbado y conmovido, y me contestó:

–«*Mira, Julito, ni pienses en eso. Yo no sé por qué tienen tanto interés en mi vida, porque yo no creo que haya nada extraordinario que contar, pero, si tanto interesa, pues, mi vida ha sido para todos y así tiene que ser... Tú no te preocupes por nada... Tú has estado aquí conmigo, desde el principio y has vivido todo esto... Escribe tú lo tuyo, y no te preocupes por nada. Además* –añadió– *tú puedes hacer algo distinto, porque tú puedes escribir desde la fe*»...

Sus palabras me tranquilizaron y renovaron mi decisión de escribir esta historia, no importa cuánto tiempo ni cuánto esfuerzo requiriera. Pero, lo más importante, me dieron mucha paz. Habiendo sido él mi director espiritual, mi confesor, Monseñor conocía de primera mano cuan golpeada está mi fe. Y a esa débil fe él quiso confiar la historia de su vida.

Debo decir que mi decisión de consultarle lo anterior a Monseñor, no fue movida por lo delicado de su salud. Aunque yo lo veía tan frágil cómo él lucía, y recordaba todo lo que el Dr. Centurión había compartido con el padre Rumín, con Manolo Pérez, su diácono y conmigo mismo, la idea de su posible fallecimiento no estaba en mi mente. Salí de aquel encuentro sin imaginar siquiera que su final sobre este mundo estaba ya al doblar de la esquina. El padre Rumín Domínguez, Rector de la Ermita, parecía tener una impresión parecida. Él recuerda:

—«Su muerte fue una sorpresa...Tú estás viendo una persona que no deja de hacer lo que hace cada día, y no esperas... yo no creía realmente lo que el médico me había dicho, yo pensé que quizás era un poco exagerado. Ciertamente, el médico es un gran médico, sabía lo que estaba diciendo.

—«Fíjate si fue así, que aquel domingo de Pascua, 8 de abril, tuvimos que ir al funeral de la madre de un amigo muy querido de él, Miguelito Núñez, y yo le dije: –Monseñor, ¿quiere que lo lleve, quiere ir conmigo a la funeraria?... Me dijo: –*No, no, yo tengo quien me va a llevar*.... Yo me fui para la funeraria y cuando estoy allí veo llegar a Monseñor Román, manejando, solo... y me digo: –¡Ay, Dios mío, ¿pero cómo ha hecho eso?... Él entró sonriendo... Le digo, –Monseñor, pero, ¿cómo vino solo?... Y él, con ese humor característico, muy fino, me dice: –*"Padre, si yo me conozco Hialeah como la palma de mi mano"*... Me hablaba como si mi preocupación fuera porque él se podía perder, cuando él sabía que en su estado delicado no debía manejar... me lo dijo riéndose. Fue muy simpático, pero dice mucho de él: él quiso estar allí con su amigo en un momento como ése. Estando él en una situación bastante delicada. Él estaba como para que lo fueran a visitar a él a la casa, pero así era él.

—«La muerte, pues, nos sorprendió, por supuesto, porque una persona que va hasta Hialeah manejando, a la funeraria, que no deja de hacer sus actividades.... Había terminado la Semana Santa con una cantidad impresionante de confesiones, el Viernes Santo predicó las Siete Palabras en la parroquia de St. Michael, como había hecho tantos años... hay que tener un espíritu muy grande... una persona cuyo corazón estaba prácticamente funcionando por gracia de Dios.

—«Cuando terminó de predicar las Siete Palabras, y llegó a la Ermita, teníamos el Vía Crucis caminando rumbo a St. Kieran.... Pues, él hizo el Vía Crucis, estuvo en todas las celebraciones, después regresamos haciendo una especie de procesión del silencio y frente al malecón rezamos por Cuba… Estaba en construcción el malecón, y él estaba feliz. Danilo, el esposo de Cristina Brito, la secretaria de la Ermita le dijo a ella: –"Mira qué feliz se ve Monseñor"… Estamos hablando de horas antes de él morir, o sea, que fue una sorpresa… yo no lo esperaba»…

Alina Novarro, que cómo ya se ha dicho, fungía como secretaria de Monseñor, posición que había asumido voluntariamente tras su retiro, había estado trabajando en su agenda aquel miércoles, 11 de abril de 2012… Ella nos cuenta: –«Monseñor estaba aguardando la noticia de que se había comenzado el proceso de beatificación de Monseñor Boza Masvidal, y todos los días me preguntaba –¿Ya llegó?… ¿Ya llegó?… Yo miraba en la computadora, y nada.

–«Aquel miércoles, él se fue a Radio Paz por la mañana, –era su día libre pero, como de costumbre, él lo trabajaba– grabó tres programas, de ahí fue a almorzar afuera, con otra persona; de ahí fue a ver al padre Luis Pérez, que estaba muy malito, y ya como a las dos y pico de la tarde, viendo que él no llegaba, yo me fui.

–«Pero, antes de irme, llegó el email de Venezuela: había comenzado oficialmente el proceso de beatificación de Monseñor Boza. Yo imprimí el email, le puse una notita: "¡Aleluya, Monseñor! Ya llegó la noticia!"… y lo puse sobre su escritorio. A eso de las cinco y pico de la tarde, lo llamé por teléfono, y le dije: –"¡Monseñor, alégrese, aleluya… mire que ya llegó la noticia"… Me dijo: –"¿Qué noticia?"… –"La de Boza Masvidal… ¿no la ha visto?"… –"No, no la he visto… Voy a verlo ahora mismo"… Se puso contentísimo. Sería las cinco y media de la tarde».

El padre Rumín añade: –«El día que Monseñor falleció era un día especial, porque él supo que se iba a iniciar la causa de Monseñor Boza Masvidal. El obispo de Los Teques habló con él y él recibió muy contento esa noticia, una hora antes de fallecer. El domingo anterior el padre Félix Varela había sido nombrado Siervo de Dios. Tuvimos una celebración muy bonita ese domingo, se puso una ofrenda floral frente a la estatua de Félix Varela y Monseñor se veía muy contento. Dos días después, recibe la alegría de lo de Monseñor Boza… Eran cosas en las que él se había esforzado mucho, había trabajado mucho, con mucho interés… Yo creo que fue un regalo de Dios muy grande que él recibiera la alegría de ver a Félix Varela como Siervo de Dios, y saber después que se iniciaba la causa de Monseñor Boza… la alegría de vivir esos momentos… y ¿qué te diré?... una hora después, de saber lo de Boza, falleció».

Sor Iliana Aponte, joven Hija de la Caridad, había sido enviada desde su natal Puerto Rico, para trabajar en Miami, en la Ermita de la Caridad. Tenía a su cargo la catequesis, en lo cual laboraba con gran dedicación, algo que tenía muy contento a Monseñor Román. Ella rememora: —«Él se alegraba muchísimo cuando yo le pedía un favor para la catequesis, porque él tenía pasión por la catequesis y él como que me inyectó eso a mí, y por eso yo le cogí tanto amor a esa obra… yo le había pedido a él que, si él podía, nos diera la clase de los miércoles, para la comunidad de habla inglesa. Nos pusimos de acuerdo, él dijo que sí, muy contento… feliz.

—«Llegó el día. Él siempre llegaba media hora antes de comenzar la clase, y yo le decía a Aleida Castellanos, que estaba conmigo, ¡qué raro que Monseñor no ha llegado!... Vuelvo y salgo, y le digo: "es muy raro que Monseñor no haya llegado, yo siento como que algo está pasando", y empezamos a llamar.

—«El padre Céspedes me devolvió la llamada… le dije: no, que estoy esperando a Monseñor y no ha llegado… Él me dijo: "no se preocupe, yo chequeo y le dejo saber". Céspedes llamó a la casa, al padre Pelli…

¿Cómo recuerda aquellos momentos de honda tensión el padre Carlos Céspedes?... —«Cuando Sor Iliana me llama aquel miércoles, que tocaba la clase en inglés, yo me había ido de la Ermita porque había terminado temprano, y estaba en casa de unos amigos. Sor Iliana me llama y me dice —"Padre, la clase ya va a empezar y Monseñor no ha llegado… Yo no me atrevo a llamarlo, porque la otra vez que le tocó y yo lo llamé, me dijo – *"Ud. no me lo tiene que recordar, a mí eso no se me olvida"*.

–«O sea, –continúa el Padre Céspedes– Sor Iliana se sentía entre la espada y la pared, Monseñor a veces se quedaba dormido en su *balance,* pero despertaba siempre a tiempo. Entonces yo llamé a Pelli, y le conté. Le dije, ve al cuarto, toca a su puerta, si no está, es que está en camino. Tú sales afuera, si el carro no está, es que él ya va en camino para la catequesis... Pelli se mantiene en el teléfono, toca la puerta, Monseñor no responde... Pelli va afuera, conmigo en el teléfono todavía y me dice: –"Padre Céspedes, Monseñor está sentado en el carro y tiene la cabeza recostada en el cristal. Yo creo que le ha dado algo"...

Monseñor Pedro García, el padre Pelli, no puede olvidar aquella llamada:

–«Yo lo vi. Estuvimos en el comedor a las 6 de la tarde, más o menos. Durante el día él había estado viviendo su vida normalmente. Él venía de lo más contento porque le habían dado la noticia del inicio de la causa de Boza. Él salió... –*"Voy para la clase",* dijo. Al poco rato me llama el padre Céspedes para preguntarme si Monseñor estaba en el cuarto, porque tenía clase y no había llegado a la Ermita.

–«Fui al cuarto, toqué en la puerta, lo llamé... Esto era ya como a las siete y media, yo estaba preparándome para ir precisamente para la misa de las ocho... Llamé a Céspedes y le dije –"Chico, no está aquí"... –"Mira a ver si está en el parqueo"... me dijo el padre. Yo fui para el parqueo y efectivamente, estaba allí... el carro estaba encendido... él... la cabeza sobre el timón. Corrí hacia el carro y por suerte, pude abrir la puerta, no estaba cerrada...

Padre Céspedes: –«Entonces, ahí fue ya todo. Yo empecé a llamar... Llamé al médico, a Manolo, llamé a la familia... El motor estaba andando, él había encendido el carro, pero providencialmente no había puesto la reversa... Tenía a su lado las notas que había preparado para dar la clase en inglés, o sea, que su partida fue así, con el cayado en la mano, dispuesto a apacentar las ovejas».

Padre Pelli: –«Llamé al rescue, me dijeron: –"Trate de sacarlo del carro, extiéndalo sobre el piso"... Entonces estuve ahí, dándole CPR, pero, cuando yo entré para sacarlo del carro, yo lo toqué y ya no había... ya estaba frío. Lo puse allí y estuve dándole CPR bastante rato porque el rescue no encontraba la casa».

Sor Iliana cuenta su parte: –«El *rescue* llegó aquí, a la Ermita, no encontró la casa. Aleida me dice: –"Sor Iliana, ahí está el *rescue*", yo le digo: ¡Monseñor, Monseñor, Monseñor!... Salí corriendo y me monté en el carro del *rescue*, seguí con ellos, cuando llegamos salí y allí estaba el padre Pedro, dándole los primeros auxilios.

–«En el lugar se encontraban el Dr. Centurión, el padre Somarribas... Cuando llegué, al ver al *rescue*, todos se apartaron... El Dr. Centurión estaba dando las órdenes. Yo estuve trabajando 9 años en un hospital, y ya yo estaba viendo que la cosa era diferente. Cuando dijeron que lo llevaban para el Mercy, yo pregunté: ¿pudiera quitarle los zapatos?... Le quité los zapatos y se los día a la hermana de Monseñor, a Iraida. Me monté de nuevo con el *rescue*, y llegué hasta el Mercy.

–«Cuando llegué allí, yo sabía que ya él estaba muerto, que el proceso de llevarlo al hospital era un protocolo... quitarle los zapatos, fue para mí como un símbolo, pues como él murió con los zapatos puestos... Yo no paré de llorar... los días que él estuvo aquí, yo no paré de llorar»... Y, recordando, vuelve a llorar Sor Iliana.

El Rector, padre Rumín, entró corriendo al hospital: –«Cuando yo llegué al Mercy, ya había personas allí, es increíble la rapidez con que la noticia se supo... Ya había amigos de él allí, personas de la Cofradía, familiares, sacerdotes, algo impresionante. Allí rezamos, e inmediatamente se dio a conocer la noticia a la prensa.

–«Yo no estaba preparado porque no pensé... yo creía que Monseñor iba a estar por mucho más tiempo con nosotros. Inmediatamente tuve que correr a hacer una nota de prensa, porque ya estaban los noticieros.... Preparé una nota que leí en la Ermita, en el púlpito, ante de las cámaras y las personas pudieron ver en vivo,

en todo Miami, la noticia del fallecimiento de Monseñor Román»
–concluye el padre Rumín.

Por mi parte, yo estaba terminando de cenar cuando sonó el
teléfono: –«Monseñor acaba de morir»… Tanto me turbó la noticia, que no puedo recordar quien me la dio. Lo compartí con Isabel,
corriendo ya para irme. Llegué al hospital, entré por el salón de
Emergencias, di mi nombre, dije por qué estaba allí e inmediatamente me pasaron al área restringida. Vi allí a varios sacerdotes
conocidos… era cierto.

Mi teléfono celular trepidaba en mi bolsillo. Era mi buen
amigo y colega Ambrosio Hernández, llamándome desde el canal
de televisión donde entonces presentaba los noticieros nocturnos.
Le confirmé la triste nueva y puse rumbo a la habitación donde re-
posaba la envoltura carnal de aquella alma inmensa que acababa de
volar al cielo, pero, no pude avanzar mucho. Un sacerdote de cuyo
nombre no quiero acordarme, exaltado y descompuesto, que gritaba ordenando que «todo el mundo», entiéndase los laicos, se fueran, me echó de allí a cajas destempladas. Lo miré como se mira a
los que no pueden entender, me mordí la lengua y me fui.

Mirando aquella escena, recién llegado al *segundo piso*,
Monseñor Román, supongo, estaría doblado de la risa, explicándo-
le a *Cachita* lo que estaba pasando.

# Reflexiones
# de un hombre de Dios

# Vida y vocación

## Vida y vocación: «*el Señor me condujo*»

–«*Jesucristo me agarró antes de tiempo parece... como a los 16 años, sin darme cuenta, porque yo no tuve una vocación como la tuvo San Pablo, o la tienen otros que dicen que si en un retiro decidió... Yo, prácticamente no sé en el momento que decidí, porque, efectivamente, en un retiro hice una decisión final, pero, ya estaba decidida, es decir, yo estaba convencido... Poco a poco me enamoré del trabajo de la Iglesia y, cuando vine a ver entonces, ya, yo dije, mi decisión es al sacerdocio.*

–«*¿Cómo fue eso? No se lo dije a nadie. Se lo dije al director espiritual. Nadie sabía nada, tal vez, dos o tres compañeros... pero, seguí una vida normal totalmente, compartiendo con todo el mundo hasta el día que salí de casa. Un mes antes se lo dije a mi familia. Les dije "me voy al seminario". Antes de eso, no dije nada.*

–«*Yo creo que el día que salí para el seminario estaba tan decidido como lo estoy hoy. Yo hoy, si escogiera el sacerdocio, por supuesto, lo escogería mejor que en aquel tiempo, porque la experiencia sacerdotal que tenía era muy reducida, conocía a dos o tres curas de los pueblos más cercanos. Yo no tenía una experiencia grande como he podido hoy compartir con tantos sacerdotes en distintos países, con obispos... con una visión de Iglesia que no tenía en aquellos momentos.*

–«*Nunca estudié en un colegio católico donde de manera metódica se estudiaba la religión, pero la formación que recibí en los Círculos de Estudio semanales, en mi parroquia, sobre el Catecismo, la Biblia, la Historia de la Iglesia, la Doctrina Social, etc. fueron para mí de una gran riqueza y lo pude valorar mejor al pasar en el seminario la Filosofía y la Teología... La visión de Iglesia que yo tenía era la que me había dado la Fede-*

*ración de la Juventud Católica Cubana... Yo no creo que yo es-cogería otra cosa hoy, ni creo que ninguna otra cosa me hubiera hecho tan feliz como lo que me ha hecho el sacerdocio.*

—«*Desde que me ordené, fui como un catequista, lo único que era un sacerdote catequista. Yo siempre he estado buscando al que no practica, para que practique, pero, yo creo que ahí estaba la línea de catequesis que siempre tuve, y creo que seguí igual y estoy todavía igual, es decir, que no he cambiado. Prepararme para un curso de teología o algo así, no me interesaba tanto como lo que sería lo fundamentalmente cristiano, que es lo que está faltando, y sobre todo, el haber vivido dentro de un pueblo, que eso sí que es una bendición tremenda, que es el pueblo cubano, por el que ha pasado... el huracán marxista que hasta ha arrancado raíces, aunque no totalmente.*

—«*Mi gran preocupación, que nació en los años de la Juventud Católica, era compartir el Evangelio con los que menos lo han recibido. El Señor me condujo por ese camino sin yo pedirlo*

—«*Eso ha sido siempre el motivo de mi vocación sacerdotal. Más que otras cosas, yo recuerdo que más fue la inquietud tan grande porque el Evangelio llegara a todas las personas, y la tuve porque yo nací dentro del campo de Cuba y me di cuenta de que las personas tenían una religiosidad popular, pero tal vez poco conocimiento del catecismo y también, poca vivencia del mismo. Carecían de la práctica religiosa, principalmente por la lejanía del templo».*

### El misionero: «*ir a buscar a la gente*»

—«*...Mi vocación siempre fue de una dimensión católica. Yo nací en el campo, en un mundo muy pequeño, donde el horizonte se veía muy cerca, y ahí parecía que se acababa todo. Sin embargo, Dios quiso como que cambiar un poco mi mente. Estudié en San Antonio de los Baños y La Habana, pero, eso no fue lo que cambió mi mente.*

—«*Mi mente cambió cuando yo ya escogí el sacerdocio, y el obispo de Matanzas tenía una visión muy universal. Él tenía una visión sacerdotal misionera, que uno no se quedara sentado esperando gente, sino que fuera a buscar la gente. Él tenía una dimensión de parroquia que no era solamente el que venía a la parroquia, sino que el que no venía, tenía tanto derecho y había que irlo a buscar y contactar. Era Monseñor Martín Villaverde.*

*–«El contacto con este hombre me abrió mucho, y como él tenía esa mentalidad, quiso dar casi la mitad de la diócesis a los padres misioneros canadienses, que tenían esa visión también, que no eran así, de una mentalidad corta, sino que estaban aquí, y estaban pensando en China y estaban pensando en todas partes, sin dejar de pensar en aquel lugar. Recorrían el territorio completo, visitando a la gente. El transporte era una motocicleta.*

*–«El seminario, que fuimos fundadores del aquel seminario el padre Rivas y yo, entre los dos empezamos y después fueron aumentando más –recuerdo a Pol, Juan Manuel Machado y otros– tuvo siempre una dimensión misionera, y entonces, con aquellos sacerdotes fue constantemente el abrir los horizontes; no pensar en este solo, sino pensar en todos.*

*–«Eso me ayudó mucho, o tal vez fue casi como el aguijón para despertarme a lo que Dios quería. Al terminar la primera parte, yo no quería tampoco salir de Cuba, quería estudiar en Cuba. Me parecía que estudiando en Cuba podía conocer mejor mi patria, y conocer mejor las necesidades pastorales para poder atenderlas.*

*–«El obispo no quiso. Quiso que fuera a Canadá y a un seminario misionero, el Seminario de las Misiones Extranjeras. Eso para mí fue un gran regalo, porque el seminario tenía una visión muy universal, de Iglesia…».*

**Oración y acción: … «como la madre cuando hace la comida»**

*–«Mi mayor satisfacción como sacerdote ha sido el poder celebrar la misa cada día, y el poder celebrar no solamente una misa, hay veces dos misas y a veces tres. Durante todos estos años, exceptuando cuando me operaron del corazón, que no pude celebrar la misa dos o tres días por lo menos, después, ya pude*

*celebrarla en una silla, pero, he podido celebrar la Eucaristía y, con la Eucaristía yo sé que yo, al tener en mis manos la cabeza, que es Cristo, tengo el mundo entero, y oro por toda la Iglesia, vivos y difuntos, todo entra en la Eucaristía...*

*—«Mi oración diaria, cada día más, se reduce al oficio divino y a la meditación del oficio divino... para mí como sacerdote... la Liturgia de las Horas ha sido lo que más me ha consolado y más me ha gustado... ha sido como la esposa, la compañera de siempre, y es tomarla nada más, cualquiera de los salmos... me sirve de oración. Todos estos años esto ha sido un gran consuelo, lo que más aliento me ha dado...*

*—«Yo creo que no se separa la oración de la acción. Yo no he tenido una vocación contemplativa exclusivamente.... muy linda, pero no la he tenido. Soy hijo de campesino. El campesino se levantaba desde muy temprano, ya estaba trabajando y era de sol a sol. Generalmente yo no estoy de sol a sol, creo que como sacerdote, he tenido que hacerlo de noche a noche, pero lo he podido hacer.*

*—«Yo no creo que hay diferencia. Yo nunca estoy en la oración sin pensar en la acción. Yo nunca estoy en la acción sin pensar en la oración. Me parece que estas dos cosas no se separan. Yo creo que es como la madre cuando hace la comida en la casa: ella está cocinando, la cocina no ha de ser muy interesante, pero, está cocinando sabiendo que lo está haciendo para sus hijos, para su esposo, para la familia, y por eso lo hace. Recuerdo a mi mamá, que siempre tenía como una comida especial, y un postre especial, y preparaba hoy esto, y mañana esto otro. Yo supongo que aquello le daba mucho trabajo, pero yo creo que ella lo disfrutaba mucho, porque sabía que cuando lo estaba haciendo, no lo estaba haciendo sólo para ella, sino que ella comía de aquello, pero también ella compartía aquello con los demás.*

*—«Me parece que el sacerdote diocesano es lo mismo: él prepara su meditación, pero esa misma meditación va a tener una repercusión cuando vaya a confesar, cuando va ir a dar un consejo... eso va a ser en el día cómo su alimento para él y tam-*

*bién cómo la comida: la mamá come, y también da de comer a los hijos, al esposo y a todos.*

*—«Yo creo que en la Iglesia hay distintos areópagos como dice el Papa Juan Pablo II, que hay que evangelizar cada uno de esos areópagos. Yo he tenido la suerte de que, sin dejar de evangelizar en otras partes, porque, como obispo he tenido que hacer trabajo pastoral, he podido concentrarme, cosa que no es muy fácil, en el pueblo cubano».*

### El celo evangelizador: «*la vida no tiene sentido sin*»...

*—«Mucho hay que hacer. Por ejemplo, a mí me da una gran alegría cuando veo que un municipio se acerca a orar por Cuba, pero, me da dolor cuando se les invita y algunos no se acuerdan de orar, sobre todo, cuando uno ve que hay personas de otros lugares, de otros municipios, que sí responden. Sucede igualmente con los distintos países de América. Una de las cosas que yo quisiera es poder trabajar esto, no solamente con los Municipios de Cuba, sino con todos los países de América. Yo creo que no hay limitación en la Iglesia, en el cristianismo, para que uno no pueda ir a un grupo, no pueda comunicarle la buena nueva.*

*—«Creo que la cuestión de la evangelización es el celo que cada uno tiene que tener, como don del Espíritu Santo, para pasarlo a la misma familia, a los amigos, tener más amigos para poder comunicar esa fe, que es un regalo de Dios... la vida no tiene sentido sin la fe».*

### Su salud y su ministerio: ... «*enfermo, sano y como quiera*»

*Un sacerdote trabaja enfermo, sano y como quiera... hay distintas maneras de trabajar. Yo recuerdo cuando estuve en Chile que me enfermé de hepatitis. Yo tomaba agua en los ríos, en todas partes, y me enfermé.*

*Aquella hepatitis duró varios meses... El obispo que tenía, que era muy bueno, el obispo Piñera, tomó cuidado de mí, así como los padres canadienses con quienes trabajaba... Aquel*

584

*tiempo yo lo aproveché. Yo puedo decir que el tiempo que yo es-tuve en cama con la hepatitis, que no podía levantarme nada más que para lo que es necesario..., pues, yo lo aproveché para ponerme al día en catequesis. La catequesis francesa era muy rica durante todos esos años... leerme todos los libros y ponerme al día... y era material no sólo para catequistas, sino para predicar retiros y misiones.*

*Las enfermedades que yo he tenido son del corazón, la diabetes... Yo creo que esto no me ha impedido hacer mi traba-jo... yo he podido hacer el ministerio como normalmente se pue-de hacer, yo no creo que ha sido una cosa tan grave como si uno hubiera estado, por ejemplo, hubiera perdido la cabeza o algo así, que entonces ya no pudiera trabajar, o si estuviera fractura-do, pero que, aún fracturado, pudiera hacerlo.*

*Yo tuve un ejemplo muy lindo de una persona que me ayudó mucho para comprar los libros, cuando estudiaba teolo-gía, una religiosa canadiense. Ella tuvo cáncer toda la vida, des-de joven... se remendaba un poco, pasaba ciertas etapas que no podía ni levantarse de la cama y, sin embargo, ella hacía un apostolado de teléfono tremendo, animando a las personas... Mademosille Tiercotte... Beatriz Tiercotte fue un ejemplo muy grande para mí al prepararme para el sacerdocio.*

*El padre Carlos Ourlet, que era un gran predicador... muy culto, muy preparado, estando en Filipinas pasó la guerra y tuvo que venir a Canadá después, muy débil... Fue rector del se-minario y, de repente, predicando un retiro, tuvo un problema de corazón, un infarto... en aquellos tiempos que no se operaba el corazón, con unas dificultades tremendas... El médico le dijo: – «Ud. solamente puede estar sentado...» y así lo hizo, hizo la di-rección espiritual en Colón, en el colegio Padre Félix Varela, hizo tanto bien, para el seminario, para el colegio... y lo hizo allí en Colón, sentado...*

*¡Hay que aprovechar! Cuando se cierra una puerta, se abre otra, y se acabó... Creo que papá era en sí un buen ejem-plo... empezó a sembrar tabaco, no le daba resultado, pues en-tonces sembró caña de azúcar, y al final cambió a la lechería y*

se hizo lechero, crió vacas... cuando se cierra una puerta, hay otra que se abre, y si otra se abre, pues, ésa es la que Dios quiere. A veces es la mejor.

## Confianza en la Providencia: «*Dios sabe hacer las cosas como son*»

–«*Yo nunca dudé de la obra, yo nunca he dudado de nada que me haya encomendado la Iglesia. Yo empecé en Coliseo, empecé sin nada, y al final de un año, yo creo que ya yo mantenía casi la iglesia de Coliseo, la gente misma empezó a hacerlo. Lagunillas empezó con 67 casas y un grupito de personas, y al final del año ya nosotros teníamos la iglesia completa llena de guajiros que venían del campo y oían la misa dominical y el rosario con catequesis los miércoles.*

–«*En Chile me pusieron en un colegio y me mandaron a las misiones a los araucanos, y a todos esos grupos... se hizo la misión de la parroquia cuando hubo que hacerla... Yo nunca he tenido duda ninguna de una cosa que la Iglesia me pone en las manos y me manda... que dé resultados, o no... Estoy seguro de que Dios está detrás.*

–«*Mucha gente no tenía ninguna esperanza en esto de la Ermita. Primero hubo un combate, en el principio, porque muchos decían que era para quedarnos aquí... Eso era antes de yo llegar. Después que yo llegué, y vi que la gente venía sola, venía de los distintos grupos... lo único era organizar a la gente y eso no me fue difícil.*

–«*Me pusieron tres trabajos en los primeros momentos: el Mercy Hospital, que estuve solo casi todo el tiempo, muy poco tiempo tuve ayuda, y la que tenía era americana, es decir, en inglés... ¡pobrecito! Muy bueno, pero, no podía llegar a los hispanos. Estaba en la parroquia de St. Kieran y en la Ermita de la Caridad. Nunca pedí que me cambiaran o me quitaran algo... continué trabajando, ayudando a los Cursillos, ayudando en todo que podía haber... lo seguía haciendo diariamente y respondiendo diariamente... pero, nunca tuve duda de que se podía hacer.*

—«*Yo no recibí mucho entusiasmo de las personas más cultas, pudiéramos decir, profesionales... Casi siempre ponían muchos peros, pero, como yo no he sido profesional, como yo no he estado dentro de ese mundo, he sido más bien un campesino, pues... yo sabía que Dios sabe hacer las cosas como son...».*

*Reflexiones de un hombre de Dios*

## Sobre la Iglesia Universal

La Iglesia: «*nuestros católicos necesitan más*»

–«*Yo pienso que la Iglesia tiene mucho entusiasmo, pero, también me cuestiono mucho: todavía ese entusiasmo, esa fe, no ha llegado a todos. Si bien es cierto que hay una gran parte de la humanidad que ya tiene la fe, hay una grandísima parte a la que todavía no ha llegado.*

–«*Yo creo que (*el entusiasmo por la fe*) es muy consolador, pero es también como un reto y una pregunta: ¿cómo esto no ha llegado a todos y todavía uno oye en la radio personas que se pronuncian, y dicen algo que está en desacuerdo con la fe y, sin embargo, dicen que son católicos?... Quiere decir que nuestros católicos necesitan más, poderlos instruir y darles a conocer el Evangelio y el gran valor del tesoro de la fe.*

–«*El obispo, el sacerdote, tiene que ser el hombre de fe que crea la palabra de Dios, que medite la palabra de Dios, que ilumine con la palabra de Dios. Tiene que ser el hombre de la esperanza, que no confía en las cosas de este mundo, en los hombres, sino que confía en el Señor, y según el Señor, él confía en los demás. El hombre firme en la caridad, en el amor, amor a Dios y amor al prójimo, ¡tan difícil!*

–«*El obispo Morell de Santa Cruz... era un hombre que estaba dentro del corazón de Dios, pero, también, dentro del corazón de los hermanos. Me parece que un sacerdote tiene que estar así también. No podemos decir "yo amo la Iglesia", y la Iglesia es como si fuera... algo solamente nuestro... la Iglesia es para el mundo, la Iglesia es para servir al mundo, y tal vez, uno comete errores, no lo dudo, pero uno hace lo que puede, y al final, si comete errores, pide perdón por ellos, y se arrepiente, y a ver cómo puede ir buscando dentro de la oscuridad de esta vida el camino correcto.*

–«*Sin embargo, aunque no podamos hacerlo como Dios quiere y fallamos, hay que levantarse, hay que hacerlo. El Papa dijo algo tremendo cuando visitó México, que a mí me impresionó mucho, yo lo puse en el escudo y tomé el lema de ahí, es decir, el obispo es un maestro de la verdad sobre Jesucristo, sobre la Iglesia y sobre el hombre y también, un creador de confraternidad en su pueblo. Eso sería lo principal.*

–«*Precisamente, eso es lo lindo de ser cristiano y católico. Uno puede siempre denunciar la mentira y anunciar la verdad. Luego, yo nunca me he sentido restringido y no pienso que, con mi retiro, que ha de ser ahora a los 75 años, en mayo del 2003, yo tampoco me sentiré restringido. Creo que es necesario que nosotros veamos que un sacerdote tiene que denunciar la injusticia y anunciar la justicia, no solo de su pueblo, sino de todos los pueblos.*

**Política y religión: ... «*entre la política y la politiquería*»...**

–«*Algunos piensan que política y religión no se pueden mezclar. Yo creo que hay que distinguir entre la política y la politiquería. Creo que en la política de partidos nosotros no tenemos derecho a meternos, porque cada uno tiene derecho a tratar de arreglar este mundo por distintos caminos. Todos podemos tener la verdad, pero, para ir a un lugar, puede irse por muchos caminos. En eso no podemos meternos.*

–«*No soy demócrata, ni tampoco soy republicano. Soy independiente, para no estar atado a nada, y desde ahí poder ver cuál sería la persona mejor. Pero, no puedo decir que se pueda abandonar la política totalmente, porque, la política es como el trabajo para el bien común y yo creo que la Iglesia tiene que estar pensando en esto".*

–«*La Iglesia tiene que iluminar al cristiano para que actúe de manera justa, y yo creo que ahí está todo. No sería tomar el lugar del sacerdote, pero, tal vez, el laico; es el laico el que debe actuar en el mundo, pero la Iglesia tiene la obligación de educar al hombre, o poner al día al hombre en lo que es la justicia, para que él sea un buen administrador en este mundo. Todos venimos a este mundo a servir y tenemos que administrar bien. Mientras el hombre no cumpla ese deber, creo que está muy lejos de lo que tiene que ser. La Iglesia tiene la obligación de darle al hombre los principios de justicia, que sería lo que es la doctrina social de la Iglesia. Eso... no se puede discutir.*

*—«Ahora, en los países totalitarios, la Iglesia no tiene voz, tiene que quedarse solamente con la oración... no se permite hablar fuera del culto, hay que dedicarse nada más al culto. Los dos años en Cuba pude ver la Iglesia perseguida, sin seguridad... Tenemos que llegar a construir sociedades, sistemas, que respeten la libertad religiosa, donde la Iglesia pueda cumplir su deber de predicar la justicia.*

**Vaticano II, cambios en la Iglesia: «*era la hora de la Iglesia*»...**

*—«Yo no pensé nunca... es decir, cuando yo me ordené todo era distinto. Yo me ordené sacerdote el 5 de julio del año 59... Después de eso, tuve que salir de Cuba, y empezaron los grandes cambios del Concilio Vaticano II.*

*—«Yo tuve que estudiar en latín, que me costó mucho trabajo... se decía en aquel tiempo que sin el latín no se podía... La misa era en latín, el bautismo en latín, todo era en latín. Hay entonces un cambio en el Vaticano II, por el que podemos ya hablar en nuestras propias lenguas, lo cual me alegró muchísimo. Me dio una alegría muy grande, porque me parece que uno estaba hablando en una lengua que el pueblo no entendía, tenían que estar traduciendo cada uno en su librito, los que lo tenían. Vinieron los grandes cambios litúrgicos también. Ya en Chile, que empezaron con el Concilio, como aquí en los Estados Unidos, donde, a medida que pasó el año 60 vinieron los grandes cambios... Tanto la liturgia de la misa, como la del oficio divino, se han hecho de una manera tan preciosa, tan linda que yo saboreo eso cada día.*

*—«A aquellos sacerdotes que habían sido formados como yo me formé, les costaba un poco de trabajo... pero, era la hora de la Iglesia y era lo que la Iglesia pedía y se sabía bien claro que era*

*por el bien de los fieles. Por eso los admiraba tanto: la Iglesia lo pide por el bien de los fieles. Eso basta.*

—*«Los cambios pastorales fueron para mí como un verdadero regalo. Todo lo que hizo el Concilio en lo pastoral, fue de gran beneficio para los fieles. Creo que nosotros podemos evangelizar hoy con más facilidad. Además, pudimos entrar más en los medios de comunicación, tanto en Chile, que ya empezábamos, como aquí mismo, en Miami... creo que eso tenemos que agradecerlo mucho al Señor.*

—*«Yo estoy muy contento de haber vivido esta época de grandes cambios... Ha habido que cambiar muchas cosas, que eran muy lindas, no hay duda. Hay himnos en latín que son preciosos, pero no llegan, no pueden ser entendidos por el pueblo. Yo me alegro de todo lo que tenemos ahora... no puedo pensar que se pudiera haber hecho mejor. Lo que la Iglesia ha hecho en estos últimos años, que no es otra cosa que lo que el Espíritu Santo ha movido, y con la experiencia de dos mil años, ha sido muy rico para la Iglesia y para mí, como sacerdote de la Iglesia y obispo de la Iglesia.*

### El celibato sacerdotal: *«si yo estuviera casado»...*

—*«Creo que el celibato no se entiende. Vivimos una etapa sexualizada, en la que todo se ve a través del sexo y, precisamente, por verlo todo a través del sexo, no se puede entender lo que es el verdadero amor. El amor sin sexo no es posible para muchos, y creo que el amor cristiano no es así, es decir, yo, como sacerdote célibe, veo a cada persona como mi hermano, o como mi hermana: la amistad no tiene una preferencia... no tengo limitación ninguna porque todo hombre es mi hermano.*

—*«Yo creo que el celibato tiene un valor extraordinario. El sacerdocio casado es muy lindo y yo creo que tiene también un valor grande, pero, es muy limitado... El hombre casado, como parte que es de su hogar, no se puede trasladar con la facilidad del no casado. Con el sacerdote célibe es diferente. No hubiéramos tenido las grandes misiones de América sin el celibato, es imposi-*

*ble. Las iglesias orientales no han podido ser misioneras, porque...*
*el sacerdote casado tiene la prioridad de la familia, así se lo pide*
*la Iglesia. No se puede dañar una familia, enviarla donde la fami-*
*lia no puede ir ...*

*—«Yo me levanto a las cinco de la mañana, rezo en la ma-*
*ñana y ya yo estoy libre. Empiezo a trabajar y puedo trabajar has-*
*ta las doce de la noche y yo no tengo ninguna dificultad... Si estu-*
*viera casado, tendría que darle atención a mi esposa, tendría que*
*dar atención a mis hijos, que es lo normal. Tendría que darle un*
*tiempo a la familia y por eso precisamente, en el diaconado se le*
*explica bien a la gente que el diaconado tiene que ser de acuerdo*
*con la familia. Un diácono lo primero que tiene que atender es su*
*familia, y en segundo lugar, la Iglesia, que es la familia de Dios.*
*Pero, no puede poner la Iglesia primero y la familia después como*
*el sacerdote célibe.*

*—«La familia mía es la Iglesia, puedo dedicarme comple-*
*tamente a ella. Eso sí, estoy convencido que el celibato es una gra-*
*cia especial y es un regalo de Dios. Tiene Dios que darlo, porque*
*si Dios no lo ha dado... no hay posibilidad en lo más mínimo de*
*que la persona pueda vivir el celibato. Un cristiano puede trabajar*
*enormemente por la fe... Yo no soy apóstol porque soy obispo, o*
*porque soy sacerdote: soy apóstol porque estoy confirmado, y es la*
*confirmación lo que me hace a mí apóstol de Cristo.*

*—«Todos tenemos que vivir fielmente como nos lo pide el*
*Señor, célibes o casados. La prioridad será siempre la familia. Pa-*
*ra el cristiano casado, su familia. Para el sacerdote célibe, todas*
*las familias. El celibato yo lo encuentro muy precioso».*

**Piedad popular: ... *«yo no sé cómo podríamos tener***
***una teología... seca...»***

*—«Yo creo que el padre Sosa ha sido en eso (la conjugación*
*de lo escriturístico y la religiosidad popular) un profeta, desde el*
*principio de su seminario se preocupó mucho de esas dos partes,*
*cómo ver ese comienzo. Yo creo que rechazar la piedad popular o*
*cualquier inclinación religiosa, es un error. Hay que recibir a to-*

dos y purificar los errores con el Evangelio, como hicieron los Padres de la Iglesia en el principio.

—«El hombre está buscando a Dios, y puede ser que lo esté buscando por un camino que no sea el correcto, pero, está buscando a Dios, y yo creo que esa búsqueda de Dios ya es un escalón en este proceso, que no es ése el único, pero, para eso está el evangelizador. Felizmente, nosotros vivimos la piedad popular. Pero, estando en Roma el año pasado, el año 2000, que era el Año Santo, y caminando hacia las puertas santas, que lo hice varias veces para ganar la indulgencia, y para tener una experiencia de lo que es Roma... de lo que en Roma está... En Roma está el África peregrinando, el Asia, está el mundo... yo no sé distinguir un oriental, si es chino, si es filipino, si es coreano, si es vietnamita... no lo sé, porque yo veo los ojos oblicuos y me parece que todo el mundo es chino, porque es lo que conocí.

—«Uno puede ver la variedad de culturas, la variedad de trajes tan distintos, la cantidad de lenguas cuando estaban rezando el rosario... yo veía que cada uno tenía el rosario en la mano y estaba rezando, y rezaban en grupos, y yo no conocía las lenguas, yo sabía solamente que estaban rezando con la Virgen los misterios de Cristo y, cuando entrábamos por la puerta santa, a mí me gusta siempre tocarla, con la mano, con el rosario... y yo veía que eso mismo hacían los italianos, los alemanes, los chinos, japoneses, vietnamitas, africanos... todo el mundo.

—«Luego, la piedad popular no está solo en el pueblo cubano, sino que está en todos los pueblos, en el hombre de Dios que el Espíritu despierta, y, para mí, es un error, como lo dice la Iglesia, el rechazar una cosa que está en el comienzo de lo que se necesita para dar el Evangelio. Por ejemplo, un vaso: si tú tiene un vaso, puedes echar agua, pero, si no tienes vaso, no puedes echar agua. Creo que es así. Es lo que Dios nos da para que nosotros podamos, indudablemente, dar el Evangelio. Sin eso no sería posible... Yo no sé cómo podríamos tener una teología de esas, seca, sin expresión ninguna, sin signos ninguno... eso es imposible».

*Reflexiones de un hombre de Dios*

# Miami y su Iglesia

## La Arquidiócesis de Miami y los hispanos: «*La Virgen de la Caridad abrió...*»

–«*Los obispos americanos lo dicen en una carta pastoral que escribieron a los hispanos. Creo que ven la riqueza y los valores que el pueblo hispano proporciona al pueblo americano, como todas las inmigraciones en este país... los valores de familia, el carácter festivo... se celebra fácilmente, el valor de la devoción a la Virgen...*

–«*Estos valores que los obispos ven, a mí me parece que todos nuestros pueblos de América los tienen y los proporcionan, y el pueblo cubano ha sido el primero, el que abrió el apostolado aquí. Podemos decir que el apostolado hispano comenzó en Miami después de la llegada de la Virgen de la Caridad. Es decir, la imagen de la Virgen es como el signo de la llegada, de la apertura de la Arquidiócesis al apostolado hispano y del reconocimiento de la hispanidad... De ahí que todos los sacerdotes que habían llegado desde Cuba fueran aceptados a trabajar aquí, pues, con la llegada de la Virgen, empezó una nueva etapa dentro de esta arquidiócesis*».

## La Ermita: «*el contagio de las cosas buenas*»

–«*La Ermita ha sido como una campana, una puerta. La devoción a la Caridad, no podemos olvidar que empezó hace cuatro siglos, sin embargo, era muy isleña, estaba muy metida dentro de una isla, un pueblo, que era el pueblo cubano, pero, poco extendida fuera del pueblo cubano.*

–«*Me parece que los años de exilio, y el trabajo a través del Santuario, han hecho que el Santuario haga conocer, o compartamos una riqueza que nosotros tenemos, con otros hermanos. Eso es una bendición. El nombre de la Virgen nada más, la Caridad y el Amor, nos hace cuestionarnos siempre qué es lo que nos está diciendo ella.*

—*«...La devoción a la Virgen de la Caridad ya no es solamente para cubanos, sino que los cubanos la celebran en todas partes del mundo y ya está el contagio de las cosas buenas, es como la devoción a Lourdes, a Fátima, a Guadalupe. Creo que se va extendiendo a través del mundo y creo que el exilio ha contribuido mucho. Dios ha sacado de un mal, un bien».*

**Misión de la Ermita: ... «*despertar la fe...*»**

—*«La Ermita es un santuario, un Santuario Nacional, desde al año 2000. Yo creo que la Ermita debe trabajar siempre pastoralmente como en una primera evangelización, en una pre-evangelización. Si el pueblo cubano, y no solo el pueblo cubano, el pueblo hispano está tan necesitado de esa primera etapa, yo creo que tenemos que darnos cuenta de que esa debe ser la función de la Ermita: despertar la fe en los no-bautizados y en los bautizados dormidos.*

—*«La Ermita debe estar en una función de dar la primera evangelización a la gente, y que de ahí partan a sus comunidades, a sus parroquias, donde ellos puedan integrarse. Sin esa primera evangelización... pudiéramos hablar hasta de un kindergarten... el cristiano de hoy y el de siempre, pero el de hoy, mucho más batido por las distintas circunstancias, no pudiera integrarse en una comunidad si no sabe las oraciones, si no tiene los fundamentos cristianos. Eso no se lo puede dar la parroquia... esa primera etapa, esa primera conversión... en la mayoría, la devoción a la Virgen es muy fuerte y le abre la puerta para buscar la fe... ahí estaría la Ermita.*

—*«La Ermita sería siempre el lugar, el primer escalón... pero no ponerse nunca a subir demasiados escalones, o a querer ir más arriba, porque entonces, ya perdió su función. La continuación será en las parroquias, cuando se inserten en estas».*

**Los Arzobispos de Miami: ... «*Para mí no ha sido difícil la...*»**

—*«Para mí, los obispos y los arzobispos que he tenido han sido siempre como mis hermanos, mis compañeros, en fin... yo no tengo tiempo de convivir con un obispo mañana, tarde y noche, sino en reuniones y eso... Todas las reuniones que he tenido han sido para ver cómo el Evangelio llega lo más lejos posible.*

*—«Cada uno tiene... qué sé yo... como un carisma, que uno lo hace de una manera y el otro... Yo nunca he tenido dificultades en cuanto a evangelizar, en cuanto a lo que tengo que hacer como sacerdote. He podido hacer con gusto todo el trabajo pastoral durante mi vida. Para mí no ha sido difícil la obediencia.*

*—«El Arzobispo Carroll era de carácter fuerte, pero era un hombre muy justo... su bondad la disimulaba tal vez con cierta frialdad... Él tenía un amor muy grande por el pueblo cubano... No era un sentimental, pero poseía un amor muy grande... con Carroll fui Vicario Episcopal para los hispanos y me fue muy bien.*

*—«Yo vi que él quería que la Ermita de la Caridad fuera como una demostración de lo que el pueblo cubano era capaz, en su miseria, y en su pobreza, y en su exilio, de levantar y hacer un signo, gracias a su fe y su devoción a la Virgen... él apoyó constantemente la obra. Eso sí lo noté desde el principio, y lo agradecí muchísimo.*

*—«Yo fui obispo con McCarthy, yo no fui obispo con Carroll. Considero que McCarthy fue un modelo de hombre de Dios por su celo pastoral con todos. McCarthy era muy detallista, pero en el buen sentido. Cuando uno se reunía con él había que darle un reporte muy americano... "yo hice esto y esto... estas personas se visitaron... cuántas cárceles se visitaron, cuántas personas"... eso era muy propio de él, porque le gustaba así, tenía un cuidado muy grande de que nadie se quedara sin el evangelio.*

*—«El Arzobispo Favalora no es de tantos detalles, siempre para él lo importante es que se hagan las cosas, pero siempre como pensando que el Espíritu Santo toca al sacerdote y lo puede tocar, pues, de esta manera, puede resolver... es decir, que son formas muy distintas.*

*—«Wenski, desde seminarista, tuvo una acogida tremenda para todo el mundo y la sigue teniendo. Hay que ver las reuniones que él tiene, ahí está la defensa de todo el que llega... hay que darle la mano a todo el que llega. Actualmente, mi Arzobispo, que lo conocí de seminarista, es para mí como un hermano, como un hijo».*

## Evangelizar en Miami: ...«sería bueno que se dieran cuenta...»

–*«Yo creo que Miami ahora no es fácil, pues tenemos muchas personas heridas por situaciones políticas y, por supuesto, necesario será siempre poder evangelizar. En la pastoral, habría que cortar el traje para la medida que tiene la persona ahora. Sería bueno que se dieran cuenta de que esto es una sociedad multicultural y hay que atender todas las culturas, y que la fe es una sola».*

*Reflexiones de un hombre de Dios*

## Cuba y su Iglesia

La Iglesia en Cuba: «*...con picante o sin picante*»

–«*Hablando con los enfermos, durante mi trabajo en el hospital, pude comprobar que había todavía en Cuba una gran admiración a la Iglesia. La había, porque las pastorales de los años 60 y 61 impresionaban mucho todavía a la gente. Era muy raro un cubano que no conociera a Pérez Serantes, a Boza... Eso era también algo muy atractivo, ponerse dentro de la Iglesia era como ponerse dentro de la institución primera que se enfrentó al comunismo, la primera que defendió al pueblo.*

–«*Yo creo que el balance es bastante positivo. La Iglesia es una institución humana y divina. Como humana, tiene los hombres de su tiempo y, como divina, tiene a Cristo, que es de todos los tiempos.*

–«*Me parece que si nosotros leemos los documentos que escribieron los obispos en el siglo XX, desde el principio, no al final, yo no creo que ninguna institución se pronunció igual. Yo creo que la Iglesia se pronunció de una manera diáfana, anunció la verdad y denunció el error siempre. ¿Qué lo denuncia con un lenguaje que no es político, o sociológico, sino con un lenguaje tal vez moderado, de la Iglesia?... Esa es la manera de hablar de la Iglesia*

–«*Creo que los documentos de la Iglesia son eternos, por siempre, porque tienen un lenguaje prudente y tienen un lenguaje que dice la verdad, pero no dice una ofensa a las personas. Si vemos los pronunciamientos de la Iglesia que son más recientes, especialmente después del comunismo, yo no creo que nadie dijo lo que dijo la Iglesia, nadie. Tal parece que esto es desconocido, mi dolor es que esto es casi desconocido.*

–«*Por ejemplo, estaba leyendo esta mañana un documento, un pronunciamiento del obispo Siro, de Pinar del Río, cuando tuvo que estar en una reunión del CELAM, en Brasil. Con una valentía tremenda lo dijo todo* (sobre la situación en Cuba), *y así vemos nosotros que es igual con los documentos del Papa. Si nosotros vemos los documentos del Papa, (San Juan Pablo II) de la visita a Cuba, yo diría que no les falta nada, pero, en ese lenguaje. A veces se critica a la Iglesia porque no habló, pero se nos olvida que ya había hablado Pío XI en Divini Redemptoris.*

*—«La sopa se puede tomar con picante, o sin picante. Creo que la gente está buscando tomar la sopa picante, y le echan... una sustancia que hace picar... yo creo que es así como la gente quiere que la Iglesia sea, pero la Iglesia no es así... Nosotros tendremos que ser como Cristo quiere y no como el mundo quiere. El mundo a veces lo que quiere es que le digamos una palabra y después se olvida. La Iglesia tiene que decir las verdades, pero tiene que decirlas con prudencia y caridad.*

*—«La carta de los obispos de Cuba "El Amor todo lo espera" pienso que fue extraordinaria para presentar al pueblo una realidad en una sociedad en la que la juventud no conoció el pasado. Esta otra carta del Cardenal, la de los 150 años de la muerte de Varela, "No hay patria sin virtud"... tendríamos que leerla y meditarla.*

*—«Me parece que a veces juzgamos muy fácilmente en una situación que no estamos viviendo nosotros. Creo que el trabajo de la Iglesia: obispos, sacerdotes, religiosos y laicos, ha sido heroico».*

## La reconciliación entre los cubanos: ...*«junto con la libertad y la justicia...»*

*....«Una sociedad que mantenga sus heridas permanentemente abiertas se condena a la continuidad de sus conflictos y elimina sus posibilidades de vivir en paz. Justicia, verdad, perdón y reconciliación no son términos excluyentes ni contradictorios. Nuestro muy recordado Papa Juan Pablo II, decía al respecto lo siguiente, en su mensaje por la Jornada Mundial de la Paz, el 1º de enero de 1997:*

*—«El perdón, lejos de excluir la búsqueda de la verdad, la exige. El mal hecho debe ser reconocido y, en lo posible, repara-*

*do... Otro presupuesto esencial del perdón y de la reconciliación, es la justicia, que tiene su fundamento último en la ley de Dios... En efecto –añadía el Pontífice– el perdón no elimina, ni disminuye la exigencia de la reparación, que es propia de la justicia, sino que trata de reintegrar tanto a las personas, como a los grupos, en la sociedad.* " (Charla "La lucha del pueblo cubano por la justicia", dada por Mons. Agustín Román en la Peña Valeriana de la Fundación Padre Félix Varela, 16 de diciembre de 2006)

–*«No tendremos la unión necesaria para la recuperación de los derechos de nuestro pueblo mientras, en medio de tan grave situación, se nos induzca a vivir entre sofismas dañinos, como el de querer confundir la reconciliación que la Madre desea y que la Iglesia pide, con la ausencia de justicia que rechaza todo corazón sensato.*

–*«La reconciliación precisa del perdón, pero el perdón no es posible sin el arrepentimiento sincero, sin la enmienda de la conducta, sin la reparación equitativa del daño inferido. Eso es, en otras palabras, la justicia que, cuando carece de misericordia, se desnaturaliza y da paso a la venganza, hija del odio. Y fue José Martí, el mismo que pedía a la Madre Santísima "que la patria no gima" quien nos advirtió a los cubanos que "no se puede vivir como el chacal en su jaula, dándole vueltas al odio".* ("Madre de Cuba", *Diario Las Américas*, 12 de mayo de 1996)

–*«Que entendamos todos que junto con la libertad y la justicia, tenemos que buscar la reconciliación como fundamento reconstituyente de la fraternidad que fue prenda definitoria de nuestro pueblo y sin la cual la palabra patria pierde su sentido».* (Oración ante la visita de Juan Pablo II a Cuba. 15 de enero de 1998)

**La Iglesia, dentro y fuera de Cuba: ...«es como la base del pueblo cubano»**

–*«CRECED nos permitió ver lo que era la Iglesia de adentro de Cuba y lo que es la Iglesia afuera, que es la misma, o sea, que la Iglesia no está separada... es la misma Iglesia que tiene que trabajar en marcos diferentes. Yo creo que nosotros tenemos que tener bien presente, como Iglesia, en Cuba y en todas partes donde esté el exilio, que nosotros somos un solo pueblo y que ese pueblo está en distintos lugares, y que tendrá que responder según las circunstancias en cada lugar.*

*—«No se le puede pedir lo mismo a la gente de Australia, que a la gente de África, que a las de América del Sur, o las de América del Norte... Tenemos que darnos cuenta de que somos un solo pueblo, que hay que conservar esto, y en este caso, la Iglesia Católica, el cristianismo, es como la base del pueblo cubano.*

*—«Sea o no sea, aunque parezca que no, nosotros podemos ver el hambre de catequesis. Cuando yo veo una catequesis que tiene, por ejemplo, cien personas, constantemente, a veces menos, a veces más, cien como promedio, y yo veo que eso es permanente, que termina un grupo y comienza otro... uno puede ver que esa gente, que no tuvo en lo más mínimo porqué venir, han venido y no están bautizados...Ahora mismo estoy preparando 16 bautizos de adultos, entonces, eso quiere decir que ahí hay un interés, que esos cubaos responden a sus raíces recibidas de la familia.*

*—«Cualquiera, hoy, con el secularismo que hay, se hubiera quedado así, y más nada. Hoy, lo mismo una persona bautizada, que una no bautizada es aceptada en la sociedad, y, sin embargo, nosotros vemos que la gente busca el bautismo, y se sacrifican tantas noches, ahí, preparándose para recibirlo... Quiere decir que hay dentro de nuestra cultura un regalo que todavía permanece, y es el regalo de una fe escondida, que Dios tiene sembrada en nuestro pueblo desde aquellos primeros misioneros».*

**Los cultos afrocubanos: ...«el fallo de nosotros...»**

*—«Yo creo que yo he tenido algún progreso, porque no siempre pensé de esta manera. El Concilio Vaticano II, en el documento Nostra Aetate, nos habla a nosotros de que hay religio-*

*nes que no son cristianas, pero, si no son cristianas, tienen algo, o sea, nunca hay una religión que no tenga algo en común con nosotros. Por lo menos, todas esas religiones son una búsqueda de Dios.*

*—«En el caso afrocubano, nosotros sabemos que son politeístas, y nosotros los cristianos, los judíos, y los musulmanes, somos monoteístas. No se puede decir que ellos lo sean, pero, no hay duda de que hay una búsqueda de Dios, y en esa búsqueda de Dios, lo que hay es que sabérselo presentar.*

*—«En el encuentro con la santería o con otra religión parecida, debemos ser pacientes y tratar con gran caridad. Debemos presentarnos como creyentes y de buena manera exponer que nuestra fe se basa en Jesucristo, quien es Dios y hombre, que nos habla y explica el fin de esta vida que es camino de la otra, el cielo, donde tendremos con Jesucristo la felicidad eterna. Esto es la salvación que todos buscamos.*

*—«He visto que la santería y el espiritismo se reducen a buscar beneficios aquí sin pensar que esto se acabará. El encuentro con el cristianismo les dará la paz que todos buscamos. Nunca debemos comenzar por descubrirles los errores suyos. Ante todo, la belleza del amor de Dios en Cristo en nuestras vidas.*

*—«Cuando hice el Máster en el Barry College en 1976, tuve la oportunidad de preparar la tesis de grado sobre la religiosidad popular del pueblo cubano y me fue necesario estudiar el fenómeno religioso de la santería, que no conocía hasta entonces. Me parece que la respuesta es una buena catequesis donde se conozca a Jesucristo: quien lo conoce tendrá la luz necesaria para separarse de la oscuridad. Buen ejemplo y catequesis, con caridad y paciencia.*

*—«Lo que sí me parece a mí que es más difícil, es que nosotros los cristianos seamos modelos, como dicen precisamente los obispos... el obispo de Santa Clara lo ha dicho esta semana pasada, lo que busca el pueblo del obispo es que el obispo sea auténticamente cristiano, y si es auténticamente cristiano, es aceptado. Yo creo que todo cristiano que viva el Evangelio a plenitud es un modelo para otro hermano, y muchas veces no lo somos...*

—«*Lo importante para nosotros es vivir el Evangelio. La conversión necesita un modelo: Cristo es el modelo. Pero, el cristiano que se une más a Cristo, o que vive más el cristianismo, es el mejor evangelizador... y ahí está el fallo de nosotros... muchas veces no somos el verdadero modelo*».

## Cuba: dolor y esperanza

### Su deber de cubano: «*He vivido esperando el regreso*»

—«*He vivido siempre pensando que el problema de Cuba se va a arreglar mañana. He vivido esperando el regreso. No he vivido un presente quizás más intenso, sino siempre como esperando un futuro que no acaba de llegar y ya casi lo veo imposible para mí, por mi salud.*

—«*Yo traté siempre de estar en Cuba, de no salir de Cuba... Se cerró la puerta en Cuba... me expulsaron... no salí, me salieron... pude hacer un trabajo en Chile que me fue muy rico personalmente, y creo que pude hacer mucho bien a los demás también, y después vine para acá... no he podido estar en Cuba, pero, yo creo que si hubiera estado en Cuba no hubiera podido hablar tanto por radio y otros medios de comunicación... he podido predicar... la misa que pasa por Radio Martí todas las semanas tiene ya 16 años, desde 1985... Yo creo que hay que ver todo lo que el Señor quiere en cada momento.*

—«*En cuanto a lo que he tenido que hacer como cubano, tampoco he tenido dificultad, porque he podido hacer todo lo que yo creo en conciencia que debo hacer, y más nada. En cuanto a esto, no he tenido problemas con los obispos en ninguno de los lugares en que he estado*».

### Volver a Cuba: ...«*la espiga brotará cuando Dios quiera*»

—«*Puedo decir que durante muchos años yo viví preparándome para regresar a Cuba. Desde el año 61 yo viví preparado para partir mañana. En el año 61 ya, pues, yo fui desterrado y tuve que ir a Chile. Los años de Chile los pasé muy bien, pero, siempre como preparado para partir.*

—«*Nunca quise comprometerme con ninguna diócesis, seguía yo incardinado en Matanzas, porque siempre pensaba que* estaba sirviendo en todas las diócesis como un extranjero, para poder partir en cualquier momento.

—«Llegué a Miami en el año 66, tampoco me incardiné en esta arquidiócesis. Pasaron los años, y yo seguí siempre pensando en partir, partir, partir... En el año 79, el Papa cambió mi vida cuando me llamó al episcopado, y ahí, pues, ya la cosa se puso un poco más difícil, pero siempre pensando que, en cualquier oportunidad, yo podía partir, que podía irme para Cuba y podía hacer algo en mi diócesis de Matanzas.

—«Así viví todos estos años y he llegado ya al final de mi vida... ya veo que yo nunca podré regresar a Cuba, al apostolado, como yo pensaba. Yo nunca pensé hacer otra cosa.

—«Siempre me quedó eso... era lo que yo quería, pero, al fin y al cabo, al rezar el padrenuestro cada día, puedo ver que yo le digo al Señor que se haga su voluntad así en la tierra como en el cielo y yo la acepto, y yo se lo ofrezco por la misma Cuba.

—«Yo siempre pensé, desde muy joven, en una Cuba creyente y dichosa, porque toda mi formación fue en la Acción Católica. Una Cuba creyente... sé que no he podido hacer nada adentro. La oración no le ha faltado ni un solo día. Puedo decir que he orado por eso... no solamente porque Cuba sea libre, sino porque Cuba sea verdaderamente un país, un pueblo creyente, que se acerque a Cristo y viva según la ley divina.

—«Al final del tiempo uno ve que, tal vez no se ha hecho nada, pero, en el Reino de Dios eso no se puede decir, porque yo veo que es como el sembrador que va sembrando, y la espiga brotará cuando Dios quiera».

### Cambios en Cuba: «Lo malo es lo que sembró Fidel Castro»

—«Yo no soy un especialista en materia de cambios políticos en Cuba, y después de tantos años... yo puedo decir que no he dejado de orar por un cambio en el pueblo cubano y en el gobierno.

—«Yo creo que la vida o la muerte de Fidel Castro no cambia nada. Lo malo es lo que sembró Fidel Castro. A mí me parece *que él sembró una estructura que, tarde o temprano, tendremos que lidiar con eso en nuestra historia... Lo que sí importa es que nosotros lleguemos a ver cómo podemos trabajar con esa gente. No es posible eliminar a toda esa gente y esa estructura luchará hasta el último momento por conservar el poder... y ésta yo creo que es más fuerte que otras estructuras. Lo importante no es sólo pensar en un cambio, sino buscar lo que tenemos que poner al cambiar.*

*—«Todos esos pensamientos de que en Cuba no hay comunismo, que lo que hay es fidelismo, todo eso me parecen tonterías. Lo que sí me parece que hay una estructura que se ha montado en el caballo y no hay quien la haya bajado del caballo. Para bajarla del caballo vamos a pasar trabajo, pero, hay que buscar los medios para bajarla.*

*—«Por supuesto, nosotros sabemos que hoy día, en el pensamiento actual, no podemos pensar en medios violentos, como se pensó en el siglo XVII o en el XVIII, aún en el siglo XIX y parte del siglo XX. Yo perdono a todos los que han tratado, de una parte y de otra, por medios violentos, de querer imponer una cosa, cómo buscar el bien común, pero, se necesita educar para la paz.*

*—«Hoy día nosotros tenemos que ir por otros medios que el Espíritu Santo ha suscitado, que es el diálogo, el poder hablar, es sentarse y empezar a reflexionar, no creo que haya otra manera de cambiar una situación. Podemos cambiarla en un momento, con una guerra en que uno tenga más fuerza que el otro, pero, eso, en el fondo, no cambia nada, porque vemos que al fin y al cabo, las raíces quedan y resucitan, y tarde o temprano surgirá la violencia contra aquellos que usaron la violencia».*

## Los opositores cubanos: ...«realmente de acuerdo con el Evangelio»

*—«Conociendo a algunos cubanos de la oposición, y a muchos cubanos que llegan recientemente, mi conclusión es que son un rayo de esperanza para el futuro. Yo creo que si la Iglesia se ha quedado, y ha tenido que sufrir, y ha tenido que pasar, y no ha si-*

*do comprendida tampoco, ella ha sembrado la semilla del Evangelio, y la siembra de la semilla del Evangelio, naturalmente, está dando fruto en algunas personas, con el pensamiento cristiano.*

*—«Tanto Dagoberto Valdés, con esa revista que me pareció maravillosa, Vitral, como Payá, con su gran Movimiento Cristiano Liberación, uno escribiendo, y el otro en la acción, yo creo que son una gran esperanza para los demás, como el Dr. Oscar Elías Biscet con su defensa de la vida, de los no nacidos, y tantos otros. Quiero decir que ellos no son los únicos, porque hay que reconocer que también los demás, pues, han escrito y han aportado.*

*—«Yo, como católico, puedo ver en esos dos, como si la Iglesia ha aportado algo. No ha sido fácil para ellos. A los demás yo los conozco menos, no pudiera decir como si tuvieran proyectos más claros de los otros, pero sí puedo decir que hay valores grandes en cualquiera de los otros, en Biscet, en Marta Beatriz, en las Damas de Blanco, que siempre salen de la iglesia en sus demostraciones; en tantos otros que uno puede ver, o no conozco.*

*—«Yo creo que el futuro de Cuba depende de estos hombres, de todas estas personas que luchan porque los derechos humanos sean respetados. Luchan dentro de una situación muy difícil, muy difícil, y, sin embargo, lo hacen. Luego, yo admiro a estas personas y yo oro por estas personas para que en un momento dado, la justicia pueda reinar en Cuba con la misericordia.*

*—«Por supuesto, como católicos nosotros no tenemos cualquier doctrina, tenemos una muy bien trabajada que es la Doctrina Social de la Iglesia. Nosotros no tenemos ningún problema, porque nosotros conocemos todo el mensaje de la paz, que la Iglesia ha ido recogiendo con los siglos, y nos lo ha ido dando, desde hace 36 años, el día primero de cada año.*

*—«Por tanto, me parece que está muy cerca toda esta gente de caminar por caminos que son realmente de acuerdo con el Evangelio.*

*—«Lo que sí es lamentable, y yo oro por eso, es que no ha habido una unión. A mí me parece que si todo este movimiento que hay de una libertad pura, como uno puede ver a través de ellos, llegara a tener una unión entre ellos, yo creo que sería una fuerza*

*mucho más capaz para poder ir, no tumbar una cosa, pero sí transformar una cosa, y cuando digo transformar, es que yo creo que el sistema de Cuba, como he dicho muchas veces, no creo que pueda caerse así, como una casa que se cae en un ciclón, pero sí como un comején que va cambiando y tumbando la casa».*

## Cuba y el terrorismo: ...«*tenemos que buscar caminos de paz*»

*Yo nunca había pensado que el terrorismo estaba tan organizado. Yo pensaba que eran ciertas personas que estaban, tal vez, no muy equilibradas, que producían esto... de esos grupos izquierdistas... pero no me parecía que había una organización tan grande. Yo creo que esto ha hecho como aflorar un problema que estaba como enterrado, guardado adentro, y en el cual se estaba trabajando, pero que las personas no estaban conscientes de lo que se estaba haciendo. Esto me ha hecho pensar, al ver la cuestión del terrorismo, me ha hecho pensar un poco en Cuba, por supuesto, todo para mí tiene una relación con Cuba, como es normal.*

*He tenido conversaciones, por ejemplo, con Masetti y fue muy provechosa la conversación. Primeramente, él me explicaba que él había sido un terrorista, y lo dice en su libro, y él dice que gracias que eso no triunfó, porque él estaba equivocado. Después me estuvo narrando y contando cómo era el proceso, o sea, en Cuba había dos bases, estaba una base en Pinar del Río y la una base en La Habana, en La Habana era en Guanabo, y la de Pinar del Río, en Candelaria, y eran para formar... le daban un training a todas estas personas que querían ser revolucionarias, o, más bien, terroristas.*

*La juventud podía ir allí, había como toda una escuela para el entrenamiento. Si venía una persona, se le daba el curso completo; si venían diez o treinta, pues, también se les daba, de los distintos países. Esto se empezó a hacer desde el año 59, su padre entró en Cuba en el año 59, un 8 de enero, con Prensa Latina, y se envolvió en esto, le pareció que esto era lo más importante y ahí comenzó todo el proceso.*

*Yo no había pensado nunca que el terrorismo había comenzado tan temprano, es decir, la formación de terroristas en Cuba, aunque siempre he pensado que el terrorismo hoy día lo vemos muy distinto a como era en el siglo XIX... por la libertad se podía permitir todo, pero hoy día vemos que hay más ética en cuanto al juicio del mundo, parece que el Evangelio ha penetrado más en el pensamiento humano.*

*Eso era mantenido por la Unión Soviética, que era quien daba el dinero. Después, contando él, al caerse la Unión Soviética, Fidel Castro no quiso que cayera toda esa organización de grupos terroristas, que están desde la ETA hasta las FARC, en fin, todo lo que nosotros conocemos, que tiene esa sombrilla que era la Unión Soviética, pero ahora necesitaban otra sombrilla que pudiera dar una fortaleza a eso, que pudiera dar dinero para poder trabajar, y parece que se unieron a los árabes y a través de los árabes han mantenido eso. Creo que eso es lo que hoy se llama el Foro de Sao Paulo.*

*Pero, tal vez lo que más me preocupa en este momento, que se ha ido descubriendo lo que es un terrorista y sobre todo, el papel que tenía Cuba en el terrorismo, con el Che Guevara y con Barbarroja, etc... lo que me preocupa más es que al niño cubano se le ha dado esto de "somos pioneros por el comunismo" y "seremos como el Che", luego, el modelo que se le ha dado al niño cubano, es el de un terrorista, y si en este momentos estamos tratando el terrorismo, y los niños son la esperanza del mundo, y la educación de la paz tiene que empezar en la niñez, creo que es un peligro muy grande lo que tenemos con los niños cubanos que serán como el Che... se les ha presentado eso.*

*La figura del Che se ha presentado como un modelo y mucha gente la sigue. Desde el punto de vista de la paz, creo que nosotros tenemos que estar inquietos por esto, no solamente tenemos que orar, tenemos que buscar caminos de paz.*

*Una de las cosas que a mí me han hecho pensar mucho en estos días ha sido todo ese mensaje de paz que el Santo Padre ha dado, empezando con Pablo VI después del Concilio Vaticano II, hasta nuestros días, el 1º de enero, todos los años, un mensaje de paz. Valdría la pena, para mí mismo, hacer como un estudio de esos mensajes... ahí hay una riqueza inmensa, de lo que significa la paz, que es una gran necesidad en este momento. Cuba necesitará cambiar la mentalidad de guerra por la de paz, según el pensar de Juan XXIII.*

*Reflexiones de un hombre de Dios*

## Educación, justicia y paz

### Educar para la paz: ...«la necesidad de la justicia»

–«*Yo creo que el Arzobispo de New York explicaba algo de esto, al decir que se necesita que haya justicia. No dice más nada, sino que hay que darse cuenta de la necesidad de la justicia. Que no haya venganza, por supuesto, el Arzobispo no toca este punto, pero, se sabe que para un cristiano es así y es el pensamiento de los obispos.*

–«*Yo creo que hay que ir un poco más. Primero, hay que responder a la situación que tenemos en este momento, que yo no sé cómo responder, pero yo sí sé que mientras no se eduque para la paz, no tendremos paz.*

–«*Empezando por América, a mí me parece que nosotros no hemos tenido ese cuidado. Los himnos patrios... se escribieron en el momento de las guerras de independencia, y en ese momento la violencia era justificada por los pueblos, porque era para poder ser libre, pero, los himnos han quedado con un tono fuerte de violencia y me parece que, si nosotros no preparamos... la educación del mundo... Fijémonos que el Santo Padre está constantemente llamando la juventud, que es el futuro, e invitándoles a construir la civilización del amor.*

–«*Yo no creo que nosotros podremos evitar en el futuro lo que hoy día hemos vivido, especialmente aquí, en Estados Unidos. Creo que lo dice el obispo de Pakistán, el obispo Lobo, en estos días, en el sínodo, que ha venido muy bien el sínodo en estos momentos que se están viviendo. Me parece que hay que educar para la paz.*

–«*Yo creo que, desde los últimos años, la Iglesia está insistiendo mucho, después de las dos guerras mundiales, sobre la paz y me parece que hay necesidad de mirar cómo responder al presente. Tiene que ser, indudablemente, con la justicia para quienes*

611

*los han hecho. Pero, yo me pregunto, ¿hasta dónde son responsables, si han sido educados para la violencia, para la guerra, para el odio?*

*—«Creo que para llegar a lo que la Iglesia ha venido hablando sobre la civilización del amor hay que empezar con una educación de amor... No se puede dar Ética en los colegios públicos a medida que la secularización ha ido entrando más... Si no se puede dar Ética, yo no sé por dónde se le pueda dar...*

*—«El niño queda bien instruido en lo que es computadoras, matemáticas, en fin, todo lo que serían las ciencias y las letras, pero, ¿hasta dónde el niño recibe Ética, si la mayor parte de nuestros niños está en la escuela pública?».*

# Anecdotario

**Germán Miret:** Me acuerdo una vez que yo iba para un Cursillo con un grupo, en una de esas guaguas amarillas de colegio... la guagua se rompió y estuvimos como una hora varados en la I-95, sin poder salir de allí, y cuando al fin llegamos a la Casa de los Cursillos, él estaba en la puerta, esperándonos. Cuando le contamos lo que había ocurrido, él nos dijo: –*«¡Ay, yo pasé por el lado de ustedes, pero cuando los vi creí que era una escuela protestante, y pensé, ¡pobrecitos los protestantes!».*

**Dr. José Joaquín Centurión:** Esto fue en el año 92, cuando el marcapaso, cuando el cuello se le hinchó, que aquí estuvieron los de Harvard. Al día siguiente del alta, el primer día que lo dejan salir del hospital, estaban aquí las réplicas de La Niña, La Pinta y la Santa María y él le dijo a Manolo: –*«Voy a ver los barcos»*... Manolo le recordó que acababa de salir de una cirugía, y él le dijo: –*«No me importa, esos barcos están aquí y yo voy a verlos».*

Llama Manolo y me dice: –*«Tú tienes que venir para acá por si le pasa algo»*... Esto era en el puerto, en el muelle. Yo fui para allá, y nos paramos en el muelle para que él viera los barcos desde allí, pero, antes que pudiéramos decir nada, ya él estaba subiendo al barco por la rampa, aguantándose de las sogas, un hombre que acababa de pasar por un corazón abierto, menos de una semana.

Llegó arriba y nosotros subimos. Lo llevamos a todas partes del barco, a ver las velas y todo, y él dice: –*«¿Qué hay allá abajo?»*... Yo le digo: –*«Monseñor, quédate quieto»*... Pero apenas dimos una vuelta, ya él estaba tirándose para abajo, donde estaban los camarotes de los tripulantes y preguntándolo todo... ¿por qué dormían en hamacas... por qué esta luz estaba puesta así... cómo se llamaba esto... cómo iban al baño?... La curiosidad increíble. Demoró casi dos horas inspeccionando ese barco de proa a popa. Cuando él salió, la tripulación entera, en fila, lo saludó.

**Panchita García:** Yo llego un día a grabar, y él como que se estaba riendo, algo que tenía que ver conmigo... Violeta estaba allí, preparando los aparatos, el equipo para grabar. Él le dice a Violeta: –*«¿Se lo decimos?»*... Entonces me hace el cuento, de que vino una pareja, un matrimonio, una gente con un dinero, que le vienen a proponer a él pagarle, para que él se busque a una persona, mejor que la que tiene, porque la que lo está ayudando a él con las grabaciones, es muy bruta, y él, como obispo, debía tener a una persona más capacitada... Él los escuchó, Violeta estaba oyendo eso, él no me acababa de hacer el cuento... —«Monseñor, y Ud., ¿qué les dijo?»... —*«Yo les dije que los brutos también hacían falta»*... Yo le dije: —«Monseñor, ¿Ud. me estaba defendiendo?»... Y él, riéndose... —*«Vamos, vamos a grabar»*.

Yo nunca lo vi enojado, pero sí lo vi cuando tenía que poner las cosas en su puesto. Cuando llegaron los cubanos del Mariel, muchos eran personas muy desorganizadas, sin concepto de Iglesia... En una oportunidad, íbamos a comenzar la misa, y la gente estaba cada quien haciendo lo que le parecía, sin prestar atención... Él cogió el micrófono, y puso a la gente en su lugar. No fue grosero, no abochornó a nadie... es difícil decir que era dulce, porque era enérgico, pero, sin ofender... Todo el mundo se quedó callado, cada quien cogió su taburete y se sentó y lo escucharon.

Cuando se terminó la misa, él nos pidió a los que estábamos allí que esperáramos para el café, porque él quería repartirlo... —*«Esos hermanos recién llegados, por favor, que pasen»*... y él fue a servirles el café. Yo dije... —«Yo no puedo creerlo». Todos tomamos el café, pero él puso por delante a esa gente que él había regañado, y él personalmente, fue a servirles el café, y a compartir con ellos...

**Padre Juan Sosa:** A mí no se me olvida una de las catequesis más lindas que él dio, en una presentación de niños ante la Virgen. Él presentaba los niños a la Virgen y, de una forma maravillosa, le explicaba a todas las madres que venían, y les insistía que bautizaran los niños. Teníamos el problema de los azabaches, esa piedra negra que les ponen a los niños para «protegerlos contra el mal de ojo». Román decía: —*«Vamos a quitarles todas las piedras negras que tengan los niños»*... y de repente, aquellos azabaches desaparecían, y entonces él sustituía los azabaches por medallitas de la Virgen de la Caridad, y las Hermanas le daban las medallas a las madres para que se las pusieran a los niños… Era todo un gesto ritual, donde a las madres no les importaba si el azabache estaba recubierto de oro, porque él había transformado algo que era totalmente supersticioso en algo increíblemente lleno de fe. Entonces, consagraba al niño. Se presentaban a la Virgen de la Caridad, y era maravilloso.

**Elvira González:** Llega este muchacho, de Cuba, que era un gran jugador de soccer. Llegó al aeropuerto, y pidió asilo. Él venía buscando a su papá, que lo había dejado de ver cuando él tenía dos años. Lo encontró. Era un muchacho alto, joven, buen mozo… y el papá lo puso aquí a hacer prostitución en un bar muy conocido.

El muchacho se sentía destruido, se fue para la calle y fue a parar a Miami Rescue Mission. Me llama el cocinero de allí, porque me conocía y me dice: −«Señora González, este muchacho se va a suicidar». Le pegunté dónde yo podía encontrarlo y él me dijo que estaba ahí en un lugar, recogiendo basura, allí había ratas, de todo… Llamé Monseñor Román y le conté. −«*Tráemelo para acá*» fue su respuesta.

El muchacho fue llorando conmigo desde que lo recogí hasta que llegamos a la Ermita. Entró y se sentó a hablar con Monseñor Román. Estuvo yo no sé qué tiempo… una hora… algo así. Monseñor levantó el teléfono, llamó a alguien que era coach de soccer en un colegio. El caso es que el muchacho salió de allí con empleo, casa, comida, y su vida dio un viraje completo. Lo hizo Monseñor.

**Padre Jesús Saldaña:** Yo me quedé una noche con él, en el Mercy, después de su operación en 1992. Le habían regalado un osito de peluche con un corazón en sus manos, allá en la sección cardiovascular, y él me dijo: −«*Hijo, alcánzame el osito*»… Yo le solté un desplante guajiro y le dije: −«Oígame, si lo ven a Ud. allá en San Antonio de los Baños con ese osito… un osito abrazado a un corazoncito»… Se echó a reír y me dijo: −«*No me hagas reír, que el pecho se me abre*»…

**Padre Mario Vizcaíno:** Monseñor Román es mucho más *sharp*... más agudo que lo que él quería aparecer. Sobrevivir en el exilio no era una cosa fácil, porque todo el mundo quería tirar a Monseñor Román para su lado, por todos los motivos... y él, para navegar en esto, tenía una inteligencia práctica... era... cazurro no es la palabra, pero, de que no era bobo, no lo era de ninguna manera... se hacía el bobo cuando no quería comprometerse con alguna situación con la que él no estaba de acuerdo y me decía a mí: −«*Mario, para sobrevivir aquí, hay que parecer bobo*».

**Aleida Castellanos:** Yo me había alejado de la Iglesia, pero había vuelto tras hacer un Cursillo de Cristiandad. Estando allí, me voy a confesar con Monseñor y le digo eso, que yo había estado alejada de la Iglesia, y le empiezo a contar de mi marido... no, porque mi marido esto, mi marido lo otro...El guajiro aquel se levantó, y me dijo, «¡Mira, vete por esa puerta, y cuando quieras confesarte por ti, regresa; porque hasta ahora lo que has hecho es confesar por tu marido!»... Me fui al Santísimo y lloré, pero al rato volví y entonces sí me confesé... Él era un gran director espiritual.

**Rev. Martín Añorga:** Yo estaba ingresado en el Hospital Mercy, muy enfermo: estuve inconsciente por varios días. Esto sería 1966 ó 67, cuando Román era capellán del hospital. Cuando volví en mí, Nancy, mi esposa, me dijo: −«El padre Román me ha ayudado mucho... Todas las mañanas viene por aquí y dirige un servicio ecuménico donde se ha estado orando por ti. No tengo como pagarle el apoyo que me ha dado.

Cuando él vino a verme yo le di las gracias y oramos juntos. Todo aquello a mí me sorprendió muy agradablemente, porque en aquellos tiempos todavía no era muy común que católicos y protestantes oraran juntos. Así fue verdaderamente como nació nuestra amistad que, con los años, llegaría a ser algo muy profundo y fraternal.

Ya después, cuando la crisis del Mariel, comenzamos a reunirnos con más frecuencia y ese compartir fue cimentando aún más la identificación que teníamos entre nosotros. Estando él y el Dr. Peñalver en la cárcel de Atlanta cuando los motines (1987) yo recibí una llamada suya. A mí me sorprendió mucho que en medio de aquella crisis tan grande él me estuviera llamando y le respondí enseguida.

–*«Voy a entrar ahora donde están los presos* –me dijo– *y me han advertido aquí que ellos pudieran tomarme a mí también como rehén y podrían igualmente hacerme daño. Pero yo voy a entrar de todos modos a hablar con ellos y te estoy llamando para pedirte que ores por mí».*

Oramos juntos un momento y al despedirnos, le dije –«Haz lo que tienes que hacer. Dios está contigo». Y así fue.

**Rev. Marcos Antonio Ramos:** En el 80 unos amigos me invitan a que yo fuera el orador de graduación en uno de los *campuses* del Mercy College, me daban un grado de doctor honoris causa… Un par de años después me preguntan si hay alguien a quien yo quisiera recomendar para otorgarle igualmente un doctorado honorífico. Yo recomiendo inmediatamente a Aleido. No le dije nada a él, le pedí un *resumé,* y decidieron darle el doctorado.

Aleido no lo rechazó, al contrario, yo creo que se sintió contento. Me dijo *«Bueno, si tú crees…»* Sin embargo, nunca llegó a recibir el doctorado, no porque lo rechazara, sino porque se exigía que él estuviera presente en la graduación… era un doctorado reconocido, que no lo otorgaba la filial del college, sino la institución, el seminario… y él me dice –*«Ay, Tony… yo no puedo estar en esa graduación»*… Pero, ¿qué pasa?, le pregunto yo… –*Es que el obispo me ha asignado confirmaciones»*… No te preocupes, –le dije yo– yo voy a hablar con el Obispo y resuelvo ese problema…

Pero él me dijo: –*No, no, no… yo tengo que cumplir mis obligaciones»*… Es decir, que él rechazaba el honor, un doctorado honorífico de una institución acreditada de New York, por hacer las confirmaciones… Él sabía que si yo hablaba con el Obispo aquello se resolvía, la diócesis se hubiera sentido honrada, pero… ¡Ese era Aleido Román!

**P. Federico Capdepón:** Monseñor Román era la figura del exilio. Pero, no solamente del exilio, sino que en Cuba también. Yo voy a Cuba para la visita de Juan Pablo II en el año 98... Cuando yo llego allí, la figura de la Iglesia no era nadie de allá, era Monseñor Román... por Radio Martí y porque Radio Paz, en aquellos tiempos, se oía muy bien en partes de Cuba.

La emisora se oía perfectamente en toda la costa entre Santa Clara y La Habana. Cuando yo voy a la misa del Papa en Santa Clara, me llevé un megáfono escondido y yo no concelebré la misa, yo me mezclé entre la multitud para grabarla. De repente se enteran que soy yo, por mi nombre... Tú no quieras saber... como si yo fuera un *rock star* allá. Me quitaron el cinturón para llevarlo de recuerdo, me quitaban cosas... y me hablaron de Monseñor Román: lo escuchaban todos los días, la emisora se oía perfectamente allá... y lo escuchaban a él.

Y entonces, me encuentro con un muchacho que se entera que yo estoy ahí, y viene a darme las gracias, que por favor, que yo hablara con Monseñor Román. Yo ahora no recuerdo el nombre, pero él es ahora sacerdote. −«Yo he crecido en el sistema ateo, pero me convertí a la Iglesia por Radio Paz. Gracias a Radio Paz, no solamente me he convertido, y soy parte de la iglesia, sino que ahora estoy en el seminario, me voy a ordenar de sacerdote en dos años»... No recuerdo su nombre, pero me dijo que se convirtió escuchando a Monseñor Román, la misa de Radio Paz, y el rosario. A mí casi se me salen las lágrimas...

**Monseñor Thomas Wenski**...Tengo muchos recuerdos de él... Una vez, cuando lo nombraron obispo auxiliar, yo estaba de vicario en Corpus Christi y me pidieron que lo ayudara en las confirmaciones como su Maestro de Ceremonias y su chofer. Fuimos a West Palm Beach, que entonces era parte de la Diócesis para una confirmación, en Rosarian Academy, que era un colegio de muchachas, un poquito de «high life». Román no estaba interesado en quedarse para la recepción y me dijo: −«*Vamos al Burger King*». Fuimos, compramos unas hamburguesas y fuimos para mi casa, que estaba en Lake Wells, para comerlas allá con mis padres. Eso fue muy bueno para mí, pues para mi padre y para mi madre eso fue un gran honor, recibir en su casa a un obispo.

**Monseñor John C. Favalora:** Él tenía un sentido del humor muy fino, algo que no era muy obvio. A mí me gustaba jugar un poco, buscarle la lengua, decirle algo acerca de él mismo… a él le gustaba eso, le hacía gracia, tenía un gran sentido del humor, y sabía cómo responder. Si tú querías agarrarlo a él con una broma, él sabía cómo ripostar… Una vez yo le dije algo acerca de su pelo… –*«Agustín, tu pelo se está poniendo todo blanco, como el de un viejo»*… Y él me respondió enseguida: –*«Bueno, pero por lo menos, yo tengo pelo»*… Él sabía disfrutar de una broma…

**Julio Estorino:** Detestaba las ostentaciones de piedad y la santurronería tanto como la desfachatez pecadora, y su mucha altura espiritual no le hacía despegar sus pies de la tierra. Cualquiera que fuese el tema de su conversación, él lo hacía entendible para todos. Conocía los límites exactos entre la confianza y el respeto.

Prefería una buena carcajada antes que un buen regaño, y no rehuía lo uno, ni lo otro cuando la ocasión lo pedía. Nunca juzgaba, y prefería callar antes que hablar mal de alguien. No era mal hablado, pero no se sonrojaba ante una interjección de las nuestras. No toleraba el chisme, ni le agradaba que lo sagrado se tomase a la ligera. Para él, había un lugar para cada cosa, y cada cosa debía estar en su lugar.

Recuerdo una vez, tras una misa por algo del Padre Varela, que le dije: –«Padre, yo sé por qué no acaban de beatificar a Varela». Me miró como poniéndose en guardia y me pregunto: –«*¿Por qué?*»… –«Imagínese –le dije– fue el que enseñó a pensar a los cubanos»… Sonrió socarronamente, pero yo sé que no le gustó el chiste.

Monseñor me esperaba y al tiempo que yo llegaba a su casa, salía de ella un matrimonio conocido, católicos muy activos, que, aparentemente, habían estado con él antes de que yo llegara. Monseñor me mandó pasar y me senté a su lado en un sofá. Me di cuenta de que él estaba como derrumbado, abrumado, con una profunda expresión de pesar en su mirada. Sacudió su cabeza un par de veces, sin decir nada y yo, temiendo que no se sintiera bien, le pregunté: ¿pasa algo, Padre?

–«¡*Yo no entiendo estas cosas!*... –exclamó– *Esta es la tercera vez que viene alguien de esa parroquia a verme para quejarse del Padre... el nuevo párroco...* –dijo el nombre, indignado–. ¿*Tú sabes lo que es bautizar a los niños y no aprovechar que están ahí las familias... tanta gente que no practica... y no predicar, no explicar lo que es el bautismo?... Y lo mismo con las homilías... muy cortas, y corriendo... sin interés... ¿Para qué estamos aquí, si no para...*

De pronto me miró y se calló, en seco, como si volviera en sí: –«*Perdóname, Julito... no sé por qué he dicho todo esto... Uno no debe hablar así, menos de un sacerdote»...* Y, cambiando el tono, pasó al motivo de nuestra reunión.

Fue la única ocasión en todos nuestros años de amistad en que le vi verdaderamente exasperado y le escuché criticar a alguien directamente. No importa cuán legítima fuese su indignación, ni cuán justas sus palabras, él se sintió mal, evidentemente, por haberse dejado llevar por su enfado. Yo no sabía qué decir. Simplemente, tratando de que él no se apesadumbrara más: –«No se preocupe, Padre... yo sé bien cómo es la cosa».

Esperaba yo por Monseñor en la pequeña rectoría, la que existía antes de la ampliación de la Ermita. Dos señoras estaban allí también, esperando que Violeta del Junco, la secretaria, pudiera atenderlas. Él estaba dentro de su oficina, hablando con alguien. Las dos mujeres que esperaban por Violeta, conversaban entre ellas.

En eso se abre la puerta de la oficina y Monseñor se asoma, despidiendo a su visitante, quedando él entonces frente a las dos señoras, en los momentos en que una de ellas decía: –«Yo lo único que le pido a Dios es salud, porque la salud es lo más importante en la vida»... La otra asentía con la cabeza.

Como movido por un resorte, Monseñor levantó su mano derecha, con el índice apuntando a las mujeres... –«¡*No, no, no!*... –les dijo–. *Fíjense bien: la salud no es lo más importante. Lo más importante es la fe, porque quien tiene salud, pero no tiene fe, puede usar su salud para jeringar a los demás. Pídanle a Dios la fe».*

Las dos mujeres se quedaron sorprendidas, pero contentas. Violeta y yo, sin poderlo evitar, reímos a carcajadas.

Monseñor acababa de regresar de Washington, adonde había ido para una reunión de la Conferencia de Obispos. Le pregunto cómo le había ido, me cuenta algunos detalles del evento y me dice sonriendo:

–«*Mira lo que me pasó. Nos dieron un brake por la maña-na y enseguida se formaron grupitos de obispos conversando entre ellos, cada uno con su taza de coffee en la mano... yo estaba junto a los dos que se sentaban a mi lado en el pleno.*

–«*Ellos se pusieron a hablar de deportes, uno era jugador de golf y al otro le gustaba la pelota, el béisbol... El que le gusta-ba la pelota me preguntó si yo no iba a los juegos de los Marlins... Yo le contesté que no, él me miró un poco extrañado, y me dijo: "Pero, entonces, ¿cuál es su deporte favorito?"... ¡Imagínate tú!* – continuaba Monseñor–. *Yo no quería decirle que yo no entiendo de deportes, porque tú sabes cómo son los americanos para eso... no quería defraudarlo.*

–«*Entonces recordé que cuando estábamos construyendo la Ermita, que yo llevaba los sacos de kilos al banco, allí me de-cían que no sabían cómo yo podía llevarles todos aquellos sacos, porque pesaban mucho, y le dije al obispo... –"Yo levantaba pe-sas, pero ya no lo hago"... Aquellos dos obispos me miraron asombrados y después se miraron entre ellos... No sé si se lo cre-yeron».*

# ¿Milagros?

En febrero del 2006 a mi hermana María Concha le dio una meningitis. Estuvo en coma tres días. El 11 de febrero, yo fui temprano, a eso de las cinco de la mañana al hospital. Ella estaba en Intensive Care y estuve allí, mirándola. Como lo que tenía era contagioso, había que ponerse ropa esterilizada para entrar a verla. Estaba inconsciente, en coma.

Llamé a Román por teléfono, yo tenía su teléfono privado, y le dije: –«Padrecito –yo siempre le decía así–. María Concha está muy mal, María Concha se nos muere... tiene una meningitis y está inconsciente»... Él me recordó que era el día de Nuestra Señora de Lourdes y me dijo: –«*Voy a la casa a rezar*»... Yo me volví a parar allí frente a María Concha, y al ratico, ella me saludó. Fui a ver a la enfermera, y le dije: –«A mí me parece que mi hermana se ha despertado»... Me dijo: –«Eso es imposible... Lo de tu hermana es terminal... brain dead». Yo le pedí: –Por favor, vamos a verla»...

Entramos, y María Concha me dijo: –«¿Cómo andas?... Yo te vi ahorita ahí parado y te saludé... ¿Qué día es hoy?».... Yo le dije: –«Hoy es sábado»... Me dijo: –«Ah, pero yo vine para el hospital el miércoles... entonces... ¿yo he estado dormida desde el miércoles?»... Le dije: –«Bueno, parece que sí»...

María Concha despertó con plenas facultades, como el que estaba dormido. Perdió la visión de un ojo, y le ha quedado una pequeña secuela que apenas se nota, pero está vivita y coleando... Fue la oración de Román. El día de la Virgen de Lourdes, y Román rezando, tenía que funcionar.

*Santiago Madrigal, activista católico*
*Cursillos de Cristiandad,*
*Archicofradía de Ntra. Sra. de la Caridad del Cobre*

Mi hijo Nicolás nació en horas de la noche del 13 de Agosto de 2011. Pesó solamente cuatro libras al nacer, después de una operación cesárea de emergencia. En la mañana del siguiente día, los médicos, entre ellos el Dr. Álvaro Fernández Pérez, nos informaron que el niño tenía un severo problema intestinal y que era necesario transportarlo al hospital Miami Childrens para ser operarlo sin pérdida de tiempo.

Nicholas Alexander Agostus Regalado fue transportado vía LifeFlight hacia el Miami Childrens Hospital y esa misma noche fue intervenido quirúrgicamente. En la operación se le removieron 13 centímetros de su pequeño intestino.

Mientras lo operaban, yo, su padre, me caí en los brazos de mi padre, llorando, diciéndole que no quería que se muriera nuestro hijo.

Inmediatamente mi padre, Tomás P. Regalado, llamó al Monseñor Román, viejo amigo de mi familia, le contó y Monseñor nos animó y nos dijo que nos pusiéramos en manos de Dios, que él, por su parte, estaría orando por el niño. Monseñor pidió misas de oración por Nicholas en todas las iglesias de Miami.

Después de la cirugía Nicholas fue puesto en Ciudados Intensivos Neonatales y comenzó a mejorar poco a poco, pero los médicos nos advirtieron que su vida aún corría peligro. Cuando ya llevaba 5 días en la Unidad de Cuidados Neonatales Intensivos del Miami Childrens Hospital, Nicolás se agravó intensamente y el pronóstico médico no era nada bueno. Tanto Martha como yo temíamos que moriría en cuestión de horas.

Nuevamente llamamos a Monseñor, que se había mantenido al tanto de la situación. Estábamos desesperados. Monseñor me pidió que sostuviéramos el teléfono junto al niño, y que pusiéramos el altavoz para orar todos juntos. Así lo hicimos. Monseñor comenzó a orar y nosoros junto con él. Enseguida se notó un cambio: la respiración del niño comenzó a sosegarse, el color fue volviendo a su rostro. Pasamos dos sustos así y Monseñor Román siempre estuvo con nosotros.

Nicholas salió de aquella crisis y aunque estuvo internado siete semanas y media en el Cuidado Intensivo Neonatal, de ahí en adelante su mejoría fue notable. Contra todos los pronósticos, Nicolás se curó totalmente y hoy es un niño completamente normal y saludable. Todos nosotros estamos convencidos de que la oración de Monseñor Agustín Román consiguió el milagro de Dios.

Nicholas Alexander Agustos Regalado es prueba de ese milagro.

*Tomás N. (Tommy) Regalado*
*Periodista de radio y TV,*
*Parroquia Sts. Peter and Paul, Miami, FL*

# Un hombre de Dios, como yo lo conocí

## Un hombre de Dios, como yo lo conocí

Llegados a este capítulo, debo confesar que ha sido el más peliagudo para mí, un periodista metido a biógrafo, alguien que, ya lo he dicho, recela de la unanimidad y que, como escritor consciente de las posibles reacciones de los lectores, no quiere escribir algo que al final resulte repetitivo, monótono o empalagoso.

Por otra parte, el imperativo de no hacer algo extenso en extremo, de tratar de sintetizar, de no asustar al posible lector con más páginas de las que permiten estos tiempos de prisa suma –algo en lo que creo he fallado estrepitosamente– me ha obligado a omitir detalles, datos, anécdotas, testimonios, etc. que definitivamente hubieran enriquecido esta biografía. Esto ha sido lo más difícil para mí en cuanto a lo que ahora nos ocupa.

Se trata de testimonios directos sobre la vida, la manera de vivirla y el modo de ser de Monseñor Agustín Román, testimonios que solicité de personas que convivieron con él, como complemento a lo ya expresado en un capítulo anterior («Vivir con un santo») Todos, debo decirlo, respondieron con entusiasmo. Estaban contentos de poder hablar de sus vivencias con Monseñor estos hombres y esta mujer que estuvieron muy cerca de él.

La mujer, ella misma una líder católica, una religiosa de larga experiencia en el difícil ejercicio de calibrar almas: Sor Hilda Alonso, de las Hijas de la Caridad. Los hombres, tres obispos: Thomas Wenski, Arzobispo de Miami al terminar yo de escribir este libro; John Clement Favalora, Arzobispo Emérito de la propia arquidiócesis y Felipe de Jesús Estévez, obispo de San Agustín. Siete sacerdotes católicos: Monseñor José Luis Hernando, y los padres Juan Sosa, Federico Capdepón, José Luis Menéndez, Jesús Saldaña, Carlos Céspedes, y Juan Rumín Domínguez. Un sacerdote episcopal, el padre Alberto Cutié. Manolo Pérez, diácono asistente de Monseñor Román. Su abogado y consejero por él aconsejado, el Dr. Rafael Peñalver y su médico y discípulo, el Dr. José Joaquín Centurión.

Todos hablaban de los mismos temas, contabilizaban las mismas cualidades y muchos usaban las mismas palabras para referirse al pastor del cual todos afirman que marcó sus vidas. Yo, acostumbrado a buscar la «objetividad», no encontré a alguien que mencionara algo negativo; cuando trataba de presionar un poco en ese sentido, buscando «balancear» las opiniones, me encontraba con la misma explicación: «su bondad era tanta que, si algún defecto tenía, no se le notaba».

Sor Hilda lo resumió todo en la condición de Román que da título a este libro, su dimensión como «hombre de Dios»: –«Él ha proyectado el amor de Dios a todos aquellos que han ido llegando a la Ermita sin orientación, como un barquito en el mar, que el viento lo lleva... En él, el pueblo cubano ha encontrado una brújula para vivir en la Iglesia, en un exilio, porque él siempre orienta»...

Su sacerdocio, el ejemplo de su entrega, fue algo mencionado por todos los curas. El padre Federico me lo citó, aunque con algún anglicismo, con toda su contundencia gallega: –«Te voy a decir algo: yo soy sacerdote por Monseñor Román. Period. Con eso te lo digo todo. Mi entusiasmo, lo que yo he hecho, todo, ha sido gracias al ejemplo que yo vi de Monseñor Román. Hay muy pocas personas que marcan la vida de otras personas: Monseñor es una de ellas. Román no te deja indiferente, Román nunca deja indiferente a nadie que haya estado con él».

El padre Saldaña: –«Fue un hombre, un sacerdote que inspiró, sí. Inspiró a muchos sacerdotes, me inspiró a mí ver a ese hombre, de esa paz, de esa paciencia, de esa confianza en la oración»...

El propio padre Saldaña mencionó una faceta del modo de ser de Monseñor que distinguía definitivamente su forma de ejercer su sacerdocio: –«Era el hombre también de esa delicadeza humana de respeto a las decisiones de las personas. Era una mezcla del hombre recio, curtido del campo, del trabajo, pero a la vez, el hombre humano y cercano en el que uno podía confiar y hablar, y sentirse siempre apoyado».

Su diácono, Manolo Pérez, vivió esa cercanía de una forma muy personal. Me lo confió poco menos de un año antes de la muerte de Monseñor: –«Él es un sacerdote, él es mi obispo, pero es algo más: es mi padre. Yo perdí mi padre a la edad de quince años; doce años después, el Señor, que es tan grande y tan bondadoso, me regaló otro padre en él… el obispo es amable, el obispo es cariñoso, aunque no es expresivo. Yo doy la vida por él».

El Dr. Peñalver que, por su profesión de abogado tiene que lidiar muchas veces tanto con las virtudes como con las miserias del hombre, pudo ver bien de cerca la extraordinaria calidad humana de su consejero, amigo y pastor: –«Para él todo lo material era una cosa pasajera, no le daba importancia a la parte material. Él le daba importancia al valor de cada ser humano, no importa si era rico o pobre, blanco o negro, para él cada ser humano tenía un valor intrínseco a los ojos de Dios»…

Continúa el Dr. Peñalver: –«Las cosas más cotidianas en la vida de un sacerdote, tenían mucha importancia para él. Visitar a un enfermo, darle esperanza a una viuda… sobre todo, darle tranquilidad a la conciencia del pecador, que Dios está ahí para limpiar su conciencia, para darle tranquilidad, el hecho de que todos cometemos errores y sin embargo, tenemos la seguridad de que hay un Dios que conoce nuestras debilidades, perdona y ofrece esperanza… Ese era el tipo de acción de Monseñor, esa era su persona: el hombre sencillo, el hombre pobre, el sacerdote que vivía su vida tal como la predicaba».

Si aquella su sincera bondad era pródiga con cuantos atendía, si era algo distintivo de su sacerdocio, lo era aún más cuando el necesitado de atención era un sacerdote como él. No es exagerado decir que Monseñor Román fue, durante todo su ministerio, el sacerdote de los sacerdotes.

El padre Juan Sosa señaló enfáticamente esa particularidad: –«Según era su espíritu de caridad para con todos, para los sacerdotes también lo fue. Dondequiera que hubiera un sacerdote herido, él estaba allí. Dondequiera que hubiera un sacerdote en necesidad, él estaba allí».

Manolo, su diácono, pudo comprobar esto en más de una ocasión: –«Monseñor ha estado descansando, ha estado mirando la televisión en la casa de los sacerdotes, y lo han llamado, y hemos ido a las once de la noche a ver a un sacerdote porque ese sacerdote tiene un problema. Quiere decir que, para Monseñor, sus hermanos sacerdotes son muy importantes. Él se preocupa por todos; laicos, enfermos, gente con problemas familiares, pero sus hermanos sacerdotes son algo especial para él».

El especial cuidado de Monseñor Román por los sacerdotes comenzaba temprano, comenzaba en el seminario. El hoy cura episcopal Alberto Cutié, recuerda bien esto de sus tiempos de seminarista católico: –«Me acuerdo que cuando seminarista, Monseñor era el único obispo que se reunía con todos los seminaristas, todos los años venía a conversar con nosotros».

El padre Alberto mencionó también otro aspecto de la forma en la cual Monseñor Román desempeñaba su ministerio sacerdotal que cautivaba y al mismo tiempo dejaba pasmados a sus colegas: la entrega total, la intensidad de su labor.

–«Dios fue sabio al no meterlo como Ordinario en una diócesis, porque, realmente, lo administrativo no era su cosa. Lo de él era su rutina, el trabajo que era su vida; evangelizar, confesar, confirmar, predicar… Él fue el único que se metió con los miccosoukees. Se propuso bautizar a un miccosoukee, y lo hizo. No sé si serían muchos, pero al menos a uno pudo evangelizar».

Manolo también recuerda con admiración aquel celo evangelizador de Monseñor: –«Él es muy perseverante. Hay que ver cómo él ha tratado de evangelizar a los presos. Yo lo acompañaba a las cárceles… ¡Cómo le hablaba a esos muchachos, cómo le hablaba a esas personas que tenían una condena por cualquier cosa, fuera por drogas, porque habían matado… ¡Cómo les hablaba de que tenían que tener al Señor en su corazón!... Recuerdo a una muchacha de 22 años que había matado a su novio. Monseñor le habló de una forma que pudo tocar su corazón!... Él es un hombre de Dios, que es también un gran psicólogo».

La proverbial humildad de Monseñor Román, evidente a todo el que lo conoció, se hacía patente más que a nadie a los que le conocían más de cerca, en las cosas de todos los días, las que no recoge la prensa ni observan los superiores.

–«La humildad era natural en él –atestigua Monseñor José Luis Hernando– era muy transparente. Al mismo tiempo, era muy astuto en la forma de lidiar con los problemas. A veces pensamos que la humildad es cosa de tontos, pero no es así, humildad viene de *humus,* que es tener los pies en la realidad».

Por su parte, el padre José Luis Menendez reveló un detalle que da una medida cierta de la humildad del Capellán de la Ermita: – «Una de las cosas que él hacía era confesarse, confesarse a menudo y confesarse con los asistentes que él tenía. Tú te imaginarás lo que significa que siendo tú el asistente del obispo, el obispo se arrodille delante de ti y confiese sus pecados, lo cual es una forma de humillación, porque… buscas a un cura viejo, buscas a uno que viva afuera… pero, decírselo a uno que vive contigo no es cosa muy fácil».

El médico de Monseñor, el Dr. José Joaquín Centurión, describió sintética y certeramente la humildad de su paciente: –«Él nunca se miró a sí mismo como obispo, sacerdote… su rango no le hizo creerse superior a los demás. Él se veía como un simple servidor de Dios».

El padre José Luis Menéndez tocó otra característica de nuestro Hombre de Dios, mencionada por todos los que lo recuerdan: –«Yo creo que en Monseñor, todo en su vida transpiraba su tierra, su gente… Monseñor Román hubiera cambiado todo: el ser obispo, todo, por haber podido evangelizar en Cuba… Cuba estaba muy entrelazada con su fe y con su amor a la Iglesia. Esto es importante, porque uno puede tener fe en el Señor, pero puede ser muy divorciado de la Iglesia, como dos cosas… Monseñor no. Monseñor fue muy entregado a la Iglesia y tal vez por eso le dolía más cuando en la propia Iglesia se hacían cosas, o se decían cosas que él sabía que no eran ciertas, que eran contrarias a lo que él sabía, a lo que él había experimentado».

Cuba le dolía al Pastor del Exilio de una forma viva y real, como lo pudo ver muy de cerca el padre Carlos J. Céspedes en el día a día de la Ermita de la Caridad: –«Sufrió, sufrió mucho porque su corazón tenía las heridas de su pueblo, de su Cuba, de la historia de tantos miles de personas, porque él asumía los sufrimientos de todos. Su corazón no aguantó más, porque fue mucho lo que él puso en ese corazón».

El padre Juan Rumín Domínguez, que había sido él mismo objeto de persecución por parte del castrato entrado ya el tercer milenio y testigo excepcional de los últimos días de Monseñor, ofreció también su testimonio sobre el amor potente, dual e indivisible que éste sentía por Cuba y por la Iglesia: –«Monseñor enfrentaba todas las situaciones con mucha paz. Él trataba siempre de infundir serenidad a los demás cuando comentábamos cualquier cosa que no nos gustaba de Cuba, de la misma Iglesia, cuando comentábamos decisiones que ocurren…Monseñor, incapaz de transmitir negatividad, o de decir una palabra hiriente, siempre tratando de transmitir paz, serenidad y siempre»… –«*Hay que orar, hay que orar*»…

Y abundó en esto el padre Rumín: –«En la vida de Monseñor, el amor a Dios, su vocación, toda su vida espiritual, eran inseparables del amor a su patria, el amor a su tierra. Él no separaba esos dos elementos. Siempre que hablaba de la Virgen, hablaba de Cuba, y cuando hablaba de Cuba, hablaba de Dios y hablaba de la Virgen; todo eso formaba en Monseñor una sola cosa. El amor a Dios y el amor a su tierra estaban muy unidos, como estuvo también en el Padre Varela»…

¿Hasta qué punto esa, su profunda dualidad de amor a Cuba y a la Iglesia, definió a Agustín Román? Creo que la respuesta la hallaremos en algo que nos cuenta el diácono Manolo Pérez, su inseparable asistente: –«En una de las últimas visitas "ad límina" que él hizo a Roma, con Juan Pablo II, hubo un momento en que el Santo Padre le preguntó a Monseñor cómo estaba la Iglesia en Cuba, y él le contestó. ¿Por qué el Papa –pregunta Manolo– le hizo esa pregunta a Monseñor, sabiendo que él era Obispo Auxiliar de Miami?... Pues –se responde él mismo– porque todo el mundo sabe lo que Cuba y la Iglesia significan para él, ¡hasta el Papa!».

Su fidelidad a su iglesia y a su patria, demostrada en mil situaciones difíciles, fue consolidando a Monseñor Román como un genuino líder de su pueblo y no solamente del pueblo cubano y católico, pues, miembros de otras denominaciones –cristianos, judíos, etc.– lo consideraban como tal. Dentro del Grupo de Líderes Espirituales del Exilio Cubano, todos acataban ese liderazgo, ejercido siempre por él con extrema delicadeza y respeto a los demás. ¿A qué se debía esto?

—«Román era un hombre de evangelio vivo –nos dice Monseñor José Luis Hernando– y era un hombre que era líder porque daba ejemplo, o sea, lo que predicaba, lo practicaba. Cuando él decía *"vamos allá"*, él era el primero que empezaba a caminar, y… no todos le seguían».

El verdadero liderazgo implica no solamente echar a andar, como señala Monseñor Hernando, sino también saber cuándo hay que hacerlo y cuándo hay que detenerse. El padre Juan Sosa nos refiere: —«Los sacerdotes siempre lo respetaron. Él fue siempre un punto de discusión, porque a veces los sacerdotes hubieran querido que él fuera un poco más activo en algunas cosas, pero él siempre fue muy ecuánime, muy sereno… Él tenía un *timing,* él sabía actuar en cierto momento y a veces los sacerdotes hubieran querido que él actuara un poco más impulsivamente y a veces él no actuaba»…

Era la suya, sin duda, una posición nada envidiable en cuanto al frecuente conflicto entre el sentir del exilio cubano, que él compartía casi siempre, y las políticas no siempre claras de la Iglesia como institución respecto a Cuba, o en situaciones específicas de la feligresía cubana en la Arquidiócesis de Miami. Su entrañable amigo y abogado, el Dr. Rafael Peñalver, vivió no pocas de tales situaciones junto a Monseñor Román, y nos dice al respecto:

—«Su concepto de la obediencia dentro de la Iglesia era total. Tan era así, que a veces hemos pensado que la única falta… que el concepto de lealtad a sus superiores en la Iglesia era tan grande en él, que, a veces, en ocasiones específicas se convertía en la única falta que pudiera achacársele a Monseñor Román. Era lo único que a veces le forzaba a ir en contra de su propio criterio, aunque nunca en contra de su conciencia… A veces, por esto, él tenía que hacer un gran acto de equilibrio. Sufría mucho en esas situaciones, no lo decía, pero no podía disimularlo».

Para el padre Juan Sosa: —«Yo creo que él actuaba, simplemente, según le indicaba el Espíritu Santo».

¿Sería por esto, me he preguntado muchas veces, que Monseñor Román no sólo no perdía su paz interior, sino que, además, era capaz de infundirla en los demás, aún en las situaciones más angustiosas?... El padre Rumín Domínguez mencionó al respecto algo en lo que todos estuvieron de acuerdo:

–«Monseñor era un hombre de oración, no porque él lo dijera: yo lo veía. Monseñor se levantaba de madrugada y pasaba mucho tiempo solo en la capilla, hacía su oración en silencio, hacíamos también la oración en común con los sacerdotes... De noche y tempranito en la mañana, él pasaba en silencio, en meditación ante el Santísimo antes que llegáramos los demás y después, siempre rezaba el rosario caminando por los alrededores... le gustaba mucho meditar en medio de la naturaleza... Yo creo que él era una persona en la que la oración era continua en su vida... Su fe era muy cristocéntrica, él estaba muy consciente de eso y trataba de vivir como Jesucristo, con un amor muy grande a María».

El padre Federico Capdepón señala su vida de oración como el rasgo primordial de Monseñor Román: –«¿Lo más importante para mí en la vida de Román? Él era un hombre de oración».

En momentos muy especiales de su vida Monseñor estuvo acompañado en su oración por alguien en cuyas manos podía estar la diferencia entre la vida y la muerte: su médico, el Dr. José Joaquín Centurión... ¿Cómo era la oración del obispo enfermo en sus horas difíciles?...

–«Él ofrecía todo siempre, lo bueno y lo malo, a Dios. Antes de las cirugías, oración siempre. Me acuerdo que Manolo, su diácono, estaba con él. Nosotros nos juntábamos en el cuarto a rezar con él antes de las cirugías y después de las cirugías. Cuando ya él abría los ojos, que se desentubaba, lo primero que él hacía era dar gracias a Dios. No sólo en los cateterismos, en las cirugías de corazón abierto, en todo... Todo en él era Dios, Dios primero, segundo y tercero. En la vida de Monseñor no había nada más que Dios y servir a Dios».

Sor Hilda Alonso: –«Es lo que yo he podido apreciar en él: Dios primero y lo demás va realizándose, haciéndose de acuerdo con esa intimidad con Dios... la misericordia de Dios sobre todas las cosas».

*Un hombre de Dios, como yo lo conocí:*

## Monseñor Thomas Wenski, Arzobispo de Miami

Yo lo conocí cuando yo era seminarista todavía. Yo visitaba la Ermita, la antigua ermita, la original, y también él iba al seminario para darnos cursos. El seminario era bilingüe y entonces yo creo que él daba un curso de Liturgia, yo fui alumno de él, debe haber sido como el 74 ó 73 y lo conocía de antes, porque yo asistí como seminarista en la misa de bendición de la nueva Ermita hace 40 años, con el Cardenal Krol.

Monseñor Román me impresionó por ser un hombre muy santo. Su integridad, su santidad, atraían. En aquel tiempo, los años 70, éramos bastante cínicos, pero cuando uno se encontraba con un hombre así, le quitaba a uno el cinismo y le daba otra actitud…

Él siempre se manifestó muy interesado en el caso de los haitianos. Yo recuerdo una vez que lo llevé a visitar los haitianos de Belle Glade, cuando Belle Glade era todavía parte de la Arquidiócesis de Miami. En su ordenación episcopal había un grupo de haitianos que bailaron en el Ofertorio, eso fue en el 79.

Cuando el Mariel empezó, él me llamó. Yo estaba entonces en la Catedral, me pidió que yo trajera unos haitianos para participar en una misa en la Ermita, porque él quería demostrar que los haitianos y los cubanos eran uno solo… en aquel entonces, en las primeras semanas del Mariel, algunos en la comunidad estaban tratando de dividir... los haitianos por un lado... los cubanos por el otro, y él quería unir la causa de los haitianos con la causa de los cubanos. Yo fui, llevé una guagua, yo estaba manejando la guagua, llevé a un grupo de haitianos a la misa, y después, también, en cada misa del 8 de septiembre, siempre participaron los haitianos.

Siempre, como seminarista, sacerdote, Obispo Auxiliar y Arzobispo, yo sentía su apoyo y ese apoyo fue real. Desde que empecé con los haitianos, Monseñor Román me apoyaba; cuando empecé como Obispo Auxiliar también me apoyaba, y después, al regresar aquí de Arzobispo él estaba muy contento, siempre me dijo eso...

Félix Varela enseñó al cubano a pensar, y yo diría que Monseñor Román enseñó al cubano a rezar. Varela tuvo que pasar la mayoría de su ministerio sacerdotal en el exilio, fuera de Cuba, también eso le toca a Monseñor Román. También Varela fue distinguido por su trabajo entre los inmigrantes en New York, Román lo hizo aquí, no sólo con los cubanos, sino con otros grupos, los nicaragüenses, los haitianos, etc...

Es innegable que los obispos de Cuba siempre han tenido mucho aprecio por Monseñor Román, eso se notó en su entierro, cuando vinieron obispos de Cuba, pero también en sus recorridos por aquí, por Miami, todos han pasado por la Ermita.

No van a pensar de igual manera en todo, tampoco en Miami Román estaba de acuerdo con todos los curas, y los curas no estaban de acuerdo en todo con él, pero, como decía San Agustín, «en lo esencial, unidad; en lo no esencial, libertad, y en todo la caridad». Yo creo que, en ese sentido, Román nunca faltó en la caridad.

Yo creo que los obispos cubanos hubieran querido poder recibir a Monseñor Román en Cuba, sobre todo para la visita papal de Juan Pablo II, todo el mundo sabe que Román y Boza Masvidal se llevaban muy bien, por muchos años, y Boza regresó para la visita del Santo Padre. Yo diría quizás, si su estado de salud hubiera sido mejor, Monseñor Román hubiera escogido ir a Cuba para la visita de Benedicto en 2011, pero su salud entonces ya no permitía eso.

...Cuando Román llegó a la Conferencia de Obispos de Estados Unidos en 1979, era uno de los pocos hispanos, en aquel entonces yo creo que había... Monseñor Flores, de Tejas, y quizás uno o dos más, hoy hay como 20 y más, entre ellos varios cubanos, de Brooklyn, de New Jersey, de Long Island, de San Agustín, o sea, que en ese sentido Román fue el precursor de lo que iba a seguir. Román participó en el Comité de la Iglesia Latina y también en el Comité sobre los hispanos y él compartió con los obispos a través de sus comités esa visión pastoral que vamos a decir que ya está dando frutos en Aparecida, etc. Román anticipó en mucho lo que dicen los obispos en Aparecida. En los Estados Unidos hemos tenido varios encuentros del ministerio hispano a nivel nacional, y Román fue uno que daba la dirección para seguir en ese sentido.

...De Román me impresionaban su humildad y su poder de ser siempre el mismo, nunca tenías aires... Yo recuerdo que yo recibí, creo que no era obispo auxiliar todavía... una visita de un obispo de Polonia. Lo llevé a visitar la Ermita y nos encontramos con Román que nos invitó a quedarnos para la cena y este obispo polaco se quedó muy impresionado de que la cena era de cantina, una comida así, sin mucho protocolo, en un ambiente muy amistoso.

Como el papa Francisco, Román no era un obispo que salió de los seminarios, o de las cancillerías... salió del trabajo pastoral, de una parroquia, de un santuario, o sea, era un cura del pueblo y llegó a ser un obispo del pueblo.

*Lunes, 23 de diciembre de 2013*

*Un hombre de Dios, como yo lo conocí:*

## Monseñor John C. Favalora
## Arzobispo Emérito de Miami

Conocí a Mons. Román mucho antes de yo venir a Miami. Yo fui nombrado obispo en 1987, y fui asignado a la diócesis de Alexandria, exactamente en el medio de Louisiana. Ud. recordará que ese año tuvimos dos motines en dos centros de detención diferentes, motines de refugiados del éxodo de Mariel, en Atlanta y en Oakdale. Oakdale está a 35 millas al sur de Alexandria, y yo supe de aquella situación.

Supe de cómo los cubanos estaban muy molestos porque el presidente Reagan había hecho un acuerdo con Castro para devolverlos a Cuba y surgieron los motines, y tomaron rehenes. Supe después que el Obispo Auxiliar de Miami había venido, y que había logrado terminar los motines usando su gentileza, hablando con la gente... cómo pudo convencer a los presos... Yo lo conocí en aquella ocasión. Localmente, allí, él era considerado como un héroe. Pude valorar su calidad de pastor, algo que advertí entonces, pero que pude comprobar mucho mejor después, cuando vine aquí como Arzobispo.

Cada lunes en la mañana, durante mi estancia aquí, yo tenía una reunión con mi equipo... los obispos auxiliares, los directores de departamentos, el canciller. En aquellas reuniones él escuchaba atentamente, y hablaba cuando tenía que hablar, o cuando él pensaba que debía hablar. Él no dominaba la conversación, pero, cuando hablaba, siempre tenía algo que decir, algo importante y que contribuía.

Él no era tímido, siempre dijo claramente lo que pensaba y se hacía evidente cuando él no se sentía cómodo con algo. Era muy cortés si tenía que oponerse a algo, en la manera que lo decía, pero era también muy directo al decirme lo que yo tenía que escuchar, no lo que yo hubiera querido escuchar.

641

Él estaba muy consciente de las dificultades por las que atraviesa la jerarquía de la Iglesia en Cuba. Era muy comprensivo al respecto y mantuvo siempre su apoyo a los obispos. De nuevo, era una situación muy difícil para él. Era muy diplomático en esa cuestión. Él mantenía muchas de esas cosas cerca de su corazón. Él sabía muy bien qué era lo que a él le gustaría ver, pero sabía también qué era lo que probablemente no sucedería.

Cuando había un sacerdote enfermo en el Mercy, él siempre lo iba a ver. Yo no sé cómo él se enteraba, pero no fallaba. Incluso, como Ud. sabe, hay sacerdotes a los que no les gusta que los vean enfermos... Agustín los iba a ver de todas maneras.

La cuestión de los escándalos sexuales de sacerdotes fue otra de esas cosas muy dolorosas para él, porque era algo tan contrario a su vida, y a su concepción de lo que debe ser un sacerdote, un pastor, una persona que debe ser como un padre para su familia que son los feligreses y, que un sacerdote cayera de esa forma, era muy doloroso para él, como debe ser para todos nosotros.

Yo creo que él nunca pudo comprender eso... Él sacudía su cabeza, y se podía ver el dolor que sentía. Al mismo tiempo, él nunca daba a alguien por perdido, no hay nada que hacer.... No, él mantenía la esperanza de que se puede ayudar a cualquiera en cualquier situación... Si había un sacerdote metido en algún problema, por el motivo que fuera, ese sacerdote no tendría mejor amigo que Agustín, y yo estoy seguro que fue un consejero espiritual, cuando no un confesor, para muchos sacerdotes.

Yo no sé si había algún otro aspecto de su personalidad, si él podía confrontar a alguien, o enfadarse, o llamar a alguien a capítulo... yo nunca vi eso. Lo que pude ver es cuán compasivo era y la gran devoción que él sentía administrando la confesión. Él disfrutaba del confesonario, donde podía distribuir la misericordia de Dios a la gente.

En mi opinión, su fe era muy profunda, muy fuerte. Por ejemplo, la historia del encuentro de la imagen de Nuestra Señora de la Caridad... él creía que eso era una prueba de la providencia de Dios, María era el instrumento, y todo ello en un correcto enfoque teológico.

Los obispos de Estados Unidos lo respetaban mucho. Todos conocían lo que Agustín representaba, primeramente, para los cubanos, pero también para los inmigrantes en general. Ellos también conocían todo lo que Agustín había sufrido, personalmente, el haber sido expulsado de su país… ellos conocían eso, y lo respetaban mucho.

Su vida fue muy importante para todos nosotros. Pero, en segundo lugar, él nos dio a todos, aquí en el sur de la Florida, en este mosaico de pueblos, él nos dio un entendimiento de los inmigrantes, de sus necesidades, de sus contribuciones, y nos dio un ejemplo pastoral sobre cómo debemos tratar con los inmigrantes. Esto es muy importante, especialmente ahora que estamos entrando en una etapa en nuestro país, donde parece que los inmigrantes enfrentarán mayores dificultades…

Nadie dirá de Román –¡*qué buen administrador era!*... Y no es que no lo fuera, pero esa no era su característica más sobresaliente. Primero que todo, él era un pastor de almas. Si él iba a cometer un error, sería siempre por el lado de la bondad, no porque fuera muy duro con la gente. Esas fueron sus mayores contribuciones y yo diría que la gente reconocerá esto como su mayor legado…

Para mí ha sido un privilegio el estar en su compañía todo el tiempo que servimos juntos y tener su amistad, su buen humor, y, más de lo que yo mismo sé, haber contado con sus oraciones por mí. Yo sabía que él rezaba por mí y él me lo dijo muchas veces… yo fui privilegiado por tener cerca una persona de tanta fortaleza espiritual… Yo creo que su gran legado, que es el mejor regalo que podemos tener, es que en él resplandecía la misericordia de Dios.

*Viernes, 27 de enero de 2017*

# Monseñor Felipe de Jesús Estévez,
# Obispo de San Agustín

Conocí al Padre Aleido en sus 32-35 años, quizás en 1960. Era de la Habana pero la Arquidiócesis en esos tiempos no era muy abierta a las vocaciones de personas adultas. El Obispo de Matanzas, Monseñor Martin, era más asequible, por eso fueron aceptados Román, Romeo Rivas, etc. para ser sacerdotes en la Diócesis de Matanzas.

Inició sus estudios en el Seminario de Colón con inmensos sacrificios ya que los medios eran muy pobres. Los padres canadienses eran los responsables del seminario aquel. Uno de sus formadores una vez compartió conmigo que entre los 5 o 6 seminaristas de Matanzas, unos brillaban por su capacidad en relaciones humanas mientras que Román parecía reservado, callado, discreto. Sin embargo, era Román el que tenía más impacto en el ambiente.

El Padre Aleido era un gran catequista, siendo maestro como primera profesión, le encantaba enseñar la fe. Tenía un lenguaje sencillo, lleno de ejemplos y vivencias, siempre con un fruto práctico que se insinuaba a los oyentes, y como buen cubano era chistoso y agradable. Él recibió de Monseñor Martín Villaverde su pasión por la catequesis y la mantuvo toda su vida. Por ejemplo cuando rezaba el rosario en la Ermita, cada misterio era explicado a la luz de los eventos del día, las enseñanzas del Papa, ilustrado con vivencias pastorales que integraba como un buen compartir.

El Padre Román tenía a su cargo la pequeñita iglesia de Coliseo, Matanzas. Tenía muy pocos recursos pero era muy ingenioso en hacer el máximo del mínimo que recibía. Me recuerdo como logró pintar la Iglesia que casi se caía. Inició un proyecto en que cada familia podía ayudar pintando por secciones y asumía la sección que podía ofrecer. Así, con la participación de las familias de bajos recursos, demostró cómo uniendo estos pocos recursos se podía pintar la iglesia. Se preocupaba mucho por establecer la catequesis en los pequeños pueblos alrededor de Coliseo, como Aguadillas a donde le fascinaba ir en misión.

Coliseo fue la única parroquia cubana en la que sirvió Román y siempre mantuvo una conexión existencial y muy caritativa con Coliseo. Hace 10 años visité a Coliseo y me percaté de que su nombre es aun recordado por las familias que lo conocieron.

Yo vivía en el pueblo vecino, Jovellanos. Lo conocí en una misa que vino a sustituir al párroco y me invito a visitarle en Coliseo para una dirección espiritual. Él buscaba desarrollar la vida de oración en el joven y la buena lectura. Me dio el libro de Monseñor Tiahmer Toth, «Energía y Pureza» y cuando terminé de leerlo, me dio otro, «Pureza y Juventud». Después me orientó a la acción apostólica, a traer otros jóvenes a la Iglesia, a participar en la Acción, rama juvenil, con los más pequeños, «los Aspirantes». Siempre, en las conversaciones, trataba los mismos tres temas, piedad, estudio y acción apostólica.

También me envió a un retiro de los ejercicios de San Ignacio, dados por el Padre Rivas. Allí aprendí por primera vez la práctica del silencio, la oración personal, y el arte de meditar el evangelio a pesar de las múltiples distracciones.

Un día lo encontré en la Iglesia de Pedro Betancourt antes de una misa. De una forma instantánea se fijó en mis manos y me dijo: *"que lindo seria que estas manos pudieran un día consagrar al pan en el Cuerpo de Cristo"*. Yo me quedé atónito, ya que jamás hubiera pensado en semejante futuro...

La violencia con que fue tomado preso y expulsado fue un amargo recuerdo que llevó siempre en el pecho. Creo que fue una herida que nunca se sanó del todo. Una injusticia grave, una cuenta no saldada. Esta expulsión de su patria fue sin duda una gran cruz para Monseñor Román que buscó darle razón al entenderlo dentro del plan de Dios y aunque la razón y la fe lo orientaban bien, su mundo emocional quedaba atrapado por la salvaje violencia que sufrió de sus propios compatriotas en su tierra natal...

Su lema como Obispo, ¡Ay de mí si no evangelizo! le pegaba perfectamente. Habiendo sido educado por una congregación misionera, siempre apóstol, su lema lo define perfectamente. Apóstol, como Pablo, de los gentiles, Apóstol de una Iglesia en salida hacia las periferias, sobre todo culturales, en las palabras del Papa Francisco.

Monseñor Román fue de una gran fecundidad apostólica, una rica paternidad acogedora de todos, un testimonio de cercanía... Un pastor compasivo y disponible, de una disponibilidad heroica, diciendo en la radio, «*llámenme a cualquier hora del día o de la noche*» y era de veras, el mismo respondía su teléfono. De un estilo de vida pobre, sencillo y fraternal tal como era la visión de Monseñor Martin Villaverde.

De una gran creatividad pastoral en el uso de los medios sociales, movimientos apostólicos, religiosidad popular, logros pastorales en las periferias... Una atención personal a los enfermos, un confesor disponible, ofreciendo la misericordia del Padre, estando incansablemente en el confesionario y sintiendo un gozo inmenso y silencioso en ver la obra maravillosa de Cristo sanando a los pecadores con su rica misericordia.

*1° de febrero de 2017*

*Un hombre de Dios, como yo lo conocí*

## ¿Era un santo?

...Yo diría que sí, que era un santo, porque esa es la vocación de cada uno, de cada bautizado, de ser santo y yo creo que Román, en su manera de comportarse con los demás, en la manera en que él cumplió con sus responsabilidades, no se puede encontrar nada para reprocharlo, era un ejemplo de santidad.

¿Un proceso de beatificación?... Eso depende de Dios, pues Dios es el que dispone esas cosas. No todos los santos son canonizados, y el reto nuestro no es tratar de ser canonizados, sino tratar de ser santos, es algo más importante, pues Dios es quien lo reconoce. Yo diría que su ejemplo es un estímulo para nosotros aquí en Miami, pues muchas veces se habla de los escándalos, de los pecados, de los fallos de los sacerdotes, y de otros miembros del cuerpo de Cristo que es la Iglesia y en Román hemos visto un ejemplo integral, un ejemplo coherente de entrega a los Evangelios.

*Monseñor Thomas G. Wenski,*
*Arzobispo de Miami, 23 de diciembre de 2013*

No hay dudas de que él era un hombre santo, no hay duda de eso. ¿Era canonizable?... Bueno, hay todo un procedimiento para eso... pero de todas maneras, cuando celebramos el 1° de noviembre, la fiesta de todos los santos, estamos celebrando a Agustín Román.

*Monseñor John C. Favarola,*
*Arzobispo Emérito de Miami, 27 de enero de 2017*

A Agustín Román lo recuerdo como buen pastor, misionero genial e incansable, de una rica e inmensa paternidad, de un celo apostólico constante como San Antonio Maria Claret, de un testi-

monio sencillo, fraterno y humilde fruto de muchas humillaciones.
¡Un hombre magnánimo! Un sacerdote santo.

*Monseñor Felipe Estévez,*
*Obispo de San Agustín, FL, 1° de febrero de 2017*


Para mí, Monseñor Román era un santo, era-un-santo. Su
vida, su ejemplo, lo que significó aquí para todo el mundo, su sim-
pleza, su pobreza... Para mí era muy difícil seguirlo. Mons. Román
era imposible de seguir, yo quería seguirlo, pero, me dije, qué va, a
éste no hay quien le llegue: era un santo. Para mí es un santo, un
santo, Román.

*Padre Federico Capdepón,*
*9 de julio de 2011*


Su legado va a ser permanente. Él era un santo en vida...
hay que documentarlo, pero, sí... era un santo.

*Padre Juan Sosa,*
*24 de septiembre de 2016*


Esto que te voy a contar nos lo contó Monseñor Pedro
Meurice, de feliz memoria, Arzobispo de Santiago de Cuba, a un
grupo de seminaristas, cuando yo estaba en el seminario, en Cuba.
Los obispos allá habían comenzado a promover el proceso de introducción de la causa del padre Félix Varela. Yo creo que ellos
tuvieron una visita *ad límina,* allá en Roma, con San Juan Pablo II
y Meurice le preguntó al Santo Padre –«¿Qué es lo que es necesario para introducir la causa de alguien?... y el Papa les respondió:
–«*Que haya pruebas fehacientes de que practicó las virtudes heroicas de la fe»*... Ya con eso te digo todo: Román, creo que vivió
las virtudes heroicas de la fe. Que llegue, o que no llegue, eso es un
proceso dentro de la Iglesia, que yo no soy quien para decir.

*Padre Jesús Saldaña,*
*17 de junio de 2016*

Yo creo que ser santo es hacer de una forma ordinaria cosas extraordinarias. Yo creo que él hizo cosas extraordinarias que ningún santo canonizado hubiera sido capaz de hacerlas. Para mí era un santo, era un santo porque trataba de hacer santos a los demás, no dándoles recetas de tantos rosarios, o de tantas Avemarías, sino llegando al corazón para transformarlo, para que en ese proceso de cambio, de *metanoia,* se acerque a Jesús, en ese sentido, creo que sí... ¿Qué le van a canonizar o no?... No creo que a él le preocupaba mucho, y a los que lo conocimos, nos basta.

*Monseñor José Luis Hernando,*
*25 de enero de 2017*

Ya cuando yo vengo para acá y empiezo a trabajar aquí, pude ver cómo se le respetaba... los sacerdotes... mucho respeto, mucha consideración, por la cuestión de su santidad, que era *vox populi.* Román era un santo.

*Monseñor Pedro García (Padre Pelli),*
*17 de junio de 2016*

Yo creo que sí, Monseñor Román es un santo... es que se le ve por encima de la ropa, como decimos los cubanos.... Ese espíritu, esa santidad que él lleva adentro, porque es que lo lleva... él no lo dice, jamás lo va a decir... pero, su manera de ser, su manera de actuar, hasta su manera de andar, es el paso de un santo... un hombre extraordinario.

*+Sor Francisca Jaúregui, Hija de la Caridad,*
*18 de marzo de 2011*

Yo lo veía a él como mi modelo, mi modelo a seguir en todo sentido. Siempre lo vimos como un santo, como alguien desconectado de la realidad en algunas cosas, su forma de ser. Alguna gente diría «santurrón», pero, no: no era santurrón, los que lo conocíamos sabíamos que era su manera de ser, su carácter… era auténtico.

A Monseñor Román lo respetaban mucho en la jerarquía, de hecho hablaban con él hasta con cierto tipo de reverencia. Incluso la gente más ambiciosa, más materialista pudiéramos decir, lo veían a él como alguien verdaderamente santo. Yo creo que muchos curas lo veían como inalcanzable ante su nivel de santidad.

*Padre Alberto Cutié, sacerdote episcopal,*
*2 de julio de 2016*

Yo creo que sí, él vivió como un santo, no sé si será un santo que se colocará en el Libro de los Santos, para los católicos del mundo entero, pero, para las personas que lo conocimos, ciertamente, yo creo que sí: él vivió de una manera santa y para nosotros, los que tuvimos el privilegio de conocerlo, siempre será un modelo de santidad. Con su estilo, con su personalidad, con sus características completas, con su historia; pero, un modelo de santidad muy concreta, en la vida de cada día.

*Padre Juan Rumín Domínguez,*
*22 de octubre de 2016*

Monseñor Román era un santo, un santo muy humano. Uno de los problemas que yo encuentro muchas veces en las «vidas de santos» que se escriben, es que nos presentan a santos deshumanizados… carentes de las cosas naturales en todos los seres humanos. Monseñor, no. Él ponía toda su humanidad en el camino de la santidad, y siempre exhortaba a todos a vivir de esa manera. Monseñor fue la persona más ejemplar que yo he conocido en toda mi vida, un verdadero santo.

*Padre José Luis Menéndez,*
*29 de junio de 2016*

Sí, él fue un santo. Fue una persona impecable. Una persona que no hizo nada malo nunca, sí… fue una persona que nunca falló, nunca lo vi en un desprecio a alguien, nunca nadie ha comentado que se sintiera herido por él… una persona única…

*Iraida Román,*
*13 de marzo de 2013*

Monseñor Román era un hijo de Dios presente: un hijo de Dios en la tierra. No estoy hablando de compararlo con Jesucristo, ni nada de eso; estoy diciendo que todos somos hijos de Dios, pero si tenemos que escoger uno que, de verdad personifica lo que Dios quiere que nosotros seamos en esta tierra, ahí lo tienes. Sí, sin duda, era un santo.

*Dr. José J. Centurión, médico de Monseñor Román*
*y Caballero de la Orden de Malta,*
*25 de abril de 2017*

Monseñor había logrado esquivar las tentaciones de este mundo, para alcanzar lo único verdadero en la vida. Para él, la verdadera razón de vivir, era para ganar el cielo, para ser merecedor de la vida eterna en presencia de Dios y quien lo conoció, tiene que estar convencido de que ya él lo ha logrado, porque Monseñor Román era un santo. Un santo, verdaderamente.

*Dr. Rafael Peñalver, abogado y*
*amigo de Monseñor Román,*
*23 de julio de 2014*

Era un santo. Si él no hubiera tenido esa santidad no hubiera podido convertir a todos los que convirtió… Yo no lo veré, pero un día él llegará a los altares.

*Ranulfo Borges, su amigo de juventud,*
*7 de junio de 2016*

Pues, sí. Vivimos al lado de un santo, compartimos con un santo, ciertamente. Su santidad era algo que impresionaba. Solamente verlo... su mirada, sus gestos, sus palabras, sus consejos, cómo celebraba la Eucaristía, su amor a la Virgen... su entrega, su itinerario... todo lo que pasó en Cuba, sus años de misionero en Chile... y ver su alma transparente, limpia, diáfana, entregada... Ese era su estilo de vivir el Evangelio, una vida santa.

*Padre Carlos J. Céspedes, pastor asistente,*
*Ermita de la Caridad,*
*2 de diciembre 2018*


Yo le decía siempre a mis hijos: –«Cuando ustedes vean a Román, le dan un beso siempre, que ustedes tendrán la satisfacción de decir: yo besaba a un santo».

*Santiago Madrigal, Cursillos de Cristiandad,*
*12 de enero de 2017*


Puedo decir: Monseñor Román, un santo, un hombre de Dios.

*Sor Hilda Alonso, Hija de la Caridad,*
*18 de marzo de 2011*

# Agradecimientos

Dios me hizo el tremendo regalo de poner en mi vida la presencia de Monseñor Agustín Román, me dio el poder de persuasión que tuve que tener para lograr que aquel su siervo me hiciera depositario de sus recuerdos y sus criterios y me permitiera plasmarlos en este libro. Me permitió compartir con él muchas de las vivencias que conformaron su extraordinario paso por la Tierra, lo que equivale a decir que me hizo testigo frecuente de su santidad.

Me dio también el Señor el gusto por la palabra escrita y creo yo que alguna habilidad para ponerlas juntas, así como la oportunidad de poder completar esta obra que humildemente presento, con la esperanza de que sirva en algo para su gloria y para el reconocimiento que merece el biografiado. Sea pues para Dios mi primera expresión de gratitud.

Agradezco mucho también a todas las personas que compartieron conmigo sus recuerdos, sus testimonios y la impronta dejada en sus vidas por el Pastor del Exilio. No repito ahora los nombres de todos, porque sus nombres están en el correr de esta historia y lo que es más importante, están en mi corazón.

Algunos, sin embargo, debo mencionar especialmente por la significación que sus testimonios tienen, o por su importante contribución a la realización de este empeño.

Mi agradecimiento al Arzobispo Emérito de La Serena, Chile, Monseñor Bernardino Piñera, el Arzobispo Emérito de Miami, Monseñor Johm Clement Favalora, el Arzobispo de Miami, Monseñor Thomas Wenski y el Obispo de San Agustín, Monseñor Felipe Estévez, todos los cuales fueron prontos a mi pedido y generosos con su tiempo. El padre Richard Vigoa, diligente en tramitar las entrevistas en la Arquidiócesis miamense.

Monseñor José Luis Hernando, sacerdote y poeta, por el hermoso prólogo que escribió para este libro y además y muy espe-

cialmente, por sus atinados consejos, que contribuyeron significativamente a la tónica del mismo.

Iraida y Hecta Román, hermana y cuñada respectivamente
de Monseñor Román, así como sus coterráneos y amigos *ariguanabenses,* los que fueron sus primeros feligreses en la Cuba de sus
amores. Sus predilectas, las Hijas de la Caridad. Sus secretarias
Elvira y Alina.

A todos los sacerdotes que aportaron a esta historia y al
diácono Manolo Pérez por compartir conmigo las experiencias que
atesoran de su cercanía a Monseñor Román.

Mención aparte para mis antiguos compañeros de la Archicofradía de Nuestra Señora de la Caridad del Cobre, cuyos nombres quiero resumir en el de la que fuera su primera coordinadora
en Miami, Gina Suero, viuda de Nieto. También a los miembros de
los Movimientos Apostólicos Hispanos, al arquitecto David Cabarrocas, a Roberto Hernández, a Germán Miret, a Yusimí Sijó y a
Vicky Cue.

Mención aparte también para el Dr. José Joaquín Centurión y para el Dr. Rafael Peñalver, dos de los amigos más queridos por Monseñor y a quien ambos rindieron invaluables servicios
con su saber profesional, uno como su médico y el otro como su
abogado.

A los reverendos Martín Añorga y Marcos Antonio Ramos,
presbiteriano el primero, bautista el segundo, dos pilares del cristianismo y del patriotismo cubano en el sur de la Florida, ambos
amigos entrañables de Monseñor Román, sus aliados indispensa-
bles en los quehaceres comunes en el servicio a la patria y a la comunidad.

A la Colección de la Herencia Cubana de la Universidad de
Miami y en esta institución, especialmente a Gladys Blanco Rossié,
por su diligencia en ayudarme a encontrar datos sobre Monseñor en
sus extensos archivos. De igual manera, a Ana Rodríguez Soto de
La Voz Católica.

A Juan Manuel Salvat, editor de esta obra, sin cuyo apoyo y
entusiasmo esto no hubiera avanzado. Al dilecto amigo Roberto
Koltún por poner su arte fotográfico y sus archivos al servicio de

este empeño. Al también amigo y excelente fotógrafo Delio Regueral por mi foto en la contratapa.

A Benjamín León, Jr., presidente de León Medical Centers, que espontánea y generosamente sufragó totalmente esta edición.

Desde luego, a Isabel, mi mujer, por su paciencia ante mis ausencias de lo cotidiano y lo doméstico debido a mi consagración de muchos meses a la investigación para y a la redacción de este libro. A mis hijas Ana, María y Teresita y mis yernos Pablo Uribasterra, Peter Dooling y Héctor Florín, que son mi equipo de auxilio técnico, los que me rescatan cada vez que pulso en el keyboard la tecla que no es y ahí mismo se paraliza mi reducido mundo tecnológico.

Para terminar, mi recuerdo agradecido para amigos muy queridos que me estimularon y me ayudaron, pero no pudieron ver esta obra ya terminada: Monseñor Pedro Meurice Estiú, Sor Francisca Jaúregui, Lorenzo de Toro, Idalia Miranda y María Rosa Rodríguez. Que disfruten la paz del Señor

Y mi gratitud también, desde luego, a ti por tu interés en entrar a sus páginas. Gracias a todos. Paz y bien